군무원 시험대비 **전면개정판**

박문각 군무원

한 권으로 끝!
군무원 행정법

핵심 + 기출 + 실전모의고사

유대웅 편저

Final Test
한방에 군무원 합격

이 책의 **머리말**

군무원 시험의 기출문제는 2020년 이전에는 공개가 되지 않았습니다. 그래서 2019년까지는 개별 수험생들의 기억에만 근거하여 출제가 되었던 문제들을 복원하는, 이른바 '복원문제'들만이 존재할 뿐이었습니다.

복원문제들을 통하여 살펴본 군무원 시험의 특징은, 문제의 지문들이 매우 성의 없고 문장의 길이가 짧다는 점이었습니다. 또 출제된 문제들도 매우 단순하거나, 어이없을 정도로 지엽적인 것들(공부를 통해 대응할 수 없는 것들)을 출제하곤 했습니다.

그러나 2020년부터는 군무원 시험의 기출문제들이 공식적으로 공개되기 시작하였습니다. 그렇기 때문에 출제위원들도 군무원 시험 문제의 질(質)을 높였고, 또 앞으로도 공무원 시험에 준하는 정도로 높일 것으로 예상됩니다. 이제는 7급과 9급을 합하면 6회분의 공식적인 기출문제가 공개된 것이기 때문에, 그 6개의 유형을 중심으로 군무원 시험을 대비하시면 됩니다.

이 책은 ① 2021년 9급 군무원 시험에 출제된 행정법각론의 이론(군사행정법) ② 6개년의 군무원 기출문제, ③ 그리고 5회분의 군무원 시험 모의고사 예상문제를 담고 있습니다. 2020년 군무원 시험이 공무원 시험보다 어려웠기 때문에, 그에 상응하는 정도로 난도를 높인 모의고사들을 수록하였습니다.

7급 군무원 시험을 준비하는 분들의 경우에는 이 책에 나와 있는 군사행정법 부분을 따로 보실 필요가 없습니다. 7급 시험의 경우에는 공무원 7급 시험처럼 각론이 출제가 되었기 때문에, 그 경우에는 별도의 교재인 「유대웅 행정법각론 핵심정리」 교재로 각론에 대비하셔야 합니다.

9급 군무원 시험을 준비하는 분들의 경우에는, 총론 부분은 공무원 시험 교재로 공부하시고(열심히 하셔야합니다. 현장에서 강의하는 입장에서 행정법을 제일 잘하는 학생들은 거의 대부분 군무원 시험을 준비하는 분들이었습니다), 각론은 이 책에 나와 있는 정도로만 보시면 충분하다고 봅니다.

끝으로, 이 책으로 공부하게 되신 모든 분들에게 좋은 결과가 있으시길 빕니다!

2024년 4월

저자 **유대웅**

ANALYSIS

출제경향 살펴보기

최근 6년간 군무원 9·7급 출제 경향

구분		23년 9급	23년 7급	22년 9급	22년 7급	21년 9급	21년 7급	20년 9급	20년 7급	19년 9급 2차	18년 9급	계
행정법 통론	권력분립과 법치행정의 원칙	1		1	1			1		2	1	7
	행정법의 법원	지문 1개		2	2	2 (+지문 3개)	1	2 (+지문 1개)	2		2	13(+지문 5개)
	행정상 법률관계	3				(+지문 2개)	1	(+지문 1개)	1	4		9(+지문 3개)
	사인의 공법행위		2			1					2	5
	소계	4 (+지문 1개)	2	3	3	3 (+지문 5개)	2	3 (+지문 2개)	3	6	5	34(+지문 8개)
행정 작용법	행정입법	지문 1개	지문 1개	1		2	2	1 (+지문 1개)	1	1	2	10(+지문 3개)
	행정행위	4 (+지문 5개)	4 (+지문 2개)	5 (+지문 2개)	6	4 (+지문 3개)	3	2 (+지문 1개)	4	4	3	39(+지문 6개)
	행정계약	지문 1개					1	(+지문 1개)		1	1	3(+지문 2개)
	행정상 사실행위	1				1		2		1	1	6
	그 밖의 행위형식	1	지문 2개	1		1	1		1		1	6(+지문 2개)
	소계	7 (+지문 3개)	5 (+지문 1개)	7 (+지문 2개)	6	8 (+지문 3개)	7	5 (+지문 3개)	6	7	8	66(+지문 12개)
행정절차에 관한 법	행정절차법	1	1	1	1	1	1	2	1	2	2	13
	정보공개법과 개인정보 보호법	2	1		1	2	1	3	1	3	1	15
	소계	3	2	1	2	3	2	5	2	5	3	28
행정상 실효성 확보수단	행정벌			1 (+지문 2개)				1	1			3(+지문 2개)
	행정강제	1	1 (+지문 2개)	1	(+지문 2개)	2	3	1	1	1	1	12(+지문 4개)
	새로운 실효성 확보수단		지문 2개		1			1				3(+지문 2개)
	소계	1	2	1	2 (+지문 2개)	2	3	3	2	2	1	18(+지문 2개)
행정 전보 제도	국가배상청구 제도	2	1	1 (+지문 1개)		1		1 (+지문 1개)	1		1	8(+지문 2개)
	손실보상청구 제도	1 (+지문 2개)	1	1	1		1		1		1	7(+지문 2개)
	전보제도의 보완	지문 1개				1						1(+지문 1개)
	소계	3 (+지문 3개)	2	2 (+지문 1개)	1	2	1	1 (+지문 1개)	2	0	2	16(+지문 5개)
행정 쟁송	취소소송	2 (+지문 4개)	4	6 (+지문 1개)	2	1 (+지문 2개)	3	3 (+지문 1개)	1	1	2	25(+지문 8개)
	취소소송 이외의 행정소송			2		1 (+지문 2개)	1		3			7(+지문 2개)
	행정심판	1 (+지문 1개)	1 (+지문 3개)	2		1	1	1	1	2	1	11(+지문 4개)
	행정구제수단으로서의 헌법소원											
	소계	4 (+지문 1개)	5 (+지문 3개)	10 (+지문 1개)	2	3 (+지문 4개)	5	4 (+지문 1개)	5	3	3	44(+지문 6개)
행정법 각론	행정조직법		1		2		1	(+지문 1개)	1		1	6(+지문 1개)
	지방자치법		2		1		2		2	2		9
	공물법		2		2		1		1		1	7
	공무원법	지문 3개	1		2		1				1	5(+지문 3개)
	공용부담법	지문 1개			1	1						2(+지문 1개)
	환경행정법							1				1
	토지규제행정법								1			1
	군사행정법							1				1
	소계	1	6	0	8	1	5	2 (+지문 1개)	5	2	3	33(+지문 1개)
합계		25	25	24+1 (지문 14개)	23+2 (지문 2개)	22+3 (지문 12개)	25	23+2 (지문 8개)	25	25	25	242+8 (+지문 36개)

📢 군무원 행정법 이렇게 출제된다!

공무원 시험과 비교하였을 때 군무원 시험 출제는 다음과 같은 특징이 발견됩니다. 이 외의 부분은 공무원 시험의 출제 경향과 동일하다고 보시면 됩니다. 구체적인 내용은 출제빈도표를 보시며 확인하시면 됩니다.

• 9급

9급에서는 행정쟁송의 비중이 작고, 대신 행정작용법의 비중이 큽니다. 그리고 각론을 알아야만 풀 수 있는 지문들도 왕왕 등장하고 있습니다. 그러나 이 지문들을 풀기 위해 9급만 준비하는 분들이 굳이 행정법 각론을 공부할 필요는 없다고 봅니다. 너무 비효율적이기 때문입니다. '군무원 9급 시험에는 행정법 각론의 내용들도 가끔씩 출제되기 때문에, 시험장에서 무슨 말인지 전혀 알아들을 수 없거나 처음 보는 지문을 만나더라도 당황하지는 말자' 정도의 심적 대비로 충분하다고 봅니다. 완전히 처음 보는 지문을 만나면 '아 각론인가 보다. 다 같이 찍는 것이다. 내가 특별히 불리한 위치에 있는 것이 아니다.'라고 생각하면 맞습니다.

• 7급

7급에서는 각론이 최대 8문제까지 출제되기도 하였으므로 반드시 행정법 각론을 제대로 공부해야 합니다. 대신 각론에서도 어렵거나 지엽적인 부분을 출제하지는 않고 있으므로, 전체적으로 여러 번 각론을 훑어서, 핵심적인 내용을 반드시 장악하여야 합니다.

이 책의 **구성과 특징**

이론의 빈틈을 메우는 핵심 정리로 군무원 시험 완벽 대비!

✔ 군무원 시험에 출제 가능한 행정법각론(군사행정법) 개념을 숙지하고 넘어갈 수 있도록 '핵심정리' 파트가 추가되었습니다. 이 '핵심정리'를 활용한다면 군무원 9급 시험의 각론 문제들을 어렵지 않게 잡을 수 있을 것입니다.

✔ 기본서로 어느 정도 내용을 숙지한 다음 '핵심정리'로 행정법각론을 대비한 후 문제를 풀어서 부족한 부분이 무엇인지를 확실히 알고 나면, 한 단계 업그레이드 된 실력으로 군무원 시험에 대비할 수 있습니다.

실제 시험 문제 풀이로 군무원 합격 실력 완성!

✔ 2018년부터 2023년까지 6개년간 출제된 군무원 행정학 기출문제가 수록되어 있습니다. 2023년도의 7급 문제를 수록하여 정확하게 군무원 시험의 출제경향을 알 수 있도록 하였습니다.

✔ '최신 기출문제' 10회분으로 수험생들은 실전 감각을 극대화하고, 군무원 시험 대비를 더욱 철저하게 할 수 있습니다.

실전 모의고사 5회분으로
실전 대비 능력 향상!

✅ 최신 기출문제를 풀어보는 데서 그치지 않고, 더욱 확실하게 실전 대비를 할 수 있도록 '실전 모의고사' 5회분도 수록하였습니다. 수험생들은 '실전 모의고사' 파트를 활용해 자신의 실력을 마지막으로 점검해 볼 수 있을 것입니다.

✅ 실제 시험처럼 한 문제라도 더 맞추려는 마음으로 '실전 모의고사' 파트를 활용한다면, '최신 기출문제' 파트에서 쌓아 올린 실전 대비 능력을 더욱 끌어올리는 데 도움이 될 것입니다.

상세한 정답 풀이부터 꼼꼼한
오답 분석까지 가능한 해설!

✅ 정답이 되는 이유를 설명하는 것은 물론, 오답에 대한 상세한 해설까지 제공하여 수험생들이 부족한 부분을 빠르게 파악하고, 취약한 영역을 공략할 수 있도록 구성하였습니다.

✅ 문제와 관련된 이론을 정리하여 수록함으로써 수험생들의 빈틈없는 행정법 학습이 가능하도록 하였습니다.

이 책의 **차례**

핵심 정리

01 군무원 시험에 출제 가능한 행정법각론 - 군사행정법

9급 군무원 시험에서는 25문제 중 1~2문제 정도가 각론에서 출제가 되고 있습니다. 그런데 그 1~2문제 역시 각론에서도 지엽적인 부분에서 출제가 되고 있기 때문에, 그 문제들을 풀어내기 위해 행정법각론의 모든 내용을 공부하는 것은 비효율적일 뿐더러, 공부를 한다 하더라도 대응이 될지 미지수입니다. 한편 총론의 범위에 속하는 내용들은 꽤 어렵게 출제가 되기 때문에, 실제로는 각론보다는 총론 문제를 얼마나 맞히느냐에 따라 당락이 갈리고 있습니다. 따라서 총론 문제를 잘 풀어서 합격을 할 생각을 하여야 합니다. 지엽적으로 출제되는 1~2개의 각론 문제를 위해서는 아래에 정리된 내용들만을 준비하는 것으로서 충분하다고 봅니다. 이 정도 준비했으면 수험생으로서는 할 만큼 한 것입니다. 물론 7급 군무원 시험을 준비하는 경우에는 사정이 다른데, 7급 '공무원' 시험을 준비하는 수험생들의 경우와 마찬가지로 각론 전체를 공부해 주어야 합니다. 그 경우에는 별도로 각론 교재로 시험에 대비를 하시기 바랍니다.

제1장   군사행정법 개설

핵심 정리1   군사행정법 개설

01 군사행정의 의의

① 군사행정(작용)이란 국토방위를 실현하기 위하여 국가가 행하는 병력의 <u>취득·관리·유지</u> 및 이를 <u>사용</u>하는 모든 행정작용을 말한다.

② 군사행정은 국가의 안전을 보장하기 위한 <u>소극적 작용</u>이라는 점에서 복리행정작용과 구분되며, <u>보호의 대상이 국가 그 자체</u>라는 점에서 사회질서를 대상으로 하는 경찰행정작용과도 구분된다.

02 군사행정작용과 법률유보원칙

군사행정 영역에서의 국가 권력의 발동, 즉 군정권의 행사는 일반적으로 국민의 자유와 재산에 대하여 침해를 야기한다. 따라서 군사행정작용을 함에 있어서는 법률의 근거가 필요하다.

03 군사행정의 기본원칙

1. 국제평화주의

> 헌법 전문(前文) 유구한 역사와 전통에 빛나는 우리 대한국민은 … 밖으로는 항구적인 세계평화와 인류공영에 이바지함으로써 우리들과 우리들의 자손의 안전과 자유와 행복을 영원히 확보할 것을 다짐하면서 1948년 7월 12일에 제정되고 8차에 걸쳐 개정된 헌법을 이제 국회의 의결을 거쳐 국민투표에 의하여 개정한다.
>
> 헌법 제4조 대한민국은 통일을 지향하며, 자유민주적 기본질서에 입각한 평화적 통일 정책을 수립하고 이를 추진한다.
>
> 헌법 제5조 ① 대한민국은 국제평화의 유지에 노력하고 침략적 전쟁을 부인한다.

우리 헌법은 전문에서 국제평화주의를 헌법상 원칙으로 선언하고 있다. 이러한 국제평화주의의 원칙은 침략적 전쟁의 부인(제5조 제1항), 평화적 통일(제4조)에 관한 규정으로 구체화되고 있다.

2. 민주군정의 원칙

> 헌법 제74조 ② 국군의 조직과 편성은 법률로 정한다.
>
> 헌법 제60조 ② 국회는 선전포고, 국군의 외국에의 파견 또는 외국군대의 대한민국 영역안에서의 주류에 대한 동의권을 가진다.

민주주의의 원칙은 군사행정의 영역에도 적용된다. 따라서 군사행정에 대해서도 국회의 간섭을 받는다. 헌법상 국군의 조직과 편성에 대한 법정주의(제74조 제2항), 선전포고·국군의 해외파견에 대한 국회동의권(제60조 제2항)등의 규정은 이를 구현하기 위한 것들이다.

3. 군의 정치적 중립성

> 헌법 제5조 ② 국군은 국가의 안전보장과 국토방위의 신성한 의무를 수행함을 사명으로 하며, 그 정치적 중립성은 준수된다.

헌법 제5조 제2항에 따라 국군은 정치적으로 중립적인 지위에서 그 임무를 수행하여야 한다. 국군은 국민의 군대로서 정치적 목적으로부터 중립성을 지켜야 한다.

4. 민간우위(문민통제)의 원칙

> 헌법 제86조 ③ 군인은 현역을 면한 후가 아니면 국무총리로 임명될 수 없다.
>
> 헌법 제87조 ④ 군인은 현역을 면한 후가 아니면 국무위원으로 임명될 수 없다.

① 민간우위의 원칙이란, 군사행정은 문민에 의한 민주적 통제를 받아야 한다는 원칙을 의미한다.

② 군인은 현역을 면한 후가 아니면 국무총리·국무위원으로 임명될 수 없다는 헌법 규정과(제86조 제3항, 제87조 제4항) 군의 정치적 중립성에 관한 규정 등은 이러한 민간우위의 원칙이 구체화된 것이다.

③ 따라서 군인은 정치적 행위가 금지되며(군인의 지위 및 복무에 관한 기본법 제33조)■, 정치단체에 가입하거나 정치적 의견을 공표하거나 정치운동을 하면 처벌된다(군형법 제94조).

■ 참고로, 과거 대통령령으로 제정되었던 「군인복무규율」은 군 내 기본권 침해를 근절하기 위한 목적으로 제정된 법률 「군인의 지위 및 복무에 관한 기본법」의 시행으로 2016. 6. 30. 폐지되었다.

제 2 장 군사행정조직

핵심 정리2 군사행정조직

01 군정(軍政)기관

① 군정기관이란 군사행정작용을 할 수 있는 적법한 권한을 가진 행정기관을 의미한다.

② 군정기관은 대통령 및 국무총리·국방부장관·합동참모의장·각군참모총장·각군참모총장의 예하부대로 구성된다.

③ 뿐만 아니라 국무회의와 국가안전보장회의 역시 대통령의 자문기관으로서 군정기관에 포함되며, 국방부장관의 보좌기관인 합동참모본부·합동참모회의도 군정기관에 포함된다.

02 군공무원

군공무원이란 군정기관의 구성원으로서 계속적으로 군무에 복무하는 공무원을 의미한다. 이러한 군공무원은 군인과 군무원으로 구성된다. 특히 군무원은 특정직 공무원에 해당한다.

제 3 장 군사행정작용

핵심 정리 3 군사행정작용

01 군사관리작용

① 군사관리작용은 군의 조직과 편성 및 군 유지·관리와 같은 군조직 내부의 비권력적 작용을 의미한다.

② 일반적으로 군사관리작용은 특별행정법관계에서의 작용 또는 사경제적 작용에 속한다.

02 군사권력작용

1. 군사권력작용의 의의

군사권력작용이란 국가방위의 목적을 달성하기 위하여 행하는 국민에 대한 명령·강제 등의 작용을 의미한다. 예컨대, 국민에게 병역의 의무를 과하거나, 군비 확충을 위해 인적 부담 및 물적 부담을 과하는 것 등이 이에 해당한다.

2. 병역

(1) 병역의무의 근거

> 헌법 제39조 ① 모든 국민은 법률이 정하는 바에 의하여 국방의 의무를 진다.
> 병역법 제1조(목적) 이 법은 대한민국 국민의 병역의무에 관하여 규정함을 목적으로 한다.
> 병역법 제3조(병역의무) ① 대한민국 국민인 남성은 「대한민국헌법」과 이 법에서 정하는 바에 따라 병역의무를 성실히 수행하여야 한다. 여성은 지원에 의하여 현역 및 예비역으로만 복무할 수 있다.
> 병역법 제8조(병역준비역 편입) 대한민국 국민인 남성은 18세부터 병역준비역에 편입된다.

① 병역의무는 헌법 제39조에서 규정하고 있는 국방의 의무의 한 내용이다. 헌법은 국방의 의무의 구체적인 이행방법과 내용을 법률로써 정하도록 위임하고 있는데, 이에 따라 병역의무에 관한 일반법으로 「병역법」이 제정되어 있다.

② 국방의 의무는 모든 국민이 부담하는 의무인 반면, 병역의무는 「병역법」상 남성만이 부담하고 있다(제3조 제1항).

판례

㉠ 국방의 의무는 외부 적대세력의 직·간접적인 침략행위로부터 국가의 독립을 유지하고 영토를 보전하기 위한 의무로서, 현대전이 고도의 과학기술과 정보를 요구하고 국민전체의 협력을 필요로 하는 이른바 총력전인 점에 비추어 (i) 단지 병역법에 의하여 군복무에 임하는 등의 직접적인 병력형성의무만을 가리키는 것이 아니라, (ii) 병역법, 향토예비군설치법, 민방위기본법, 비상대비자원관리법 등에 의한 간접적인 병력형성의무 및 (iii) 병력형성이후 군작전명령에 복종하고 협력하여야 할 의무도 포함하는 개념이다.

🔍 헌법재판소는 국방의 의무를 이렇게 셋으로 나누고 있다.

㉡ 일반적으로 국방의무를 부담하는 국민들 중에서 구체적으로 어떤 사람을 국군의 구성원으로 할 것인지 여부를 결정하는 문제는 이른바 '직접적인 병력형성의무'에 관련된 것으로서, (i) 원칙적으로 국방의무의 내용을 법률로써 구체적으로 형성할 수 있는 입법자가 국가의 안보상황, 재정능력 등의 여러가지 사정을 고려하여 국가의 독립을 유지하고 영토를 보전함에 필요한 범위내에서 결정할 사항이고, (ii) 예외적으로 국가의 안위에 관계되는 중대한 교전상태 등의 경우에는 대통령이 헌법 제76조 제2항에 근거하여 법률의 효력을 가지는 긴급명령을 통하여 결정할 수도 있는 사항이라고 보아야 한다.

㉢ 한편, 징집대상자의 범위를 결정하는 문제는 그 목적이 국가안보와 직결되어 있고, 그 성질상 급변하는 국내외 정세 등에 탄력적으로 대응하면서 '최적의 전투력'을 유지할 수 있도록 합목적적으로 정해야 하는 사항이기 때문에, 본질적으로 입법자 등의 입법형성권이 매우 광범위하게 인정되어야 하는 영역이다(2002헌바45).

판례

국방의 의무는 외부의 적대세력의 직접적·간접적인 위협으로부터 국가의 독립을 유지하고 영토를 보전하기 위한 의무를 말한다. 현대전이 고도의 과학기술과 정보를 요구하고 국민 전체의 협력을 필요로 하는 이른바 총력전인 점, 그리고 오늘날 국가안보의 개념이 군사적 위협뿐만 아니라 자연재난이나 사회재난, 테러 등으로 인한 안보 위기에 대한 대응을 포함하는 포괄적 안보 개념으로 나아가고 있는 점 등을 고려할 때, 국방의 의무의 내용은 군에 복무하는 등의 군사적 역무에만 국한되어야 한다고 볼 수 없다. 즉, 전시·사변 또는 이에 준하는 비상사태, 재난사태 발생 시의 방재(防災)·구조·복구 등 활동이나, 그러한 재난사태를 예방하기 위한 소방·보건의료·방재(防災)·구호 등 활동도 넓은 의미의 안보에 기여할 수 있으므로, 그와 같은 비군사적 역무 역시 입법자의 형성에 따라 국방의 의무 또는 그 주요한 부분을 이루는 병역의무의 내용에 포함될 수 있다(2011헌바379).

⑵ 병역의무의 개념

① 병역의무란 국가의 복무명령이 있는 경우, 군대의 구성원으로서 군에 복무하여야 할 국민의 의무를 의미한다. 다시 말해, 국가의 군복무명령이 발령되는 때에 이에 응하여야 할 의무를 말한다. 병역의무는 대체이행이 불가능한 일신전속적 성격을 갖는다.

② 병역의무는 현실적으로 군에서 복무하여야 하는 의무를 지칭하는 것이 아니라, 국가로부터 군 복무의 명령을 받을 수 있는 일종의 법률상의 지위를 지칭하는 것이다. 따라서 예비군 복무의무 및 민방위 응소의무 역시 병역의무에 포함된다.

③ 마찬가지로 병역의무의 면제 역시 현실적인 군 복무의 면제를 의미할 뿐만 아니라, 국가로부터 어떠한 복역의 명령을 받지 않을 것을 포함하는 의미로 사용되기도 한다.

병역의무는 다른 사람에 의한 대체적 이행이 불가능한 일신 전속적 의무이기 때문에, 병역우대조치의 남발은 그에 의하여 병역감경을 받는 특정한 병역의무자들의 병역부담을 다른 병역의무자들에게 전가하는 결과를 가져와 병역평등의 이념에 반하고 국민의 국방의식을 저하시킬 수 있으므로, 입법자는 병역감경대상자를 설정함에 있어서 합리적인 기준에 따라 병역감경이 절실하거나 시급하다고 인정되는 사람으로 그 범위를 최소화할 필요성이 있다(2004헌마804).

(3) 병역의 종류(2019. 12. 31. 개정법 기준)(제5조 제1항)

현역	① 징집이나 지원에 의하여 입영한 병(兵) ② 「병역법」 또는 「군인사법」에 따라 현역으로 임용 또는 선발된 장교(將校)·준사관(準士官)·부사관(副士官) 및 군간부후보생		
예비역	① 현역을 마친 사람 ② 그 밖에 「병역법」에 따라 예비역에 편입된 사람		
보충역	병역판정검사 결과 현역 복무를 할 수 있다고 판정된 사람 중에서 병력수급(兵力需給) 사정에 의하여 현역병입영 대상자로 결정되지 아니한 사람		
	오른쪽 중 어느 하나에 해당하는 사람으로 복무하고 있거나 그 복무를 마친 사람	① 사회복무요원, ② 예술·체육요원, ③ 공중보건의사, ④ 병역판정검사전담의사, ⑤ 공익법무관, ⑥ 공중방역수의사, ⑦ 전문연구요원, ⑧ 산업기능요원	
	그 밖에 「병역법」에 따라 보충역에 편입된 사람		
병역준비역	병역의무자로서 현역, 예비역, 보충역, 전시근로역 및 대체역이 아닌 사람		
전시근로역	① 병역판정검사 또는 신체검사 결과 현역 또는 보충역 복무는 할 수 없으나 전시근로소집에 의한 군사지원업무는 감당할 수 있다고 결정된 사람 ② 그 밖에 「병역법」에 따라 전시근로역에 편입된 사람		
대체역	병역의무자 중 「대한민국헌법」이 보장하는 양심의 자유를 이유로 현역, 보충역 또는 예비역의 복무를 대신하여 병역을 이행하고 있거나 이행할 의무가 있는 사람으로서 「대체역의 편입 및 복무 등에 관한 법률」에 따라 대체역에 편입된 사람 ⊕ 양심적 병역거부자에 대한 대체복무 방법을 마련하지 아니한 구 「병역법」 규정에 대한 위헌결정(2011헌바379)이 내려짐에 따라 새로 마련된 병역의 종류이다.		

> **판례**
>
> [병역법 제5조 제1항에서 대체복무제를 인정하고 있지 않은 것은 위헌이라고 본 헌법재판소 결정]
>
> ㉠ 청구인들은 병역종류조항의 병역의무가 제한적으로 규정되어 양심적 병역거부자에게 집총 등 군사훈련이 수반되지 않는 대체복무의 선택 기회가 제공되지 아니하기 때문에 기본권이 침해된다고 주장하고 있다. … 대체복무제는 병역의무의 부과를 전제로 그에 대한 대체적 이행을 허용하는 제도이므로, 그 개념상 병역의무의 내용에 포함된다고 봄이 타당하다. … 청구인들의 위 주장은 입법자가 아무런 입법을 하지 않은 진정입법부작위를 다투는 것이 아니라, 입법자가 병역의 종류에 관하여 입법은 하였으나 그 내용이 양심적 병역거부자를 위한 비군사적 내용의 대체복무제를 포함하지 아니하여 불완전·불충분하다는 부진정입법부작위를 다투는 것이라고 봄이 상당하다.
>
> ㉡ 일반적으로 양심적 병역거부는 병역의무가 인정되는 징병제 국가에서 종교적·윤리적·철학적 또는 이와 유사한 동기로부터 형성된 양심상의 결정을 이유로 병역의무의 이행을 거부하는 행위를 가리킨다. 양심적 병역거부를 인정하는 것은 … 인류 공통의 염원인 평화를 수호하기 위하여 무기를 들 수 없다는 양심을 보호하고자 하는 것일 뿐, 특정 종교나 교리를 보호하고자 하는 것은 아니다.
>
> ㉢ 양심적 병역거부를 인정한다고 해서 양심적 병역거부자의 병역의무를 전적으로 면제하는 것은 아니다. 양심적 병역거부를 인정하는 징병제 국가들은 대부분 양심적 병역거부자로 하여금 비군사적 성격의 공익적 업무에 종사하게 함으로써 병역의무의 이행에 갈음하는 제도를 두고 있는데, 이를 대체복무제라고 한다.
>
> ㉣ 대체복무제라는 대안이 있음에도 불구하고 군사훈련을 수반하는 병역의무만을 규정한 병역법 제5조 제1항의 병역종류조항은, 침해의 최소성 원칙에 어긋난다. 따라서 양심적 병역거부자에 대한 대체복무제를 규정하지 아니한 병역종류조항은 과잉금지원칙에 위배하여 양심적 병역거부자의 양심의 자유를 침해한다(2011헌바379).

(4) 징집

> 병역법 제20조(현역병의 모집) ① 병무청장이나 각 군 참모총장은 18세 이상으로서 군에 복무할 것을 지원한 사람에 대하여 대통령령으로 정하는 바에 따라 병무청장이나 각 군 참모총장이 실시하는 현역병자원 신체검사(제14조의3 제1항 제3호에 따른 검사를 포함한다)를 거쳐 육군·해군 또는 공군의 현역병으로 선발할 수 있다. 이 경우 병무청장은 각 군 참모총장과 협의하여 체력검사·면접·필기·실기 등의 전형을 실시할 수 있다. 〈개정 2014. 5. 28, 2024. 1. 9.〉

① '징집'이란 국가가 병역의무자에게 현역(現役)에 복무할 의무를 부과하는 것을 말한다(병역법 제2조 제1항 제1호). 이는 행정행위로서 병역판정검사를 거친 후 행한다.

② 징집에 관한 원칙으로는 강제징병주의와 지원병제도가 있다. 현행 병역법은 강제징병주의를 원칙으로 하면서도(제3조 제1항), 지원병제도를 보충적으로 인정하고 있다(제20조 제1항).

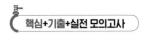

(5) 소집

'소집'이란 국가가 병역의무자 또는 지원에 의한 병역복무자(제3조 제1항 후단에 따라 지원에 의하여 현역에 복무한 여성을 말한다) 중 예비역, 보충역, 전시근로역 또는 대체역에 대하여 현역 복무 외의 군복무의무 또는 공익 분야에서의 복무의무를 부과하는 것을 말한다(제2조 제1항 제2호). 소집은 행정행위에 해당한다.

(6) 병역의무부과 통지서

> **병역법 제6조(병역의무부과 통지서의 송달)** ① 지방병무청장(병무지청장을 포함한다)은 병역의무자에게 병역의무를 부과하는 통지서(이하 "병역의무부과 통지서"라 한다)를 우편 또는 교부의 방법이나 정보통신망을 이용하여 송달(이하 "전자송달"이라 한다)하여야 한다. 〈개정 2010. 1. 25.〉
>
> **병역법 제85조(통지서 수령 거부 및 전달의무 태만)** 제6조에 따라 병역의무부과 통지서를 수령하거나 전달할 의무가 있는 사람이 정당한 사유 없이 그 수령을 거부한 경우 또는 이를 전달하지 아니하거나 전달을 지체한 경우에는 6개월 이하의 징역 또는 100만원 이하의 벌금에 처한다.
>
> **병역법 제88조(입영의 기피 등)** ① 현역입영 또는 소집 통지서(모집에 의한 입영 통지서를 포함한다)를 받은 사람이 정당한 사유 없이 입영일이나 소집일부터 다음 각 호의 기간이 지나도 입영하지 아니하거나 소집에 응하지 아니한 경우에는 3년 이하의 징역에 처한다. (단서 생략)
> 〈개정 2013. 6. 4., 2014. 5. 9., 2016. 5. 29., 2019. 12. 31.〉
> 1. 현역입영은 3일
> 2. 사회복무요원·대체복무요원 소집은 3일
> 3. 군사교육소집은 3일
> 4. 병력동원소집 및 전시근로소집은 2일

① 병역의무부과 통지서를 송달받은 병역의무자는 입영 또는 소집의무를 부과받게 된다. 병역의무부과 통지서의 일종인 현역입영통지서는 그 병역 의무자에게 이를 송달함이 원칙이고, 이러한 송달은 병역의무자의 현실적인 수령행위를 전제로 하고 있다고 보아야 하므로, 병역의무자가 현역입영통지의 내용을 이미 알고 있는 경우에도 여전히 현역입영통지서의 송달은 필요하다(2009도3397). [20년 군무원 9급]

② 병역법 제85조에 따르면 정당한 사유 없이 병역의무부과 통지서를 수령하기를 거부한 경우에는 6개월 이하의 징역 또는 100만원 이하의 벌금에 처하게 되고, 제88조에 따르면 현역입영통지서를 받은 사람이 정당한 사유 없이 입영일로부터 3일 이내에 입영하지 않은 경우 3년 이하의 징역에 처하게 된다.

③ 제85조와 제88조의 관계가 문제되는데, 현역입영대상자가 정당한 사유 없이 병역의무부과통지서인 현역입영통지서의 수령을 거부하고 입영기일부터 3일이 경과하여도 입영하지 않은 경우 통지서 수령거부에 대한 처벌만 인정될 뿐 입영의 기피에 대한 처벌은 인정되지 않는다고 본다(2009도3397). [20년 군무원 9급]

④ 제88조와 관련하여 과거 대법원은 양심적 병역거부는 이 때의 "정당한 사유"에 해당하지 않는다고 보았으나, 2018년 전원합의체 판결을 통하여 입장을 변경하여 이제는 양심적 병역거부도 "정당한 사유"에 해당하여, 양심상의 이유로 소집을 거부하는 행위는 범죄가 되지 않는다고 보고 있다(2016도10912 전원합의체).

⑤ 한편, 현역입영통지서는 그 상대방이 현실적으로 입영을 하는 경우 그 법적효력이 소멸하지만, 현역입영대상자가 현실적으로 입영을 하였다고 하더라도, 그는 입영 이후의 법률관계에 영향을 미치고 있는 현역병입영통지처분 등을 한 관할지방병무청장을 상대로 위법을 주장하여 그 취소를 구할 소송상의 이익을 인정할 수 있다고 본다(2003두1875). [20년 군무원 9급, 19년 국가 9급, 17년 서울 9급] 다만, 현역병입영대상자로 병역처분을 받은 자가 그 취소소송 중 모병에 의하여 현역병으로 자진입대한 경우에는, 그 처분의 위법을 다툴 실제적 효용 내지 이익이 없으므로 입영 후에는 소의 이익이 없다고 본다(98두9165). [18년 경찰 2차, 14년 사복 9급] 병역처분을 취소한다 하더라도 그는 여전히 현역병으로서 복무해야 하기 때문이다.

판례

[양심적 병역거부가 병역법 제88조의 "정당한 사유"에 해당한다는 대법원 전원합의체 판결]

㉠ "정당한 사유"는 구체적인 사안에서 법관이 개별적으로 판단해야 하는 불확정개념으로서, 실정법의 엄격한 적용으로 생길 수 있는 불합리한 결과를 막고 구체적 타당성을 실현하기 위한 것이다. 위 조항에서 정한 정당한 사유가 있는지를 판단할 때에는 병역법의 목적과 기능, 병역의무의 이행이 헌법을 비롯한 전체 법질서에서 가지는 위치, 사회적 현실과 시대적 상황의 변화 등은 물론 피고인이 처한 구체적이고 개별적인 사정도 고려해야 한다. 병역의무의 부과와 구체적 병역처분 과정에서 고려되지 않은 사정이라 하더라도, 입영하지 않은 병역의무자가 처한 구체적이고 개별적인 사정이 그로 하여금 병역의 이행을 감당하지 못하도록 한다면 병역법 제88조 제1항의 '정당한 사유'에 해당할 수 있다고 보아야 한다. 설령 그 사정이 단순히 일시적이지 않다거나 다른 이들에게는 일어나지 않는 일이라 하더라도 마찬가지이다.

㉡ 양심적 병역거부의 허용 여부는 헌법 제19조 양심의 자유 등 기본권 규범과 헌법 제39조 국방의 의무 규범 사이의 충돌·조정 문제가 된다. … 병역법 제88조 제1항에서 입영의무의 불이행을 처벌하면서도 한편으로는 '정당한 사유'라는 문언을 두어 입법자가 미처 구체적으로 열거하기 어려운 충돌 상황을 해결할 수 있도록 하고 있다. 따라서 양심적 병역거부에 관한 규범의 충돌·조정 문제는 병역법 제88조 제1항에서 정한 '정당한 사유'라는 문언의 해석을 통하여 해결하여야 한다.

㉢ 양심적 병역거부는 소극적 부작위에 의한 양심실현에 해당한다. 양심적 병역거부자들은 헌법상 국방의 의무 자체를 부정하지 않는다. 단지 국방의 의무를 구체화하는 법률에서 병역의무를 정하고 그 병역의무를 이행하는 방법으로 정한 집총이나 군사훈련을 수반하는 행위를 할 수 없다는 이유로 그 이행을 거부할 뿐이다. 진정한 양심적 병역거부자에게 집총과 군사훈련을 수반하는 병역의무의 이행을 강제하고 그 불이행을 처벌하는 것은 양심의 자유에 대한 과도한 제한이 되거나 본질적 내용에 대한 위협이 된다.

㉣ 자유민주주의는 다수결의 원칙에 따라 운영되지만 소수자에 대한 관용과 포용을 전제로 할 때에만 정당성을 확보할 수 있다. … 일방적인 형사처벌만으로 규범의 충돌 문제를 해결할 수 없다는 것은 이미 오랜 세월을 거쳐 오면서 확인되었다. 그 신념에 선뜻 동의할 수는 없다고 하더라도 이제 이들을 관용하고 포용할 수는 있어야 한다.

㉤ 요컨대, 자신의 내면에 형성된 양심을 이유로 집총과 군사훈련을 수반하는 병역의무를 이행하지 않는 사람에게 형사처벌 등 제재를 해서는 안 된다. 양심적 병역거부자에게 병역의무의 이행을 일률적으로 강제하고 그 불이행에 대하여 형사처벌 등 제재를 하는 것은 양심의 자유를 비롯한 헌법상 기본권 보장체계와 전체 법질서에 비추어 타당하지 않을 뿐만 아니라 소수자에 대한 관용과 포용이라는 자유민주주의 정신에도 위배된다. 따라서 진정한 양심에 따른 병역거부라면, 이는 병역법 제88조 제1항의 '정당한 사유'에 해당한다.

㉥ 양심적 병역거부를 병역법 제88조 제1항의 정당한 사유로 인정할 것인지는 대체복무제의 존부와 논리필연적인 관계에 있지 않다. 대체복무제는 양심적 병역거부를 인정하였을 때 제기될 수 있는 병역의무의 형평성 문제를 해소하는 방안이 될 수 있다. 즉 대체복무제는 양심적 병역거부를 인정하는 것을 전제로 한다. 따라서 현재 대체복무제가 마련되어 있지 않다거나 향후 대체복무제가 도입될 가능성이 있더라도, 병역법 제88조 제1항을 위반하였다는 이유로 기소되어 재판을 받고 있는 피고인에게 병역법 제88조 제1항이 정하는 정당한 사유가 인정된다면 처벌할 수 없다고 보아야 한다.

㉦ "정당한 사유"로 인정할 수 있는 양심적 병역거부를 심리하여 판단하는 것은 중요한 문제이다. 여기에서 말하는 양심은 그 신념이 깊고, 확고하며, 진실하여야 한다. … 구체적인 병역법위반 사건에서 피고인이 양심적 병역거부를 주장할 경우, 그 양심이 과연 위와 같이 깊고 확고하며 진실한 것인지 가려내는 일이 무엇보다 중요하다. 인간의 내면에 있는 양심을 직접 객관적으로 증명할 수는 없으므로 사물의 성질상 양심과 관련성이 있는 간접사실 또는 정황사실을 증명하는 방법으로 판단하여야 한다.

㉧ 정당한 사유가 없다는 사실은 범죄구성요건이므로 검사가 증명하여야 한다. 다만 진정한 양심의 부존재를 증명한다는 것은 마치 특정되지 않은 기간과 공간에서 구체화되지 않은 사실의 부존재를 증명하는 것과 유사하다. 위와 같은 불명확한 사실의 부존재를 증명하는 것은 사회통념상 불가능한 반면 그 존재를 주장·증명하는 것이 좀 더 쉬우므로, 이러한 사정은 검사가 증명책임을 다하였는지를 판단할 때 고려하여야 한다. 따라서 양심적 병역거부를 주장하는 피고인은 자신의 병역거부가 그에 따라 행동하지 않고서는 인격적 존재가치가 파멸되고 말 것이라는 절박하고 구체적인 양심에 따른 것이며 그 양심이 깊고 확고하며 진실한 것이라는 사실의 존재를 수긍할 만한 소명자료를 제시하고, 검사는 제시된 자료의 신빙성을 탄핵하는 방법으로 진정한 양심의 부존재를 증명할 수 있다. 이때 병역거부자가 제시해야 할 소명자료는 적어도 검사가 그에 기초하여 정당한 사유가 없다는 것을 증명하는 것이 가능할 정도로 구체성을 갖추어야 한다 (2016도10912).

3. 군사부담

(1) 군사부담의 의의

① 군사부담이란 군사행정의 목적인 국토방위를 달성하기 위하여 국가가 국민에 대하여 그의 신체나 재산에 대하여 일정한 부담을 부과하는 것을 의미한다.

② 이러한 군사부담은 군사행정상의 목적을 위한 것이라는 점에서, 복리행정 목적을 위한 공용부담과 구별된다.

(2) 군사부담의 근거

군사부담은 국민에 대하여 침익적 효과를 가져오므로 반드시 법적 근거가 있어야 한다.

(3) 군사부담의 종류

징발	① 징발은 전시·사변 또는 이에 준하는 비상사태하에서 군작전을 수행하기 위하여 필요한 토지·물자·시설 또는 권리에 일정한 보상을 지급하면서 부담(수용 또는 사용)을 과하는 것이다(징발법 제1조). 즉, 징발은 물적 군사부담의 성질을 갖는 것이다. ② 징발에 관한 일반법으로 「징발법」이 제정되어 있다.
군사제한	① 군사제한이란 군사행정의 목적을 달성하기 위하여 국민에게 일정한 작위·부작위·수인 의무를 부과하는 것을 의미한다. ② 현행법상 군사제한과 관련된 법률로는 「군사기지 및 군사시설 보호법」과 「방어해면법」 등을 들 수 있다.

핵심 정리 4 ∙ 기타 군(軍) 관련 기출지문 총정리

01. 신병교육훈련기간 동안 전화사용을 하지 못하도록 정하고 있는 규율은 신병교육훈련생들의 통신의 자유 등 기본권을 과도하게 제한하는 것이라고 보기 어렵다(2007헌마890). [19년 경찰 2차]

　　⊕ ㉠ 특별권력관계에서도 기본권이 보호됨을 전제로 한 판시이다. ㉡ 신병들을 군인으로 육성하고 교육훈련과 병영생활에 조속히 적응시키기 위한 것일 뿐더러 (목적의 정당성) 신병훈련기간이 5주의 기간으로서 상대적으로 단기라는 점을 논거로 들었다. 행정법 판례라기보다는 헌법 판례에 해당한다.

02. 군인이 상관의 지시 및 그 근거 법령에 대해, 법원이나 헌법재판소에 법적 판단을 청구하는 행위 자체만으로는, 군인의 복종의무를 위반하였다고 볼 수 없다(2012두26401). [20년 지방 7급, 19년 경찰 2차]

　　⊕ 상관의 지시나 명령 그 자체를 따르지 않는 행위와, 상관의 지시나 명령은 준수하면서도 그것이 위법·위헌이라는 이유로 재판청구권을 행사하는 행위는 구별되어야 함을 논거로 들었다. 특별권력관계의 일종인 군인의 복무관계도 재판의 대상이 된다고 보았다는 점에 의의가 있다.

03. 군인은 국가의 존립과 안전을 보장함을 직접적인 존재의 목적으로 하는 군조직의 구성원인 특수한 신분관계에 있으므로, 그 존립목적을 달성하기 위하여 필요한 한도 내에서 일반 국민보다 상대적으로 기본권이 더 제한될 수 있다(2012두26401). [19년 경찰 2차]

　　⊕ 기본권이 인정되지 않는다는 말은 아니다.

04. 육군3사관학교 사관생도의 경우 일반국민보다 기본권이 더 제한될 수는 있으나, 그 경우에도 법률유보의 원칙이나 과잉금지원칙 등 기본권제한과 관련된 헌법상 원칙들을 지켜야 한다(2016두60591).

05. 국방의 목적을 달성하기 위하여 상명하복의 체계적인 구조를 가지고 있는 군조직의 특수성을 감안할 때, 군인의 복무 기타 병영생활 및 정신전력 등과 밀접하게 관련되어 있는 부분은 행정부에 널리 독자적 재량을 인정할 수 있는 영역이라고 할 것이므로, 이와 같은 영역에 대하여 법률유보원칙을 철저하게 준수할 것을 요구하고, 그와 같은 요구를 따르지 못한 경우 헌법에 위반된다고 판단하는 것은 합리적인 것으로 보기 어렵다(2008헌마638).

06. 현역병입영대상자로 병역처분을 받은 자가 그 취소소송 중 모병에 의하여 현역병으로 자진입대한 경우, 그 처분의 위법을 다툴 실제적 효용 내지 이익이 없으므로 소의 이익이 없다(98두9165). [18년 경행경채, 14년 사복 9급]

　　⊕ 병역처분을 취소한다 하더라도 계속 현역병으로서 복무해야 하기 때문이다.

07. 현역입영대상자로서 현실적으로 입영을 한 자가 입영 이후의 법률관계에 영향을 미치고 있는 현역병입영통지처분 등을 한 관할 지방병무청장을 상대로 위법을 주장하여 그 취소를 구하는 경우는 협의의 소의 이익이 인정된다(2003두1875). [20년 군무원 9급, 19년 국가 9급, 17년 서울 9급]

　　⊕ ㉠ 현역병입영통지처분을 취소할 경우 현역병으로서 복무해야 할 의무를 면하게 되기 때문이다. ㉡ 소의 이익이 존재하는지 여부가 문제된 이유는, 현역병으로 입영을 하면 현역병입영통지처분의 효력이 소멸되기 때문이었다. 그럼에도 불구하고 소의 이익을 인정한 사안이다.

08. 병역법에 따른 군의관의 신체등위판정은 처분이 아니지만, 그에 따른 지방병무청장의 병역처분은 처분이다(93누3356). [19년 소방 9급, 17년 지방 9급, 16년 사복 9급]

09. 「병역법」상 보충역편입처분과 공익근무요원소집처분이 각각 단계적으로 별개의 법률효과를 발생하는 독립된 행정처분이므로, 불가쟁력이 생긴 보충역편입처분의 위법을 이유로 공익근무요원소집처분의 효력을 다툴 수 없다(2001두5422). [20년 군무원 9급]

⊕ 하자가 승계되지 않는다는 말이다.

10. 관할 지방병무청장이 병역의무 기피를 이유로 그 인적사항 등을 공개할 대상자를 1차로 결정하고, 그에 이어 병무청장의 최종 공개결정이 있는 경우, 지방병무청장의 1차 공개결정은 병무청장의 최종 공개결정과는 별도로 항고소송의 대상이 되지 않는다(2018두49130). [20년 군무원 7급]

⊕ 관할지방 병무청장의 공개 1차결정은 내부적 행위이기 때문이다. 병무청장의 최종 공개결정의 처분성만 인정했다.

10-1. 병무청장의 병역의무 기피자의 인적사항 공개결정은 취소소송의 대상이 되는 처분에 해당한다(2018두49130). [20년 군무원 7급]

11. 병무청 담당부서의 담당공무원에게 공적 견해의 표명을 구하는 정식의 서면질의 등을 하지 아니한 채, 총무과 민원팀장에 불과한 공무원이 민원봉사차원에서 상담에 응하여 안내한 것을 신뢰한 경우, 신뢰보호의 원칙이 적용되지 않는다(2003두1875). [18년 2월 서울 7급, 13년 국가 9급]

⊕ 참고로, 상담은 대국민 서비스 행위에 불과하다.

11-1. 서울지방병무청 총무과 민원팀장이 국외영주권을 취득한 사람의 상담에 응하여 법령의 내용을 숙지하지 못한 채 민원 봉사차원에서 현역입영대상자가 아니라고 답변하였다면 그것은 서울지방병무청장의 공적인 견해표명이라 할 수 없다(2003두1875). [18년 지방 9급]

12. 지방병무청장이 재신체검사 등을 거쳐 보충역편입처분을 제2국민역편입처분으로 변경한 경우, 그 후 새로운 병역처분(제2국민역편입처분)의 성립에 하자가 있었음을 이유로 하여 이를 취소한다고 하더라도 종전의 보충역편입처분의 효력이 되살아난다고 할 수 없다(2001두9653). [16년 서울 7급]

⊕ 여기서는 보충역편입처분이 원행정행위이다. 그리고 보충역편입처분은 침익적 행정행위이다. 그리고 변경처분은 일부취소처분으로 취급된다. 따라서 침익적 처분을 일부취소하였다가 이를 다시 취소할 수 있는지에 대한 판례이다.

13. 병무청장이 법무부장관에게 '가수 甲이 공연을 위하여 국외여행허가를 받고 출국한 후 미국 시민권을 취득함으로써 사실상 병역의무를 면탈하였다'는 이유로 입국 금지를 요청함에 따라, 법무부장관이 甲의 입국금지결정을 하였는데, 甲이 재외공관의 장에게 재외동포(F-4) 체류자격의 사증발급을 신청하자, 이에 따라 재외공관장이 처분이유를 기재한 사증발급 거부처분서를 작성해 주지 않은 채 6일만에 오로지 13년 7개월 전에 법무부장관의 입국금지결정이 있었다는 이유로 甲의 아버지에게 전화로 사증발급이 불허되었다고 통보한 경우 재외공관장이 한 위 사증발급 거부처분은 위법하다(2017두38874).

⊕ ㉠ 위 사안의 경우가, 문서에 의한 처분의 예외로서 행정절차법 제24조 제1항 단서에서 정하고 있는 '신속히 처리할 필요가 있거나 사안이 경미한 경우'에 해당한다고 볼 수도 없으므로, 이 사증발급 거부처분에는 행정절차법 제24조 제1항을 위반한 하자가 있고, ㉡ 재외공관장이 자신에게 주어진 재량권을 전혀 행사하지 않고 오로지 13년 7개월 전에 입국금지결정이 있었다는 이유만으로 그에 구속되어 사증발급 거부처분을 한 것은 재량권을 전혀 행사하지 않은 것으로서 재량의 일탈이나 남용으로 보아야 하기 때문이다. 재량불행사도 '일탈이나 남용'으로서 위법하다고 보았다.

14. 행정절차법 시행령 제2조 제1항에 의해 「병역법」에 의한 소집에 관한 사항에는 행정절차법이 적용되지 않지만, 「병역법」에 따라 지방병무청장이 산업기능요원에 대하여 행하는 산업기능요원 편입취소처분은 이에 해당하지 않아 행정절차법이 적용되므로 처분의 사전통지를 하고 의견제출의 기회를 부여하여야 한다(2002두554). [20년 국가 7급, 20년 국회 8급]

⊕ 산업기능요원으로의 편입은 소집이 아니다. 병역의 종류가 산업기능요원으로 편입이 되어 있는 자에 대하여 구체적인 병역의무를 부과하는 작용을 소집이라 한다.

15. 국내에 거주하는 미합중국 군대의 구성원에 대하여는 '대한민국과 아메리카합중국 간의 상호방위조약 제4조에 의한 시설과 구역 및 대한민국에서의 합중국 군대의 지위에 관한 협정'(이른바 한·미행정협정)에 의해 국내법령의 적용이 제한된다. [10년 국회 9급]

16. 「군인사법」상 보직해임처분에는 처분의 근거와 이유 제시 등에 관한 구 「행정절차법」의 규정이 별도로 적용되지 아니한다(2012두5756). [19년 국회 8급]

⊕ ㉠ 군인사법에서 별도로 규정을 두어 장교를 보직해임할 때에는 보직해임심의위원회의 의결을 거치도록 하며, 보직해임심의위원회는 회의개최 전에 회의일시, 장소 및 심의사유 등을 심의대상자에게 통보하여야 하고, 심의대상자는 보직해임심의위원회에 출석하여 소명하거나 소명에 관한 의견서를 제출할 수 있으며, 보직해임심의위원회가 의결을 한 경우에는 그 내용을 심의대상자에게 서면으로 통보하도록 하고 있었기 때문이다. ㉡ 참고로 보직해임은 군인에 대하여 이루어지는 처분으로서, 일반공무원에 대한 직위해제와 동일한 제도이다. 공군사관학교의 중국어 조교수에 대한 보직해임이 문제되었던 사건이다.

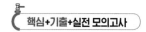

17. 대통령이 한미연합 군사훈련의 일종인 2007년 전시증원연습을 하기로 한 결정은, 국방에 관련되는 고도의 정치적 결단에 해당하여 사법심사를 자제하여야 하는 통치행위에 해당된다고 보기 어렵다(2007헌마369). [20년 소방간부]

18. 군사시설보호구역의 설정·변경 또는 해제와 같은 행위는 통치행위로서, 행정행위와 구별된다(83누43).

19. 군사시설보호구역 밖의 토지에 주유소를 설치·경영하도록 하기 위한 석유판매업 허가를 함에 있어서, 관할 부대장의 동의를 얻어야 할 법령상의 근거가 없음에도 그 동의가 없다는 이유로 행해진 불허가처분에 대한 소송에서, 당해 토지가 탄약창에 근접한 지점에 위치하고 있다는 사실을 불허가사유로 추가하는 것은 허용되지 않는다(91누70). [13년 국가 7급]
   ⊕ 처분사유의 추가 또는 변경과 관련된 판례이다.

20. 현역병으로 입영하였으나 소정의 군사교육을 마치고 전임되어 법무부장관에 의하여 경비교도로 임용된 자는 국가배상법 제2조 제1항 단서에 따라 손해배상청구가 제한되는 군인, 군무원, 경찰공무원 또는 향토예비군대원에 해당한다고 할 수 없다(92다43395). [19년 경찰 2차, 15년 경행특채 1차]
   ⊕ 참고로, 2016년 11월 이전에는 예비군의 이름이 '향토예비군'이었다.

21. 한·일 군사정보보호협정 및 한·일 상호군수지원협정과 관련된 각종 회의자료 및 회의록 등의 정보는 정보공개법상 공개가 가능한 부분과 공개가 불가능한 부분을 쉽게 분리하는 것이 불가능한 경우에 해당하므로 부분공개가 불가능하다(2015두46512). [19년 10월 서울 7급]

22. 乙이 군인연금법령에 따라 국방부장관의 인정을 받아 퇴역연금을 지급받아 오던 중 「군인보수법」, 「공무원보수규정」에 의한 호봉이나 봉급액의 개정 등으로 퇴역연금액이 변경되어 국방부장관이 乙에게 법령의 개정에 따른 퇴역연금액 감액조치를 한 경우, 퇴역연금차액 지급을 구하는 당사자소송으로 다투어야 한다(2002두3522). [18년 국가 9급]

22-1. 국방부장관의 인정에 의하여 퇴역연금을 지급받아 오던 중 법령개정으로 퇴역연금액이 변경됨에 따라 국방부장관이 행한 퇴역연금액 감액조치에 대해 취소소송을 제기할 수 없다(2002두3522). [19년 5급 승진]

23. 각 군 참모총장이 군인 명예전역수당 지급대상자 결정절차에서 국방부장관에게 명예전역수당 지급대상자를 추천하거나 일부를 추천하지 않는 행위는 처분에 해당하지 않는다(2009두14231). [19년 국회 8급]
   ⊕ 행정기관 간의 내부행위에 불과하기 때문이다.

24. 국가배상청구에 있어서 채권자가 동일한 목적을 달성하기 위하여 복수의 채권을 갖고 있는 경우, 어느 하나의 청구권을 행사하는 것이 다른 채권에 대한 소멸시효 중단의 효력이 있다고 할 수 없다(2000다39735). [08년 지방 7급]
   ⊕ 군복무 중 폭행 등 구타로 인하여 질병을 취득하였음을 이유로 국가배상청구소송을 제기하였다가, 뒤늦게 「국가유공자 등 예우 및 지원에 관한 법률」에 따른 보상청구를 한 사안이다. 국가배상청구소송을 제기하였다면 국가배상청구권의 소멸시효만 중단될 뿐, 「국가유공자 등 예우 및 지원에 관한 법률」에 따른 보상청구권의 소멸시효까지 중단되는 것은 아니라고 보았다.

25. 乙은 경찰청 소속의 의무경찰대원으로서 순찰업무를 수행하기 위하여 동료 의무경찰대원 B가 운전하던 오토바이 뒷좌석에 타고 가던 중 B의 오토바이와 민간인 C가 운전하던 트럭이 쌍방의 경과실로 충돌하는 사고가 발생하여 상해를 입었다. 한편, C가 상해를 입은 의무경찰대원 乙의 손해를 전부 배상하였다. ① 乙은 국가배상법상 직무집행 중인 경찰공무원에 해당한다(94헌마118). ② 헌법재판소는 C가 자신의 귀책부분을 넘는 B의 부담부분에 관하여 국가를 상대로 구상권을 행사하는 것이 부인되는 경우, 이는 헌법상 평등원칙, 재산권보장규정 및 헌법 제37조 제2항 등의 헌법규정에 반한다고 보았다(93헌바21). ③ 대법원 판례에 의하면 C는 국가를 상대로 자신의 귀책부분을 넘는 B의 부담부분에 대한 구상을 청구할 수 없다(96다42420 전원합의체). [15년 변호사]

25-1. 민간인과 직무집행 중인 군인의 공동불법행위로 인하여 직무집행 중인 다른 군인이 피해를 입은 경우, 민간인이 피해 군인에게 자신의 과실비율에 따라 내부적으로 부담할 부분을 초과하여 피해금액 전부를 배상한 경우에, 대법원 판례에 따르면 민간인은 국가에 대해 가해 군인의 과실비율에 대한 구상권을 행사할 수 없다(96다42420 전원합의체). [18년 국가 9급]

26. 민간인과 직무집행 중인 군인의 공동불법행위로 인하여 직무집행 중인 다른 군인이 피해를 입은 경우, 민간인이 공동불법행위자로서 부담하는 책임은 공동불법행위의 일반적인 경우와는 달리 모든 손해에 대한 것이 아니라 귀책비율에 따른 부분으로 한정된다는 것이 대법원의 입장이다(96다42420 전원합의체). [10년 국가 7급]

27. 헌법재판소는 일반국민이 직무집행중인 군인과의 공동불법행위로 다른 군인에게 공상을 입혀 그 피해자에게 손해전부를 배상했을 경우, 공동불법행위자인 군인의 부담부분에 관하여 국가에 대한 구상권이 허용된다고 본다(93헌바21). [11년 지방 7급]

28. 전투·훈련 등 직무집행과 관련하여 공상을 입은 군인이 「국가배상법」에 따라 손해배상금을 지급받은 다음에 「국가유공자 등 예우 및 지원에 관한 법률」이 정한 보훈급여금의 지급을 청구하는 경우, 국가는 국가배상법에 따라 손해배상을 받았다는 사정을 들어 보훈급여금의 지급을 거부할 수 없다(2014두40012). [19년 경찰 2차, 19년 국가 9급]

    ⊕ ㉠ 이중배상 금지규정의 적용조건과 조건이 반대인 상황이다. 이 경우에는 보상금의 지급 근거 법률에 별도의 금지 규정이 없는 한, 보상과 배상은 엄격하게 구분이 되는 것이어서, '보상'을 청구하는 것은 허용된다고 보았다. ㉡ 참고로, 손해배상금을 받은 후에 관련법령에 의한 보상금을 받을 수 있는 자격을 취득하게 되거나, 보상금을 받을 수 있는 자격이 있는지 여부에 대한 판단이 어려운 경우가 있어 이런 문제가 발생할 수 있다.

28-1. 전투·훈련 등 직무집행과 관련하여 공상을 입은 군인 등이 먼저 「국가배상법」에 따라 손해배상금을 지급받은 다음 「보훈보상대상자 지원에 관한 법률」이 정한 보상금 등 보훈급여금의 지급을 청구하는 경우, 보훈지청장은 「국가배상법」에 따라 손해배상을 받았다는 사정을 들어 지급을 거부할 수 없다(2015두60075). [19년 서울 9급, 19년 국회 8급]

    ⊕ 두 사례(2015두60075, 2014두40012)는 보훈급여금 지급의 근거법률만 다를 뿐이고, 국가배상법상의 손해배상금이 지급된 이후에 보훈급여금의 지급이 문제되었다는 점에서는 동일하다.

29. 군인연금법 제31조에서 정한 사망보상금은 불법행위로 인한 소극적 손해배상과 같은 종류의 급여이므로, 군 복무 중 사망한 군인 등의 유족이 국가배상법에 따른 손해배상금을 지급받은 경우, 군인연금법 제31조에서 정한 사망보상금을 지급받을 수 없다(2018두36691).

    ⊕ 군인연금법에 따른 사망보상금은 위험한 직무수행에 대한 보상적 성격이 있는 것이어서, 국가배상금과 동일한 취지의 것이기 때문에 지급받을 수 없다고 본다.

30. 경찰공무원인 피해자가 구 「공무원연금법」의 규정에 따라 공무상 요양비를 지급받는 것은 국가배상법 제2조 제1항 단서에서 정한 '다른 법령'에 따라 보상을 지급받는 것에 해당하지 않는다(2017다16174).

    ⊕ 따라서 별도로 국가배상을 받을 수 있다는 말이다. 공무원연금법에 따른 급여는 적은 임금을 받으며 공무원으로서 직무를 수행해 온 자의 생활안정을 위한 것이어서 국가배상과 취지가 동일하지 않기 때문이다.

31. 미군부대 소속 선임하사관이 공무차 개인소유차를 운전하고 출장을 갔다가 퇴근하기 위하여 집으로 운행하던 중 사고가 발생한 경우에는 공무원의 직무관련성이 인정된다(87다카1163). [10년 경행특채]

32. 군인 甲은 영외작업 후 부대복귀 중 작업병의 차출을 둘러싸고 언쟁을 하다가 소속부대 선임하사 A로부터 구타당하여 부상을 입었다. 이 경우 甲은 군인연금법 또는 국가유공자 등 예우 및 지원에 관한 법률에 의하여 별도의 보상을 받을 수 없는 경우라면 국가배상법에 따른 배상을 청구할 수 있다(96다42178). [15년 변호사]

    ⊕ 직무관련성이 인정됨을 전제로 하여 이중배상금지 규정의 적용 여부를 검토한 것이다.

33. 육군중사 甲이 다음날 실시예정인 독수리 훈련에 대비하여 사전 정찰차 훈련지역 일대를 살피고 귀대하던 중 교통사고가 일어났다면, 甲이 비록 개인소유의 오토바이를 운전하였다 하더라도 실질적·객관적으로 위 甲의 운전행위는 그에게 부여된 훈련지역의 사전 정찰 임무를 수행하기 위한 직무와 밀접한 관련이 있다고 보아야 한다(94다6741). [16년 지방 7급]

34. 군인사법령에 의하여 진급예정자명단에 포함된 자에 대하여 의견제출의 기회를 부여하지 아니한 채 업자로부터의 금품수수를 이유로 진급선발을 취소하는 처분을 한 것은 절차상 하자가 있어 위법하다(2006두20631). [19년 국회 8급, 19년 변호사, 18년 국회 8급, 17년 국가 7급]

    ⊕ ㉠ 진급선발취소가 침익적 처분이기 때문이다. ㉡ 다만, 다른 판례들과의 비교의 관점에서는, 군인사법령상의 진급예정자명단에 포함된 자에 대하여 진급선발을 취소하는 행위를 처분으로 보았다는 점도 중요하다.

35. 수사과정 및 징계과정에서 자신의 비위행위에 대한 해명기회를 가졌다는 사정만으로 군인사법령에 따른 진급선발취소 처분을 하는 과정에서 사전통지를 하지 않거나 의견제출의 기회를 주지 아니하여도 되는 예외적인 경우에 해당한다고도 할 수 없다(2006두20631). [19년 변호사]

⊕ 진급선발취소 처분은 수사나 징계과정과는 별개의 행정작용이다.

36. ① 구 군인연금법상 선순위 유족이 유족연금수급권을 상실함에 따라 동순위 또는 차순위 유족이 유족연금수급권 이전 청구를 한 경우, 선순위 유족의 수급권 상실로 청구인에게 유족연금수급권 이전이라는 법률효과가 발생하였는지 여부에 관한 국방부장관의 결정은 강학상 확인으로서 항고소송의 대상인 처분에 해당한다. ② 따라서 만약 국방부장관이 거부결정을 하는 경우 그 거부결정을 대상으로 항고소송을 제기하는 방식으로 불복하여야 하고, 청구인이 정당한 유족연금수급권자라는 국방부장관의 심사·확인 결정 없이 곧바로 국가를 상대로 한 당사자소송으로 그 권리의 확인이나 유족연금의 지급을 소구할 수는 없다(2018두46780).

⊕ ㉠ 「군인연금법 시행령」상 동순위 또는 차순위 유족이 선순위 유족의 수급권 상실을 이유로 유족연금수급권을 이전받아 취득하려면 국방부장관에게 '유족연금수급권 이전 청구서'를 제출하여 요건을 구비하였는지 여부에 대한 국방부장관의 판단을 받을 것을 요구하고 있었다. 이 결정은 판정행위로서 강학상 행정행위인 확인에 해당한다고 보았다. ㉡ 육군 소령으로 근무하던 甲이 공무수행 중 발생한 사고로 순직하여 그 아들(乙)과 배우자(丙)가 유족연금을 지급받고 있었는데, 乙은 후에 만 18세가 되어 유족연금수급권을 상실하였고, 丙은 재혼을 하여 유족연금수급권을 상실하였던 사안이다. 이에, 甲의 부모였던 丁과 戊가 국군재정관리단장을 상대로 유족연금수급권 이전 청구를 하였던 사안이다.

37. 현역군인만을 국방부의 보조기관 및 차관보·보좌기관과 병무청 및 방위사업청의 보조기관 및 보좌기관에 보할 수 있도록 정하여 군무원을 제외하고 있는 정부조직법 관련 조항은 군무원들의 평등권을 침해한다고 볼 수 없다(2005헌마1257). [20년 군무원 9급]

⊕ 지상·해상·상륙 및 항공작전임무와 그 임무를 수행하기 위한 교육훈련업무에는 평소 그 업무에 종사해 온 현역군인들의 작전 및 교육경험을 활용할 필요성이 인정된다는 점을 논거로 들었다. 군무원들은 주로 정비·보급·수송 등의 군수지원분야의 업무, 행정 업무 그리고 일부 전투지원분야의 업무만을 담당한다.

38. 전역지원의 시기를 상실하였을 뿐 아니라 의무장교의 인력운영 수준이 매우 저조하여 장기활용가능 자원인 군의관을 의무복무기간 중 군에서 계속하여 활용할 필요가 있다는 등의 이유로 해당 군의관을 전역대상자에서 제외한 처분에는 재량의 일탈 또는 남용이 없다(98두12253). [20년 국회 9급]

⊕ 참고로, 장기복무 군의관에 대한 전역허가는 재량행위이다.

39. 과거 소년이었을 때 죄를 범하여 형의 집행유예를 선고받은 사람이 장교·준사관 또는 하사관으로 임용된 경우에는, 그것을 임용결격사유로 규정한 구 군인사법 제10조 제2항 제5호에도 불구하고, 신설된 소년법 제67조 제1항 제2호와 그것을 소급적용한다는 부칙 제2조에 따라 그 임용이 유효하게 된다(2017두62587). [21년 소방간부]

40. 공익근무요원(현 사회복무요원) 소집해제 거부처분의 취소를 구하던 중, 복무기간 만료를 이유로 소집해제 처분을 받은 경우에는, 그 거부처분에 대한 취소를 구할 법률상의 이익이 있다고 볼 수 없다(2004두4369). [12년 세무사]

PART

02

최신 기출문제

01 2023. 7. 15. 군무원 9급 기출문제

01

「행정기본법」상 행정의 법 원칙에 대한 설명으로 옳지 않은 것은?

① 행정청은 행정작용을 할 때 상대방에게 해당 행정작용과 실질적인 관련이 없는 의무를 부과해서는 아니 된다.
② 행정청은 합리적 이유 없이 국민을 차별하여서는 아니 된다.
③ 행정청은 공익을 현저히 해칠 우려가 있는 경우라도 행정에 대한 국민의 정당하고 합리적인 신뢰를 보호하여야 한다.
④ 행정청은 법령 등에 따른 의무를 성실히 수행하여야 한다.

02

행정행위의 성립과 효력발생에 대한 설명으로 옳지 않은 것은? (다툼이 있는 경우 판례에 의함)

① 상대방 있는 행정처분이 상대방에게 고지되지 아니한 경우에도 상대방이 다른 경로를 통해 행정처분의 내용을 알게 되었다면 행정처분의 효력이 발생한다고 볼 수 있다.
② 일반적으로 행정처분이 주체·내용·절차와 형식이라는 내부적 성립요건과 외부에 대한 표시라는 외부적 성립요건을 모두 갖춘 경우에는 행정처분이 존재한다.
③ 법무부장관이 입국금지에 관한 정보를 내부전산망인 출입국관리정보시스템에 입력한 것만으로는 법무부장관의 의사가 공식적인 방법으로 외부에 표시된 것이 아니어서 위 입국금지결정은 항고소송의 대상인 처분에 해당되지 않는다.
④ 행정처분의 외부적 성립은 행정의사가 외부에 표시되어 행정청이 자유롭게 취소·철회할 수 없는 구속을 받게 되는 시점을 확정하는 의미를 가진다.

03

부관에 대한 설명으로 옳은 것은? (다툼이 있는 경우 판례에 의함)

① 행정청은 부관을 붙일 수 있는 처분의 경우 일단 그 처분을 한 후에는 당사자의 동의가 있더라도 부관을 새로 붙일 수 없다.
② 행정청은 처분에 재량이 있는 경우에도 법률에 근거가 있어야만 부관을 붙일 수 있다.
③ 철회권의 유보는 해당 처분의 목적을 달성하기 위하여 필요한 최소한의 범위여야 한다.
④ 부담은 행정행위의 불가분적인 요소로서 부담 그 자체를 행정쟁송의 대상으로 할 수 없다.

04

기속행위와 재량행위에 대한 설명으로 옳지 않은 것은? (다툼이 있는 경우 판례에 의함)

① 기속행위와 재량행위의 구분은 당해 행위의 근거가 된 법규의 체재·형식과 그 문언, 당해행위가 속하는 행정분야의 주된 목적과 특성, 당해 행위 자체의 개별적 성질과 유형 등을 모두 고려하여 판단하여야 한다.
② 처분의 근거 법령이 행정청에 재량을 부여하였으나 행정청이 처분으로 달성하려는 공익과 처분상대방이 입게 되는 불이익을 전혀 비교형량하지 않은 채 처분을 하였더라도 재량권 일탈·남용으로 해당 처분을 취소해야 할 위법사유가 되지는 않는다.
③ 행정청은 처분에 재량이 없는 경우에는 법률에 근거가 있는 경우에 부관을 붙일 수 있다.
④ 재량행위의 경우 법원은 독자의 결론을 도출함이 없이 당해 행위에 재량권의 일탈·남용이 있는지 여부만을 심사한다.

05

행정상 손해배상에 대한 설명으로 옳지 않은 것은? (다툼이 있는 경우 판례에 의함)

① 「국가배상법」이 정한 손해배상청구의 요건인 '공무원의 직무'에는 국가나 지방자치단체의 권력적 작용뿐만 아니라 비권력적 작용으로서 단순한 사경제의 주체로서 하는 작용도 포함된다.

② 「국가배상법」 제5조 제1항에 정하여진 '영조물의 설치 또는 관리의 하자' 요건에서 안전성을 갖추지 못한 상태의 의미에는 그 영조물이 공공의 목적에 이용됨에 있어 그 이용상태 및 정도가 일정한 한도를 초과하여 제3자에게 사회통념상 수인할 것이 기대되는 한도를 넘는 피해를 입히는 경우까지 포함된다.

③ 외국인이 피해자인 경우에는 해당 국가와 상호 보증이 있을 때에만 「국가배상법」이 적용되는데, 이때 상호보증의 요건 구비를 위해 반드시 당사국과의 조약이 체결되어 있을 필요는 없다.

④ 「국가배상법」에 따른 손해배상의 소송은 배상심의회에 배상신청을 하지 아니하고도 제기할 수 있다.

06

「공공기관의 정보공개에 관한 법률」상 정보공개제도에 대한 설명으로 옳은 것은? (다툼이 있는 경우 판례에 의함)

① 정보의 공개 및 우송에 드는 비용은 모두 정보공개 의무가 있는 공공기관이 부담한다.

② 사립대학교는 정보공개를 할 의무가 있는 공공기관에 해당하지 않는다.

③ 정보공개청구의 대상이 되는 정보를 공공기관이 보유·관리하고 있다는 점에 관하여는 정보공개를 구하는 사람에게 증명책임이 있다.

④ 국내에 사무소를 두고 있는 외국법인 또는 외국단체는 학술·연구를 위한 목적으로만 정보공개를 청구할 수 있다.

07

행정상 손실보상에 대한 설명으로 옳지 않은 것은? (다툼이 있는 경우 판례에 의함)

① 잔여지 수용청구를 받아들이지 않은 토지수용위원회의 재결에 대하여 토지소유자가 불복하여 제기하는 소송은 보상금의 증액에 관한 소송에 해당하여 사업시행자를 피고로 하여야 한다.

② 수용재결에 불복하여 취소소송을 제기하는 때에는 이의신청을 거친 경우에도 수용재결을 한 중앙토지수용위원회 또는 지방토지수용위원회를 피고로 하여 수용재결의 취소를 구하여야 한다.

③ 「공익사업을 위한 토지 등의 취득 및 보상에 관한 법률」에 의한 보상금 증감에 관한 소송은 수용재결서를 받은 날부터 90일 이내에, 이의신청을 거쳤을 때에는 이의신청에 대한 재결서를 받은 날부터 60일 이내에 각각 행정소송을 제기할 수 있다.

④ 「공익사업을 위한 토지 등의 취득 및 보상에 관한 법률」에 의한 사업인정의 고시 절차를 누락한 것을 이유로 수용재결처분의 취소를 구할 수 있다.

08

공법관계와 사법관계에 관한 판례의 내용으로 옳지 않은 것은?

① 서울특별시 지하철공사의 사장이 소속직원에게 한 징계처분에 대한 불복절차는 민사소송에 의하여야 한다.

② 공기업·준정부기관이 계약에 근거한 권리행사로서 입찰참가자격 제한 조치를 하였더라도 입찰참가자격 제한 조치는 행정처분이다.

③ 국유재산 등의 관리청이 하는 행정재산의 사용·수익에 대한 허가는 관리청이 특정인에게 행정재산을 사용할 수 있는 권리를 설정하여주는 강학상 특허로서 공법관계이다.

④ 기부자가 기부채납한 부동산을 일정기간 무상 사용한 후에 한 사용허가기간 연장신청을 거부한 지방자치단체의 장의 행위는 사법상의 행위이다.

09

대법원 판례의 내용으로 옳지 않은 것은?

① 기업의 비업무용 부동산 보유실태에 관한 감사원의 감사보고서의 내용은 직무상 비밀에 해당하지 않는다. [각론]

② 같은 정도의 비위를 저지른 자들 사이에 있어서 그 직무의 특성 등에 비추어, 개전의 정이 있는지 여부에 따라 징계의 종류의 선택과 양정에 있어서 차별적으로 취급하는 것은, 자의적 취급이라고 할 수 있어서 평등원칙 내지 형평에 반한다.

③ 국가공무원법상 직무상 비밀이라 함은 국가 공무의 민주적, 능률적 운영을 확보 하여야 한다는 이념에 비추어 볼 때 당해 사실이 일반에 알려질 경우 그러한 행정의 목적을 해할 우려가 있는지 여부를 기준으로 판단하여야 한다. [각론]

④ 수 개의 징계사유 중 일부가 인정되지 않더라도 인정되는 다른 징계사유만으로도 당해 징계처분의 타당성을 인정하기에 충분한 경우에는 그 징계처분을 유지하여도 위법하지 아니하다. [각론]

10

재건축·재개발사업에 대한 내용으로 옳지 않은 것은? (다툼이 있는 경우 판례에 의함)

① 이전고시의 효력이 발생한 이후에는 조합원 등이 해당 정비사업을 위하여 이루어진 수용재결이나 이의재결의 취소 또는 무효확인을 구할 법률상 이익이 없다.

② 「도시 및 주거환경정비법」 등 관련 법령에 의한 조합설립인가처분이 있은 후에 조합설립결의의 하자를 이유로 그 결의부분만을 따로 떼어내어 무효 등 확인의 소를 제기하는 것이 허용되지 않는다.

③ 「도시 및 주거환경정비법」에 따른 이전고시는 공법상 처분이다.

④ 「도시 및 주거환경정비법」상 조합설립추진위원회 구성승인처분을 다투는 소송 계속 중 조합설립인가처분이 이루어진 경우에도 조합설립추진위원회 구성승인처분에 대하여 취소 또는 무효확인을 구할 법률상 이익이 있다.

11

다음 중 행정계획에 관한 설명으로 옳지 않은 것은?(다툼이 있는 경우 판례에 의함)

① 국립대학인 서울대학교의 '94학년도 대학입학고사 주요요강'은 행정계획이므로 헌법소원의 대상이 되는 공권력행사에 해당되지 않는다.

② 행정주체가 행정계획을 입안·결정하면서 이익형량을 전혀 행하지 않거나 이익형량의 고려 대상에 마땅히 포함시켜야 할 사항을 빠뜨린 경우 또는 이익형량을 하였으나 정당성과 객관성이 결여된 경우에는 행정계획결정은 형량에 하자가 있어 위법하게 된다.

③ 개발제한구역지정처분은 그 입안·결정에 관하여 광범위한 형성의 자유를 가지는 계획재량처분이다.

④ 「도시 및 주거환경정비법」에 따른 주택재건축정비사업 조합이 행정주체의 지위에서 수립하는 관리처분계획은 구속적 행정계획으로서 주택재건축정비사업조합이 행하는 독립된 행정처분에 해당한다.

12

행정행위의 취소와 철회에 대한 설명으로 옳지 않은 것은? (다툼이 있는 경우 판례에 의함)

① 한 사람이 여러 종류의 자동차운전면허를 취득하는 경우뿐 아니라 이를 취소함에 있어서도 서로 별개의 것으로 취급하는 것이 원칙이다.

② 당사자가 처분의 위법성을 중대한 과실로 알지 못한 경우에는 행정청은 당사자에게 이익을 부여하는 처분의 취소로 인하여당사자가 입게 될 불이익을 취소로 달성되는공익과 비교·형량하지 않아도 된다.

③ 행정청은 정당한 사유가 있는 경우에는 처분을 장래를 향하여 취소할 수 있다.

④ 처분청은 행정처분에 하자가 있는 경우에는 별도의 법적 근거가 있어야만 스스로 이를 취소할 수 있다.

PART
02

13

행정지도에 대한 설명으로 옳지 않은 것은? (다툼이 있는 경우 판례에 의함)

① 행정지도를 하는 자는 그 상대방에게 그 행정지도의 취지 및 내용과 신분을 밝혀야 한다.

② 행정지도는 말로 이루어질 수 있다.

③ 행정기관은 행정지도의 상대방이 행정지도에 따르지 아니할 경우 그에 상응하는 불이익 조치를 할 수 있다.

④ 행정지도의 상대방은 해당 행정지도의 방식에 관하여 행정기관에 의견제출을 할 수 있다.

14

행정상 강제에 관한 설명으로 옳지 않은 것은? (다툼이 있는 경우 판례에 의함)

① 관계 법령상 행정대집행의 절차가 인정되어 행정청이 행정대집행의 방법으로 건물의 철거 등 대체적 작위의무의 이행을 실현할 수 있는 경우에는 따로 민사소송의 방법으로 그 의무의 이행을 구할 수 없다.

② 「행정대집행법」에 따른 행정대집행에서 건물의 점유자가 철거의무자일 때에는 별도로 퇴거를 명하는 집행권원이 필요하다.

③ 「건축법」에 위반하여 건축한 것이어서 철거의무가 있는 건물이라 하더라도 그 철거의무를 대집행하기 위한 계고처분을 하려면 다른 방법으로는 이행의 확보가 어렵고 불이행을 방치함이 심히 공익을 해하는 것으로 인정될 때에 한하여 허용되고 이러한 요건의 주장·입증책임은 처분 행정청에 있다.

④ 과세관청이 체납처분으로서 행하는 공매는 우월한 공권력의 행사로서 행정소송의 대상이 되는 공법상의 행정처분이며 공매에 의하여 재산을 매수한 자는 그 공매처분이 취소된 경우에 그 취소처분의 위법을 주장하여 행정소송을 제기할 법률상 이익이 있다.

15

행정상 법률관계에 관한 설명으로 옳지 않은 것은? (다툼이 있는 경우 판례에 의함)

① 국유재산의 관리청이 그 무단점유자에 대하여 하는 변상금부과처분은 순전히 사경제주체로서 행하는 사법상의 법률행위라 할 수 없고, 이는 관리청이 공권력을 가진 우월적 지위에서 행한 것으로서 행정소송의 대상이 되는 행정처분이다.

② 국가나 지방자치단체에 근무하는 청원경찰은 「국가공무원법」이나 「지방공무원법」상의 공무원은 아니지만, 다른 청원경찰과는 달리 그 임용권자가 행정기관의 장이고, 국가나 지방자치단체로부터 보수를 받으므로, 그 근무관계는 사법상의 고용계약관계로 보기는 어려우므로 그에 대한 징계처분의 시정을 구하는 소는 행정소송의 대상이지 민사소송의 대상이 아니다.

③ 조세채무는 법률의 규정에 의하여 정해지는 법정채무로서 당사자가 그 내용 등을 임의로 정할 수 없고, 조세채무관계는 공법상의 법률관계이고 그에 관한 쟁송은 원칙적으로 행정사건으로서 「행정소송법」의 적용을 받는다.

④ 개발부담금 부과처분이 취소된 이상 그 후의 부당이득으로서의 과오납금 반환에 관한 법률관계는 단순한 민사 관계라 볼 수 없고, 행정소송 절차에 따라야 하는 행정법 관계로 보아야 한다.

16

헌법재판소와 대법원 판례의 내용으로 옳지 않은 것은?

① 「감염병의 예방 및 관리에 관한 법률」 제71조에 의한 예방접종 피해에 대한 국가의 보상책임은 무과실책임이지만, 질병, 장애 또는 사망이 예방접종으로 발생하였다는 점이 인정되어야 한다.

② 당사자적격, 권리보호이익 등 소송요건은 직권조사사항으로서 당사자가 주장하지 아니하더라도 법원이 직권으로 조사하여 판단하여야 하고, 사실심 변론종결 이후에 소송요건이 흠결되거나 그 흠결이 치유된 경우 상고심에서도 이를 참작하여야 한다.

③ 법령이 특정한 행정기관 등으로 하여금 다른 행정기관을 상대로 제재적 조치를 취할 수 있도록 하면서, 그에 따르지 않으면 그 행정기관에 대하여 과태료를 부과하거나 형사처벌을 할 수 있도록 정하는 경우, 제재적 조치의 상대방인 행정기관 등에게 항고소송 원고로서의 당사자능력과 원고적격을 인정할 수 없다.

④ 원고가 「행정소송법」상 항고소송으로 제기해야 할 사건을 민사소송으로 잘못 제기한 경우에 수소법원이 그 항고소송에 대한 관할을 가지고 있지 아니하여 관할법원에 이송하는 결정을 하였고, 그 이송결정이 확정된 후 원고가 항고소송으로 소 변경을 하였다면, 그 항고소송에 대한 제소기간의 준수 여부는 원칙적으로 처음에 소를 제기한 때를 기준으로 판단하여야 한다.

17

행정절차에 관한 설명으로 옳지 않은 것은? (다툼이 있는 경우 판례에 의함)

① 「국가공무원법」상 직위해제처분은 당해 행정작용의 성질상 행정절차를 거치기 곤란하거나 불필요하다고 인정되는 사항 또는 행정절차에 준하는 절차를 거친 사항에 해당하지 않으므로, 처분의 사전통지 및 의견청취 등에 관한 「행정절차법」의 규정이 적용되어야 한다.

② 군인사법령에 의하여 진급예정자명단에 포함된 자에 대하여 의견제출의 기회를 부여하지 아니한 채 진급선발을 취소하는 처분을 한 것은 절차상 하자가 있어 위법하다고 할 것이다.

③ 행정청이 침해적 행정처분을 하면서 당사자에게 행정절차법상의 사전 통지를 하거나 의견제출의 기회를 주지 않았다면, 사전 통지를 하지 않거나 의견제출의 기회를 주지 않아도 되는 예외적인 경우에 해당하지 않는 한, 그 처분은 위법하여 취소를 면할 수 없다.

④ 행정기관이 소속 공무원이나 하급행정기관에 대하여 세부적인 업무처리절차나 법령의 해석·적용 기준을 정해주는 '행정규칙'은 상위법령의 구체적 위임이 있지 않는 한 조직내부에서만 효력을 가질 뿐 대외적으로 국민이나 법원을 구속하는 효력이 없다.

18

다음 중 제3자의 원고적격에 관한 설명으로 옳지 않은 것은? (다툼이 있는 경우 판례에 의함)

① 행정처분의 직접 상대방이 아닌 제3자라도 당해 처분에 관하여 법률상 직접적이고 구체적인 이해관계를 가지는 경우에는 당해 처분 취소소송의 원고적격이 인정된다.

② 환경상 이익은 본질적으로 자연인에게 귀속되는 것으로서 단체는 환경상 이익의 침해를 이유로 행정소송을 제기할 수 없다.

③ 우리 출입국관리법의 해석상 외국인은 사증발급 거부처분의 취소를 구할 법률상 이익이 있다.

④ 처분 등에 의해 법률상 이익이 현저히 침해되는 경우뿐만 아니라 침해가 우려되는 경우에도 원고적격이 인정된다.

19

다음 중 공공의 영조물에 관한 설명으로 옳지 않은 것은? (다툼이 있는 경우 판례에 의함)

① 「도로교통법」 제3조 제1항에 의하여 특별시장·광역시장·제주특별자치도지사 또는 시장·군수의 권한으로 규정되어 있는 도로에서 경찰서장 등이 설치·관리하는 신호기의 하자로 인한 「국가배상법」 제5조 소정의 배상책임은 그 사무의 귀속 주체인 국가가 부담한다.

② 사실상 군민의 통행에 제공되고 있던 도로 옆의 암벽으로부터 떨어진 낙석에 맞아 사망하는 사고가 발생하였다고 하여도 동 사고지점 도로가 군에 의하여 노선인정 기타 공용개시가 없었으면 이를 영조물이라 할 수 없다.

③ 국가나 지방자치단체가 영조물의 설치·관리의 하자를 이유로 손해배상책임을 부담하는 경우 영조물의 설치·관리를 맡은 자와 그 비용부담자가 동일하지 아니하면 비용부담자도 손해배상책임이 있다.

④ 경찰서지서의 숙직실에서 순직한 경찰공무원의 유족들은 「국가배상법」 및 「민법」의 규정에 의한 손해배상을 청구할 권리가 있다.

20

다음 중 행정심판의 재결의 효력에 관한 설명으로 옳지 않은 것은? (다툼이 있는 경우 판례에 의함)

① 재결의 기속력은 인용재결의 효력이며 기각재결에는 인정되지 않는다.

② 재결이 확정된 경우에는 처분의 기초가 된 사실관계나 법률적 판단이 확정되고 당사자들이나 법원이 이에 기속되어 모순되는 주장이나 판단을 할 수 없게 된다.

③ 당해 처분에 관하여 위법한 것으로 재결에서 판단된 사유와 기본적 사실관계에 있어 동일성이 인정되는 사유를 내세워 다시 동일한 내용의 처분을 하는 것은 허용되지 않는다.

④ 형성력이 인정되는 재결로는 취소재결, 변경재결, 처분재결이 있다.

21

다음 중 「개인정보 보호법」에 관한 내용으로 옳지 않은 것은? (다툼이 있는 경우 판례에 의함)

① 개인정보처리자는 개인정보를 익명 또는 가명으로 처리하여도 개인정보 수집목적을 달성할 수 있는 경우 익명처리가 가능한 경우에는 익명에 의하여, 익명처리로 목적을 달성할 수 없는 경우에는 가명에 의하여 처리될 수 있도록 하여야 한다.

② 개인정보처리자는 정보주체가 필요한 최소한의 정보 외의 개인정보 수집에 동의하지 아니한다는 이유로 정보주체에게 재화 또는 서비스의 제공을 거부할 수 있다.

③ 개인정보처리자는 공공기관이 법령 등에서 정하는 소관 업무의 수행을 위하여 불가피한 경우에는 개인정보를 수집할 수 있으며 그 수집 목적의 범위에서 이용할 수 있다.

④ 개인정보처리자는 보유기간의 경과, 개인정보의 처리 목적 달성, 가명정보의 처리 기간 경과 등 그 개인정보가 불필요하게 되었을 때에는 지체 없이 그 개인정보를 파기하여야 한다. 다만, 다른 법령에 따라 보존하여야 하는 경우에는 그러하지 아니하다.

22

헌법재판소와 대법원 판례의 내용으로 옳지 않은 것은?

① 도축장 사용정지·제한명령은 공익목적을 위하여 이미 형성된 구체적 재산권을 박탈하거나 제한하는 「헌법」 제23조 제3항의 수용·사용 또는 제한에 해당하는 것이 아니라, 도축장 소유자들이 수인하여야 할 사회적 제약으로서 「헌법」 제23조 제1항의 재산권의 내용과 한계에 해당한다.

② 토지수용위원회의 수용재결에 대한 이의절차는 실질적으로 행정심판의 성질을 갖는 것이므로 「토지수용법」에 특별한 규정이 있는 것을 제외하고는 「행정심판법」의 규정이 적용된다고 할 것이다.

③ 「공무원연금법」상 공무원연금급여 재심위원회에 대한 심사청구 제도는 사안의 전문성과 특수성을 살리기 위하여 특히 필요하여 행정심판법에 따른 일반행정심판을 갈음하는 특별한 행정불복절차, 즉 특별행정심판에 해당한다.

④ 당사자의 신청을 받아들이지 않은 거부처분이 재결에서 취소된 경우에 행정청은 종전 거부처분 또는 재결 후에 발생한 새로운 사유를 내세워 다시 거부처분을 할 수 없다.

23

다음 중 개인적 공권에 관한 설명으로 옳지 않은 것은?
(다툼이 있는 경우 판례에 의함)

① 재량권이 영으로 수축하는 경우에는 무하자재량행사청
구권은 행정개입청구권으로 전환되는 특성이 존재한다.

② 사회적 기본권의 성격을 가지는 연금수급권은 국가에
대하여 적극적으로 급부를 요하는 것이므로 헌법규정만
으로는 이를 실현할 수 없고, 법률에 의한 형성을 필요
로 한다.

③ 행정청에게 부여된 공권력 발동권한이 재량행위인 경우,
행정청의 권한행사에 이해관계가 있는 개인은 행정청에
대하여 무하자재량행사청구권을 가진다.

④ 환경부장관의 생태·자연도 등급결정으로 1등급 권역의
인근 주민들이 가지는 환경상 이익은 법률상 이익이다.

24

항고소송의 대상인 '처분'에 대한 설명으로 옳지 않은 것
은? (다툼이 있는 경우 판례에 의함)

① 교육부장관이 대학에서 추천한 복수의 총장후보자들 전
부 또는 일부를 임용제청에서 제외하는 행위는 제외된
후보자들에 대한 불이익처분으로서 항고소송의 대상이
되는 처분에 해당한다고 보아야 한다.

② 법령상 토사채취가 제한되지 않는 산림 내에서의 토사
채취에 대하여 국토와 자연의 유지, 환경보전 등 중대한
공익상 필요를 이유로 그 허가를 거부하는 것은 재량권
을 일탈·남용하여 위법한 처분이라 할 수 있다.

③ 대학이 복수의 후보자에 대하여 순위를 정하여 추천한
경우 교육부장관이 후순위후보자를 임용제청했더라도
이로 인하여 헌법과 법률이 보장하는 대학의 자율성이
제한된다고는 볼 수 없다.

④ 절차상 또는 형식상 하자로 무효인 행정처분에 대하여
행정청이 적법한 절차 또는 형식을 갖추어 다시 동일한
행정처분을 하였다면, 종전의 무효인 행정처분에 대한
무효확인청구는 과거의 법률관계의 효력을 다투는 것에
불과하므로 무효확인을 구할 법률상 이익이 없다.

25

행정소송에 관한 설명으로 옳지 않은 것은? (다툼이 있는
경우 판례에 의함)

① 「공기업·준정부기관 계약사무규칙」에 따른 낙찰적격
세부기준은 국민의 권리의무에 영향을 미치므로 대외적
구속력이 인정된다.

② 지적공부 소관청의 지목변경신청 반려 행위는 국민의
권리관계에 영향을 미치는 것으로서 항고소송의 대상이
되는 행정처분에 해당한다.

③ 건축물대장 소관청의 용도변경신청 거부행위는 국민의
권리관계에 영향을 미치는 것으로서 항고소송의 대상이
되는 행정처분에 해당한다.

④ 국가계약법상 감점조치는 계약 사무를 처리함에 있어
내부규정인 세부기준에 의하여 종합취득점수의 일부를
감점하게 된다는 뜻의 사법상의 효력을 가지는 통지행
위에 불과하므로 항고소송의 대상이 되지 않는다.

02 2023. 7. 15. 군무원 7급 기출문제

01

행정법상 신고와 수리에 관한 설명으로 옳은 것은? (다툼이 있는 경우 판례에 의함)

① 법률에 행정기관의 내부업무처리 절차로서 수리를 규정한 경우에도 수리를 요하는 신고로 보아야 한다.

② 주민등록의 신고는 행정청에 도달하기만 하면 신고로서의 효력이 발생하는 것이 아니라 행정청이 수리한 경우에 비로소 신고의 효력이 발생한다.

③ 대규모점포의 개설등록은 자기완결적 신고이다.

④ 시도지사등에 대한 체육시설인 골프장회원 모집계획서 제출은 자기완결적 신고이다.

02

행정행위 부관과 확약에 관한 설명으로 옳은 것은? (다툼이 있는 경우 판례에 의함)

① 지방국토관리청장이 공유수면매립준공인가처분 중에서 일부 공유수면매립지에 대하여 한 국가귀속처분은 법률상 효과의 일부를 배제하는 부관으로 독립하여 행정소송의 대상이 된다.

② 확약의 취소행위로서 내인가취소는 본인가 신청에 대한 거부처분으로 항고소송의 대상이 되는 처분이다.

③ 법정부관에 대하여는 행정행위에 부관을 붙일 수 있는 한계에 관한 일반적인 원칙이 적용된다.

④ 행정청의 확약 또는 공적인 의사표명 그 자체에서 처분의 발령을 신청하도록 유효기간을 두었을 경우 그 후에 사실적·법률적 상태가 변경되었더라도 직권취소나 철회로 효력이 소멸되고 당연히 실효되는 것은 아니다.

03

「행정절차법」상 청문과 사전통지에 관한 설명으로 옳은 것은? (다툼이 있는 경우 판례에 의함)

① 행정청은 거부처분을 할 경우에는 상대방에게 원칙적으로 사전통지를 하여야 한다.

② 행정청은 영업자 지위승계의 신고의 수리를 하기 전에 양수인에게 사전통지를 해야 한다.

③ 행정청이 침익적 처분을 하면서 청문을 하지 않았다면 행정절차법상 예외적인 경우에 해당하지 않는 한 그 처분은 원칙적으로 무효에 해당한다.

④ 행정청은 다수 국민의 이해가 상충되는 처분이나 다수 국민에게 불편이나 부담을 주는 처분을 하려는 경우에는 청문주재자를 2명 이상으로 선정할 수 있다.

04

「행정기본법」상 이의신청과 재심사에 관한 설명으로 옳지 않은 것은?

① 이의신청에 대한 결과를 통지받은 후 행정심판 또는 행정소송을 제기하려는 자는 그 결과를 통지받은 날부터 90일 이내에 행정심판 또는 행정소송을 제기할 수 있다.

② 공무원 인사관계 법령에 의한 징계 등 처분에 관한 사항에 대하여도 「행정기본법」상의 이의신청 규정이 적용된다.

③ 당사자는 처분에 대하여 법원의 확정판결이 있는 경우에는 처분의 근거가 된 사실관계 또는 법률관계가 추후에 당사자에게 유리하게 바뀐 경우에도 해당 처분을 한 행정청이 처분을 취소·철회하거나 변경하여 줄 것을 신청할 수는 없다.

④ 처분을 유지하는 재심사 결과에 대하여는 행정심판, 행정소송 및 그밖의 쟁송수단을 통하여 불복할 수 없다.

05

「국가공무원법」상 직위해제처분과 징계처분에 관한 설명으로 옳은 것은? (다툼이 있는 경우 판례에 의함) [각론]

① 직위해제처분을 한 후에 동일한 사유로 다시 해임 등 징계처분을 한다면 일사부재리의 원칙에 반한다.

② 선행 직위해제처분의 하자는 후행 직권면직 처분에 승계된다.

③ 형사사건으로 기소되었다는 이유만으로 직위해제처분을 하는 것은 재량권의 범위를 일탈·남용한 것으로 볼 수 없다.

④ 직위해제처분은 공무원의 신분을 보유하게 하면서 잠정적 조치로서의 보직을 박탈하는 처분으로 징벌적 제재로서의 징계처분과는 그 성질을 달리한다.

06

행정의 실효성 확보수단에 관한 설명으로 옳지 않은 것은? (다툼이 있는 경우 판례에 의함)

① 공매처분을 하면서 체납자 등에게 공매통지를 하지 않았거나 공매통지를 하였더라도 그것이 적법하지 아니한 경우에는 절차상의 흠이 있어 그 공매처분은 위법하다.

② 행정기관의 장이 조사대상자의 자발적인 협조를 얻어 행정조사를 실시하고자 하는 경우 조사대상자는 문서·전화·구두 등의 방법으로 당해 행정조사를 거부할 수 있다.

③ 회사 분할 시 특별한 규정이 없는 한 신설회사에 대하여 분할하는 회사의 분할 전 법위반행위를 이유로 과징금을 부과하는 것은 허용되지 않는다.

④ 체납자 등은 다른 권리자에 대한 공매통지의 하자를 들어 공매처분의 위법사유로 주장할 수 있다.

07

「행정대집행법」상 대집행에 관한 설명으로 옳지 않은 것은? (다툼이 있는 경우 판례에 의함)

① 대집행 계고처분의 취소소송의 사실심변론종결 전에 대집행영장에 의한 통지절차를 거쳐 대집행 실행이 완료된 경우 계고처분에 대한 취소소송의 법률상 이익이 인정된다.

② 대집행 권한을 한국토지공사에 위탁한 경우 한국토지공사는 행정주체의 지위에 있고, 「국가배상법」 제2조에서 정한 공무원에 해당한다고 볼 수 없다.

③ 대집행은 대체적 작위의무의 불이행을 요건으로 하므로, 도시공원시설 점유자의 퇴거의무는 대집행의 대상이 되는 대체적 작위의무에 해당하지 않는다.

④ 행정청이 건물철거 대집행과정에서 부수적으로 건물의 점유자에 대한 퇴거조치를 할 수 있다.

08

「공익사업을 위한 토지 등의 취득 및 보상에 관한 법률」에 관한 설명으로 옳은 것은?

① 수용재결에 대하여 불복하는 경우 이의재결을 거치지 아니하면 취소소송을 제기할 수 없다.

② 이의신청을 거쳐 중앙토지수용위원회에서 이의재결이 내려진 경우 취소소송의 대상은 이의재결이고, 수용재결을 취소소송의 대상으로 할 수 없다.

③ 이의신청을 받은 중앙토지수용위원회는 수용재결이 위법 또는 부당한 때에는 그 재결의 전부 또는 일부를 취소하거나 보상액을 변경할 수 있다.

④ 이의재결에서 보상금이 늘어난 경우 사업시행자는 재결의 취소 또는 변경의 재결서 정본을 받은 날부터 60일 이내에 보상금을 받을 자에게 그 늘어난 보상금을 지급해야 한다.

09

행정행위에 대한 설명으로 옳지 않은 것은? (다툼이 있는 경우 판례에 의함)

① 행정청이 자동차운수사업법에 의한 개인택시운송사업 면허신청에 대하여 이미 설정된 면허기준을 구체적으로 적용함에 있어서 그 해석상 당해 신청이 면허발급의 우선순위에 해당함이 명백함에도 불구하고 이를 제외시켜 면허거부처분을 하였다면 특별한 사정이 없는 한 그 거부처분은 재량권을 남용한 위법한 처분이다.

② 공무원 임용을 위한 면접전형에 있어서 임용신청자의 능력이나 적격성 등에 관한 판단은 현저하게 재량권을 일탈 내지 남용한 것이 아니라면 이를 위법하다고 할 수 없다.

③ 도로점용허가는 일반사용과 별도로 도로의 특정 부분에 대하여 특별사용권을 설정하는 설권행위이다. 도로관리청은 신청인의 적격성, 점용목적, 특별사용의 필요성 및 공익상의 영향 등을 참작하여 점용허가 여부 및 점용허가의 내용인 점용장소, 점용면적, 점용기간을 정할 수 있는 재량권을 갖는다.

④ 도로점용허가의 일부분에 위법이 있는 경우, 도로점용허가 전부를 취소하여야 하며 도로점용허가 중 특별사용의 필요가 없는 부분에 대해서만 직권취소할 수 없다.

10

판례상 취소소송에서 원고적격이 인정되는 자로 옳은 것은? (다툼이 있는 경우에 판례에 의함)

① 국민권익위원회의 조치요구의 취소를 구하는 소송을 제기한 소방청장

② 외국에서 사증발급거부의 취소를 구하는 외국인

③ 담배소매인 중에서 구내소매인 지정 처분의 취소를 구하는 일반소매인

④ 공유수면 매립목적 변경승인처분의 취소를 구하는 재단법인 수녀원

11

甲은 乙 군수에게 「식품위생법」에 의한 일반음식점영업신고를 하고 영업을 하던 중 청소년에게 주류를 판매하였다는 이유로 적발되었다. 관할행정청인 乙 군수는 「식품위생법 시행규칙」 [별표23] 행정처분기준에 따라 사전통지 등 적법절차를 거쳐 1회 위반으로 영업정지 2월의 제재처분을 하였다. 다음 설명 중 옳지 않은 것은? (다툼이 있는 경우 판례에 의함)

① 영업정지 2월의 처분에 대하여 甲이 행정심판을 제기한 경우 행정심판위원회는 심리한 결과 처분청이 경미하게 처분하였다고 판단되면 영업정지 3월의 처분으로 처분을 변경하는 재결을 내릴 수 있다.

② 甲이 취소소송을 제기하기 전 영업정지 2월의 처분이 종료한 경우로서 처분이 발해진 후 1년이 경과하여 후행처분의 가중사유가 되지 않는 경우라면 甲은 취소소송을 제기할 협의의 소의 이익이 인정되지 않는다.

③ 甲이 제기한 행정심판에서 심리한 결과처분이 부당하다고 인정되면 행정심판위원회는 재량행위임에도 처분의 일부를 감경하는 재결을 할 수 있다.

④ 행정심판의 경우에도 행정소송과 마찬가지로 처분사유의 추가 변경은 기본적 사실관계의 동일성이 있는 범위 내에서만 허용된다.

12

공기업 이용관계에 대한 다음 설명 중 옳지 않은 것은? (다툼이 있는 경우 판례에 의함) [각론]

① 공기업의 이용관계에 대해서는 공법관계설과 사법관계설이 있는바, 사법관계설이 통설이다.

② 관련법에 이용대가의 징수에 있어서 행정상 강제집행이 인정되도록 명시적 규정이 있는 경우 공법관계로 보아야 한다.

③ 공기업 이용관계는 보통 사법상 계약으로 부합계약의 형태로서만 성립된다.

④ 공익사업인 전기사업, 자동차운수사업, 해상운송사업 등은 특허사업이다.

13

헌법재판소와 대법원 판례의 내용으로 옳지 않은 것은?

① 지방자치단체의 구역변경이나 폐치·분합이 있는 때에는 새로 그 지역을 관할하게 된 지방자치단체가 그 사무와 재산을 승계하도록 규정되어 있는바, 여기서 '재산'이라 함은 현금 이외의 모든 재산적 가치가 있는 물건 및 권리를 말하는 것으로서 채무도 포함된다. [각론]

② 지방자치단체가 그 고유의 자치사무를 처리하는 경우 지방자치단체는 국가기관의 일부가 아니라 국가기관과는 별도의 독립한 공법인으로서 양벌규정에 의한 처벌 대상이 되는 법인에 해당한다.

③ 지방의회의원이 그 의원의 자격이라기보다 지방자치단체의 전체 주민의 대표자라는 지위에서 주민의 권리신장과 공익을 위하여 행정정보공개조례안의 행정정보공개심의위원회에 집행기관의 공무원 및 전문가 등과 동수의 비율로 참여하는 것이 반드시 법령에 위배된다고 볼 수 없다. [각론]

④ 국회의원과 달리 지방의회의원을 후원회지정권자에서 제외하고 있는 것은 불합리한 차별로서 청구인들의 평등권을 침해한다. [헌법]

14

「국가배상법」상의 배상책임에 관한 설명으로 옳은 것은? (다툼이 있는 경우 판례에 의함)

① 「국가배상법」상 손해배상의 소송은 배상심의회의 배상심의를 거치지 아니하면 이를 제기할 수 없다.

② 공익근무요원도 「국가배상법」 제2조 제1항 단서의 이중배상이 금지되는 자에 해당한다.

③ 피해자에게 직접 손해를 배상한 경과실이 있는 공무원은 국가에 대해 구상권을 행사할 수 없다.

④ 국가배상청구권은 피해자나 법정대리인이 손해 및 가해자를 안 날로부터 3년간, 불법행위가 있은 날로부터 5년간 이를 행사 하지 않으면 시효로 인하여 소멸된다.

15

행정행위의 하자에 대한 설명으로 옳지 않은 것은? (다툼이 있는 경우 판례에 의함)

① 과세관청이 과세처분에 앞서 납세의무자에게 보낸 과세예고통지서 등에 납세고지서의 필요적 기재사항이 제대로 기재되어 있어 납세의무자가 그 처분에 대한 불복 여부의 결정 및 불복신청에 전혀 지장을 받지 않았음이 명백하다면, 이로써 납세고지서의 하자가 보완되거나 치유될 수 있다.

② 체납취득세에 대한 압류처분권한은 도지사로부터 시장에게 권한위임된 것이고 시장으로부터 압류처분권한을 내부위임 받은 데 불과한 구청장이 자신의 명의로 한 압류처분은 권한 없는 자에 의하여 행하여진 위법무효의 처분이다.

③ 서훈취소 처분의 통지가 처분권한자인 대통령이 아니라 그 보좌기관에 의하여 이루어진 경우, 통지의 주체나 형식에 어떤 하자가 있다.

④ 환경영향평가를 거쳐야 할 대상사업에 대하여 환경영향평가를 거치지 아니하였음에도 불구하고 승인 등 처분이 이루어진다면, 이러한 행정처분의 하자는 법규의 중요한 부분을 위반한 중대한 것이고 객관적으로도 명백한 것이라고 하지 않을 수 없다.

16

「행정소송법」상 행정소송에 대한 설명으로 옳지 않은 것은? (다툼이 있는 경우 판례에 의함)

① 토지의 수용에 대한 취소소송은 그 부동산 소재지를 관할하는 행정법원에 이를 제기할 수 있다.

② 「행정소송법」을 적용함에 있어서 행정청에는 행정권한의 위임 또는 위탁을 받은 사인이 포함된다.

③ 행정소송에 대한 대법원판결에 의하여 명령·규칙이 헌법 또는 법률에 위반된다는 것이확정된 경우에는 대법원은 지체없이 그 사유를 국무총리에게 통보하여야 한다.

④ 원고의 고의 또는 중대한 과실 없이 행정소송이 심급을 달리하는 법원에 잘못 제기된 경우에는 관할 위반을 이유로 관할법원에 이송한다.

17

조례에 대한 다음 설명 중 옳지 않은 것은? (다툼이 있는 경우 판례에 의함) [각론]

① 국가법령에서 정하고 있지 않더라도 지방자치단체가 특정사항에 대하여 그 지방의 실정에 맞게 제정한 조례는 법령의 범위를 벗어난 것으로 위법하다.

② 조례위반에 대하여 벌금 등 형벌을 과하도록 한 조례는 위헌·위법한 조례이다.

③ 자동차관리법령이 정한 자동차등록기준보다 더 높은 수준의 기준을 정한 차고지확보제도에 관한 조례안은 무효이다.

④ 기관 위임사무는 원칙적으로 조례의 규율 대상이 아니다.

18

사인의 공법행위에 대한 설명으로 옳지 않은 것은? (다툼이 있는 경우 판례에 의함)

① 국민의 적극적 행위신청에 대한 행정청의 거부행위가 항고소송의 대상이 되는 행정처분에 해당하기 위하여는 국민이 행정청에 대하여 그 행위발동을 요구할 법규상 또는 조리상의 신청권이 있어야 한다.

② 「건축법」상의 건축신고가 다른 법률에서 정한 인가·허가 등의 의제효과를 수반하는 경우, 행정행위의 효율적 측면을 고려하여 수리를 요하지 않는 신고로 볼 수 있다.

③ 건축주 등은 건축신고가 반려될 경우 건축물의 건축을 개시하면 시정명령, 이행강제금, 벌금의 대상이 되거나 당해 건축물을 사용하여 행할 행위의 허가가 거부될 우려가 있어 불안정한 지위에 놓이게 되므로, 건축신고에 대한 반려 처분은 항고소송의 대상이 된다.

④ 건축주명의변경신고는 형식적 요건을 갖추어 시장, 군수에게 적법하게 건축주의 명의변경을 신고한 때에는 시장, 군수는 그 신고를 수리하여야지 실체적인 이유를 내세워 그 신고의 수리를 거부할 수는 없다.

19

행정행위의 무효와 취소에 관한 설명으로 옳지 않은 것은? (다툼이 있는 경우 판례에 의함)

① 과세처분 이후 조세 부과의 근거가 되었던 법률규정에 대하여 헌법재판소에서 위헌결정이 내려진 후 그 조세채권의 집행을 위한 체납처분은 당연무효이다.

② 지방자치단체의 규칙으로 정하여야 할 기관위임사무에 대하여 당해 지방자치단체의 조례로 정한 경우 이에 근거한 처분은 당연무효이다.

③ 「행정기본법」은 직권취소에 관한 일반적 근거 규정을 두고 있어, 개별 법률의 근거가 없더라도 직권취소가 가능하다.

④ 무효인 행정처분에 기한 후속 행정처분도 당연무효이다.

20

다음은 공물(公物)에 관한 판례의 입장을 설명한 것이다. 판례의 입장과 일치하지 않는 것은?

① 일반공중의 통행에 공용(供用)되는 도로부지의 소유자가 이를 점유·관리하는 지방자치단체를 상대로 도로의 철거나 점유 이전을 청구하는 것은 허용되지 않는다. [각론]

② 「하천법」 제50조에 의한 하천수사용권은 「공익사업을 위한 토지 등의 취득 및 보상에 관한 법률」 제76조 제1항이 손실보상의 대상으로 규정하고 있는 '물의 사용에 관한 권리'에 해당하지 않는다.

③ 하천점용허가에 따라 해당 하천을 점용할 수 있는 권리는 하천의 관리주체에 대하여 일정한 특별사용을 청구할 수 있는 채권에 해당한다. [각론]

④ 공공용물에 관하여 적법한 개발행위 등이 이루어짐으로 말미암아 이에 대한 일정범위의 사람들의 일반사용이 종전에 비하여 제한받게 되었다고 하더라도 특별한 사정이 없는 한 그로 인한 불이익은 손실보상의 대상이 되는 특별한 손실에 해당된다고 할 수 없다.

21

「공공기관의 정보공개에 관한 법률」에 대한 다음 설명 중 옳지 않은 것은? (다툼이 있는 경우 판례에 의함)

① 자연인은 물론 법인도 정보공개청구를 할 수 있으나 지방자치단체는 정보공개청구를 할 수 없다.
② 사법시험 답안지는 비공개대상 정보가 아니다.
③ 「공공기관의 정보공개에 관한 법률」은 공공기관이 보유·관리하는 정보공개에 관한 일반법이지만, 국가안보에 관련되는 정보는 이 법의 적용대상이 아니다.
④ 통상적으로 정보에 포함되어 있는 개인식별 정보는 비공개대상이나, 독립유공자 서훈 공적심사위원회 회의록이나 형사재판확정기록은 공개청구 대상이다.

22

「행정심판법」상 의무이행심판에 관한 설명으로 옳지 않은 것은?

① 의무이행심판은 거부처분이나 부작위에 대하여 일정한 처분을 구할 법률상 이익이 있는 자가 청구인 적격을 갖는다.
② 당사자의 신청을 거부하거나 부작위로 방치한 처분의 이행을 명하는 재결이 있는 경우에는 처분청은 지체없이 그 재결의 취지에 따라 다시 이전의 신청에 대한 처분을 하여야 한다.
③ 의무이행재결은 행정심판위원회가 의무이행심판의 청구가 이유 있다고 인정할 때에 지체 없이 신청에 따른 처분을 하거나 처분청에게 그 신청에 따른 처분을 할 것을 명하는 재결을 말한다.
④ 거부처분이나 부작위에 대한 의무이행심판청구는 청구기간의 제한이 있다.

23

행정소송에 관한 설명으로 옳지 않은 것은? (다툼이 있는 경우 판례에 의함)

① 행정심판청구가 부적법하지 않음에도 각하한 재결은 심판청구인의 실체심리를 받을 권리를 박탈한 것으로서 재결에 고유한 하자가 있는 경우에 해당하여 재결 자체가 취소소송의 대상이 된다.
② 항고소송은 원칙적으로 당해 처분을 대상으로 하나, 당해 처분에 대한 재결 자체에 고유한 주체, 절차, 형식 또는 내용상의 위법이 있는 경우에 한하여 그 재결을 대상으로 할 수 있다.
③ 한국자산공사가 당해 부동산을 인터넷을 통해 재공매하기로 한 결정도 항고소송의 대상이 되는 행정처분이라고 볼 수 있다.
④ 병역법상 신체등위판정은 항고소송의 대상이 되는 행정처분이라 보기 어렵다.

24

훈령에 대한 다음 설명 중 옳지 않은 것은? (다툼이 있는 경우 판례에 의함)

① 훈령은 하급행정기관의 권한에 속하는 사항에 대하여 발하여야 하고 적법·타당·가능해야 한다. [각론]
② 훈령을 근거로 행정관행이 형성된 경우에는 그 관행에 위반하여 처분을 하게 되면 행정의 자기구속의 법리나 평등의 원칙의 위배로 위법한 처분이 될 수 있다.
③ 양도소득세 부과 근거인 재산제세조사사무처리규정은 국세청 훈령이므로 그에 위반한 행정처분은 위법하지 않다.
④ 하급행정기관이 훈령에 위반하는 행정행위를 한 경우 직무상 위반행위로 징계책임을 질 수 있다.

25

취소소송에 관한 설명으로 옳지 않은 것은? (다툼이 있는 경우 판례에 의함)

① 어떠한 처분에 법령상 근거가 있는지, 「행정절차법」에서 정한 처분 절차를 준수하였는지는 본안에서 당해 처분이 적법한가를 판단하는 단계에서 고려할 요소가 아니라, 소송요건 심사단계에서 고려할 요소이다.

② 행정처분의 위법 여부는 행정처분이 있을 때의 법령과 사실 상태를 기준으로 판단하여야 하며, 법원은 행정처분 당시 행정청이 알고 있었던 자료뿐만 아니라 사실심 변론종결 당시까지 제출된 모든 자료를 종합하여 처분 당시 존재하였던 객관적 사실을 확정하고 그 사실에 기초하여 처분의 위법 여부를 판단할 수 있다.

③ 개발부담금부과처분 취소소송에 있어 당사자가 제출한 자료에 의하여 적법하게 부과될 정당한 부과금액을 산출할 수 없을 경우에는 부과처분 전부를 취소할 수밖에 없으나, 그렇지 않은 경우에는 그 정당한 금액을 초과하는 부분만 취소하여야 한다.

④ 사정판결은 당사자의 명백한 주장이 없는 경우에도 기록에 나타난 여러 사정을 기초로 직권으로 할 수 있는 것이나, 그 요건인 현저히 공공복리에 적합하지 아니한지 여부는 위법한 행정처분을 취소·변경하여야 할 필요와 그 취소·변경으로 인하여 발생할 수 있는 공공복리에 반하는 사태 등을 비교·교량하여 판단하여야 한다.

03 2022. 7. 16. 군무원 9급 기출문제

01

다음 중 행정법의 효력에 대한 설명으로 가장 옳지 않은 것은?

① 행정법령의 시행일을 정하지 않은 경우에는 공포한 날부터 20일이 경과함으로써 효력을 발생하는데, 이 경우 공포한 날을 첫날에 산입하지 아니하고 기간의 말일이 토요일 또는 공휴일인 때에는 그 말일의 다음날로 기간이 만료한다.

② 법령을 소급적용하더라도 일반 국민의 이해에 직접 관계가 없는 경우, 오히려 그 이익을 증진하는 경우, 불이익이나 고통을 제거하는 경우 등의 특별한 사정이 있는 경우에 한하여 예외적으로 법령의 소급적용이 허용된다.

③ 신청에 따른 처분은 신청 후 법령이 개정된 경우라도 법령 등에 특별한 규정이 있거나 처분 당시의 법령을 적용하기 곤란한 특별한 사정이 있는 경우를 제외하고는 개정된 법령을 적용한다.

④ 법령상 허가를 받아야만 가능한 행위가 법령개정으로 허가 없이 할 수 있게 되었다 하더라도 개정의 이유가 사정의 변천에 따른 규제 범위의 합리적 조정의 필요에 따른 것이라면 개정 전 허가를 받지 않고 한 행위에 대해 개정 전 법령에 따라 처벌할 수 있다.

02

다음 중 행정법의 법원에 대한 설명으로 가장 옳은 것은? (다툼이 있는 경우 판례에 의함)

① 행정청 내부의 사무처리준칙이 제정·공표되었다면 이 자체만으로도 행정청은 자기구속을 받게 되므로 이 준칙에 위배되는 처분은 위법하게 된다.

② 헌법재판소의 위헌결정이 있다면 행정청이 개인에 대하여 공적인 견해를 표명한 것으로 볼 수 있으므로 위헌결정과 다른 행정청의 결정은 신뢰보호 원칙에 반한다.

③ 부당결부금지의 원칙은 판례에 의해 확립된 행정의 법원칙으로 실정법상 명문의 규정은 없다.

④ 법령의 규정만으로 처분 요건의 의미가 분명하지 아니한 경우에 법원이나 헌법재판소의 분명한 판단이 있음에도 합리적 근거가 없이 사법적 판단과 어긋나게 행정처분을 한 경우에 명백한 하자가 있다고 봄이 타당하다.

03

다음 중 허가에 대한 설명으로 가장 옳지 않은 것은?

① 한의사 면허는 허가에 해당하고, 한약조제시험을 통해 약사에게 한약조제권을 인정함으로써 한의사들의 영업이익이 감소되었다고 하더라도 이는 법률상 이익 침해라고 할 수 없다.

② 건축허가는 기속행위이므로 건축법상 허가요건이 충족된 경우에는 항상 허가하여야 한다.

③ 허가신청 후 허가기준이 변경되었다 하더라도 그 허가관청이 허가신청을 수리하고도 정당한 이유 없이 그 처리를 늦추어 그 사이에 허가기준이 변경된 것이 아닌 이상 변경된 허가기준에 따라서 처분을 하여야 한다.

④ 석유판매업 등록은 대물적 허가의 성질을 가지고 있으므로, 종전 석유판매업자가 유사석유제품을 판매한 행위에 대해 승계인에게 사업정지 등 제재처분을 할 수 있다.

04

다음 중 처분의 사전통지에 대한 설명으로 가장 옳지 않은 것은?

① 고시 등에 의한 불특정 다수를 상대로 한 권익제한이나 의무부과의 경우 사전통지 대상이 아니다.

② 수익적 처분의 신청에 대한 거부처분은 실질적으로 침익적 처분에 해당하므로 사전통지 대상이 된다.

③ 「행정절차법」은 처분의 직접 상대방 외에 신청에 따라 행정절차에 참여한 이해관계인도 사전통지의 대상인 당사자에 포함시키고 있다.

④ 공무원의 정규임용처분을 취소하는 처분은 사전통지를 하지 않아도 되는 예외적인 경우에 해당하지 않는다.

05

다음 중 취소소송과 무효확인소송의 관계에 대한 설명으로 가장 옳지 않은 것은?

① 행정처분에 대한 취소소송과 무효확인소송은 단순 병합이나 선택적 병합의 방식으로 제기할 수 있다.

② 무효선언을 구하는 취소소송이라도 형식이 취소소송이므로 제소요건을 갖추어야 한다.

③ 무효확인을 구하는 소에는 당사자가 명시적으로 취소를 구하지 않는다고 밝히지 않는 한 취소를 구하는 취지가 포함되었다고 보아서 취소소송의 요건을 갖추었다면 취소판결을 할 수 있다.

④ 취소소송의 기각판결의 기판력은 무효확인소송에 미친다.

06

다음 중 판결의 효력에 대한 설명으로 가장 옳지 않은 것은?

① 취소판결 자체의 효력으로써 그 행정처분을 기초로 하여 새로 형성된 제3자의 권리까지 당연히 그 행정처분 전의 상태로 환원되는 것이라고는 할 수 없다.

② 처분의 취소를 구하는 청구에 대한 기각판결은 기판력이 발생하지 않는다.

③ 취소판결이 확정된 경우 행정청은 종전 처분과 다른 사유로 다시 처분할 수 있고, 이 경우 그 다른 사유가 종전 처분 당시 이미 존재하고 있었고 당사자가 이를 알고 있었다 하더라도 확정판결의 기속력에 저촉되지 않는다.

④ 거부처분에 대한 취소판결이 확정된 후 법령이 개정된 경우 개정된 법령에 따라 다시 거부처분을 하여도 기속력에 반하지 아니하다.

07

다음 중 행정심판에 대한 설명으로 가장 옳지 않은 것은?

① 처분청이 처분을 통지할 때 행정심판을 제기할 수 있다는 사실과 기타 청구절차 및 청구기간 등에 대한 고지를 하지 않았다고 하여 처분에 하자가 있다고 할 수 없다.

② 행정심판청구서가 피청구인에게 접수된 경우, 피청구인은 심판청구가 이유 있다고 인정하면 직권으로 처분을 취소할 수 있다.

③ 수익적 처분의 거부처분이나 부작위에 대해 임시적 지위를 인정할 필요가 있어서 인정한 제도는 임시처분이다.

④ 의무이행심판에서 이행을 명하는 재결이 있음에도 불구하고 처분청이 이를 이행하지 아니할 때 위원회가 직접 처분을 할 수 있는데, 행정심판의 재결은 처분청을 기속하므로 지방자치단체는 직접 처분에 대해 행정심판위원회가 속한 국가기관을 상대로 권한쟁의심판을 청구할 수 없다.

08

다음 중 영조물의 설치·관리상 하자로 인한 손해배상에 대한 설명으로 가장 옳지 않은 것은?

① 공공의 영조물은 사물(私物)이 아닌 공물(公物)이어야 하지만, 공유나 사유임을 불문하고 행정주체에 의하여 특정 공공의 목적에 공여된 유체물이면 족하다.

② 도로의 설치 및 관리에 있어 완전무결한 상태를 유지할 정도의 고도의 안전성을 갖추지 아니하였다고 하여 하자가 있다고 단정할 수는 없고, 그것을 이용하는 자의 상식적이고 질서있는 이용 방법을 기대한 상대적인 안전성을 갖추는 것으로 족하다.

③ 하천의 홍수위가 「하천법」상 관련규정이나 하천정비계획 등에서 정한 홍수위를 충족하고 있다고 해도 하천이 범람하거나 유량을 지탱하지 못해 제방이 무너지는 경우는 안전성을 결여한 것으로 하자가 있다고 본다.

④ 공군에 속한 군인이나 군무원의 경우 일반인에 비하여 공군비행장 주변의 항공기 소음피해에 관하여 잘 인식하거나 인식할 수 있는 지위에 있다는 이유만으로 가해자가 면책되거나 손해배상액이 감액되지는 않는다.

09

통치행위에 관한 판례의 내용으로 가장 옳지 않은 것은?

① 외국에의 국군의 파견결정과 같이 성격상 외교 및 국방에 관련된 고도의 정치적 결단이 요구되는 사안에 대한 국민의 대의기관의 결정이 사법심사의 대상이 되지 아니한다.

② 선고된 형의 전부를 사면할 것인지 또는 일부만을 사면할 것인지를 결정하는 것은 사면권자의 전권사항에 속하는 것이고, 징역형의 집행유예에 대한 사면이 병과된 벌금형에도 미치는 것으로 볼 것인지 여부는 사면의 내용에 대한 해석문제에 불과하다.

③ 남북정상회담의 개최과정에서 재정경제부장관에게 신고하지 아니하거나 통일부장관의 협력사업 승인을 얻지 아니한 채 북한 측에 사업권의 대가 명목으로 송금한 행위는 사법심사의 대상이 되지 아니한다.

④ 비록 서훈취소가 대통령이 국가원수로서 행하는 행위라고 하더라도 법원이 사법심사를 자제하여야 할 고도의 정치성을 띤 행위라고 볼 수는 없다.

10

행정행위의 효력에 대한 설명으로 가장 옳지 않은 것은? (단, 다툼이 있는 경우 판례에 의함)

① 일반적으로 행정처분이나 행정심판 재결이 불복 기간의 경과로 확정될 경우에는 그 처분의 기초가 된 사실관계나 법률적 판단이 확정되고 당사자들이나 법원이 이에 기속되어 모순되는 주장이나 판단을 할 수 없게 된다.

② 제소기간이 이미 도과하여 불가쟁력이 생긴 행정처분에 대하여는 개별 법규에서 그 변경을 요구할 신청권을 규정하고 있거나 관계 법령의 해석상 그러한 신청권이 인정될 수 있는 등 특별한 사정이 없는 한 국민에게 그 행정처분의 변경을 구할 신청권이 있다 할 수 없다.

③ 불가쟁력이 발생한 행정행위로 손해를 입은 국민은 그 위법성을 들어 국가배상청구를 할 수 있다.

④ 불가변력이라 함은 행정행위를 한 행정청이 당해 행정행위를 직권으로 취소 또는 변경할 수 없게 하는 힘으로 실질적 확정력 또는 실체적 존속력이라고도 한다.

11

부관에 대한 판례의 내용으로 가장 옳지 않은 것은?

① 재량행위에 있어서는 관계 법령에 명시적인 금지규정이 없는 한 행정목적을 달성하기 위하여 조건이나 기한, 부담 등의 부관을 붙일 수 있다.

② 토지소유자가 토지형질변경행위허가에 붙인 기부채납의 부관에 따라 토지를 국가나 지방자치단체에 기부채납(증여)한 경우, 토지소유자는 원칙적으로 기부채납(증여)의 중요부분에 착오가 있음을 이유로 증여계약을 취소할 수 있다.

③ 당초에 붙인 기한을 허가 자체의 존속기간이 아니라 허가조건의 존속기간으로 보더라도 그 후 당초의 기한이 상당 기간 연장되어 연장된 기간을 포함한 존속기간 전체를 기준으로 볼 경우 더 이상 허가된 사업의 성질상 부당하게 짧은 경우에 해당하지 않게 된 때에는 재량권의 행사로서 더 이상의 기간연장을 불허가할 수도 있다.

④ 일반적으로 행정처분에 효력기간이 정하여져 있는 경우에는 그 기간의 경과로 그 행정처분의 효력은 상실되며, 다만 허가에 붙인 기한이 그 허가된 사업의 성질상 부당하게 짧은 경우에는 이를 그 허가 자체의 존속기간이 아니라 그 허가조건의 존속기간으로 볼 수 있다.

12

행정계획에 관한 판례의 내용으로 가장 옳지 않은 것은?

① 관계 법령에는 추상적인 행정목표와 절차만이 규정되어 있을 뿐 행정계획의 내용에 관하여는 별다른 규정을 두고 있지 아니하므로 행정주체는 구체적인 행정계획을 입안·결정함에 있어서 비교적 광범위한 형성의 자유를 가진다.

② 행정주체가 가지는 이와 같은 형성의 자유는 무제한적인 것이 아니라 그 행정계획에 관련되는 자들의 이익을 공익과 사익 사이에서는 물론이고 공익 상호간과 사익 상호간에도 정당하게 비교교량하여야 한다는 제한이 있다.

③ 판례에 따르면, 행정계획에 있어서 형량의 부존재, 형량의 누락, 평가의 과오 및 형량의 불비례 등 형량의 하자별로 위법의 판단기준을 달리하여 개별화하여 판단하고 있다.

④ 이미 고시된 실시계획에 포함된 상세계획으로 관리되는 토지 위의 건물의 용도를 상세계획승인권자의 변경승인 없이 임의로 판매시설에서 상세계획에 반하는 일반목욕장으로 변경한 사안에서, 그 영업신고를 수리하지 않고 영업소를 폐쇄한 처분은 적법하다고 한 판례가 있다.

13

다음 중 취소소송의 대상이 되는 처분에 해당하는 것으로 옳은 것은 모두 몇 개인가?

> ㄱ. 한국마사회의 조교사나 기수에 대한 면허취소·정지
> ㄴ. 법규성 있는 고시가 집행행위 매개 없이 그 자체로서 이해당사자의 법률관계를 직접 규율하는 경우
> ㄷ. 행정계획 변경신청의 거부가 장차 일정한 처분에 대한 신청을 구할 법률상 이익이 있는 자의 처분 자체를 실질적으로 거부하는 경우
> ㄹ. 국가공무원법상 당연퇴직의 인사발령

① 0개   ② 1개
③ 2개   ④ 3개

14

행정입법부작위에 대한 설명으로 가장 옳지 않은 것은? (단, 다툼이 있는 경우 판례에 의함)

① 현행법상 행정권의 시행명령제정의무를 규정하는 명시적인 법률규정은 없다.

② 삼권분립의 원칙, 법치행정의 원칙을 당연한 전제로 하고 있는 우리 헌법하에서 행정권의 행정입법 등 법집행 의무는 헌법적 의무라고 보아야 한다.

③ 행정입법의 부작위가 위헌·위법이라고 하기 위하여는 행정청에게 행정입법을 하여야 할 작위의무를 전제로 하는 것이나, 그 작위의무가 인정되기 위하여는 행정입법의 제정이 법률의 집행에 필수불가결한 것일 필요는 없다.

④ 부작위위법확인소송의 대상이 될 수 있는 것은 구체적 권리의무에 관한 분쟁이어야 하고, 추상적인 법령에 관하여 제정의 여부 등은 그 자체로서 국민의 구체적인 권리의무에 직접적 변동을 초래하는 것이 아니어서 행정소송의 대상이 될 수 없다.

15

판례에 따르면 공법상 당사자소송과 가장 옳지 않은 것은?

① 조세부과처분의 당연무효를 전제로 하여 이미 납부한 세금의 반환청구

② 재개발조합을 상대로 조합원자격 유무에 관한 확인을 구하는 소송

③ 사업주가 당연가입자가 되는 고용보험 및 산재보험에서 보험료 납부의무 부존재확인소송

④ 한국전력공사가 한국방송공사로부터 수신료의 징수업무를 위탁받아 자신의 고유업무와 관련된 고지행위와 결합하여 수신료를 징수할 권한이 있는지 여부를 다투는 쟁송

16

행정소송법의 규정 내용으로 가장 옳지 않은 것은?

① 법원은 소송의 결과에 따라 권리 또는 이익의 침해를 받을 제3자가 있는 경우에는 당사자 또는 제3자의 신청 또는 직권에 의하여 결정으로써 그 제3자를 소송에 참가시킬 수 있다.

② 법원은 다른 행정청을 소송에 참가시킬 필요가 있다고 인정할 때에는 당사자 또는 당해 행정청의 신청 또는 직권에 의하여 결정으로써 그 행정청을 소송에 참가시킬 수 있다.

③ 법원이 제3자의 소송참가와 행정청의 소송참가에 관한 결정을 하는 경우에는 각각 당사자 및 제3자의 의견, 당사자와 및 당해 행정청의 의견을 들어야 한다.

④ 법원은 취소소송을 당해 처분 등에 관계되는 사무가 귀속하는 국가 또는 공공단체에 대한 당사자소송 또는 취소소송 외의 항고소송으로 변경하는 것이 상당하다고 인정할 때에는 청구의 기초에 변경이 없는 한 사실심의 변론종결시까지 원고의 신청 또는 직권에 의하여 결정으로써 소의 변경을 허가할 수 있다.

17

판례에 따르면, 처분사유의 추가 · 변경 시 기본적 사실관계 동일성을 긍정한 사례로 가장 적절한 것은?

① 석유판매업허가신청에 대하여, 주유소 건축 예정 토지에 관하여 도시계획법령에 의거하여 행위제한을 추진하고 있다는 당초의 불허가 처분 사유와, 항고소송에서 주장한 위 신청이 토지형질변경허가의 요건 불비 및 도심의 환경보전의 공익상 필요라는 사유

② 석유판매업허가신청에 대하여, 관할 군부대장의 동의를 얻지 못하였다는 당초의 불허가사유와, 토지가 탄약창에 근접한 지점에 있어 공익적인 측면에서 보아 허가신청을 불허한 것은 적법하다는 사유

③ 온천으로서의 이용가치, 기존의 도시계획 및 공공사업에의 지장 여부 등을 고려하여 온천발견신고수리를 거부한 것은 적법하다는 사유와, 규정온도가 미달되어 온천에 해당하지 않는다는 사유

④ 이주대책신청기간이나 소정의 이주대책실시(시행)기간을 모두 도과하여 이주대책을 신청할 권리가 없고, 사업시행자가 이를 받아들여 택지나 아파트공급을 해 줄 법률상 의무를 부담한다고 볼 수 없다는 사유와, 사업지구 내 가옥 소유자가 아니라는 사유

18

다음 중 허가에 대한 설명으로 가장 옳지 않은 것은? (단, 다툼이 있는 경우 판례에 의함)

① 개정 전 허가기준의 존속에 관한 국민의 신뢰가 개정된 허가기준의 적용에 관한 공익상의 요구보다 더 보호가치가 있다고 인정되는 경우에는 그러한 국민의 신뢰를 보호하기 위하여 개정된 허가기준의 적용을 제한할 여지가 있다.

② 법령상의 산림훼손 금지 또는 제한 지역에 해당하지 아니하더라도 중대한 공익상의 필요가 있다고 인정되는 경우, 산림훼손허가신청을 거부할 수 있다.

③ 어업에 관한 허가의 경우 그 유효기간이 경과하면 그 허가의 효력이 당연히 소멸하지만, 유효기간의 만료 후라도 재차 허가를 받게 되면 그 허가기간이 갱신되어 종전의 어업허가의 효력 또는 성질이 계속된다.

④ 요허가행위를 허가를 받지 않고 행한 경우에는 행정법상 처벌의 대상이 되지만 당해 무허가행위의 법률상 효력이 당연히 부정되는 것은 아니다.

19

다음 중 행정행위의 철회에 대한 설명으로 가장 옳지 않은 것은? (단, 다툼이 있는 경우 판례에 의함)

① 부담부 행정처분에 있어서 처분의 상대방이 부담을 이행하지 아니한 경우에 처분행정청으로서는 이를 들어 당해 처분을 철회할 수 있다.

② 외형상 하나의 행정처분이라 하더라도 가분성이 있거나 그 처분대상의 일부가 특정될 수 있다면 그 일부만의 취소도 가능하고 그 일부의 취소는 당해 취소부분에 관하여 효력이 생긴다.

③ 행정행위의 철회는 적법요건을 구비하여 완전히 효력을 발하고 있는 행정행위를 사후적으로 효력을 장래에 향해 소멸시키는 별개의 행정처분이다.

④ 처분 후에 원래의 처분을 그대로 존속시킬 수 없게 된 사정변경이 생긴 경우 처분청은 처분을 철회할 수 있다고 할 것이므로, 이 경우 처분의 상대방에게 그 철회·변경을 요구할 권리는 당연히 인정된다고 할 것이다.

20

다음 중 이행강제금에 대한 설명으로 가장 옳지 않은 것은? (단, 다툼이 있는 경우 판례에 의함)

① 구 건축법상 이행강제금은 위반행위에 대하여 시정명령을 받은 후 시정기간 내에 당해 시정명령을 이행하지 아니한 건축주 등에 대하여 부과되는 간접강제의 일종으로서 금전제재의 성격을 가지므로 그 이행강제금 납부의무는 상속인 기타의 사람에게 승계될 수 있다.

② 행정청은 의무자가 행정상 의무를 이행할 때까지 이행강제금을 반복하여 부과할 수 있고, 의무자가 의무를 이행하면 새로운 이행강제금의 부과를 즉시 중지하되, 이미 부과한 이행강제금은 징수하여야 한다.

③ 장기 의무위반자가 이행강제금 부과 전에 그 의무를 이행하였다면 이행강제금의 부과로써 이행을 확보하고자 하는 목적은 이미 실현된 것이므로 이행강제금을 부과할 수 없다.

④ 이행강제금은 의무위반에 대하여 장래의 의무이행을 확보하는 수단이라는 점에서 과거의 의무위반에 대한 제재인 행정벌과 구별된다.

21

다음 중 행정상 손실보상에 대한 설명으로 가장 옳지 않은 것은? (단, 다툼이 있는 경우 판례에 의함)

① 「공익사업을 위한 토지 등의 취득 및 보상에 관한 법률」 시행령에서 이주대책의 대상자에서 세입자를 제외하고 있는 것이 세입자의 재산권을 침해하는 것이라 볼 수 없다.

② 공익사업으로 인하여 영업을 폐지하거나 휴업하는 자가 구 「공익사업을 위한 토지 등의 취득 및 보상에 관한 법률」에 규정된 재결절차를 거치지 않은 채 곧바로 사업시행자를 상대로 영업손실보상을 청구할 수 없다.

③ 사업시행자 스스로 공익사업의 원활한 시행을 위하여 생활대책을 수립·실시할 수 있도록 하는 내부규정을 두고 이에 따라 생활대책대상자 선정기준을 마련하여 생활대책을 수립·실시하는 경우, 생활대책대상자 선정기준에 해당하는 자기 자신을 생활대책대상자에서 제외하거나 선정을 거부한 사업시행자를 상대로 항고소송을 제기할 수 있다.

④ 보상청구권이 성립하기 위해서는 재산권에 대한 법적인 행위로서 공행정작용에 의한 침해를 말하고 사실행위는 포함되지 않는다.

22

다음 중 행정심판의 재결에 대한 설명으로 가장 옳지 않은 것은? (단, 다툼이 있는 경우 판례에 의함)

① 조세부과처분이 국세청장에 대한 불복심사청구에 의하여 그 불복사유가 이유있다고 인정되어 취소되었음에도 처분청이 동일한 사실에 관하여 부과처분을 되풀이 한 것이라면 설령 그 부과처분이 감사원의 시정요구에 의한 것이라 하더라도 위법하다.

② 행정심판위원회는 의무이행재결이 있는 경우에 피청구인이 처분을 하지 아니한 경우에는 당사자의 신청 또는 직권으로 기간을 정하여 시정을 명하고 그 기간에 이행하지 아니하면 직접 처분을 할 수 있다.

③ 행정심판의 재결이 확정된 경우에도 처분의 기초가 된 사실관계나 법률적 판단이 확정되고 당사자들이나 법원이 이에 기속되어 모순되는 주장이나 판단을 할 수 없게 되는 것은 아니다.

④ 처분 취소재결이 있는 경우 당해 처분청은 재결의 취지에 반하지 아니하는 한 그 재결에 적시된 위법사유를 시정·보완하여 새로운 처분을 할 수 있는 것이고, 이러한 새로운 부과처분은 재결의 기속력에 저촉되지 아니한다.

23

X시의 공무원 甲은 乙이 건축한 건물이 건축허가에 위반하였다는 이유로 철거명령과 행정대집행법상의 절차를 거쳐 대집행을 완료하였다. 乙은 행정대집행의 처분들이 하자가 있다는 이유로 행정소송 및 손해배상소송을 제기하려고 한다. 다음 중 설명으로 가장 옳지 않은 것은? (단, 다툼이 있는 경우 판례에 의함)

① 乙이 취소소송을 제기하는 경우, 행정대집행이 이미 완료된 것이므로 소의 이익이 없어 각하판결을 받을 것이다.

② 乙이 손해배상소송을 제기하는 경우, 민사법원은 그 행정처분이 위법인지 여부는 심사할 수 없다.

③ 「행정소송법」은 처분 등의 효력 유무 또는 존재 여부가 민사소송의 선결문제로 되는 경우 당해 민사소송의 수소법원이 이를 심리·판단할 수 있는 것으로 규정하고 있다.

④ X시의 손해배상책임이 인정된다면 X시는 고의 또는 중대한 과실이 있는 甲에게 구상할 수 있다.

24

다음 중 취소소송에 대한 설명으로 가장 옳지 않은 것은? (단, 다툼이 있는 경우 판례에 의함)

① 제재적 행정처분의 효력이 제재기간 경과로 소멸하였더라도 관련 법규에서 제재적 행정처분을 받은 사실을 가중사유나 전제요건으로 삼아 장래의 제재적 행정처분을 하도록 정하고 있다면, 선행처분의 취소를 구할 법률상 이익이 있다.

② 행정처분의 취소소송 계속 중 처분청이 다툼의 대상이 되는 행정처분을 직권으로 취소하면 그 처분은 효력을 상실하여 더 이상 존재하지 않는 것이므로 존재하지 않는 처분을 대상으로 한 항고소송은 원칙적으로 소의 이익이 소멸하여 부적법하다.

③ 고등학교 졸업이 대학 입학 자격이나 학력인정으로서의 의미밖에 없다고 할 수 없으므로 고등학교졸업학력검정고시에 합격하였다 하여 고등학교 학생으로서의 신분과 명예가 회복될 수 없는 것이니 퇴학처분을 받은 자로서는 퇴학처분의 위법을 주장하여 그 취소를 구할 소송상의 이익이 있다.

④ 소송계속 중 해당 처분이 기간의 경과로 그 효과가 소멸하더라도 예외적으로 그 처분의 취소를 구할 소의 이익을 인정할 수 있는 '행정처분과 동일한 사유로 위법한 처분이 반복될 위험성이 있는 경우'란 해당 사건의 동일한 소송 당사자 사이에서 반복될 위험이 있는 경우만을 의미한다.

25

다음 중 「행정소송법」상 집행정지결정에 대한 설명으로 가장 옳지 않은 것은? (단, 다툼이 있는 경우 판례에 의함)

① 법원은 당사자의 신청 또는 직권에 의하여 처분 등의 효력이나 그 집행 또는 절차의 속행의 전부 또는 일부의 정지를 결정하거나, 또는 집행정지의 취소를 결정할 수 있다.

② 집행정지결정은 속행정지, 집행정지, 효력정지로 구분되고 이 중 속행정지는 처분의 집행이나 효력을 정지함으로써 목적을 달성할 수 있는 경우에는 허용되지 아니한다.

③ 과징금납부명령의 처분이 사업자의 자금사정이나 경영 전반에 미치는 파급효과가 매우 중대하다는 이유로 인한 손해는 효력정지 내지 집행정지의 적극적 요건인 '회복하기 어려운 손해'에 해당한다.

④ 효력기간이 정해져 있는 제재적 행정처분에 대한 취소소송에서 법원이 본안소송의 판결선고 시까지 집행정지결정을 하면, 처분에서 정해 둔 효력기간은 판결 선고 시까지 진행하지 않다가 판결이 선고되면 그때 집행정지결정의 효력이 소멸함과 동시에 처분의 효력이 당연히 부활하여 처분에서 정한 효력기간이 다시 진행한다.

04 2022. 7. 16. 군무원 7급 기출문제

01

다음 중 「행정기본법」에 제시된 행정의 법원칙에 대한 설명으로 가장 옳지 않은 것은?

① 행정작용은 법률에 위반되어서는 아니 되며, 국민의 권리를 제한하거나 의무를 부과하는 경우와 그 밖에 국민생활에 중요한 영향을 미치는 경우에는 법률에 근거하여야 한다.

② 행정청은 어떠한 경우에도 국민을 차별하여서는 아니 된다.

③ 행정청은 행정권한을 남용하거나 그 권한의 범위를 넘어서는 아니 된다.

④ 행정청은 공익 또는 제3자의 이익을 현저히 해칠 우려가 있는 경우를 제외하고는 행정에 대한 국민의 정당하고 합리적인 신뢰를 보호하여야 한다.

02

다음 중 「질서위반행위규제법」에 대한 설명으로 가장 옳지 않은 것은?

① 행정청의 과태료 처분이나 법원의 과태료 재판이 확정된 후 법률이 변경되어 그 행위가 질서위반행위에 해당하지 아니하게 된 때에는 변경된 법률에 특별한 규정이 없는 한 과태료의 징수 또는 집행을 면제한다.

② 법률에 따르지 아니하고는 어떤 행위도 질서위반행위로 과태료를 부과하지 아니한다.

③ 신분에 의하여 성립하는 질서위반행위에 신분이 없는 자가 가담한 때에 신분이 없는 자에 대하여는 질서위반행위가 성립하지 아니한다.

④ 신분에 의하여 과태료를 감경 또는 가중하거나 과태료를 부과하지 아니하는 때에는 그 신분의 효과는 신분이 없는 자에게는 미치지 아니한다.

03

다음 중 행정행위에 대한 설명으로 가장 옳지 않은 것은? (단, 다툼이 있는 경우 판례에 의함)

① 개별공시지가 결정과 이를 기초로 한 과세처분인 양도소득세 부과처분에서는 흠의 승계는 긍정된다.

② 하자 있는 행정처분이 당연무효가 되기 위해서는 그 하자가 법규의 중요한 부분을 위반한 중대한 것으로서 객관적으로 명백한 것이어야 하며, 하자가 중대하고 명백한지 여부를 판별할 때에는 그 법규의 목적, 의미, 기능 등을 목적론적으로 고찰과 동시에 구체적 사안 자체의 특수성에 관하여도 합리적으로 고찰함을 요한다.

③ 무효인 행정행위에 대하여 무효의 주장을 취소소송의 형식(무효선언적 취소)으로 제기하는 경우에 있어서, 취소소송의 형식에 의하여 제기되었더라도 이러한 소송에 있어서는 취소소송의 제소요건의 제한을 받지 아니 한다.

④ 위법한 행정대집행이 완료되면 그 처분의 무효확인 또는 취소를 구할 소의 이익은 없다 하더라도, 미리 그 행정처분의 취소판결이 있어야만, 그 행정처분의 위법임을 이유로 한 손해배상청구를 할 수 있는 것은 아니다.

04

다음 중 행정행위에 대한 설명으로 가장 옳지 않은 것은? (단, 다툼이 있는 경우 판례에 의함)

① 행정행위를 한 처분청은 그 처분 당시에 그 행정처분에 별다른 하자가 없었고 또 그 처분 후에 이를 취소할 별도의 법적 근거가 없다 하더라도 원래의 처분을 그대로 존속시킬 필요가 없게 된 사정변경이 생겼거나 또는 중대한 공익상의 필요가 발생한 경우에는 별개의 행정행위로 이를 철회하거나 변경할 수 있다.

② 일반적으로 조례가 법률 등 상위법령에 위배된다는 사정은 그 조례의 규정을 위법하여 무효라고 선언한 대법원의 판결이 선고되지 아니한 상태에서는 그 조례 규정의 위법 여부가 해석상 다툼의 여지가 없을 정도로 명백하였다고 인정되지 아니하는 이상 객관적으로 명백한 것이라 할 수 없으므로, 이러한 조례에 근거한 행정처분의 하자는 취소사유에 해당할 뿐 무효사유가 된다고 볼 수는 없다.

③ 일반적으로 행정처분이나 행정심판 재결이 불복기간의 경과로 확정될 경우 그 확정력은, 처분으로 법률상의 이익을 침해받은 자가 당해 처분이나 재결의 효력을 더 이상 다툴 수 없다는 의미이므로 확정판결에서와 같은 기판력이 인정된다.

④ 도로점용허가의 점용기간은 행정행위의 본질적인 요소에 해당한다고 볼 것이어서 부관인 점용기간을 정함에 있어서 위법사유가 있다면 이로써 도로점용허가 처분 전부가 위법하게 된다.

05

다음 중 「정부조직법」에 대한 설명으로 가장 옳지 않은 것은? 〈각론〉

① 대통령은 정부의 수반으로서 법령에 따라 모든 중앙행정기관의 장을 지휘·감독한다.

② 대통령은 국무총리와 중앙행정기관의 장의 명령이나 처분이 위법 또는 부당하다고 인정하면 이를 중지 또는 취소할 수 있다.

③ 국무총리는 대통령의 명을 받아 각 중앙행정기관의 장을 지휘·감독한다.

④ 국무총리는 중앙행정기관의 장의 명령이나 처분이 위법 또는 부당하다고 인정될 경우에는 스스로 이를 중지 또는 취소할 수 있다.

06

다음 중 「행정조사기본법」상 행정조사에 대하여 괄호 안에 들어갈 단어로 가장 옳지 않은 것은?

행정조사는 조사 목적을 달성하는데 필요한 (㉠) 범위 안에서 실시하여야 하며, (㉡) 등을 위하여 조사권을 남용하여서는 아니 된다. 행정기관은 (㉢)에 적합하도록 조사대상자를 선정하여 행정조사를 실시하여야 한다. 행정기관은 유사하거나 동일한 사안에 대하여는 공동조사 등을 실시함으로써 행정조사가 (㉣) 아니하도록 하여야 한다. 행정조사는 법령 등의 위반에 대한 (㉤)보다는 법령 등을 준수하도록 (㉥)하는 데 중점을 두어야 한다. 다른 (㉦)에 따르지 아니하고는 행정조사의 대상자 또는 행정조사의 내용을 공표하거나 직무상 알게 된 비밀을 누설하여서는 아니 된다. 행정기관은 행정조사를 통하여 알게 된 정보를 다른 법률에 따라 내부에서 이용하거나 다른 기관에 제공하는 경우를 제외하고는 원래의 (㉧) 이외의 용도로 이용하거나 타인에게 제공하여서는 아니 된다.

① ㉠: 적절한   ㉡: 다른 목적
② ㉢: 조사목적   ㉣: 중복되지
③ ㉤: 처벌   ㉥: 유도
④ ㉦: 법률   ㉧: 조사목적

07

다음 중 원고에게 법률상 이익이 인정되는 사안으로만 묶은 것은? (단, 다툼이 있는 경우 판례에 의함)

> ㉠ 주거지역 내에 법령상 제한면적을 초과한 연탄공장 건축허가처분에 대한 주거지역 외에 거주하는 거주자의 취소소송
>
> ㉡ 지방자치단체장이 공장시설을 신축하는 회사에 대하여 사업승인 당시 부가하였던 조건을 이행할 때까지 신축공사를 중지하라는 명령을 발하였고, 회사는 중지명령의 원인사유가 해소되지 않았음에도 공사중지 명령의 해제를 요구하였고, 이에 대한 지방자치단체장의 해제요구의 거부에 대한 회사의 취소소송
>
> ㉢ 관련 법령상 인가·허가 등 수익적 행정처분을 신청한 여러 사람이 서로 경원관계에 있어서 한 사람에 대한 허가 등 처분이 다른 사람에 대한 불허가 등으로 귀결될 수밖에 없는 경우에, 허가 등 처분을 받지 못한 자가 자신에 대한 거부에 대하여 제기하는 취소소송
>
> ㉣ 이른바 예탁금회원제 골프장에 있어서, 체육시설업자가 회원모집계획서를 제출하면서 사업계획의 승인을 받을 때 정한 예정인원을 초과하여 회원을 모집하는 내용의 회원모집계획서를 제출하여 그에 대한 시·도지사 등의 검토결과 통보를 받은 경우, 기존회원이 회원모집계획서에 대한 시·도지사의 검토결과 통보에 대한 취소소송

① ㉠, ㉢

② ㉢, ㉣

③ ㉡, ㉣

④ ㉠, ㉡

08

다음 중 행정조직에 대한 설명으로 가장 옳지 않은 것은? 〈각론〉

① 중앙행정기관에는 소관사무를 수행하기 위하여 필요한 때에는 특히 법률로 정한 경우를 제외하고는 대통령령으로 정하는 바에 따라 지방행정기관을 둘 수 있다.

② 행정기관에는 그 소관사무의 일부를 독립하여 수행할 필요가 있는 때에는 대통령령으로 정하는 바에 따라 행정위원회 등 합의제행정기관을 둘 수 있다.

③ 행정기관은 법령으로 정하는 바에 따라 그 소관사무의 일부를 보조기관 또는 하급행정기관에 위임하거나 다른 행정기관·지방자치단체 또는 그 기관에 위탁 또는 위임할 수 있다. 이 경우 위임 또는 위탁을 받은 기관은 특히 필요한 경우에는 법령으로 정하는 바에 따라 위임 또는 위탁을 받은 사무의 일부를 보조기관 또는 하급행정기관에 재위임할 수 있다.

④ 행정기관은 법령으로 정하는 바에 따라 그 소관사무 중 조사·검사·검정·관리 업무 등 국민의 권리·의무와 직접 관계되지 아니하는 사무를 지방자치단체가 아닌 법인·단체 또는 그 기관이나 개인에게 위탁할 수 있다.

09

다음 중 「국유재산법」에 대한 설명으로 가장 옳지 않은 것은? 〈각론〉

① 국유재산에 관한 사무에 종사하는 직원은 그 처리하는 국유재산을 취득하거나 자기의 소유재산과 교환하지 못하며, 이에 위반한 행위는 취소할 수 있다.

② 국유재산은 그 용도에 따라 행정재산과 일반재산으로 구분되며, 행정재산 외의 모든 국유재산을 일반재산이다.

③ 행정재산은 처분하지 못하며, 국가 외의 자는 원칙적으로 국유재산에 건물, 교량 등 구조물과 그 밖의 영구시설물을 축조하지 못한다.

④ 사권(私權)이 설정된 재산은 판결에 따라 취득하는 경우를 제외하고는 그 사권이 소멸된 후가 아니면 국유재산으로 취득하지 못한다.

10

다음 중 행정행위의 구성요건적 효력(공정력)과 선결문제에 대한 설명으로 가장 옳지 않은 것은? (단, 다툼이 있는 경우 판례에 의함)

① 갑이 영업정지처분이 위법하다고 주장하면서 국가를 상대로 손해배상청구소송을 제기한 경우, 법원은 취소사유에 해당하는 것을 인정하더라도 그 처분의 취소판결이 없는 한 손해배상청구를 인용할 수 없다.

② 선결문제가 행정행위의 당연무효이면 민사법원이 직접 그 무효를 판단할 수 있다.

③ 과세대상과 납세의무자 확정이 잘못되어 당연무효인 과세에 대해서는 체납이 문제될 여지가 없으므로 조세체납범이 문제되지 않는다.

④ 행정행위 위법 여부가 범죄구성요건의 문제로 된 경우에는 형사법원이 행정행위의 위법성을 인정할 수 있다.

11

다음 중 하자의 승계가 인정되는 경우는? (단, 다툼이 있는 경우 판례에 의함)

① 국제항공노선 운수권배분 실표처분 및 노선면허 거부처분과 노선면허처분

② 보충역편입처분과 공익근무요원소집처분

③ 토지구획정리사업시행인가처분과 환지정산금 부과처분

④ 대집행계고처분과 비용납부명령

12

다음 중 공무원관계에 대한 설명으로 가장 옳지 않은 것은? (단, 다툼이 있는 경우 판례에 의함) 〈각론〉

① 임용결격자가 공무원으로 임용되어 사실상 근무하여 온 경우 임용결격의 하자가 치유되어 「공무원연금법」이나 「근로자퇴직급여 보장법」에서 정한 퇴직급여를 청구할 수 있다.

② 국가공무원법상 직위해제에 관한 규정은 징계절차 및 그 진행과는 관계가 없는 규정이므로 직위해제 중에 있는 자에 대하여도 징계처분을 할 수 있다.

③ 국가공무원법상 직위해제처분은 처분의 사전통지 및 의견청취 등에 관한 행정절차법 규정이 별도로 적용되지 아니한다.

④ 공무원은 자신에 대한 징계처분에 대해 항고소송을 제기하려면 반드시 소청심사취원회의 결정을 거쳐야 한다.

13

다음 중 공무원으로 임용이 될 수 있는 자는 몇 명인가? 〈각론〉

㉠ 징계에 의하여 해임의 처분을 받은 때로부터 1,500일이 된 자

㉡ 공무원으로 재직기간 중 직무와 관련하여 「형법」 제355조 및 제356조에 규정된 죄를 범한 자로서 100만원의 벌금형을 선고받고 그 형이 확정된 후 2년이 지나지 아니한 자

㉢ 미성년자에 대한 「아동·청소년의 성보호에 관한 법률」 제2조 제2호에 따른 아동·청소년대상 성범죄를 저질러 해임된 사람

㉣ 금고 이상의 형을 선고받고 그 집행유예 기간이 끝난 날부터 1,500일이 된 자

㉤ 금고 이상의 실형을 선고받고 그 집행에 종료되거나 집행을 받지 아니하기로 확정된 후 1,500일이 된 자

㉥ 「성폭력범죄의 처벌 등에 관한 특례법」 제2조에 규정된 죄를 범한 사람으로서 100만원 이상의 벌금형을 선고 받고 그 형이 확정된 후 3년이 지나지 아니한 자

① 1명　　　　　　② 2명
③ 3명　　　　　　④ 4명

14

다음 중 「공익사업을 위한 토지 등의 취득 및 보상에 관한 법률」에 대한 설명으로 가장 옳지 않은 것은? 〈각론〉

① 사업시행자가 수용 또는 사용의 개시일까지 관할 토지수용위원회가 재결한 보상금을 지급하거나 공탁하지 아니하였을 때에는 해당 토지수용위원회의 재결은 효력을 상실하고, 이 경우 사업시행자는 재결의 효력이 상실됨으로 인하여 토지소유자 또는 관계인이 입은 손실을 보상하여야 한다.

② 사업시행자는 보상금을 받을 자가 그 수령을 거부하거나 보상금을 수령할 수 없을 때에는 수용 또는 사용의 개시일까지 수용하거나 사용하려는 토지 등의 소재지의 공탁소에 보상금을 공탁(供託)할 수 있다.

③ 공익사업에 필요한 토지 등의 취득 또는 사용으로 인하여 토지소유자나 관계인이 입은 손실은 국가 또는 지방자치단체가 보상하여야 한다.

④ 토지수용위원회의 재결이 있는 후 수용하거나 사용할 토지나 물건이 토지소유자 또는 관계인의 고의나 과실 없이 멸실되거나 훼손된 경우 그로 인한 손실은 사업시행자가 부담한다.

15

다음 중 「지방자치법」의 내용에 대한 설명으로 가장 옳지 않은 것은? 〈각론〉

① 지방자치단체는 1. 특별시, 광역시, 도, 특별자치도와 2. 시, 군, 구의 두 가지 종류로 구분한다.

② 지방자치단체의 장은 주민에게 과도한 부담을 주거나 중대한 영향을 미치는 지방자치단체의 주요 결정사항 등에 대하여 주민투표에 부칠 수 있다.

③ 주민은 지방자치단체의 조례를 제정하거나 개정하거나 폐지할 것을 청구할 수 있다.

④ 주민은 그 지방자치단체의 장 및 지방의회 의원(비례대표 지방의회의원은 제외한다)을 소환할 권리를 가진다.

16

다음 중 행정법상 의무의 강제방법에 관한 설명으로 가장 옳지 않은 것은? (단, 다툼이 있는 경우 판례에 의함)

① 법인은 기관을 통하여 행위하므로 법인이 대표자를 선임한 이상 그의 행위로 인한 법률효과는 법인에게 귀속되어야 하고, 법인 대표자의 범죄행위에 대하여는 법인이 자신의 행위에 대한 책임을 부담하는 것이다.

② 행정청이 여러 개의 위반행위에 대하여 하나의 제재처분을 하였으나, 위반행위별로 제재처분의 내용을 구분하는 것이 가능하고 여러 개의 위반행위 중 일부의 위반행위에 대한 제재처분 부분만이 위법하다면, 법원은 제재처분 중 위법성이 인정되는 부분만 취소하여야 하고 제재처분 전부를 취소하여서는 아니 된다.

③ 관계 법령상 행정대집행의 절차가 인정되어 행정청이 행정대집행의 방법으로 건물의 철거 등 대체적 작위의무의 이행을 실현할 수 있는 경우에는 따로 민사소송의 방법으로 그 의무의 이행을 구할 수 없다.

④ 행정대집행은 대체적 작위의무에 대한 강제집행수단이고, 이행강제금은 부작위의무나 비대체적 작위의무에 대한 강제집행수단이므로 이행강제금은 대체적 작위의무의 위반에 대하여는 부과될 수 없다.

17

다음 중 「행정기본법」에 규정된 행정법상 원칙으로 가장 옳지 않은 것은?

① 성실의무 및 권한남용금지의 원칙

② 신뢰보호의 원칙

③ 부당결부금지의 원칙

④ 행정의 자기구속의 원칙

18

다음 중 행정처분의 효력에 관한 설명으로 가장 옳지 않은 것은? (단, 다툼이 있는 경우 판례에 의함)

① 행정행위의 공정력이란 행정행위가 위법하더라도 취소되지 않는 한 유효한 것으로 통용되는 효력을 의미하는 것이다.

② 행정행위의 공정력은 판결의 기판력과 같은 효력은 아니지만 그 공정력의 객관적 범위에 속하는 행정행위의 하자가 취소사유에 불과한 때에는 그 처분이 취소되지 않는 한 처분의 효력을 부정하여 그로 인한 이득을 법률상 원인 없는 이득이라고 말할 수 없는 것이다.

③ 영업의 금지를 명한 영업허가취소처분 자체가 나중에 행정쟁송절차에 의하여 취소되었다면 그 영업허가취소처분 이후의 영업행위를 무허가영업이라고 볼 수는 없다.

④ 과세관청이 법령 규정의 문언상 과세처분 요건의 의미가 분명함에도 합리적인 근거 없이 그 의미를 잘못 해석한 결과, 과세처분 요건이 충족되지 아니한 상태에서 해당 처분을 한 경우에는 과세요건 사실을 오인한 것에 불과하여 그 하자가 명백하다고 할 수 없다.

19

다음 중 행정처분의 소멸에 관한 설명으로 가장 옳지 않은 것은? (단, 다툼이 있는 경우 판례에 의함)

① 취소심판을 제기한 경우 관할 행정심판위원회에서 취소재결하는 것은 직권취소에 해당한다.

② 도시계획시설사업의 사업자 지정을 한 관할청은 도시계획시설사업의 시행자 지정에 하자가 있는 경우, 별도의 법적 근거가 없더라도 스스로 이를 취소할 수 있다.

③ 종전 행정처분에 하자가 있음을 전제로 직권으로 이를 취소하는 행정처분의 경우 하자나 취소해야 할 필요성에 관한 증명책임은 기존 이익과 권리를 침해하는 처분을 한 행정청에 있다.

④ 지방병무청장은 군의관의 신체등위판정이 금품수수에 따라 위법 또는 부당하게 이루어졌다고 인정하는 경우, 그 신체등위판정을 기초로 자신이 한 병역처분을 직권으로 취소할 수 있다.

20

다음 중 국유재산에 관한 설명으로 옳지 않은 것은? (단, 다툼이 있는 경우 판례에 의함) 〈각론〉

① 기업용재산은 행정재산에 속한다.

② 국유재산은 「민법」에도 불구하고 시효취득의 대상이 되지 아니한다.

③ 국유재산이 용도폐지되기 전 종전 관리청이 부과·징수하지 아니한 사용료가 있는 경우, 용도폐지된 국유재산을 종전 관리청으로부터 인계받은 기획재정부장관이 사용료를 부과·징수할 수 있는 권한을 가진다.

④ 행정재산의 사용허가를 받은 자가 그 행정재산의 관리를 소홀히 하여 재산상의 손해를 발생하게 한 경우에는 사용료 외에 대통령령으로 정하는 바에 따라 그 사용료를 넘지 아니하는 범위에서 가산금을 징수할 수 있다.

21

다음 중 「공익사업을 위한 토지 등의 취득 및 보상에 관한 법률」상 손실보상제도에 관한 설명으로 가장 옳은 것은? (단, 다툼이 있는 경우 판례에 의함)

① 사업시행자가 광업권·어업권·양식업권 또는 물의 사용에 관한 권리를 취득하거나 사용하는 경우에는 동법이 적용되지 않는다.

② 토지수용위원회의 수용재결이 있은 후라고 하더라도 토지소유자 등과 사업시행자가 다시 협의하여 토지 등의 취득이나 사용 및 그에 대한 보상에 관하여 임의로 계약을 체결할 수 있다.

③ 사업시행자가 수용 또는 사용의 개시일까지 관할 토지수용위원회가 재결한 보상금을 지급하거나 공탁하지 아니하였을 때에는 해당 토지수용위원회의 재결의 효력은 확정되어 더 이상 다툴 수 없다.

④ 사업시행자가 동일한 토지소유자에 속하는 일단의 토지 일부를 취득함으로 잔여지를 종래의 목적에 사용하는 것이 불가능하거나 현저히 곤란한 경우이어야만 잔여지 손실 보상청구를 할 수 있다.

22

다음 중 정보공개에 대한 설명으로 가장 옳지 않은 것은? (단, 다툼이 있는 경우 판례에 의함)

① 자연인은 물론 법인과 법인격 없는 사단·재단도 공공기관이 보유·관리하는 정보의 공개를 청구할 수 있다.
② 국내에 일정한 주소를 두고 거주하는 외국인은 정보공개청구권을 가진다.
③ 이미 다른 사람에게 공개되어 널리 알려져있거나 인터넷을 통해 공개되어 인터넷 검색 등을 통하여 쉽게 검색할 수 있는 경우에는 공개청구의 대상이 될 수 없다.
④ 정보란 공공기관이 작성 또는 취득하여 관리하고 있는 문서(전자문서를 포함한다) 및 전자매체를 비롯한 모든 매체 등에 기록된 사항을 말한다.

23

다음 중 「행정소송법」상 사정판결에 대한 내용으로 가장 옳지 않은 것은?

> 제28조(사정판결)
> ① 원고의 청구가 (㉠)고 인정하는 경우에도 처분등을 취소하는 것이 현저히 (㉡)에 적합하지 아니하다고 인정하는 때에는 법원은 원고의 청구를 (㉢)할 수 있다. 이 경우 법원은 그 판결의 (㉣)에서 그 처분 등이 (㉤)을 명시하여야 한다.
> ② 법원이 제1항의 규정에 의한 판결을 함에 있어서는 미리 원고가 그로 인하여 입게 될 (㉥)의 정도와 배상방법 그 밖의 사정을 조사하여야 한다.
> ③ 원고는 피고인 행정청이 속하는 국가 또는 공공단체를 상대로 (㉦), (㉧) 그 밖에 적당한 구제방법의 청구를 당해 취소소송등이 계속된 법원에 병합하여 제기할 수 있다.

① ㉠: 이유있다   ㉧: 재해시설의 설치
② ㉡: 공공복리   ㉦: 손해배상
③ ㉢: 기각   ㉥: 손해
④ ㉣: 이유   ㉤: 위법함

24

다음 중 행정절차법상 처분의 사전통지에 관한 설명 중 가장 옳은 것은? (단, 다툼이 있는 경우 판례에 의함)

① 행정청은 당사자에게 사전통지를 하면서 의견제출에 필요한 기간을 10일 이상으로 고려하여 정하여 통지하여야 한다.
② 신청에 대한 거부처분은 당사자의 권익을 제한하는 처분에 해당하므로 처분의 사전통지의 대상이 된다.
③ 현장조사에서 처분상대방이 위반사실을 시인하였다면 행정청은 처분의 사전통지절차를 하지 않아도 된다.
④ 행정청은 해당 처분의 성질상 의견청취가 현저히 곤란하더라도 사전통지를 해야 한다.

25

다음 중 통치행위에 대한 설명으로 가장 옳지 않은 것은? (단, 다툼이 있는 경우 판례에 의함)

① 국군을 외국에 파견하는 결정은 통치행위로서 고도의 정치적 결단이 요구되는 사단에 대한 대통령과 국회의 판단은 존중되어야 하고 헌법재판소가 사법적 기준만으로 이를 심판하는 것은 자제되어야 한다.
② 남북정상회담의 개최과정에서 재정경제부 장관에게 신고하지 아니하고 북한 측에 사업권의 대가명목으로 송금한 행위는 남북정상회담에 도움을 주기 위한 통치행위로서 사법심사의 대상이 되지 아니한다.
③ 대통령의 사면권행사는 형의 선고의 효력 또는 공소권을 상실시키거나 형의 집행을 면제시키는 국가원수의 고유한 권한을 의미하며, 사법부의 판단을 변경하는 제도로서 권력분립의 원리에 대한 예외이다.
④ 대통령의 긴급재정경제명령은 국가긴급권의 일종으로서 고도의 정치적 결단이나, 그것이 국민의 기본권 침해와 직접 관련되는 경우에는 당연히 헌법재판소의 심판대상이 된다.

05 2021. 7. 24. 군무원 9급 기출문제

01

사인의 공법행위에 대한 설명으로 옳지 않은 것은? (단, 다툼이 있는 경우 판례에 의함)

① 국민이 어떤 신청을 한 경우에 그 신청의 근거가 된 조항의 해석상 행정발동에 대한 개인의 신청권을 인정하고 있다고 보이면 그 거부행위는 항고소송의 대상이 되는 처분으로 보아야 하고, 구체적으로 그 신청이 인용될 수 있는가 하는 점은 본안에서 판단하여야 할 사항이다.

② 민원사항의 신청서류에 실질적인 요건에 관한 흠이 있더라도 그것이 민원인의 단순한 착오나 일시적인 사정 등에 기한 경우에는 행정청은 보완을 요구할 수 있다.

③ 건축주 등은 건축신고가 반려될 경우 건축물의 건축을 개시하면 시정명령, 이행강제금, 벌금의 대상이 되거나 당해 건축물을 사용하여 행할 행위의 허가가 거부될 우려가 있어 불안정한 지위에 놓이게 되므로, 건축신고 반려행위는 항고소송의 대상성이 인정된다.

④ 건축법상의 건축신고가 다른 법률에서 정한 인가·허가 등의 의제효과를 수반하는 경우라도 특별한 사정이 없는 한 수리를 요하는 신고로 볼 수 없다.

02

평등원칙에 대한 설명으로 옳지 않은 것은? (단, 다툼이 있는 경우 판례에 의함)

① 국가기관이 채용시험에서 국가유공자의 가족에게 10%의 가산점을 부여하는 규정은 평등권과 공무담임권을 침해한다.

② 평등원칙은 동일한 것 사이에서의 평등이므로 상이한 것에 대한 차별의 정도에서의 평등을 포함하지 않는다.

③ 재량준칙이 공표된 것만으로는 행정의 자기 구속의 원칙이 적용될 수 없고, 재량준칙이 되풀이 시행되어 행정관행이 성립한 경우에 적용될 수 있다.

④ 행정의 자기구속의 원칙이 인정되는 경우에는 행정관행과 다른 처분은 특별한 사정이 없는 한 위법하다.

03

행정소송제도에 대한 설명으로 옳지 않은 것은?

① 개별법령에 합의제 행정청의 장을 피고로 한다는 명문 규정이 없는 한 합의제 행정청 명의로 한 행정처분의 취소소송의 피고적격자는 당해 합의제 행정청이 아닌 합의제 행정청의 장이다.

② 원고가 피고를 잘못 지정한 경우 피고경정은 취소소송과 당사자소송 모두에서 사실심 변론종결에 이르기까지 허용된다.

③ 법원은 당사자소송을 취소소송으로 변경하는 것이 상당하다고 인정할 때에는 청구의 기초에 변경이 없는 한 사실심의 변론종결시까지 원고의 신청에 의하여 결정으로써 소의 변경을 허가할 수 있다.

④ 당사자소송의 원고가 피고를 잘못 지정하여 피고경정신청을 한 경우 법원은 결정으로써 피고의 경정을 허가할 수 있다.

04

수익적 행정행위의 철회에 대한 설명으로 옳은 것은? (단, 다툼이 있는 경우 판례에 의함)

① 수익적 행정행위에 대한 취소권 등의 행사는 기득권의 침해를 정당화할 만한 중대한 공익상의 필요 또는 제3자의 이익을 보호할 필요가 있고, 이를 상대방이 받는 불이익과 비교·교량하여 볼 때 공익상의 필요 등이 상대방이 입을 불이익을 정당화할 만큼 강한 경우에 한하여 허용될 수 있다.

② 행정행위를 한 처분청은 비록 처분 당시에 별다른 하자가 없었고, 처분 후에 이를 철회할 별도의 법적 근거가 없더라도 원래의 처분을 존속시킬 필요가 없게 된 중대한 공익상 필요가 발생한 경우에도 그 효력을 상실케하는 별개의 행정행위로 이를 철회할 수 없다.

③ 수익적 행정행위를 취소 또는 철회하거나 중지시키는 경우에는 이미 부여된 국민의 기득권을 침해하는 것이 되므로, 비록 취소등의 사유가 있다고 하더라도 허용되지 않는다.

④ 행정행위를 한 처분청은 비록 처분 당시에 별다른 하자가 없었고, 처분 후에 이를 철회할 별도의 법적 근거가 없더라도 원래의 처분을 존속시킬 필요가 없게 된 사정변경이 생겼다는 이유만으로 그 효력을 상실케 하는 별개의 행정행위로 이를 철회하는 것은 허용되지 않는다.

05

행정법의 효력에 대한 설명으로 옳지 않은 것은?

① 조례와 규칙은 특별한 규정이 없으면 공포한 날부터 20일이 경과함으로써 효력을 발생한다.

② 행정법령은 특별한 규정이 없는 한 시행일로부터 장래에 향하여 효력을 발생하는 것이 원칙이다.

③ 법령을 소급적용하더라도 일반국민의 이해에 직접 관계가 없는 경우에는 법령의 소급적용이 허용된다.

④ 법률불소급의 원칙은 그 법률의 효력발생 전에 완성된 요건사실 뿐만 아니라 계속 중인 사실이나 그 이후에 발생한 요건사실에 대해서도 그 법률을 소급적용할 수 없다.

06

「행정절차법」상 청문에 대한 설명으로 옳지 않은 것은?

① 청문 주재자에게 공정한 청문 진행을 할 수 없는 사정이 있는 경우 당사자 등은 행정청에 기피신청을 할 수 있다.

② 청문 주재자가 청문을 시작할 때에는 먼저 예정된 처분의 내용, 그 원인이 되는 사실 및 법적 근거 등을 설명하여야 한다.

③ 청문 주재자는 직권으로 또는 당사자의 신청에 따라 필요한 조사를 할 수 있으며, 당사자 등이 주장하지 아니한 사실에 대하여는 조사할 수 없다.

④ 행정청은 청문을 마친 후 처분을 할 때까지 새로운 사정이 발견되어 청문을 재개(再開)할 필요가 있다고 인정할 때에는 청문조서 등을 되돌려 보내고 청문의 재개를 명할 수 있다.

07

행정지도에 대한 설명으로 옳지 않은 것은?

① 행정지도가 그의 한계를 일탈하지 아니하였다면, 그로 인하여 상대방에게 어떤 손해가 발생하였다 하더라도 행정기관은 그에 대한 손해배상책임이 없다.

② 위법한 건축물에 대한 단전 및 전화통화 단절조치 요청 행위는 처분성이 인정되는 행정지도이다.

③ 상대방이 행정지도에 따르지 아니하였다는 것을 직접적인 이유로 하는 불이익한 조치는 위법한 행위가 된다.

④ 국가배상법이 정한 배상청구의 요건인 공무원의 직무에는 행정지도도 포함된다.

08

개인정보 보호에 대한 설명으로 옳지 않은 것은?

① 정보통신서비스 제공자는 이용자가 필요한 최소한의 개인정보 이외의 개인정보를 제공하지 아니한다는 이유로 그 서비스의 제공을 거부할 수 있다.

② 개인정보처리자가 집단분쟁조정을 거부하거나 집단분쟁조정의 결과를 수락하지 아니한 경우에는 법원에 권리침해 행위의 금지·중지를 구하는 단체소송을 제기할 수 있다.

③ 개인정보 보호법은 외국의 정보통신서비스 제공자 등에 대하여 개인정보 보호규제에 대한 상호주의를 채택하고 있다.

④ 개인정보자기결정권의 보호대상이 되는 개인정보는 개인의 내밀한 영역에 속하는 영역뿐만 아니라 공적 생활에서 형성되었거나 이미 공개된 개인정보까지 포함한다.

09

「행정소송법」상 당사자소송에 대한 설명으로 옳지 않은 것은?

① 공법상 당사자소송이란 행정청의 처분등을 원인으로 하는 법률관계에 관한 소송 그밖에 공법상의 법률관계에 관한 소송으로서 그 법률관계의 한쪽 당사자를 피고로 하는 소송을 말한다.

② 공법상 계약의 한쪽 당사자가 다른 당사자를 상대로 효력을 다투거나 이행을 청구하는 소송은 공법상의 법률관계에 관한 분쟁이므로 분쟁의 실질이 공법상 권리·의무의 존부·범위에 관한 다툼에 관해서는 공법상 당사자소송으로 제기하여야 한다.

③ 원고가 고의 또는 중대한 과실 없이 행정소송으로 제기하여야 할 사건을 민사소송으로 잘못 제기한 경우, 수소법원으로서는 만약 그 행정소송에 대한 관할도 동시에 가지고 있다면 이를 행정소송으로 심리·판단하여야 하고, 그 행정소송에 대한 관할을 가지고 있지 아니하다면 관할법원에 이송하여야 한다.

④ 당사자소송의 경우 법원은 필요하다고 인정할 때에는 직권으로 증거조사를 할 수 있으나, 당사자가 주장하지 아니한 사실에 대하여는 판단하여서는 안된다.

10

행정법상 허가에 대한 설명으로 옳지 않은 것은?

① 허가는 규제에 반하는 행위에 대해 행정강제나 제재를 가하기보다는 행위의 사법상 효력을 부인함으로써 규제의 목적을 달성하는 방법이다.

② 허가란 법령에 의해 금지된 행위를 일정한 요건을 갖춘 경우에 그 금지를 해제하여 적법하게 행위할 수 있게 해준다는 의미에서 상대적 금지와 관련되는 경우이다.

③ 전통적인 의미에서 허가는 원래 개인이 누리는 자연적 자유를 공익적 차원(공공의 안녕과 질서유지)에서 금지해 두었다가 일정한 요건을 갖춘 경우 그러한 공공에 대한 위험이 없다고 판단되는 경우 그 금지를 풀어줌으로써 자연적 자유를 회복시켜주는 행위이다.

④ 실정법상으로는 허가 이외에 면허, 인가, 인허, 승인 등의 용어가 사용되고 있기 때문에 그것이 학문상 개념인 허가에 해당하는지 검토할 필요가 있다.

11

「행정기본법」에 대한 설명으로 옳은 것만을 모두 고른 것은?

┌─────────────────────────────────────┐
ⓐ 행정은 공공의 이익을 위하여 적극적으로 추진되어야 한다.
ⓑ 행정작용은 법률에 위반되어서는 아니 되며, 국민의 권리를 제한하거나 의무를 부과하는 경우와 그 밖에 국민생활에 중요한 영향을 미치는 경우에는 법률에 근거하여야 한다.
ⓒ 행정청은 합리적 이유 없이 국민을 차별하여서는 아니 된다.
ⓓ 행정청은 행정작용을 할 때 상대방에게 해당 행정작용과 실질적인 관련이 없는 의무를 부과해서는 아니 된다.
ⓔ 행정청은 처분에 재량이 있는 경우에는 부관(조건, 기한, 부담, 철회권의 유보 등을 말한다)을 붙일 수 있다.
└─────────────────────────────────────┘

① ㉠, ㉡, ㉢

② ㉠, ㉡, ㉢, ㉣

③ ㉠, ㉡, ㉢, ㉣, ㉤

④ ㉡, ㉢, ㉣, ㉤

12

행정소송의 원고적격에 대한 설명으로 옳지 않은 것은? (단, 다툼이 있는 경우 판례에 의함)

① 면허나 인·허가 등의 수익적 행정처분의 근거가 되는 법률이 해당 업자들 사이의 과당경쟁으로 인한 경영의 불합리를 방지하는 것도 그 목적으로 하고 있는 경우, 다른 업자에 대한 면허나 인·허가 등의 수익적 행정처분에 대하여 미리 같은 종류의 면허나 인·허가등의 처분을 받아 영업을 하고 있는 기존의 업자는 당해 행정처분의 취소를 구할 원고적격이 인정될 수 있다.

② 광업권설정허가처분과 그에 따른 광산 개발로 인하여 재산상·환경상 이익의 침해를 받거나 받을 우려가 있는 토지나 건축물의 소유자와 점유자 또는 이해관계인 및 주민들은 그 처분 전과 비교하여 수인한도를 넘는 재산상·환경상 이익의 침해를 받거나 받을 우려가 있다는 것을 증명하더라도 원고적격을 인정받을 수 없다.

③ 행정처분의 직접 상대방이 아닌 제3자라 하더라도 당해 행정처분으로 인하여 법률상 보호되는 이익을 침해당한 경우에는 취소소송을 제기하여 그 당부의 판단을 받을 자격이 있다.

④ 법인의 주주가 그 처분으로 인하여 궁극적으로 주식이 소각되거나 주주의 법인에 대한 권리가 소멸하는 등 주주의 지위에 중대한 영향을 초래하게 되는데도 그 처분의 성질상 당해법인이 이를 다툴 것을 기대할 수 없고 달리 주주의 지위를 보전할 구제방법이 없는 경우에는 주주도 그 처분에 관하여 직접적이고 구체적인 법률상 이해관계를 가진다고 보이므로 그 취소를 구할 원고적격이 있다.

13

공법상 결과제거청구권에 대한 설명으로 옳지 않은 것은?

① 공법상 결과제거청구권의 대상은 가해행위와 상당인과관계가 있는 손해이다.

② 결과제거청구는 권력작용뿐만 아니라 관리작용에 의한 침해의 경우에도 인정된다.

③ 원상회복이 행정주체에게 기대가능한 것이어야 한다.

④ 피해자의 과실이 위법상태의 발생에 기여한 경우에는 그 과실에 비례하여 결과제거청구권이 제한되거나 상실된다.

14

행정심판의 재결에 대한 설명으로 옳지 않은 것은?

① 기각재결이 있은 후에도 원처분청은 원처분을 직권으로 취소 또는 변경할 수 있다.

② 재결의 기속력에는 반복금지효와 원상회복의무가 포함된다.

③ 행정심판에는 불고불리의 원칙과 불이익변경금지의 원칙이 인정되며, 처분청은 행정심판의 재결에 대해 불복할 수 없다.

④ 행정심판의 재결기간은 강행규정이다.

15

사례에 대한 설명으로 옳지 않은 것은? (단, 다툼이 있는 경우 판례에 의함)

> 병무청장이 법무부장관에게 '가수 甲이 공연을 위하여 국외여행허가를 받고 출국한 후 미국 시민권을 취득함으로써 사실상 병역의무를 면탈하였으므로 재외동포 자격으로 재입국하고자 하는 경우 국내에서 취업, 가수활동 등 영리활동을 할 수 없도록 하고, 불가능할 경우 입국 자체를 금지해 달라'고 요청함에 따라 법무부장관이 甲의 입국을 금지하는 결정을 하고, 그 정보를 내부 전산망인 '출입국관리 정보시스템'에 입력하였으나, 甲에게는 통보하지 않았다.

① 일반적으로 처분이 주체·내용·절차와 형식의 요건을 모두 갖추고 외부에 표시된 경우에는 처분의 존재가 인정된다.

② 행정의사가 외부에 표시되어 행정청이 자유롭게 취소·철회할 수 없는 구속을 받게 되는 시점에 처분이 성립한다.

③ 그 성립 여부는 행정청이 행정의사를 공식적인 방법으로 외부에 표시하였는지를 기준으로 판단해야 한다.

④ 위 입국금지결정은 항고소송의 대상이 되는 '처분'에 해당한다.

16

계획재량에 대한 설명으로 옳지 않은 것은?

① 통상적인 재량행위와 계획재량은 양적인 점에서 차이가 있을 뿐 질적인 점에서는 차이가 없다는 견해는 형량명령이 계획재량에 특유한 하자이론이라기보다는 비례의 원칙을 계획재량에 적용한 것이라고 한다.

② 행정주체는 그 행정계획에 관련되는 자들의 이익을 공익과 사익 사이에서는 물론이고 공익 상호 간과 사익 상호 간에도 정당하게 비교교량하여야 한다는 제한을 받는다.

③ 행정주체가 행정계획을 입안·결정함에 있어서 이익형량의 고려 대상에 마땅히 포함시켜야 할 사항을 누락한 경우 이익형량을 전혀 행하지 아니하는 등의 사정이 없는 한 그 행정계획결정은 형량에 하자가 있다고 보기 어렵다.

④ 행정계획과 관련하여 이익형량을 하였으나 정당성과 객관성이 결여된 경우에는 그 행정계획결정은 형량에 하자가 있어 위법하게 된다.

17

「행정조사기본법」상 행정조사의 기본원칙에 대한 설명으로 옳지 않은 것은? (단, 다툼이 있는 경우 판례에 의함)

① 행정조사는 조사목적을 달성하는 데 필요한 최소한의 범위 안에서 실시하여야 하며, 다른 목적 등을 위하여 조사권을 남용하여서는 아니 된다.

② 행정기관은 유사하거나 동일한 사안에 대하여는 공동조사 등을 실시함으로써 행정조사가 중복되지 아니하도록 하여야 한다.

③ 행정조사는 법령 등의 위반에 대한 처벌에 중점을 두되 법령등을 준수하도록 유도하여야 한다.

④ 행정기관은 행정조사를 통하여 알게 된 정보를 다른 법률에 따라 내부에서 이용하거나 다른 기관에 제공하는 경우를 제외하고는 원래의 조사목적 이외의 용도로 이용하거나 타인에게 제공하여서는 아니 된다.

18

행정규칙에 대한 설명으로 옳지 않은 것은? (단, 다툼이 있는 경우 판례에 의함)

① 행정규칙인 고시가 법령의 수권에 의해 법령을 보충하는 사항을 정하는 경우에는 법령보충적 고시로서 근거 법령규정과 결합하여 대외적으로 구속력 있는 법규명령의 효력을 갖는다.

② 행정규칙은 행정규칙을 제정한 행정기관에 대하여는 대내적으로 법적 구속력을 갖지 않는다.

③ 사실상의 준비행위 또는 사전안내로 볼 수 있는 국립대학의 대학입학고사 주요 요강은 공권력 행사이므로 항고소송의 대상이 되는 처분이다.

④ 일반적인 행정처분절차를 정하는 행정규칙은 대외적 구속력이 없다.

19

「공익사업을 위한 토지 등의 취득 및 보상에 관한 법률」상
의 환매권에 대한 설명으로 옳지 않은 것은? (단, 다툼이
있는 경우 판례에 의함) 〈각론〉

① 토지의 협의취득일 또는 수용의 개시일부터 10년 이내
에 해당 사업의 폐지·변경 또는 그 밖의 사유로 취득한
토지의 전부 또는 일부가 필요 없게 된 경우 취득일 당
시의 토지소유자 또는 그 포괄승계인은 환매권을 행사
할 수 있다.

② 환매권의 발생기간을 제한한 것은 사업시행자의 지위나
이해관계인들의 토지이용에 관한 법률 관계 안정, 토지
의 사회경제적 이용 효율 제고, 사회일반에 돌아가야 할
개발이익이 원소유자에게 귀속되는 불합리 방지 등을
위한 것이라 하더라도, 그 입법목적은 정당하다고 할 수
없다.

③ 환매권 발생기간 '10년'을 예외 없이 유지하게 되면 토지
수용 등의 원인이 된 공익사업의 폐지 등으로 공공필요
가 소멸하였음에도 단지 10년이 경과하였다는 사정만으
로 환매권이 배제되는 결과가 초래될 수 있다.

④ 법률조항 제91조의 위헌성은 환매권의 발생 기간을 제
한한 것 자체에 있다기보다는 그 기간을 10년 이내로 제한
한 것에 있다. 이 사건 법률조항의 위헌성을 제거하는 다
양한 방안이 있을 수 있고 이는 입법재량 영역에 속한다.

20

「국가배상법」의 내용에 대한 설명으로 옳지 않은 것은?
(단, 다툼이 있는 경우 판례에 의함)

① 국가나 지방자치단체는 공무를 위탁받은 사인이 직무를
집행하면서 고의 또는 과실로 법령을 위반하여 타인에
게 손해를 입힌 때에는 국가배상법에 따라 그 손해를 배
상하여야 한다.

② 도로·하천, 그 밖의 공공의 영조물(營造物)의 설치나
관리에 하자(瑕疵)가 있기 때문에 타인에게 손해를 발생
하게 하였을 때에는 국가나 지방자치단체는 그 손해를
배상하여야 한다. 이 경우 군인·군무원의 2중배상금지
에 관한 규정은 적용되지 않는다.

③ 직무를 집행하는 공무원에게 고의 또는 중대한 과실이
있으면 국가나 지방자치단체는 그 공무원에게 구상(求
償)할 수 있다.

④ 군인·군무원이 전투·훈련 등 직무 집행과 관련하여
전사(戰死)·순직(殉職)하거나 공상(公傷)을 입은 경우
에 본인이나 그 유족이 다른 법령에 따라 재해보상금·
유족연금·상이연금 등의 보상을 지급받을 수 있을 때
에는 「국가배상법」 및 「민법」에 따른 손해배상을 청구
할 수 없다.

21

「공공기관의 정보공개에 관한 법률」에 대한 설명으로 옳지
않은 것은?

① 정보공개의 원칙에 따라 공공기관이 보유·관리하는 정
보는 국민의 알권리 보장 등을 위하여 이 법에서 정하는
바에 따라 적극적으로 공개하여야 한다.

② 모든 국민은 정보의 공개를 청구할 권리를 가진다.

③ 공공기관의 정보공개 담당자(정보공개청구대상 정보와
관련된 업무 담당자를 포함한다)는 정보공개 업무를 성
실하게 수행하여야 하며, 공개여부의 자의적인 결정, 고
의적인 처리지연 또는 위법한 공개 거부 및 회피 등 부
당한 행위를 하여서는 아니 된다.

④ 공공기관은 예산집행의 내용과 사업평가결과 등 행정감
시를 위하여 필요한 정보에 대해서는 공개의 구체적 범
위, 주기, 시기 및 방법 등을 미리 정하여 정보통신망 등
을 통하여 알릴 필요까지는 없으나, 정기적으로 공개하
여야 한다.

22

행정의 실효성 확보수단에 대한 설명으로 옳지 않은 것은? (단, 다툼이 있는 경우 판례에 의함)

① 계고서라는 명칭의 1장의 문서로서 일정기간 내에 위법 건축물의 자진철거를 명함과 동시에 그 소정기한 내에 자진철거를 하지 아니할 때에는 대집행할 뜻을 미리 계고한 경우라도 건축법에 의한 철거명령과 행정대집행법에 의한 계고처분은 독립하여 있는 것으로서 각 그 요건이 충족되었다고 볼 것이다.

② 이행강제금은 행정상 간접적인 강제집행 수단의 하나로서, 과거의 일정한 법률위반 행위에 대한 제재인 형벌이 아니라 장래의 의무이행 확보를 위한 강제수단일 뿐이어서, 범죄에 대하여 국가가 형벌권을 실행하는 과벌에 해당하지 아니한다.

③ 세무조사결정은 납세의무자의 권리·의무에 직접 영향을 미치는 공권력의 행사에 따른 행정작용으로 보기 어려우므로 항고소송의 대상이 될 수 없다.

④ 토지·건물 등의 인도의무는 비대체적 작위의무이므로 행정대집행법상 대집행 대상이 될 수 없다.

23

개인적 공권에 대한 설명으로 옳지 않은 것은? (단, 다툼이 있는 경우 판례에 의함)

① 한의사들이 가지는 한약조제권을 한약조제시험을 통하여 약사에게도 인정함으로써 감소하게 되는 한의사들의 영업상 이익은 법률에 의하여 보호되는 이익이라 볼 수 없다.

② 합병 이전의 회사에 대한 분식회계를 이유로 감사인 지정제외 처분과 손해배상공동기금의 추가적립의무를 명한 조치의 효력은 합병 후 존속하는 법인에게 승계될 수 있다.

③ 당사자 사이에 석탄산업법 시행령 제41조 제4항 제5호 소정의 재해위로금에 대한 지급청구권에 관한 부제소합의가 있는 경우 그러한 합의는 효력이 인정된다.

④ 석유판매업 허가는 소위 대물적 허가의 성질을 갖는 것이어서 양수인이 그 양수 후 허가관청으로부터 석유판매업허가를 다시 받았다 하더라도 이는 석유판매업의 양수도를 전제로 한 것이어서 이로써 양도인의 지위승계가 부정되는 것은 아니므로 양도인의 귀책사유는 양수인에게 그 효력이 미친다.

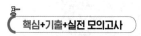

24

행정행위의 부관에 대한 설명으로 옳지 않은 것은? (단, 다툼이 있는 경우 판례에 의함)

① 재량행위에 있어서는 관계 법령에 명시적인 금지규정이 없는 한 행정목적을 달성하기 위하여 조건이나 기한, 부담 등의 부관을 붙일 수 있고, 그 부관의 내용이 이행 가능하고 비례의 원칙 및 평등의 원칙에 적합하며 행정처분의 본질적 효력을 저해하지 아니하는 이상 위법하다고 할 수 없다.

② 부담은 행정청이 행정처분을 하면서 일방적으로 부가하는 것이 일반적이므로 상대방과 협의하여 협약의 형식으로 미리 정한 다음 행정처분을 하면서 이를 부가하는 경우 부담으로 볼 수 없다.

③ 부관의 사후변경은, 법률에 명문의 규정이 있거나 그 변경이 미리 유보되어 있는 경우 또는 상대방의 동의가 있는 경우에 한하여 허용되는것이 원칙이지만, 사정변경으로 인하여 당초에 부담을 부가한 목적을 달성할 수 없게 된 경우에도 그 목적달성에 필요한 범위 내에서 예외적으로 허용된다.

④ 건축허가를 하면서 일정 토지를 기부채납하도록 하는 내용의 허가조건은 부관을 붙일 수 없는 기속행위 내지 기속적 재량행위인 건축허가에 붙인 부담이거나 또는 법령상 아무런 근거가 없는 부관이어서 무효이다.

25

행정소송법상 행정입법부작위에 대한 설명으로 옳지 않은 것은?

① 행정권의 시행명령제정의무는 헌법적 의무이다.

② 시행명령을 제정해야 함에도 불구하고 제정을 거부하는 것은 법치행정의 원칙에 반하는 것이 된다.

③ 시행명령을 제정 또는 개정하였지만 그것이 불충분 또는 불완전하게 된 경우에는 행정입법부작위가 아니다.

④ 행정입법부작위는 부작위위법확인소송의 대상이 된다.

06 | 2021. 7. 24. 군무원 7급 기출문제

01

행정행위의 효력에 대한 설명으로 옳지 않은 것은? (단, 다툼이 있는 경우 판례에 의함)

① 행정처분이 아무리 위법하다고 하여도 당연무효인 사유가 있는 경우를 제외하고는 아무도 그 하자를 이유로 무단히 그 효과를 부정하지 못한다.

② 공정력의 근거를 적법성의 추정으로 보아 행정행위의 적법성은 피고인 행정청이 아니라 원고 측에 입증책임이 있다.

③ 민사소송에 있어서 어느 행정처분의 당연무효 여부가 선결문제로 되는 때에는 이를 판단하여 당연무효임을 전제로 판결할 수 있고 반드시 행정소송 등의 절차에 의하여 그 취소나 무효확인을 받아야 하는 것은 아니다.

④ 어떤 법률에 의하여 행정청으로부터 시정명령을 받은 자가 이를 위반한 경우 그 때문에 그 법률에서 정한 처벌을 하기 위하여는 그 시정명령은 적법한 것이라야 한다.

02

지방자치단체의 사무에 대한 설명으로 옳지 않은 것은? (단, 다툼이 있는 경우 판례에 의함)

① 부랑인선도시설 및 정신질환자요양시설에 대한 지방자치단체장의 지도·감독사무는 국가사무이다.

② 인천광역시장이 원고로서 인천광역시의회를 피고로 인천광역시 공항고속도로통행료지원 조례안 재의결 무효확인청구소송을 제기하였는데, 이 조례안에서 지역주민에게 통행료를 지원하는 내용의 사무는 자치사무이다.

③ 법령상 지방자치단체의 장이 처리하도록 규정하고 있는 사무가 자치사무인지 기관위임사무인지를 판단할 때 그에 관한 경비부담의 주체는 사무의 성질결정의 본질적 요소가 아니므로 부차적인 것으로도 고려요소가 될 수 없다.

④ 지방자치단체의 자치사무에 관한 그 장의 명령이나 처분에 대한 시정명령의 경우 법령을 위반하는 것에 한한다.

03

행정법관계에 대한 설명으로 가장 옳은 것은? (단, 다툼이 있는 경우 판례에 의함)

① 육군3사관학교의 구성원인 사관생도는 학교 입학일부터 특수한 신분관계에 놓이게 되므로 법률유보 원칙은 적용 되지 아니한다.

② 지방자치단체가 학교법인이 설립한 사립중학교에 의무교육대상자에 대한 교육을 위탁한 때에 그 학교법인과 해당 사립중학교에 재학 중인 학생의 재학관계는 기본적으로 공법상 계약에 따른 법률관계이다.

③ 불이익한 행정처분의 상대방은 직접 개인적 이익을 침해당한 것으로 볼 수 없으므로 처분취소소송에서 원고적격을 바로 인정받지 못한다.

④ 공무원연금 수급권은 법률에 의하여 비로소 확정된다.

04

국유재산에 대한 설명으로 옳지 않은 것은? (단, 다툼이 있는 경우 판례에 의함) 〈각론〉

① 국가가 국유재산의 무단점유자를 상대로 변상금의 부과 징수권의 행사와 별도로 국유재산의 소유자로서 민사상 부당이득반환청구의 소를 제기할 수 있다.

② 국유재산의 무단점유자에 대한 변상금부과는 관리청이 공권력을 가진 우월한 지위에서 행한 것으로 항고소송의 대상이 되는 행정처분의 성격을 갖는다.

③ 행정재산의 목적 외 사용·수익허가의 법적성질은 특정인에게 행정재산을 사용할 수 있는 권리를 설정하여 주는 강학상 특허에 해당한다.

④ 국유재산법에서는 행정재산의 사용·수익의 허가기간은 3년 이내로 한다.

05

확정된 취소판결과 무효확인판결의 효력에 대한 설명으로 옳지 않은 것은? (단, 다툼이 있는 경우 판례에 의함)

① 당사자가 확정된 취소판결의 존재를 사실심 변론종결시까지 주장하지 아니하였다고 하더라도 상고심에서 새로이 이를 주장·입증할 수 있다.

② 취소판결이 확정된 과세처분을 과세관청이 경정하는 처분을 하였다면 당연무효의 처분이라고 할 수 없고 단순위법인 취소사유를 가진 처분이 될 뿐이다.

③ 행정처분의 무효확인 판결은 확인판결이라고 하여도 행정처분의 취소판결과 같이 소송당사자는 물론 제3자에게도 미치는 것이다.

④ 행정처분의 취소판결이 확정되면 그 판결에서 확인된 위법사유를 배제한 상태에서 다시 처분을 하거나 그 밖에 위법한 결과를 제거하는 조치를 할 의무가 있다.

06

행정기본법상 법적용의 기준에 대한 설명으로 옳지 않은 것은?

① 새로운 법령은 법령에 특별한 규정이 있는 경우를 제외하고는 그 법령의 효력 발생 전에 완성되거나 종결된 사실관계 또는 법률관계에 대해서는 적용되지 아니한다.

② 당사자의 신청에 따른 처분은 법령에 특별한 규정이 있거나 처분 당시의 법령을 적용하기 곤란한 특별한 사정이 있는 경우를 제외하고는 처분 당시의 법령에 따른다.

③ 법령을 위반한 행위의 성립과 이에 대한 제재처분은 법령에 특별한 규정이 있는 경우를 제외하고는 법령을 위반한 행위 당시의 법령에 따른다.

④ 법령을 위반한 행위 후 법령의 변경에 의하여 그 행위가 법령을 위반한 행위에 해당하지 아니하는 경우에도 해당 법령에 특별한 규정이 없는 경우 변경 이전의 법령을 적용한다.

07

행정조직법상 권한에 대한 설명으로 옳지 않은 것은? (단, 다툼이 있는 경우 판례에 의함) 〈각론〉

① 체납취득세에 대한 압류처분권한은 도지사로부터 시장에게 권한위임된 것이고 시장으로부터 압류처분권한을 내부위임받은 데 불과한 구청장이 자신의 명의로 한 압류처분은 권한 없는 자에 의하여 행하여진 위법무효의 처분이다.

② 대리권을 수여받은 데 불과하여 원행정청과 대리관계를 밝히지 아니하고는 그의 명의로 처분 등을 할 권한이 없는 행정청이 권한 없이 그의 명의로 한 처분에서 그 취소소송 시 피고는 본 처분 권한이 있는 행정청이 된다.

③ 행정권한의 위임은 법률이 위임을 허용하고 있는 경우에 한하여 인정된다.

④ 권한의 위임에 관한 개별규정이 없는 경우 정부조직법 제6조, 행정권한의 위임 및 위탁에 관한 규정, 지방자치법 제104조와 같은 일반적 규정에 따라 행정청은 위임받은 권한을 재위임할 수 있다.

08

재량행위에 대한 설명으로 옳지 않은 것은? (단, 다툼이 있는 경우 판례에 의함)

① 행정청이 제재처분의 양정을 하면서 공익과 사익의 형량을 전혀 하지 않았거나 이익형량의 고려대상에 마땅히 포함되어야 할 사항을 누락한 경우 또는 이익형량을 하였으나 정당성·객관성이 결여된 경우에는 제재처분은 재량권을 일탈·남용한 것이라고 보아야 한다.

② 처분이 재량권을 일탈·남용하였다는 사정은 처분의 효력을 다투는 자가 주장·증명하여야 한다.

③ 공유수면 관리 및 매립에 관한 법률에 따른 공유수면의 점용·사용허가는 특정인에게 공유수면 이용권이라는 독점적 권리를 설정하여 주는 처분으로 원칙적으로 행정청의 재량행위에 속한다.

④ 구 주택건설촉진법상의 주택건설사업계획의 승인은 상대방에게 수익적 행정처분이므로 법령에 행정처분의 요건에 관하여 일의적으로 규정되어 있더라도 행정청의 재량행위에 속한다.

09

행정의 실효성확보제도에 대한 설명으로 가장 옳은 것은? (단, 다툼이 있는 경우 판례에 의함)

① 학원의 설립·운영 및 과외교습에 관한 법령상 등록을 요하는 학원을 설립·운영하고자 하는 자가 등록절차를 거치지 않은 경우 관할 행정청이 직접 그 무등록 학원의 폐쇄를 위하여 출입제한 시설물의 설치와 같은 조치를 할 수 있게 규정되어 있는데, 이러한 규정은 동시에 그와 같은 폐쇄명령의 근거규정이 된다.

② 행정대집행은 대체적 작위의무에 대한 강제집행수단으로, 이행강제금은 부작위의무나 비대체적 작위의무에 대한 강제집행수단으로 이해되어 왔으므로, 이행강제금은 대체적 작위의무의 위반에 대해서는 부과될 수 없다.

③ 대집행계고처분에서 정한 의무이행기간의 이행종기인 날짜에 그 계고서를 수령하였고 행정청이 대집행영장으로써 대집행의 시기를 늦추었다고 하여도 대집행의 적법절차에 위배한 것으로 위법한 처분이다.

④ 한국자산공사의 재공매결정과 공매통지는 행정처분에 해당한다.

10

행정규칙에 대한 설명으로 옳지 않은 것은? (단, 다툼이 있는 경우 판례에 의함)

① 경찰청예규로 정해진 구 「채증규칙」은 행정규칙이지만 이에 의하여 집회·시위 참가자들은 구체적인 촬영행위에 의해 비로소 기본권을 제한받게 되는 것뿐만 아니라 이 채증규칙으로 인하여 직접 기본권을 침해 받게 된다.

② 행정규칙은 적당한 방법으로 통보되고 도달하면 효력을 가지며, 반드시 국민에게 공포되어야만 하는 것은 아니다.

③ 행정규칙의 내용이 상위법령이나 법의 일반원칙에 반하는 것이라면 그것은 법질서상 당연무효이고 취소의 대상이 될 수 없다.

④ 어떠한 처분의 근거나 법적인 효과가 행정규칙에 규정되어 있다고 하더라도, 그 처분이 행정규칙의 내부적 구속력에 의하여 상대방에게 권리의 설정 또는 의무의 부담을 명하거나 기타 법적인 효과를 발생하게 하는 등으로 그 상대방의 권리 의무에 직접 영향을 미치는 행위라면, 이 경우에도 항고소송의 대상이 되는 행정처분에 해당한다.

11

행정계획에 대한 설명으로 옳지 않은 것은? (단, 다툼이 있는 경우 판례에 의함)

① 개인의 자유와 권리에 직접 영향을 미치는 계획이라도 광범위한 형성의 자유가 결부되므로 국민들에게 고시 등으로 알려져야만 대외적으로 효력을 발생하는 것이 아니다.

② 구 도시계획법상 도시계획안의 공고 및 공람절차에 하자가 있는 행정청의 도시계획결정은 위법하다.

③ 국토이용계획변경 신청을 거부하였을 경우 실질적으로 폐기물처리업허가신청과 같은 처분을 불허하는 결과가 되는 경우 국토이용 계획변경의 입안 및 결정권자인 행정청에게 계획변경을 신청할 법규상 또는 조리상 권리를 가진다.

④ 행정기관 내부지침에 그치는 행정계획이 국민의 기본권에 직접 영향을 끼치고 법령의 뒷받침에 의하여 그대로 실시될 것이 틀림없을 것으로 예상되는 때에는 예외적으로 헌법소원의 대상이 된다.

12

공법관계와 사법관계에 대한 설명으로 옳지 않은 것은? (단, 다툼이 있는 경우 판례에 의함)

① 산림청장이 산림법령이 정하는 바에 따라 국유임야를 대부하는 행위는 사경제주체로서 하는 사법상의 행위이다.

② 건축물의 소재지를 관할하는 허가권자인 지방자치단체의 장이 국가의 건축협의를 거부한 행위는 항고소송의 대상인 거부처분에 해당한다.

③ 지방자치단체가 일반재산을 지방자치단체를 당사자로 하는 계약에 관한 법률에 따라 입찰이나 수의계약을 통해 매각하는 것은 지방자치단체가 우월적 공행정 주체로서의 지위에서 행하는 행위이다.

④ 국가가 당사자가 되는 공사도급계약에서 부정당업자에 대한 입찰참가자격 제한조치는 항고소송의 대상이 되는 처분에 해당한다.

13

공법상계약에 해당하는 것은? (단, 다툼이 있는 경우 판례에 의함)

① 지방자치단체가 사인과 체결한 자원회수시설 위탁운영 협약
② 중소기업 정보화지원사업에 따른 지원금 출연을 위하여 중소기업청장이 체결하는 협약
③ 공익사업을 위한 토지 등의 취득 보상에 관한 법률상의 사업시행자가 토지소유자 및 관계인과 협의가 성립되어 체결하는 계약
④ 지방자치단체의 관할구역 내에 있는 각급 학교에서 학교회계직원으로 근무하는 것을 내용으로 하는 근로계약

14

개인정보 보호법상 개인정보 보호에 대한 설명으로 옳은 것은? (단, 다툼이 있는 경우 판례에 의함)

① 많은 양의 트위터 정보처럼 개인정보와 이에 해당하지 않은 정보가 혼재된 경우 전체적으로 개인정보 보호법상 개인정보에 관한 규정이 적용된다.
② 개인정보자기결정권은 자신에 관한 정보가 언제 누구에게 어느 범위까지 알려지고 또 이용되도록 할 것인지를 정보주체가 스스로 결정할 수 있는 권리로서 헌법에 명시된 권리이다.
③ 개인정보 보호법상 개인정보는 살아 있는 개인뿐만 아니라 사자(死者)에 관한 정보로서 성명, 주민등록번호 및 영상 등을 통하여 개인을 알아볼 수 있는 정보를 말한다.
④ 개인정보 보호법은 민간부분의 개인정보를 규율하고 있고, 공공부분에 관하여는 공공기관의 개인정보 보호에 관한 법률에서 규율하고 있다.

15

행정심판의 재결에 대한 설명으로 옳은 것은? (단, 다툼이 있는 경우 판례에 의함)

① 행정심판을 거친 후에 원처분에 대하여 취소소송을 제기할 경우 재결서의 정본을 송달받은 날부터 60일 이내에 제기하여야 한다.
② 의무이행심판의 청구가 이유 있다고 인정되는 경우에는 행정심판위원회는 직접 신청에 따른 처분을 할 수 없고, 피청구인에게 처분을 할 것을 명하는 재결을 할 수 있을 뿐이다.
③ 사정재결은 취소심판의 경우에만 인정되고, 의무이행심판과 무효확인심판의 경우에는 인정되지 않는다.
④ 취소심판의 심리 후 행정심판위원회는 영업허가 취소처분을 영업정지 처분으로 적극적으로 변경하는 변경재결 또는 변경명령재결을 할 수 있다.

16

공무원의 권리에 대한 설명으로 가장 옳은 것은? (단, 다툼이 있는 경우 판례에 의함) 〈각론〉

① 고충심사결정은 행정상 쟁송의 대상이 되는 행정처분이다.
② 국가공무원에 대한 불리한 부작위에 대한 행정소송은 인사혁신처의 소청심사위원회의 심사·결정을 거치지 않아도 제기할 수 있다.
③ 공무원이 국가를 상대로 그 실질이 보수에 해당하는 금원의 지급을 구하는 경우 그 보수에 관한 법률에 지급근거인 명시적 규정이 존재하여야 하고, 해당 보수 항목이 국가예산에도 계상되어 있어야만 한다.
④ 공무원이 임용 당시 공무원 임용결격사유가 있었어도 사실상 근무에 대하여 공무원연금법령에서 정한 퇴직급여를 청구할 수 있다.

17

행정행위의 하자에 대한 설명으로 옳지 않은 것은? (단, 다툼이 있는 경우 판례에 의함)

① 국세에 대한 증액경정처분이 있는 경우 당초 처분은 증액경정처분에 흡수된다.

② 처분 권한을 내부위임 받은 기관이 자신의 이름으로 한 처분은 무효이다.

③ 독립유공자 甲의 서훈이 취소되고 이를 국가보훈처장이 甲의 유족에게 서훈취소 결정통지를 한 것은 통지의 주체나 형식에 하자가 있다고 보기는 어렵다.

④ 과세처분 이후 조세 부과의 근거가 되었던 법률규정에 대해 위헌결정이 내려졌다고 하더라도, 그 조세채권의 집행을 위한 체납처분은 유효하다.

18

甲은 乙로부터 유흥주점을 양도받고 영업자지위승계신고를 식품위생법 규정에 따라 관할 행정청 A에게 하였다. 이에 대한 다음의 설명 중 옳지 않은 것은? (단, 다툼이 있는 경우 판례에 의함)

① A는 이 유흥주점영업자지위승계신고를 수리함에 있어 乙에게 그 사실을 사전에 통지하여야 한다.

② A는 이 유흥주점영업자지위승계신고를 수리함에 있어 청문이 필요하다고 인정하여 청문을 실시할 때에는 신고를 수리하기 전에 청문을 하여야 한다.

③ 乙은 행정절차법상의 당사자의 지위에 있다.

④ A의 유흥주점영업자지위승계신고수리는 乙의 권익을 제한하는 처분이다.

19

A시와 B시는 공유수면 매립지의 경계를 두고 이견이 있다. 이에 대한 최종적인 결정권을 가진 기관은 어디인가?
〈각론〉

① 헌법재판소
② 대법원
③ 지방자치단체중앙분쟁조정위원회
④ 중앙행정심판위원회

20

손실보상에 대한 판례의 내용으로 옳지 않은 것은?

① 보상가액 산정시 공익사업으로 인한 개발이익은 토지의 객관적 가치에 포함된다.

② 개별공시지가가 아닌 표준지공시지가를 기준으로 보상액을 산정하는 것은 헌법 제23조 제3항에 위반되지 않는다.

③ 민간기업도 토지수용의 주체가 될 수 있다.

④ 공유수면매립으로 인하여 위탁판매수수료 수입을 상실한 수산업협동조합에 대해서는 법률의 보상 규정이 없더라도 손실보상의 대상이 된다.

21

판례상 행정소송에서의 법률상 이익을 인정한 경우는?

① 환지처분의 일부에 대한 취소소송

② 가중처벌에 관한 제재적 처분기준이 행정규칙의 형식으로 되어 있는 경우, 실효된 제재처분의 취소를 구하는 소송

③ 위법한 건축물에 대한 취소소송 중 건축공사가 완료된 경우

④ 교원소청심사위원회의 파면처분 취소결정에 대한 취소소송 계속 중 학교법인이 교원에 대한 징계처분을 해임으로 변경한 경우

22

행정소송법상 집행정지에 대한 설명으로 옳지 않은 것은? (단, 다툼이 있는 경우 판례에 의함)

① 공공복리에 중대한 영향을 미칠 우려가 있어 집행정지를 불허할 경우의 입증책임은 행정청에게 있다.

② 집행정지결정 후 본안소송이 취하되면 집행정지결정의 효력도 상실한다.

③ 무효확인소송에서는 집행정지가 인정되지 않는다.

④ 집행정지의 결정을 신청함에 있어서는 그 이유에 대한 소명이 있어야 한다.

23

행정조사기본법상 행정조사에 대한 설명으로 옳지 않은 것은?

① 조사대상자의 자발적 협조를 얻어 실시하는 현장조사의 경우에도 개별 법령의 이에 관한 법적 근거가 있어야 한다.

② 행정기관의 장은 조사대상자에게 장부·서류를 제출하도록 요구하는 때에는 자료제출요구서를 발송하여야 한다.

③ 행정조사는 조사목적을 달성하는 데 필요한 최소한의 범위 안에서 실시하여야 하며, 다른 목적 등을 위하여 조사권을 남용하여서는 아니 된다.

④ 행정기관의 장은 법령 등에 특별한 규정이 있는 경우를 제외하고는 행정조사의 결과를 확정한 날부터 7일 이내에 그 결과를 조사 대상자에게 통지하여야 한다.

24

아래의 법률 조항에 대한 설명으로 옳지 않은 것은?

> 감염병의 예방 및 관리에 관한 법률 제49조 제1항: 질병관리청장, 시·도지사 또는 시장·군수·구청장은 감염병을 예방하기 위하여 다음 각 호에 해당하는 모든 조치를 하거나 그에 필요한 일부 조치를 하여야 하며, 보건복지부장관은 감염병을 예방하기 위하여 제2호, 제2호의2부터 제2호의4까지, 제12호 및 제12호의2에 해당하는 조치를 할 수 있다.
>
> 14. 감염병 의심자를 적당한 장소에 일정한 기간 입원 또는 격리시키는 것

① 감염병의심자에 대한 격리조치는 직접강제에 해당한다.

② 그 성질상 행정상 의무의 이행을 명하는 것만으로는 행정 목적 달성이 곤란한 경우에 가능하다.

③ 다른 수단으로는 행정 목적을 달성할 수 없는 경우에만 허용된다.

④ 현장에 파견되는 집행책임자는 강제하는 이유와 내용을 고지하여야 한다.

25

甲은 청소년에게 주류를 제공하였다는 이유로 A구청장으로부터 6개월 이내에서 영업정지처분을 할 수 있다고 규정하는 식품위생법 제75조, 총리령인 식품위생법 시행규칙 제89조 및 별표 23[행정처분의 기준]에 근거하여 영업정지 2개월 처분을 받았다. 甲은 처음으로 단속된 사람이었다. 이에 대한 다음의 설명 중 가장 옳은 것은? (단, 다툼이 있는 경우 판례에 의함)

① 위 영업정지처분은 기속행위이다.

② 위 별표는 법규명령이다.

③ A구청장은 2개월의 영업정지처분을 함에 있어서 가중 감경의 여지는 없다.

④ A구청장이 유사 사례와의 형평성을 고려하지 않고 3개월의 영업정지처분을 하였다면 甲은 행정의 자기구속원칙의 위반으로 위법함을 주장할 수 있다.

07 2020. 7. 18. 군무원 9급 기출문제

01

행정법의 효력에 대한 설명으로 옳지 않은 것은? (다툼이 있는 경우 판례에 의함)

① 행정법규는 시행일부터 그 효력을 발생한다.

② 법령이 변경된 경우 신 법령이 피적용자에게 유리하여 이를 적용하도록 하는 경과규정을 두는 등의 특별한 규정이 없는 한 「헌법」 제13조 등의 규정에 비추어 볼 때 그 변경 전에 발생한 사항에 대하여는 변경 후의 신 법령이 아니라 변경 전의 구 법령이 적용되어야 한다.

③ 법령불소급의 원칙은 법령의 효력발생 전에 완성된 요건 사실에 대하여 당해 법령을 적용할 수 없다는 의미일 뿐, 계속 중인 사실이나 그 이후에 발생한 요건 사실에 대한 법령적용까지를 제한하는 것은 아니다.

④ 진정소급입법의 경우에는 신뢰보호의 이익을 주장할 수 있으나 부진정소급입법의 경우에는 신뢰보호의 이익을 주장할 수 없다.

02

행정규칙 형식의 법규명령에 대한 설명으로 옳지 않은 것은? (다툼이 있는 경우 판례에 의함)

① 헌법이 인정하고 있는 위임입법의 형식은 예시적인 것으로 보아야 할 것이고, 그것은 법률이 행정규칙에 위임하더라도 그 행정규칙은 위임된 사항만을 규율할 수 있으므로, 국회입법의 원칙과 상치되지도 않는다.

② 재산권 등과 같은 기본권을 제한하는 작용을 하는 법률이 입법위임을 할 때에는 법규명령에 위임함이 바람직하고, 금융감독위원회의 고시와 같은 행정규칙 형식으로 입법위임을 할 때에는 적어도 「행정규제기본법」 제4조 제2항 단서에서 정한 바와 같이 법령이 전문적·기술적 사항이나 경미한 사항으로서 업무의 성질상 위임이 불가피한 사항에 한정된다.

③ 법률이 행정규칙 형식으로 입법위임을 하는 경우에는 행정규칙의 특성상 포괄위임금지의원칙은 인정되지 않는다.

④ 상위법령의 위임에 의하여 정하여진 행정규칙은 위임한 계를 벗어나지 아니하는 한 그 상위법령의 규정과 결합하여 대외적인 구속력이 있는 법규명령으로서의 효력을 갖게 된다.

03

인가에 대한 설명으로 옳지 않은 것은? (다툼이 있는 경우 판례에 의함)

① 기본행위가 적법·유효하고 보충행위인 인가처분 자체에 흠이 있다면 그 인가처분의 무효나 취소를 주장할 수 있다.

② (구) 외자도입법에 따른 기술도입계약에 대한 인가는 기본행위인 기술도입계약을 보충하여 그 법률상 효력을 완성시키는 보충적 행정행위에 지나지 아니하므로 기본행위인 기술도입계약의 해지로 인하여 소멸되었다면 위 인가처분은 처분청의 직권취소에 의하여 소멸한다.

③ 「공유수면매립법」등 관계법령상 공유수면매립의 면허로 인한 권리의무의 양도·양수에 있어서의 면허관청의 인가는 효력요건으로서, 면허로 인한 권리의무양도약정은 면허관청의 인가를 받지 않은 이상 법률상 아무런 효력도 발생할 수 없다.

④ 인가처분에 흠이 없다면 기본행위에 흠이 있다고 하더라도 따로 기본행위의 흠을 다투는 것은 별론으로 하고 기본행위의 흠을 내세워 바로 그에 대한 인가처분의 무효확인 또는 취소를 구할 수는 없다.

04

행정지도에 대한 설명으로 옳지 않은 것은? (다툼이 있는 경우 판례에 의함)

① 행정지도가 단순한 행정지도로서의 한계를 넘어 규제적·구속적 성격을 상당히 강하게 갖는 것이라면 헌법소원의 대상이 되는 공권력의 행사로 볼 수 있다.

② 행정관청이 국토이용관리법 소정의 토지거래계약 신고에 관하여 공시된 기준시가를 기준으로 매매가격을 신고하도록 행정지도를 하여 그에 따라 피고인이 허위신고를 한 것이라면 그 범법행위는 정당화된다.

③ 구 「남녀차별금지 및 구제에 관한 법률」상 국가인권위원회의 성희롱결정과 이에 따른 시정조치의 권고는 성희롱 행위자로 결정된 자의 인격권에 영향을 미침과 동시에 공공기관의 장 또는 사용자에게 일정한 법률상의 의무를 부담시키는 것이므로 국가인권위원회의 성희롱결정 및 시정조치권고는 행정소송의 대상이 되는 행정처분에 해당한다.

④ 적법한 행정지도로 인정되기 위해서는 우선 그 목적이 적법한 것으로 인정될 수 있어야 할 것이므로, 행정청이 행한 주식매각의 종용이 정당한 법률적 근거 없이 자의적으로 주주에게 제재를 가하는 것이라면 행정지도의 영역을 벗어난 것이라고 보아야 할 것이다.

05

헌법재판소 결정례와 대법원 판례의 내용으로 옳지 않은 것은? (다툼이 있는 경우 판례에 의함)

① 현역군인만을 국방부의 보조기관 및 차관보·보좌기관과 병무청 및 방위사업청의 보조기관 및 보좌기관에 보할 수 있도록 정하여 군무원을 제외하고 있는 정부조직법 관련 조항은 군무원인 청구인들의 평등권을 침해한다고 보아야 한다.

② 행정소송에 있어서 처분청의 처분권한 유무는 직권조사사항이 아니다.

③ 행정권한의 위임이 행하여진 때에는 위임관청은 그 사무를 처리할 권한을 잃는다.

④ 자동차운전면허시험 관리업무는 국가행정사무이고 지방자치단체의 장인 서울특별시장은 국가로부터 그 관리업무를 기관위임 받아 국가행정기관의 지위에서 그 업무를 집행하므로, 국가는 면허시험장의 설치 및 보존의 하자로 인한 손해배상책임을 부담한다.

06

개인정보 보호법상 고유식별정보에 관한 설명으로 옳지 않은 것은?

① 「여권법」에 따른 여권번호나 「출입국관리법」에 따른 외국인등록번호는 고유식별정보이다.

② 고유식별정보를 처리하려면 정보주체에게 정보의 수집·이용·제공 등에 필요한 사항을 알리고 다른 개인정보의 처리에 대한 동의와 함께 일괄적으로 동의를 받아야 한다.

③ 개인정보처리자가 이 법에 따라 고유식별정보를 처리하는 경우에는 그 고유식별정보가 분실·도난·유출·위조·변조 또는 훼손되지 아니하도록 대통령령으로 정하는 바에 따라 암호화 등 안전성 확보에 필요한 조치를 하여야 한다.

④ 개인정보처리자는 다른 개인정보의 처리에 대한 동의와 별도로 동의를 받은 경우라 하더라도 주민등록번호는 법에서 정한 예외적 인정사유에 해당하지 않는 한 처리할 수 없다.

07

신뢰보호 원칙에 대한 설명으로 옳지 않은 것은? (다툼이 있는 경우 판례에 의함)

① 신뢰보호 원칙의 법적 근거로는 신의칙설 또는 법적 안정성을 드는 것이 일반적인 견해이다.

② 신뢰보호 원칙의 실정법적 근거로는 「행정절차법」 제4조 제2항, 「국세기본법」 제18조 제3항 등을 들 수 있다.

③ 대법원은 실권의 법리를 신뢰보호 원칙의 파생원칙으로 본다.

④ 조세법령의 규정내용 및 행정규칙 자체는 과세관청의 공적 견해 표명에 해당하지 아니한다.

08

정보공개에 대한 설명으로 옳지 않은 것은?

① 정보의 공개를 청구하는 자는 해당 정보를 보유하거나 관리하고 있는 공공기관에 법령상의 요건을 갖춘 정보공개 청구서를 제출하거나 말로써 정보의 공개를 청구할 수 있다.

② 공공기관은 공개 청구된 공개 대상 정보의 전부 또는 일부가 제3자와 관련이 있다고 인정할 때에는 그 사실을 제3자에게 지체 없이 통지하여야 하며, 필요한 경우에는 그의 의견을 들을 수 있다.

③ 「공공기관의 정보공개에 관한 법률」 제11조 제3항에 따라 공개 청구된 사실을 통지받은 제3자는 그 통지를 받은 날부터 7일 이내에 해당 공공기관에 대하여 자신과 관련된 정보를 공개하지 아니할 것을 요청할 수 있다.

④ 「공공기관의 정보공개에 관한 법률」 제21조 제2항에 따른 비공개 요청에도 불구하고 공공기관이 공개 결정을 할 때에는 공개 결정이유와 공개 실시 일을 분명히 밝혀 지체 없이 문서로 통지하여야 하며, 제3자는 해당 공공기관에 문서로 이의신청을 하거나 행정심판 또는 행정소송을 제기할 수 있다.

09

통고처분에 대한 설명으로 옳지 않은 것은? (다툼이 있는 경우 판례에 의함)

① 지방국세청장이 조세범칙행위에 대하여 고발을 한 후에 동일한 조세범칙행위에 대하여 통고처분을 하여 조세범칙행위자가 이를 이행하였다면 고발에 따른 형사절차의 이행은 일사부재리의 원칙에 반하여 위법하다.

② 「도로교통법」에 따른 경찰서장의 통고처분은 행정소송의 대상이 되는 행정처분이 아니다.

③ 통고처분은 상대방의 임의의 승복을 그 발효요건으로 하는 것으로서 상대방의 재판받을 권리를 침해하는 것으로 인정되지 않는다.

④ 「관세법」상 통고처분을 할 것인지의 여부는 관세청장 또는 세관장의 재량에 맡겨져 있고, 따라서 관세청장 또는 세관장이 관세범에 대하여 통고처분을 하지 아니한 채 고발하였다는 것만으로는 그 고발 및 이에 기한공소의 제기가 부적법하게 되는 것은 아니다.

10

다음은 1993년 8월 12일에 발하여진 대통령의 금융실명거래 및 비밀보장에 관한 긴급재정경제 명령(이하 '긴급재정경제명령'이라 칭함)에 관한 위헌확인소원에서 헌법재판소가 내린 결정 내용이다. 옳지 않은 것은? (다툼이 있는 경우 판례에 의함)

① 대통령의 긴급재정경제명령은 국가긴급권의 일종으로서 고도의 정치적 결단에 의하여 발동되는 행위이다.

② 대통령의 긴급재정경제명령은 이른바 통치행위에 속한다고 할 수 있다.

③ 통치행위를 포함하여 모든 국가작용은 국민의 기본권적 가치를 실현하기 위한 수단이라는 한계를 반드시 지켜야 한다.

④ 국민의 기본권 침해와 직접 관련되는 경우라도 그 국가작용이 고도의 정치적 결단에 의하여 행해진다면 당연히 헌법재판소의 심판대상이 되지 않는다.

11

다음 중 대법원 판례의 내용과 다른 것은? (다툼이 있는 경우 판례에 의함)

① 일정한 자격을 갖추고 소정의 절차에 따라 국립대학의 장에 의하여 임용된 조교는 법정된 근무기간 동안 신분이 보장되는 교육공무원법상의 교육공무원 내지 「국가 공무원법」상의 특정직 공무원 지위가 부여되지만, 근무관계는 공법상 근무관계가 아닌 사법상의 근로계약관계에 해당한다.

② 행정규칙의 내용이 상위법령에 반하는 것이라면 법치국가원리에서 파생되는 법질서의 통일성과 모순금지 원칙에 따라 그것은 법질서상 당연무효이고, 행정내부적 효력도 인정될 수 없다.

③ 계약직공무원에 관한 현행 법령의 규정에 비추어 볼 때, 계약직공무원 채용계약해지의 의사표시는 일반공무원에 대한 징계처분과는 달라서 항고소송의 대상이 되는 처분 등의 성격을 가진 것으로 인정되지 아니한다.

④ 「국가공무원법」상 당연퇴직은 결격사유가 있을 때 법률상 당연히 퇴직하는 것이지, 공무원관계를 소멸시키기 위한 별도의 행정처분을 요하는 것이 아니며, 당연퇴직의 인사발령은 법률상 당연히 발생하는 퇴직사유를 공적으로 확인하여 알려주는 이른바 관념의 통지에 불과하고 공무원의 신분을 상실시키는 새로운 형성적 행위가 아니므로 행정소송의 대상이 되는 독립한 행정처분이라고 할 수 없다.

12

「병역법」에 관련한 설명으로 옳지 않은 것은? (다툼이 있는 경우 판례에 의함)

① 현역입영대상자인 피고인이 정당한 사유 없이 병역의무부과통지서인 현역입영통지서의 수령을 거부하고 입영기일부터 3일이 경과하여도 입영하지 않은 경우 통지서 수령거부에 대한 처벌만 인정될 뿐 입영의 기피에 대한 처벌은 인정되지 않는다.

② 병역의무부과통지서인 현역입영통지서는 그 병역의무자에게 이를 송달함이 원칙이고, 이러한 송달은 병역의무자의 현실적인 수령행위를 전제로 하고 있다고 보아야 하므로, 병역의무자가 현역입영통지의 내용을 이미 알고 있는 경우에도 여전히 현역입영통지서의 송달은 필요하다.

③ 현역입영대상자로서는 현실적으로 입영을 하였다고 하더라도, 입영 이후의 법률관계에 영향을 미치고 있는 현역병입영통지처분 등을 한 관할지방병무청장을 상대로 위법을 주장하여 그 취소를 구할 소송상의 이익이 있다.

④ 「병역법」상 보충역편입처분과 공익근무요원소집 처분이 각각 단계적으로 별개의 법률효과를 발생하는 독립된 행정처분이 아니므로, 불가쟁력이 생긴 보충역 편입처분의 위법을 이유로 공익근무요원소집처분의 효력을 다툴 수 있다.

13

다수의 당사자등이 공동으로 행정절차에 관한 행위를 할 때에 정하는 대표자에 관한 행정절차법의 규정 내용으로 옳지 않은 것은?

① 당사자등은 대표자를 변경하거나 해임할 수 있다.

② 대표자는 각자 그를 대표자로 선정한 당사자등을 위하여 행정절차에 관한 모든 행위를 할 수 있다. 다만, 행정절차를 끝맺는 행위에 대하여는 당사자등의 동의를 받아야 한다.

③ 대표자가 있는 경우에는 당사자등은 그 대표자를 통하여서만 행정절차에 관한 행위를 할 수 있다.

④ 다수의 대표자가 있는 경우 그 중 1인에 대한 행정청의 행위는 모든 당사자등에게 효력이 있다. 다만, 행정청의 통지는 대표자 1인에게 하여도 그 효력이 있다.

14

사실행위에 관한 판례의 내용으로 옳지 않은 것은? (다툼이 있는 경우 판례에 의함)

① 교도소장이 수형자를 '접견내용 녹음·녹화 및 접견 시 교도관 참여대상자'로 지정한 행위는 수형자의 구체적 권리의무에 직접적 변동을 가져오는 행정청의 공법상 행위로서 항고소송의 대상이 되는 '처분'에 해당한다.

② 구청장이 사회복지법인에 특별감사 결과, 지적사항에 대한 시정지시와 그 결과를 관계서류와 함께 보고하도록 지시한 경우, 그 시정지시는 항고소송의 대상이 되는 행정처분에 해당하지 아니한다.

③ 교도소 수형자에게 소변을 받아 제출하게 한 것은, 형을 집행하는 우월적인 지위에서 외부와 격리된 채 형의 집행에 관한 지시, 명령을 복종하여야 할 관계에 있는 자에게 행해진 것으로서 권력적 사실행위이다.

④ 국세징수법에 의한 체납처분의 집행으로서 한 압류처분은, 행정청이 한 공법상의 처분이고, 따라서 그 처분이 위법이라고 하여 그 취소를 구하는 소송은 행정소송이다.

15

다음 중 대법원 판례의 내용과 다른 것은? (다툼이 있는 경우 판례에 의함) 〈각론〉

① 방사능에 오염된 고철을 타인에게 매도하는 등으로 유통시킴으로써 거래 상대방이나 전전 취득한 자가 방사능오염으로 피해를 입게 되었더라도 그 원인자는 방사능오염 사실을 모르고 유통시켰을 경우에는 환경정책기본법 제44조 제1항에 따라 피해자에게 피해를 배상할 의무는 없다.

② 토양은 폐기물 기타 오염물질에 의하여 오염될 수 있는 대상일 뿐 오염토양이라 하여 동산으로서 '물질'인 폐기물에 해당한다고 할 수 없고, 나아가 오염토양은 법령상 절차에 따른 정화대상이 될 뿐 법령상 금지되거나 그와 배치되는 개념인 투기나 폐기 대상이 된다고 할 수 없다.

③ 행정청이 폐기물처리사업계획서 부적합 통보를 하면서 처분서에 불확정개념으로 규정된 법령상의 허가기준 등을 충족하지 못하였다는 취지만을 간략히 기재하였다면, 부적합 통보에 대한 취소소송절차에서 행정청은 그 처분을 하게 된 판단 근거나 자료 등을 제시하여 구체적 불허가사유를 분명히 하여야 한다.

④ 불법행위로 영업을 중단한 자가 영업 중단에 따른 손해배상을 구하는 경우 영업을 중단하지 않았으면 얻었을 순이익과 이와 별도로 영업중단과 상관없이 불가피하게 지출해야 하는 비용도 특별한 사정이 없는 한 손해배상의 범위에 포함될 수 있다.

16

행정법규 위반에 대한 제재조치의 설명으로 옳지 않은 것은? (다툼이 있는 경우 판례에 의함)

① 행정법규 위반에 대한 제재조치는 행정목적의 달성을 위하여 행정법규 위반이라는 객관적 사실에 착안하여 가하는 제재이므로, 반드시 현실적인 행위자가 아니라도 법령상 책임자로 규정된 자에게 부과되며, 그러한 제재조치의 위반자에게 고의나 과실이 있어야 부과할 수 있다.

② 법규가 예외적으로 형사소추 선행 원칙을 규정하고 있지 않은 이상 형사판결 확정에 앞서 일정한 위반사실을 들어 행정처분을 하였다고 하여 절차적 위반이 있다고 할 수 없다.

③ 제재적 행정처분은 권익침해의 효과를 가져오므로 철회권이 유보되어 있거나, 법률유보의 원칙상 명문의 근거가 있어야 하며, 행정청이 이러한 권한을 갖고 있다고 하여도 그러한 권한의 행사는 의무에 합당한 재량에 따라야 한다.

④ 세무서장 등은 납세자가 허가·인가·면허 및 등록을 받은 사업과 관련된 소득세, 법인세 및 부가가치세를 대통령령으로 정하는 사유 없이 체납하였을 때에는 해당 사업의 주무관서에 그 납세자에 대하여 허가 등의 갱신과 그 허가 등의 근거 법률에 따른 신규 허가 등을 하지 아니할 것을 요구할 수 있다.

17

행정심판법의 규정 내용으로 옳지 않은 것은?

① 관계 행정기관의 장이 특별행정심판 또는 행정심판법에 따른 행정심판 절차에 대한 특례를 신설하거나 변경하는 법령을 제정·개정할 때에는 미리 법무부장관과 협의하여야 한다.

② 행정청의 처분 또는 부작위에 대하여는 다른 법률에 특별한 규정이 있는 경우 외에는 이 법에 따라 행정심판을 청구할 수 있다.

③ 대통령의 처분 또는 부작위에 대하여는 다른 법률에서 행정심판을 청구할 수 있도록 정한 경우 외에는 행정심판을 청구할 수 없다.

④ 행정청이란 행정에 관한 의사를 결정하여 표시하는 국가 또는 지방자치단체의 기관, 그 밖에 법령 또는 자치법규에 따라 행정권한을 가지고 있거나 위탁을 받은 공공단체나 그 기관 또는 사인(私人)을 말한다.

18

행정소송의 대상이 되는 처분에 관한 판례의 내용으로 옳지 않은 것은? (다툼이 있는 경우 판례에 의함)

① 당사자가 지방노동위원회의 처분에 대하여 불복하기 위해서는 처분 송달일로부터 10일 이내에 중앙노동위원회에 재심을 신청하고 중앙노동위원회의 재심판정서 송달일로부터 15일 이내에 고용노동부 장관을 피고로 하여 재심판정취소의 소를 제기하여야 할 것이다.

② 지방의회 의장에 대한 불신임의결은 의장으로서의 권한을 박탈하는 행정처분의 일종으로서 항고소송의 대상이 된다.

③ 조례가 집행행위의 개입 없이도 그 자체로서 직접 국민의 구체적인 권리의무나 법적 이익에 영향을 미치는 등의 법률상 효과를 발생하는 경우 그 조례는 항고소송의 대상이 되는 행정처분에 해당한다.

④ 항정신병 치료제의 요양급여 인정기준에 관한 보건복지부 고시가 다른 집행행위의 매개 없이 그 자체로서 제약회사, 요양기관, 환자 및 국민건강보험공단 사이의 법률관계를 직접 규율한다는 이유로 항고소송의 대상이 되는 행정처분에 해당한다.

19

소의 이익에 관한 판례의 내용으로 옳지 않은 것은? (다툼이 있는 경우 판례에 의함)

① 소음·진동배출시설에 대한 설치허가가 취소된 후 그 배출시설이 어떠한 경위로든 철거되어 다시 복구 등을 통하여 배출시설을 가동할 수 없는 상태라면 이는 배출시설 설치허가의 대상이 되지 아니하므로 외형상 설치허가 취소행위가 잔존하고 있다고 하여도 특단의 사정이 없는 한 이제 와서 굳이 위 처분의 취소를 구할 법률상의 이익이 없다.

② 원자로 및 관계 시설의 부지사전승인처분은 나중에 건설허가처분이 있게 되더라도 그 건설허가처분에 흡수되어 독립된 존재가치를 상실하는 것이 아니하므로, 부지사전승인처분의 취소를 구할 이익이 있다.

③ 법인세 과세표준과 관련하여 과세관청이 법인의 소득처분 상대방에 대한 소득처분을 경정하면서 증액과 감액을 동시에 한 결과 전체로서 소득처분금액이 감소된 경우, 법인이 소득금액변동통지의 취소를 구할 소의 이익이 없다.

④ 건물철거 대집행계고처분 취소소송 계속 중 건물철거대집행의 계고처분에 이어 대집행의 실행으로 건물에 대한 철거가 이미 사실행위로서 완료된 경우에는 원고로서는 계고처분의 취소를 구할 소의 이익이 없게 된다.

20

재결 자체에 고유한 위법이 있는 경우와 관련된 내용으로 옳지 않은 것은? (다툼이 있는 경우 판례에 의함)

① 권한이 없는 행정심판위원회에 의한 재결의 경우가 그 예이다.

② 재결 자체의 내용상 위법도 재결 자체에 고유한 위법이 있는 경우에 포함된다.

③ 제3자효를 수반하는 행정행위에 대한 행정심판청구의 인용재결은 원처분과 내용을 달리하는 것이므로 그 인용재결의 취소를 구하는 것은 원처분에는 없는 재결에 고유한 하자를 주장하는 것이라고 하더라도 당연히 항고소송의 대상이 되는 것은 아니다.

④ 행정처분에 대한 행정심판의 재결에 이유모순의 위법이 있다는 사유는 재결처분 자체에 고유한 하자로서 재결처분의 취소를 구하는 소송에서는 그 위법사유로서 주장할 수 있으나, 원처분의 취소를 구하는 소송에서는 그 취소를 구할 위법사유로서 주장할 수 없다.

21

「공공기관의 정보공개에 관한 법률」의 내용으로 옳지 않은 것은? (다툼이 있는 경우 판례에 의함)

① 정보공개를 거부하기 위해서는 반드시 그 정보가 진행 중인 재판의 소송기록 그 자체에 포함된 내용의 정보일 필요는 없으나, 재판에 관련된 일체의 정보가 그에 해당하는 것은 아니고 진행 중인 재판의 심리 또는 재판 결과에 구체적으로 영향을 미칠 위험이 있는 정보에 한정된다고 보는 것이 타당하다.

② 처분청이 처분 당시에 적시한 구체적 사실을 변경하지 아니하는 범위 내에서 단지 그 처분의 근거법령만을 추가·변경하거나 당초의 처분사유를 구체적으로 표시하는 것에 불과한 경우에는 새로운 처분사유를 추가하거나 변경하는 것이라고 볼 수 없다.

③ 학교환경위생구역 내 금지행위(숙박시설) 해제 결정에 관한 학교환경위생정화위원회의 회의록에 기재된 발언 내용에 대한 해당 발언자의 인적사항 부분에 관한 정보는 「공공기관의 정보 공개에 관한 법률」 제7조 제1항 제5호 소정의 비공개대상에 해당한다고 볼 수 없다.

④ 의사결정과정에 제공된 회의관련자료나 의사결정 과정이 기록된 회의록 등은 의사가 결정되거나 의사가 집행된 경우에는 더 이상 의사결정과정에 있는 사항 그 자체라고는 할 수 없으나, 의사결정과정에 있는 사항에 준하는 사항으로서 비공개대상정보에 포함될 수 있다.

22

「국가배상법」 제2조와 관련한 내용으로 옳지 않은 것은? (다툼이 있는 경우 판례에 의함)

① 국·공립대학 교원에 대한 재임용거부처분이 재량권을 일탈·남용한 것으로 평가되어 그것이 불법행위가 됨을 이유로 국·공립대학 교원임용권자에게 손해배상책임을 묻기 위해서는 당해 재임용거부가 국·공립대학 교원임용권자의 고의 또는 과실로 인한 것이라는 점이 인정되어야 한다.

② 입법부가 법률로써 행정부에게 특정한 사항을 위임했음에도 불구하고 행정부가 정당한 이유 없이 이를 이행하지 않는다면 권력분립의 원칙과 법치국가 내지 법치행정의 원칙에 위배되는 것으로서 위법함과 동시에 위헌적인 것이 된다.

③ 유흥주점에 감금된 채 윤락을 강요받으며 생활하던 여종업원들이 유흥주점에 화재가 났을 때 미처 피신하지 못하고 유독가스에 질식해 사망한 사안에서, 지방자치단체의 담당 공무원이 위 유흥주점의 용도변경, 무허가 영업 및 시설기준에 위배된 개축에 대하여 시정명령 등 식품위생법상 취하여야 할 조치를 게을리한 직무상 의무위반행위와 위 종업원들의 사망 사이에 상당인과관계가 존재한다.

④ 「국가배상법」 제2조 제1항의 '법령을 위반하여'라고 함은 엄격하게 형식적 의미의 법령에 명시적으로 공무원의 행위의무가 정하여져 있음에도 이를 위반하는 경우만을 의미하는 것은 아니고, 인권존중·권력남용금지·신의성실과 같이 공무원으로서 마땅히 지켜야 할 준칙이나 규범을 지키지 아니하고 위반한 경우를 비롯하여 널리 그 행위가 객관적인 정당성을 결여하고 있는 경우도 포함한다.

23

무효와 취소의 구별실익에 관한 내용으로 옳지 않은 것은?

① 취소할 수 있는 행정행위에 대하여서만 사정재결, 사정판결이 인정된다.

② 행정심판전치주의는 무효선언을 구하는 취소소송과 무효확인소송 모두에 적용되지 않는다.

③ 무효확인판결에 간접강제가 인정되지 않는 것은 입법의 불비라는 비판이 있다.

④ 판례에 따르면, 무효선언을 구하는 취소소송은 제소기한의 제한이 인정된다고 한다.

24

이행강제금에 대한 설명으로 옳지 않은 것은? (다툼이 있는 경우 판례에 의함)

① 현행 「건축법」상 위법건축물에 대한 이행강제수단으로 대집행과 이행강제금이 인정되고 있는데, 행정청은 개별사건에 있어서 위반내용, 위반자의 시정의지 등을 감안하여 대집행과 이행강제금을 선택적으로 활용할 수 있다.

② 「건축법」에서 무허가 건축행위에 대한 형사처벌과 「건축법」 제80조 제1항에 의한 시정명령위반에 대한 이행강제금의 부과는 「헌법」 제13조 제1항이 금지하는 이중처벌에 해당한다고 할 수 없다.

③ 비록 건축주 등이 장기간시정명령을 이행하지 아니하였더라도, 그 기간 중에는 시정명령의 이행 기회가 제공되지 아니하였다가 뒤늦게 시정명령의 이행 기회가 제공된 경우라면, 시정명령의 이행 기회가 제공되지 아니한 과거의 기간에 대한 이행강제금까지 한꺼번에 부과할 수 있다.

④ 「부동산 실권리자명의 등기에 관한 법률」상 장기미등기자가 이행강제금 부과 전에 등기신청의무를 이행하였다면 이행강제금의 부과로써 이행을 확보하고자 하는 목적은 이미 실현된 것이므로 이 법상 규정된 기간이 지나서 등기신청의무를 이행한 경우라 하더라도 이행강제금을 부과할 수 없다.

25

처분의 신청에 관한 행정절차법의 규정 내용으로 옳지 않은 것은?

① 행정청에 처분을 구하는 신청은 문서로 하여야 한다. 다만, 다른 법령 등에 특별한 규정이 있는 경우와 행정청이 미리 다른 방법을 정하여 공시한 경우에는 그러하지 아니하다.

② 행정청은 신청에 필요한 구비서류, 접수기관, 처리기간, 그 밖에 필요한 사항을 게시(인터넷 등을 통한 게시를 포함)하거나 이에 대한 편람을 갖추어두고 누구나 열람할 수 있도록 하여야 한다.

③ 행정청은 신청에 구비서류의 미비 등 흠이 있는 경우에는 보완에 필요한 상당한 기간을 정하여 지체 없이 신청인에게 보완을 요구할 수 있다.

④ 행정청은 신청인의 편의를 위하여 다른 행정청에 신청을 접수하게 할 수 있다. 이 경우 행정청은 다른 행정청에 접수할 수 있는 신청의 종류를 미리 정하여 공시하여야 한다.

08   2020. 7. 18. 군무원 7급 기출문제

01

행정상 손해배상에 대한 설명으로 옳지 않은 것은? (다툼이 있는 경우 판례에 의함)

① 자기책임설은 공무원의 직무상 행위의 위법 여부와 상관없이 국가가 자기의 행위에 대한 배상책임을 지는 것으로 보는 견해이다.

② 법관의 재판에 법령의 규정을 따르지 아니한 잘못이 있는 경우에는 이로써 바로 그 재판상 직무행위가 국가배상법 제2조 제1항에서 말하는 위법한 행위로 되어 국가의 손해배상책임이 발생한다.

③ 과실의 기준은 당해 공무원이 아니라 당해 직무를 담당하는 평균적 공무원을 기준으로 한다는 견해는 과실의 객관화(과실 개념을 객관적으로 접근)를 위한 시도라 할 수 있다.

④ 손해는 법익침해로 인한 모든 불이익을 말하며, 재산상의 손해이든 비재산적 손해(생명·신체·정신상의 손해)이든, 적극적 손해이든 소극적 손해이든 불문한다.

02

부작위위법확인소송에 대한 설명으로 옳지 않은 것은? (다툼이 있는 경우 판례에 의함)

① 부작위위법확인소송의 확정판결은 제3자에 대하여도 효력이 있다.

② 부작위위법확인의 소는 부작위상태가 계속되는 한 그 위법의 확인을 구할 이익이 있다고 보아야 하므로 원칙적으로 제소기간의 제한을 받지 않는다.

③ 부작위위법확인의 소는 신청에 대한 부작위의 위법을 확인하여 소극적인 위법상태를 제거하는 동시에 신청의 실체적 내용이 이유 있는 것인가도 심리하는 것을 목적으로 한다.

④ 부작위위법확인소송에 있어서의 판결은 행정청의 특정 부작위의 위법 여부를 확인하는 데 그치고, 적극적으로 행정청에 대하여 일정한 처분을 할 의무를 직접 명하지는 않는다.

03

행정의 주요 행위형식에 대한 설명으로 옳지 않은 것은? (다툼이 있는 경우 판례에 의함)

① 행정청인 관리권자로부터 관리업무를 위탁받은 공단이 우월적 지위에서 일정한 법률상 효과를 발생하게 하는 공단입주 변경계약은 공법계약으로 이의 취소는 공법상 당사자소송으로 해야 한다.

② 어업권면허에 선행하는 우선순위결정은 행정청이 우선권자로 결정된 자의 신청이 있으면 어업권면허처분을 하겠다는 것을 약속하는 행위로서 강학상 확약에 불과하다.

③ 행정사법작용에 관한 법적 분쟁은 특별한 규정이 없는 한 민사소송을 통해 구제를 도모하여야 한다.

④ 행정자동결정이 행정사실행위에 해당한다고 하게 되면 그것은 직접적인 법적 효과는 발생하지 않으며 다만 국가배상청구권의 발생 등 간접적인 법적 효과만 발생함이 원칙이다.

04

재량행위에 대한 설명으로 옳지 않은 것은? (다툼이 있는 경우 판례에 의함)

① 재량행위의 경우 행정청은 재량권의 한계 내에서는 법이 정한 요건을 충족하더라도 그 행위를 해야 할 의무는 없는 것이다.

② 재량권의 일탈·남용 여부에 대한 법원의 심사는 사실오인, 비례·평등의 원칙 위배, 당해 행위의 목적 위반이나 동기의 부정 유무 등을 그 판단 대상으로 한다.

③ 「국토의 계획 및 이용에 관한 법률」이 정한 용도지역 안에서의 건축허가는 개발행위허가의 성질도 갖는데, 개발행위허가는 허가기준 및 금지요건이 불확정개념으로 규정된 부분이 많아 그 요건에 해당하는지 여부는 행정청의 판단여지에 속한다.

④ 자유재량에 있어서도 그 범위의 넓고 좁은 차이는 있더라도 법령의 규정뿐만 아니라 관습법 또는 일반적 조리에 의한 일정한 한계가 있는 것으로서 위 한계를 벗어난 재량권의 행사는 위법하다.

05

허가에 대한 설명으로 옳지 않은 것은? (다툼이 있는 경우 판례에 의함)

① 건축허가는 대물적 성질을 갖는 것이어서 행정청으로서는 허가를 할 때에 건축주 또는 토지소유자가 누구인지 등 인적요소에 관하여는 형식적 심사만 한다.

② 구 「학원의 설립·운영에 관한 법률」 제5조 제2항에 의한 학원의 설립인가는 강학상의 이른바 인가에 해당하는 것으로서 그 인가를 받은 자에게 특별한 권리를 부여하는 것이고 일반적인 금지를 특정한 경우에 해제하여 학원을 설립할 수 있는 자유를 회복시켜 주는 것이 아니다.

③ 유료직업 소개사업의 허가갱신은 허가취득자에게 종전의 지위를 계속 유지시키는 효과를 갖는 것에 불과하고 갱신 후에는 갱신 전의 법위반사항을 불문에 붙이는 효과를 발생하는 것이 아니므로 일단 갱신이 있은 후에도 갱신 전의 법위반사실을 근거로 허가를 취소할 수 있다.

④ 허가 등의 행정처분은 원칙적으로 처분 시의 법령과 허가기준에 의하여 처리되어야 하고 허가신청 당시의 기준에 따라야 하는 것은 아니며, 비록 허가신청 후 허가기준이 변경되었다 하더라도 그 허가관청이 허가신청을 수리하고도 정당한 이유 없이 그 처리를 늦추어 그 사이에 허가기준이 변경된 것이 아닌 이상 변경된 허가기준에 따라서 처분을 하여야 한다.

06

행정절차에 대한 설명으로 옳지 않은 것은? (다툼이 있는 경우 판례에 의함)

① 당사자 등은 인허가 등의 취소, 신분·자격의 박탈, 법인이나 조합 등의 설립허가의 취소에 관한 처분 시 의견제출 기한 내에 청문 실시의 신청이 없어도 청문을 한다.

② 행정청은 처분을 함에 있어 국민생활에 큰 영향을 미치는 처분으로서 대통령령으로 정하는 처분에 대하여 대통령령으로 정하는 수 이상의 당사자 등이 공청회 개최를 요구하는 경우 공청회를 개최한다.

③ 행정청은 국민생활에 매우 큰 영향을 주는 사항, 많은 국민의 이해가 상충되는 사항, 많은 국민에게 불편이나 부담을 주는 사항, 그 밖에 널리 국민의 의견을 수렴할 필요가 있는 사항에 대한 정책, 제도 및 계획을 수립·시행하거나 변경하려는 경우에 한해 이를 예고할 의무가 있다.

④ 판례는 당사자가 신청하는 허가 등을 거부하는 처분을 하면서 당사자가 그 근거를 알 수 있을 정도로 이유를 제시한 경우에는 처분의 근거와 이유를 구체적으로 명시하지 않았더라도 그로 인해 처분이 위법하게 되는 것은 아니라고 보았다.

07

취소소송에 대한 설명으로 옳지 않은 것은? (다툼이 있는 경우 판례에 따름)

① 처분성이 인정되는 국민권익위원회의 조치요구에 대해 소방청장은 취소소송을 제기할 당사자능력과 원고적격을 갖는다.

② 사증 발급의 법적 성질과 출입국관리법의 입법목적을 고려할 때 외국인은 사증발급 거부처분의 취소를 구할 법률상 이익이 있다.

③ 거부처분이 행정심판의 재결을 통해 취소된 경우 재결에 따른 후속처분이 아니라 그 재결의 취소를 구하는 것은 분쟁해결의 유효적절한 수단이라고 할 수 없어 소의 이익이 없다.

④ 병무청장의 병역의무 기피자의 인적사항 공개결정은 취소소송의 대상이 되는 처분에 해당한다.

08

행정상 강제집행에 대한 설명으로 옳지 않은 것은? (다툼이 있는 경우 판례에 의함)

① 군수가 군사무위임조례의 규정에 따라 무허가건축물에 대한 철거대집행사무를 하부 행정 기관인 읍·면에 위임하였다면, 읍·면장에게는 관할구역 내의 무허가 건축물에 대하여 그 철거대집행을 위한 계고처분을 할 권한이 있다.

② 이행강제금은 간접적인 행정상 강제집행 수단이며, 대체적 작위의무 위반에 대하여도 부과될 수 있다.

③ 직접강제는 대체적 작위의무뿐만 아니라 비대체적작위의무·부작위의무·수인의무 등 일체의 의무의 불이행에 대해 행할 수 있다.

④ 「개발제한구역의 지정 및 관리에 관한 특별조치법」에 따르면, 이행강제금을 부과·징수할 때마다 그에 앞서 시정명령 절차를 다시 거쳐야 한다.

09

공법과 사법의 구별에 대한 설명으로 옳지 않은 것은? (다툼이 있는 경우 판례에 의함)

① 국유재산법상 국유재산의 무단점유자에 대한 변상금 부과는 공권력을 가진 우월적 지위에서 행하는 행정처분이다.

② 국가나 지방자치단체에 근무하는 청원경찰은 국가공무원법이나 지방공무원법상의 공무원은 아니므로 그 근무관계는 사법상의 고용계약 관계로 볼 수 있다.

③ 구 예산회계법상 입찰보증금의 국고귀속조치는 국가가 사법상의 재산권의 주체로서 행위하는 것이다.

④ 조세채무관계는 공법상의 법률관계이고 그에 관한 쟁송은 원칙적으로 행정사건으로서 행정소송법의 적용을 받는다.

10

강학상 특허에 대한 설명으로 옳지 않은 것은? (다툼이 있는 경우 판례에 의함)

① 관세법상 보세구역의 설영특허는 보세구역의 설치, 경영에 관한 권리를 설정하는 이른바 공기업의 특허로서 그 특허의 부여 여부는 행정청의 자유재량에 속한다.

② 하천의 점용허가를 받은 사람은 그 하천부지를 권원 없이 점유·사용하는 자에 대하여 직접 부당이득의 반환 등을 구할 수도 있다.

③ 여객자동차 운수사업법에 의한 개인택시운송사업면허는 특정인에게 권리나 이익을 부여하는 행정행위로서 법령에 특별한 규정이 없는 한 재량행위이다.

④ 행정청이 도시 및 주거환경정비법 등 관련 법령에 근거하여 행하는 조합설립인가처분은 단순히 사인들의 조합설립행위에 대한 보충행위로서의 성질을 갖는 것에 그치고 법령상 요건을 갖출 경우 도시 및 주거환경정비법상 주택재건축사업을 시행할 수 있는 권한을 갖는 행정주체(공법인)로서의 지위를 부여하는 일종의 설권적 처분의 성격을 갖지 않는다.

11

행정입법에 대한 설명으로 옳지 않은 것은? (다툼이 있는 경우 판례에 의함)

① 법령의 위임이 없음에도 법령에 규정된 처분요건에 해당하는 사항을 부령에서 변경하여 규정한 경우에는 그 부령의 규정은 행정청 내부의 사무처리 기준 등을 정한 것으로서 행정조직 내에서 적용되는 행정명령의 성격을 지닐 뿐 국민에 대한 대외적 구속력은 없다고 보아야 한다.

② 조례에 대한 법률의 위임은 법규명령에 대한 법률의 위임과 같이 반드시 구체적으로 범위를 정하여 할 필요가 없으며 포괄적인 것으로 족하다.

③ 법률이 공법적 단체 등의 정관에 자치법적 사항을 위임한 경우에도 헌법 제75조가 정하는 포괄적인 위임입법의 금지는 원칙적으로 적용된다.

④ 법규명령의 위임의 근거가 되는 법률에 대하여 위헌결정이 선고되면 그 위임규정에 근거하여 제정된 법규명령도 원칙적으로 효력을 상실한다.

12

행정벌에 대한 설명으로 옳지 않은 것은? (다툼이 있는 경우 판례에 의함)

① 조세범처벌절차법에 의하여 범칙자에 대한 세무관서의 통고처분은 행정소송의 대상이다.

② 고의 또는 과실이 없는 질서위반행위는 과태료를 부과하지 아니한다.

③ 자신의 행위가 위법하지 아니한 것으로 오인하고 행한 질서위반행위는 그 오인에 정당한 이유가 있는 때에 한하여 과태료를 부과하지 아니한다.

④ 행정청은 당사자가 납부기한까지 과태료를 납부하지 아니한 때에는 납부기한을 경과한 날부터 체납된 과태료에 대하여 100분의 3에 상당하는 가산금을 징수한다.

13

행정상 손실보상에 대한 설명으로 옳지 않은 것은? (다툼이 있는 경우 판례에 의함)

① 수용에 따른 손실보상액 산정의 경우 헌법 제23조 제3항에 따른 정당한 보상이란 원칙적으로 피수용재산의 객관적인 재산가치를 완전하게 보상하여야 한다는 완전보상을 뜻한다.

② 공익사업을 위한 토지 등의 취득 및 보상에 관한 법률상 잔여지 수용청구를 받아들이지 않은 토지수용위원회의 재결에 대하여 토지소유자가 불복하여 제기하는 소송은 항고소송에 해당하여 토지수용위원회를 피고로 하여야 한다.

③ 공익사업을 위한 토지 등의 취득 및 보상에 관한 법률에 의한 보상합의는 공공기관이 사경제주체로서 행하는 사법상 계약의 실질을 가지는 것이다.

④ 공익사업으로 인하여 영업을 폐지하거나 휴업하는 자는 공익사업을 위한 토지 등의 취득 및 보상에 관한 법률상의 재결절차를 거치지 않은 채 곧바로 사업시행자를 상대로 손실보상을 청구하는 것은 허용되지 않는다.

14

준법률행위적 행정행위에 대한 설명으로 옳지 않은 것은? (다툼이 있는 경우 판례에 의함)

① 수리는 행정청이 타인의 행위를 유효한 것으로서 수령하는 인식의 표시행위이며, 공무원의 사표수리는 "형성적 행위"로서의 성질을 갖는다고 볼 수 있다.

② 토지수용에 있어서의 사업인정의 고시는 이미 성립한 행정행위의 효력발생요건으로서의 통지에 해당한다.

③ 선거인명부에의 등록은 공증으로 법령에 정해진 바에 따라 권리행사의 요건이 된다.

④ 확인은 특정한 사실 또는 법률관계의 존재 여부 또는 정당성 여부를 공적으로 확정하는 효과를 발생시키므로 확인행위에는 일반적으로 불가변력(실질적 존속력)이 발생한다.

15

당사자소송에 대한 설명으로 옳지 않은 것은? (다툼이 있는 경우 판례에 따름)

① 당사자소송에는 취소소송의 직권심리에 관한 규정이 준용된다.

② 당사자소송으로 제기해야 할 사건을 민사소송으로 잘못 제기한 경우, 수소법원이 행정소송에 대한 관할을 가지고 있지 않다면 당해 소송이 당사자소송으로서의 소송요건을 갖추지 못하였음이 명백하지 않는 한 당사자소송의 관할법원으로 이송하여야 한다.

③ 당사자소송에는 취소소송의 피고적격에 관한 규정이 준용된다.

④ 당사자소송에는 취소소송의 행정심판에 관한 규정이 준용되지 않는다.

16

행정법의 법원에 대한 설명으로 옳지 않은 것은?

① 행정법은 그 대상인 행정의 다양성과 전문성 등으로 인하여 단일법전화되어 있지 않다.
② 독일의 법학자인 프리츠 베르너(Fritz Werner)는 '행정법은 구체화된 헌법'이라고 표현하였다.
③ 대통령은 법률에서 구체적으로 범위를 정하여 위임받은 사항과 법률을 집행하기 위하여 필요한 사항에 관하여 대통령령을 발할 수 있다.
④ 지방자치단체는 법률의 위임이 있는 경우에 자치사무에 관한 사항을 조례로 정할 수 있다.

17

행정법의 일반원칙에 대한 설명으로 옳지 않은 것은? (다툼이 있는 경우 판례에 의함)

① 헌법재판소는 국·공립학교 채용시험에 국가유공자와 그 가족이 응시하는 경우 만점의 10퍼센트를 가산하도록 했던 구 「국가유공자등 예우 및 지원에 관한 법률」 및 「5·18 민주 유공자 예우에 관한 법률」의 규정이 일반 응시자들의 평등권을 침해한다고 보았다.
② 헌법재판소는 납세자가 정당한 사유 없이 국세를 체납하였을 경우 세무서장이 허가, 인가, 면허 및 등록과 그 갱신이 필요한 사업의 주무관서에 그 납세자에 대하여 허가 등을 하지 않을 것을 요구할 수 있도록 한 국세징수법상 관허사업 제한 규정이 부당결부금지원칙에 반하여 위헌이라고 판단하였다.
③ 행정의 자기구속의 원칙을 적용함에 있어 종전 행정관행의 내용이 위법적인 경우에는 위법인 수익적 내용의 평등한 적용을 요구하는 청구권은 인정될 수 없다.
④ 같은 정도의 비위를 저지른 자들임에도 불구하고 그 직무의 특성 등에 비추어 개전의 정이 있는지 여부에 따라 징계 종류의 선택과 양정에서 다르게 취급하는 것은 평등의 원칙에 반하지 않는다.

18

행정심판에 대한 설명으로 옳지 않은 것은? (다툼이 있는 경우 판례에 의함)

① 「행정심판법」에 따르면, 심판청구에 대한 재결이 있는 경우에는 당해 재결 및 동일한 처분 또는 부작위에 대하여 다시 심판청구를 제기할 수 없다.
② 재결청이 취소심판의 청구가 이유 있다고 인정하여 처분청에 처분을 취소할 것을 명하면 처분청으로서는 재결의 취지에 따라 처분을 취소하여야 한다.
③ 「행정심판법」은 심판청구의 심리·재결에 있어서 불고불리 및 불이익변경금지원칙을 조문으로 명문화하고 있다.
④ 행정심판청구에는 행정소송제기와는 달리 처분의 효력이나 그 집행 또는 절차의 속행에 영향을 미치는 집행정지원칙이 적용된다.

19

민중소송과 기관소송에 대한 설명으로 옳지 않은 것은? (다툼이 있는 경우 판례에 의함)

① 「공직선거법」상 선거소송은 민중소송에 해당한다.
② 민중소송 또는 기관소송으로써 처분등의 취소를 구하는 소송에는 그 성질에 반하지 아니하는 한 취소소송에 관한 규정을 준용한다.
③ 「지방자치법」상 지방의회 재의결에 대해 지방자치단체장이 제기하는 소송은 기관소송에 해당한다.
④ 「행정소송법」은 민중소송에 대해서는 법률이 정한 경우에 법률이 정한 자에 한하여 제기하도록 하는 법정주의를 취하고 있으나, 기관소송에 대해서는 이러한 제한을 두지 않아 기관소송의 제기가능성은 일반적으로 인정된다.

20

행정정보공개 및 개인정보 보호에 대한 설명으로 옳지 않은 것은? (다툼이 있는 경우 판례에 의함)

① 정보공개심의회는 공공기관의 장의 자문에 응하여 공개 청구된 정보의 공개 여부를 결정하는 법적인 의무와 권한을 가진 주체이다.

② 정보공개청구권은 법률상 보호되는 구체적인 권리이므로 청구인이 공공기관에 대하여 정보공개를 청구하였다가 거부처분을 받은 것 자체가 법률상 이익의 침해에 해당한다.

③ 의사결정과정에 제공된 회의 관련 자료나 의사결정과정이 기록된 회의록 등은 의사가 결정되거나 의사가 집행된 경우에는 더 이상 의사결정과정에 있는 사항 그 자체라고는 할 수 없으나, 의사결정과정에 있는 사항에 준하는 사항으로서 비공개대상정보에 포함될 수 있다.

④ 개인정보자기결정권의 보호대상이 되는 개인정보는 인격주체성을 특징짓는 사항으로서 개인의 동일성을 식별할 수 있게 하는 일체의 정보를 의미하며, 반드시 개인의 내밀한 영역에 속하는 정보에 국한되지 않고 공적생활에서 형성되었거나 이미 공개된 개인정보까지도 포함한다.

09 2019. 12. 21. 군무원 9급 기출문제

01

다음 중 사법관계에 해당하는 것은?

① 국유재산에 대한 사용·수익 허가
② 산업단지 입주변경계약의 취소
③ 중학교 의무교육 위탁관계
④ 국유일반재산의 대부료 납입고지

02

다음 중 법률유보원칙에 관한 설명으로 옳지 않은 것은?

① 법률유보원칙은 의회민주주의원리, 법치국가원리, 기본권 보장을 그 이념적 기초로 한다.
② 헌법재판소에 따르면, 법률유보의 원칙은 국민의 기본권 실현과 관련된 영역에 있어서는 입법자가 그 본질적인 사항에 대해서 스스로 결정하여야 한다는 요구까지 내포하고 있다.
③ 법률유보원칙에서 법률이란 국회에서 제정한 형식적 의미의 법률뿐만 아니라 법률에서 구체적으로 위임을 받은 법규명령도 포함된다.
④ 헌법재판소는 한국방송공사 수신료 사건과 관련하여 의회유보원칙과 행정유보원칙 모두를 인정하였다.

03

다음은 행정법상 시효 및 기간에 관한 설명이다. 옳지 않은 것은? (다툼이 있는 경우 판례에 의함)

① 국가나 지방자치단체를 당사자로 하는 금전채권은 다른 법률에 특별한 규정이 없는 한 5년간 이를 행사하지 않을 때에는 시효로 인하여 소멸한다.
② 국회법에 따른 기간을 계산할 때에는 첫날을 산입하지 아니하며, 공무원 연금법에 따른 급여를 받을 권리는 급여의 사유가 발생한 날부터 3년간 행사하지 아니하면 시효로 인하여 소멸한다.
③ 행정법상 시효의 중단과 정지에 관해서는 다른 법령에 특별한 규정이 없는 한 민법의 규정이 준용된다.
④ 국세기본법 또는 세법에서 규정하는 기간의 계산은 국세기본법 또는 그 세법에 특별한 규정이 있는 것을 제외하고는 「민법」에 따른다.

04

다음 중 행정지도에 관한 설명으로 옳지 않은 것은?

① 행정지도를 하는 자는 그 상대방이 행정지도에 따르도록 강제할 수 있으며, 이에 따르지 않을 경우 불이익한 조치를 할 수 있다.
② 행정지도의 상대방은 해당 행정지도의 방식·내용 등에 관하여 행정기관에 의견제출을 할 수 있다.
③ 행정기관이 같은 행정목적을 실현하기 위하여 많은 상대방에게 행정지도를 하려는 경우에는 특별한 사정이 없으면 행정지도에 공통적인 내용이 되는 사항을 공표하여야 한다.
④ 행정지도가 말로 이루어지는 경우에 상대방이 서면의 교부를 요구하면 그 행정지도를 하는 자는 직무 수행에 특별한 지장이 없으면 이를 교부하여야 한다.

05

다음 중 통치행위에 대한 설명으로 옳지 않은 것은? (다툼이 있는 경우 판례에 의함)

① 금융실명제에 관한 대통령의 긴급재정경제명령은 통치행위에 해당하지만, 그것이 국민의 기본권 침해와 직접 관련되는 경우에는 헌법재판소의 심판대상이 된다.
② 대통령의 독립유공자 서훈취소는 법원이 사법심사를 자제하여야 할 고도의 정치성을 띤 행위라고 볼 수는 없다.
③ 통치행위는 고도의 정치적 작용에 해당하므로 사법적 통제·정치적 통제로부터 자유롭다.
④ 남북정상회담의 개최는 고도의 정치적 성격을 지니고 있는 행위라 할 것이므로 특별한 사정이 없는 한 그 당부를 심판하는 것은 사법권의 내재적·본질적 한계를 넘어서는 것이 되어 적절하지 못하다.

06

지방자치법상 주민투표에 관한 설명으로 옳지 않은 것은? (다툼이 있는 경우 판례에 의함) 〈각론〉

① 지방자치법상 주민투표권은 법률상 권리이다.
② 주민투표의 실시여부는 지방자치단체의 장의 임의적 재량에 속한다.
③ 중앙행정기관의 장은 지방자치단체의 국가정책의 수립에 관하여 주민의 의견을 듣기 위하여 필요하다고 인정하는 때에는 주민투표의 실시구역을 정하여 관계 지방자치단체의 장에게 주민투표의 실시를 요구할 수 있으나, 지방자치단체의 장은 중앙행정기관의 장에게 주민투표의 실시를 요구할 수 없다.
④ 주민투표를 실시하기 위해서는 주민 또는 지방의회의 청구가 있어야 한다.

07

다음 중 법적 성질이 다른 하나는 무엇인가? (다툼이 있는 경우 판례에 의함)

① 공유수면매립면허
② 조세부과처분
③ 학교법인 임원선임에 대한 감독청의 취임승인
④ 재임용거부취지의 임용기간만료통지

08

다음 중 개인정보 보호법에 관한 설명으로 옳지 않은 것은? (다툼이 있는 경우 판례에 의함)

① 개인정보를 처리하거나 처리하였던 자가 업무상 알게 된 개인정보를 누설하거나 권한 없이 다른 사람이 이용하도록 제공한 것이라는 사정을 알면서도 영리 또는 부정한 목적으로 개인정보를 제공받은 자라면, 개인정보를 처리하거나 처리하였던 자로부터 직접 개인정보를 제공받지 아니하더라도 '개인정보를 제공 받은 자'에 해당한다.
② 이미 공개된 개인정보를 정보주체의 동의가 있었다고 객관적으로 인정되는 범위 내에서 수집·이용·제공 등 처리를 할 때는 정보주체의 별도의 동의는 불필요하다고 보아야 한다.
③ 피해자의 의사와 무관하게 주민등록번호가 유출된 경우에는 조리상 주민등록번호의 변경을 요구할 신청권을 인정함이 타당하고, 구청장의 주민등록번호 변경신청 거부행위는 항고소송의 대상이 되는 행정처분에 해당한다.
④ 개인정보처리자의 고의 또는 중대한 과실로 인하여 개인정보가 분실·도난·유출·위조·변조 또는 훼손된 경우로서 정보주체에게 손해가 발생한 때에는 법원은 그 손해액의 3배를 넘지 아니하는 범위에서 손해배상액을 정할 수 있다. 이 경우 일반손해배상을 청구한 정보주체는 사실심 변론종결시까지 법정손해배상의 청구로 변경할 수 없다.

09

대한민국 국민 甲은 A 대학교 총장에게 해당 학교 체육특기생들의 3년간 출석 및 성적 관리에 대한 정보공개청구를 하였으나, A대학교 총장은 제3자에 관한 정보라는 이유로 이를 거부하였다. 다음 설명 중 옳지 않은 것은? (다툼이 있는 경우 판례에 의함)

① 대한민국 국민인 甲은 해당 정보에 대한 공개를 청구할 권리를 가진다.
② 甲이 정보공개를 청구하였다가 거부처분을 받은 것 자체가 법률상 이익의 침해에 해당한다.
③ 체육특기생들의 비공개요청이 있는 경우 A 대학교 총장은 해당 정보를 공개하여서는 아니 된다.
④ 정보공개의무를 지는 공공기관에는 국·공립대학교뿐만 아니라 사립대학교도 포함된다.

10

다음 중 개인정보 보호법에 대한 설명으로 옳지 않은 것은? (다툼이 있는 경우 판례에 의함)

① 개인정보 보호법의 적용을 받는 것은 생존하는 개인의 정보에 국한되므로 사망한 사람이나 법인의 정보는 이에 해당하지 않는다.

② 인간의 존엄과 가치, 행복추구권에서 도출되는 일반적 인격권 및 사생활의 비밀과 자유에 의하여 보장되는 개인정보자기결정권은 자신에 관한 정보가 언제 누구에게 어느 범위까지 알려지고 또 이용되도록 할 것인지를 정보주체가 스스로 결정할 수 있는 권리이다.

③ 개인정보자기결정권의 보호대상이 되는 개인정보는 개인의 신체, 신념, 사회적 지위, 신분 등과 같이 개인의 인격주체성을 특징짓는 사항으로서 개인의 동일성을 식별할 수 있게 하는 일체의 정보로서 개인의 내밀한 영역에 속하는 정보에 국한되고, 공적 생활에서 형성되었거나 이미 공개된 개인정보는 포함되지 않는다.

④ 개인정보처리자가 개인정보 보호법을 위반한 행위로 손해를 입힌 경우 정보주체는 손해배상을 청구할 수 있는데, 이때 개인정보처리자가 고의·과실이 없음에 대한 입증책임을 진다.

11

다음은 행정행위의 취소와 철회에 대한 설명이다. 옳은 것은? (다툼이 있는 경우 판례에 의함)

① 행정행위의 철회는 일단 유효하게 성립한 행정행위를 그 행위에 위법 또는 부당한 하자가 있음을 이유로 소급하여 그 효력을 소멸시키는 별도의 행정처분이다.

② 행정행위의 취소사유는 행정행위의 성립 당시에 존재하였던 하자를 말하고, 철회사유는 행정행위가 성립된 이후에 새로이 발생한 것으로서 행정행위의 효력을 존속시킬 수 없는 사유를 말한다.

③ 행정행위의 취소는 적법요건을 구비하여 완전히 효력을 발하고 있는 행정행위를 사후적으로 그 행위의 효력의 전부 또는 일부를 장래에 향해 소멸시키는 행정처분이다.

④ 「국민연금법」상 연금 지급결정을 취소하는 처분과, 그 처분에 기초하여 잘못 지급된 급여액에 해당하는 금액을 환수하는 처분이 적법한지를 판단하는 경우, 비교·교량할 각 사정이 다르다고 할 수 없으므로, 연금 지급결정을 취소하는 처분이 적법하다면 환수처분도 적법하다고 보아야 한다.

12

다음은 행정의 실효성 확보수단에 관한 설명이다. 옳지 않은 것은? (다툼이 있는 경우 판례에 의함)

① 과징금은 의무위반행위로 인한 불법적인 이익을 박탈하기 위하여 부과하는 것으로서, 과징금부과처분을 할 때 위반자의 고의 또는 과실을 요건으로 한다.

② 대집행은 타인이 대신하여 행할 수 있는 행위를 의무자가 이행하지 아니하는 경우 다른 수단으로써 그 이행을 확보하기 곤란하고 또한 그 불이행을 방치함이 심히 공익을 해할 것으로 인정될 때 실시할 수 있다.

③ 행정법규위반에 대하여 벌금 이외에 과징금을 부과하는 것은 이중처벌금지의 원칙에 반하지 않는다.

④ 이행강제금은 대체적 작위의무의 위반에 대하여도 부과될 수 있다.

13

다음은 행정소송에 관한 설명이다. 옳지 않은 것은? (다툼이 있는 경우 판례에 의함)

① 개발제한구역제도 개선방안을 발표한 행위도 대내외적 효력이 없는 단순한 사실행위에 불과하므로 공권력의 행사라고 할 수 없다.

② 정부의 수도권 소재 공공기관의 지방이전 시책을 추진하는 과정에서 도지사가 도내 특정시를 혁신도시 최종입지로 선정한 행위는 항고소송의 대상이 되는 행정처분에 해당한다.

③ 행정처분 취소소송에 있어서는 처분청은 당초의 처분사유와 기본적 사실관계에 있어서 동일성이 인정되는 한도 내에서만 새로운 처분사유를 추가하거나 변경할 수 있다.

④ 국민권익위원회가 소방청장에게 인사와 관련하여 부당한 지시를 한 사실이 인정된다며 이를 취소할 것을 요구하기로 의결하고 내용을 통지하자 그 국민권익위원회 조치요구의 취소를 구하는 사안에서의 소방청장은 행정소송의 원고적격을 가지는 자에 해당한다.

14

다음은 행정심판에 관한 설명이다. 옳지 않은 것은? (다툼이 있는 경우 판례에 의함)

① 행정심판의 재결에 대하여 피청구인인 처분 행정청은 행정소송을 제기하지 못한다고 해석하더라도 헌법에 위반되는 것은 아니다.

② 행정심판의 경우에도 국선대리인 제도가 인정되므로 청구인이 경제적 능력으로 대리인을 선임할 수 없는 경우에는 행정심판위원회가 선정하여 지원할 수 있다.

③ 처분명령재결이 내려졌는데도 피청구인이 처분을 하지 아니하면 직접 처분이 가능하므로 간접강제는 허용되지 않는다.

④ 감사원의 처분에 대해서는 감사원 소속 행정심판위원회에 행정심판을 제기하여야 한다.

15

다음 중 행정절차법상 입법예고에 대한 설명으로 옳지 않은 것은? (다툼이 있는 경우 판례에 의함)

① 입법예고기간은 예고할 때 정하되, 특별한 사정이 없으면 20일, 자치법규는 15일 이상으로 한다.

② 행정청은 대통령령을 입법예고하는 경우 국회 소관 상임위원회에 이를 제출하여야 한다.

③ 행정청은 입법예고를 할 때에 입법안과 관련이 있다고 인정되는 중앙행정기관, 지방자치단체, 그 밖의 단체 등이 예고사항을 알 수 있도록 예고 사항을 통지하거나 그 밖의 방법으로 알려야 한다.

④ 행정청은 예고된 입법안의 전문에 대한 열람 또는 복사를 요청받았을 때에는 특별한 사유가 없으면 그 요청에 따라야 하며, 복사에 드는 비용을 복사를 요청한 자에게 부담시킬 수 있다.

16

불법 시위에 대하여 경찰서장은 해산명령을 내릴 수 있다. 이러한 해산명령의 법적 성질은? (다툼이 있는 경우 판례에 의함)

① 행정지도
② 하명
③ 통지
④ 허가

17

사정재결과 사정판결에 대한 설명으로 옳지 않은 것은? (다툼이 있는 경우 판례에 의함)

① 사정재결은 심판청구가 이유가 있다고 인정하는 경우에도 이를 인용하는 것이 공공복리에 크게 위배된다고 인정하면 그 심판청구를 기각하는 재결을 말한다.

② 사정재결을 하는 경우 위원회는 재결의 주문에서 그 처분 또는 부작위가 적법하거나 부당하다는 것을 구체적으로 밝혀야 하고, 사정재결을 할 때에는 청구인에 대하여 상당한 구제방법을 취하거나 상당한 구제방법을 취할 것을 피청구인에게 명할 수 있다.

③ 사정판결이란 원고의 청구가 이유 있다고 인정하는 경우 처분등을 취소하는 것이 원칙이지만, 현저히 공공복리에 적합하지 아니하다고 인정하는 때 법원이 원고의 청구를 기각하는 판결을 말한다.

④ 사정판결의 적용요건인 현저히 공공복리에 적합하지 아니한가는 위법·부당한 행정처분을 취소·변경하여야 할 필요와 그 취소·변경으로 인하여 발생할 수 있는 공공복리에 반하는 사태 등을 비교교량하여 그 적용 여부를 판단하여야 한다.

18

다음 중 인·허가 의제제도에 관한 설명으로 옳은 것은? (다툼이 있는 경우 판례에 의함)

① 인·허가 의제가 인정되는 경우 의제되는 법률에 규정된 주민의 의견청취 등의 절차를 거칠 필요는 없다.

② 채광계획인가로 공유수면점용허가가 의제되는 경우 공유수면관리청이 재량적 판단에 의하여 불허가를 결정하였더라도 채광계획 인가관청은 채광계획인가를 할 수 있다.

③ 허가에 타법상의 인·허가가 의제되는 경우, 의제된 인·허가는 통상적인 인·허가와 동일한 효력을 가질 수 없으므로 '부분 인·허가 의제'가 허용되는 경우라도 그에 대한 쟁송취소는 허용될 수 없다.

④ 사업시행자가 주택건설사업계획 승인을 받음으로써 도로점용허가가 의제된 경우 당연히 도로법상의 도로점용료 납부의무를 부담한다.

19

다음 중 공법상 계약이 아닌 것은? (다툼이 있는 경우 판례에 의함)

① 공익사업법상의 협의취득 또는 보상합의

② 별정우체국장의 지정

③ 공무를 위탁받은 사인과 개인이 체결하는 계약

④ 국가 또는 지방자치단체와 국민사이에 체결되는 공해방지협정 또는 환경

20

다음 중 행정주체가 아닌 것은?

① 대한민국

② 강원도의회

③ 도시 및 주거환경 정비법상의 주택재건축정비사업조합

④ 한국토지주택공사

21

행정상 법률관계에서 당사자에 관한 설명으로 옳지 않은 것은? (다툼이 있는 경우 판례에 의함)

① 행정청이 행정소송의 피고적격이 인정되는 경우 행정주체가 된다.

② 공공단체의 행정주체로서의 지위는 국가로부터 전래된 것이다.

③ 대한상공회의소, 국립의료원, 정신문화연구원 등은 공공단체로서 행정객체의 지위가 인정될 수도 있다.

④ 행정권한의 위탁은 행정행위의 형식뿐만 아니라, 공법상 계약의 형식으로도 할 수 있다.

22

다음 중 행정절차법에 관한 설명으로 옳지 않은 것은? (다툼이 있는 경우 판례에 의함)

① 행정청은 당사자에게 의무를 부과하거나 권익을 제한하는 처분을 하는 경우에는 미리 일정한 사항을 당사자등에게 통지하고 의견청취를 하여야 한다.

② 침익적 행정처분을 하는 경우 청문이나 공청회를 필요적으로 거쳐야 하는 경우에 해당하지 않는다면 의견제출절차도 거치지 않아도 된다.

③ 해당 처분의 성질상 의견청취가 현저히 곤란하거나 명백히 불필요하다고 인정될 만한 상당한 이유가 있는 경우에는 사전통지 및 의견청취 절차를 거치지 아니할 수 있다.

④ 처분에 대한 사전통지를 하고 의견제출의 기회를 준다면 많은 액수의 손실보상금을 기대하여 공사를 강행할 우려가 있다는 사정만으로 이 사건 처분이 "당해 처분의 성질상 의견청취가 현저히 곤란하거나 명백히 불필요하다고 인정될만한 상당한 이유가 있는 경우"에 해당한다고 볼 수 없다.

23

다음 중 행정대집행법상의 대집행이 가능한 경우에 해당하는 것은? (다툼이 있는 경우 판례에 의함)

① 주택건설촉진법상 주민들의 휴식공간으로 사용하기 위하여 설치된 조경시설 등을 훼손하여 유치원 어린이 놀이터로 만들고 주민들의 출입을 통제하는 울타리를 둘러 주민의 출입을 막았는데, 원상복구 시정명령을 위한 별도의 법적인 근거가 없는 경우

② 행정청이 토지구획정리사업의 환지예정지를 지정하고 그 사업에 편입되는 건축물 등 지장물의 소유자 또는 임차인에게 지장물의 자진 이전을 요구한 후 이에 응하지 않자 지장물의 이전에 대한 대집행을 계고하고 다시 대집행영장을 통지한 경우, 별도의 근거규정이 없는 경우

③ 협의취득 시 건물소유자가 매매대상 건물에 대한 철거의무를 부담하겠다는 취지의 약정을 하였으나 이를 행하지 않는 경우

④ 군청 내 일반 공무원들의 휴게실 겸 회의실 등의 용도로도 함께 사용되어 오던 중, 위 직장협의회 소속 공무원들이 법외 단체인 전국공무원노동조합에 가입하고 사무실로 임의 사용하자, 수차에 걸친 자진폐쇄 요청하였음에도 이에 응하지 않은 경우

24

다음은 행정입법에 관한 헌법재판소의 결정의 일부이다. ( ) 안에 들어갈 것으로 올바르게 짝지어진 것은? (다툼이 있는 경우 판례에 의함)

오늘날 의회의 입법독점주의에서 (㉠)로 전환하여 일정한 범위 내에서 행정입법을 허용하게 된 동기가 사회적 변화에 대응한 입법수요의 급증과 종래의 형식적 권력분립주의로는 현대 사회에 대응할 수 없다는 기능적 권력분립론에 있다는 점 등을 감안하여 헌법 제40조와 헌법 제75조, 제95조의 의미를 살펴보면, 국회입법에 의한 수권이 입법기관이 아닌 행정기관에게 법률 등으로 구체적인 범위를 정하여 위임한 사항에 관하여는 당해 행정기관에게 법정립의 권한을 갖게 되고, 입법자가 규율의 형식도 선택할 수도 있다 할 것이므로, 헌법이 인정하고 있는 (㉡)의 형식은 (㉢)인 것으로 보아야 할 것이고, 그것은 법률이 행정규칙에 위임하더라도 그 행정규칙은 위임된 사항만을 규율할 수 있으므로, 국회입법의 원칙과 상치되지도 않는다.

	㉠	㉡	㉢
①	입법중심주의	위임입법	예시적
②	입법중심주의	법규명령	열거적
③	행정입법주의	법규명령	예시적
④	행정입법주의	행정규칙	한정적

25

다음 중 지방자치단체의 장에 고유한 권한사항만으로 묶인 것은? (다툼이 있는 경우 판례에 의함) 〈각론〉

㉠ 주민투표부의권　　　㉡ 규칙제정권
㉢ 재의요구권　　　　　㉣ 청원의 접수 및 수리
㉤ 조례제정권　　　　　㉥ 행정감사권
㉦ 예산의 심의·확정 및 결산의 승인
㉧ 소속직원에 대한 임면 및 지휘·감독

① ㉠, ㉡, ㉢, ㉧
② ㉠, ㉡, ㉣, ㉥
③ ㉡, ㉢, ㉣, ㉤
④ ㉡, ㉢, ㉣, ㉥

복원된 문제이므로 실제 시험과 차이가 있을 수 있습니다.

10 2018. 8. 11. 군무원 9급 기출문제

01

이행강제금에 관한 설명 중 옳지 않은 것은? (다툼이 있는 경우 판례에 의함)

① 이행강제금은 과거의 의무위반에 대한 제재보다는 장래의 의무이행의 확보에 주안점을 두기 때문에 행정벌과는 그 취지를 달리한다.

② 건축법상의 위법건축물에 대한 이행강제수단으로 대집행과 이행강제금이 인정되고 있으며, 이는 행정청이 합리적인 재량에 의해 선택적으로 활용할 수 있는 이상 중첩적 제재에 해당하다고 볼 수 없다.

③ 구 건축법상 이행강제금 납부의무는 상속인 기타의 사람에게 승계될 수 없는 일신전속적인 성질의 것이므로 이미 사망한 사람에게 이행강제금을 부과하는 내용의 처분이나 결정은 당연무효이다.

④ 구 건축법상 이행강제금의 부과에 대한 불복은 법률의 규정 여부에도 불구하고 비송사건 절차법에 따른다.

02

행정입법에 관한 설명 중 옳지 않은 것은? (다툼이 있는 경우 판례에 의함)

① 조례는 집행행위의 개입 없이 그 자체로서 직접 국민의 권리·의무나 법적 이익에 영향을 미치더라도 항고소송의 대상이 될 수 없다.

② 군법무관 임용 등에 관한 법률이 군법무관의 보수를 법관 및 검사의 예에 준하도록 규정하면서 그 구체적 내용을 시행령에 위임하고 있음에도 불구하고 행정부가 정당한 이유 없이 시행령을 제정하지 않았다면 이는 군법무관의 보수청구권을 침해하는 것으로서 국가배상법상 불법행위에 해당한다.

③ 법령보충적 행정규칙은 행정기관에 법령의 구체적 사항을 정할 수 있는 권한을 부여한 상위법령과 결합하여 대외적 효력을 갖게 된다.

④ 법률이 주민의 권리의무에 관한 사항을 조례에 위임하는 경우에는 헌법 제75조에서 정한 포괄적인 위임입법의 금지는 원칙적으로 적용되지 않는다.

03

다음 〈보기〉 중 판례가 통치행위로 본 사례만 묶은 것은? (다툼이 있는 경우 판례에 의함)

> ┌ 보기 ┐
> ㉠ 대북송금행위   ㉡ 이라크 파병
> ㉢ 대통령의 서훈취소

① ㉠   ② ㉡

③ ㉡, ㉢   ④ ㉠, ㉢

04

다음 중 하자의 승계가 인정되는 경우는? (다툼이 있는 경우 판례에 의함)

① 개별공시지가 결정과 개발부담금 부과처분

② 과세처분과 체납처분

③ 도시계획결정과 수용재결

④ 직위해제처분과 면직처분

05

행정행위의 취소와 철회에 관한 설명 중 옳지 않은 것은? (다툼이 있는 경우 판례에 의함)

① 수익적 행정행위의 경우에는 그 처분을 취소하여야 할 공익상 필요가 취소로 인하여 당사자가 입게 될 불이익을 정당화할 만큼 강한 경우에 한하여 취소할 수 있다.

② 하자 없이 성립한 행정행위의 효력을 장래에 향하여 소멸시키는 것을 행정행위의 취소라 하고, 일단 유효하게 성립한 행정행위를 그 행위에 위법 또는 부당한 하자가 있음을 이유로 소급하여 그 효력을 소멸시키는 별도의 행정행위를 행정행위의 철회라고 한다.

③ 취소권을 행사함에 있어서 법령상의 근거가 필요한지 여부에 대하여 판례는 별도의 법적 근거가 없더라도 처분청은 스스로 취소가 가능하다고 본다.

④ 행정행위의 철회는 처분청만이 할 수 있으며, 감독청은 법률에 근거가 있는 경우에 한하여 철회권을 가진다.

06

행정계획에 관한 설명으로 옳지 않은 것은? (다툼이 있는 경우 판례에 의함)

① 행정주체가 행정계획을 입안하고 결정함에 있어서 이익형량을 전혀 행하지 아니하거나 이익형량의 고려대상에 마땅히 포함시켜야 할 사항을 누락한 경우 또는 이익형량을 하였으나 정당성과 객관성이 결여된 경우에는 그 행정계획결정은 형량에 하자가 있어 위법하다.

② 비구속적 행정계획이라도 국민의 기본권에 직접적으로 영향을 끼치고, 앞으로 법령의 뒷받침에 의하여 그대로 실시될 것이 틀림없을 것으로 예상될 수 있을 때에는, 공권력행위로서 예외적으로 헌법소원의 대상이 될 수 있다.

③ 폐기물처리사업의 적정통보를 받은 자가 폐기물처리업 허가를 받기 위해서 국토이용계획의 변경이 선행되어야 하는 경우, 폐기물처리사업의 적정통보를 받은 자는 국토이용계획변경의 입안 및 결정권자인 관계행정청에 대하여 그 계획변경을 신청할 법규상 또는 조리상 권리를 가진다.

④ 확정된 행정계획이라도 사정변경이 있는 경우에는 일반적으로 조리상 계획변경청구권이 인정된다.

07

행정심판상 재결의 효력이 아닌 것은? (다툼이 있는 경우 판례에 의함)

① 불가변력
② 형성력
③ 기속력
④ 사정재결력

08

사인의 공법행위에 관한 설명 중 옳지 않은 것은? (다툼이 있는 경우 판례에 의함)

① 군인사정책상의 필요에 따라 복무연장지원서와 전역지원서를 동시에 제출한 경우, 복무연장지원의 의사표시를 우선하되, 그것이 받아들여지지 아니하는 경우에 대비하여 원에 의하여 전역하겠다는 조건부 의사표시를 한 것이므로 그 전역지원의 의사표시도 유효한 것으로 보아야 한다.

② 전역지원의 의사표시가 진의 아닌 의사표시라면 그 무효에 관한 법리를 선언한 민법 제107조 제1항 단서의 규정에 따라 무효로 보아야 한다.

③ 공무원이 강박에 의하여 사직서를 제출한 경우, 사직의 의사표시는 그 강박의 정도에 따라 무효 또는 취소사유가 되며, 그 정도가 의사결정의 자유를 박탈할 정도에 이른 것이라면 사직의 의사표시는 무효가 될 것이다.

④ 범법행위를 한 공무원이 수사기관으로부터 사직종용을 받고 형사처벌을 받아 징계파면될 것을 염려하여 사직서를 제출한 경우 그 사직의사 결정을 강요에 의한 것으로 볼 수는 없다.

09

행정계약에 관한 설명으로 옳지 않은 것은? (다툼이 있는 경우 판례에 의함)

① 공익사업을 위한 토지 등의 취득 및 보상에 관한 법률에 따른 토지 등의 협의취득은 공법상 계약이 아닌 사법상의 법률행위에 해당한다.

② 행정절차법은 공법상 계약의 체결절차에 관한 기본적인 사항을 규율하고 있다.

③ 서울특별시립무용단원의 위촉 및 해촉은 공법상 계약이라고 할 것이고, 그 단원의 해촉에 대해서는 공법상 당사자 소송으로 그 무효확인을 청구할 수 있다.

④ 국립의료원 부설주차장에 관한 위탁관리용역 운영계약은 관리청이 사경제주체로서 행하는 사법상의 계약이라할 수 없다.

10

행정지도에 관한 설명 중 옳지 않은 것은? (다툼이 있는 경우 판례에 의함)

① 행정지도는 그 목적 달성에 필요한 최소한도에 그쳐야 하며, 행정지도의 상대방의 의사에 반하여 부당하게 강요하여서는 아니 된다.

② 행정기관은 상대방이 행정지도에 따르지 않았다는 이유로 불이익한 조치를 취하여서는 아니 된다.

③ 위법한 행정지도라 할지라도 행정지도에 따라 행한 행위라면 위법성이 조각된다.

④ 행정지도가 행정기관의 권한범위 내에서 이루어진 정당한 행위인 경우라면 비록 손해가 발생하였다 하더라도 그 손해에 대하여 배상책임이 없다.

11

행정소송법상 항고소송의 대상이 되는 처분에 해당하는 것은? (다툼이 있는 경우 판례에 의함)

① 민원사무처리에 관한 법률이 정한 '거부처분에 대한 이의신청'을 받아들이지 않는 취지의 기각 결정

② 지적공부 소관청이 토지대장을 직권으로 말소한 행위

③ 수도권매립지관리공사가 행한 입찰참가자격 제한조치

④ 중소기업 정보화지원사업에 따른 지원금 출연을 위하여 중소기업청장이 체결한 협약의 해지 및 지급받은 정부지원금에 대한 환수통보

12

신고에 대한 다음 설명 중 옳지 않은 것은? (다툼이 있는 경우 판례에 의함)

① 행위요건적 신고에 대하여 관할행정청의 신고필증의 교부가 없더라도 적법한 신고가 있는 이상 신고의 법적 효력에는 영향이 없다.

② 건축법에 따른 건축신고를 반려하는 행위는 항고소송의 대상이 되지 않는다.

③ 정보제공형 신고를 하지 않고 신고의 대상이 된 행위를 한 경우 과태료 등의 제재가 가능하지만 신고 없이 행한 행위 자체의 효력은 유효하다.

④ 영업양도에 따른 지위승계신고를 수리하는 행정청의 행위는 양도·양수인 사이의 영업양도사실의 신고를 접수하는 행위에 그치는 것이 아니라, 영업허가자의 변경이라는 법률효과를 발생시키는 행위이다.

13

행정절차법상 사전통지에 대한 설명으로 옳지 않은 것은?

① 신청에 대한 거부처분은 당사자의 권익을 제한하는 처분에 해당하므로 처분의 사전통지의 대상이 된다.

② 행정청은 식품위생법 규정에 의하여 영업자지위승계신고수리처분을 함에 있어서 종전의 영업자에 대하여 행정절차법상 사전통지를 하고 의견제출의 기회를 주어야 한다.

③ 국가공무원법상 직위해제처분을 하는 경우, 처분의 사전통지 및 의견청취 등에 관한 행정절차법 규정은 별도로 적용되지 않는다.

④ 건축법상의 공사중지명령에 대해 미리 사전통지를 하고 의견제출의 기회를 준다면 많은 액수의 손실보상금을 기대하여 공사를 강행할 우려가 있다는 사정은 처분의 사전통지 및 의견제출절차의 예외사유에 해당하지 않는다.

14

행정권한의 위임에 관한 설명 중 옳지 않은 것은? (다툼이 있는 경우 판례에 의함)

① 권한을 위임하기 위해서는 법적 근거가 있어야 하고, 법령의 근거가 없는 권한의 위임은 무효이다.

② 권한의 위임은 권한의 일부를 위임하는 것에 한정되고, 권한의 전부를 위임하는 것은 허용되지 않는다.

③ 권한의 위임 및 재위임에 관하여 규정하고 있는 정부조직법 제6조 제1항의 규정은 개별적인 권한위임의 법률상 근거가 될 수 없다.

④ 내부위임을 받아 원행정청 명의를 밝히지 아니하고는 그의 명의로 처분 등을 할 권한이 없는 행정청이 권한 없이 그의 명의로 한 처분에 대하여 항고소송이 제기된 경우, 처분명의자인 행정청이 피고가 된다.

15

행정절차법상 청문을 하여야 하는 경우가 아닌 것은?

① 다른 법령 등에서 청문을 하도록 규정하고 있는 경우

② 행정청이 필요하다고 인정하는 경우

③ 인허가 등을 취소하는 처분을 하는 경우

④ 법인이나 조합 등의 설립허가를 취소하는 처분 시 의견제출 기한 내에 당사자 등의 신청이 있는 경우

16

공무원의 징계에 관한 설명 중 옳지 않은 것은? (다툼이 있는 경우 판례에 의함) 〈각론〉

① 상급자와 다투고 폭언하는 행위에 대하여 장관이 행한 서면경고는 국가공무원법상의 징계처분에 해당한다.

② 경찰공무원이 그 단속의 대상이 되는 신호위반자에게 1만원을 요구하여 금품을 수수한 행위에 대하여 해임처분을 한 것은 징계재량권의 일탈·남용이라 할 수 없다.

③ 공무원은 직무와의 관련 여부를 떠나 공무원의 체면이나 위신을 떨어뜨리는 행동을 하면 국가공무원법상 징계의 사유에 해당한다.

④ 지방공무원의 동의 없는 전출명령은 위법하여 취소되어야 하므로, 전출명령이 적법함을 전제로 내린 당해 지방공무원에 대한 징계처분은 징계양정에 있어 재량권을 일탈하여 위법하다.

17

다음 〈보기〉에서 행정행위의 부관에 관한 설명 중 옳은 것으로만 묶은 것은? (다툼이 있는 경우 판례에 의함)

보기
ㄱ. 부관은 기속행위에만 붙일 수 있고, 재량행위에는 붙일 수 없다.

ㄴ. 부관이 붙은 행정행위 전체를 쟁송의 대상으로 하면서 부관만의 취소를 구하는 부진정일부취소소송은 허용되지 않는다.

ㄷ. 사정변경으로 인하여 당초에 부담을 부가한 목적을 달성할 수 없게 된 경우에는 원칙적으로 사후부관이 가능하다.

ㄹ. 행정청은 부담을 부가하기 이전에 상대방과 협의하여 부담의 내용을 협약의 형식으로 미리 정한 다음 행정처분을 하면서 이를 부가할 수는 없다.

ㅁ. 부담과 조건의 구분이 명확하지 않을 경우, 부담이 당사자에게 조건보다 유리하기 때문에 원칙적으로 부담으로 추정해야 한다.

① ㄱ, ㄴ, ㅁ

② ㄴ, ㅁ

③ ㄴ, ㄷ, ㅁ

④ ㄱ, ㄷ, ㄹ, ㅁ

18

공공기관의 정보공개에 관한 설명 중 옳지 않은 것은? (다툼이 있는 경우 판례에 의함)

① 정보공개청구권은 법률상 보호되는 구체적인 권리이므로 청구인이 공공기관에 대하여 정보공개를 청구하였다가 거부처분을 받은 것 자체가 법률상 이익의 침해에 해당한다.

② 정보공개를 청구하는 자가 공공기관에 대해 출력물의 교부 등 공개방법을 특정하여 정보공개청구를 한 경우에 법률상 예외사유에 해당하지 않는다면 공개청구를 받은 공공기관으로서는 다른 공개방법을 선택할 재량권이 없다.

③ 정보공개 청구권자인 국민에는 자연인은 물론 법인, 권리능력 없는 사단·재단도 포함되고, 법인, 권리능력 없는 사단·재단 등의 경우에는 설립목적을 불문한다.

④ 정보공개거부처분에 대한 정보공개 청구소송에서 정보공개거부처분에 대한 취소판결이 확정되었다면 행정청에 대해 판결의 취지에 따른 재처분의무가 인정될 뿐 그에 대하여 간접강제까지 허용되는 것은 아니다.

19

고시에 관한 설명 중 옳지 않은 것은? (다툼이 있는 경우 판례에 의함)

① 고시 또는 공고의 법적 성질은 일률적으로 판단될 것이 아니라 고시에 담겨진 내용에 따라 구체적인 경우마다 달리 결정된다.

② 고시가 일반·추상적 성격을 가질 때는 법규명령 또는 행정규칙에 해당하지만, 고시가 구체적인 규율의 성격을 갖는다면 행정처분에 해당한다.

③ 고시 또는 공고에 의하여 행정처분을 하는 경우에는 고시 또는 공고가 효력을 발생하는 날에 행정처분이 있음을 알았다고 보아야 한다.

④ 헌법상 위임입법의 형식은 열거적이기 때문에, 국민의 권리·의무에 관한 사항을 고시 등 행정규칙으로 정하도록 위임한 법률조항은 위헌이다.

20

공물에 관한 설명 중 옳지 않은 것은? (다툼이 있는 경우 판례에 의함) 〈각론〉

① 행정재산을 관재당국이 모르고 매각하는 처분을 한 경우, 그 매각처분은 무효이다.

② 행정재산이 본래의 용도에 제공되지 않는 상태에 있다는 사정만으로는 이에 대한 공용폐지의 의사표시가 있다고 볼 수 없다.

③ 도로의 특별사용이란 도로의 특정 부분을 유형적·고정적으로 특정한 목적을 위하여 사용하는 것을 의미하므로, 반드시 독점적·배타적인 것이어야 한다.

④ 국유재산의 무단점유자에 대한 변상금부과처분에 따라 발생하는 변상금징수권은 공법상의 법률관계에 기한 공법상의 권리이다.

21

행정상 손실보상에 관한 설명 중 옳지 않은 것은? (다툼이 있는 경우 판례에 의함)

① 이주대책은 헌법 제23조 제3항에 규정된 정당한 보상에 포함되는 것이라기보다는 생활보상의 일환으로서 국가의 정책적인 배려에 의하여 마련된 제도로서 이주대책의 실시 여부는 입법자의 입법정책적 재량의 영역에 속한다.

② 법률이 이주대책의 대상자에서 세입자를 제외하고 있다 하더라도 세입자의 재산권을 침해하여 위헌이라고는 할 수 없다.

③ 이주대책에 의한 수분양권은 법률의 규정만으로 직접 발생한다.

④ 토지의 일부가 접도구역으로 지정·고시됨으로써 사용가치 및 교환가치의 하락 등이 발생하더라도 잔여지 손실보상의 대상에 해당하지 않는다.

22

행정법에 관한 다음 설명 중 옳지 않은 것은? (다툼이 있는 경우 판례에 의함)

① 재량준칙이 공표된 것만으로는 자기구속의 원칙이 적용될 수 없고, 재량준칙이 되풀이 시행되어 행정관행이 성립한 경우여야 자기구속의 원칙이 적용될 수 있다.

② 판례는 행정의 자기구속의 원리의 근거를 평등의 원칙이나 신뢰보호원칙에서 찾고 있다.

③ 재량준칙이 정한 바에 따라 되풀이 시행되어 행정관행이 이루어지게 되면 행정기관은 상대방에 대한 관계에서 그 규칙에 따라야 할 자기구속을 받게 되므로, 이러한 경우에는 특별한 사정이 없는 한 그에 반하는 처분은 재량권을 일탈·남용한 위법한 처분이 된다.

④ 주택사업을 승인하면서 입주민이 이용하는 진입도로의 개설 및 확장 등의 기부채납의무를 부담으로 부과하는 것은 부당결부금지의 원칙에 반한다.

23

원고의 청구가 이유 있음에도 불구하고 공익을 이유로 기각하는 판결은?

① 사정판결
② 취소판결
③ 유효확인판결
④ 무효확인판결

24

신뢰보호원칙에 관한 설명 중 옳지 않은 것은? (다툼이 있는 경우 판례에 의함)

① 신뢰보호원칙이 적용되기 위한 행정기관의 공적인 견해표명 여부를 판단할 때는 행정조직상의 형식적인 권한 분장에 의하여 판단하여야 한다.
② 신뢰의 대상인 행정청의 선행조치는 반드시 문서의 형식으로 행하여질 필요는 없으며 구두에 의해서도 가능하다.
③ 귀책사유의 유무는 상대방과 그로부터 신청행위를 위임받은 수임인 등 관계자 모두를 기준으로 판단한다.
④ 행정청의 확약 또는 공적 견해표명이 있은 후에 사실적·법률적 상태가 변경되었다면, 그와 같은 확약 또는 공적 의사표명은 행정청의 별다른 의사표시를 기다리지 않고 실효된다.

25

국가배상법 제5조에 의한 영조물의 설치·관리의 하자로 인한 손해배상에 관한 설명 중 옳지 않은 것은? (다툼이 있는 경우 판례에 의함)

① 국가배상법에는 영조물점유자의 면책규정이 있는 데 반하여 민법에는 공작물점유자의 면책규정이 없다.
② 국가배상법 제5조상의 영조물이란 국가 또는 지방자치단체에 의하여 특정 공공의 목적에 공여된 유체물 내지 물적 설비를 말하며, 국가 또는 지방자치단체가 소유권, 임차권, 그 밖의 권한에 기하여 관리하고 있는 경우뿐만 아니라 사실상 관리하고 있는 경우도 포함된다.
③ 영조물의 설치 또는 관리의 하자란 공공의 목적에 제공된 영조물이 그 용도에 따라 통상 갖추어야 할 안정성을 갖추지 못한 상태에 있음을 말한다.
④ 학생이 담배를 피우기 위하여 3층 건물의 화장실 밖의 난간을 지나다가 실족하여 사망한 경우, 학교시설의 설치·관리상의 하자는 인정되지 않는다.

복원된 문제이므로 실제 시험과 차이가 있을 수 있습니다.

PART

03

실전 모의고사

01 제1회 실전 모의고사

01

행정행위의 부관에 대한 설명으로 옳은 것은? (다툼이 있는 경우 판례에 의함)

① 부관 중에서 기한은 독립쟁송의 대상이 되지 못하므로 행정행위에 부가된 허가기간은 그 자체로서 항고소송의 대상이 될 수 없고, 그 기간의 연장신청 거부에 대해서도 항고소송을 제기할 수 없다.

② 공유수면매립준공인가처분 중 매립지 일부에 대하여 한 국가 및 지방자치단체에의 귀속처분은 독립하여 행정소송의 대상이 될 수 있다.

③ 행정청이 행정처분을 하면서 부담을 부가하는 경우 일방적으로 부담을 부가할 수는 있지만, 부담을 부가하기 이전에 상대방과 협약의 형식으로 미리 정한 다음 행정처분을 하면서 이를 부가할 수는 없다.

④ 사정변경으로 인하여 처분에 부가되어 있는 부담의 목적을 달성할 수 없게 되어 부담의 내용을 변경하는 것은 법률의 근거규정이 없이도 할 수 있다.

02

「행정절차법」에 대한 설명으로 옳은 것은? (다툼이 있는 경우 판례에 의함)

① 외국인의 출입국에 관한 사항은 「행정절차법」이 적용되지 않으므로, 미국국적을 가진 교민에 대한 사증거부처분에 대해서도 처분의 방식에 관한 「행정절차법」 제24조는 적용되지 않는다.

② 상대방의 귀책사유로 야기된 처분의 하자를 이유로 수익적 행정행위를 취소하는 경우는 특별한 규정이 없는 한 「행정절차법」상 사전통지의 대상이 되지 않는다.

③ 퇴직연금의 환수결정은 당사자에게 의무를 과하는 처분이기는 하나 관련 법령에 따라 당연히 환수금액이 정하여지는 것이므로, 퇴직연금의 환수결정에 앞서 당사자에게 의견진술의 기회를 주지 아니하여도 「행정절차법」에 어긋나지 않는다.

④ 행정청은 법령상 청문실시의 사유가 있는 경우에는 당사자가 의견진술의 기회를 포기한다는 뜻을 명백히 표시한 경우라도 의견청취를 하여야 한다.

03

「행정대집행법」상 행정대집행에 대한 설명으로 옳지 않은 것은? (다툼이 있는 경우 판례에 의함)

① 행정청이 「행정대집행법」 제3조 제1항에 의한 대집행계고를 함에 있어서는 의무자가 스스로 이행하지 아니하는 경우에 대집행할 행위의 내용 및 범위가 구체적으로 특정되어야 하나, 그 행위의 내용 및 범위는 반드시 대집행계고서에 의하여서만 특정되어야 하는 것이 아니고 계고처분 전후에 송달된 문서나 기타 사정을 종합하여 행위의 내용이 특정되면 족하다.

② 「건축법」에 위반하여 증·개축함으로써 철거의무가 있더라도 그 철거의무를 대집행하기 위한 계고처분을 하려면 다른 방법으로 그 이행의 확보가 어렵고, 그 불이행을 방치함이 심히 공익을 해하는 것으로 인정되는 경우에 한한다.

③ 제1차로 창고건물의 철거 및 하천부지에 대한 원상복구명령을 하였음에도 불구하고 이에 불응하므로 대집행계고를 하면서 다시 자진철거 및 토사를 반출하여 하천부지를 원상복구할 것을 명한 경우, 대집행계고서에 기재된 자진철거 및 원상복구명령은 취소소송의 대상이 되는 독립한 행정처분이라 할 수 없다.

④ 대집행의 대상이 되는 행위는 법률에서 직접 명령된 것이어야 하고, 법률에 의거한 행정청의 명령에 의한 행위는 대집행의 대상이 될 수 없다.

04

「행정심판법」상 행정심판에 대한 설명으로 옳지 않은 것은? (다툼이 있는 경우 판례에 의함)

① 「행정심판법」상 관계 행정기관의 장이 특별행정심판 또는 「행정심판법」에 따른 행정심판 절차에 대한 특례를 신설하거나 변경하는 법령을 제정·개정할 때에는 미리 중앙행정심판위원회와 협의하여야 한다.

② 거부처분이 취소심판의 대상이 될 수 있으므로, 거부처분의 상대방이 거부처분에 대해 의무이행심판을 청구하는 것은 허용되지 않는다.

③ 행정처분의 직접상대방이 아닌 제3자는 일반적으로 처분이 있다는 것을 바로 알 수 없는 처지에 있으므로, 기간 내에 처분이 있은 것을 알았거나 쉽게 알 수 있어 심판청구를 할 수 있었다고 볼 만한 특별한 사정이 없는 한, 「행정심판법」 제27조 제3항 본문의 적용을 배제할 "정당한 사유"가 있는 경우에 해당한다고 보아 객관적 심판청구기간이 경과한 뒤에도 심판청구를 할 수 있다.

④ 행정심판위원회는 임시처분을 결정한 후에 임시처분이 공공복리에 중대한 영향을 미치는 경우에는 직권으로 또는 당사자의 신청에 의하여 이 결정을 취소할 수 있다.

05

행정작용의 형식에 대한 설명으로 옳지 않은 것은? (다툼이 있는 경우 판례에 의함)

① 읍·면장에 의한 이장(里長)의 임명 및 면직은 행정처분이 아니라 공법상 계약 및 그 계약을 해지하는 의사표시이다.

② 구 「중소기업 기술혁신 촉진법」상 중소기업 정보화지원사업의 일환으로 중소기업기술정보진흥원장이 甲 주식회사와 중소기업 정보화지원사업에 관한 협약을 체결한 후 甲 주식회사의 협약 불이행으로 인해 사업실패가 초래되자, 중소기업기술진흥원장이 협약에 따라 甲에 대해 행한 협약의 해지 및 지급받은 정부지원금의 환수통보는 행정처분에 해당하지 않는다.

③ 계약직 공무원에 대한 채용계약 해지의 의사표시는 국가 또는 지방자치단체가 대등한 지위에서 행하는 의사표시로 이해된다.

④ 감사원에 의한 징계 요구는 그 자체만으로도 징계 요구 대상 공무원의 권리·의무에 직접적인 변동을 초래하므로 항고소송의 대상이 되는 행정처분에 해당한다.

06

신뢰보호원칙에 대한 설명으로 옳지 않은 것은? (다툼이 있는 경우 판례에 의함)

① 행정청의 공적 견해표명이 있었는지 여부는 담당자의 조직상의 지위와 임무, 당해 언동을 하게 된 구체적인 경위 및 그에 대한 상대방의 신뢰가능성 등을 고려하여 그 실질에 의해 판단하는 것이지, 행정조직상의 형식적인 권한분장에 얽매여 판단하여야 하는 것은 아니다.

② 신뢰보호원칙에서 행정청의 견해표명이 정당하다고 신뢰한 데 대한 개인의 귀책사유의 유무는 상대방뿐만 아니라 그로부터 신청행위를 위임받은 수임인 등 관계자 모두를 기준으로 판단하여야 한다.

③ 운전면허 취소사유에 해당하는 음주운전을 적발한 경찰관 소속의 경찰서장이, 사무착오로 위반자에게 운전면허정지처분을 한 상태에서, 위반자의 주소지 관할 지방경찰청장이 위반자에게 운전면허취소처분을 한 것은 선행처분에 대한 당사자의 신뢰 및 법적 안정성을 저해하지 않는다.

④ 조세법령의 규정내용 및 행정규칙 자체는 과세관청의 공적 견해표명에 해당하지 아니한다.

07

다음 중 「행정절차법」에 규정이 존재하는 것만을 모두 고르면?

> ㉠ 행정요건적 신고
> ㉡ 행정상 입법예고
> ㉢ 확약
> ㉣ 행정지도에 대한 사전통지
> ㉤ 처분 시 그 처분에 관하여 행정심판 및 행정소송을 제기할 수 있는지 여부에 대한 고지

① ㉠, ㉢

② ㉡, ㉣

③ ㉡, ㉢, ㉤

④ ㉣, ㉤

08

취소소송의 원고적격 및 협의의 소익에 대한 설명으로 옳지 않은 것은? (다툼이 있는 경우 판례에 의함)

① 배출시설에 대한 설치허가가 취소된 후 그 배출시설이 철거되어 다시 가동할 수 없는 상태일지라도, 그 취소처분이 위법하다는 판결을 받아 손해배상청구소송에서 이를 원용할 수 있다면 배출시설의 소유자는 당해 처분의 취소를 구할 법률상 이익이 있다.

② 국민권익위원회가 소방청장에게 인사와 관련하여 부당한 지시를 한 사실이 인정된다며 이를 취소할 것을 요구하기로 의결하고 내용을 통지하자 그 국민권익위원회 조치요구의 취소를 구하는 사안에서의 소방청장은 행정소송의 원고적격을 가지는 자에 해당한다.

③ 구 「도시 및 주거환경정비법」상 조합설립추진위원회 구성승인 처분을 다투는 소송 계속 중에 조합설립인가처분이 이루어졌다면 조합설립추진위원회 구성승인처분에 대한 취소를 구할 법률상 이익은 없다.

④ 구 「도시계획법」상 주거지역 내에 거주하는 인근주민의 거주의 안녕과 건전한 생활환경상 이익은 연탄제조공장 건축허가의 취소를 구할 법률상 이익에 해당한다.

09

행정행위에 대한 설명으로 옳지 않은 것은? (다툼이 있는 경우 판례에 의함)

① 구 「사립학교법」에 따르면 학교법인의 이사장·이사·감사 등의 임원은 이사회의 선임을 거쳐 관할청의 승인을 받아 취임하도록 규정하고 있는바, 사립학교법에 따른 관할청의 사립학교법인의 이사장 등 임원에 대한 취임승인행위는 학교법인의 임원선임행위의 법률상 효력을 완성케 하는 보충행위이다.

② 한의사면허는 경찰금지를 해제하는 명령적 행위가 아니라 진료행위를 할 수 있는 능력을 설정하는 설권행위에 해당한다.

③ 주류제조면허는 국가의 수입확보를 위하여 설정된 재정허가의 일종이지만, 일단 이 면허를 얻은 자의 이득은 단순한 사실상의 반사적 이득에만 그치는 것이 아니라 주세법의 규정에 따라 보호되는 이득이다.

④ 허가를 받아야만 적법하게 할 수 있는 행위를 허가받지 않고 행한 경우에는, 행정상 강제집행이나 행정벌의 대상이 되는 것은 별론으로 하고 당해 무허가행위의 사법상 효력까지 당연히 부인되는 것은 아니다.

10

「국가배상법」 제2조에 따른 배상책임에 대한 설명으로 옳은 것은? (다툼이 있는 경우 판례에 의함)

① 공무를 위탁받아 실질적으로 공무에 종사하고 있었더라도, 그 위탁이 일시적이고 한정적인 경우는 국가배상법 제2조의 '공무원'에 해당하지 않는다.

② 일반적으로 공무원이 관계법규를 알지 못하거나 필요한 지식을 갖추지 못하고 법규의 해석을 그르쳐 행정처분을 한 경우, 특별한 사정이 없는 한 그는 법률전문가가 아닌 행정직 공무원에 불과하므로 과실이 없다.

③ 검찰청 담당 공무원이 내부전산망을 통해 공직선거후보자에 대한 범죄경력자료를 조회하여 공직선거법 위반죄로 실형을 선고받는 등 실효된 4건의 금고형 전과가 있음을 확인하고, 후보자의 공직선거 후보자용 범죄경력조회 회보서에 이를 기재하지 않았다고 하더라도 국가배상책임이 인정되는 것은 아니다.

④ 국가의 철도운행사업은 국가가 공권력의 행사로 하는 것이 아니고 사경제적 작용이므로 그로 인한 사고에 공무원이 관여하였다 하더라도 국가배상법을 적용할 것이 아니고, 민법에 따라 배상청구를 하여야 한다.

11

다음 중 공법관계에 해당하는 것만을 모두 고르면? (다툼이 있는 경우 판례에 의함)

> ㉠ 한국조폐공사 직원의 근무관계
> ㉡ 농지개량조합과 그 직원의 관계
> ㉢ 사인(私人)에 대한 별정우체국 지정으로 형성되는 법률관계
> ㉣ 국유재산의 대부계약에 따른 대부료 부과
> ㉤ 한국마사회가 징계처분으로서 조교사 또는 기수의 면허를 부여하거나 취소하는 행위

① ㉠, ㉣   ② ㉡, ㉢
③ ㉡, ㉣   ④ ㉢, ㉤

12

「공공기관의 정보공개에 관한 법률」상 정보공개에 대한 설명으로 옳은 것은? (다툼이 있는 경우 판례에 의함)

① 정보공개청구권자의 지나친 권리남용을 방지하기 위하여, 정보공개를 통해 정보공개청구권자가 권리를 구제받을 가능성이 없다면 정보를 공개하지 않아도 적법하다는 것이 판례의 입장이다.

② 정보공개를 청구한 목적이 손해배상소송에 제출할 증거자료를 획득하기 위한 것이었고 그 소송이 이미 종결되었다면, 그러한 정보공개청구는 권리남용에 해당한다.

③ 사법시험 응시자가 자신의 제2차 시험 답안지에 대한 열람 청구를 한 경우 그 답안지는 정보공개의 대상이 된다.

④ 정보 비공개결정에 대해 이의신청을 거친 경우에는 행정심판을 제기할 수 없다.

13

행정소송의 판결의 효력에 대한 설명으로 옳지 않은 것은? (다툼이 있는 경우 판례에 의함)

① 행정처분을 취소한다는 확정판결이 있으면 그 취소판결의 형성력에 의하여 당해 행정처분의 취소나 취소통지 등 별도의 절차를 요하지 아니하고 당연히 취소의 효과가 발생한다.

② 취소판결의 기판력은 소송의 대상이 된 처분의 위법성 존부에 관한 판단에 미치기 때문에, 기각판결의 원고는 당해 소송에서 주장하지 아니한 다른 위법사유를 들어 다시 처분의 효력을 다툴 수 없다.

③ 취소된 처분의 사유와 기본적 사실관계가 동일하다면 종전 처분 당시에 존재하였던 사유일지라도 그를 이유로 하여 동일한 재처분을 할 수 있다.

④ 취소판결의 기속력에 위반하여 한 행정청의 행위는 당연무효이다.

14

행정벌에 대한 설명으로 옳지 않은 것은? (다툼이 있는 경우 판례에 의함)

① 지방자치단체 소속 공무원이 자치사무를 수행하던 중 법 위반행위를 한 경우 지방자치단체는 같은 법의 양벌규정에 따라 처벌되는 법인에 해당한다.

② 행정형벌은 행정질서벌과 달리 죄형법정주의의 규율 대상에 해당하므로, 통고처분에 따른 범칙금을 납부한 후에 동일한 사건에 대하여 다시 형사처벌을 하더라도 이는 일사부재리의 원칙에 반하지 않는다.

③ 행정청이 질서위반행위에 대하여 과태료를 부과하고자 하는 때에는 미리 당사자(고용주 등을 포함한다)에게 대통령령으로 정하는 사항을 통지하고, 10일 이상의 기간을 정하여 의견을 제출할 기회를 주어야 한다.

④ 과태료는 당사자가 과태료 부과처분에 대하여 이의를 제기하지 아니한 채 「질서위반행위규제법」에 따른 이의제기 기한이 종료한 후 사망한 경우에는, 그 상속재산에 대하여 집행할 수 있다.

15

법치행정의 원리에 대한 설명으로 옳지 않은 것은? (다툼이 있는 경우 판례에 의함)

① 기본권 제한에 관한 법률유보의 원칙은 '법률에 근거한 규율'을 요청하는 것이 아니라 '법률에 의한 규율'을 요청하는 것이다.

② 법우위의 원칙에서 말하는 '법'은 형식적 법률뿐 아니라 법규명령과 관습법 등을 포함하는 넓은 의미의 법이다.

③ 국회가 형식적 법률로 직접 규율하여야 하는 필요성은, 규율대상이 기본권 및 기본적 의무와 관련된 중요성을 가질수록, 그에 관한 공개적 토론의 필요성 또는 상충하는 이익 사이의 조정의 필요성이 클수록 더 증대된다.

④ 수익적 행정행위의 철회는 반드시 법률적 근거가 필요한 것은 아니다.

16

행정입법에 대한 설명으로 옳은 것은? (다툼이 있는 경우 판례에 의함)

① 법령상 대통령령으로 규정하도록 되어 있는 사항을 부령으로 정하더라도 그 부령은 유효하다.

② 구 「청소년보호법 시행령」 제40조 [별표 6]의 위반행위의 종별에 따른 과징금처분기준에서 정한 과징금 수액은 상한을 정한 것이 아니라 특정금액을 정한 것으로 해석하여야 한다.

③ 「공공기관의 운영에 관한 법률」에 따라 입찰참가자격제한 기준을 정하고 있는 구 「공기업·준정부기관 계약사무규칙」, 「국가를 당사자로 하는 계약에 관한 법률 시행규칙」은 대외적으로 국민이나 법원을 기속하는 효력이 없다.

④ 헌법에서 인정한 법규명령의 형식을 예시적으로 이해하는 견해에 의하면 감사원규칙은 법규명령이 아니라고 본다.

17

다음 중 옳지 않은 것은? (다툼이 있는 경우 판례에 의함)

① 부작위위법확인소송은 처분의 신청을 한 자로서 부작위의 위법의 확인을 구할 법률상 이익이 있는 자만이 제기할 수 있다.

② 개인택시운송사업면허가 거부된 경우, 그 거부처분에 대해서는 취소소송과 함께 집행정지 신청을 하더라도 이는 법원에서 인용될 수 없다.

③ 처분의 효력 유무가 민사소송의 선결문제로 되어 당해 소송의 수소법원이 이를 심리·판단하는 경우 수소법원은 필요하다고 인정할 때에는 직권으로 증거조사를 할 수 있고, 당사자가 주장하지 아니한 사실에 대하여도 판단할 수 있다.

④ 사정판결을 하는 경우 법원은 처분의 위법함을 판결의 주문에 표기할 수 없으므로 판결의 내용에서 그 처분등이 위법함을 명시함으로써 원고에 대한 실질적 구제가 이루어지도록 하여야 한다.

18

기속행위와 재량행위에 대한 설명으로 옳지 않은 것은? (다툼이 있는 경우 판례에 의함)

① 판례는 재량행위와 기속행위를 불문하고 절차상의 하자가 있는 경우에는 절차상 하자의 독자적 위법성을 인정하고 있다.

② 재량권의 일탈·남용 여부에 대한 입증책임은 처분의 위법을 주장하는 원고에게 있다.

③ 국유재산의 무단점유 등에 대한 변상금 징수의 요건은 구 「국유재산법」 제51조 제1항에 명백히 규정되어 있으므로 변상금을 징수할 것인가는 처분청의 재량을 허용하지 않는 기속행위이고, 여기에 재량권 일탈·남용의 문제는 생길 여지가 없다.

④ 법규정의 일체성으로 인해 요건 판단과 효과 선택의 문제를 구별하기 어렵다고 보는 견해는 재량과 판단여지의 구분을 인정한다.

19

「공익사업을 위한 토지 등의 취득 및 보상에 관한 법률」 및 행정상 손실보상에 대한 설명으로 옳은 것은? (다툼이 있는 경우 판례에 의함)

① 행정청이 토지를 수용 또는 사용할 수 있는 공익사업을 시행하는 경우, 손실보상금의 증감에 관한 행정소송은 행정청이 속하는 권리의무의 주체인 국가나 지방자치단체를 상대로 제기하여야 하고 그 기관인 행정청을 상대로 제기할 수 없다.

② 공유수면매립면허의 고시가 있는 경우 그 사업이 시행되고 그로 인하여 직접 손실이 발생한다고 할 수 있으므로, 관행어업권자는 공유수면매립면허의 고시를 이유로 손실보상을 청구할 수 있다.

③ 토지수용에 있어서의 사업인정의 고시는 이미 성립한 행정행위의 효력발생요건으로서의 통지에 해당한다.

④ 「공익사업을 위한 토지 등의 취득 및 보상에 관한 법률」상의 이의신청을 거치지 않고 토지수용위원회의 재결에 대해 곧바로 행정소송으로 다투는 것은 불가능하다.

20

신고에 대한 다음 설명 중 옳지 않은 것은? (다툼이 있는 경우 판례에 의함)

① 허가대상 건축물의 양수인이 구 「건축법」 시행규칙에 규정되어 있는 형식적 요건을 갖추어 건축주 명의변경을 신고한 경우, 허가권자는 양수인에게 '건축할 대지의 소유 또는 사용에 관한 권리'가 없다는 등의 실체적인 이유를 들어 신고의 수리를 거부할 수 없다.

② 무허가 건축물을 실제 생활의 근거지로 삼아 10년 이상 거주해 온 자의 주민등록 전입신고를, 부동산투기나 이주대책 요구 등을 방지할 목적으로 거부하는 것은 주민등록의 입법 목적과 취지 등에 비추어 허용될 수 없다.

③ 「건축법」 제14조 제2항에 의한 인·허가 의제 효과를 수반하는 건축신고에 대한 수리거부는 처분성이 인정되나, 동 규정에 의한 인·허가 의제 효과를 수반하지 않는 건축신고에 대한 수리거부는 처분성이 부정된다.

④ 「국토의 계획 및 이용에 관한 법률」상의 개발행위허가로 의제되는 건축신고가 동법상의 개발행위허가 기준을 갖추지 못한 경우라면, 「건축법」상 적법한 요건을 갖추었다 하더라도 행정청은 그 수리를 거부할 수 있다.

21

행정조사에 대한 설명으로 옳은 것은? (다툼이 있는 경우 판례에 의함)

① 금융감독기관의 감독, 검사, 조사에 대하여는 「행정조사기본법」이 적용될 여지가 없다.

② 우편물 통관검사절차에서 이루어지는 우편물의 개봉·시료채취·성분분석 등의 검사는 행정조사의 성격을 가지는 것이 아니라 수사기관의 강제처분이므로, 압수·수색영장 없이 진행되었다면 그 자체로서 위법하다.

③ 세무조사가 과세자료의 수집 또는 신고내용의 정확성 검증이라는 본연의 목적이 아니라 부정한 목적을 위하여 행하여진 것이라면 세무조사에 중대한 위법사유가 있는 경우에 해당하고, 이러한 세무조사에 의하여 수집된 과세자료를 기초로 한 과세처분 역시 정당한 세액의 범위 내에 있다 하더라도 위법하다.

④ 세무조사결정은 납세의무자의 권리·의무에 직접 영향을 미치지 않는 사전적·내부적 작용에 불과하므로 항고소송의 대상이 될 수 없고, 과세처분을 다투고자 하는 납세의무자는 세무조사 종료 후의 과세처분을 대상으로 하여 항고소송을 제기해야 한다.

22

행정상 강제집행에 대한 설명으로 옳은 것은? (다툼이 있는 경우 판례에 의함)

① 제3자가 아무런 권원 없이 국유재산에 설치한 시설물에 대하여, 해당 국유재산에 대한 사용청구권을 가진 사인은 민사소송으로 해당 시설물의 철거를 구할 수는 없으나, 국가를 대위(代位)하여 대집행으로써 해당 시설물을 직접 철거할 수 있다.

② 국세징수법에 의한 체납처분의 집행으로서 한 압류처분은, 행정청이 한 공법상의 처분이고, 따라서 그 처분이 위법이라고 하여 그 취소를 구하는 소송은 행정소송이다.

③ 대집행을 결정하고 이를 실행할 수 있는 권한을 가진 대집행주체는 의무를 부과한 당해 행정청이다. 이때 대집행을 현실로 수행하는 자도 반드시 당해 행정청이어야 한다.

④ 「개발제한구역의 지정 및 관리에 관한 특별조치법」에 따르면, 이행강제금을 부과・징수할 때마다 그에 앞서 시정명령 절차를 다시 거쳐야 한다.

23

「행정소송법」상 필요적 전치주의가 적용되는 사안에서, 행정심판을 청구하여야 하나 당해 처분에 대한 행정심판의 재결을 거치지 아니하고 취소소송을 제기할 수 있는 경우에 해당하는 것만을 모두 고르면?

┌───
│ ㉠ 처분의 집행 또는 절차의 속행으로 생길 중대한 손해를 예방하여야 할 긴급한 필요가 있는 때
│ ㉡ 동종사건에 관하여 이미 행정심판의 기각재결이 있은 때
│ ㉢ 서로 내용상 관련되는 처분 또는 같은 목적을 위하여 단계적으로 진행되는 처분 중 어느 하나가 이미 행정심판의 재결을 거친 때
│ ㉣ 법령의 규정에 의한 행정심판기관이 의결 또는 재결을 하지 못할 사유가 있는 때
└───

① ㉠, ㉢
② ㉠, ㉣
③ ㉡, ㉢
④ ㉡, ㉣

24

신고에 대한 설명으로 옳은 것은? (다툼이 있는 경우 판례에 의함)

① 인・허가가 의제되는 건축신고의 범위 등을 합리적인 내용으로 개정하는 입법적 해결책을 통하여 건축신고 제도의 문제점 및 부작용을 해소하는 것은 별론으로 하더라도, 「건축법」상 인・허가의제 효과를 수반하는 건축신고도 일반적인 건축신고와 마찬가지로 건축을 하고자 하는 자가 적법한 요건을 갖춘 신고만 하면 건축을 할 수 있고, 행정청의 수리 등 별단의 조처를 기다릴 필요는 없다.

② 본래적 의미의 신고인 자기완결적 신고에는 신고필증의 교부가 필수적이지 않지만, 수리를 요하는 신고에는 신고필증의 교부가 요구되며, 신고서가 행정청에 도달했더라도 신고필증 교부가 없는 경우에는 신고의 효력이 발생하지 않는다.

③ 유료노인복지주택의 설치신고를 받은 행정관청은 그 유료노인복지주택의 시설 및 운영기준이 법령에 부합하는지와 설치신고 당시 부적격자들이 입소하고 있는지 여부를 심사할 수 있다.

④ 「주민등록법」상 전입신고를 적법하게 하였다면, 관할 행정청이 수리를 거부한 경우에도 신고의 효과가 발생한다.

25

법규명령에 대한 설명으로 옳은 것은? (다툼이 있는 경우 판례에 의함)

① 위임입법이 대법원규칙인 경우에도 수권법률에서 헌법 제75조에 근거한 포괄위임금지원칙을 준수하여야 하는 것은 마찬가지이나, 위임의 구체성・명확성의 정도는 다른 규율 영역에 비해 완화될 수 있다.

② 집행명령은 상위법령의 개정에 의하여 당연히 실효된다.

③ 위법한 법규명령의 경우, 그 하자가 중대・명백하지 않은 하자라면 곧바로 무효라 할 수는 없고, 취소할 수 있는 법규명령이 된다.

④ 대통령령의 경우 모법의 시행에 관한 전반적 사항을 정하는 경우에는 ○○규정, ○○령으로 하고, 모법의 일부 규정의 시행에 필요한 개별적 사항을 정하거나 대통령령의 권한 범위 내의 사항을 정하는 경우에는 ○○법(법률) 시행령으로 한다.

02 제2회 실전 모의고사

01

개인적 공권에 대한 설명으로 옳지 않은 것은? (다툼이 있는 경우 판례에 의함)

① 「석탄산업법 시행령」 소정의 재해위로금 청구권은 개인의 공권으로서 그 공익적 성격에 비추어 당사자의 합의에 의하여 이를 미리 포기할 수 없다.

② 상수원보호구역 설정의 근거가 되는 규정으로 보호하려는 이익은 상수원의 확보와 수질보전일 뿐이므로, 그 상수원에서 급수를 받고 있는 지역 주민들이 가지는 이익은 상수원의 확보와 수질보호라는 공공의 이익이 달성됨에 따라 반사적으로 얻게 되는 이익에 불과하다.

③ 「환경정책기본법」 제6조의 규정 내용 등에 비추어 국민에게 구체적인 권리를 부여한 것으로 볼 수 없더라도 환경영향평가 대상지역 밖에 거주하는 주민에게 헌법상의 환경권 또는 「환경정책기본법」에 근거하여 공유수면매립면허처분과 농지개량사업 시행인가처분의 무효확인을 구할 원고적격이 있다.

④ 근로자가 퇴직급여를 청구할 수 있는 권리와 같은 이른바 사회적 기본권은 헌법 규정에 의하여 바로 도출되는 개인적 공권이라 할 수 없다.

02

행정행위의 하자에 대한 설명으로 옳은 것은? (다툼이 있는 경우 판례에 의함)

① 적법한 권한 위임 없이 세관출장소장이 한 관세부과처분은 권한유월의 행위로서 무권한의 행위이므로 그 하자가 중대·명백하여 당연무효이다.

② 행정처분 자체의 효력이 쟁송기간 경과 후에도 존속 중인 경우, 그 행정처분이 위헌인 법률에 근거하여 내려졌고 그 목적달성을 위해 필요한 후행 행정처분이 아직 이루어지지 않았다면 그 하자가 중대하여 그 구제가 필요한 경우에 대하여서는 쟁송기간 경과 후라도 그 행정처분에 대하여 무효확인을 구할 수 있다.

③ 과세처분 이후에 조세 부과의 근거가 되었던 법률규정에 대하여 위헌결정이 있었으나, 과세처분에 대한 제소기간이 이미 경과하여 조세채권이 확정된 경우, 그 조세채권의 집행을 위한 새로운 체납처분은 당연무효가 아니다.

④ 세액산출근거가 누락된 납세고지서에 의한 과세처분에 대하여 상고심 계류 중 세액산출근거의 통지가 행하여졌다면 이로써 과세처분의 위법성이 치유된다.

03

행정의 실효성 확보수단에 대한 설명으로 옳지 않은 것은? (다툼이 있는 경우 판례에 의함)

① 「민법」상의 의무를 위반하여 과태료를 부과하는 행위는 「질서위반행위규제법」상 질서위반행위에 해당하지 않는다.

② 과세관청의 체납자 등에 대한 공매통지는 국가의 강제력에 의하여 진행되는 공매절차에서 체납자 등의 권리 내지 재산상 이익을 보호하기 위하여 법률로 규정한 절차적 요건에 해당하지만, 그 통지를 하지 아니한 채 공매처분을 하였다 하여도 그 공매처분이 당연무효로 되는 것은 아니다.

③ 민사소송절차에 따라 「민법」 제750조에 기한 손해배상으로서 대집행비용의 상환을 구하는 청구는 소의 이익이 없어 부적합하다.

④ 「식품위생법」상 영업소 폐쇄명령을 받은 자가 영업을 계속할 경우 강제폐쇄하는 조치는 행정상 즉시강제에 해당한다.

04

「개인정보 보호법」에 대한 설명으로 옳지 않은 것은? (다툼이 있는 경우 판례에 의함)

① 「개인정보 보호법」상 '개인정보'란 살아 있는 개인에 관한 정보로서 사자(死者)나 법인의 정보는 포함되지 않는다.

② 개인정보처리자가 「개인정보 보호법」을 위반한 행위로 손해를 입힌 경우 정보주체는 손해배상을 청구할 수 있는데, 이때 개인정보처리자가 고의·과실이 없음에 대한 입증책임을 진다.

③ 개인정보처리자는 대통령령으로 정한 규모 이상의 개인정보가 유출되었음을 알게 되었을 때에는 지체 없이 보호위원회 또는 대통령령으로 정하는 전문기관에 신고하여야 한다.

④ 「개인정보 보호법」에 따르면, '개인정보 처리자의 정당한 이익을 달성하기 위하여 필요한 경우로서 명백하게 정보주체의 권리보다 우선하는 경우'라도 그 개인정보의 수집·이용은 위법한 것으로 평가된다.

05

행정행위의 효력에 대한 설명으로 옳은 것은? (다툼이 있는 경우 판례에 의함)

① 과세처분에 대해 이의신청을 하고 이에 따라 직권취소가 이루어졌다면 특별한 사정이 없는 한 불가변력이 발생한다.

② 취소사유 있는 과세처분에 의하여 세금을 납부한 자는 과세처분취소소송을 제기하지 않은 채 곧바로 부당이득반환청구소송을 제기하더라도 납부한 금액을 반환받을 수 있다.

③ 행정처분이 불복기간의 경과로 확정되는 경우에는 그 처분의 기초가 된 사실관계나 법률적 판단이 확정되므로, 당사자들이나 법원은 이에 기속되어 모순되는 주장이나 판단을 할 수 없게 된다.

④ 민사소송에 있어서 어느 행정처분의 당연무효 여부가 선결문제로 되는 때에는 이를 판단하여 당연무효임을 전제로 판결할 수는 없고, 반드시 행정소송 등의 절차에 의하여 그 취소나 무효확인을 받아야 한다.

06

「행정심판법」상 재결에 대한 설명으로 옳은 것은? (다툼이 있는 경우 판례에 의함)

① 제3자효를 수반하는 행정행위에 대한 행정심판 청구에 있어서, 그 청구를 인용하는 내용의 재결로 인해 비로소 권리이익을 침해받게 되는 자라도 인용재결에 대해서는 항고소송을 제기하지 못한다.

② 처분청이 처분이행명령재결에 따른 처분을 하지 아니한 경우에도 행정심판위원회는 당사자의 신청이 없으면 직권으로는 직접처분을 할 수 없다.

③ 행정심판의 재결에 대해서는 재결 자체에 고유한 위법이 있음을 이유로 하는 경우에 한하여 다시 행정심판을 청구할 수 있다.

④ 재결은 청구인 또는 위원회가 심판청구를 받은 날부터 90일 이내에 하여야 한다. 다만, 부득이한 사정이 있는 경우에는 위원장이 직권으로 30일을 연장할 수 있다.

07

행정법의 일반원칙에 대한 설명으로 옳지 않은 것은? (다툼이 있는 경우 판례에 의함)

① 같은 정도의 비위를 저지른 자들이라 하더라도, 그 직무의 특성 및 개전의 정이 있는지 여부에 따라 징계의 종류 및 양정에 있어서 차별적으로 취급하는 것은 합리적 차별로서 평등의 원칙에 반하지 않는다.

② 재량준칙이 공표된 것만으로는 행정의 자기구속의 원칙이 적용될 수 없고, 재량준칙이 되풀이 시행되어 행정관행이 성립한 경우이어야 행정의 자기구속의 원칙이 적용될 수 있다.

③ 근로복지공단의 요양불승인처분의 적법 여부는 사실상 휴업급여청구권 발생의 전제가 되기에, 근로자가 요양불승인 취소소송의 취소확정 시까지 근로복지공단에 휴업급여를 청구하지 않은 것은 이를 행사할 수 없는 사실상의 장애사유가 있었기 때문이므로, 요양불승인 취소소송에서 패소한 근로복지공단이 후에 휴업급여지급청구소송에서 휴업급여청구권의 소멸시효 완성 항변을 하는 것은 신의성실의 원칙에 반하여 허용될 수 없다.

④ 장기미집행 도시계획시설결정의 실효제도는, 도시계획시설부지로 하여금 도시계획시설결정으로 인한 사회적 제약으로부터 벗어나게 하는 것이므로, 이와 같은 보호는 입법자가 새로운 제도를 마련함에 따라 얻게 되는 법률에 기한 권리가 아니라 헌법상 재산권으로부터 당연히 도출되는 권리이다.

08

영조물의 설치·관리상의 하자로 인한 손해배상책임에 대한 설명으로 옳지 않은 것은? (다툼이 있는 경우 판례에 의함)

① '공공의 영조물'이란 강학상 공물을 뜻하는 것으로서, 국가 또는 지방자치단체가 소유권, 임차권 그 밖의 권한에 기하여 관리하고 있는 경우뿐만 아니라, 그러한 권한 없이 사실상의 관리를 하고 있는 경우도 이에 포함된다.

② 지방자치단체의 장이 기관위임된 국가행정사무를 처리하는 경우, 국가로부터 내부적으로 교부된 금원으로 그 사무에 필요한 경비를 대외적으로 지출하는 지방자치단체는 「국가배상법」 제6조 제1항 소정의 비용부담자로서 손해를 배상할 책임이 있다.

③ 영조물이 공공의 목적에 이용됨에 있어 그 이용상태 및 정도가 일정한 한도를 초과하여 제3자에게 사회통념상 수인할 것이 기대되는 한도를 넘는 피해를 입히는 경우는 손실보상의 대상으로 논의될 수 있을 뿐, 「국가배상법」 제5조 제1항의 '영조물의 설치 또는 관리의 하자'에 해당될 수 없다.

④ 어느 시설을 적법하게 가동하거나 공용에 제공하는 경우에도, 그로부터 발생하는 유해배출물로 인하여 제3자가 손해를 입은 경우에는 문제가 되는 행위별로 그 위법성을 별도로 판단하여야 한다.

09

「행정절차법」상 행정절차에 대한 설명으로 옳은 것은? (다툼이 있는 경우 판례에 의함)

① 「도로법」상 도로구역의 결정·변경고시도 행정처분이므로, 「도로법」에 따른 절차(고시·열람)와 별개로, 「행정절차법」 제21조 제1항의 사전통지나 제22조 제3항의 의견청취의 절차를 거쳐야 한다.

② 「국가공무원법」상 직위해제처분의 경우 사후적으로 소청이나 행정소송을 통하여 충분한 의견진술 및 자료제출의 기회를 보장하고 있다고 보기 어려우므로 처분의 사전통지 및 의견청취에 관한 「행정절차법」의 규정이 적용된다고 보아야 한다.

③ 「행정절차법」상 행정청의 관할이 분명하지 아니한 경우에는 해당 행정청을 공통으로 감독하는 상급 행정청이 그 관할을 결정하며, 공통으로 감독하는 상급 행정청이 없을 경우에는 당해 행정청의 협의로 그 관할을 결정한다.

④ 국회 또는 지방의회의 의결을 거치거나 동의 또는 승인을 받아 행하는 사항에 대해서는 「행정절차법」이 적용되지 않는다.

10

사인의 공법행위에 대한 설명으로 옳지 않은 것은? (다툼이 있는 경우 판례에 의함)

① 구 「체육시설의 설치·이용에 관한 법률」 제18조에 의한 체육시설의 이용료 또는 관람료 변경신고는 신고서를 행정청에 제출하여 접수된 때에 동 신고가 있었다고 볼 것이고, 행정청의 수리가 있어야만 하는 것은 아니다.

② 사직원 제출자의 내심의 의사가 사직할 뜻이 없었더라도 「민법」상 비진의 의사표시의 무효에 관한 규정이 적용되지 않으므로, 그 사직원을 받아들인 의원면직처분을 당연무효라 볼 수는 없다.

③ 「수산업법」 제44조 소정의 어업의 신고는 자기완결적 신고이므로, 「수산업법」상 어업신고를 적법하게 하였다면 관할행정청이 수리를 거부하더라도 신고의 효과가 발생한다.

④ 신청에 형식적 요건에 하자가 있는 경우에 그 하자의 보완이 가능함에도 보완을 요구하지 않고 바로 거부하였다면 그 거부는 위법하게 된다.

11

금전적 실효성 확보수단에 대한 설명으로 옳지 않은 것은? (다툼이 있는 경우 판례에 의함)

① 공정거래위원회의 「독점규제 및 공정거래에 관한 법률」 위반행위자에 대한 과징금 부과처분은 재량행위의 성질을 갖는다.

② 과징금 부과관청이 과징금을 부과하면서 추후 부과금 산정 기준인 새로운 자료가 나올 경우 과징금액을 변경할 수 있다고 유보하였고, 그 후에 실제로 새로운 자료가 나왔다 하더라도 이를 이유로 새로운 부과처분을 할 수는 없다.

③ 구 「부가가치세법」상 명의위장등록가산세는 부가가치 본세 납세의무와 무관하게 타인 명의로 사업자등록을 하고 실제 사업을 한 것에 대한 제재로서 부과되는 별도의 가산세이고, 그 부과제척기간은 5년으로 봄이 타당하다.

④ 구 「국세징수법」상 가산금은 국세를 납부기한까지 납부하지 아니하면 과세청의 확정절차에 의해 비로소 발생하는 것이므로, 가산금 또는 중가산금의 고지는 항고소송의 대상이 되는 처분이다.

12

행정소송에 대한 설명으로 옳은 것은? (다툼이 있는 경우 판례에 의함)

① 장래의 제재적 가중처분 기준을 대통령령이 아닌 부령의 형식으로 정한 경우에는 이미 제재기간이 경과한 제재적 처분의 취소를 구할 법률상 이익이 인정되지 않는다.

② 경원관계에서 허가 등 처분을 받지 못한 사람은 허가 등 처분의 취소를 구하는 소송을 제기할 수는 있으나, 자신에 대한 거부처분의 취소를 직접 소송으로 다툴 수는 없다.

③ 처분이 있음을 안 날부터 90일을 넘겨 청구한 부적법한 행정심판청구에 대한 재결이 있은 후 재결서를 송달받은 날부터 90일 이내에 원래의 처분에 대하여 취소소송을 제기하면 취소소송은 제소기간을 준수한 것으로 본다.

④ 청구취지를 변경하여 종전의 소가 취하되고 새로운 소가 제기된 것으로 변경되었다면 새로운 소에 대한 제소기간 준수여부는 원칙적으로 소의 변경이 있은 때를 기준으로 한다.

13

「행정소송법」상 집행정지에 대한 설명으로 옳지 않은 것은? (다툼이 있는 경우 판례에 의함)

① 처분의 집행정지결정은 처분이나 그 집행 또는 절차의 속행으로 인하여 생길 회복하기 어려운 손해를 예방하기 위하여 긴급한 필요가 있을 때 가능하며, 이 경우 본안청구에 이유가 있는지의 여부는 문제되지 아니한다.

② 집행정지결정이 있으면 당사자인 행정청과 그 밖의 관계행정청에 대하여 법적 구속력이 발생한다.

③ 당사자소송을 본안으로 하는 가처분에 대하여는 「행정소송법」상 집행정지에 관한 규정이 준용되지 않으므로, 「민사집행법」상 가처분에 관한 규정이 준용된다.

④ 집행정지결정을 한 후에라도 행정사건의 본안소송이 취하되어 그 소송이 계속하지 아니한 것으로 되면 이에 따라 집행정지결정은 당연히 그 효력이 소멸되며 별도의 취소조치가 필요한 것은 아니다.

14

법규명령 및 행정규칙에 대한 설명으로 옳지 않은 것은? (다툼이 있는 경우 판례에 의함)

① 항정신병 치료제의 요양급여 인정기준에 관한 보건복지부 고시는 다른 집행행위의 매개 없이 그 자체로서 제약회사, 요양기관, 환자 및 국민건강보험공단 사이의 법률관계를 직접 규율하고 있으므로 항고소송의 대상이 되는 행정처분에 해당한다.

② 법률의 위임에 의하여 효력을 갖는 법규명령은 구법에 위임의 근거가 없어 무효였더라도 사후에 법률개정으로 위임의 근거가 부여되면 그때부터 유효한 법규명령이 된다.

③ 중앙행정기관의 장은 법률에서 위임한 사항이나 법률을 집행하기 위하여 필요한 사항을 규정한 대통령령·총리령·부령·훈령·예규·고시 등이 제정·개정 또는 폐지된 때에는 10일 이내에 이를 국회 소관상임위원회에 제출하여야 한다.

④ 행정관청 내부의 전결규정에 위반하여 원래의 전결권자가 아닌 보조기관 등이 처분권자인 행정관청의 이름으로 행정처분을 한 경우, 그 처분은 권한 없는 자에 의하여 행하여진 것이므로 무효이다.

15

다음 중 옳지 않은 것은? (다툼이 있는 경우 판례에 의함)

① 재단법인 한국연구재단이 甲 대학교 총장에게 연구개발비의 부당집행을 이유로 두뇌한국(BK)21 사업 협약을 해지하고 연구팀장 乙에 대한 대학 자체징계를 요구한 경우, 연구팀장 乙에 대한 자체징계 요구는 항고소송의 대상인 행정처분에 해당하지 않는다.

② 사립학교 교원의 임용계약은 「사립학교법」이 정한 절차에 따라 이루어지는 것이지만 법적 성질은 사법상의 고용계약에 불과하므로 누구를 교원으로 임용할 것인지, 어떠한 기준과 방법으로 보수를 지급할 것인지 여부는 원칙적으로 학교법인의 자유의사 내지 판단에 달려 있다.

③ 납골당 설치장소로부터 500m 내에 20호 이상의 인가가 밀집하는 지역에 거주하는 주민들의 경우, 납골당이 누구에 의하여 설치되는지와 관계없이 납골당 설치에 대하여 환경 이익 침해 또는 침해 우려가 있는 것으로 사실상 추정되어 원고적격이 인정된다.

④ 원천징수의무자에 대한 소득금액변동통지는 원천납세의무자의 권리와 법률상 지위를 변동시키므로, 소득처분에 따른 소득의 귀속자는 법인에 대한 소득금액변동통지의 취소를 구할 법률상 이익이 있다.

16

인·허가 의제에 대한 설명으로 옳은 것은? (다툼이 있는 경우 판례에 의함)

① 인·허가 의제는 법률에 명시적 근거가 없어도 가능하다.

② 주된 인·허가 거부처분을 하면서 의제되는 인·허가 거부사유를 제시한 경우, 의제되는 인·허가 거부를 다투려는 자는 주된 인·허가거부 외에 별도로 의제되는 인·허가거부에 대한 쟁송을 제기해야 한다.

③ 주택건설사업계획 승인처분에 따라 의제된 인·허가가 위법함을 다투고자 하는 이해관계인은, 의제된 인·허가의 취소를 구할 것이 아니라 주택건설사업계획 승인처분의 취소를 구해야 한다.

④ 「주택법」상 주택건설사업계획을 승인하여 같은 법에 따라 「국토의 계획 및 이용에 관한 법률」상 도시·군관리계획결정이 이루어지는 것으로 의제된 경우 도시·군관리계획 입안을 위한 별도의 주민 의견청취 절차를 거칠 필요는 없다.

17

행정소송의 판결의 효력에 대한 설명으로 옳지 않은 것은? (다툼이 있는 경우 판례에 의함)

① 과세처분의 취소소송에서 청구가 기각된 확정판결의 기판력은 그 과세처분의 무효확인을 구하는 소송에도 미친다.

② 취소소송의 피고는 처분청이므로 행정청을 피고로 하는 취소소송에 있어서의 기판력은 당해 처분이 귀속하는 국가 또는 공공단체에 미친다.

③ 위법판단의 기준시에 관하여 판결시설을 취하면 사실심 변론종결시 이전의 사유를 내세워 다시 거부처분을 할 수 있다.

④ 이유제시에 하자가 있어 당해 처분을 취소하는 판결이 확정된 경우에 처분청이 그 이유제시의 하자를 보완하여 종전의 처분과 동일한 내용의 처분을 하는 것은, 종전의 처분과는 별개의 처분을 하는 것이다.

18

이행강제금에 대한 설명으로 옳지 않은 것은? (다툼이 있는 경우 판례에 의함)

① 행정벌과 이행강제금은 장래에 의무의 이행을 강제하기 위한 제재로서 직접적으로 행정작용의 실효성을 확보하기 위한 수단이라는 점에서는 동일하다.

② 건축주 등이 장기간 시정명령을 이행하지 아니하였으나 그 기간 중에 시정명령의 이행 기회가 제공되지 아니하였다가 뒤늦게 이행 기회가 제공된 경우, 이행 기회가 제공되지 아니한 과거의 기간에 대한 이행강제금까지 한꺼번에 부과하였다면 그러한 이행강제금 부과처분은 하자가 중대·명백하여 당연무효이다.

③ 이행강제금 납부의무는 상속인 기타의 사람에게 승계될 수 없는 일신전속적인 성질의 것이므로 이미 사망한 사람에게 이행강제금을 부과하는 내용의 처분이나 결정은 당연무효이다.

④ 「건축법」상 이행강제금은 행정상의 간접강제 수단에 해당하므로, 시정명령을 받은 의무자가 이행강제금이 부과되기 전에 그 의무를 이행한 경우에는 비록 시정명령에서 정한 기간을 지나서 이행한 경우라도 이행강제금을 부과할 수 없다.

19

행정지도에 대한 설명으로 옳지 않은 것은? (다툼이 있는 경우 판례에 의함)

① 「행정절차법」에는 행정지도에 관한 규정이 존재한다.

② 국가인권위원회의 성희롱 결정과 이에 따른 시정조치의 권고는 불가분의 일체로 행하여지는 것인데, 이는 비권력적 사실행위인 행정지도에 불과하여 행정소송의 대상이 되는 행정처분이 아니다.

③ 주무부처 장관의 대학총장들에 대한 학칙시정요구는 행정지도이지만 규제적·구속적 성격이 강하기 때문에 헌법소원의 대상이 된다.

④ 적법한 행정지도로 인정되기 위해서는 우선 그 목적이 적법한 것으로 인정될 수 있어야 할 것이므로, 행정청이 행한 주식매각의 종용이 정당한 법률적 근거 없이 자의적으로 주주에게 제재를 가하는 것이라면 행정지도의 영역을 벗어난 것이라고 보아야 할 것이다.

20

다음 중 판례에 의하여 재량권의 일탈·남용이라고 인정된 처분은?

① 허위의 무사고증명을 제출하여 개인택시면허를 받은 자에 대하여 신뢰이익을 고려하지 아니하고 면허를 취소한 경우

② 행정청이 개인택시운송사업의 면허를 발급함에 있어 '개인택시운송사업면허사무처리지침'에 따라 택시운전경력자를 일정 부분 우대하는 처분을 함으로써 택시 이외의 운전경력자에게 반사적 불이익이 초래된 경우

③ 공정한 업무처리에 대한 사의(謝意)로 두고 간 돈 30만 원이 든 봉투를 소지함으로써 피동적으로 금품을 수수하였다가 돌려준 20여 년 근속의 경찰공무원에 대하여 해임처분을 한 경우

④ 대학의 신규교원 채용에 서류심사위원으로 관여하면서 소지하게 된 인사서류를 학교 운영과 관련한 진정서의 자료로 활용한 사립학교의 교원에 대하여 해임처분을 한 경우

21

「행정절차법」상 행정절차에 대한 설명으로 옳지 않은 것은? (다툼이 있는 경우 판례에 의함)

① 구 「유통발전법」상 대형마트 영업시간 제한 등 처분의 대상인 대규모점포 중 개설자의 직영매장 이외에 개설자에게 임차하여 운영하는 임대매장이 병존하는 경우에도, 처분의 사전통지 및 의견청취절차는 대규모점포 개설자를 상대로 거치면 충분하고, 임차인들을 상대로 별도의 사전통지 등 절차를 거칠 필요는 없다.

② 행정청은 공공의 안전 또는 복리를 위하여 긴급히 처분을 할 필요가 있는 경우, 당사자에게 의무를 부과하거나 권익을 제한하는 처분의 사전통지를 하지 아니할 수 있다.

③ 행정청이 당사자에게 의무를 부과하거나 권익을 제한하는 처분을 함에 있어 청문이나 공청회를 거치지 않은 경우에는 당사자에게 의견제출의 기회를 주어야 한다.

④ 어떤 처분이 그 처분의 직접상대방에게는 이익이 되더라도 제3자의 권익을 침해한다면, 그러한 이중효과적 행정행위는 원칙적으로 「행정절차법」상 사전통지·의견청취의 대상이 된다.

22

행정행위 및 처분에 대한 설명으로 옳지 않은 것은? (다툼이 있는 경우 판례에 의함)

① 신청에 의한 처분의 경우에는 신청에 대하여 일단 거부처분이 행해지면, 그 거부처분이 적법한 절차에 의하여 취소 또는 철회되지 않는 한, 사유를 추가하여 거부처분을 반복하는 것은 존재하지도 않는 신청에 대한 거부처분으로서 당연무효이다.

② 「행정소송법」상 처분의 개념과 강학상 행정행위의 개념이 다르다고 보는 견해는 처분의 개념을 강학상 행정행위의 개념보다 넓은 것으로 파악한다.

③ 교육인적자원부장관(현 교육부장관)이 시·도교육감에 통보한 대학입시기본계획 내의 내신성적산정지침은 항고소송의 대상이 되는 행정처분이 아니다.

④ 친일반민족행위자재산조사위원회의 재산조사의 경우, 조사 종료 후의 국가귀속결정이 있어야 비로소 조사대상자의 권리·의무가 변동되는 것이지, 그에 앞선 재산조사개시결정만으로는 조사대상자의 권리·의무가 변동된다고 할 수 없으므로, 친일반민족행위자재산조사위원회의 재산조사개시결정은 독립한 행정처분이 아니다.

23

영조물의 설치·관리 하자에 의한 국가배상책임에 대한 설명으로 옳은 것은? (다툼이 있는 경우 판례에 의함)

① '영조물의 설치 또는 관리상의 하자로 인한 사고'라 함은 오직 영조물의 설치 또는 관리상의 하자만이 손해발생의 원인이 되는 경우만을 의미할 뿐이고, 다른 자연적 사실이나 제3자의 행위 또는 피해자의 행위와 경합하여 손해가 발생한 경우 영조물의 설치 또는 관리상의 하자는 공동원인의 하나에 불과하므로, 그러한 손해는 영조물의 설치 또는 관리상의 하자에 의하여 발생한 것이라고 할 수 없다.

② 하천의 제방이 계획홍수위를 넘고 있더라도, 하천이 그 후 새로운 하천시설을 설치할 때 '하천시설기준'으로 정한 여유고(餘裕高)를 확보하지 못하고 있다면 그 사정만으로 안정성이 결여된 하자가 존재한다고 보아야 한다.

③ 소음 등을 포함한 공해 등의 위험지역으로 이주하여 거주하는 것이 피해자가 위험의 존재를 인식하고 그로 인한 피해를 용인하면서 접근한 것이라고 볼 수 있는 경우 가해자의 면책이 인정될 수 있다.

④ 운전자가 자동차를 운전하여 가던 중 가변차로에 설치된 두 개의 신호기에서 서로 모순되는 신호가 들어오는 바람에 반대방향에서 오던 승용차와 충돌하여 부상을 입은 경우에, 위 신호기는 적정전압보다 낮은 저전압이 원인이 되어 위와 같은 오작동이 발생하였던 것인데, 그 고장은 현재의 기술수준상 예방할 방법이 없었던 것이므로 국가배상책임이 인정되지 않는다.

24

행정행위의 부관에 대한 설명으로 옳지 않은 것은? (다툼이 있는 경우 판례에 의함)

① 행정청은 처분을 발함에 있어 국민의 신뢰를 보호할 필요가 있으므로, 행정처분이 발해진 후 새로운 부담을 부가하거나 이미 부가되어 있는 부담의 범위를 변경하는 것은 처분상대방의 동의가 없다면 불가능하다.

② 부관이 집행정지의 대상이 되는지 여부가 논의되고 있는데, 다수설에 따르면 행정행위의 부관 중 부담에 대해서는 집행정지가 가능하다.

③ 공유재산의 관리청이 기부채납된 행정재산인 공원시설에 대하여 행하는 사용·수익 허가의 경우, 부관인 사용·수익 허가의 기간에 위법사유가 있다면 이로써 공원시설의 사용·수익 허가 전부가 위법하게 된다.

④ 행정처분과 부관 사이에 실제적 관련성이 있다고 볼 수 없는 경우, 공무원이 위와 같은 공법상의 제한을 회피할 목적으로 행정처분의 상대방과 사이에 사법상 계약을 체결하는 형식을 취하였다 하더라도 그 계약은 위법하여 무효이다.

25

행정행위에 대한 설명으로 옳은 것은? (다툼이 있는 경우 판례에 의함)

① 행정청의 확약에 대해 법률상 이익이 있는 제3자는 확약에 대해 취소소송으로 다툴 수 있다.

② 구 「폐기물관리법」 및 관계법령상의 폐기물처리업허가를 받기 위한 사업계획에 대한 부적정 통보는 허가신청 자체를 제한하는 등 개인의 권리 내지 법률상의 이익을 개별적이고 구체적으로 규제하고 있어 행정처분에 해당한다.

③ 재개발조합설립인가신청에 대하여 행정청의 조합설립인가처분이 있은 이후에 조합설립 동의에 하자가 있음을 이유로 재개발조합설립의 효력을 부정하려면 조합설립 동의의 효력을 소의 대상으로 하여야 한다.

④ 재단법인의 정관변경 시 정관변경 결의에 하자가 있더라도 주무부장관의 인가가 이루어지면 정관변경 결의는 그때부터 유효하다.

03 제3회 실전 모의고사

01

행정소송의 피고적격에 대한 설명으로 옳지 않은 것은?
(다툼이 있는 경우 판례에 의함)

① 대리권을 수여받은 데 불과하여 그 자신의 명의로는 행정처분을 할 권한이 없는 행정청의 경우, 대리관계를 밝힘이 없이 그 자신의 명의로 행정처분을 하였다면 그에 대하여는 처분명의자인 당해 행정청이 항고소송의 피고가 되어야 하는 것이 원칙이다.

② 건국훈장 독립장이 수여된 망인에 대하여 사후적으로 친일행적이 확인되었다는 이유로 대통령에 의하여 망인에 대한 독립유공자서훈취소가 결정되고, 그 서훈취소에 따라 훈장 등을 환수조치하여 달라는 당시 행정안전부장관의 요청에 의하여 국가보훈처장이 망인의 유족에게 독립유공자서훈취소결정을 통보한 사안에서, 독립유공자서훈취소결정에 대한 취소소송에서의 피고적격이 있는 자는 국가보훈처장이다.

③ 세무서장이 압류한 재산의 공매를 성업공사(현 한국자산관리공사)로 대행하게 한 경우 항고소송의 피고는 성업공사이다.

④ 구 「저작권법」상 저작권등록처분에 대한 무효확인소송의 경우 저작권심의조정위원회위원장이 아니라, 저작권심의조정위원회가 피고적격을 갖는다.

02

행정법의 법원(法源)에 대한 설명으로 옳지 않은 것은?
(다툼이 있는 경우 판례에 의함)

① 하위법령은 그 규정이 상위법령의 규정에 명백히 저촉되어 무효인 경우를 제외하고는 관련법령의 내용과 그 입법취지, 연혁 등을 종합적으로 살펴서 그 의미를 상위법령에 합치되는 것으로 해석하여야 한다.

② 무효인 규정에 의해 갑종근로소득세를 과세하는 것이 세무행정의 관례가 되어 있다면 그 무효인 규정은 행정관습법이 될 수 있다.

③ 사인이 대형마트에 대한 영업제한처분의 취소소송을 제기하면서 국제협정으로 체결되어 있는 「서비스 무역에 관한 일반협정(General Agreement on Trade in Services, GATS)」상 시장접근 제한금지 조항의 위반을 독립된 취소사유로 주장하는 것은 허용되지 않는다.

④ 헌법재판소의 법률에 대한 위헌결정은, 그것이 국가기관과 지방자치단체를 기속한다는 「헌법재판소법」 제47조에 의해 법원(法源)으로서의 성격을 갖는다.

03

행정상 법률관계의 당사자에 대한 설명으로 옳지 않은 것은? (다툼이 있는 경우 판례에 의함)

① 「도로교통법」상 견인업무를 대행하는 자동차견인업자는 공무수탁사인에 해당한다.

② 공무수탁사인은 「국가배상법」상의 공무원에 해당하므로, 공무수탁사인의 위법한 공무수행으로 사인에게 손해가 발생한 경우, 국가나 지방자치단체에 손해배상을 청구할 수 있다.

③ 도시재개발조합에 대하여 조합원으로서의 자격확인을 구하는 법률관계는 공법상의 관계이고, 아직 처분등이 개입될 여지는 없으므로 공법상의 당사자소송으로 조합원 자격의 확인을 구할 수 있다.

④ 행정청은 독립적인 법인격이 인정되지 않으므로 행정청의 대외적인 권한행사의 법적 효과는 행정주체에게 귀속된다.

04

「행정절차법」상 처분절차에 대한 설명으로 옳은 것은?
(다툼이 있는 경우 판례에 의함)

① 정규공무원으로 임용된 사람에게 시보임용처분 당시 「지방공무원법」에 정한 공무원임용 결격사유가 있어 시보임용처분을 취소하고 그에 따라 정규임용처분을 취소한 경우 정규임용처분을 취소하는 처분에 대해서는 「행정절차법」의 규정이 적용된다.

② 「식품위생법」상 허가영업에 대해 영업자지위승계신고를 수리하는 처분은 종전 영업자의 권익을 다소 침해하는 효과를 갖지만 「행정절차법」상 사전통지를 거쳐야 하는 대상은 아니다.

③ 공정거래위원회의 시정조치 및 과징금납부명령에 「행정절차법」 소정의 의견청취절차 생략사유가 존재하면 공정거래위원회는 「행정절차법」을 적용하여 의견청취절차를 생략할 수 있다.

④ 수익적 행정행위의 신청에 대한 거부처분은 직접 당사자의 권익을 제한하는 처분에 해당하므로, 그 거부처분은 「행정절차법」상 사전통지의 대상이 된다.

05

행정강제에 대한 설명으로 옳지 않은 것은? (다툼이 있는 경우 판례에 의함)

① 국유 일반재산인 대지에 대한 대부계약이 해지되어 국가가 원상회복으로 지상의 시설물을 철거하려는 경우, 「행정대집행법」에 따라 대집행을 하여야 하고 민사소송의 방법으로 시설물의 철거를 구하는 것은 허용되지 않는다.

② 구 「음반·비디오물 및 게임물에 관한 법률」상 등급분류를 받지 아니한 게임물을 발견한 경우 영장 없이도 관계행정청이 관계공무원으로 하여금 이를 수거·폐기하게 할 수 있도록 한 규정은 헌법상 영장주의에 반하지 않아 헌법에 위반된다고는 볼 수 없다.

③ 공매통지에 하자가 있어 위법하다 하더라도, 특별한 사정이 없는 한 공매통지를 직접 항고소송의 대상으로 삼아 다툴 수는 없고, 통지 후에 이루어진 공매처분에 대하여 다투어야 한다.

④ 「건축법」상 이행강제금의 부과에 대해서는 항고소송을 제기할 수는 없고 「비송사건절차법」에 따라 재판을 청구할 수 있다.

06

「국가배상법」 제2조 책임에 대한 설명으로 옳은 것은? (다툼이 있는 경우 판례에 의함)

① 법관의 재판에 법령의 규정을 따르지 아니한 잘못이 있는 경우에는 이로써 바로 그 재판상 직무행위가 「국가배상법」 제2조 제1항에서 말하는 위법한 행위로 되어 국가의 손해배상책임이 발생한다.

② 산업기술혁신 촉진법령에 따른 중앙행정기관과 지방자치단체 등의 인증신제품 구매의무는 공공 일반의 전체적인 이익을 도모하기 위한 것이 아니라, 신제품 인증을 받은 자의 재산상 이익을 법적으로 보호하기 위한 것이므로, 지방자치단체가 위 법령에서 정한 인증신제품 구매의무를 위반하였다면 신제품 인증을 받은 자에 대하여 국가배상책임을 진다.

③ 국가배상의 요건 중 법령위반의 의미를 판단하는 데 있어서는 형식적 의미의 법령을 위반하였는지뿐만 아니라 인권존중, 권력남용금지, 신의성실과 같이 공무원으로서 당연히 지켜야 할 원칙을 지키지 않은 경우인지도 함께 고려하여야 한다.

④ 공무원의 직무집행이 법령이 정한 요건과 절차에 따라 이루어진 것이라도, 그 과정에서 개인의 권리가 침해되면 법령위반에 해당한다.

07

행정입법에 대한 설명으로 옳은 것(○)과 옳지 않은 것(×)을 바르게 연결한 것은? (다툼이 있는 경우 판례에 의함)

> ㉠ 법률의 시행령이나 시행규칙의 내용이 모법의 해석상 가능한 것을 명시하거나 모법 조항의 취지를 구체화하기 위한 것이라면, 모법이 이에 관하여 직접 위임하는 규정을 두지 않았다고 하더라도 무효라고 할 수 없다.
>
> ㉡ 성질상 위임이 불가피한 전문적·기술적 사항에 관하여 구체적으로 범위를 정하여 법령에서 위임하더라도 고시 등으로는 규제의 세부적인 내용을 정할 수 없다.
>
> ㉢ 법률이 공법적 단체 등의 정관에 자치법적 사항을 위임할 경우에는 원칙적으로 헌법 제75조가 정하는 포괄위임입법금지원칙이 적용되지 않는다.
>
> ㉣ 행정규칙의 내용이 상위법령에 반하는 것이라면 법치국가원리에서 파생되는 법질서의 통일성과 모순금지원칙에 따라 그것은 대외적 효력이 없게 되지만, 행정내부적 효력은 인정된다.

① ㉠(○), ㉡(×), ㉢(○), ㉣(○)
② ㉠(○), ㉡(×), ㉢(○), ㉣(×)
③ ㉠(×), ㉡(○), ㉢(○), ㉣(○)
④ ㉠(×), ㉡(○), ㉢(×), ㉣(×)

08

행정법상 시효제도에 대한 설명으로 옳은 것은? (다툼이 있는 경우 판례에 의함)

① 지방자치단체에 대한 금전채권의 소멸시효를 5년의 단기(短期)로 정하고 있는 「지방재정법」의 규정은 공법상 금전채권에만 적용될 뿐, 사법상의 금전채권에는 적용되지 않는다.
② 「국유재산법」상 일반재산은 취득시효의 대상이 될 수 없다.
③ 납입고지에 의한 소멸시효의 중단은 그 납입고지에 의한 부과처분이 추후 취소되면 그 효력이 상실된다.
④ 「국유재산법」상 변상금 부과처분에 대한 취소소송이 진행되는 동안에도 그 부과권의 소멸시효는 진행된다.

09

「공공기관의 정보공개에 관한 법률」에 따른 정보공개제도에 대한 설명으로 옳지 않은 것은? (다툼이 있는 경우 판례에 의함)

① 정보공개심의회는 위원장 1명을 포함하여 5명 이상 7명 이하의 위원으로 구성한다.
② 정보공개거부처분의 취소를 구하는 소송에서 공공기관이 청구정보를 증거 등으로 법원에 제출하여 법원을 통하여 그 사본을 청구인에게 교부 또는 송달되게 하여 청구인에게 정보를 공개하는 셈이 되었다면, 이러한 우회적인 방법에 의한 공개는 「공공기관의 정보공개에 관한 법률」에 의한 공개라고 볼 수 있다.
③ 공공기관은 정보공개의 청구를 받으면 그 청구를 받은 날부터 10일 이내에 공개 여부를 결정하여야 하나, 부득이한 사유로 이 기간 이내에 공개 여부를 결정할 수 없는 때에는 그 기간이 끝나는 날의 다음 날부터 기산하여 10일의 범위에서 공개 여부 결정기간을 연장할 수 있다.
④ 공공기관이 청구인이 신청한 공개방법 이외의 방법으로 공개하기로 결정하였다면, 이는 정보공개 방법에 관한 부분에 대하여 일부 거부처분을 한 것이고, 청구인은 그에 대하여 항고소송으로 다툴 수 있다.

10

행정벌에 대한 설명으로 옳지 않은 것은? (다툼이 있는 경우 판례에 의함)

① 행정청의 허가가 있어야 함에도 불구하고 허가를 받지 아니하여 처벌대상이 되는 행위를 한 경우라도, 허가를 담당하는 공무원이 허가를 요하지 아니하는 것으로 잘못 알려 주어 이를 믿었기 때문에 허가를 받지 아니한 것이라면, 허가를 받지 않더라도 죄가 되지 않는 것으로 착오를 일으킨 데 대하여 정당한 이유가 있는 경우에 해당하여 처벌할 수 없다.

② 과실범을 처벌한다는 명문의 규정이 없더라도 행정형벌 법규의 해석에 의하여 과실행위도 처벌한다는 뜻이 도출되는 경우에는 과실범도 처벌될 수 있다.

③ 과태료처분을 받고 이를 납부한 일이 있음에도 그 후에 동일한 사유로 형사처벌을 하는 것은 일사부재리의 원칙에 어긋나 위법하다.

④ 질서위반행위를 한 자가 자신의 책임 없는 사유로 위반행위에 이르렀다고 주장하는 경우, 법원으로서는 그 내용을 살펴 행위자에게 고의나 과실이 있는지를 따져 보아야 한다.

11

행정행위에 대한 설명으로 옳지 않은 것은? (다툼이 있는 경우 판례에 의함)

① 건축허가는 대물적 성질을 갖는 것이어서 행정청으로서는 허가를 할 때에 건축주 또는 토지 소유자가 누구인지 등 인적 요소에 관하여는 형식적 심사만 한다.

②「출입국관리법」상 체류자격 변경허가는 신청인에게 당초의 체류자격과 다른 체류자격에 해당하는 활동을 할 수 있는 권한을 부여하는 일종의 설권적 처분의 성격을 가진다.

③ 유효한 기본행위를 대상으로 인가가 행해진 후에 기본행위가 취소되거나 실효된 경우에는 인가도 실효된다.

④ 조세과오납에 따른 부당이득반환청구 사안에서 민사법원은 사전통지 및 의견제출 절차를 거치지 않은 하자를 이유로 행정행위의 효력을 부인할 수 있다.

12

강학상 예외적 승인에 해당하지 않는 것은? (다툼이 있는 경우 판례에 의함)

① 개발제한구역 내의 용도변경허가
② 치료목적의 마약류사용허가
③ 토지거래허가구역 내의 토지거래허가
④ 학교환경위생정화구역의 금지행위해제

13

「행정소송법」상 사정판결에 대한 설명으로 옳은 것은? (다툼이 있는 경우 판례에 의함)

① 법원이 사정판결을 할 때에는 원고에 대하여 상당한 구제방법을 취하거나 상당한 구제방법을 취할 것을 피고에게 명해야 한다.

② 무효인 행정행위에 대해서도 사정판결이 인정된다.

③ 법원은 당사자의 명백한 주장이 없는 경우에도 일건 기록에 나타난 사실을 기초로 하여 직권으로 사정판결을 할 수 있다.

④ 사정판결을 하는 경우 법원은 원고의 청구를 기각하는 판결을 하게 되므로, 소송비용은 패소한 원고의 부담으로 한다.

14

항고소송의 대상이 되는 행정처분에 대한 설명으로 옳은 것은? (다툼이 있는 경우 판례에 의함)

① 군의관의 신체등위판정 자체만으로 권리의무가 정하여지는 것이 아니지만 후행하는 병역처분이 전적으로 그에 의거하여 이루어지므로, 군의관의 신체등위판정은 행정처분에 해당한다.

② 국가인권위원회가 진정에 대하여 각하 및 기각결정을 할 경우 피해자인 진정인은 인권침해 등에 대한 구제조치를 받을 권리를 박탈당하게 되므로, 국가인권위원회의 진정에 대한 각하 및 기각결정은 처분에 해당한다.

③「국가균형발전 특별법」에 따른 시·도지사의 혁신도시 최종입지 선정행위는, 혁신도시입지 후보지에 관련된 지역 주민 등의 권리의무에 직접 영향을 미치므로 행정처분에 해당한다.

④ 공정거래위원회의 고발조치 및 고발의결은 항고소송의 대상이 되는 행정처분에 해당한다.

15

행정행위의 직권취소 및 철회에 대한 설명으로 옳은 것은? (다툼이 있는 경우 판례에 의함)

① 행정처분을 한 행정청은 원래의 처분을 존속시킬 필요가 없게 된 사정변경이 생겼거나 중대한 공익상의 필요가 생긴 경우, 이를 철회할 별도의 법적 근거가 없다 하더라도 별개의 행정행위로 이를 철회할 수 있다.

② 「국민연금법」상 연금 지급결정을 취소하는 처분과 그 처분에 기초하여 잘못 지급된 급여액에 해당하는 금액을 환수하는 처분이 적법한지를 판단하는 경우, 비교·교량할 사정이 두 처분이 상이하다고는 할 수 없으므로, 연금 지급결정을 취소하는 처분이 적법하다면 환수처분도 적법하다고 판단하여야 한다.

③ 처분에 대한 직권취소와 철회는 사실심 변론종결 후에는 불가능하다.

④ 명문의 규정을 불문하고 처분청과 감독청은 철회권을 가진다.

16

2021. 2. 1. 행정청 甲은 乙에 대하여 2021. 3. 1.부터 2022. 4. 30.까지의 기간을 정하여 도로점용허가처분을 하면서, 매달 100만원의 점용료를 납부할 의무를 명하는 부관을 부가하였다. 그리고 2021. 5. 1. 乙의 도로점용이 교통혼잡을 초래할 경우 도로점용허가를 취소할 수 있다는 부관을 부가하였다. 이 사례에 관한 설명으로 옳은 것은? (취소소송을 제기하는 경우 제소기간은 준수한 것으로 보며, 다툼이 있는 경우 판례에 의함)

① 매달 100만원의 점용료를 납부하도록 하는 부관이 도로점용허가의 효력과 연동되지 않는다면, 이러한 부관은 조건에 해당한다.

② 매달 100만원의 점용료를 납부하도록 한 부관을 乙이 불이행했다는 이유로 甲이 도로점용허가처분을 철회하는 경우라면 이익형량에 따른 철회의 제한이 적용되지 않는다.

③ 2021. 5. 1. 甲이 부가한 부관은 乙의 동의가 있더라도 법령의 근거가 없으면 위법하다.

④ 매달 100만원의 점용료를 납부하도록 하는 부관이 비례의 원칙에 위배되어 乙이 취소소송을 제기한 경우 법원은 이 부관만을 취소할 수 있다.

17

「행정심판법」상 재결에 대한 설명으로 옳은 것은?

① 행정심판위원회가 처분을 취소하거나 변경하는 재결을 하면, 행정청은 재결의 기속력에 따라 처분을 취소 또는 변경하는 처분을 하여야 하고, 이를 통하여 당해 처분은 처분 시에 소급하여 소멸되거나 변경된다.

② 재결을 한 행정심판위원회는 재결에 위법이 있는 경우 이를 취소·변경할 수 있다.

③ 행정심판위원회는 무효확인심판의 청구가 이유가 있더라도 이를 인용하는 것이 공공복리에 크게 위배된다고 인정하면 그 청구를 기각하는 재결을 할 수 있다.

④ 법령의 규정에 따라 공고하거나 고시한 처분이 재결로써 취소되거나 변경되면, 처분을 한 행정청은 지체 없이 그 처분이 취소 또는 변경되었다는 것을 공고하거나 고시하여야 한다.

18

당사자소송에 대한 설명으로 옳지 않은 것은? (다툼이 있는 경우 판례에 의함)

① 시립무용단원의 해촉에 대해서는 항고소송으로 다투어야 하고 당사자소송으로 다툴 수는 없다.

② 원고가 고의 또는 중대한 과실 없이 당사자소송으로 제기하여야 할 것을 항고소송으로 잘못 제기한 경우에, 당사자소송으로서의 소송요건을 결하고 있음이 명백하여 당사자소송으로 제기되었더라도 어차피 부적법하게 되는 경우가 아닌 이상, 법원으로서는 원고로 하여금 당사자소송으로 소 변경을 하도록 하여 심리·판단하여야 한다.

③ 지방소방공무원이 자신이 소속된 지방자치단체를 상대로 제기한 초과근무수당의 지급을 구하는 청구에 관한 소송은 당사자소송의 절차에 따라야 한다.

④ 「공익사업을 위한 토지 등의 취득 및 보상에 관한 법률」상 토지수용에 따른 권리구제에서 농업손실에 대한 보상청구권은 민사소송이 아니라 「행정소송법」상 당사자소송에 의해야 한다.

19

행정행위와 구체적 사례가 바르게 연결된 것만을 모두 고르면? (다툼이 있는 경우 판례에 의함)

> ㉠ 허가 – 주류판매업 면허
> ㉡ 특허 – 「도시 및 주거환경정비법」상 토지 등 소유자들이 조합을 따로 설립하지 않고 시행하는 도시환경정비사업시행인가
> ㉢ 특허 – 국립의료원 부설 주차장에 관한 위탁관리용역운영계약
> ㉣ 공증 – 발명특허의 등록

① ㉠, ㉡
② ㉡, ㉢
③ ㉠, ㉢, ㉣
④ ㉠, ㉡, ㉢, ㉣

20

「행정심판법」상 고지제도에 대한 설명으로 옳지 않은 것은? (다툼이 있는 경우 판례에 의함)

① 행정처분 시 「행정심판법」상의 고지를 하지 않으면 그 행정처분이 당연무효는 아니더라도, 처분의 절차적 요건을 결하여 위법하게 된다.
② 「행정심판법」상의 고지에는 처분성이 인정되지 않는다.
③ 직권에 의하여 고지하는 경우 처분의 상대방에 대해서만 고지하면 된다.
④ 행정심판 전치주의가 적용되는 경우임에도, 처분을 행한 행정청이 행정심판을 거칠 필요가 없다고 잘못 고지한 경우에는 행정심판을 거치지 않아도 행정소송을 제기할 수 있다.

21

「공익사업을 위한 토지 등의 취득 및 보상에 관한 법률(구「공익사업법」)」 및 생활보상에 대한 설명으로 옳지 않은 것은? (다툼이 있는 경우 판례에 의함)

① 사업시행자의 이주대책 수립·실시의무를 정하고 있는 구 「공익사업법」 제78조 제1항은 물론 이주대책의 내용에 관하여 규정하고 있는 같은 조 제4항 본문 역시 당사자의 합의 또는 사업시행자의 재량에 의하여 적용을 배제할 수 없는 강행법규이다.
② 이주대책의 내용으로서 사업시행자가 이주정착지에 대한 도로·급수시설·배수시설 그 밖의 공공시설 등 통상적인 수준의 생활기본시설을 설치하고 비용을 부담하도록 강제한 구 「공익사업법」 규정은, 법이 정한 이주대책대상자에 적용될 뿐만 아니라 시혜적 이주대책대상자에까지 적용된다.
③ 도시개발사업의 사업시행자가 이주대책기준을 정하여 이주대책 대상자 가운데 이주대책을 수립·실시하여야 할 자를 선정하여 그들에게 공급할 택지 등을 정할 때는 재량권을 갖는다.
④ 공익사업의 시행으로 인하여 이주하게 되는 주거용 건축물의 세입자로서 사업인정고시일 등 당시 또는 공익사업을 위한 관계 법령에 따른 고시 등이 있은 당시 해당 공익사업시행지구 안에서 3개월 이상 거주한 자에 대해서는 가구원수에 따라 4개월분의 주거이전비를 보상해야 한다.

22

「질서위반행위규제법」 및 과태료에 대한 설명으로 옳지 않은 것은? (다툼이 있는 경우 판례에 의함)

① 심신장애로 인하여 행위의 옳고 그름을 판단할 능력이 미약하거나 그 판단에 따른 행위를 할 능력이 미약한 자의 질서위반행위는 과태료를 부과하지 아니한다.
② 신분에 의하여 과태료를 감경 또는 가중하거나 과태료를 부과하지 아니하는 때에는 그 신분의 효과는 신분이 없는 자에게는 미치지 아니한다.
③ 지방자치단체는 조례를 위반한 행위에 대하여 조례로써 1천만 원 이하의 과태료를 정할 수 있다.
④ 당사자와 검사는 과태료 재판에 대하여 즉시항고를 할 수 있고 이 경우의 항고는 집행정지의 효력이 있다.

23

권력분립의 원리에 대한 설명으로 옳지 않은 것은? (다툼이 있는 경우 판례에 의함)

① 통고처분은 형식적 의미의 행정이자, 실질적 의미의 사법이다.

② 조세체납처분은 형식적 의미의 행정이자, 실질적 의미의 행정이다.

③ 대법관의 임명은 형식적 의미의 사법이자, 실질적 의미의 행정이다.

④ 부령의 제정은 형식적 의미의 행정이자, 실질적 의미의 입법이다.

24

「도시 및 주거환경정비법(구 「도시정비법」)」상의 조합설립과 동법상의 정비사업 추진에 대한 설명으로 옳지 않은 것은? (다툼이 있는 경우 판례에 의함)

① 조합설립추진위원회 구성승인처분은 조합의 설립을 위한 주체인 추진위원회의 구성행위를 보충하여 그 효력을 부여하는 처분으로 인가에 해당한다.

② 관리처분계획의 무효확인이나 취소를 구하는 소송이 적법하게 제기되어 계속 중인 상태에서 이전고시가 효력을 발생하였다고 하더라도, 여전히 관리처분계획의 취소 또는 무효확인을 구할 법률상 이익이 있다.

③ 구 도시정비법령이 정한 동의요건을 갖추고 창립총회를 거쳐 주택재개발조합이 성립한 이상, 이미 소멸한 추진위원회구성승인처분의 하자를 들어 조합설립인가처분이 위법하다고 볼 수 없다.

④ 조합이 사업시행계획을 재건축결의에서 결정된 내용과 달리 작성한 경우 이러한 하자는 기본행위인 사업시행계획 작성행위의 하자이고, 이에 대한 보충행위인 행정청의 인가처분이 적법요건을 갖추고 있는 이상은 그 인가처분 자체에 하자가 있는 것이라 할 수 없다.

25

행정쟁송에 대한 설명으로 옳은 것은? (다툼이 있는 경우 판례에 의함)

① 「행정소송법」은 집행정지결정에 대한 즉시항고에 관하여 규정하고 있는 반면, 「행정심판법」에는 집행정지결정에 대한 즉시항고에 관하여 규정하고 있지 않다.

② 행정소송은 대심주의를 원칙으로 하는 반면, 행정심판은 직권탐지주의를 원칙으로 한다.

③ 취소소송의 제기는 처분의 효력이나 그 집행 또는 절차의 속행에 영향을 주지 않는 반면, 행정심판청구는 처분의 효력이나 그 집행 또는 절차의 속행을 정지시킨다.

④ 「행정심판법」상 행정청이 심판청구기간을 긴 기간으로 잘못 알린 경우 잘못 알린 기간 내 심판청구가 있으면 적법한 청구로 보며, 이 같은 규정은 「행정소송법」에 명문으로 규정되어 있지는 않지만 행정소송 제기에도 당연히 적용되는 규정이다.

04 제4회 실전 모의고사

01

통치행위에 대한 설명으로 옳은 것(○)과 옳지 않은 것(×)을 바르게 조합한 것은? (다툼이 있는 경우 판례에 의함)

> ㉠ 남북정상회담 개최와 대북송금 행위는 고도의 정치적 행위이므로 사법심사의 대상은 아니다.
> ㉡ 서훈취소는 서훈수여의 경우와는 달리 이미 발생된 서훈대상자 등의 권리 등에 영향을 미치는 행위이지만, 대통령이 국가원수로서 행하는 고도의 정치적 행위이므로 법원이 사법심사를 자제하여야 할 통치행위에 해당한다.
> ㉢ 비상계엄의 선포와 그 확대행위가 국헌문란의 목적을 달성하기 위하여 행하여진 경우에는 법원은 그 자체가 범죄행위에 해당하는지의 여부에 관하여 심사할 수 있다.
> ㉣ 신행정수도건설이나 수도이전문제는 그 자체로 고도의 정치적 결단을 요하므로 사법심사의 대상에서 제외되고, 그것이 국민의 기본권 침해와 관련되는 경우에도 헌법재판소의 심판 대상이 될 수 없다.

① ㉠(○), ㉡(○), ㉢(×), ㉣(○)
② ㉠(○), ㉡(×), ㉢(×), ㉣(×)
③ ㉠(×), ㉡(○), ㉢(○), ㉣(×)
④ ㉠(×), ㉡(×), ㉢(○), ㉣(×)

02

「공익사업을 위한 토지등의 취득 및 보상에 관한 법률」 및 행정상 손실보상에 대한 설명으로 옳은 것은? (다툼이 있는 경우 판례에 의함)

① 「공익사업을 위한 토지등의 취득 및 보상에 관한 법률」에 의한 협의취득은 사법상의 법률행위이므로 당사자 사이의 자유로운 의사에 따라 채무불이행책임이나 매매대금 과부족금에 대한 지급의무를 약정할 수 있다.
② 우리 헌법재판소는 손실보상규정이 없어 손실보상을 할 수 없으나 수인한도를 넘는 침해가 있는 경우에는 침해를 야기한 행위가 위법하므로 그에 대한 항고소송을 제기할 수 있다고 한다.
③ 공공용물에 대한 행정청의 적법한 개발행위로 당해 공공용물의 일반사용이 제한되어 입게 된 불이익은 원칙적으로 손실보상의 대상이 된다.
④ 잔여지 수용의 청구는 사업시행자가 관할 토지 수용위원회에 하여야 하고, 토지소유자는 사업시행자에게 잔여지 수용을 청구해 줄 것을 요청할 수 있다.

03

법률유보원칙에 대한 설명으로 옳지 않은 것은? (다툼이 있는 경우 판례에 의함)

① 법률유보의 원칙에 있어서 법률은 형식적 의미의 법률을 의미하므로 관습법은 포함되지 않는다.
② 헌법재판소는 구 「도시 및 주거환경정비법」상 도시환경정비사업의 사업시행인가 신청 시의 동의요건을 '토지 등 소유자가 자치적으로 정하여 운영하는 규약'으로 정하도록 한 것(동의요건조항)은 법률유보원칙 내지 의회유보원칙에 위배된다고 판단했다.
③ 텔레비전방송수신료의 징수업무를 한국방송공사가 직접 수행할 것인지, 제3자에게 위탁할 것인지, 위탁한다면 누구에게 위탁하도록 할 것인지, 위탁받은 자가 자신의 고유업무와 결합하여 징수업무를 할 수 있는지는 국민의 기본권제한에 관한 본질적인 사항이다.
④ 텔레비전방송수신료의 금액은 한국방송공사 이사회가 심의·의결한 후 방송통신위원회를 거쳐 국회의 승인을 얻어 확정된다.

04

공법관계에 해당하는 것만을 모두 고르면? (다툼이 있는 경우 판례에 의함)

> ㉠ 서울특별시지하철공사의 임원과 직원의 근무관계
> ㉡ 「초·중등교육법」상 사립중학교에 대한 중학교 의무교육의 위탁관계
> ㉢ 지방자치단체가 학교법인이 설립한 사립중학교에 의무교육대상자에 대한 교육을 위탁한 때에, 그 학교법인과 해당 사립중학교에 재학 중인 학생의 재학관계
> ㉣ 국유재산의 관리청이 하는 행정재산의 사용·수익에 대한 허가

① ㉠, ㉢ ② ㉡, ㉣
③ ㉡, ㉢, ㉣ ④ ㉢, ㉣

05

「질서위반행위규제법」에 대한 설명으로 옳지 않은 것은? (다툼이 있는 경우 판례에 의함)

① 신분에 의하여 성립하는 질서위반행위에 신분이 없는 자가 가담한 때에는 신분이 없는 자에 대하여도 질서위반행위가 성립한다.
② 「질서위반행위규제법」에 따라 행정청이 부과한 과태료 처분은 행정소송의 대상인 행정처분에 해당하지 않는다.
③ 행정청에 의해 부과된 과태료는 질서위반행위가 종료된 날(다수인이 질서위반행위에 가담한 경우에는 최종행위가 종료된 날을 말한다)부터 5년간 징수하지 아니하거나 집행하지 아니하면 시효로 인하여 소멸한다.
④ 행정청은 질서위반행위가 발생하였다는 합리적 의심이 있어 그에 대한 조사가 필요하다고 인정하는 경우에 법정조사권을 행사할 수 있다.

06

「국가배상법」 제2조 책임에 대한 설명으로 옳은 것은? (다툼이 있는 경우 판례에 의함)

① 시·도지사 등의 업무에 속하는 대집행권한을 위탁받은 한국토지공사가 대집행을 실시하는 과정에서 국민에게 손해가 발생할 경우 한국토지공사는 공무수탁사인에 해당하므로, 「국가배상법」 제2조의 공무원과 같은 지위를 갖게 된다.
② 재량권의 행사에 관하여 행정청 내부에 일응의 기준을 정해 둔 경우 그 기준에 따른 행정처분을 하였다면 이에 관여한 공무원에게 그 직무상의 과실이 있다고 할 수 없다.
③ 행위 자체의 외관을 객관적으로 관찰하여 공무원의 직무행위로 보여지더라도 그것이 실질적으로 직무행위에 해당하지 않는다면 그 행위는 '직무를 집행하면서' 행한 것으로 볼 수 없다.
④ 생명·신체의 침해로 인한 국가배상을 받을 권리는 양도할 수 있지만, 압류할 수는 없다.

07

준법률행위적 행정행위와 구체적 사례가 바르게 연결된 것만을 모두 고르면? (다툼이 있는 경우 판례에 의함)

> ㉠ 확인 - 교과서 검정·인정
> ㉡ 확인 - 특허출원의 공고
> ㉢ 공증 - 상표사용권설정등록행위
> ㉣ 통지 - 국가시험합격자결정
> ㉤ 통지 - 귀화의 고시

① ㉠, ㉢, ㉤ ② ㉠, ㉣, ㉤
③ ㉡, ㉢, ㉣ ④ ㉡, ㉢, ㉤

08

기속행위 및 재량행위에 대한 설명으로 옳지 않은 것은? (다툼이 있는 경우 판례에 의함)

① 재량행위에 대한 사법심사는 행정청의 재량에 기한 공익판단의 여지를 감안하여 법원이 독자의 결론을 도출함이 없이 당해 행위에 재량권의 일탈·남용이 있는지 여부를 심사한다.

② 지방공무원의 동의 없는 전출명령은 위법하여 취소되어야 하므로, 전출명령이 적법함을 전제로 내린 당해 지방공무원에 대한 징계처분은 징계양정에 있어 재량권을 일탈하여 위법하다.

③ 「국토의 계획 및 이용에 관한 법률」에 따른 토지의 형질변경허가에는 행정청의 재량권이 부여되어 있다고 하더라도 「건축법」상의 건축허가는 기속행위이므로, 「국토의 계획 및 이용에 관한 법률」에 따른 토지의 형질변경행위를 수반하는 건축허가는 기속행위에 속한다.

④ 「교육법 시행령」 소정의 대학교 특별전형에서 외교관, 공무원의 자녀에 대하여만 획일적으로 과목별 실제 취득점수에 가산점을 부여함으로써, 실제 취득점수에 의하면 충분히 합격할 수 있는 다른 응시생에 대하여 불합격처분을 한 경우, 그 처분에는 재량권 남용이 인정된다.

09

협의의 소익에 대한 설명으로 옳지 않은 것은? (다툼이 있는 경우 판례에 의함)

① 현역입영대상자로서는 현실적으로 입영을 하였다고 하더라도, 입영 이후의 법률관계에 영향을 미치고 있는 현역병입영통지처분 등을 한 관할지방병무청장을 상대로 위법을 주장하여 그 취소를 구할 소송상의 이익이 있다.

② 환지처분이 일단 공고되어 효력을 발생하게 되면 환지예정지지정처분은 그 효력이 소멸되는 것이므로, 환지처분이 공고된 후에는 환지예정지지정처분에 대하여 그 취소를 구할 법률상 이익은 없다.

③ 건축물에 대한 사용검사처분이 취소되면 사용검사 전의 상태로 돌아가 건축물을 사용할 수 없게 되므로 구 「주택법」상 입주자나 입주예정자가 사용검사처분의 무효확인 또는 취소를 구할 법률상 이익이 있다.

④ 지방의회 의원에 대한 제명의결 취소소송 계속 중 의원의 임기가 만료된 경우에도 여전히 제명의결의 취소를 구할 법률상 이익이 인정된다.

10

행정행위의 효력발생요건으로서의 통지에 대한 설명으로 옳지 않은 것은? (다툼이 있는 경우 판례에 의함)

① 병역의무부과통지서인 현역입영통지서는 그 병역의무자에게 이를 송달함이 원칙이고, 이러한 송달은 병역의무자의 현실적인 수령행위를 전제로 하고 있다고 보아야 하므로, 병역의무자가 현역입영통지의 내용을 이미 알고 있는 경우에도 여전히 현역입영통지서의 송달은 필요하다.

② 행정행위의 효력발생요건으로서의 도달은 상대방이 그 내용을 현실적으로 알 필요까지는 없고, 다만 알 수 있는 상태에 놓여짐으로써 충분하다.

③ 정보통신망을 이용하여 전자문서로 송달하는 경우에는 송달받을 자가 지정한 컴퓨터 등에 입력된 때에 도달된 것으로 본다.

④ 납세고지서의 명의인이 다른 곳으로 이사하였지만 주민등록을 옮기지 아니한 채 주민등록지로 배달되는 우편물을 새로운 거주자가 수령하여 자신에게 전달하도록 한 경우, 그 새로운 거주자에게 우편물 수령권한을 위임한 것으로 볼 수는 없으므로 그에게 한 납세고지서의 송달은 위법하다.

11

「행정절차법」상 사전통지 및 의견청취에 대한 설명으로 옳지 않은 것은? (다툼이 있는 경우 판례에 의함)

① 행정청은 처분을 함에 있어 국민생활에 큰 영향을 미치는 처분으로서 대통령령으로 정하는 처분에 대하여 대통령령으로 정하는 수 이상의 당사자 등이 공청회 개최를 요구하는 경우 공청회를 개최한다.

② 「건축법」상의 공사중지명령에 대한 사전통지를 하고 의견제출의 기회를 준다면 많은 액수의 손실보상금을 기대하여 공사를 강행할 우려가 있다는 사정은, 사전통지 및 의견제출절차의 예외사유에 해당한다.

③ 군인사법령에 의하여 진급예정자명단에 포함된 자에 대하여 수사과정 및 징계과정에서 비위행위에 대한 충분한 해명기회를 가졌더라도 진급선발을 취소하는 처분을 함에 있어서 「행정절차법」상 사전통지·의견진술의 기회를 부여하여야 한다.

④ 청문 주재자는 직권으로 또는 당사자의 신청에 따라 필요한 조사를 할 수 있으며, 당사자등이 주장하지 아니한 사실에 대하여도 조사할 수 있다.

12

행정소송에 대한 설명으로 옳은 것만을 모두 고르면? (다툼이 있는 경우 판례에 의함)

> ㉠ 신축건물의 준공처분을 하여서는 아니된다는 내용의 부작위를 청구하는 행정소송은 예외적으로 허용된다.
> ㉡ 「행정소송법」상 피고의 경정에 있어서, 소의 종류의 변경에 따른 피고의 변경은 교환적 변경에 한한다고 봄이 상당하므로, 예비적 청구만이 있는 피고의 추가 경정신청은 예외적 규정이 있는 경우를 제외하고는 원칙적으로 허용되지 않는다.
> ㉢ 취소소송에 당해 처분과 관련되는 부당이득반환청구소송이 병합되어 제기된 경우, 부당이득반환청구가 인용되기 위해서는 그 소송절차에서 판결에 의해 당해 처분이 취소되면 충분하고 그 처분의 취소가 확정되어야 하는 것은 아니다.
> ㉣ 취소소송의 소송요건 존부는 사실심 변론종결시를 기준으로 판단하므로, 비록 상고심에서 원고적격이 흠결되었더라도 사실심 변론종결시에 원고적격이 있었다면 그러한 취소소송은 취소소송의 소송요건을 충족한 것으로 보아야 한다.

① ㉠, ㉡   ② ㉠, ㉢

③ ㉡, ㉢   ④ ㉢, ㉣

13

행정상 강제집행에 대한 설명으로 옳은 것은? (다툼이 있는 경우 판례에 의함)

① 사용자가 이행하여야 할 행정법상 의무의 내용을 초과하는 것을 '불이행 내용'으로 기재한 이행강제금 부과예고서에 의하여 이행강제금 부과예고를 한 다음 이행강제금을 부과한 경우, 초과한 정도가 근소하다는 등의 특별한 사정이 없는 한, 이 이행강제금 부과예고 및 이행강제금부과처분은 위법하다.

② 전통적으로 행정대집행은 대체적 작위의무에 대한 강제집행수단으로, 이행강제금은 부작위의무나 비대체적 작위의무에 대한 강제집행수단으로 이해되어 왔으며, 이는 이행강제금제도의 본질에서 오는 제약이므로, 이행강제금은 대체적 작위의무의 위반에 대하여는 부과될 수 없다.

③ 대집행에 대한 계고는 행정처분이고, 1차 계고 이후 대집행기한을 연기하기 위한 2차 계고, 3차 계고 또한 독립된 행정처분이다.

④ 관계 법령에서 금지규정 및 그 위반에 대한 벌칙규정은 두고 있으나 금지규정 위반행위에 대한 시정명령의 권한에 대해서는 규정하고 있지 않은 경우에, 그 금지규정 및 벌칙규정은 당연히 금지규정 위반행위로 인해 발생한 유형적 결과를 시정하게 하는 것도 예정하고 있다고 할 것이어서 금지규정 위반으로 인한 결과의 시정을 명하는 권한도 인정하고 있는 것으로 해석된다.

14

행정입법에 대한 설명으로 옳지 않은 것은? (다툼이 있는 경우 판례에 의함)

① 상급기관이 하급 행정기관에 대하여 업무처리지침이나 법령에 해석적용에 관한 기준을 정하여 발하는 행정규칙은 일반적으로 행정조직 내부에서만 효력을 가질 뿐이며 대외적인 구속력을 갖지 않는다.

② 법령의 위임관계는 반드시 하위 법령의 개별조항에서 위임의 근거가 되는 상위 법령의 해당 조항을 구체적으로 명시하고 있어야 하는 것은 아니다.

③ 헌법 제107조 제2항의 규정에 따르면 행정입법의 심사는 일반적인 재판절차에 의하여 구체적 규범통제의 방법에 의하도록 하고 있으므로, 원칙적으로 당사자는 구체적 사건의 심판을 위한 선결문제로서 행정입법의 위법성을 주장하여 법원에 대하여 당해 사건에 대한 적용 여부의 판단을 구할 수 있을 뿐 행정입법 자체의 합법성의 심사를 목적으로 하는 독립한 신청을 제기할 수는 없다.

④ 어떤 법률의 말미에 "이 법의 시행에 필요한 사항은 대통령령으로 정한다."라고 하여 일반적 시행령 위임조항을 두었다면 이것은 위임명령의 일반적 발령 근거로 작용한다.

15

행정행위에 대한 설명으로 옳지 않은 것은? (다툼이 있는 경우 판례에 의함)

① 배출시설 설치허가의 신청이 구 「대기환경보전법」에서 정한 허가기준에 부합하고 동 법령상 허가제한사유에 해당하지 아니하는 한 환경부장관은 원칙적으로 허가를 하여야 한다.

② 허가와 달리 특허는 불특정다수인에게 행해질 수도 있으며, 오로지 특정인을 대상으로만 행해지는 것은 아니다.

③ 「공유수면 관리 및 매립에 관한 법률」에 따른 공유수면의 점용·사용허가는 특정인에게 공유수면 이용권이라는 독점적 권리를 설정하여 주는 처분으로서 처분 여부 및 내용의 결정은 원칙적으로 행정청의 재량에 속한다.

④ 공익법인의 기본재산에 대한 감독관청의 처분허가는 그 성질상 특정 상대에 대한 처분행위의 허가가 아니고 처분의 상대가 누구이든 이에 대한 처분행위를 보충하여 유효하게 하는 행위라 할 것이므로 그 처분행위에 따른 권리의 양도가 있는 경우에도 처분이 완전히 끝날 때까지는 허가의 효력이 유효하게 존속한다.

16

행정심판위원회에 대한 설명으로 옳지 않은 것은? (다툼이 있는 경우 판례에 의함)

① 중앙행정심판위원회는 심판청구를 심리·재결할 때에 처분 또는 부작위의 근거가 되는 명령 등이 법령에 근거가 없거나 상위 법령에 위배되거나 국민에게 과도한 부담을 주는 등 크게 불합리하면 관계 행정기관에 그 명령 등의 개정·폐지 등 적절한 시정조치를 요청할 수 있다.

② 중앙행정심판위원회는 위원장 1명을 포함하여 70명 이내의 위원으로 구성하되, 위원 중 상임위원은 4명 이내로 한다.

③ 행정심판위원회의 위원에 대한 기피신청은 그 사유를 소명한 문서로 하여야 한다.

④ 서울특별시장의 처분에 대한 행정심판은 서울특별시 행정심판위원회에서 심리·재결한다.

17

행정행위의 하자의 승계에 대한 설명으로 옳지 않은 것은? (다툼이 있는 경우 판례에 의함)

① 친일반민족행위자로 결정한 최종발표와 그에 따라 그 유가족에 대하여 한 「독립유공자예우에 관한 법률」 적용배제자 결정은 별개의 법률효과를 목적으로 하는 처분이다.

② 건물철거명령과 후행 대집행계고처분 간에는 하자의 승계가 인정되므로 건물철거명령의 취소사유를 들어 대집행계고처분의 위법을 주장할 수 있다.

③ 적정행정의 유지에 대한 요청에서 나오는 하자의 승계를 인정하면 국민의 권리를 보호하고 구제하는 범위가 더 넓어진다.

④ 단계적으로 진행되는 행정행위에서 선행 행정행위가 당연무효라면 양자가 서로 독립하여 별개의 효과를 목적으로 하는 경우에도 후행 행정행위는 당연무효가 된다.

18

신고에 대한 설명으로 옳지 않은 것은? (다툼이 있는 경우 판례에 의함)

① 식품접객업 영업신고에 대해서는 「식품위생법」이 「건축법」에 우선 적용되므로, 영업신고가 「식품위생법」상의 신고요건을 갖춘 경우라면 그 영업신고를 한 해당 건축물이 「건축법」상 무허가건축물이라도 적법한 신고에 해당된다.

② 행정청이 구 「식품위생법」상의 영업자지위승계신고 수리처분을 하는 경우, 행정청은 종전의 영업자에 대하여 「행정절차법」 소정의 행정절차를 실시하여야 한다.

③ 숙박업을 하고자 하는 자가 법령이 정하는 시설과 설비를 갖추고 행정청에 신고를 하면 행정청은 공중위생관리법령의 규정에 따라 원칙적으로 이를 수리하여야 하므로, 새로 숙박업을 하려는 자가 기존에 다른 사람이 숙박업 신고를 한 적이 있는 시설 등의 소유권 등 정당한 사용권한을 취득하여 법령에서 정한 요건을 갖추어 신고하였다면, 행정청으로서는 특별한 사정이 없는 한 이를 수리하여야 하고, 기존의 숙박업 신고가 외관상 남아있다는 이유로 이를 거부할 수 없다.

④ 수리란 신고를 유효한 것으로 판단하고 법령에 의하여 처리할 의사로 이를 수령하는 수동적 행위이므로 수리행위에 신고필증 교부 등 행위가 꼭 필요한 것은 아니다.

19

항고소송의 대상인 처분에 대한 설명으로 옳은 것은? (다툼이 있는 경우 판례에 의함)

① 검사의 불기소결정은 공권력의 행사에 포함되므로, 검사의 자의적인 수사에 의하여 불기소결정이 이루어진 경우 그 불기소결정은 처분에 해당한다.

② 금융감독위원회의 파산신청이 있게 되면 당해 부실금융기관이 파산절차 내에서 여러 가지 법률상 불이익을 입게 되므로, 구 「금융산업의 구조개선에 관한 법률」 및 구 「상호저축은행법」상 금융감독위원회의 파산신청은 항고소송의 대상이 되는 처분에 해당한다.

③ 법무부장관의 입국금지결정이 그 의사가 공식적인 방법으로 외부에 표시된 것이 아니라 단지 그 정보를 내부 전산망인 출입국관리정보시스템에 입력하여 관리한 것에 지나지 않은 경우, 이는 항고소송의 대상에 해당되지 않는다.

④ 지방의회의 의장은 지방의회를 대표하고 의사를 정리하며 회의장 내의 질서를 유지할 의무가 있어 일반 국민과 구제 절차를 달리해야 할 필요가 있으므로, 지방의회 의장에 대한 불신임 의결은 항고소송의 대상이 되는 처분에 해당하지 않는다.

20

「공공기관의 정보공개에 관한 법률」에 대한 설명으로 옳은 것은? (다툼이 있는 경우 판례에 의함)

① 외국 기관으로부터 비공개를 전제로 정보를 입수하였다는 이유만으로, 이를 공개할 경우 업무의 공정한 수행에 현저한 지장을 받을 것이라 단정할 수 없다.

② 정보공개청구권은 국민의 알권리에 근거한 헌법상 기본권이므로, 형사재판확정기록의 공개에 관하여는 「형사소송법」의 규정이 적용되더라도 「공공기관의 정보공개에 관한 법률」에 의한 정보공개청구가 허용된다.

③ 사면대상자들의 사면실시건의서와 그와 관련된 국무회의 안건자료는, 그 공개로 얻는 이익보다 그로 인하여 침해되는 당사자들의 사생활의 비밀에 관한 이익이 더욱 크므로 비공개대상정보에 해당한다.

④ 정보공개청구인이 공공기관에 대하여 정보공개를 청구하였다가 거부처분을 받은 것 자체만으로는 법률상 이익의 침해가 있은 것으로 인정되지 않고, 정보공개청구인은 자신에게 해당 정보의 공개를 구할 법률상 이익이 있음을 별도로 입증하여야 한다.

21

영업자 지위 승계에 대한 설명으로 옳지 않은 것은? (다툼이 있는 경우 판례에 의함)

① 관할관청이 개인택시운송사업의 양도·양수에 대한 인가를 하였을 경우 거기에는 양도인과 양수인 간의 양도행위를 보충하여 그 법률효과를 완성시키는 의미에서의 인가처분뿐만 아니라 양도인이 가지고 있던 면허와 동일한 내용의 면허를 양수인에게 부여하는 처분이 포함되어 있다.

② 주택건설사업이 양도되었으나 그 변경승인을 받기 이전에 행정청이 양수인에 대하여 양도인에 대한 사업계획 승인을 취소하였다는 사실을 통지한 경우, 이러한 통지는 양수인의 법률상 지위에 변동을 일으키지 못하므로 항고소송의 대상이 되는 행정처분이 아니다.

③ 대물적 허가의 성질을 갖는 석유판매업이 양도된 경우, 양도인에게 허가를 취소할 위법사유가 있다면 이를 이유로 양수인에게 제재조치를 할 수 있다.

④ 관할 행정청이 영업 양수인 乙의 영업자 지위승계신고를 수리하기 전에 양도인 甲의 영업허가가 취소되었을 경우, 양수인 乙에게는 양도인 甲에 대한 영업허가 취소에 대하여 취소소송을 제기할 수 있는 원고적격이 없다.

22

「민원처리에 관한 법률(구 「민원사무 처리에 관한 법률」)」에 대한 설명으로 옳은 것은? (다툼이 있는 경우 판례에 의함)

① 민원인은 법정민원 중 신청에 경제적으로 많은 비용이 수반되는 민원 등 대통령령으로 정하는 민원에 대하여는 행정기관의 장에게 정식으로 민원을 신청하기 전에 반드시 미리 약식의 사전심사를 청구하여야 한다.

② 구 「민원사무 처리에 관한 법률」에서 정한 사전심사결과 통보는 항고소송의 대상이 되는 행정처분에 해당한다.

③ 법정민원에 대한 행정기관의 장의 거부처분에 불복하는 민원인은 그 거부처분을 받은 날부터 90일 이내에 그 행정기관의 장에게 문서 또는 구두로 이의신청을 할 수 있다.

④ 복합민원이란 하나의 민원 목적을 실현하기 위하여 관계법령 등에 따라 여러 관계기관(민원과 관련된 단체·협회 등을 포함) 또는 관계부서의 인가·허가·승인·추천·협의 또는 확인 등을 거쳐 처리되는 법정민원을 말한다.

23

「행정소송법」상 소의 변경에 대한 설명으로 옳지 않은 것은? (다툼이 있는 경우 판례에 의함)

① 법원은 행정청이 소송의 대상인 처분을 소가 제기된 후 변경한 때라도 원고의 신청이 없다면 청구의 취지 또는 원인을 변경할 수 없다.

② 취소소송을 당사자소송으로 변경하는 것은 가능하지만, 이미 당사자소송을 제기하여 소송이 계속 중이라면, 사실심 변론종결시 이전이라 할지라도 이를 취소소송으로 변경하는 것은 불가능하다.

③ 소의 종류 변경을 허가하는 법원의 결정이 있게 되면 새로운 소는 구소를 제기한 때에 제기된 것으로 본다.

④ 법원이 소의 종류의 변경을 허가함으로써 피고를 달리하게 될 때에는 새로이 피고가 될 자의 의견을 들어야 한다.

24

법률유보에 대한 설명으로 옳지 않은 것은? (다툼이 있는 경우 판례에 의함)

① 지방의회의원에 대하여 유급보좌인력을 두는 것은 지방의회의원의 지위·처우에 변경을 초래하는 사항이기는 하나, 국민의 기본권제한에 관한 본질적 사항에 해당하지는 않으므로, 이는 반드시 국회의 법률로써 규정할 필요는 없고 개별 지방의회의 조례로써 규정하는 것도 허용된다.

② 헌법재판소는 구 「토지초과이득세법」상의 기준시가는 국민의 납세의무의 성부(成否) 및 범위와 직접적인 관계를 가지고 있는 중요한 사항임에도 불구하고, 해당 내용을 법률에 규정하지 않고 하위법령에 위임한 것은 헌법 제75조에 반한다고 판단한 바 있다.

③ 집회나 시위 해산을 위한 살수차 사용은 집회의 자유 및 신체의 자유에 대한 중대한 제한을 초래하므로 살수차 사용요건이나 기준은 법률에 근거를 두어야 하고, 살수차와 같은 위해성 경찰장비는 본래의 사용방법에 따라 지정된 용도로 사용되어야 하며, 다른 용도나 방법으로 사용하기 위해서는 반드시 법령에 근거가 있어야 한다.

④ 법률유보원칙의 적용범위에 대해서는 학설의 대립이 존재하는데, 전부유보설에 따를 경우 법률의 수권이 없는 한, 국민에게 필요한 급부를 할 수 없게 된다는 문제점이 있다.

25

다음 중 옳지 않은 것은? (다툼이 있는 경우 판례에 의함)

① 거부처분이 재결에서 취소된 경우 재결에 따른 후속처분이 아니라 그 재결의 취소를 구하는 것은 실효적이고 직접적인 권리구제수단이 될 수 없어 분쟁해결의 유효적절한 수단이라고 할 수 없으므로 소의 이익이 없다.

② 행정소송에서 판결의 기속력은 그 사건의 당사자인 행정청과 그 밖의 관계행정청에게 확정판결의 취지에 따라 행동하여야 할 의무를 지우는 것으로 이는 인용판결에 한하여 인정될 뿐, 기각판결에까지 인정되는 것은 아니다.

③ 하천점용허가 취소처분을 취소하는 확정판결의 기속력은 판결의 주문에 미치는 것으로 그 전제가 되는 처분 등의 구체적 위법사유에 관한 이유 중의 판단에 대해서는 인정되지 않는다.

④ 소송참가를 하였지만 패소한 제3자는 「행정소송법」 제31조에 따른 재심청구를 할 수 없다.

05 제5회 실전 모의고사

01

처분사유의 추가·변경에 대한 설명으로 옳은 것(○)과 옳지 않은 것(×)을 바르게 조합한 것은? (다툼이 있는 경우 판례에 의함)

> ㉠ 처분청은 원고의 권리방어가 침해되지 않는 한도 내에서 당해 취소소송의 대법원 확정판결 전까지 처분사유의 추가·변경을 할 수 있다.
> ㉡ 정기간행물 등록신청 거부에 있어서 「정기간행물의등록에관한법률」 및 그 시행령 소정의 첨부서류가 제출되지 아니하였다는 주장과 발행주체가 불법단체라는 당초의 처분사유 사이에는 기본적 사실관계에 있어서 동일성이 인정되지 않는다.
> ㉢ 이동통신요금 원가 관련 정보공개청구에 대해 행정청이 별다른 이유를 제시하지 아니한 채 통신요금과 관련한 총괄원가액수만을 공개한 후, 정보공개거부처분 취소소송에서 원가 관련 정보가 법인의 영업상 비밀에 해당한다는 비공개사유를 주장하는 것은, 그 기본적 사실관계가 동일하다고 볼 수 없는 사유를 추가하는 것이다.
> ㉣ 처분사유의 추가·변경이 인정되기 위한 요건으로서의 기본적 사실관계의 동일성 유무는, 처분사유를 법률적으로 평가하기 이전의 구체적인 사실에 착안하여 그 기초적인 사회적 사실관계가 기본적인 점에서 동일한지 여부에 따라 결정된다.

① ㉠(○), ㉡(○), ㉢(○), ㉣(○)
② ㉠(○), ㉡(×), ㉢(×), ㉣(×)
③ ㉠(×), ㉡(○), ㉢(×), ㉣(○)
④ ㉠(×), ㉡(×), ㉢(○), ㉣(○)

02

판례에 따를 때, 다음 중 당사자소송에 해당하는 것만을 모두 고르면?

> ㉠ 공무원연금관리공단의 급여결정에 관한 소송
> ㉡ 공무원연금법령 개정으로 퇴직연금 중 일부 금액의 지급이 정지되어서 미지급된 퇴직연금의 지급을 구하는 소송
> ㉢ 법령상 이미 존재와 범위가 확정되어 있는 조세과오납부액의 반환을 구하는 소송
> ㉣ 「도시 및 주거환경정비법」상의 주택재건축정비사업조합을 상대로 관리처분계획안에 대한 조합총회 결의의 효력을 다투는 소송

① ㉠, ㉡, ㉢
② ㉠, ㉢
③ ㉡, ㉢, ㉣
④ ㉡, ㉣

03

甲은 행정청 A가 보유·관리하는 정보 중 乙과 관련이 있는 정보를 사본 교부의 방법으로 공개하여 줄 것을 청구하였다. 이에 대한 설명으로 옳은 것은? (다툼이 있는 경우 판례에 의함)

① A는 甲이 청구한 사본 교부의 방법이 아닌 열람의 방법으로 정보를 공개할 수 있는 재량권을 갖는다.
② A는 공개청구된 공개대상정보의 전부 또는 일부가 乙과 관련이 있다고 인정되는 때에는 그 사실을 乙에게 7일 이내에 통지하여야 한다.
③ A가 정보의 주체인 乙로부터 의견을 들은 결과 乙이 정보의 비공개를 요청한 경우, 乙의 비공개요청에도 불구하고 A가 공개결정을 하는 때에는 공개결정이유와 공개실시일을 분명히 밝혀 지체 없이 문서로 통지하여야 한다.
④ A가 정보공개결정을 한 경우 乙은 행정심판 또는 행정소송을 제기할 수 있으나, 이의신청을 할 수는 없다.

04

무효와 취소에 대한 설명으로 옳은 것은? (다툼이 있는 경우 판례에 의함)

① 위법성의 판단기준에 있어서는 무효인 행정행위와 취소할 수 있는 행정행위를 구별할 실익이 있는 데 반해, 쟁송제기기간 및 불가쟁력의 발생에 있어서는 무효인 행정행위와 취소할 수 있는 행정행위를 구별할 실익이 없다.

② 구 「폐기물처리시설 설치촉진 및 주변지역 지원 등에 관한 법률」상 입지선정위원회가 동법 시행령의 규정에 위배하여 군수와 주민대표가 선정·추천한 전문가를 포함시키지 않은 채 임의로 구성되어 의결을 한 경우에, 이에 터잡아 이루어진 폐기물처리시설 입지결정처분은 당연무효가 된다.

③ 과세대상이 되지 않는 법률관계나 사실관계에 대하여 이를 과세대상이 되는 것으로 오인할 만한 객관적인 사실이 있는 경우에 이것이 과세대상이 되는지 여부가 그 사실관계를 정확히 조사하여야 비로소 밝혀질 수 있는 경우라도 이를 오인한 하자가 중대하고, 외관상 명백하다고 할 것이다.

④ 환경영향평가법령의 규정상 환경영향평가를 거쳐야 할 사업인 경우에, 환경영향평가를 거치지 아니하고 행한 사업승인처분을 당연무효라 볼 수는 없다.

05

행정법의 일반원칙에 대한 설명으로 옳은 것은? (다툼이 있는 경우 판례에 의함)

① 행정의 자기구속의 원칙은 처분청이 아닌 제3자 행정청에 대해서도 적용된다.

② 지방자치단체장이 사업자에게 주택사업계획승인을 하면서 그 주택사업과는 아무런 관련이 없는 토지를 기부채납하도록 하는 부관을 붙인 경우, 그 부관은 부당결부금지의 원칙에 위반되어 위법하고, 부관의 하자가 중대하고 명백하여 당연무효이다.

③ 입법 예고를 통해 법령안의 내용을 국민에게 예고한 적이 있다고 하더라도 그것이 법령으로 확정되지 아니한 이상 국가가 이해관계자들에게 그 법령안에 관련된 사항을 약속하였다고 볼 수 없으며, 이러한 사정만으로 어떠한 신뢰를 부여하였다고 볼 수도 없다.

④ 「도로교통법」 제148조의2 제1항 제1호의 '「도로교통법」 제44조 제1항을 2회 이상 위반한' 것에 구 「도로교통법」 제44조 제1항을 위반한 음주운전 전과도 포함된다고 해석하는 것은 비례원칙에 위배된다.

06

「행정조사기본법」상 행정조사에 대한 설명으로 옳지 않은 것은? (다툼이 있는 경우 판례에 의함)

① 행정조사는 법령등 또는 행정조사운영계획으로 정하는 바에 따라 정기적으로 실시함을 원칙으로 하되, 법령 등의 위반에 대한 신고를 받거나 민원이 접수된 때에는 수시조사를 할 수 있다.

② 정기조사 또는 수시조사를 실시한 행정기관의 장은 조사대상자의 자발적인 협조를 얻어 실시하는 경우가 아닌 한, 동일한 사안에 대하여 동일한 조사대상자를 재조사하여서는 아니 된다.

③ 행정기관의 장은 당해 행정기관 내의 2 이상의 부서가 동일하거나 유사한 업무분야에 대하여 동일한 조사대상자에게 행정조사를 실시하는 경우에는 공동조사를 하여야 한다.

④ 위법한 행정조사로 손해를 입은 국민은 「국가배상법」에 따른 손해배상을 청구할 수 있다.

07

협의의 소익에 대한 설명으로 옳지 않은 것은? (다툼이 있는 경우 판례에 의함)

① 기존의 고속형 시외버스운송사업자 A는 경업관계에 있는 직행형 시외버스운송사업자에 대한 사업계획변경인가처분의 취소를 구할 법률상 이익이 있다.

② 대집행계고처분 취소소송의 변론이 종결되기 전에 대집행영장에 의한 통지절차를 거쳐 사실행위로서 대집행의 실행이 완료된 경우에는 계고처분의 취소를 구할 법률상의 이익이 없다.

③ 행정청이 공무원에 대하여 새로운 직위해제 사유에 의한 직위해제처분을 한 경우 그 이전에 한 직위해제처분의 취소를 구하는 것은 소의 이익이 없어 부적법하다.

④ 사증 발급의 법적 성질과 「출입국관리법」의 입법 목적을 고려할 때 외국인은 사증발급 거부처분의 취소를 구할 법률상 이익이 있다.

08

사업양도·양수에 대한 판례의 입장으로 옳은 것은?

① 양도인이 자신의 의사에 따라 양수인에게 영업을 양도하면서 양수인으로 하여금 영업을 하도록 허락하였다면 영업승계신고 및 수리처분이 있기 전에 발생한 양수인의 위반행위에 대한 행정적 책임은 양도인에게 귀속된다.

② 구 「여객자동차 운수사업법」상의 개인택시 운송사업의 양수인에 대하여 양도·양수 이전에 있었던 양도인에 대한 운송사업면허 취소사유를 들어 면허를 취소하려면, 양도·양수 당시에 취소사유가 현실적으로 발생하여야 하며 그 원인이 되는 사실이 존재하는 것만으로는 부족하다.

③ 공중위생관리법령에 따라 공중위생영업이 양도·양수된 후 양수인이 그 후 행정청에 새로운 영업소개설통보를 하였다면 양도인에 관한 사유로 양수인에 대하여 영업정지처분을 할 수 없다.

④ 공매 등의 절차로 영업시설의 전부를 인수함으로써 영업자의 지위를 승계한 자가 관계행정청에 이를 신고하여 관계행정청이 그 신고를 수리하는 처분에 대해 종전 영업자는 제3자로서 그 처분의 취소를 구할 법률상 이익이 인정되지 않는다.

09

다음은 기간에 관한 각종 법률 규정이다. 괄호 안의 숫자가 다른 하나를 고르면?

① 토지수용위원회의 수용재결에 불복하여 행정소송을 제기할 경우, 만약 이의신청을 거쳤다면 이의신청에 대한 재결서를 받은 날부터 (   )일 이내에 제기하여야 한다.

② 행정청의 과태료 부과에 불복하는 당사자는 과태료 부과 통지를 받은 날부터 (   )일 이내에 해당 행정청에 서면으로 이의제기를 할 수 있다.

③ 「행정소송법」상 필요적 전치주의가 적용되는 사안이더라도, 행정심판청구가 있은 날로부터 (   )일이 지나도 재결이 없는 때에는 행정심판의 재결을 거치지 아니하고 취소소송을 제기할 수 있다.

④ 행정청은 처분을 할 때에 당사자등이 제출한 의견이 상당한 이유가 있다고 인정하는 경우에는 이를 반영하여야 하는데, 만약 행정청이 제출된 의견을 반영하지 않고 처분을 한 경우, 당사자등이 처분이 있음을 안 날부터 (   )일 이내에 그 이유의 설명을 요청하면 서면으로 그 이유를 알려야 한다.

10

행정지도에 대한 설명으로 옳지 않은 것은? (다툼이 있는 경우 판례에 의함)

① 기업의 도산과 같이 국민경제에 심대한 영향을 미치는 중요한 사안에 대하여 재무부장관(현 기획재정부장관)이 부실채권의 정리에 관하여 금융기관을 행정지도함에 있어 사전에 대통령에게 보고하여 지시를 받는다면 이는 위법하다.

② 세무당국이 주류제조회사에 대하여 특정 업체와의 주류 거래를 일정기간 중지하여 줄 것을 요청한 행위는 권고적 성격의 행위로서 행정처분이라고 볼 수 없다.

③ 행정지도는 당해 행정기관의 소관사무의 범위 내에서 행해져야 한다.

④ 행정지도가 단순한 행정지도로서의 한계를 넘어 규제적·구속적 성격을 상당히 강하게 갖는 것이라면 헌법소원의 대상이 되는 공권력의 행사로 볼 수 있다.

11

개인적 공권에 대한 설명으로 옳지 않은 것은? (다툼이 있는 경우 판례에 의함)

① 법규가 일정한 행위의 발령에 대해 행정청에게 재량권을 부여한 경우, 재량의 일탈·남용 등 재량행사에 하자가 있다는 사정만으로 사인(私人)이 바로 행정청에 대하여 하자 없는 재량행사를 청구할 수 있는 권리가 인정되는 것은 아니다.

② 반사적 이익의 공권화 경향에 따라 행정개입청구권의 성립요건이 그만큼 완화되고 있다.

③ 행정청이 특정 개발사업의 시행자를 지정하는 처분을 하면서 상대방에게 지정처분의 취소에 대한 소권을 포기하도록 하는 내용의 부관을 붙이는 것은 단지 부제소 특약만을 덧붙이는 것이어서 허용된다.

④ 헌법 제32조 제1항이 규정하는 근로의 권리는 사회적 기본권으로서 국가에 대하여 직접 일자리를 청구하거나 일자리에 갈음하는 생계비의 지급청구권을 의미하는 것이 아니라 고용증진을 위한 사회적·경제적 정책을 요구할 수 있는 권리에 그치며, 근로의 권리로부터 국가에 대한 직접적인 직장존속청구권이 도출되는 것도 아니다.

12

「행정절차법」상 행정절차에 대한 설명으로 옳은 것(○)과 옳지 않은 것(×)을 바르게 조합한 것은? (다툼이 있는 경우 판례에 의함)

> ㉠ 「행정절차법」은 당사자에게 의무를 부과하거나 당사자의 권익을 제한하는 처분을 하는 경우에 대해서만 그 근거와 이유를 제시하도록 규정하고 있다.
> ㉡ 인·허가 등의 거부처분을 함에 있어서 당사자가 그 처분의 근거를 알 수 있을 정도로 상당한 이유를 제시한 경우라도 그 구체적 조항이나 내용을 명시하지 않았다면 해당 거부처분은 위법하다.
> ㉢ 공무원직위해제처분에 대해서는 사전통지 및 의견청취 등에 관한 「행정절차법」 규정이 적용되지 않는다.
> ㉣ 행정청은 행정처분의 상대방에 대한 청문통지서가 반송되었거나, 행정처분의 상대방이 청문일시에 불출석하였다는 이유로 청문절차를 생략하고 침해적 행정처분을 할 수 있다.

① ㉠(○), ㉡(○), ㉢(×), ㉣(○)
② ㉠(×), ㉡(○), ㉢(×), ㉣(×)
③ ㉠(×), ㉡(×), ㉢(○), ㉣(○)
④ ㉠(×), ㉡(×), ㉢(○), ㉣(×)

13

행정벌에 대한 설명으로 옳지 않은 것은? (다툼이 있는 경우 판례에 의함)

① 지방자치단체 소속 공무원이 지정항만순찰 등의 업무를 위해 관할관청의 승인 없이 개조한 승합차를 운행함으로써 구 「자동차관리법」을 위반한 경우, 해당 지방자치단체는 구 「자동차관리법」 제83조의 양벌규정에 따른 처벌 대상이 될 수 없다.

② 「질서위반행위규제법」상 행정청은 당사자가 납부기한까지 과태료를 납부하지 아니한 때에는 납부기한을 경과한 날부터 체납된 과태료에 대하여 100분의 3에 상당하는 가산금을 징수한다.

③ 「질서위반행위규제법」에 따르면 고의 또는 과실이 없는 질서위반행위에는 과태료를 부과하지 아니한다.

④ 지방국세청장이 조세범칙행위에 대하여 고발을 한 후에 동일한 조세범칙행위에 대하여 통고처분을 하여 조세범칙행위자가 이를 이행하였다면 고발에 따른 형사절차의 이행은 일사부재리의 원칙에 반하여 위법하다.

14

부작위위법확인소송에 대한 설명으로 옳지 않은 것은? (다툼이 있는 경우 판례에 의함)

① 당사자가 적법한 제소기간 내에 부작위위법확인의 소를 제기한 후 동일한 신청에 대하여 소극적 처분이 있다고 보아 처분취소소송으로 소를 교환적으로 변경한 후 부작위위법확인의 소를 추가적으로 병합한 경우 제소기간을 준수한 것으로 볼 수 있다.

② 법원은 단순히 행정청의 방치행위의 적부에 관한 절차적 심리만 하는 게 아니라, 신청의 실체적 내용이 이유 있는지도 심리하며 그에 대한 적정한 처리방향에 관한 법률적 판단을 해야 한다.

③ 부작위위법확인소송에서 예외적으로 행정심판전치가 인정될 경우 그 전치되는 행정심판은 의무이행심판이다.

④ 소 제기 이후에 행정청이 상대방의 신청에 대하여 적극 또는 소극의 처분을 함으로써 부작위상태가 해소된 때에는 소의 이익을 상실하게 된다.

15

행정입법에 대한 설명으로 옳지 않은 것은? (다툼이 있는 경우 판례에 의함)

① 행정입법이 대법원에 의하여 위법하다는 판정이 있더라도 일반적으로 그 효력이 상실되는 것은 아니다.

② 행정부가 위임입법에 따른 시행령을 제정하지 않거나 개정하지 않은 것에 대한 정당한 이유가 있음을 주장하기 위해서는 그 위임입법 자체가 헌법에 위반된다는 것이 누가 보아도 명백하거나, 위임입법에 따른 행정입법의 제정이나 개정이 당시 실시되고 있는 전체적인 법질서 체계와 조화되지 아니하여 그 위임입법에 따른 행정입법 의무의 이행이 오히려 헌법질서를 파괴하는 결과를 가져옴이 명백할 정도는 되어야 한다.

③ 상위법령의 시행을 위하여 법규명령을 제정하여야 할 의무가 인정됨에도 불구하고 법규명령을 제정하고 있지 않은 경우, 그러한 부작위는 부작위위법확인소송을 통하여 다툴 수 있다.

④ 법령의 규정이 특정 행정기관에 그 법령 내용의 구체적 사항을 정할 수 있는 권한을 부여하면서 그 권한 행사의 절차나 방법을 특정하고 있지 아니한 관계로 수임행정기관이 행정규칙의 형식으로 그 법령의 내용이 될 사항을 구체적으로 정하고 있다면, 그와 같은 행정규칙은 행정기관에 법령의 구체적 내용을 보충할 권한을 부여한 법령 규정의 효력에 의하여 그 내용을 보충하는 기능을 갖게 된다.

16

항고소송의 대상인 처분에 대한 설명으로 옳지 않은 것은? (다툼이 있는 경우 판례에 의함)

① 교도소장이 수형자를 '접견내용 녹음 · 녹화 및 접견 시 교도관 참여대상자'로 지정한 행위는 수형자의 구체적 권리의무에 직접적 변동을 가져오는 행정청의 공법상 행위로서 항고소송의 대상이 되는 처분에 해당한다.

② 수리를 요하는 신고인 납골당설치 신고에 있어서, '납골당설치 신고사항 이행통지'는 납골당을 설치하는 데 필요한 각종 인허가 사항, 향후 절차 등에 관한 사항을 알려주게 되어 새로이 참가인 또는 관계자들의 법률상 지위에 변동을 일으키므로, 수리처분과는 별도로 이행통지를 항고소송의 대상이 되는 다른 처분으로 볼 수 있다.

③ 구 「체육시설의 설치 · 이용에 관한 법률」의 규정에 따라 체육시설의 회원을 모집하고자 하는 자의 '회원모집계획서 제출'은 수리를 요하는 신고이며, 이에 대하여 회원모집계획을 승인하는 시 · 도지사 등의 검토결과 통보는 수리행위로서 행정처분에 해당한다.

④ 지방경찰청장이 횡단보도를 설치하여 보행자 통행방법 등을 규제하는 것은 행정처분이다.

17

행정행위의 효력에 대한 설명으로 옳은 것은? (다툼이 있는 경우 판례에 의함)

① 민사소송에 있어서 어느 행정처분의 당연무효 여부가 선결문제로 되는 때에는 당해 소송의 수소법원은 이를 판단하여 그 행정처분의 무효확인판결을 할 수 있다.

② 공정력은 어떤 행위에 사소한 하자가 있다 하더라도 그것만으로는 곧바로 무효로 취급되는 것을 막기 위한 힘이므로, 행정행위뿐 아니라 비권력적 행위, 사실행위, 사법행위에도 널리 인정된다.

③ 위법한 하천점용허가를 다투지 않고 있다가 제소기간이 도과한 경우에는 처분청이라도 그 점용허가를 취소할 수 없다.

④ 연령미달의 결격자 甲이 타인(자신의 형)의 이름으로 운전면허시험에 응시 · 합격하여 교부받은 운전면허라 하더라도 당연무효는 아니고, 당해 면허가 취소되지 않는 한 유효하므로, 甲의 운전행위는 무면허운전에 해당하지 않는다.

PART
03

18

법치행정원리에 대한 설명으로 옳은 것은? (다툼이 있는 경우 판례에 의함)

① 조합의 사업시행인가 신청 시의 토지 등 소유자의 동의 요건은, 토지 등 소유자의 재산상 권리·의무에 관한 기본적이고 본질적인 사항이라고 볼 수 없으므로, 법률유보 내지 의회유보의 원칙이 반드시 지켜져야 하는 영역이라고 할 수 없다.

② 법률우위의 원칙에 위반된 행정행위는 무효이다.

③ 법률유보의 원칙에서 요구되는 법적 근거는 작용법적 근거가 아니라 조직법적 근거를 의미한다.

④ 급부행정유보설에 따르면 국민의 자유와 재산에 대한 침해행정에 대해서는 법률의 근거가 필요하지 않다고 한다.

19

「국가배상법」상 국가배상에 대한 설명으로 옳지 않은 것은? (다툼이 있는 경우 판례에 의함)

① 「의용소방대 설치 및 운영에 관한 법률」에 따라 소방서장이 임명한 의용소방대원은 「국가배상법」상 공무원에 해당한다.

② 「국가배상법」상 상호보증을 위해 반드시 당사국과의 조약이 체결되어 있을 필요는 없다.

③ 인사업무담당 공무원이 다른 공무원의 공무원증 등을 위조한 행위는 실질적으로 직무행위에 속하지 아니한다 할지라도 외관상으로는 「국가배상법」상의 직무집행에 해당하므로, 그 행위는 공무원이 '직무를 집행함에 당하여' 한 것으로 보아야 한다.

④ 담당공무원이 주택구입대부제도와 관련하여 지급보증서 제도에 관해 알려주지 않은 조치는 법령위반에 해당하지 않는다.

20

「행정대집행법」상 행정대집행에 대한 설명으로 옳은 것만을 모두 고르면? (다툼이 있는 경우 판례에 의함)

> ㉠ 위법건축물 철거명령과 대집행한다는 계고처분은 각각 별도의 처분서에 의하여야만 한다.
> ㉡ 구 「토지수용법」상 피수용자 등이 기업자에 대하여 부담하는 수용대상 토지의 인도의무는 특별한 사정이 없는 한 「행정대집행법」에 의한 대집행의 대상이 될 수 없다.
> ㉢ 무허가증축부분으로 인하여 건물의 미관이 나아지고 증축 부분을 철거하는 데 비용이 많이 소요된다고 하더라도 건물철거 대집행계고처분을 할 요건에 해당된다.
> ㉣ 위법한 행정대집행이 완료되면 그 처분의 무효확인 또는 취소를 구할 소의 이익은 없다 하더라도 미리 그 행정처분의 취소판결이 있어야만 그 행정처분의 위법임을 이유로 한 손해배상청구를 할 수 있다.

① ㉠, ㉡   ② ㉠, ㉣
③ ㉡, ㉢   ④ ㉡, ㉣

21

행정상 손실보상에 대한 설명으로 옳지 않은 것은? (다툼이 있는 경우 판례에 의함)

① 헌법 제23조 제3항에서 규정한 '정당한 보상'이란 완전보상을 뜻하므로, 공익사업의 시행으로 지가가 상승하여 발생한 개발이익을 손실보상금액에 포함시키지 않았다면 헌법이 규정한 정당보상의 원리에 어긋난다.

② 개발제한구역 지정으로 인하여 토지를 종래의 목적으로도 사용할 수 없거나 또는 더이상 법적으로 허용된 토지이용의 방법이 없기 때문에 실질적으로 토지의 사용·수익의 길이 없는 경우에는 토지소유자가 수인해야 하는 사회적 제약의 한계를 넘는 것으로 보아야 한다.

③ 토지수용으로 인한 손실보상액을 공시지가를 기준으로 산정하되 개별공시지가가 아닌 표준지공시지가를 기준으로 하는 것은 헌법 제23조 제3항이 규정한 정당보상의 원칙에 위배되지 않는다.

④ 「공익사업을 위한 토지 등의 취득 및 보상에 관한 법률」상 토지소유자가 사업시행자로부터 잔여지 가격감소로 인한 손실보상을 받고자 하는 경우, 토지수용위원회의 재결절차를 거치지 않은 채 곧바로 사업시행자를 상대로 손실보상을 청구하는 것은 허용되지 않는다.

22

취소소송의 소송요건에 대한 설명으로 옳지 않은 것은? (다툼이 있는 경우 판례에 의함)

① 행정소송의 대상이 되는 행정처분의 존부는 소송요건으로서 직권조사사항이고, 자백의 대상이 될 수 없는 것이므로, 설사 그 존재를 당사자들이 다투지 아니한다 하더라도 그 존부에 관하여 의심이 있는 경우에는 이를 직권으로 밝혀 보아야 할 것이다.

② 「국세기본법」에 따르면 국세부과처분 취소소송에는 필요적 행정심판전치주의가 적용된다.

③ 甲이 적법한 약종상허가를 받아 허가지역 내에서 약종상영업을 경영하고 있었음에도 불구하고, 행정관청이 같은 약종상인 乙에게 乙의 영업허가지역이 아닌 甲의 영업허가지역 내로 영업소를 이전하도록 허가하였다면, 甲으로서는 이로 인하여 기존업자로서의 법률상 이익을 침해받았음이 분명하므로 甲에게는 영업소이전허가처분의 취소를 구할 법률상 이익이 있다.

④ 조합설립추진위원회의 구성에 동의하지 아니한 정비구역 내의 토지 등 소유자는, 조합설립추진위원회 설립승인처분에 대하여 「도시 및 주거환경정비법」에 의하여 보호되는 직접적이고 구체적인 이익을 향유하는 것은 아니므로, 그 설립승인처분의 취소소송을 제기할 원고적격이 없다.

23

자동차운전면허 및 운송사업면허에 대한 설명으로 옳은 것만을 모두 고르면? (다툼이 있는 경우 판례에 의함)

㉠ 개인택시기사가 음주운전사고로 사망한 경우 음주운전이 운전면허취소사유로만 규정되어 있으므로, 관할 관청은 당해 음주운전사고를 이유로 개인택시운송사업면허를 바로 취소할 수는 없다.

㉡ 택시운전기사가 운전면허정지 기간 중에 운전행위를 하다가 적발되어, 형사처벌을 받았으나 행정청으로부터 아무런 행정조치가 없어 안심하고 계속 운전업무에 종사하고 있던 중, 행정청이 위 위반행위가 있은 이후에 장기간에 걸쳐 아무런 행정조치를 취하지 않은 채 방치하고 있다가 3년여가 지난 후에 이를 이유로 운전면허를 취소하는 행정처분을 하였다면, 이는 신뢰보호의 원칙에 위배된다.

㉢ 운전면허를 받은 사람이 음주운전을 한 경우에 운전면허를 취소하는 것은 기속행위가 아니라 행정청의 재량에 달려 있으므로, 운전면허의 취소에서는 일반의 수익적 행정행위의 취소와는 달리, 공익상의 필요보다는 취소로 인하여 입게 될 당사자의 불이익이 더욱 강조되어야 한다.

㉣ 혈중알코올농도 0.13%의 주취상태에서 차량을 운전하다가 적발된 甲에게 A광역시 지방경찰청장이 「도로교통법」에 의거하여 운전면허 취소처분을 하였다고 할 때, 甲이 이 처분을 다투기 위해 행정심판을 청구하는 경우 국민권익위원회에 소속된 중앙행정심판위원회가 심리·재결한다.

① ㉠, ㉡, ㉢   ② ㉠, ㉡, ㉣

③ ㉠, ㉣   ④ ㉢, ㉣

24

행정법의 법원(法源)에 대한 설명으로 옳지 않은 것은? (다툼이 있는 경우 판례에 의함)

① 학교급식을 위해 국내 우수농산물을 사용하는 자에게 식재료나 구입비의 일부를 지원하는 것 등을 내용으로 하는 지방자치단체의 조례안이 '1994년 관세 및 무역에 관한 일반협정'을 위반하여 위법한 이상, 그 조례안은 효력이 없다.

② 산업통상자원부장관이 「석유 및 석유대체연료 사업법」이 정한 바에 따라 석유 수급과 석유가격의 안정을 위하여 부과금을 징수하였다가 환급 사유가 발생하여 그 일부를 환급하는 경우, 석유환급금 부과·환급의 실질에 비추어 보면 환급금의 산정기준에 관한 규정을 해석할 때 조세나 부담금에 관한 법률의 해석에 관한 법리가 적용된다.

③ 어느 특정한 장애가 「장애인복지법 시행령」 제2조 제1항 [별표 1]에 명시적으로 규정되어 있지 않다고 하더라도, 그 장애를 가진 사람이 「장애인복지법」 제2조에서 정한 '장애인'에 해당함이 분명할 뿐 아니라, 모법과 위 시행령 조항의 내용과 체계에 비추어 볼 때 위 시행령 조항이 그 장애를 「장애인복지법」 적용대상에서 배제하려는 전제에 서 있다고 새길 수 없고 단순한 행정입법의 미비가 있을 뿐이라고 보이는 경우에는, 행정청은 그 장애가 시행령에 규정되어 있지 않다는 이유만으로 장애인등록 신청을 거부할 수 없다.

④ 행정법의 일반원칙은 다른 법원(法源)과의 관계에서 보충적 역할에 그칠 뿐이고, 헌법적 효력을 가질 수는 없다.

25

행정입법에 대한 설명으로 옳지 않은 것은? (다툼이 있는 경우 판례에 의함)

① 서울특별시의 '철거민에 대한 시영아파트 특별분양개선지침'은 법규명령으로서의 효력을 가지므로, 지침 소정의 사람에게는 공법상의 분양신청권이 부여되고 따라서 서울특별시의 시영아파트에 대한 분양불허의 의사표시는 처분에 해당한다.

② '학교장·교사 초빙제 실시'는 행정조직 내부에서만 효력을 가지는 행정상의 운영지침을 정한 것으로서 국민이나 법원을 구속하는 효력이 없는 행정규칙에 해당한다.

③ 산업자원부장관이 「공업배치 및 공장설립에 관한 법률」 제8조의 위임에 따라 공장입지의 기준을 구체적으로 정한 고시는 법규명령으로서 효력을 가진다.

④ 「국립묘지안장대상심의위원회 운영규정」은 국가보훈처장이 심의위원회의 운영에 관하여 구 「국립묘지의 설치 및 운영에 관한 법률」 및 시행령에서 위임된 사항과 그 시행에 필요한 사항을 규정함을 목적으로 하여 국가보훈처 훈령으로 제정된 것으로서, 영예성 훼손 여부 등에 관한 판단의 기준을 정한 행정청 내부의 사무처리준칙이다.

정답 및
해설

01 2023. 7. 15 군무원 9급 기출문제

ANSWER

본문 26~32쪽

01 ③	02 ①	03 ③	04 ②	05 ①
06 ③	07 ④	08 ②	09 ②	10 ④
11 ①	12 ④	13 ③	14 ②	15 ④
16 ③	17 ①	18 ③	19 ①	20 ②
21 ②	22 ④	23 ④	24 ②	25 ①

01 정답 ③

(○) 행정기본법 제13조

> 행정기본법 제13조(부당결부금지의 원칙) 행정청은 행정작용을 할 때 상대방에게 해당 행정작용과 실질적인 관련이 없는 의무를 부과해서는 아니 된다.

(○) 행정기본법 제9조

> 행정기본법 제9조(평등의 원칙) 행정청은 합리적 이유 없이 국민을 차별하여서는 아니 된다.

(×) 이 경우에는 보호하지 않아도 된다(행정기본법 제12조 제1항).

> 행정기본법 제12조(신뢰보호의 원칙) ① 행정청은 공익 또는 제3자의 이익을 현저히 해칠 우려가 있는 경우를 제외하고는 행정에 대한 국민의 정당하고 합리적인 신뢰를 보호하여야 한다.

(○) 행정기본법 제11조

> 행정기본법 제11조(성실의무 및 권한남용금지의 원칙) ① 행정청은 법령등에 따른 의무를 성실히 수행하여야 한다.
> ② 행정청은 행정권한을 남용하거나 그 권한의 범위를 넘어서는 아니 된다.

02 정답 ①

① (×) "상대방 있는 행정처분은 특별한 규정이 없는 한 의사표시에 관한 일반법리에 따라 상대방에게 고지되어야 효력이 발생하고, 상대방 있는 행정처분이 상대방에게 고지되지 아니한 경우에는 상대방이 다른 경로를 통해 행정처분의 내용을 알게 되었다고 하더라도 행정처분의 효력이 발생한다고 볼 수 없다."(대법원 2019.8.9. 선고 2019두38656)

②, ④ (○) "일반적으로 행정처분이 주체·내용·절차와 형식이라는 내부적 성립요건과 외부에 대한 표시라는 외부적 성립요건을 모두 갖춘 경우에는 행정처분이 존재한다고 할 수 있다. 행정처분의 외부적 성립은 행정의사가 외부에 표시되어 행정청이 자유롭게 취소·철회할 수 없는 구속을 받게 되는 시점을 확정하는 의미를 가지므로, 어떠한 처분의 외부적 성립 여부는 행정청에 의해 행정의사가 공식적인 방법으로 외부에 표시되었는지를 기준으로 판단하여야 한다."(대법원 2017.7.11. 선고 2016두35120)

③ (○) "병무청장이 법무부장관에게 '가수 甲이 공연을 위하여 국외여행허가를 받고 출국한 후 미국 시민권을 취득함으로써 사실상 병역의무를 면탈하였으므로 재외동포 자격으로 재입국하고자 하는 경우 국내에서 취업, 가수활동 등 영리활동을 할 수 없도록 하고, 불가능할 경우 입국 자체를 금지해 달라'고 요청함에 따라 법무부장관이 甲의 입국을 금지하는 결정을 하고, 그 정보를 내부전산망인 '출입국관리 정보시스템'에 입력하였으나, 甲에게는 통보하지 않은 사안에서, 위 입국금지결정은 항고소송의 대상이 되는 '처분'에 해당하지 않는다."(대법원 2019.7.11. 선고 2017두38874)

03 정답 ③

① (×) 행정기본법 제17조 제3항 제2호

> 행정기본법 제17조(부관) ③ 행정청은 부관을 붙일 수 있는 처분이 다음 각 호의 어느 하나에 해당하는 경우에는 그 처분을 한 후에도 부관을 새로 붙이거나 종전의 부관을 변경할 수 있다.
> 1. 법률에 근거가 있는 경우
> 2. 당사자의 동의가 있는 경우
> 3. 사정이 변경되어 부관을 새로 붙이거나 종전의 부관을 변경하지 아니하면 해당 처분의 목적을 달성할 수 없다고 인정되는 경우

② (×) 재량행위인 경우에는 법률에 근거가 없어도 부관을 붙일 수 있다.

③ (○) 행정기본법 제17조 제4항 제3호를 부관의 한 종류인 철회권 유보를 통해 출제한 것이다.

> 행정기본법 제17조(부관) ④ 부관은 다음 각 호의 요건에 적합하여야 한다.
> 1. 해당 처분의 목적에 위배되지 아니할 것
> 2. 해당 처분과 실질적인 관련이 있을 것
> 3. 해당 처분의 목적을 달성하기 위하여 필요한 최소한의 범위일 것

④ (×) "행정행위의 부관은 행정행위의 일반적인 효력이나 효과를 제한하기 위하여 의사표시의 주된 내용에 부가되는 종된 의사표시이지 그 자체로서 직접 법적 효과를 발생하는 독립된 처분이 아니므로 현행 행정쟁송제도 아래서는 부관 그 자체만을 독립된 쟁송의 대상으로 할 수 없는 것이 원칙이나 행정행

위의 부관 중에서도 행정행위에 부수하여 그 행정행위의 상대방에게 일정한 의무를 부과하는 행정청의 의사표시인 <u>부담의 경우에는 다른 부관과는 달리 행정행위의 불가분적인 요소가 아니고 그 존속이 본체인 행정행위의 존재를 전제로 하는 것일 뿐이므로 부담 그 자체로서 행정쟁송의 대상이 될 수 있다.</u>" (대법원 1992.1.21. 선고 91누1264)

04 정답 ②

①, ④ (○) "<u>행정행위가 재량성의 유무 및 범위와 관련하여 이른바 기속행위 내지 기속재량행위와 재량행위 내지 자유재량행위로 구분된다고 할 때, 그 구분은 당해 행위의 근거가 된 법규의 체재ㆍ형식과 문언, 당해 행위가 속하는 행정 분야의 주된 목적과 특성, 당해 행위 자체의 개별적 성질과 유형 등을 모두 고려하여 판단하여야 한다.</u> 이렇게 구분되는 양자에 대한 사법심사는, 전자의 경우 그 법규에 대한 원칙적인 기속성으로 인하여 법원이 사실인정과 관련 법규의 해석ㆍ적용을 통하여 일정한 결론을 도출한 후 그 결론에 비추어 행정청이 한 판단의 적법 여부를 독자의 입장에서 판정하는 방식에 의하게 된다. 후자의 경우 행정청의 재량에 기한 공익판단의 여지를 감안하여 법원은 독자의 결론을 도출함이 없이 당해 행위에 재량권의 일탈ㆍ남용이 있는지 여부만을 심사하게 되고, 이러한 재량권의 일탈ㆍ남용 여부에 대한 심사는 사실오인, 비례ㆍ평등의 원칙 위배, 당해 행위의 목적 위반이나 동기의 부정 유무 등을 판단대상으로 한다." (대법원 2018.10.4. 선고 2014두37702)

② (✕) "처분의 근거 법령이 행정청에 처분의 요건과 효과 판단에 일정한 재량을 부여하였는데도, 행정청이 자신에게 재량권이 없다고 오인한 나머지 처분으로 달성하려는 공익과 그로써 처분상대방이 입게 되는 불이익의 내용과 정도를 <u>전혀 비교형량하지 않은 채 처분을 하였다면, 이는 재량권 불행사로서 그 자체로 재량권 일탈ㆍ남용으로 해당 처분을 취소하여야 할 위법사유가 된다.</u>" (대법원 2019.7.11. 선고 2017두38874)

③ (○) 행정기본법 제17조 제2항

> 행정기본법 제17조(부관) ② <u>행정청은 처분에 재량이 없는 경우에는 법률에 근거가 있는 경우에 부관을 붙일 수 있다.</u>

05 정답 ①

① (✕) "국가배상법이 정한 손해배상청구의 요건인 '공무원의 직무'에는 국가나 지방자치단체의 권력적 작용뿐만 아니라 비권력적 작용도 포함되지만, <u>단순한 사경제의 주체로서 하는 작용은 포함되지 아니한다.</u>" (대법원 1999.11.26. 선고 98다47245)

② (○) "국가배상법 제5조 제1항에 정하여진 '영조물의 설치 또는 관리의 하자'라 함은 공공의 목적에 공여된 영조물이 그 용도에 따라 갖추어야 할 <u>안전성을 갖추지 못한 상태에 있음을</u> 말하고, 안전성을 갖추지 못한 상태, 즉 타인에게 위해를 끼칠 위험성이 있는 상태라 함은 당해 영조물을 구성하는 물적 시설 그 자체에 있는 물리적ㆍ외형적 흠결이나 불비로 인하여 그 이용자에게 위해를 끼칠 위험성이 있는 경우뿐만 아니라, <u>그 영조물이 공공의 목적에 이용됨에 있어 그 이용상태 및 정도가 일정한 한도를 초과하여 제3자에게 사회통념상 수인할 것이 기대되는 한도를 넘는 피해를 입히는 경우까지 포함된다고 보아야 한다.</u>" (대법원 2005.1.27. 선고 2003다49566)

③ (○) "국가배상법 제7조는 우리나라만이 입을 수 있는 불이익을 방지하고 국제관계에서 형평을 도모하기 위하여 외국인의 국가배상청구권의 발생요건으로 '외국인이 피해자인 경우에는 해당 국가와 <u>상호보증이 있을 것</u>'을 요구하고 있는데, … 상호보증은 외국의 법령, 판례 및 관례 등에 의하여 발생요건을 비교하여 인정되면 충분하고 <u>반드시 당사국과의 조약이 체결되어 있을 필요는 없으며, 당해 외국에서 구체적으로 우리나라 국민에게 국가배상청구를 인정한 사례가 없더라도 실제로 인정될 것이라고 기대할 수 있는 상태이면 충분하다.</u>" (대법원 2015.6.11. 선고 2013다208388)

④ (○) 국가배상법 제9조

> 국가배상법 제9조(소송과 배상신청의 관계) <u>이 법에 따른 손해배상의 소송은 배상심의회(이하 "심의회"라 한다)에 배상신청을 하지 아니하고도 제기할 수 있다.</u>

06 정답 ③

① (✕) <u>청구인이 부담한다</u>(공공기관의 정보공개에 관한 법률 제17조 제1항).

> 공공기관의 정보공개에 관한 법률 제17조(비용 부담) ① 정보의 공개 및 우송 등에 드는 비용은 실비(實費)의 범위에서 <u>청구인이 부담한다.</u>

② (✕) <u>사립대학교는 공공기관에 해당한다.</u> "정보공개 의무기관을 정하는 것은 입법자의 입법형성권에 속하고, 이에 따라 입법자는 구 공공기관의 정보공개에 관한 법률 제2조 제3호에서 정보공개 의무기관을 공공기관으로 정하였는바, 공공기관은 국가기관에 한정되는 것이 아니라 지방자치단체, 정부투자기관, 그 밖에 공동체 전체의 이익에 중요한 역할이나 기능을 수행하는 기관도 포함되는 것으로 해석되고, 여기에 정보공개의 목적, 교육의 공공성 및 공ㆍ사립학교의 동질성, 사립대학교에 대한 국가의 재정지원 및 보조 등 여러 사정을 고려해 보면, 사립대학교에 대한 국비 지원이 한정적ㆍ일시적ㆍ국부적이라는 점을 고려하더라도, 같은 법 시행령 제2조 제1호가 정보공개의무를 지는 공공기관의 하나로 사립대학교를 들고 있는 것이 모법인 구 공공기관의 정보공개에 관한 법률의 위임 범위를 벗어났다거나 사립대학교가 국비의 지원을 받는 범위 내에서만 공공기관의 성격을 가진다고 볼 수 없다." (대법원 2006.8.24. 선고 2004두2783)

③ (O) "정보공개제도는 공공기관이 보유·관리하는 정보를 그 상태대로 공개하는 제도로서 공개를 구하는 정보를 공공기관이 보유·관리하고 있을 상당한 개연성이 있다는 점에 대하여 원칙적으로 공개청구자에게 증명책임이 있다고 할 것이지만, 공개를 구하는 정보를 공공기관이 한 때 보유·관리하였으나 후에 그 정보가 담긴 문서등이 폐기되어 존재하지 않게 된 것이라면 그 정보를 더 이상 보유·관리하고 있지 아니하다는 점에 대한 증명책임은 공공기관에게 있다." (대법원 2004.12.9. 선고 2003두12707)

④ (✕) 국내에 사무소를 두고 있는 법인 또는 단체라면 학술이나 연구목적이 없어도 정보공개청구를 할 수 있다(공공기관의 정보공개에 관한 법률 시행령 제3조 제1호 반대해석)

> **공공기관의 정보공개에 관한 법률 시행령 제3조(외국인의 정보공개청구)** 법 제5조제2항에 따라 정보공개를 청구할 수 있는 외국인은 다음 각 호의 어느 하나에 해당하는 자로 한다.
> 1. 국내에 일정한 주소를 두고 거주하거나 학술·연구를 위하여 일시적으로 체류하는 사람
> 2. 국내에 사무소를 두고 있는 법인 또는 단체

07 정답 ④

① (O) "공익사업을 위한 토지 등의 취득 및 보상에 관한 법률 (이하 '토지보상법'이라고 한다) 제72조의 문언, 연혁 및 취지 등에 비추어 보면, 위 규정이 정한 수용청구권은 토지보상법 제74조 제1항이 정한 잔여지 수용청구권과 같이 손실보상의 일환으로 토지소유자에게 부여되는 권리로서 그 청구에 의하여 수용효과가 생기는 형성권의 성질을 지니므로, 토지소유자의 토지수용청구를 받아들이지 아니한 토지수용위원회의 재결에 대하여 토지소유자가 불복하여 제기하는 소송은 토지보상법 제85조 제2항에 규정되어 있는 '보상금의 증감에 관한 소송'에 해당하고, 피고는 토지수용위원회가 아니라 사업시행자로 하여야 한다." (대법원 2015.4.9. 선고 2014두46669)

② (O) 수용재결에 불복하여 취소소송을 제기하는 때에는 이의신청을 거친 경우에도 수용재결을 한 중앙토지수용위원회 또는 지방토지수용위원회를 피고로 하여 수용재결의 취소를 구하여야 하고, 다만 이의신청에 대한 재결 자체에 고유한 위법이 있음을 이유로 하는 경우에는 그 이의재결을 한 중앙토지수용위원회를 피고로 하여 이의재결의 취소를 구할 수 있다고 보아야 한다." (대법원 2010.1.28. 선고 2008두1504)

③ (O) 보상금증감청구소송(제85조 제2항)의 제소기간은 공익사업을 위한 토지 등의 취득 및 보상에 관한 법률 제85조 제1항의 항고소송과 제소기간이 동일하다.

> **공익사업을 위한 토지 등의 취득 및 보상에 관한 법률 제85조(행정소송의 제기)** ① 사업시행자, 토지소유자 또는 관계인은 제34조에 따른 재결에 불복할 때에는 재결서를 받은 날부터 90일 이내에, 이의신청을 거쳤을 때에는 이의신청에 대한 재결서를 받은 날부터 60일 이내에 각각 행정소송을 제기할 수 있다.

④ (✕) "구 토지수용법 제16조 제1항에서는 건설부장관이 사업인정을 하는 때에는 지체 없이 그 뜻을 기업자·토지소유자·관계인 및 관계 도지사에게 통보하고 기업자의 성명 또는 명칭, 사업의 종류, 기업지 및 수용 또는 사용할 토지의 세목을 관보에 공시하여야 한다고 규정하고 있는바, 가령 건설부장관이 위와 같은 절차를 누락한 경우 이는 절차상의 위법으로서 수용재결 단계 전의 사업인정 단계에서 다툴 수 있는 취소사유에 해당하기는 하나, 더 나아가 그 사업인정 자체를 무효로 할 중대하고 명백한 하자라고 보기는 어렵고, 따라서 이러한 위법을 들어 수용재결처분의 취소를 구하거나 무효확인을 구할 수는 없다." (대법원 2000.10.13. 선고 2000두5142)

08 정답 ②

① (O) "서울특별시지하철공사의 임원과 직원의 근무관계의 성질은 지방공기업법의 모든 규정을 살펴보아도 공법상의 특별권력관계라고는 볼 수 없고 사법관계에 속할 뿐만 아니라, 위 지하철공사의 사장이 그 이사회의 결의를 거쳐 제정된 인사규정에 의거하여 소속직원에 대한 징계처분을 한 경우 위 사장은 행정소송법 제13조 제1항 본문과 제2조 제2항 소정의 행정청에 해당되지 않으므로 공권력발동 주체로서 위 징계처분을 행한 것으로 볼 수 없고, 따라서 이에 대한 불복절차는 민사소송에 의할 것이지 행정소송에 의할 수는 없다." (대법원 1989.9.12. 선고 89누2103)

② (✕) 공기업·준정부기관이 행한 입찰참가자격 제한 조치는 법령에 근거한 경우 처분성이 인정되나, 계약에 근거하여 행한 권리행사의 경우 사법상의 통지에 해당한다. "공기업·준정부기관이 법령 또는 계약에 근거하여 선택적으로 입찰참가자격 제한 조치를 할 수 있는 경우, 계약상대방에 대한 입찰참가자격 제한 조치가 법령에 근거한 행정처분인지 아니면 계약에 근거한 권리행사인지는 원칙적으로 의사표시의 해석 문제이다. 이때에는 공기업·준정부기관이 계약상대방에게 통지한 문서의 내용과 해당 조치에 이르기까지의 과정을 객관적·종합적으로 고찰하여 판단하여야 한다. 그럼에도 불구하고 공기업·준정부기관이 법령에 근거를 둔 행정처분으로서의 입찰참가자격 제한조치를 한 것인지 아니면 계약에 근거한 권리행사로서의 입찰참가자격 제한조치를 한 것인지가 여전히 불분명한 경우에는, 그에 대한 불복방법 선택에 중대한 이해관계를 가지는 그 조치 상대방의 인식가능성 내지 예측가능성을 중요하게 고려하여 규범적으로 이를 확정함이 타당하다." (대법원 2018.10.25. 선고 2016두33537)

③ (O) "국유재산 등의 관리청이 하는 행정재산의 사용·수익에 대한 허가는 순전히 사경제주체로서 행하는 사법상의 행위가 아니라 관리청이 공권력을 가진 우월적 지위에서 행하는 행정처분으로서 특정인에게 행정재산을 사용할 수 있는 권리를 설정하여 주는 강학상 특허에 해당한다." (대법원 2006.3.9. 선고 2004다31074)

④ (○) "지방자치단체가 구 지방재정법시행령 제71조의 규정에 따라 기부채납받은 공유재산을 무상으로 기부자에게 사용을 허용하는 행위는 사경제주체로서 상대방과 대등한 입장에서 하는 사법상 행위이지 행정청이 공권력의 주체로서 행하는 공법상 행위라고 할 수 없으므로, 기부자가 기부채납한 부동산을 일정기간 무상사용한 후에 한 사용허가기간 연장신청을 거부한 행정청의 행위도 단순한 사법상의 행위일 뿐 행정처분 기타 공법상 법률관계에 있어서의 행위는 아니다." (대법원 1994.1.25. 선고 93누7365) 이 판례는 일반재산에 대한 판례였다.

09 정답 ②

① (○), ③ (○) "국가공무원법상 직무상 비밀이라 함은 국가공무의 민주적, 능률적 운영을 확보하여야 한다는 이념에 비추어 볼 때 당해 사실이 일반에 알려질 경우 그러한 행정의 목적을 해할 우려가 있는지 여부를 기준으로 판단하여야 하며, 구체적으로는 행정기관이 비밀이라고 형식적으로 정한 것에 따를 것이 아니라 실질적으로 비밀로서 보호할 가치가 있는지, 즉 그것이 통상의 지식과 경험을 가진 다수인에게 알려지지 아니한 비밀성을 가졌는지, 또한 정부나 국민의 이익 또는 행정목적 달성을 위하여 비밀로서 보호할 필요성이 있는지 등이 객관적으로 검토되어야 한다 … 이 사건 보고서의 내용 중 … 개별법인의 비업무용 부동산 보유 실태 역시 오늘날과 같은 고도 정보사회에 있어서 일반인에게 알려지지 않은 비밀인지 의문일 뿐 아니라, 나아가 위 감사보고서는 감사자료로 분류된 이상 최종적으로 종결된 것이지 이를 중간단계에 있는 내부보고용 문서라고 볼 수 없어 특별한 사정이 없는 한 이에 기초한 추후의 감사를 전제로 하여 비밀로서 보호할 필요도 인정되지 않으므로 결국 이 사건 보고서는 그 내용이나 성격으로 보아 국가공무원법 제60조 소정의 직무상 비밀에 해당하지 아니한다." (대법원 1996. 10. 11. 선고 94누7171)

② (×) "같은 정도의 비위를 저지른 자들 사이에 있어서도 그 직무의 특성 등에 비추어, 개전의 정이 있는지 여부에 따라 징계의 종류의 선택과 양정에 있어서 차별적으로 취급하는 것은, 사안의 성질에 따른 합리적 차별로서 이를 자의적 취급이라고 할 수 없는 것이어서 평등원칙 내지 형평에 반하지 아니한다." (대법원 1999. 8. 20. 선고 99두2611)

④ (○) "수 개의 징계사유 중 일부가 인정되지 않더라도 인정되는 다른 징계사유만으로도 당해 징계처분의 타당성을 인정하기에 충분한 경우에는 그 징계처분을 유지하여도 위법하지 아니하다." (대법원 2002. 9. 24. 선고 2002두6620)

10 정답 ④

① (○) "정비사업의 공익적 · 단체법적 성격과 이전고시에 따라 이미 형성된 법률관계를 유지하여 법적 안정성을 보호할 필요성이 현저한 점 등을 고려할 때, 이전고시의 효력이 발생한 이후에는 조합원 등이 해당 정비사업을 위하여 이루어진 수용재결이나 이의재결의 취소 또는 무효확인을 구할 법률상 이익이 없다고 해석함이 타당하다." (대법원 2017.3.16. 선고 2013두11536)

② (○) "행정청이 도시 및 주거환경정비법 등 관련 법령에 근거하여 행하는 조합설립인가처분은 단순히 사인들의 조합설립행위에 대한 보충행위로서의 성질을 갖는 것에 그치는 것이 아니라 법령상 요건을 갖출 경우 도시 및 주거환경정비법상 주택재건축사업을 시행할 수 있는 권한을 갖는 행정주체(공법인)로서의 지위를 부여하는 일종의 설권적 처분의 성격을 갖는다고 보아야 한다. 그리고 그와 같이 보는 이상 조합설립결의는 조합설립인가처분이라는 행정처분을 하는 데 필요한 요건 중 하나에 불과한 것이어서, 조합설립결의에 하자가 있다면 그 하자를 이유로 직접 항고소송의 방법으로 조합설립인가처분의 취소 또는 무효확인을 구하여야 하고, 이와는 별도로 조합설립결의 부분만을 따로 떼어내어 그 효력 유무를 다투는 확인의 소를 제기하는 것은 원고의 권리 또는 법률상의 지위에 현존하는 불안 · 위험을 제거하는 데 가장 유효 · 적절한 수단이라 할 수 없어 특별한 사정이 없는 한 확인의 이익은 인정되지 아니한다." (대법원 2009.9.24. 선고 2008다60568)

③ (○) 옳은 내용이다. 이전고시란 관리처분계획에 따라 소유권을 이전한다는 내용의 고시를 말한다. 이전고시가 있은 다음 날 분양받을 자에게 소유권이 이전된다.

④ (×) "추진위원회 구성승인처분을 다투는 소송 계속 중에 조합설립인가처분이 이루어진 경우에는, 추진위원회 구성승인처분에 위법이 존재하여 조합설립인가 신청행위가 무효라는 점 등을 들어 직접 조합설립인가처분을 다툼으로써 정비사업의 진행을 저지하여야 하고, 이와는 별도로 추진위원회 구성승인처분에 대하여 취소 또는 무효확인을 구할 법률상의 이익은 없다고 보아야 한다." (대법원 2013.1.31. 선고 2011두11112, 2011두11129)

11 정답 ①

① (×) "국립대학인 서울대학교의 "94학년도 대학입학고사주요요강"은 사실상의 준비행위 내지 사전안내로서 행정쟁송의 대상이 될 수 있는 행정처분이나 공권력의 행사는 될 수 없지만 그 내용이 국민의 기본권에 직접 영향을 끼치는 내용이고 앞으로 법령의 뒷받침에 의하여 그대로 실시될 것이 틀림없을 것으로 예상되어 그로 인하여 직접적으로 기본권 침해를 받게 되는 사람에게는 사실상의 규범작용으로 인한 위험성이 이미 현실적으로 발생하였다고 보아야 할 것이므로 이는 헌법소원의 대상이 되는 헌법재판소법 제68조 제1항 소정의 공권력의 행사에 해당된다고 할 것이며, 이 경우 헌법소원 외에 달리 구제방법이 없다." (헌법재판소 1992.10.1. 선고 92헌마68)

② (○) "행정주체가 구체적인 행정계획을 입안·결정할 때에 가지는 비교적 광범위한 형성의 자유는 무제한적인 것이 아니라 행정계획에 관련되는 자들의 이익을 공익과 사익 사이에서는 물론이고 공익 상호 간과 사익 상호 간에도 정당하게 비교교량하여야 한다는 제한이 있는 것이므로, 행정주체가 행정계획을 입안·결정하면서 이익형량을 전혀 행하지 않거나 이익형량의 고려 대상에 마땅히 포함시켜야 할 사항을 빠뜨린 경우 또는 이익형량을 하였으나 정당성과 객관성이 결여된 경우에는 행정계획결정은 형량에 하자가 있어 위법하게 된다." (대법원 2012.1.12. 선고 2010두5806)

③ (○) "개발제한구역지정처분은 건설부장관이 법령의 범위 내에서 도시의 무질서한 확산 방지 등을 목적으로 도시정책상의 전문적·기술적 판단에 기초하여 행하는 일종의 행정계획으로서 그 입안·결정에 관하여 광범위한 형성의 자유를 가지는 계획재량처분이므로, 그 지정에 관련된 공익과 사익을 전혀 비교교량하지 아니하였거나 비교교량을 하였더라도 그 정당성과 객관성이 결여되어 비례의 원칙에 위반되었다고 볼 만한 사정이 없는 이상, 그 개발제한구역지정처분은 재량권을 일탈·남용한 위법한 것이라고 할 수 없다." (대법원 1997.6.24. 선고 96누1313)

④ (○) "재건축조합이 행정주체의 지위에서 도시정비법 제48조에 따라 수립하는 관리처분계획은 정비사업의 시행 결과 조성되는 대지 또는 건축물의 권리귀속에 관한 사항과 조합원의 비용분담에 관한 사항 등을 정함으로써 조합원의 재산상 권리·의무 등에 구체적이고 직접적인 영향을 미치게 되므로, 이는 구속적 행정계획으로서 재건축조합이 행하는 독립된 행정처분에 해당한다." (대법원 2009.9.17. 선고 2007다2428 전원합의체)

12 정답 ④

① (○) "한 사람이 여러 종류의 자동차운전면허를 취득하는 경우뿐 아니라 이를 취소 또는 정지하는 경우에도 서로 별개의 것으로 취급하는 것이 원칙이고, 다만 취소사유가 특정 면허에 관한 것이 아니고 다른 면허와 공통된 것이거나 운전면허를 받은 사람에 관한 것일 경우에는 여러 면허를 전부 취소할 수도 있다." (대법원 2012.5.24. 선고 2012두1891)

② (○), ③ (○) 행정기본법 제18조

> 행정기본법 제18조(위법 또는 부당한 처분의 취소) ① 행정청은 위법 또는 부당한 처분의 전부나 일부를 소급하여 취소할 수 있다. 다만, 당사자의 신뢰를 보호할 가치가 있는 등 정당한 사유가 있는 경우에는 장래를 향하여 취소할 수 있다.
> ② 행정청은 제1항에 따라 당사자에게 권리나 이익을 부여하는 처분을 취소하려는 경우에는 취소로 인하여 당사자가 입게 될 불이익을 취소로 달성되는 공익과 비교·형량(衡量)하여야 한다. 다만, 다음 각 호의 어느 하나에 해당하는 경우에는 그러하지 아니하다.
> 1. 거짓이나 그 밖의 부정한 방법으로 처분을 받은 경우
> 2. 당사자가 처분의 위법성을 알고 있었거나 중대한 과실로 알지 못한 경우

④ (×) "행정행위를 한 처분청은 그 행위에 하자가 있는 경우에는 별도의 법적 근거가 없더라도 스스로 이를 취소할 수 있고, 다만 수익적 행정처분을 취소할 때에는 이를 취소하여야 할 공익상의 필요와 그 취소로 인하여 당사자가 입게 될 기득권과 신뢰보호 및 법률생활 안정의 침해 등 불이익을 비교·교량한 후 공익상의 필요가 당사자가 입을 불이익을 정당화할 만큼 강한 경우에 한하여 취소할 수 있다." (대법원 2008.11.13. 선고 2008두8628)

13 정답 ③

① (○) 행정절차법 제49조 제1항

> 행정절차법 제49조(행정지도의 방식) ① 행정지도를 하는 자는 그 상대방에게 그 행정지도의 취지 및 내용과 신분을 밝혀야 한다.

② (○) 행정절차법 제49조 제2항은 행정지도가 말로 이루어지는 것이 가능함을 전제로 하고 있다.

> 행정절차법 제49조(행정지도의 방식) ② 행정지도가 말로 이루어지는 경우에 상대방이 제1항의 사항을 적은 서면의 교부를 요구하면 그 행정지도를 하는 자는 직무 수행에 특별한 지장이 없으면 이를 교부하여야 한다.

③ (×) 행절절차법 제48조 제2항

> 행정절차법 제48조(행정지도의 원칙) ② 행정기관은 행정지도의 상대방이 행정지도에 따르지 아니하였다는 것을 이유로 불이익한 조치를 하여서는 아니 된다.

④ (○) 행절절차법 제50조

> 행정절차법 제50조(의견제출) 행정지도의 상대방은 해당 행정지도의 방식·내용 등에 관하여 행정기관에 의견제출을 할 수 있다.

14 정답 ②

① (○), ② (×) "관계 법령상 행정대집행의 절차가 인정되어 행정청이 행정대집행의 방법으로 건물의 철거 등 대체적 작위의무의 이행을 실현할 수 있는 경우에는 따로 민사소송의 방법으로 그 의무의 이행을 구할 수 없다. 한편 건물의 점유자가 철거의무자일 때에는 건물철거의무에 퇴거의무도 포함되어 있는 것이어서 별도로 퇴거를 명하는 집행권원이 필요하지 않다." (대법원 2017.4.28. 선고 2016다213916)

③ (○) "건축법에 위반하여 건축한 것이어서 철거의무가 있는 건물이라 하더라도 그 철거의무를 대집행하기 위한 계고처분을 하려면 다른 방법으로는 이행의 확보가 어렵고 불이행을 방치함이 심히 공익을 해하는 것으로 인정될 때에 한하여 허용되고 이러한 요건의 주장·입증 책임은 처분 행정청에 있다." (대법원 1996.10.11. 선고 96누8086)

④ (○) "과세관청이 체납처분으로서 행하는 공매는 우월한 공권력의 행사로서 행정소송의 대상이 되는 공법상의 행정처분이며 공매에 의하여 재산을 매수한 자는 그 공매처분이 취소된 경우에 그 취소처분의 위법을 주장하여 행정소송을 제기할 법률상 이익이 있다." (대법원 1984.9.25. 선고 84누201)

④ (×) "개발부담금 부과처분이 취소된 이상 그 후의 부당이득으로서의 과오납금 반환에 관한 법률관계는 단순한 민사 관계에 불과한 것이고, 행정소송 절차에 따라야 하는 관계로 볼 수 없다." (대법원 1995.12.22. 선고 94다51253)

15 정답 ④

① (○) "국유재산법 제51조 제1항은 국유재산의 무단점유자에 대하여는 대부 또는 사용, 수익허가 등을 받은 경우에 납부하여야 할 대부료 또는 사용료 상당액 외에도 그 징벌적 의미에서 국가측이 일방적으로 그 2할 상당액을 추가하여 변상금을 징수토록 하고 있으며 동조 제2항은 변상금의 체납시 국세징수법에 의하여 강제징수토록 하고 있는 점 등에 비추어 보면 국유재산의 관리청이 그 무단점유자에 대하여 하는 변상금부과처분은 순전히 사경제 주체로서 행하는 사법상의 법률행위라 할 수 없고 이는 관리청이 공권력을 가진 우월적 지위에서 행한 것으로서 행정소송의 대상이 되는 행정처분이라고 보아야 한다." (대법원 1988.2.23. 선고 87누1046)

② (○) "국가나 지방자치단체에 근무하는 청원경찰은 국가공무원법이나 지방공무원법상의 공무원은 아니지만, 다른 청원경찰과는 달리 그 임용권자가 행정기관의 장이고, 국가나 지방자치단체로부터 보수를 받으며, 산업재해보상보험법이나 근로기준법이 아닌 공무원연금법에 따른 재해보상과 퇴직급여를 지급받고, 직무상의 불법행위에 대하여도 민법이 아닌 국가배상법이 적용되는 등의 특질이 있으며 그외 임용자격, 직무, 복무의무 내용 등을 종합하여 볼 때, 그 근무관계를 사법상의 고용계약관계로 보기는 어려우므로 그에 대한 징계처분의 시정을 구하는 소는 행정소송의 대상이지 민사소송의 대상이 아니다." (대법원 1993.7.13. 선고 92다47564)

③ (○) "조세채권은 국세징수법에 의하여 우선권 및 자력집행권 등이 인정되는 권리로서 사적 자치가 인정되는 사법상의 채권과 그 성질을 달리할 뿐 아니라, 부당한 조세징수로부터 국민을 보호하고 조세부담의 공평을 기하기 위하여 그 성립과 행사는 법률에 의해서만 가능하고 법률의 규정과 달리 당사자가 그 내용 등을 임의로 정할 수 없으며, 조세채무관계는 공법상의 법률관계로서 그에 관한 쟁송은 원칙적으로 행정소송법의 적용을 받고, 조세는 공익성과 공공성 등의 특성을 갖는다는 점에서도 사법상의 채권과 구별된다. 따라서 조세에 관한 법률이 아닌 사법상 계약에 의하여 납세의무 없는 자에게 조세채무를 부담하게 하거나 이를 보증하게 하여 이들로부터 조세채권의 종국적 만족을 실현하는 것은 앞서 본 조세의 본질적 성격에 반할 뿐 아니라 과세관청이 과세징수상의 편의만을 위해 법률의 규정 없이 조세채권의 성립 및 행사 범위를 임의로 확대하는 것으로서 허용될 수 없다." (대법원 2017.8.29. 선고 2016다224961)

16 정답 ③

① (○) "구 전염병예방법 제54조의2의 규정에 의한 국가의 보상책임은 무과실책임이기는 하지만, 책임이 있다고 하기 위해서는 질병, 장애 또는 사망(이하 '장애 등'이라 한다)이 당해 예방접종으로 인한 것임을 인정할 수 있어야 한다." (대법원 2014.5.16. 선고 2014두274)

② (○) "당사자적격, 권리보호이익 등 소송요건은 직권조사사항으로서 당사자가 주장하지 아니하더라도 법원이 직권으로 조사하여 판단하여야 하고, 사실심 변론종결 이후에 소송요건이 흠결되거나 그 흠결이 치유된 경우 상고심에서도 이를 참작하여야 한다." (대법원 2011.2.10. 선고 2010다87535)

③ (×) "법령이 특정한 행정기관 등으로 하여금 다른 행정기관을 상대로 제재적 조치를 취할 수 있도록 하면서, 그에 따르지 않으면 그 행정기관에 대하여 과태료를 부과하거나 형사처벌을 할 수 있도록 정하는 경우가 있다. 이러한 경우에는 단순히 국가기관이나 행정기관의 내부적 문제라거나 권한 분장에 관한 분쟁으로만 볼 수 없다. 행정기관의 제재적 조치의 내용에 따라 '구체적 사실에 대한 법집행으로서 공권력의 행사'에 해당할 수 있고, 그러한 조치의 상대방인 행정기관이 입게 될 불이익도 명확하다. 그런데도 그러한 제재적 조치를 기관소송이나 권한쟁의심판을 통하여 다툴 수 없다면, 제재적 조치는 그 성격상 단순히 행정기관 등 내부의 권한 행사에 머무는 것이 아니라 상대방에 대한 공권력 행사로서 항고소송을 통한 주관적 구제대상이 될 수 있다고 보아야 한다. 기관소송 법정주의를 취하면서 제한적으로만 이를 인정하고 있는 현행 법령의 체계에 비추어 보면, 이 경우 항고소송을 통한 구제의 길을 열어주는 것이 법치국가 원리에도 부합한다. 따라서 이러한 권리구제나 권리보호의 필요성이 인정된다면 예외적으로 그 제재적 조치의 상대방인 행정기관 등에게 항고소송 원고로서의 당사자능력과 원고적격을 인정할 수 있다." (대법원 2018.8.1. 선고 2014두35379)

④ (○) "원고가 행정소송법상 항고소송으로 제기해야 할 사건을 민사소송으로 잘못 제기한 경우에 수소법원이 그 항고소송에 대한 관할을 가지고 있지 아니하여 관할법원에 이송하는 결정을 하였고, 그 이송결정이 확정된 후 원고가 항고소송으로 소 변경을 하였다면, 그 항고소송에 대한 제소기간의 준수 여부는 원칙적으로 처음에 소를 제기한 때를 기준으로 판단하여야 한다." (대법원 2022.11.17. 선고 2021두44425)

17 정답 ①

① (✕) "국가공무원법상 직위해제처분은 구 행정절차법 제3조 제2항 제9호, 구 행정절차법 시행령 제2조 제3호에 의하여 당해 행정작용의 성질상 행정절차를 거치기 곤란하거나 불필요하다고 인정되는 사항 또는 행정절차에 준하는 절차를 거친 사항에 해당하므로, 처분의 사전통지 및 의견청취 등에 관한 행정절차법의 규정이 별도로 적용되지 않는다." (대법원 2014.5.16. 선고 2012두26180)

② (○) "군인사법령에 의하여 진급예정자명단에 포함된 자에 대하여 의견제출의 기회를 부여하지 아니한 채 진급선발을 취소하는 처분을 한 것이 절차상 하자가 있어 위법하다." (대법원 2007.9.21. 선고 2006두20631)

③ (○) "행정청이 침해적 행정처분을 함에 있어서 당사자에게 위와 같은 사전통지를 하거나 의견제출의 기회를 주지 아니하였다면 사전통지를 하지 않거나 의견제출의 기회를 주지 아니하여도 되는 예외적인 경우에 해당하지 아니하는 한 그 처분은 위법하여 취소를 면할 수 없다." (대법원 2000.11.14. 선고 99두5870)

④ (○) "상급행정기관이 소속 공무원이나 하급행정기관에 대하여 세부적인 업무처리절차나 법령의 해석·적용 기준을 정해 주는 '행정규칙'은 상위법령의 구체적 위임이 있지 않는 한 행정조직 내부에서만 효력을 가질 뿐 대외적으로 국민이나 법원을 구속하는 효력이 없다. 다만 행정규칙이 이를 정한 행정기관의 재량에 속하는 사항에 관한 것인 때에는 그 규정 내용이 객관적 합리성을 결여하였다는 등의 특별한 사정이 없는 한 법원은 이를 존중하는 것이 바람직하다." (대법원 2019.10.31. 선고 2013두20011)

18 정답 ③

① (○) "행정처분의 직접 상대방이 아닌 제3자라도 당해 처에 관하여 법률상 직접적이고 구체적인 이해관계를 가지는 경우에는 당해 처분 취소소송의 원고적격이 인정되나, 사실상 간접적이고 경제적인 이해관계를 가지는 데 불과한 경우에는 그러한 원고적격이 인정될 수 없다." (대법원 1997.12.12. 선고 97누317)

② (○) "재단법인 甲 수녀원이, 매립목적을 택지조성에서 조선시설용지로 변경하는 내용의 공유수면매립목적 변경 승인처분으로 인하여 법률상 보호되는 환경상 이익을 침해받았다면서 행정청을 상대로 처분의 무효 확인을 구하는 소송을 제기한 사안에서, 공유수면매립목적 변경 승인처분으로 甲 수녀원에 소속된 수녀 등이 쾌적한 환경에서 생활할 수 있는 환경상 이익을 침해받는다고 하더라도 이를 가리켜 곧바로 甲 수녀원의 법률상 이익이 침해된다고 볼 수 없고, 자연인이 아닌 甲 수녀원은 쾌적한 환경에서 생활할 수 있는 이익을 향수할 수 있는 주체가 아니므로 위 처분으로 위와 같은 생활상의 이익이 직접적으로 침해되는 관계에 있다고 볼 수도 없으며, 위 처분으로 환경에 영향을 주어 甲 수녀원이 운영하는 쨈 공장에 직접적이고

구체적인 재산적 피해가 발생한다거나 甲 수녀원이 폐쇄되고 이전해야 하는 등의 피해를 받거나 받을 우려가 있다는 점 등에 관한 증명도 부족하다는 이유로, 甲 수녀원에 처분의 무효 확인을 구할 원고적격이 없다." (대법원 2012.6.28. 선고 2010두2005)

③ (✕) "사증발급의 법적 성질, 출입국관리법의 입법 목적, 사증발급 신청인의 대한민국과의 실질적 관련성, 상호주의원칙 등을 고려하면, 우리 출입국관리법의 해석상 외국인에게는 사증발급 거부처분의 취소를 구할 법률상 이익이 인정되지 않는다고 봄이 타당하다." (대법원 2018.5.15. 선고 2014두42506)

④ (○) 옳은 내용이다. 우리 대법원은 위와 같은 입장을 취하고 있다. "행정처분의 근거 법규 또는 관련 법규에 그 처분으로써 이루어지는 행위 등 사업으로 인하여 환경상 침해를 받으리라고 예상되는 영향권의 범위가 구체적으로 규정되어 있는 경우에는, 그 영향권 내의 주민들에 대하여는 당해 처분으로 인하여 직접적이고 중대한 환경피해를 입으리라고 예상할 수 있고, 이와 같은 환경상의 이익은 주민 개개인에 대하여 개별적으로 보호되는 직접적·구체적 이익으로서 그들에 대하여는 특단의 사정이 없는 한 환경상 이익에 대한 침해 또는 침해 우려가 있는 것으로 사실상 추정되어 법률상 보호되는 이익으로 인정됨으로써 원고적격이 인정되며, 그 영향권 밖의 주민들은 당해 처분으로 인하여 그 처분 전과 비교하여 수인한도를 넘는 환경피해를 받거나 받을 우려가 있다는 자신의 환경상 이익에 대한 침해 또는 침해 우려가 있음을 입증하여야만 법률상 보호되는 이익으로 인정되어 원고적격이 인정된다." (대법원 2009.9.24. 선고 2009두2825)

19 정답 ①

① (✕) "지방자치단체장이 교통신호기를 설치하여 그 관리권한이 도로교통법 제71조의2 제1항의 규정에 의하여 관할 지방경찰청장에게 위임되어 지방자치단체 소속 공무원과 지방경찰청 소속 공무원이 합동근무하는 교통종합관제센터에서 그 관리업무를 담당하던 중 위 신호기가 고장난 채 방치되어 교통사고가 발생한 경우, 국가배상법 제2조 또는 제5조에 의한 배상책임을 부담하는 것은 지방경찰청장이 소속된 국가가 아니라, 그 권한을 위임한 지방자치단체장이 소속된 지방자치단체라고 할 것이나, 한편 국가배상법 제6조 제1항은 같은 법 제2조, 제3조 및 제5조의 규정에 의하여 국가 또는 지방자치단체가 손해를 배상할 책임이 있는 경우에 공무원의 선임·감독 또는 영조물의 설치·관리를 맡은 자와 공무원의 봉급·급여 기타의 비용 또는 영조물의 설치·관리의 비용을 부담하는 자가 동일하지 아니한 경우에는 그 비용을 부담하는 자도 손해를 배상하여야 한다고 규정하고 있으므로 교통신호기를 관리하는 지방경찰청장 산하 경찰관들에 대한 봉급을 부담하는 국가도 국가배상법 제6조 제1항에 의한 배상책임을 부담한다." (대법원 1999.6.25. 선고 99다11120)

② (○) "국가배상법 제5조 소정의 공공의 영조물이란 공유나 사유임을 불문하고 행정주체에 의하여 특정공공의 목적에 공여된 유체물 또는 물적 설비를 의미하므로 사실상 군민의 통행에 제공되고 있던 도로 옆의 암벽으로부터 떨어진 낙석에 맞아 소외인이 사망하는 사고가 발생하였다고 하여도 동 사고지점 도로가 피고 군에 의하여 <u>노선인정 기타 공용개시가 없었으면</u> 이를 <u>영조물이라 할 수 없다.</u>"(대법원 1981.7.7. 선고 80다2478)
③ (○) 국가배상법 제6조 제1항

> **국가배상법 제6조(비용부담자 등의 책임)** ① 제2조 · 제3조 및 제5조에 따라 국가나 지방자치단체가 손해를 배상할 책임이 있는 경우에 공무원의 선임 · 감독 또는 영조물의 설치 · 관리를 맡은 자와 공무원의 봉급 · 급여, 그 밖의 비용 또는 영조물의 설치 · 관리 비용을 부담하는 자가 동일하지 아니하면 그 비용을 부담하는 자도 손해를 배상하여야 한다.

④ (○) "경찰서지서의 숙직실은 국가배상법 제2조 제1항 단서에서 말하는 전투 · 훈련에 관련된 시설이라고 볼 수 없으므로 위 숙직실에서 순직한 경찰공무원의 유족들은 국가배상법 제2조 제1항 본문에 의하여 국가배상법 및 민법의 규정에 의한 <u>손해배상을 청구할 권리가 있다.</u>"(대법원 1979.1.30. 선고 77다2389 전원합의체)

20 정답 ②

① (○) 옳은 내용이다. 재결의 기속력은 인용재결에만 인정된다.
② (×) "행정심판의 재결은 피청구인인 행정청을 기속하는 효력을 가지므로 재결청이 취소심판의 청구가 이유 있다고 인정하여 처분청에 처분을 취소할 것을 명하면 처분청으로서는 재결의 취지에 따라 처분을 취소하여야 하지만, 나아가 재결에 판결에서와 같은 기판력이 인정되는 것은 아니어서 <u>재결이 확정된 경우에도</u> 처분의 기초가 된 사실관계나 법률적 판단이 확정되고 당사자들이나 법원이 이에 기속되어 모순되는 주장이나 판단을 할 수 <u>없게 되는 것은 아니다.</u>"(대법원 2015.11.27. 선고 2013다6759)
③ (○) "행정심판법 제37조가 정하고 있는 재결은 당해 처분에 관하여 재결주문 및 그 전제가 된 요건사실의 인정과 판단에 대하여 처분청을 기속하므로, 당해 처분에 관하여 위법한 것으로 재결에서 판단된 사유와 기본적 사실관계에 있어 <u>동일성이 인정되는 사유</u>를 내세워 다시 동일한 내용의 처분을 하는 것은 <u>허용되지 않는다.</u>"(대법원 2003.4.25. 선고 2002두3201)
④ (○) 옳은 내용이다. 재결의 형성력은 취소심판의 인용재결인 <u>취소재결, 변경재결</u>과 의무이행심판 인용재결인 <u>처분재결</u>에서 인정된다.

21 정답 ②

① (○) 개인정보 보호법 제3조 제7항

> **개인정보 보호법 제3조(개인정보 보호 원칙)** ⑦ 개인정보처리자는 개인정보를 익명 또는 가명으로 처리하여도 개인정보 수집 목적을 달성할 수 있는 경우 익명처리가 가능한 경우에는 <u>익명에 의하여,</u> 익명처리로 목적을 달성할 수 없는 경우에는 <u>가명에 의하여</u> 처리될 수 있도록 하여야 한다.

② (×) 개인정보 보호법 제16조 제3항

> **개인정보 보호법 제16조(개인정보의 수집 제한)** ③ 개인정보처리자는 정보주체가 <u>필요한 최소한의 정보 외의</u> 개인정보 수집에 동의하지 아니한다는 이유로 정보주체에게 재화 또는 서비스의 제공을 <u>거부하여서는 아니 된다.</u>

③ (○) 개인정보 보호법 제15조 제1항 제3호

> **개인정보 보호법 제15조(개인정보의 수집 · 이용)** ① 개인정보처리자는 <u>다음 각 호의 어느 하나에 해당하는 경우</u>에는 개인정보를 수집할 수 있으며 그 수집 목적의 범위에서 이용할 수 있다.
> 1. 정보주체의 동의를 받은 경우
> 2. 법률에 특별한 규정이 있거나 법령상 의무를 준수하기 위하여 불가피한 경우
> 3. <u>공공기관이 법령 등에서 정하는 소관 업무의 수행을 위하여 불가피한 경우</u>
> 4. 정보주체와 체결한 계약을 이행하거나 계약을 체결하는 과정에서 정보주체의 요청에 따른 조치를 이행하기 위하여 필요한 경우
> 5. 명백히 정보주체 또는 제3자의 급박한 생명, 신체, 재산의 이익을 위하여 필요하다고 인정되는 경우
> 6. 개인정보처리자의 정당한 이익을 달성하기 위하여 필요한 경우로서 명백하게 정보주체의 권리보다 우선하는 경우. 이 경우 개인정보처리자의 정당한 이익과 상당한 관련이 있고 합리적인 범위를 초과하지 아니하는 경우에 한한다.
> 7. 공중위생 등 공공의 안전과 안녕을 위하여 긴급히 필요한 경우

④ (○) 개인정보 보호법 제21조 제1항

> **개인정보 보호법 제21조(개인정보의 파기)** ① 개인정보처리자는 보유기간의 경과, 개인정보의 처리 목적 달성, 가명정보의 처리 기간 경과 등 그 개인정보가 불필요하게 되었을 때에는 지체 없이 그 개인정보를 파기하여야 한다. 다만, <u>다른 법령에 따라 보존하여야 하는 경우</u>에는 그러하지 아니하다.

22 정답 ④

① (○) "도축장 사용정지·제한명령은 구제역과 같은 가축전염병의 발생과 확산을 막기 위한 것이고, 도축장 사용정지·제한명령이 내려지면 국가가 도축장 영업권을 강제로 취득하여 공익 목적으로 사용하는 것이 아니라 소유자들이 일정기간 동안 도축장을 사용하지 못하게 되는 효과가 발생할 뿐이다. 이와 같은 재산권에 대한 제약의 목적과 형태에 비추어 볼 때, 도축장 사용정지·제한명령은 공익목적을 위하여 이미 형성된 구체적 재산권을 박탈하거나 제한하는 <u>헌법 제23조 제3항의 수용·사용 또는 제한에 해당하는 것이 아니라</u>, 도축장 소유자들이 수인하여야 할 사회적 제약으로서 <u>헌법 제23조 제1항의 재산권의 내용과 한계에 해당한다.</u>"(헌법재판소 2015.10.21. 2012헌바367)

② (○) "토지수용위원회의 수용재결에 대한 이의절차는 <u>실질적으로 행정심판의 성질을 갖는 것이므로</u> 토지수용법에 특별한 규정이 있는 것을 <u>제외하고는 행정심판법의 규정이 적용된다</u>고 할 것이다."(대법원 1992.6.9. 선고 92누565)

③ (○) "공무원연금급여 재심위원회에 대한 심사청구 제도의 입법 취지와 심사청구기간, 행정심판법에 따른 일반행정심판의 적용 배제, 구 공무원연금법 제80조 제3항의 위임에 따라 구 공무원연금법 시행령 제84조 내지 제95조의2에서 정한 공무원연금급여 재심위원회의 조직, 운영, 심사절차에 관한 사항 등을 종합하면, 구 <u>공무원연금법상 공무원연금급여 재심위원회에 대한 심사청구 제도는</u> 사안의 전문성과 특수성을 살리기 위하여 특히 필요하여 행정심판법에 따른 일반행정심판을 갈음하는 특별한 행정불복절차(행정심판법 제4조 제1항), 즉 <u>특별행정심판에 해당한다.</u>"(대법원 2019.8.9. 선고 2019두38656)

④ (×) "당사자의 신청을 받아들이지 않은 거부처분이 재결에서 취소된 경우에 행정청은 종전 거부처분 또는 재결 <u>후에 발생한 새로운 사유를 내세워 다시 거부처분을 할 수 있다.</u> 그 재결의 취지에 따라 이전의 신청에 대하여 다시 어떠한 처분을 하여야 할지는 처분을 할 때의 법령과 사실을 기준으로 판단하여야 하기 때문이다."(대법원 2017.10.31. 선고 2015두45045)

23 정답 ④

① (○) 옳은 내용이다. 원칙적으로는 기속행위에 대해서만 성립할 수 있는 것이지만, 재량행위라 하더라도 예외적으로 그 <u>재량이 영(0)으로 수축하는 경우에는</u>, 사익보호성이 갖추어질 경우 무하자재량행사청구권의 형태로 존재하던 공권이 <u>행정개입청구권으로 전환되어</u> 성립 가능하다.

② (○) "<u>연금수급권은</u> 국가에 대하여 적극적으로 급부를 요구하는 것이므로 헌법규정만으로는 이를 실현할 수 없고 <u>법률에 의한 형성을 필요로 하며,</u> 그 구체적 내용, 즉 수급요건, 수급권자의 범위, 급여금액 등은 법률에 의하여 비로소 확정된다."(전원재판부 2012.5.31. 선고 2009헌마553)

③ (○) 옳은 내용이다. 참고로 무하자재량행사청구권이란 행정청에 대하여 하자 없는 재량권의 행사를 청구할 수 있는 권리를 말한다.

④ (×) "생태·자연도는 토지이용 및 개발계획의 수립이나 시행에 활용하여 자연환경을 체계적으로 보전·관리하기 위한 것일 뿐, 1등급 권역의 인근 주민들이 가지는 생활상 이익을 직접적이고 구체적으로 보호하기 위한 것이 아님이 명백하고, 1등급 권역의 인근 주민들이 가지는 이익은 환경보호라는 공공의 이익이 달성됨에 따라 <u>반사적으로 얻게 되는 이익에 불과하므로,</u> 인근 주민에 불과한 甲은 생태·자연도 등급권역을 1등급에서 일부는 2등급으로, 일부는 3등급으로 변경한 결정의 무효 확인을 구할 원고적격이 없다."(대법원 2014.2.21. 선고 2011두29052)

24 정답 ②

① (○) "교육부장관이 대학에서 추천한 복수의 총장 후보자들 전부 또는 일부를 <u>임용제청에서 제외하는 행위는</u> 제외된 후보자들에 대한 불이익처분으로서 항고소송의 대상이 되는 <u>처분에 해당한다고 보아야 한다.</u>"(대법원 2018.6.15. 선고 2016두57564)

② (×) <u>이 경우에는 적법하게 허가를 거부할 수 있다.</u> "산림 내에서의 토사채취는 국토 및 자연의 유지와 환경의 보전에 직접적으로 영향을 미치는 행위이므로 법령이 규정하는 토사채취의 제한지역에 해당하는 경우는 물론이거니와 그러한 제한지역에 해당하지 않더라도 허가관청은 토사채취허가신청 대상 토지의 형상과 위치 및 그 주위의 상황 등을 고려하여 <u>국토 및 자연의 유지와 환경보전 등 중대한 공익상 필요가 있다고 인정될 때에는 그 허가를 거부할 수 있다.</u>"(대법원 2007.6.15. 선고 2005두9736)

③ (○) "교육공무원법령은 대학이 대학의 장 후보자를 복수로 추천하도록 정하고 있을 뿐이고, 교육부장관이나 대통령이 대학이 정한 순위에 구속된다고 볼 만한 규정을 두고 있지 않다. 대학이 복수의 후보자에 대하여 순위를 정하여 추천한 경우 교육부장관이 후순위 후보자를 임용제청하더라도 <u>단순히 그것만으로 헌법과 법률이 보장하는 대학의 자율성이 제한된다고 볼 수는 없다.</u> 대학 총장 임용에 관해서는 임용권자에게 일반 국민에 대한 행정처분이나 공무원에 대한 징계처분에 비하여 광범위한 재량이 주어져 있다고 볼 수 있다."(대법원 2018.6.15. 선고 2016두57564)

④ (○) "행정처분이 취소되면 그 처분은 효력을 상실하여 더 이상 존재하지 않는 것이고, 존재하지 않는 행정처분을 대상으로 한 취소소송은 소의 이익이 없어 부적법하다. 또한 절차상 또는 형식상 하자로 무효인 행정처분에 대하여 행정청이 적법한 절차 또는 형식을 갖추어 다시 동일한 행정처분을 하였다면, <u>종전의 무효인 행정처분에 대한 무효확인 청구는 과거의 법률관계의 효력을 다투는 것에 불과하므로 무효확인을 구할 법률상 이익이 없다.</u>"(대법원 2010.4.29. 선고 2009두16879)

25 정답 ①

① (×) "공사낙찰적격심사 감점처분(이하 '이 사건 감점조치'라 한다)의 근거로 내세운 규정은 피고의 공사낙찰적격심사세부기준(이하 '이 사건 세부기준'이라 한다) 제4조 제2항인 사실, 이 사건 세부기준은 공공기관의 운영에 관한 법률 제39조 제1항, 제3항, 구 공기업·준정부기관 계약사무규칙 제12조에 근거하고 있으나, 이러한 규정은 공공기관이 사인과 사이의 계약관계를 공정하고 합리적·효율적으로 처리할 수 있도록 관계 공무원이 지켜야 할 계약사무처리에 관한 필요한 사항을 규정한 것으로서 공공기관의 내부규정에 불과하여 대외적 구속력이 없는 것임을 알 수 있다." (대법원 2014.12.24. 선고 2010두6700)

② (○) "지목은 토지소유권을 제대로 행사하기 위한 전제요건으로서 토지소유자의 실체적 권리관계에 밀접하게 관련되어 있으므로 지적공부 소관청의 지목변경신청 반려행위는 국민의 권리관계에 영향을 미치는 것으로서 항고소송의 대상이 되는 행정처분에 해당한다." (대법원 2004.4.22. 선고 2003두9015)

③ (○) "건축물대장의 용도는 건축물의 소유권을 제대로 행사하기 위한 전제요건으로서 건축물 소유자의 실체적 권리관계에 밀접하게 관련되어 있으므로, 건축물대장 소관청의 용도변경신청 거부행위는 국민의 권리관계에 영향을 미치는 것으로서 항고소송의 대상이 되는 행정처분에 해당한다." (대법원 2009.1.30. 선고 2007두7277)

④ (○) "이 사건 감점조치는 행정청이나 그 소속 기관 또는 그 위임을 받은 공공단체의 공법상의 행위가 아니라 장차 그 대상자인 원고가 피고가 시행하는 입찰에 참가하는 경우에 그 낙찰적격자 심사 등 계약 사무를 처리함에 있어 피고 내부규정인 이 사건 세부기준에 의하여 종합취득점수의 10/100을 감점하게 된다는 뜻의 사법상의 효력을 가지는 통지행위에 불과하다 할 것이고, 또한 피고의 이와 같은 통지행위가 있다고 하여 원고에게 공공기관의 운영에 관한 법률 제39조 제2항, 제3항, 구 공기업·준정부기관 계약사무규칙 제15조에 의한 국가, 지방자치단체 또는 다른 공공기관에서 시행하는 모든 입찰에의 참가자격을 제한하는 효력이 발생한다고 볼 수도 없으므로, 피고의 이 사건 감점조치는 행정소송의 대상이 되는 행정처분이라고 할 수 없다." (대법원 2014.12.24. 선고 2010두6700)

02 2023. 7. 15 군무원 7급 기출문제

01 정답 ②

① (×) 이 경우에는 수리를 요하는 신고로 보지 않는다(행정기본법 제34조).

> 행정기본법 제34조(수리 여부에 따른 신고의 효력) 법령 등으로 정하는 바에 따라 행정청에 일정한 사항을 통지하여야 하는 신고로서 법률에 신고의 수리가 필요하다고 명시 되어 있는 경우(행정기관의 내부 업무 처리 절차로서 수리를 규정한 경우는 제외한다)에는 행정청이 수리하여야 효력이 발생한다.

② (○) "주민등록의 신고는 행정청에 도달하기만 하면 신고로서의 효력이 발생하는 것이 아니라 행정청이 수리한 경우에 비로소 신고의 효력이 발생한다." (대법원 2009.1.30. 선고 2006다17850)

③ (×) "대규모점포의 개설 등록은 실체적 요건에 관한 심사를 한 후 수리하여야 하는 이른바 '수리를 요하는 신고'로서 행정처분에 해당한다." (대법원 2015.11.19 선고 2015두295)

④ (×) "구 체육시설의 설치ㆍ이용에 관한 법률상 체육시설의 회원을 모집하고자 하는 자의 시ㆍ도지사 등에 대한 회원모집계획서 제출은 수리를 요하는 신고에서의 신고에 해당하며, 시ㆍ도지사 등의 검토결과 통보는 수리행위로서 행정처분에 해당한다." (대법원 2009.2.26. 선고 2006두16243)

02 정답 ②

① (×) "피행정행위의 부관은 부담의 경우를 제외하고는 독립하여 행정소송의 대상이 될 수 없는 것인바, 지방국토관리청장이 일부 공유수면매립지에 대하여 한 국가 또는 직할시 귀속처분은 매립 준공인가를 함에 있어서 매립의 면허를 받은 자의 매립지에 대한 소유권취득을 규정한 공유수면매립법 제14조의 효과 일부를 배제하는 부관을 붙인 것이고, 이러한 행정행위의 부관은 위 법리와 같이 독립하여 행정소송 대상이 될 수 없다." (대법원 1993.10.8. 선고 93누2032)

② (○) 확약 취소는 원칙적으로 처분성이 인정된다. "자동차운송사업 양도양수계약에 기한 양도양수인가신청에 대하여 피고 시장이 내인가를 한 후 위 내인가를 취소한 경우, 피고가 위 내인가를 취소함으로써 다시 본인가에 대하여 따로이 인가 여부의 처분을 한다는 사정이 보이지 않는다면 위 내인가취소를 인가신청을 거부하는 처분으로 보아야 할 것이다." (대법원 1991.6.28. 선고 90누4402)

③ (×) "법규명령의 성질을 갖는 고시에 정한 허가기준에 따라 보존음료수 제조업의 허가에 붙여진 전량수출 또는 주한외국인에 대한 판매에 한한다는 내용의 조건은 이른바 법정부관으로서 행정청의 의사에 기하여 붙여지는 본래의 의미에서의 행정행위의 부관은 아니므로, 이와 같은 법정부관에 대하여는 행정행위에 부관을 붙일 수 있는 한계에 관한 일반적인 원칙이 적용되지는 않는다." (대법원 1994.3.8. 선고 92누1728)

④ (×) "행정청이 상대방에게 장차 어떤 처분을 하겠다고 확약 또는 공적인 의사표명을 하였다고 하더라도, 그 자체에서 상대방으로 하여금 언제까지 처분의 발령을 신청을 하도록 유효기간을 두었는데도 그 기간 내에 상대방의 신청이 없었다거나 확약 또는 공적인 의사표명이 있은 후에 사실적ㆍ법률적 상태가 변경되었다면, 그와 같은 확약 또는 공적인 의사표명은 행정청의 별다른 의사표시를 기다리지 않고 실효된다." (대법원 1996.8.20. 선고 95누10877)

03 정답 ④

① (×) "행정절차법 제21조 제1항은 행정청은 당사자에게 의무를 과하거나 권익을 제한하는 처분을 하는 경우에는 미리 처분의 제목, 당사자의 성명 또는 명칭과 주소, 처분하고자 하는 원인이 되는 사실과 처분의 내용 및 법적 근거, 그에 대하여 의견을 제출할 수 있다는 뜻과 의견을 제출하지 아니하는 경우의 처리방법, 의견제출기관의 명칭과 주소, 의견제출기한 등을 당사자 등에게 통지하도록 하고 있는바, 신청에 따른 처분이 이루어지지 아니한 경우에는 아직 당사자에게 권익이 부과되지 아니하였으므로 특별한 사정이 없는 한 신청에 대한 거부처분이라고 하더라도 직접 당사자의 권익을 제한하는 것은 아니어서 신청에 대한 거부처분을 여기에서 말하는 '당사자의 권익을 제한하는 처분'에 해당한다고 할 수 없는 것이어서 처분의 사전 통지대상이 된다고 할 수 없다." (대법원 2003.11.28. 선고 2003두674)

② (×) 양수인이 아니라 양도인에 대하여 하여야 한다. "행정청이 당사자에게 의무를 과하거나 권익을 제한하는 처분을 함에 있어서는 당사자 등에게 처분의 사전통지를 하고 의견제출의 기회를 주어야 하며, 여기서 당사자라 함은 행정청의 처분에

대하여 직접 그 상대가 되는 자를 의미한다 할 것이고, … 위 행정청이 구 식품위생법 규정에 의하여 영업자지위승계신고를 수리하는 처분은 종전의 영업자의 권익을 제한하는 처분이라 할 것이고 따라서 종전의 영업자는 그 처분에 대하여 직접 그 상대가 되는 자에 해당한다고 봄이 상당하므로, 행정청으로서는 위 신고를 수리하는 처분을 함에 있어서 행정절차법 규정 소정의 당사자에 해당하는 <u>종전의 영업자에 대하여 위 규정 소정의 행정절차를 실시하고 처분을 하여야 한다.</u>"(대법원 2003.2.14. 선고 2001두7015)

③ (✕) "행정청이 침해적 행정처분을 함에 즈음하여 청문을 실시하지 않아도 되는 예외적인 경우에 해당하지 않는 한 반드시 청문을 실시하여야 하고, 그 절차를 결여한 처분은 위법한 처분으로서 <u>취소사유에 해당한다.</u>"(대법원 2004.7.8. 선고 2002두8350)

④ (○) 행정절차법 제28조 제2항

> 행정절차법 제28조(청문 주재자) ② 행정청은 다음 각 호의 어느 하나에 해당하는 처분을 하려는 경우에는 청문 주재자를 <u>2명 이상으로 선정할 수 있다.</u> 이 경우 선정된 청문주재자 중 1명이 청문 주재자를 대표한다.
> 1. <u>다수 국민의 이해가 상충되는 처분</u>
> 2. <u>다수 국민에게 불편이나 부담을 주는 처분</u>
> 3. 그 밖에 전문적이고 공정한 청문을 위하여 행정청이 청문 주재자를 2명 이상으로 선정할 필요가 있다고 인정하는 처분

04 정답 ②

① (○) 행정기본법 제36조 제4항

> 행정기본법 제36조(처분에 대한 이의신청) ④ <u>이의신청에 대한 결과를 통지받은 후 행정심판 또는 행정소송을 제기하려는 자는</u> <u>그 결과를 통지받은 날</u>(제2항에 따른 통지기간 내에 결과를 통지받지 못한 경우에는 같은 항에 따른 통지기간이 만료되는 날의 다음 날을 말한다)<u>부터 90일 이내에 행정심판 또는 행정소송을 제기할 수 있다.</u>

② (✕) 행정기본법 제36조 제7항 제1호

> 행정기본법 제36조(처분에 대한 이의신청) ⑦ 다음 각 호의 어느 하나에 해당하는 사항에 관하여는 이 조를 <u>적용하지 아니한다.</u>
> 1. <u>공무원 인사 관계 법령에 따른 징계 등 처분에 관한 사항</u>

③ (○) 행정절차법 제37조 제1항

> 행정기본법 제37조(처분의 재심사) ① 당사자는 처분(제재처분 및 행정상 강제는 제외한다. 이하 이 조에서 같다)이 행정심판, 행정소송 및 그 밖의 쟁송을 통하여 다툴 수 없게 된 경우(<u>법원의 확정판결이 있는 경우는 제외한다</u>)라도 다음 각 호의 어느 하나에 해당하는 경우에는 해당 처분을 한 행정청에 처분을 취소·철회하거나 변경하여 줄 것을 신청할 수 있다.
> 1. 처분의 근거가 된 사실관계 또는 법률관계가 추후에 당사자에게 유리하게 바뀐 경우
> 2. 당사자에게 유리한 결정을 가져다주었을 새로운 증거가 있는 경우
> 3. 「민사소송법」 제451조에 따른 재심사유에 준하는 사유가 발생한 경우 등 대통령령으로 정하는 경우

④ (○) 행정기본법 제37조 제5항

> 행정기본법 제37조(처분의 재심사) ⑤ 제4항에 따른 처분의 재심사 결과 중 처분을 유지하는 결과에 대해서는 행정심판, 행정소송 및 그 밖의 쟁송수단을 통하여 불복할 수 없다.

05 정답 ④

① (✕) "직위해제처분은 공무원에 대하여 불이익한 처분이긴 하나 징계처분과 같은 성질의 처분이라고는 볼 수 없으므로 동일한 사유에 대한 직위해제처분이 있은 후 다시 해임처분이 있었다 하여 일사부재리의 법리에 어긋난다고 할 수 없다."(대법원 1984. 2. 28. 선고 83누489)

② (✕) <u>하자가 승계되지 않는다.</u> "구 경찰공무원법 제50조 제1항에 의한 직위해제처분과 같은 제3항에 의한 면직처분은 후자가 전자의 처분을 전제로 한 것이기는 하나 각각 단계적으로 별개의 법률효과를 발생하는 행정처분이어서 선행직위 해제처분의 위법사유가 면직처분에는 승계되지 아니한다 할 것이므로 <u>선행된 직위해제 처분의 위법사유를 들어 면직처분의 효력을 다툴 수는 없다.</u>"(대법원 1984. 9. 11. 선고 84누191)

③ (✕) "헌법상의 무죄추정의 원칙이나 위와 같은 직위해제 제도의 목적에 비추어 볼 때, <u>형사 사건으로 기소되었다는 이유만으로 직위해제처분을 하는 것은 정당화될 수 없고,</u> 당사자가 당연퇴직 사유인 국가공무원법 제33조 제3호 내지 제6호의2에 해당하는 유죄판결을 받을 고도의 개연성이 있는지 여부, 당사자가 계속 직무를 수행함으로 인하여 공정한 공무집행에 위험을 초래하는지 여부 등 구체적인 사정을 고려하여 그 위법 여부를 판단하여야 한다."(대법원 2017. 6. 8. 선고 2016두38273)

④ (○) "구 국가공무원법상 <u>직위해제는</u> 일반적으로 공무원이 직무수행능력이 부족하거나 근무성적이 극히 불량한 경우, 공무원에 대한 징계절차가 진행중인 경우, 공무원이 형사사건으로 기소된 경우 등에 있어서 당해 공무원이 장래에 있어서 계속 직무를 담당하게 될 경우 예상되는 업무상의 장애 등을 예방하기 위하여 일시적으로 당해 공무원에게 직위를 부여하지

아니함으로써 직무에 종사하지 못하도록 하는 잠정적인 조치로서의 보직의 해제를 의미하므로 과거의 공무원의 비위행위에 대하여 기업질서 유지를 목적으로 행하여지는 <u>징벌적 제재로서의 징계와는 그 성질이 다르다.</u>" (대법원 2003. 10. 10. 선고 2003두5945)

06 정답 ④

① (○), ④ (×) "체납자 등에 대한 공매통지는 국가의 강제력에 의하여 진행되는 공매에서 체납자 등의 권리 내지 재산상의 이익을 보호하기 위하여 법률로 규정한 절차적 요건이라고 보아야 하며, <u>공매처분을 하면서 체납자 등에게 공매통지를 하지 않았거나 공매통지를 하였더라도 그것이 적법하지 아니한 경우에는 절차상의 흠이 있어 그 공매처분은 위법하다.</u> 다만, 공매통지의 목적이나 취지 등에 비추어 보면, 체납자 등은 <u>자신에 대한 공매통지의 하자만을 공매처분의 위법사유로 주장할 수 있을 뿐 다른 권리자에 대한 공매통지의 하자를 들어 공매처분의 위법사유로 주장하는 것은 허용되지 않는다.</u>" (대법원 2008.11.20. 선고 2007두18154 전원합의체)

② (○) 행정조사기본법 제20조 제1항

> **행정조사기본법 제20조(자발적인 협조에 따라 실시하는 행정조사)**
> ① 행정기관의 장이 제5조 단서에 따라 조사대상자의 자발적인 협조를 얻어 행정조사를 실시하고자 하는 경우 조사대상자는 문서·전화·구두 등의 방법으로 당해 행정조사를 거부할 수 있다.

③ (○) "신설회사 또는 존속회사가 승계하는 것은 분할하는 회사의 권리와 의무라 할 것인바, 분할하는 회사의 분할 전 법위반행위를 이유로 과징금이 부과되기 전까지는 단순한 사실행위만 존재할 뿐 그 과징금과 관련하여 분할하는 회사에게 승계의 대상이 되는 어떠한 의무가 있다고 할 수 없고, 특별한 규정이 없는 한 신설회사에 대하여 분할하는 회사의 분할 전 법위반행위를 이유로 과징금을 부과하는 것은 <u>허용되지 않는다.</u>" (대법원 2007.11.29. 선고 2006두18928)

07 정답 ①

① (×) "대집행계고처분 취소소송의 변론종결 전에 대집행영장에 의한 통지절차를 거쳐 사실행위로서 대집행의 실행이 완료된 경우에는 행위가 위법한 것이라는 이유로 손해배상이나 원상회복 등을 청구하는 것은 별론으로 하고 처분의 취소를 구할 <u>법률상 이익은 없다.</u>" (대법원 1993.6.8. 선고 93누6164)
② (○) "<u>한국토지공사는</u> 이러한 법령의 위탁에 의하여 대집행을 수권 받은 자로서 공무인 대집행을 실시함에 따르는 권리·의무 및 책임이 귀속되는 <u>행정주체의 지위에 있다고 볼 것이지</u> 지방자치단체 등의 기관으로서 국가배상법 제2조 소정의 공무

원에 해당한다고 볼 것은 아니다." (대법원 2010.1.28. 선고 2007다82950, 82967)
③ (○) "도시공원시설인 매점의 관리청이 그 공동점유자 중의 1인에 대하여 소정의 기간 내에 위 매점으로부터 <u>퇴거하고 이에 부수하여 그 판매 시설물 및 상품을 반출하지 아니할 때에는 이를 대집행하겠다는 내용의 계고처분은</u> 그 주된 목적이 매점의 원형을 보존하기 위하여 점유자가 설치한 불법 시설물을 철거하고자 하는 것이 아니라, 매점에 대한 점유자의 점유를 배제하고 그 점유이전을 받는 데 있다고 할 것인데, 이러한 의무는 그것을 강제적으로 실현함에 있어 직접적인 실력행사가 필요한 것이지 <u>대체적 작위의무에 해당하는 것은 아니어서 직접 강제의 방법에 의하는 것은 별론으로 하고 행정대집행법에 의한 대집행의 대상이 되는 것은 아니다.</u>" (대법원 1998.10.23. 선고 97누157)
④ (○) "한편 건물의 점유자가 철거의무자일 때에는 건물철거의무에 퇴거의무도 포함되어 있는 것이어서 별도로 퇴거를 명하는 집행권원이 필요하지 않다. 행정청이 행정대집행의 방법으로 건물철거의무의 이행을 실현할 수 있는 경우에는 건물철거 대집행 과정에서 부수적으로 건물의 점유자들에 대한 퇴거 조치를 할 수 있고, 점유자들이 적법한 행정대집행을 위력을 행사하여 방해하는 경우 형법상 공무집행방해죄가 성립하므로, 필요한 경우에는 '경찰관 직무집행법'에 근거한 위험발생 방지 조치 또는 형법상 공무집행방해죄의 범행방지 내지 현행범체포의 차원에서 경찰의 도움을 받을 수도 있다." (대법원 2017.4.28. 선고 2016다213916)

08 정답 ③

① (×) 이의재결을 거치지 않고도 취소소송을 제기할 수 있다.
② (×) "공익사업을 위한 토지 등의 취득 및 보상에 관한 법률 제85조 제1항 전문의 문언 내용과 같은 법 제83조, 제85조가 중앙토지수용위원회에 대한 이의신청을 임의적 절차로 규정하고 있는 점, 행정소송법 제19조 단서가 행정심판에 대한 재결은 재결 자체에 고유한 위법이 있음을 이유로 하는 경우에 한하여 취소소송의 대상으로 삼을 수 있도록 규정하고 있는 점 등을 종합하여 보면, <u>수용재결에 불복하여 취소소송을 제기하는 때에는 이의신청을 거친 경우에도 수용재결을 한 중앙토지수용위원회 또는 지방토지수용위원회를 피고로 하여 수용재결의 취소를 구하여야 하고,</u> 다만 이의신청에 대한 재결 자체에 고유한 위법이 있음을 이유로 하는 경우에는 그 이의재결을 한 중앙토지수용위원회를 피고로 하여 이의재결의 취소를 구할 수 있다고 보아야 한다." (대법원 2010.1.28. 선고 2008두1504)

③ (○) 공익사업을 위한 토지 등의 취득 및 보상에 관한 법률 제84조 제1항

> 공익사업을 위한 토지 등의 취득 및 보상에 관한 법률 제84조(이의 신청에 대한 재결) ① 중앙토지수용위원회는 제83조에 따른 이의 신청을 받은 경우 제34조에 따른 재결이 위법하거나 부당하다고 인정할 때에는 그 재결의 전부 또는 일부를 취소하거나 보상액을 변경할 수 있다.

④ (×) 30일 이내에 지급하여야 한다(공익사업을 위한 토지 등의 취득 및 보상에 관한 법률 제84조 제2항).

> 공익사업을 위한 토지 등의 취득 및 보상에 관한 법률 제84조(이의 신청에 대한 재결) ② 제1항에 따라 보상금이 늘어난 경우 사업시행자는 재결의 취소 또는 변경의 재결서 정본을 받은 날부터 30일 이내에 보상금을 받을 자에게 그 늘어난 보상금을 지급하여야 한다. 다만, 제40조제2항제1호·제2호 또는 제4호에 해당할 때에는 그 금액을 공탁할 수 있다.

09 정답 ④

① (○) "여객자동차운수사업법에 따른 개인택시운송사업 면허는 특정인에게 권리나 이익을 부여하는 재량행위이고, 행정청이 면허 발급 여부를 심사함에 있어 이미 설정된 면허기준의 해석상 당해 신청이 면허발급의 우선순위에 해당함이 명백함에도 불구하고 이를 제외시켜 면허거부처분을 하였다면 특별한 사정이 없는 한 그 거부처분은 재량권을 남용한 위법한 처분이다." (대법원 2002.1.22. 선고 2001두8414)

② (○) "공무원 임용을 위한 면접전형에서 임용신청자의 능력이나 적격성 등에 관한 판단은 면접위원의 고도의 교양과 학식, 경험에 기초한 자율적 판단에 의존하는 것으로서 오로지 면접위원의 자유재량에 속하고, 그와 같은 판단이 현저하게 재량권을 일탈·남용하지 않은 한 이를 위법하다고 할 수 없다." (대법원 2008.12.24. 선고 2008두8970)

③ (○) "구 도로법 제61조 제1항에 의한 도로점용허가는 일반사용과 별도로 도로의 특정 부분에 대하여 특별사용권을 설정하는 설권행위이다. 도로관리청은 신청인의 적격성, 점용목적, 특별사용의 필요성 및 공익상의 영향 등을 참작하여 점용허가 여부 및 점용허가의 내용인 점용장소, 점용면적, 점용기간을 정할 수 있는 재량권을 갖는다." (대법원 2019.1.17. 선고 2016두56721, 56738)

④ (×) "도로점용허가는 도로의 일부에 대한 특정사용을 허가하는 것으로서 도로의 일반사용을 저해할 가능성이 있으므로 그 범위는 점용 목적 달성에 필요한 한도로 제한되어야 한다. 도로관리청이 도로점용허가를 하면서 특별사용의 필요가 없는 부분을 점용장소 및 점용면적에 포함하는 것은 그 재량권 행사의 기초가 되는 사실인정에 잘못이 있는 경우에 해당하므로 그 도로점용허가 중 특별사용의 필요가 없는 부분은 위법하다. 이러한 경우 도로점용허가를 한 도로관리청은 위와 같은 흠이 있다는 이유로 유효하게 성립한 도로점용허가 중 특별사용의 필요가 없는 부분을 직권취소할 수 있음이 원칙이다. 다만 이 경우 행정청이 소급적 직권취소를 하려면 이를 취소하여야 할 공익상 필요와 그 취소로 당사자가 입을 기득권 및 신뢰보호와 법률생활 안정의 침해 등 불이익을 비교 교량한 후 공익상 필요가 당사자의 기득권 침해 등 불이익을 정당화할 수 있을 만큼 강한 경우여야 한다." (대법원 2019.1.17. 선고 2016두56721, 56738)

10 정답 ①

① (○) "국민권익위원회가 소방청장에게 인사와 관련하여 부당한 지시를 한 사실이 인정된다며 이를 취소할 것을 요구하기로 의결하고 그 내용을 통지하자 소방청장이 국민권익위원회 조치요구의 취소를 구하는 소송을 제기한 사안에서, 처분성이 인정되는 국민권익위원회의 조치요구에 불복하고자 하는 소방청장으로서는 조치요구의 취소를 구하는 항고소송을 제기하는 것이 유효·적절한 수단으로 볼 수 있으므로 소방청장은 예외적으로 당사자능력과 원고적격을 가진다." (대법원 2018.8.1. 선고 2014두35379)

② (×) "사증발급 거부처분을 다투는 외국인은, 아직 대한민국에 입국하지 않은 상태에서 대한민국에 입국하게 해달라고 주장하는 것으로, 대한민국과의 실질적 관련성 내지 대한민국에서 법적으로 보호가치 있는 이해관계를 형성한 경우는 아니어서, 해당 처분의 취소를 구할 법률상 이익을 인정하여야 할 법정책적 필요성도 크지 않다. … 사증 발급의 법적 성질, 출입국관리법의 입법 목적, 사증발급 신청인의 대한민국과의 실질적 관련성, 상호주의원칙 등을 고려하면, 우리 출입국관리법의 해석상 외국인에게는 사증발급 거부처분의 취소를 구할 법률상 이익이 인정되지 않는다고 봄이 타당하다." (대법원 2018.5.15. 선고 2014두42506)

③ (×) "일반소매인으로 지정되어 영업을 하고 있는 기존업자의 신규구내소매인에 대한 이익은 법률상 보호되는 이익이 아니라 단순한 사실상의 반사적 이익이라고 해석함이 상당하므로, 기존 일반소매인은 신규 구내소매인 지정처분의 취소를 구할 원고적격이 없다." (대법원 2008.4.10. 선고 2008두402)

④ (×) "재단법인 甲 수녀원이, 매립목적을 택지조성에서 조선시설용지로 변경하는 내용의 공유수면매립목적 변경 승인처분으로 인하여 법률상 보호되는 환경상 이익을 침해받았다면서 행정청을 상대로 처분의 무효 확인을 구하는 소송을 제기한 사안에서, 공유수면매립목적변경 승인처분으로 甲 수녀원에 소속된 수녀 등이 쾌적한 환경에서 생활할 수 있는 환경상 이익을 침해받는다고 하더라도 이를 가리켜 곧바로 甲 수녀원의 법률상 이익이 침해된다고 볼 수 없고, 자연인이 아닌 甲 수녀원은 쾌적한 환경에서 생활할 수 있는 이익을 향수할 수 있는 주체가 아니므로 위 처분으로 위와 같은 생활상의 이익이 직접적으로 침해되는 관계에 있다고 볼 수도 없으며, 위 처분으로 환경

에 영향을 주어 甲 수녀원이 운영하는 쨈 공장에 직접적이고 구체적인 재산적 피해가 발생한다거나 甲 수녀원이 폐쇄되고 이전해야 하는 등의 피해를 받거나 받을 우려가 있다는 점 등에 관한 증명도 부족하다는 이유로, 甲 수녀원에 처분의 무효 확인을 구할 <u>원고적격이 없다</u>.”(대법원 2012.6.28. 선고 2010두2005)

11 정답 ①

① (×) 영업정지 2월의 처분을 3월의 처분으로 <u>변경할 수는 없다</u>(행정심판법 제47조 제2항)(불이익변경금지 원칙).

> **행정심판법 제47조(재결의 범위)** ② 위원회는 심판청구의 대상이 되는 처분보다 청구인에게 불리한 재결을 하지 못한다.

② (○) “건축사 업무정지처분을 받은 건축사로서는 위 처분에서 정한 기간이 경과하였다 하더라도 위 처분을 그대로 방치하여 둠으로써 장래 건축사사무소 등록취소라는 가중된 제재처분을 받을 우려가 있어 건축사로서 업무를 행할 수 있는 법률상 지위에 대한 위험이나 불안을 제거하기 위하여 건축사 업무정지처분의 취소를 구할 이익이 있으나, 업무정지처분을 받은 후 새로운 업무정지처분을 받음이 없이 <u>1년이 경과하여 실제로 가중된 제재처분을 받을 우려가 없어졌다면</u> 위 처분에서 정한 정지기간이 경과한 이상 특별한 사정이 없는 한 그 처분의 취소를 구할 <u>법률상 이익이 없다</u>.”(대법원 2000.4.21. 선고 98두10080)

③ (○) 옳은 내용이다. 행정심판에서는 행정소송에서와 달리 <u>재량행위에 대해서도 일부취소를 하는 재결이 가능하다</u>. 행정심판위원회도 행정부이기 때문이다.

④ (○) “<u>행정처분의 취소를 구하는 항고소송에서 처분청은 당초 처분의 근거로 삼은 사유와 기본적 사실관계가 동일성이 있다고 인정되는 한도 내에서만 다른 사유를 추가 또는 변경할 수 있고</u>, 이러한 기본적 사실관계의 동일성 유무는 처분사유를 법률적으로 평가하기 이전의 구체적 사실에 착안하여 그 기초인 사회적 사실관계가 기본적인 점에서 동일한지에 따라 결정되므로, 추가 또는 변경된 사유가 처분 당시에 이미 존재하고 있었다거나 당사자가 그 사실을 알고 있었다고 하여 당초의 처분사유와 동일성이 있다고 할 수 없다. 그리고 이러한 법리는 행정심판 단계에서도 그대로 적용된다.”(대법원 2014.5.16. 선고 2013두26118)

12 정답 ③

① (○) 옳은 내용이다. 사법관계 중에서도 <u>행정사법관계</u>에 해당하는 것으로 보고 있다.

② (○) 옳은 내용이다. 판례도 같은 태도이다(76다2517).

③ (×) 보통 <u>사법상 계약</u>의 성격을 띠는 것은 맞다. 그리고 보통 부합계약의 형태로 이루어지는 것도 맞지만, <u>부합계약의 형태로 이루어져야만 하는 것은 아니다</u>.

④ (○) 옳은 내용이다. 특허사업의 예시들이다.

13 정답 ①

① (×) “지방자치법 제5조 제1항에 의하면, 지방자치단체의 구역변경이나 폐치·분합이 있는 때에는 새로 그 지역을 관할하게 된 지방자치단체가 그 사무와 재산을 승계하도록 규정되어 있으나, 같은 법 제133조 제1항 및 제3항의 규정내용에 비추어 볼 때 같은 법에서 “재산”이라 함은 현금 외의 모든 재산적 가치가 있는 물건 및 권리만을 말하는 것으로서 <u>채무는 “재산”에 포함되지 않는다</u>고 해석하여야 한다.”

② (○) “헌법 제117조, 지방자치법 제3조 제1항, 제9조, 제93조, 도로법 제54조, 제83조, 제86조의 각 규정을 종합하여 보면, 국가가 본래 그의 사무의 일부를 지방자치단체의 장에게 위임하여 그 사무를 처리하게 하는 기관위임사무의 경우에는 지방자치단체는 국가기관의 일부로 볼 수 있는 것이지만, <u>지방자치단체가 그 고유의 자치사무를 처리하는 경우에는 지방자치단체는 국가기관의 일부가 아니라 국가기관과는 별도의 독립한 공법인이므로</u>, 지방자치단체 소속 공무원이 지방자치단체 고유의 자치사무를 수행하던 중 도로법 제81조 내지 제85조의 규정에 의한 위반행위를 한 경우에는 지방자치단체는 도로법 제86조의 <u>양벌규정에 따라 처벌대상이 되는 법인에 해당한다</u>.”(대법원 2005. 11. 10. 선고 2004도2657)

③ (○) “지방의회의원이 그 의원의 자격이라기 보다 지방자치단체의 전체 주민의 대표자라는 지위에서 주민의 권리신장과 공익을 위하여 정보공개조례안의행정정보공개심의위원회에 집행기관의 공무원 및 전문가 등과 동수의 비율로 참여하는 것이 반드시 <u>법령에 위배된다고 볼 수도 없다</u>.”(대법원 1992. 6. 23. 선고 92추17)

④ (○) “지방의회의원은 주민의 대표자이자 지방의회의 구성원으로서 주민들의 다양한 의사와 이해관계를 통합하여 지방자치단체의 의사를 형성하는 역할을 하므로, 지방의회의원의 전문성을 확보하고 원활한 의정활동을 지원하기 위해서는 지방의회의원들에게도 후원회를 허용하여 정치자금을 합법적으로 확보할 수 있는 방안을 마련해 줄 필요가 있다. 정치자금법은 후원회의 투명한 운영을 위한 상세한 규정을 두고 있어 지방의회의원의 염결성을 확보할 수 있고, 국회의원과 소요되는 정치자금의 차이도 후원 한도를 제한하는 등의 방법으로 규제할 수 있으므로, 후원회 지정 자체를 금지하는 것은 오히려 지방의회의원의 정치자금 모금을 음성화시킬 우려가 있다. 현재 지방의회의원에게 지급되는 의정활동비 등은 의정활동에 전념하기에 충분하지 않고, 지방의회는 유능한 신인정치인의 유입 통로가 되므로, 지방의회의원에게 후원회를 지정할 수 없도록 하는 것은 경제력을 갖추지 못한 사람의 정치입문을 저해할 수도 있다. 따라서 심판대상조항이 <u>국회의원과 달리 지방의회의원을 후원회지정권자에서 제외하고 있는 것은 불합리한 차별로서 청구인들의 평등권을 침해한다</u>.”

14 정답 ④

① (×) 국가배상법 제9조

> **국가배상법 제9조(소송과 배상신청의 관계)** 이 법에 따른 손해배상의 소송은 배상심의회(이하 "심의회"라 한다)에 배상신청을 하지 아니하고도 제기할 수 있다.

② (×) "공익근무요원은 … 소집되어 군에 복무하지 않는 한 군인이라고 말할 수 없으므로, 비록 병역법 제75조 제2항이 공익근무요원으로 복무 중 순직한 사람의 유족에 대하여 국가유공자등예우및지원에관한법률에 따른 보상을 하도록 규정하고 있다고 하여도, 공익근무요원이 국가배상법 제2조 제1항 단서의 규정에 의하여 국가배상법상 손해배상청구가 제한되는 군인·군무원·경찰공무원 또는 향토예비군대원에 해당한다고 할 수 없다." (대법원 1997.3.28. 선고 97다4036)

③ (×) "경과실이 있는 공무원이 피해자에 대하여 손해배상책임을 부담하지 아니함에도 피해자에게 손해를 배상하였다면 그것은 채무자 아닌 사람이 타인의 채무를 변제한 경우에 해당하고, 이는 민법 제469조의 '제3자의 변제' 또는 민법 제744조의 '도의관념에 적합한 비채변제'에 해당하여 피해자는 공무원에 대하여 이를 반환할 의무가 없고, 그에 따라 피해자의 국가에 대한 손해배상청구권이 소멸하여 국가는 자신의 출연 없이 채무를 면하게 되므로, 피해자에게 손해를 직접 배상한 경과실이 있는 공무원은 특별한 사정이 없는 한 국가에 대하여 국가의 피해자에 대한 손해배상책임의 범위 내에서 공무원이 변제한 금액에 관하여 구상권을 취득한다고 봄이 타당하다." (대법원 2014.8.20. 선고 2012다54478)

④ (○) 옳은 내용이다. 별도의 규정에 따라 국가배상청구권의 소멸시효는 '손해 및 가해자를 안 날부터 3년, 또는 불법행위가 종료한 날부터 5년'이다(2004다33469).

15 정답 ③

① (○) "납세고지서에 과세표준과 세액의 계산명세가 기재되어 있지 아니하거나 그 계산명세서를 첨부하지 아니하였다면 그 납세고지는 위법하다고 할 것이나, 한편 과세관청이 과세처분에 앞서 납세의무자에게 보낸 과세예고통지서 등에 납세고지서의 필요적 기재사항이 제대로 기재되어 있어 납세의무자가 그 처분에 대한 불복 여부의 결정 및 불복신청에 전혀 지장을 받지 않았음이 명백하다면, 이로써 납세고지서의 하자가 보완되거나 치유될 수 있다." (대법원 2001.3.27. 선고 99두8039)

② (○) "체납취득세에 대한 압류처분권한은 도지사로부터 시장에게 권한위임된 것이고 시장으로부터 압류처분권한을 내부위임받은 데 불과한 구청장으로서는 시장 명의로 압류처분을 대행처리할 수 있을 뿐이고 자신의 명의로 이를 할 수 없다 할 것이므로 구청장이 자신의 명의로 한 압류처분은 권한 없는 자에 의하여 행하여진 위법무효의 처분이다." (대법원 1993.5.27. 선고 93누6621)

③ (×) "피고(국가보훈처장)가 행한 이 사건 통보행위 자체는 유족으로서 상훈법에 따라 훈장 등을 보관하고 있는 원고들에 대하여 그 반환 요구의 전제로서 대통령의 서훈취소결정이 있었음을 알리는 것에 불과하므로, 이로써 피고가 그 명의로 서훈취소의 처분을 하였다고 볼 것은 아니다. 나아가 이 사건 서훈취소 처분의 통지가 처분권한자인 대통령이 아니라 그 보좌기관인 피고에 의하여 이루어졌다고 하더라도, 그 처분이 대통령의 인식과 의사에 기초하여 이루어졌고, 앞서 보았듯이 그 통지로 이 사건 서훈취소 처분의 주체(대통령)와 내용을 알 수 있으므로, 이 사건 서훈취소 처분의 외부적 표시의 방법으로서 위 통지의 주체나 형식에 어떤 하자가 있다고 보기도 어렵다." (대법원 2014.9.26. 선고 2013두2518)

④ (○) "환경영향평가를 거쳐야 할 대상사업에 대하여 환경영향평가를 거치지 아니하였음에도 불구하고 승인 등 처분이 이루어진다면, 사전에 환경영향평가를 함에 있어 평가대상지역 주민들의 의견을 수렴하고 그 결과를 토대로 하여 환경부장관과의 협의내용을 사업계획에 미리 반영시키는 것 자체가 원천적으로 봉쇄되는바, 이렇게 되면 환경파괴를 미연에 방지하고 쾌적한 환경을 유지·조성하기 위하여 환경영향평가제도를 둔 입법 취지를 달성할 수 없게 되는 결과를 초래할 뿐만 아니라 환경영향평가대상지역 안의 주민들의 직접적이고 개별적인 이익을 근본적으로 침해하게 되므로, 이러한 행정처분의 하자는 법규의 중요한 부분을 위반한 중대한 것이고 객관적으로도 명백한 것이라고 하지 않을 수 없어, 이와 같은 행정처분은 당연무효이다." (대법원 2006.6.30. 선고 2005두14363)

16 정답 ③

① (○) 행정소송법 제9조

> **행정소송법 제9조(재판관할)** ① 취소소송의 제1심관할법원은 피고의 소재지를 관할하는 행정법원으로 한다.
> ② 제1항에도 불구하고 다음 각 호의 어느 하나에 해당하는 피고에 대하여 취소소송을 제기하는 경우에는 대법원소재지를 관할하는 행정법원에 제기할 수 있다.
> 1. 중앙행정기관, 중앙행정기관의 부속기관과 합의제 행정기관 또는 그 장
> 2. 국가의 사무를 위임 또는 위탁받은 공공단체 또는 그 장
> ③ 토지의 수용 기타 부동산 또는 특정의 장소에 관계되는 처분등에 대한 취소소송은 그 부동산 또는 장소의 소재지를 관할하는 행정법원에 이를 제기할 수 있다.

② (○) 행정소송법 제2조 제2항

> **행정소송법 제2조(정의)** ② 이 법을 적용함에 있어서 행정청에는 법령에 의하여 행정권한의 위임 또는 위탁을 받은 행정기관, 공공단체 및 그 기관 또는 사인이 포함된다.

③ (✕) 행정소송법 제6조 제1항

> 행정소송법 제6조(명령·규칙의 위헌판결등 공고) ① 행정소송에 대한 대법원판결에 의하여 명령·규칙이 헌법 또는 법률에 위반된다는 것이 확정된 경우에는 대법원은 지체 없이 그 사유를 행정안전부장관에게 통보하여야 한다.

④ (○) 행정소송법 제7조

> 행정소송법 제7조(사건의 이송) 민사소송법 제34조 제1항의 규정은 원고의 고의 또는 중대한 과실없이 행정소송이 심급을 달리하는 법원에 잘못 제기된 경우에도 적용한다.
> 민사소송법 제34조(관할위반 또는 재량에 따른 이송) ① 법원은 소송의 전부 또는 일부에 대하여 관할권이 없다고 인정하는 경우에는 결정으로 이를 관할법원에 이송한다.

17 정답 ①

① (✕) 조례의 법률우위 원칙 위배 여부는 이미 국가법령이 존재하는 경우에만 문제가 된다. "조례가 규율하는 특정사항에 관하여 그것을 규율하는 국가의 법령이 이미 존재하는 경우에도 조례가 법령과 별도의 목적에 기하여 규율함을 의도하는 것으로서 그 적용에 의하여 법령의 규정이 의도하는 목적과 효과를 전혀 저해하는 바가 없는 때, 또는 양자가 동일한 목적에서 출발한 것이라고 할지라도 국가의 법령이 반드시 그 규정에 의하여 전국에 걸쳐 일률적으로 동일한 내용을 규율하려는 취지가 아니고 각 지방자치단체가 그 지방의 실정에 맞게 별도로 규율하는 것을 용인하는 취지라고 해석되는 때에는 그 조례가 국가의 법령에 위반되는 것은 아니다." (대법원 1997. 4. 25. 선고 96추244)

② (○) "조례 위반에 형벌을 가할 수 있도록 규정한 조례안 규정들은 (형벌 제정권을 제거한) 현행 지방자치법 제20조에 위반되고, 또 적법한 법률의 위임 없이 제정된 것이 되어 지방자치법 제15조 단서에 위반되고, 나아가 죄형법정주의를 선언한 헌법 제12조 제1항에도 위반된다." (대법원 1995. 6. 30. 선고 93추83)

③ (○) "차고지확보 대상을 자가용자동차 중 승차정원 16인 미만의 승합자동차와 적재정량 2.5t 미만의 화물자동차까지로 정하여 자동차운수사업법령이 정한 기준보다 확대하고, 차고지 확보 입증서류의 미제출을 자동차등록 거부사유로 정하여 자동차관리법령이 정한 자동차 등록기준보다 더 높은 수준의 기준을 부가하고 있는 차고지확보제도에 관한 조례안은 비록 그 법률적 위임근거는 있지만 그 내용이 차고지 확보기준 및 자동차등록기준에 관한 상위법령의 제한범위를 초과하여 무효이다." (대법원 1997. 4. 25. 선고 96추251)

④ (○) "헌법 제117조 제1항과 지방자치법 제15조에 의하면 지방자치단체는 법령의 범위 안에서 그 사무에 관하여 자치조례를 제정할 수 있으나 이 때 사무란 지방자치법 제9조 제1항에서 말하는 지방자치단체의 자치사무와 법령에 의하여 지방자치단체에 속하게 된 단체위임사무를 가리키므로 지방자치단체가 자치조례를 제정할 수 있는 것은 원칙적으로 이러한 자치사무와 단체위임사무에 한하므로, 국가사무가 지방자치단체의 장에게 위임된 기관위임사무와 같이 지방자치단체의 장이 국가기관의 지위에서 수행하는 사무일 뿐 지방자치단체 자체의 사무라고 할 수 없는 것은 원칙적으로 자치조례의 제정범위에 속하지 않는다." (대법원 1999. 9. 17. 선고 99추30)

18 정답 ②

① (○) "국민의 신청에 대한 행정청의 거부처분이 항고소송의 대상이 되는 행정처분이 되기 위하여는, 국민이 행정청에 대하여 그 신청에 따른 행정행위를 해줄 것을 요구할 수 있는 법규상 또는 조리상의 권리가 있어야 한다." (대법원 1984.10.23. 선고 84누227)

② (✕) "인·허가의제 효과를 수반하는 건축신고는 일반적인 건축신고와는 달리, 특별한 사정이 없는 한 행정청이 그 실체적 요건에 관한 심사를 한 후 수리하여야 하는 이른바 '수리를 요하는 신고'로 보는 것이 옳다." (대법원 2011.1.20. 선고 2010두14954 전원합의체)

③ (○) "이와 같이 건축주 등은 신고제하에서도 건축신고가 반려될 경우 당해 건축물의 건축을 개시하면 시정명령, 이행강제금, 벌금의 대상이 되거나 당해 건축물을 사용하여 행할 행위의 허가가 거부될 우려가 있어 불안정한 지위에 놓이게 된다. 따라서 건축신고 반려행위가 이루어진 단계에서 당사자로 하여금 반려행위의 적법성을 다투어 그 법적 불안을 해소한 다음 건축행위에 나아가도록 함으로써 장차 있을지도 모르는 위험에서 미리 벗어날 수 있도록 길을 열어 주고, 위법한 건축물의 양산과 그 철거를 둘러싼 분쟁을 조기에 근본적으로 해결할 수 있게 하는 것이 법치행정의 원리에 부합한다. 그러므로 건축신고 반려행위는 항고소송의 대상이 된다고 보는 것이 옳다." (대법원 2010.11.18. 선고 2008두167 전원합의체)

④ (○) "건축주명의변경신고에 관한 건축법 시행규칙 제3조의2의 규정은 단순히 행정관청의 사무집행의 편의를 위한 것에 지나지 않는 것이 아니라, 허가대상건축물의 양수인에게 건축주의 명의변경을 신고할 수 있는 공법상의 권리를 인정함과 아울러 행정관청에게는 그 신고를 수리할 의무를 지게 한 것으로 봄이 상당하므로, 허가대상건축물의 양수인이 위 규칙에 규정되어 있는 형식적요건을 갖추어 시장, 군수에게 적법하게 건축주의 명의변경을 신고한 때에는 시장, 군수는 그 신고를 수리하여야지 실체적인 이유를 내세워 그 신고의 수리를 거부할 수는 없다." (대법원 1992.3.31. 선고 91누4911)

19 정답 ②

① (○) "국가기관 및 지방자치단체는 위헌으로 선언된 법률규정에 근거하여 새로운 행정처분을 할 수 없음은 물론이고, 위헌결정 전에 이미 형성된 법률관계에 기한 후속처분이라도 그것이 새로운 위헌적 법률관계를 생성·확대하는 경우라면 이를 허용할 수 없다. 따라서 조세 부과의 근거가 되었던 법률규정이 위헌으로 선언된 경우, 비록 그에 기한 과세처분이 위헌결정 전에 이루어졌고, 과세처분에 대한 제소기간이 이미 경과하여 조세채권이 확정되었으며, 조세채권의 집행을 위한 체납처분의 근거규정 자체에 대하여는 따로 위헌결정이 내려진 바 없다고 하더라도, 위와 같은 위헌결정 이후에 조세채권의 집행을 위한 새로운 체납처분에 착수하거나 이를 속행하는 것은 더 이상 허용되지 않고, 나아가 이러한 위헌결정의 효력에 위배하여 이루어진 체납처분은 그 사유만으로 하자가 중대하고 객관적으로 명백하여 당연무효라고 보아야 한다." (대법원 2012.2.16. 선고 2010두10907 전원합의체)

② (✕) "서울특별시장이 건설부장관으로부터 위임받은 관리처분계획의 인가 등 처분권한을 행정권한의위임및위탁에관한규정 제4조에 의하여 규칙을 제정해서 구청장에게 재위임하지 아니하고, 서울특별시행정권한위임조례(1990.10.8. 선고 서울특별시 조례 제2654호) 제5조 제1항 [별표]에 의하여 구청장에게 재위임하였다면, 서울특별시행정권한위임조례 중 위 처분권한의 재위임에 관한 부분은 조례제정권의 범위를 벗어난 국가사무(기관위임사무)를 대상으로 한 것이어서 무효이다. … 무효인 서울특별시행정권한위임조례의 규정에 근거한 관리처분계획의 인가 등 처분은 결과적으로 적법한 위임 없이 권한 없는 자에 의하여 행하여진 것과 마찬가지가 되어 그 하자가 중대하나, 지방자치단체의 사무에 관한 조례와 규칙은 조례가 보다 상위규범이라고 할 수 있고, 또한 헌법 제107조 제2항의 "규칙"에는 지방자치단체의 조례와 규칙이 모두 포함되는 등 이른바 규칙의 개념이 경우에 따라 상이하게 해석되는 점 등에 비추어 보면, 위 처분의 위임과정의 하자가 객관적으로 명백한 것이라고 할 수 없으므로 결국 당연무효 사유는 아니라고 봄이 상당하다." (대법원 1995.8.22. 선고 94누5694 전원합의체)

③ (○) 옳은 내용이다. 여기서 말하는 일반적 근거규정이란 행정기본법 제18조를 말한다.

> 행정기본법 제18조(위법 또는 부당한 처분의 취소) ① 행정청은 위법 또는 부당한 처분의 전부나 일부를 소급하여 취소할 수 있다. 다만, 당사자의 신뢰를 보호할 가치가 있는 등 정당한 사유가 있는 경우에는 장래를 향하여 취소할 수 있다.

④ (○) 옳은 내용이다. 2개 이상의 행정처분이 연속적으로 행해지는 경우, 선행처분이 당연무효면 그 하자는 후행처분에 승계된다.

20 정답 ②

① (○) "어떤 토지가 개설경위를 불문하고 일반 공중의 통행에 공용되는 도로, 즉 공로가 되면 그 부지의 소유권 행사는 제약을 받게 되며, 이는 소유자가 수인하여야만 하는 재산권의 사회적 제약에 해당한다. 따라서 공로 부지의 소유자가 이를 점유·관리하는 지방자치단체를 상대로 공로로 제공된 도로의 철거, 점유 이전 또는 통행금지를 청구하는 것은 법질서상 원칙적으로 허용될 수 없는 '권리남용'이라고 보아야 한다."

② (✕) "하천법 제50조에 의한 하천수 사용권은 하천법 제33조에 의한 하천의 점용허가에 따라 해당 하천을 점용할 수 있는 권리와 마찬가지로 특허에 의한 공물사용권의 일종으로서, 양도가 가능하고 이에 대한 민사집행법상의 집행 역시 가능한 독립된 재산적 가치가 있는 구체적인 권리라고 보아야 한다. 따라서 하천법 제50조에 의한 하천수 사용권은 공익사업을 위한 토지 등의 취득 및 보상에 관한 법률 제76조 제1항이 손실보상의 대상으로 규정하고 있는 '물의 사용에 관한 권리'에 해당한다." (대법원 2018.12.27. 선고 2014두11601)

③ (○) "하천의 점용허가권은 특허에 의한 공물사용권의 일종으로서 하천의 관리주체에 대하여 일정한 특별사용을 청구할 수 있는 채권에 지나지 아니하고 대세적 효력이 있는 물권이라 할 수 없다." (대법원 2015.1.29. 선고 2012두27404)

④ (○) "공공용물에 관하여 적법한 개발행위 등이 이루어짐으로 말미암아 이에 대한 일정범위의 사람들의 일반사용이 종전에 비하여 제한받게 되었다 하더라도 특별한 사정이 없는 한 그로 인한 불이익은 손실보상의 대상이 되는 특별한 손실에 해당한다고 할 수 없다." (대법원 2002.2.26. 선고 99다35300)

21 정답 ④

① (○) "공공기관의정보공개에관한법률 제6조 제1항은 "모든 국민은 정보의 공개를 청구할 권리를 가진다."고 규정하고 있는데, 여기에서 말하는 국민에는 자연인은 물론 법인, 권리능력 없는 사단·재단도 포함되고, 법인, 권리능력 없는 사단·재단 등의 경우에는 설립 목적을 불문한다." (대법원 2003.12.12. 선고 2003두8050)
"지방자치단체는 공공기관의 정보공개에 관한 법률 제5조에서 정한 정보공개청구권자인 '국민'에 해당되지 아니한다." (서울행정법원 2005.10.12. 선고 2005 구합10484)

② (○) "사법시험 제2차 시험의 답안지 열람은 시험문항에 대한 채점위원별 채점 결과의 열람과 달리 사법시험업무의 수행에 현저한 지장을 초래한다고 볼 수 없다." (대법원 2003.3.14. 선고 2000두6114) 따라서 사법시험 답안지는 비공개대상 정보가 아니다.

③ (○) 국가안보에 관련되는 정보는 정보공개법의 대상이 되지 않는다(제4조 제3항).

> **공공기관의 정보공개에 관한 법률 제4조(적용 범위)** ③ 국가안전보장에 관련되는 정보 및 보안 업무를 관장하는 기관에서 국가안전보장과 관련된 정보의 분석을 목적으로 수집하거나 작성한 정보에 대해서는 이 법을 적용하지 아니한다. 다만, 제8조 제1항에 따른 정보목록의 작성·비치 및 공개에 대해서는 그러하지 아니한다.

④ (×) "甲이 친족인 망 乙 등에 대한 독립유공자 포상신청을 하였다가 독립유공자서훈 공적심사위원회의 심사를 거쳐 포상에 포함되지 못하였다는 내용의 공적심사 결과를 통지받자 국가보훈처장에게 '망인들에 대한 독립유공자서훈 공적심사위원회의 심의·의결 과정 및 그 내용을 기재한 회의록' 등의 공개를 청구하였는데, 국가보훈처장이 공개할 수 없다는 통보를 한 사안에서, 위 회의록은 공공기관의 정보 공개에 관한 법률 제9조 제1항 제5호에서 정한 '공개될 경우 업무의 공정한 수행에 현저한 지장을 초래한다고 인정할 만한 상당한 이유가 있는 정보'에 해당한다." (대법원 2014.7.24. 선고 2013두20301)
"형사소송법 제59조의2의 내용·취지 등을 고려하면, 형사소송법 제59조의2는 형사재판확정기록의 공개 여부나 공개 범위, 불복절차 등에 대하여 구 공공기관의 정보공개에 관한 법률(2013. 8. 6. 법률 제11991호로 개정되기 전의 것, 이하 '정보공개법'이라고 한다)과 달리 규정하고 있는 것으로 정보공개법 제4조 제1항에서 정한 '정보의 공개에 관하여 다른 법률에 특별한 규정이 있는 경우'에 해당한다. 따라서 형사재판확정기록의 공개에 관하여는 정보공개법에 의한 공개청구가 허용되지 아니한다." (대법원 2016.12.15. 선고 2013두20882)

22 정답 ④

① (○) 행정심판법 제13조 제3항

> **행정심판법 제13조(청구인 적격)** ③ 의무이행심판은 처분을 신청한 자로서 행정청의 거부처분 또는 부작위에 대하여 일정한 처분을 구할 법률상 이익이 있는 자가 청구할 수 있다.

② (○) 행정심판법 제49조 제3항

> **행정심판법 제49조(재결의 기속력 등)** ③ 당사자의 신청을 거부하거나 부작위로 방치한 처분의 이행을 명하는 재결이 있으면 행정청은 지체 없이 이전의 신청에 대하여 재결의 취지에 따라 처분을 하여야 한다.

③ (○) 옳은 내용이다(행정심판법 제43조 제5항).

> **행정심판법 제43조(재결의 구분)** ⑤ 위원회는 의무이행심판의 청구가 이유가 있다고 인정하면 지체 없이 신청에 따른 처분을 하거나 처분을 할 것을 피청구인에게 명한다.

④ (×) 행정심판 청구기간에 대한 규정은 거부처분에는 적용되지만 부작위에 대한 의무이행심판청구에는 적용되지 않는다(행정심판법 제27조 제7항).

> **행정심판법 제27조(심판청구의 기간)** ⑦ 제1항부터 제6항까지의 규정은 무효등확인심판청구와 부작위에 대한 의무이행심판청구에는 적용하지 아니한다.

23 정답 ③

① (○), ② (○) "행정소송법 제19조에 의하면 행정심판에 대한 재결에 대하여도 그 재결 자체에 고유한 위법이 있음을 이유로 하는 경우에는 항고소송을 제기하여 그 취소를 구할 수 있고, 여기에서 말하는 '재결 자체에 고유한 위법'이란 그 재결자체에 주체, 절차, 형식 또는 내용상의 위법이 있는 경우를 의미하는데, 행정심판청구가 부적법하지 않음에도 각하한 재결은 심판청구인의 실체심리를 받을 권리를 박탈한 것으로서 원처분에 없는 고유한 하자가 있는 경우에 해당하고, 따라서 위 재결은 취소소송의 대상이 된다." (대법원 2001.7.27. 선고 99두2970)
③ (×) "한국자산공사가 당해 부동산을 인터넷을 통하여 재공매(입찰)하기로 한 결정 자체는 내부적인 의사결정에 불과하여 항고소송의 대상이 되는 행정처분이라고 볼 수 없고, 또한 한국자산공사가 공매통지는 공매의 요건이 아니라 공매사실 자체를 체납자에게 알려주는 데 불과한 것으로서, 통지의 상대방의 법적 지위나 권리·의무에 직접 영향을 주는 것이 아니라고 할 것이므로 이것 역시 행정처분에 해당한다고 할 수 없다." (대법원 2007.7.27. 선고 2006두8464)
④ (○) "병역법상 신체등위판정은 행정청이라고 볼 수 없는 군의관이 하도록 되어 있으며, 그 자체만으로 바로 병역법상의 권리의무가 정하여지는 것이 아니라 그에 따라 지방병무청장이 병역처분을 함으로써 비로소 병역의무의 종류가 정하여지는 것이므로 항고소송의 대상이 되는 행정처분이라 보기 어렵다." (대법원 1993.8.27. 선고 93누3356)

24 정답 ③

① (○) 옳은 내용이다. 이것이 훈령의 실질적 적법요건이다.
② (○) "재량권 행사의 준칙인 행정규칙이 그 정한 바에 따라 되풀이 시행되어 행정관행이 이루어지게 되면 평등의 원칙이나 신뢰보호의 원칙에 따라 행정기관은 그 상대방에 대한 관계에서 그 규칙에 따라야 할 자기구속을 받게 되므로, 이러한 경우에는 특별한 사정이 없는 한 그를 위반하는 처분은 평등의 원칙이나 신뢰보호의 원칙에 위배되어 재량권을 일탈·남용한 위법한 처분이 된다." (대법원 2009. 12. 24. 선고 2009두7967)

③ (×) "소득세법 시행령 제170조 제4항 제2호에 의하여 투기 거래를 규정한 재산제세조사사무처리규정(국세청훈령 제980호)은 그 형식은 행정규칙으로 되어 있으나 위 시행령의 규정을 보충하는 기능을 가지면서 그와 결합하여 법규명령과 같은 효력(대외적인 구속력)을 가지는 것이므로 과세관청이 위 규정에 정하는 바에 따라 양도소득세 공정과세위원회의 자문을 거치지 아니하고 위 규정 제72조 제3항 제8호 소정의 투기거래로 인정하여 양도소득세를 과세하는 것은 위법이다." (대법원 1989. 11. 14. 선고 89누5676)

④ (○) 행정규칙도 내부적 효력은 있기 때문에, 하급행정기관이 이를 위반하여 행정행위를 한 경우, 그 행정행위가 위법하게 되는 것은 아닐지라도, 그로 인하여 징계책임은 질 수 있다.

25 정답 ①

① (×) "어떠한 처분에 법령상 근거가 있는지, 행정절차법에서 정한 처분절차를 준수하였는지는 본안에서 당해 처분이 적법한가를 판단하는 단계에서 고려할 요소이지, 소송요건 심사단계에서 고려할 요소가 아니다." (대법원 2020.1.16. 선고 2019다264700)

② (○) "항고소송에 있어서 행정처분의 위법 여부를 판단하는 기준시점에 대하여 판결시가 아니라 처분시라고 하는 의미는 행정처분이 있을 때의 법령과 사실상태를 기준으로 하여 위법 여부를 판단할 것이며 처분 후 법령의 개폐나 사실상태의 변동에 영향을 받지 않는다는 뜻이고 처분 당시 존재하였던 자료나 행정청에 제출되었던 자료만으로 위법 여부를 판단한다는 의미는 아니므로, 처분 당시의 사실상태 등에 대한 입증은 사실심 변론종결 당시까지 할 수 있고, 법원은 행정처분 당시 행정청이 알고 있었던 자료뿐만 아니라 사실심 변론종결 당시까지 제출된 모든 자료를 종합하여 처분 당시 존재하였던 객관적 사실을 확정하고 그 사실에 기초하여 처분의 위법 여부를 판단할 수 있다." (대법원 1993.5.27. 선고 92누19033)

③ (○) "개발부담금부과처분 취소소송에 있어 당사자가 제출한 자료에 의하여 적법하게 부과될 정당한 부담금액이 산출되는 때에는 그 정당한 금액을 초과하는 부분만 취소하여야 하고 그렇지 않은 경우에는 부과처분 전부를 취소할 수밖에 없다." (대법원 2000.6.9. 선고 99두5542)

④ (○) "사정판결은 당사자의 명백한 주장이 없는 경우에도 기록에 나타난 여러 사정을 기초로 직권으로 할 수 있는 것이나, 그 요건인 현저히 공공복리에 적합하지 아니한지 여부는 위법한 행정처분을 취소·변경하여야 할 필요와 그 취소·변경으로 인하여 발생할 수 있는 공공복리에 반하는 사태 등을 비교·교량하여 판단하여야 한다." (대법원 2006.9.22. 선고 2005두2506)

03 2022. 7. 16 군무원 9급 기출문제

01　정답 ①

① (×) 행정법령의 시행일을 정하지 않은 경우에는 공포한 날로부터 20일이 경과함으로써 효력이 발생한다는 점은 옳다(법령 등 공포에 관한 법률 제13조). 또 이 경우에 첫날이 산입되지 않는다는 점도 옳다(행정기본법 제7조 제2호). 그러나 이때 기간의 말일이 토요일이나 공휴일이라 하더라도 그 말일로 기간이 만료하는 것이지, 그 다음날 만료하는 것이 아니다(행정기본법 제7조 제3호).

> **법령 등 공포에 관한 법률 제13조(시행일)** 대통령령, 총리령 및 부령은 특별한 규정이 없으면 공포한 날부터 20일이 경과함으로써 효력을 발생한다.

> **행정기본법 제7조(법령등 시행일의 기간 계산)** 법령등(훈령·예규·고시·지침 등을 포함한다. 이하 이 조에서 같다)의 시행일을 정하거나 계산할 때에는 다음 각 호의 기준에 따른다.
> 1. 법령등을 공포한 날부터 시행하는 경우에는 공포한 날을 시행일로 한다.
> 2. 법령등을 공포한 날부터 일정 기간이 경과한 날부터 시행하는 경우 법령등을 공포한 날을 첫날에 산입하지 아니한다.
> 3. 법령등을 공포한 날부터 일정 기간이 경과한 날부터 시행하는 경우 그 기간의 말일이 토요일 또는 공휴일인 때에는 그 말일로 기간이 만료한다.

② (○) "법령의 소급적용, 특히 행정법규의 소급적용은 일반적으로는 법치주의의 원리에 반하고, 개인의 권리·자유에 부당한 침해를 가하며, 법률생활의 안정을 위협하는 것이어서, 이를 인정하지 않는 것이 원칙이고(법률불소급의 원칙 또는 행정법규불소급의 원칙), 다만 법령을 소급적용하더라도 일반 국민의 이해에 직접 관계가 없는 경우, 오히려 그 이익을 증진하는 경우, 불이익이나 고통을 제거하는 경우 등의 특별한 사정이 있는 경우에 한하여 예외적으로 법령의 소급적용이 허용된다." (대법원 2005. 5. 13. 선고 2004다8630)

③ (○) 이 경우 개정법령인 처분 당시의 법령을 따른다(행정기본법 제14조 제2항).

> **행정기본법 제14조(법 적용의 기준)** ② 당사자의 신청에 따른 처분은 법령등에 특별한 규정이 있거나 처분 당시의 법령등을 적용하기 곤란한 특별한 사정이 있는 경우를 제외하고는 처분 당시의 법령등에 따른다.

④ (△) 이러한 경우에는 여전히 구법이 적용된다고 보던 형사판례(2007도4197)를 출제한 것인데, 2022년 12월 22일자 전원합의체 판결(2020도16420)로 대법원이 태도를 변경하였기 때문에, 이제는 폐기된 판례이다. 이제는 출제될 수 없는 지문이다.

02　정답 ④

① (×) 사무처리준칙이 제정·공표되었다는 것만으로는 자기구속력이 발생하지 않고, 사무처리준칙에서 정한 바에 따라 실제로 되풀이 시행되기까지 해야 한다(2009두7967).

② (×) "헌법재판소의 위헌결정은 행정청이 개인에 대하여 신뢰의 대상이 되는 공적인 견해를 표명한 것이라고 할 수 없으므로 그 결정에 관련한 개인의 행위에 대하여는 신뢰보호의 원칙이 적용되지 아니한다." (대법원 2003. 6. 27. 선고 2002두6965)

③ (×) 부당결부금지원칙에 대해서는 행정기본법 제13조에 명문의 규정이 존재한다.

> **행정기본법 제13조(부당결부금지의 원칙)** 행정청은 행정작용을 할 때 상대방에게 해당 행정작용과 실질적인 관련이 없는 의무를 부과해서는 아니 된다.

④ (○) "법령 규정의 문언만으로는 처분 요건의 의미가 분명하지 아니하여 그 해석에 다툼의 여지가 있었더라도 해당 법령 규정의 위헌 여부 및 그 범위, 법령이 정한 처분 요건의 구체적 의미 등에 관하여 법원이나 헌법재판소의 분명한 판단이 있고, 행정청이 그러한 판단 내용에 따라 법령 규정을 해석·적용하는 데에 아무런 법률상 장애가 없는데도 합리적 근거 없이 사법적 판단과 어긋나게 행정처분을 하였다면 그 하자는 객관적으로 명백하다고 봄이 타당하다." (대법원 2017. 12. 28. 선고 2017두30122)

03　정답 ②

① (○) "한의사 면허는 경찰금지를 해제하는 명령적 행위(강학상 허가)에 해당하고, 한약조제시험을 통하여 약사에게 한약조제권을 인정함으로써 한의사들의 영업상 이익이 감소되었다고 하더라도 이러한 이익은 사실상의 이익에 불과하고 약사법이나 의료법 등의 법률에 의하여 보호되는 이익이라고는 볼 수 없다." (대법원 1998. 3. 10. 선고 97누4289)

② (✕) <u>요건이 충족되었다 하더라도, 중대한 공익상의 필요가 있는 경우에는 허가를 거부할 수 있다.</u> "건축허가권자는 건축허가신청이 건축법 등 관계 법규에서 정하는 어떠한 제한에 배치되지 않는 이상 당연히 같은 법조에서 정하는 건축허가를 하여야 하고, 중대한 공익상의 필요가 없는데도 관계 법령에서 정하는 제한사유 이외의 사유를 들어 요건을 갖춘 자에 대한 허가를 거부할 수는 없다." (대법원 2009. 9. 24. 선고 2009두8946)
③ (○) "허가 등의 행정처분은 원칙적으로 처분시의 법령과 허가기준에 의하여 처리되어야 하고 허가신청 당시의 기준에 따라야 하는 것은 아니며, 비록 허가신청 후 허가기준이 변경되었다 하더라도 그 허가관청이 허가신청을 수리하고도 정당한 이유 없이 그 처리를 늦추어 그 사이에 허가기준이 변경된 것이 아닌 이상 변경된 허가기준에 따라서 처분을 하여야 한다." (대법원 2006. 8. 25. 선고 2004두2974)
④ (○) "석유사업법 제12조 제3항, 제9조 제1항, 제12조 제4항 등을 종합하면 <u>석유판매업(주유소)허가는 소위 대물적 허가의 성질을 갖는 것이어서 그 사업의 양도도 가능하고 이 경우 양수인은 양도인의 지위를 승계하게 됨</u>에 따라 양도인의 위 허가에 따른 권리의무가 양수인에게 이전되는 것이므로 <u>만약 양도인에게 그 허가를 취소할 위법사유가 있다면 허가관청은 이를 이유로 양수인에게 응분의 제재조치를 취할 수 있다.</u>" (대법원 1986. 7. 22. 선고 86누203)

04 정답 ②

① (○) "'고시'의 방법으로 불특정 다수인을 상대로 의무를 부과하거나 권익을 제한하는 처분은 성질상 의견제출의 기회를 주어야 하는 상대방을 특정할 수 없으므로, 이와 같은 처분에 있어서까지 구 행정절차법 제22조 제3항에 의하여 <u>그 상대방에게 의견제출의 기회를 주어야 한다고 해석할 것은 아니다.</u>" (대법원 2014. 10. 27. 선고 2012두7745)
② (✕) "행정절차법 제21조 제1항은 행정청은 당사자에게 의무를 과하거나 권익을 제한하는 처분을 하는 경우에는 미리 처분의 제목, 당사자의 성명 또는 명칭과 주소, 처분하고자 하는 원인이 되는 사실과 처분의 내용 및 법적 근거, 그에 대하여 의견을 제출할 수 있다는 뜻과 의견을 제출하지 아니하는 경우의 처리방법, 의견제출기관의 명칭과 주소, 의견제출기한 등을 당사자 등에게 통지하도록 하고 있는바, 신청에 따른 처분이 이루어지지 아니한 경우에는 아직 당사자에게 권익이 부과되지 아니하였으므로 특별한 사정이 없는 한 <u>신청에 대한 거부처분이라고 하더라도 직접 당사자의 권익을 제한하는 것은 아니어서 신청에 대한 거부처분을 여기에서 말하는 '당사자의 권익을 제한하는 처분'에 해당한다고 할 수 없는 것이어서 처분의 사전통지대상이 된다고 할 수 없다.</u>" (대법원 2003. 11. 28. 선고 2003두674)

③ (○)

> 행정절차법 제21조(<u>처분의 사전 통지</u>) ① 행정청은 당사자에게 의무를 부과하거나 권익을 제한하는 처분을 하는 경우에는 미리 다음 각 호의 사항을 당사자등에게 통지하여야 한다.
>
> 행정절차법 제2조(정의) 이 법에서 사용하는 용어의 뜻은 다음과 같다.
> 4. "당사자등"이란 다음 각 목의 자를 말한다.
>   가. 행정청의 처분에 대하여 직접 그 상대가 되는 당사자
>   나. 행정청이 직권으로 또는 <u>신청에 따라 행정절차에 참여하게 한 이해관계인</u>

④ (○) "정규공무원으로 임용된 사람에게 시보임용처분 당시 지방공무원법 제31조 제4호에 정한 공무원임용 결격사유가 있어 시보임용처분을 취소하고 그에 따라 <u>정규임용처분을 취소한 경우, 정규임용처분을 취소하는 처분은 성질상 행정절차를 거치는 것이 불필요하여 행정절차법의 적용이 배제되는 경우에 해당하지 않으므로,</u> 그 처분을 하면서 <u>사전통지를 하거나 의견제출의 기회를 부여하지 않은 것은 위법하다.</u>" (대법원 2009. 1. 30. 선고 2008두16155)

05 정답 ①

① (✕) "행정처분에 대한 무효확인과 취소청구는 서로 양립할 수 없는 청구로서 주위적·예비적 청구로서만 병합이 가능하고 <u>선택적 청구로서의 병합이나 단순 병합은 허용되지 아니한다.</u>" (대법원 1999. 8. 20. 선고 97누6889)
② (○) "행정처분의 <u>당연무효를 선언하는 의미에서 취소를 구하는 행정소송을 제기한 경우에도 제소기간의 준수 등 취소소송의 제소요건을 갖추어야 한다.</u>" (대법원 1993. 3. 12. 선고 92누11039)
③ (○) 옳은 지문이다. 대법원은 이 경우, 소의 변경이 없이도 곧바로 취소판결을 하고 있다. "<u>일반적으로 행정처분의 무효확인을 구하는 소에는 원고가 그 처분의 취소를 구하지 아니한다고 밝히지 아니한 이상 그 처분이 만약 당연무효가 아니라면 그 취소를 구하는 취지도 포함되어 있는 것으로 보아야 한다.</u>" (대법원 1986. 9. 23. 선고 85누838)
④ (○) "과세처분 취소청구를 기각하는 판결이 확정되면 그 처분이 적법하다는 점에 관하여 기판력이 생기고 그 후 원고가 이를 무효라 하여 무효확인을 소구할 수 없는 것이어서 과세처분의 <u>취소소송에서 청구가 기각된 확정판결의 기판력은 그 과세처분의 무효확인을 구하는 소송에도 미친다.</u>" (대법원 1998. 7. 24. 선고 98다10854)

06 정답 ②

① (O) "행정처분을 취소하는 확정판결이 제3자에 대하여도 효력이 있다고 하더라도 일반적으로 판결의 효력은 주문에 포함한 것에 한하여 미치는 것이니 그 취소판결 자체의 효력으로써 그 행정처분을 기초로 하여 새로 형성된 제3자의 권리까지 당연히 그 행정처분 전의 상태로 환원되는 것이라고는 할 수 없고, 단지 취소판결의 존재와 취소판결에 의하여 형성되는 법률관계를 소송당사자가 아니었던 제3자라 할지라도 이를 용인하지 않으면 아니된다는 것을 의미하는 것에 불과하다."(대법원 1986. 8. 19. 선고 83다카2022)

② (×) 기판력은 기각판결에서도 발생한다.

③ (O) "취소 확정판결의 기속력은 판결의 주문 및 전제가 되는 처분 등의 구체적 위법사유에 관한 판단에도 미치나, 종전 처분이 판결에 의하여 취소되었더라도 종전 처분과 다른 사유를 들어서 새로이 처분을 하는 것은 기속력에 저촉되지 않는다. … 새로운 처분의 처분사유가 종전 처분의 처분사유와 기본적 사실관계에서 동일하지 않은 다른 사유에 해당하는 이상, 처분사유가 종전 처분 당시 이미 존재하고 있었고 당사자가 이를 알고 있었더라도 이를 내세워 새로이 처분을 하는 것은 확정판결의 기속력에 저촉되지 않는다."(대법원 2016. 3. 24. 선고 2015두48235)

④ (O) "행정처분의 적법 여부는 그 행정처분이 행하여 진 때의 법령과 사실을 기준으로 하여 판단하는 것이므로 거부처분 후에 법령이 개정·시행된 경우에는 개정된 법령 및 허가기준을 새로운 사유로 들어 다시 이전의 신청에 대한 거부처분을 할 수 있으며 그러한 처분도 행정소송법 제30조 제2항에 규정된 재처분에 해당된다."(대법원 1998. 1. 7.자 97두22)

07 정답 ④

① (O) 대법원은 고지는 처분의 적법요건이 아니라고 보는 입장이다. "자동차운수사업법 제31조 등의 규정에 의한 사업면허의 취소 등의 처분에 관한 규칙(교통부령) 제7조 제3항의 고지절차에 관한 규정은 행정처분의 상대방이 그 처분에 대한 행정심판의 절차를 밟는데 있어 편의를 제공하려는데 있으며 처분청이 위 규정에 따른 고지의무를 이행하지 아니하였다고 하더라도 경우에 따라서는 행정심판의 제기기간이 연장될 수 있는 것에 그치고 이로 인하여 심판의 대상이 되는 행정처분에 어떤 하자가 수반된다고 할 수 없다."(대법원 1987. 11. 24. 선고 87누529)

② (O)

> 행정심판법 제25조(피청구인의 직권취소등) ① 제23조제1항·제2항 또는 제26조제1항에 따라 심판청구서를 받은 피청구인은 그 심판청구가 이유 있다고 인정하면 심판청구의 취지에 따라 직권으로 처분을 취소·변경하거나 확인을 하거나 신청에 따른 처분(이하 이 조에서 "직권취소등"이라 한다)을 할 수 있다. 이 경우 서면으로 청구인에게 알려야 한다.

③ (O) 옳은 지문이다. 임시처분은 이러한 목적으로 도입된 제도이다.

④ (×) 경기도선거관리위원회가 성남시의 사무에 대해 직접처분을 하자, 성남시가 경기도지사를 상대로 청구한 권한쟁의심판에 대해 본안에 들어간 사건이 있는데(98헌라4), 이를 토대로, 자신의 사무에 대하여 직접처분을 받은 지방자치단체는 행정심판위원회가 속한 국가기관을 상대로 헌법상 권한쟁의심판을 청구할 수 있다고 본다. 변별력 확보목적으로 최초출제 된 심화내용이다.

08 정답 ③

① (O) "국가배상법 제5조 소정의 공공의 영조물이란 공유나 사유임을 불문하고 행정주체에 의하여 특정공공의 목적에 공여된 유체물 또는 물적 설비를 의미한다."(대법원 1981. 7. 7. 선고 80다2478)

② (O) "영조물의 설치 및 관리에 있어서 항상 완전무결한 상태를 유지할 정도의 고도의 안전성을 갖추지 아니하였다고 하여 영조물의 설치 또는 관리에 하자가 있다고 단정할 수 없는 것이고, 영조물의 설치자 또는 관리자에게 부과되는 방호조치의무는 영조물의 위험성에 비례하여 사회통념상 일반적으로 요구되는 정도의 것을 의미하므로 영조물인 도로의 경우도 다른 생활필수시설과의 관계나 그것을 설치하고 관리하는 주체의 재정적, 인적, 물적 제약 등을 고려하여 그것을 이용하는 자의 상식적이고 질서 있는 이용방법을 기대한 상대적인 안전성을 갖추는 것으로 족하다."(대법원 2002. 8. 23. 선고 2002다9158)

③ (×) "관리청이 하천법 등 관련 규정에 의해 책정한 하천정비기본계획 등에 따라 개수를 완료한 하천 또는 아직 개수 중이라 하더라도 개수를 완료한 부분에 있어서는, 위 하천정비기본계획 등에서 정한 계획홍수량 및 계획홍수위를 충족하여 하천이 관리되고 있다면 당초부터 계획홍수량 및 계획홍수위를 잘못 책정하였다거나 그 후 이를 시급히 변경해야 할 사정이 생겼음에도 불구하고 이를 해태하였다는 등의 특별한 사정이 없는 한, 그 하천은 용도에 따라 통상 갖추어야 할 안전성을 갖추고 있다고 봄이 상당하다."(대법원 2007. 9. 21. 선고 2005다65678)

④ (O) "공군비행장 주변의 항공기 소음 피해로 인한 손해배상 사건에서 공군에 속한 군인이나 군무원의 경우 일반인에 비하여 그 피해에 관하여 잘 인식하거나 인식할 수 있는 지위에 있다는 이유만으로 가해자의 면책이나 손해배상액의 감액에 있어 달리 볼 수는 없다."(대법원 2015. 10. 15. 선고 2013다23914)

09 정답 ③

① (O) "외국에의 국군의 파견결정은 파견군인의 생명과 신체의 안전뿐만 아니라 국제사회에서의 우리나라의 지위와 역할, 동맹국과의 관계, 국가안보문제 등 궁극적으로 국민 내지 국익에 영향을 미치는 복잡하고도 중요한 문제로서 국내 및 국제정치관계 등 제반상황을 고려하여 미래를 예측하고 목표를 설정하는 등 고도의 정치적 결단이 요구되는 사안이다. … 현행 헌법이 채택하고 있는 대의민주제 통치구조하에서 대의기관인 대통령과 국회의 그와 같은 고도의 정치적 결단은 가급적 존중되어야 한다. … 이 사건 파견결정은 그 성격상 국방 및 외교에 관련된 고도의 정치적 결단을 요하는 문제로서, 헌법과 법률이 정한 절차를 지켜 이루어진 것임이 명백하므로, 대통령과 국회의 판단은 존중되어야 하고 헌법재판소가 사법적 기준만으로 이를 심판하는 것은 자제되어야 한다." (헌법재판소 2004. 4. 29. 선고 2003헌마814)

② (O) "선고된 형의 전부를 사면할 것인지 또는 일부만을 사면할 것인지를 결정하는 것은 사면권자의 전권사항에 속하는 것이고, 징역형의 집행유예에 대한 사면이 병과된 벌금형에도 미치는 것으로 볼 것인지 여부는 사면의 내용에 대한 해석문제에 불과하다 할 것이다." (헌법재판소 2000. 6. 1. 선고 97헌바74)

③ (×) "남북정상회담의 개최과정에서 재정경제부장관에게 신고하지 아니하거나 통일부장관의 협력사업 승인을 얻지 아니한 채 북한측에 사업권의 대가 명목으로 송금한 행위 자체는 헌법상 법치국가의 원리와 법 앞에 평등원칙 등에 비추어 볼 때 사법심사의 대상이 된다" (대법원 2004. 3. 26. 선고 2003도7878)

④ (O) "구 상훈법 제8조는 서훈취소의 요건을 구체적으로 명시하고 있고 절차에 관하여 상세하게 규정하고 있다. 그리고 서훈취소는 서훈수여의 경우와는 달리 이미 발생된 서훈대상자 등의 권리 등에 영향을 미치는 행위로서 관련 당사자에게 미치는 불이익의 내용과 정도 등을 고려하면 사법심사의 필요성이 크다. 따라서 기본권의 보장 및 법치주의의 이념에 비추어 보면, 비록 서훈취소가 대통령이 국가원수로서 행하는 행위라고 하더라도 법원이 사법심사를 자제하여야 할 고도의 정치성을 띤 행위라고 볼 수는 없다." (대법원 2015. 4. 23. 선고 2012두26920)

10 정답 ①

① (×) 행정행위에는 기판력이 인정되지 않는다. "일반적으로 행정처분이나 행정심판 재결이 불복기간의 경과로 인하여 확정될 경우 그 확정력은, 그 처분으로 인하여 법률상 이익을 침해받은 자가 당해 처분이나 재결의 효력을 더 이상 다툴 수 없다는 의미일 뿐, 더 나아가 판결에 있어서와 같은 기판력이 인정되는 것은 아니어서 그 처분의 기초가 된 사실관계나 법률적 판단이 확정되고 당사자들이나 법원이 이에 기속되어 모순되는 주장이나 판단을 할 수 없게 되는 것은 아니다." (대법원 2004. 7. 8. 선고 2002두11288)

② (O) "제소기간이 이미 도과하여 불가쟁력이 생긴 행정처분에 대하여는 개별 법규에서 그 변경을 요구할 신청권을 규정하고 있거나 관계 법령의 해석상 그러한 신청권이 인정될 수 있는 등 특별한 사정이 없는 한 국민에게 그 행정처분의 변경을 구할 신청권이 있다 할 수 없다." (대법원 2007. 4. 26. 선고 2005두11104)

③ (O) 행정행위에 불가쟁력이 발생하면 그 상대방이나 이해관계인은 그 행정행위의 효력을 다툴 수 없게 되는 것일 뿐, 국가배상청구까지 하지 못하게 되는 것이 아니다.

④ (O) 옳은 지문이다.

11 정답 ②

① (O) "재량행위에 있어서는 관계 법령에 명시적인 금지규정이 없는 한 행정목적을 달성하기 위하여 조건이나 기한, 부담 등의 부관을 붙일 수 있다." (대법원 2004. 3. 25. 선고 2003두12837)

② (×) 취소할 수 없다. "토지소유자가 토지형질변경행위허가에 붙은 기부채납의 부관에 따라 토지를 국가나 지방자치단체에 기부채납(증여)한 경우, 기부채납의 부관이 당연무효이거나 취소되지 아니한 이상 토지소유자는 위 부관으로 인하여 증여계약의 중요부분에 착오가 있음을 이유로 증여계약을 취소할 수 없다." (대법원 1999. 5. 25. 선고 98다53134)

③ (O), ④ (O) 일반적으로 행정처분에 효력기간이 정하여져 있는 경우에는 그 기간의 경과로 그 행정처분의 효력은 상실되며, 다만 허가에 붙은 기한이 그 허가된 사업의 성질상 부당하게 짧은 경우에는 이를 그 허가 자체의 존속기간이 아니라 그 허가조건의 존속기간으로 보아 그 기한이 도래함으로써 그 조건의 개정을 고려한다는 뜻으로 해석할 수 있지만, 이와 같이 당초에 붙은 기한을 허가 자체의 존속기간이 아니라 허가조건의 존속기간으로 보더라도 그 후 당초의 기한이 상당 기간 연장되어 연장된 기간을 포함한 존속기간 전체를 기준으로 볼 경우 더 이상 허가된 사업의 성질상 부당하게 짧은 경우에 해당하지 않게 된 때에는 관계 법령의 규정에 따라 허가 여부의 재량권을 가진 행정청으로서는 그 때에도 허가조건의 개정만을 고려하여야 하는 것은 아니고 재량권의 행사로서 더 이상의 기간연장을 불허가할 수도 있는 것이며, 이로써 허가의 효력은 상실된다. (대법원 2004. 3. 25. 선고 2003두12837)

12 정답 ③

① (○), ② (○) "행정계획이라 함은 행정에 관한 전문적·기술적 판단을 기초로 하여 도시의 건설·정비·개량 등과 같은 특정한 행정목표를 달성하기 위하여 서로 관련되는 행정수단을 종합·조정함으로써 장래의 일정한 시점에 있어서 일정한 질서를 실현하기 위한 활동기준으로 설정된 것으로서, 도시계획법 등 관계 법령에는 추상적인 행정목표와 절차만이 규정되어 있을 뿐 행정계획의 내용에 대하여는 별다른 규정을 두고 있지 아니하므로 행정주체는 구체적인 행정계획을 입안·결정함에 있어서 비교적 광범위한 형성의 자유를 가지는 한편, 행정주체가 가지는 이와 같은 형성의 자유는 무제한적인 것이 아니라 그 행정계획에 관련되는 자들의 이익을 공익과 사익 사이에서는 물론이고 공익 상호간과 사익 상호간에도 정당하게 비교교량하여야 한다는 제한이 있는 것이다. (대법원 2000. 3. 23. 선고 98두2768)

③ (×) ㉠ 판례는 형량하자의 유형을 언급하고는 있으나, 그러한 유형의 하자가 있으면 곧바로 행정계획이 위법하게 된다고만 판시하고 있을 뿐, 하자의 유형별로 위법의 판단기준을 달리 사용하고 있지는 않다. ㉡ 이와 달리 다수설은, 예컨대, 형량의 부존재의 경우에는 그 자체로 곧바로 위법사유가 되고, 형량의 누락은 '중요한' 이익고려사항을 누락한 경우에만 위법사유가 된다고 보는 등 형량하자의 유형별로 위법의 판단기준을 달리하여야 한다고 본다. ㉢ "행정주체가 구체적인 행정계획을 입안·결정할 때에 가지는 비교적 광범위한 형성의 자유는 무제한적인 것이 아니라 행정계획에 관련되는 자들의 이익을 공익과 사익 사이에서는 물론이고 공익 상호 간과 사익 상호 간에도 정당하게 비교교량하여야 한다는 제한이 있는 것이므로, 행정주체가 행정계획을 입안·결정하면서 이익형량을 전혀 행하지 않거나 이익형량의 고려 대상에 마땅히 포함시켜야 할 사항을 빠뜨린 경우 또는 이익형량을 하였으나 정당성과 객관성이 결여된 경우에는 행정계획결정은 형량에 하자가 있어 위법하게 된다." (대법원 2012. 1. 12. 선고 2010두5806)

④ (○) "이미 고시된 실시계획에 포함된 상세계획으로 관리되는 토지 위의 건물의 용도를 상세계획 승인권자의 변경승인 없이 임의로 판매시설에서 상세계획에 반하는 일반목욕장으로 변경한 사안에서, 그 영업신고를 수리하지 않고 영업소를 폐쇄한 처분은 적법하다." (대법원 2008. 3. 27. 선고 2006두3742)

13 정답 ③

ㄱ. (×) "한국마사회가 조교사 또는 기수의 면허를 부여하거나 취소하는 것은 경마를 독점적으로 개최할 수 있는 지위에서 우수한 능력을 갖추었다고 인정되는 사람에게 경마에서의 일정한 기능과 역할을 수행할 수 있는 자격을 부여하거나 이를 박탈하는 것에 지나지 아니하므로, 이는 국가 기타 행정기관으로부터 위탁받은 행정권한의 행사가 아니라 일반 사법상의 법률관계에서 이루어지는 단체 내부에서의 징계 내지 제재처분이다." (대법원 2008. 1. 31. 선고 2005두8269)

ㄴ. (○) "어떠한 고시가 일반적·추상적 성격을 가질 때에는 법규명령 또는 행정규칙에 해당할 것이지만, 다른 집행행위의 매개 없이 그 자체로서 직접 국민의 구체적인 권리의무나 법률관계를 규율하는 성격을 가질 때에는 항고소송의 대상이 되는 행정처분에 해당한다." (대법원 2003. 10. 9. 자 2003무23)

ㄷ. (○) "장래 일정한 기간 내에 관계 법령이 규정하는 시설 등을 갖추어 일정한 행정처분을 구하는 신청을 할 수 있는 법률상 지위에 있는 자의 국토이용계획변경신청을 거부하는 것이 실질적으로 당해 행정처분 자체를 거부하는 결과가 되는 경우에는 예외적으로 그 신청인에게 국토이용계획변경을 신청할 권리가 인정된다고 봄이 상당하므로, 이러한 신청에 대한 거부행위는 항고소송의 대상이 되는 행정처분에 해당한다." (대법원 2003. 9. 23. 선고 2001두10936)

ㄹ. (×) "국가공무원법상 당연퇴직은 결격사유가 있을 때 법률상 당연히 퇴직하는 것이지 공무원관계를 소멸시키기 위한 별도의 행정처분을 요하는 것이 아니며, 당연퇴직의 인사발령은 법률상 당연히 발생하는 퇴직사유를 공적으로 확인하여 알려주는 이른바 관념의 통지에 불과하고 공무원의 신분을 상실시키는 새로운 형성적 행위가 아니므로 행정소송의 대상이 되는 독립한 행정처분이라고 할 수 없다." (대법원 1995. 11. 14. 선고 95누2036)

14 정답 ③

① (○) 출제의도가 무엇인지 파악하기 어려운 지문이다. 정선지로 처리된 것으로 볼 때, "행정부는 법률의 위임을 받은 경우 그 시행을 위한 법령을 제정해야 한다"와 같은 일반적인 규정이 현재 법률상 없다는 말을 하고 있는 듯하다.

② (○) "삼권분립의 원칙, 법치행정의 원칙을 당연한 전제로 하고 있는 우리 헌법하에서 행정권의 행정입법 등 법집행의무는 헌법적 의무라고 보아야 할 것이다." (헌법재판소 2005. 12. 22. 선고 2004헌마66)

③ (×) "행정입법의 부작위가 위헌·위법이라고 하기 위하여는 행정청에게 행정입법을 하여야 할 작위의무를 전제로 하는 것이고, 그 작위의무가 인정되기 위하여는 행정입법의 제정이 법률의 집행에 필수불가결한 것이어야 하는바, 만일 하위 행정입법의 제정 없이 상위 법령의 규정만으로도 집행이 이루어질 수 있는 경우라면 하위 행정입법을 제정하여야 할 작위의무는 인정되지 아니한다고 할 것이다." (대법원 2007. 1. 11. 선고2004두10432)

④ (○) "행정소송은 구체적 사건에 대한 법률상 분쟁을 법에 의하여 해결함으로써 법적 안정을 기하자는 것이므로 부작위위법확인소송의 대상이 될 수 있는 것은 구체적 권리의무에 관한 분쟁이어야 하고 추상적인 법령에 관하여 제정의 여부 등 그 자체로서 국민의 구체적인 권리의무에 직접적 변동을 초래하는 것이 아니어서 그 소송의 대상이 될 수 없다." (대법원 1992. 5. 8. 선고 91누11261)

15 정답 ①

출제위원은 "판례에 따를 때 공법상 당사자소송에 해당하지 않는 것은?"이라는 말을 하고 싶었던 것 같다.

① (×) "조세부과처분이 당연무효임을 전제로 하여 이미 납부한 세금의 반환을 청구하는 것은 민사상의 부당이득반환청구로서 민사소송절차에 따라야 한다." (대법원 1995. 4. 28. 선고 94다55019)

② (○) "구 도시재개발법에 의한 재개발조합은 조합원에 대한 법률관계에서 적어도 특수한 존립목적을 부여받은 특수한 행정주체로서 국가의 감독하에 그 존립 목적인 특정한 공공사무를 행하고 있다고 볼 수 있는 범위 내에서는 공법상의 권리의무 관계에 서 있다. 따라서 조합을 상대로 한 쟁송에 있어서 강제가입제를 특색으로 한 조합원의 자격 인정 여부에 관하여 다툼이 있는 경우에는 그 단계에서는 아직 조합의 어떠한 처분 등이 개입될 여지는 없으므로 공법상의 당사자소송에 의하여 그 조합원 자격의 확인을 구할 수 있다." (대법원 1996. 2. 15. 선고 94다31235)

③ (○) "고용보험 및 산업재해보상보험의 보험료징수 등에 관한 법률 제4조, 제16조의2, 제17조, 제19조, 제23조의 각 규정에 의하면, 사업주가 당연가입자가 되는 고용보험 및 산재보험에서 보험료 납부의무 부존재확인의 소는 공법상의 법률관계 자체를 다투는 소송으로서 공법상 당사자소송이다." (대법원 2016. 10. 13. 선고 2016다221658)

④ (○) "수신료의 법적 성격, 피고 보조참가인의 수신료 강제징수권의 내용[구 방송법 제66조 제3항] 등에 비추어 보면 수신료 부과행위는 공권력의 행사에 해당하므로, 피고(한국전력공사)가 피고 보조참가인(한국방송공사)으로부터 수신료의 징수업무를 위탁받아 자신의 고유업무와 관련된 고지행위와 결합하여 수신료를 징수할 권한이 있는지 여부를 다투는 이 사건 쟁송은 민사소송이 아니라 공법상의 법률관계를 대상으로 하는 것으로서 행정소송법 제3조 제2호에 규정된 당사자소송에 의하여야 한다고 봄이 상당하다." (대법원 2008. 7. 24. 선고 2007다25261)

16 정답 ④

① (○)

> 행정소송법 제16조(제3자의 소송참가) ① 법원은 소송의 결과에 따라 권리 또는 이익의 침해를 받을 제3자가 있는 경우에는 당사자 또는 제3자의 신청 또는 직권에 의하여 결정으로써 그 제3자를 소송에 참가시킬 수 있다.

② (○)

> 행정소송법 제17조(행정청의 소송참가) ① 법원은 다른 행정청을 소송에 참가시킬 필요가 있다고 인정할 때에는 당사자 또는 당해 행정청의 신청 또는 직권에 의하여 결정으로써 그 행정청을 소송에 참가시킬 수 있다.

③ (○)

> 행정소송법 제16조(제3자의 소송참가) ② 법원이 제1항의 규정에 의한 결정을 하고자 할 때에는 미리 당사자 및 제3자의 의견을 들어야 한다.
>
> 행정소송법 제17조(행정청의 소송참가) ② 법원은 제1항의 규정에 의한 결정을 하고자 할 때에는 당사자 및 당해 행정청의 의견을 들어야 한다.

④ (×) 법원의 직권으로 소의 변경을 할 수는 없다.

> 행정소송법 제21조(소의 변경) ① 법원은 취소소송을 당해 처분등에 관계되는 사무가 귀속하는 국가 또는 공공단체에 대한 당사자소송 또는 취소소송 외의 항고소송으로 변경하는 것이 상당하다고 인정할 때에는 청구의 기초에 변경이 없는 한 사실심의 변론종결시까지 원고의 신청에 의하여 결정으로써 소의 변경을 허가할 수 있다.

17 정답 ①

① (기사동 긍정) "석유판매업허가신청에 대하여 "주유소 건축예정 토지에 관하여 도시계획법 제4조 및 구 토지의형질변경등 행위허가기준등에관한규칙에 의거하여 행위제한을 추진하고 있다."는 당초의 불허가처분사유와 항고소송에서 주장한 위 신청이 토지형질변경허가의 요건을 갖추지 못하였다는 사유 및 도심의 환경보전의 공익상 필요라는 사유는 기본적 사실관계의 동일성이 있다." (대법원 1999. 4. 23. 97누14378)

② (기사동 부정) "피고는 석유판매업허가신청에 대하여 당초 사업장소인 토지가 군사보호시설구역 내에 위치하고 있는 관할 군부대장의 동의를 얻지 못하였다는 이유로 이를 불허가하였다가, 소송에서 위 토지는 탄약창에 근접한 지점에 위치하고 있어 공공의 안전과 군사시설의 보호라는 공익적인 측면에서 보아 허가신청을 불허한 것은 적법하다는 것을 불허가사유로 추가한 경우, 양자는 기본적 사실관계에 있어서의 동일성이 인정되지 아니하는 별개의 사유라고 할 것이므로 이와 같은 사유를 불허가처분의 근거로 추가할 수 없다고 본 사례" (대법원 1991. 11. 8. 선고 91누70)

③ (기사동 부정) "온천으로서의 이용가치, 기존의 도시계획 및 공공사업에의 지장 여부 등을 고려하여 이 사건 온천발견신고수리를 거부한 것은 적법하다는 취지의 피고의 주장에 대하여 아무런 판단도 하지 아니한 것은 소론이 지적하는 바와 같으나 기록에 의하면 그와 같은 사유는 피고가 당초에 이 사건 거부처분의 사유로 삼은 바가 없을 뿐만 아니라 규정온도가 미달되어 온천에 해당하지 않는다는 당초의 이 사건 처분사유와는 기본적 사실관계를 달리하여 이를 거부처분의 사유로 추가할 수는 없다." (대법원 1992. 11. 24. 선고 92누3052)

④ (기사동 부정) "이주대책신청기간이나 소정의 이주대책실시(시행)기간을 모두 도과하여 실기한 이주대책신청을 하였으므로 원고에게는 이주대책을 신청할 권리가 없고, 사업시행자가 이를 받아들여 택지나 아파트공급을 해 줄 법률상 의무를 부담

한다고 볼 수 없다는 피고의 상고이유의 주장은 원심에서는 하지 아니한 새로운 주장일 뿐만 아니라 사업지구 내 가옥 소유자가 아니라는 이 사건 처분사유와 기본적 사실관계의 동일성도 없다."(대법원 1999. 8. 20. 선고 98두17043)

18 정답 ③

① (○) 진정소급적용이 아니라 하더라도, 신뢰보호의 원칙을 위반했는지 여부는 별도로 또 검토해 보아야 한다는 말이다 "건축허가기준에 관한 관계 법령 및 조례(이하 '법령'이라고만 한다)의 규정이 개정된 경우, 새로이 개정된 법령의 경과규정에서 달리 정함이 없는 한 처분 당시에 시행되는 개정 법령에서 정한 기준에 의하여 건축허가 여부를 결정하는 것이 원칙이고, 그러한 개정 법령의 적용과 관련하여서는 개정 전 법령의 존속에 대한 국민의 신뢰가 개정 법령의 적용에 관한 공익상의 요구보다 더 보호가치가 있다고 인정되는 경우에 그러한 국민의 신뢰를 보호하기 위하여 그 적용이 제한될 수 있는 여지가 있을 따름이다."(대법원 2007. 11. 16. 선고 2005두8092)

② (○) "산림훼손은 국토 및 자연의 유지와 수질 등 환경의 보전에 직접적으로 영향을 미치는 행위이므로, 법령이 규정하는 산림훼손 금지 또는 제한 지역에 해당하는 경우는 물론 금지 또는 제한 지역에 해당하지 않더라도 허가관청은 산림훼손허가신청 대상토지의 현상과 위치 및 주위의 상황 등을 고려하여 국토 및 자연의 유지와 환경의 보전 등 중대한 공익상 필요가 있다고 인정될 때에는 허가를 거부할 수 있고, 그 경우 법규에 명문의 근거가 없더라도 거부처분을 할 수 있다."(대법원 2003. 3. 28. 선고 2002두12113)

③ (×) "어업에 관한 허가 또는 신고의 경우 그 유효기간이 경과하면 그 허가나 신고의 효력이 당연히 소멸하며, 재차 허가를 받거나 신고를 하더라도 허가나 신고의 기간만 갱신되어 종전의 어업허가나 신고의 효력 또는 성질이 계속된다고 볼 수 없고 새로운 허가 내지 신고로서의 효력이 발생한다고 할 것이다."(대법원 2014. 5. 29. 선고 2011다57692)

④ (○) 허가는 허가를 받아서 해야 하는 행위의 적법요건일뿐 효력요건은 아니기 때문에, 별도의 규정이 없는 한, 무허가행위의 법률상 효력이 당연히 부인되는 것은 아니다. 단지 그 무허가 행위는 행정법상 처벌 또는 제재의 대상이 될 뿐이다.

19 정답 ④

① (○) "부담부 행정처분에 있어서 처분의 상대방이 부담(의무)을 이행하지 아니한 경우에 처분행정청으로서는 이를 들어 당해 처분을 취소(철회)할 수 있는 것이다."(대법원 1989. 10. 24. 선고 89누2431)

② (○) "외형상 하나의 행정처분이라 하더라도 가분성이 있거나 그 처분대상의 일부가 특정될 수 있다면 그 일부만의 취소도 가능하고 그 일부의 취소는 당해 취소부분에 관하여 효력이 생긴다."(대법원 1995. 11. 16. 선고 95누8850)

③ (○) "행정행위의 '취소'는 일단 유효하게 성립한 행정행위를 그 행위에 위법한 하자가 있음을 이유로 소급하여 효력을 소멸시키는 별도의 행정처분을 의미함이 원칙이다. 반면, 행정행위의 '철회'는 적법요건을 구비하여 완전히 효력을 발하고 있는 행정행위를 사후적으로 효력의 전부 또는 일부를 장래에 향해 소멸시키는 별개의 행정처분이다."(대법원 2018. 6. 28. 선고 2015두58195)

④ (×) "산림법이나 같은 법 시행령 등에는 산림훼손 용도변경신청에 관하여 아무런 규정을 두지 않고 있고, 산림청훈령인 '산림의형질변경허가및복구요령'은 법규로서의 효력이 없는 행정청 내부의 사무처리준칙에 불과하며, 처분 후에 원래의 처분을 그대로 존속시킬 수 없게 된 사정변경이 생겼다 하여 처분의 상대방에게 그 철회·변경을 요구할 권리가 생기는 것도 아니므로, 산림훼손허가를 얻은 자에게는 법규상 또는 조리상 산림훼손 용도변경신청권이 없고, 따라서 산림훼손 용도변경신청을 반려한 것은 항고소송의 대상이 되는 처분에 해당하지 아니한다."(대법원 1998. 10. 13. 선고 97누13764).

20 정답 ①

① (×) 건축법상 이행강제금은 타인에게 승계될 수 없다. "구 건축법상의 이행강제금은 구 건축법의 위반행위에 대하여 시정명령을 받은 후 시정기간 내에 당해 시정명령을 이행하지 아니한 건축주 등에 대하여 부과되는 간접강제의 일종으로서 그 이행강제금 납부의무는 상속인 기타의 사람에게 승계될 수 없는 일신전속적인 성질의 것이므로 이미 사망한 사람에게 이행강제금을 부과하는 내용의 처분이나 결정은 당연무효이다." (대법원 2006. 12. 8. 선고 2006마470)

② (○)

> 행정기본법 제31조(이행강제금의 부과) ⑤ 행정청은 의무자가 행정상 의무를 이행할 때까지 이행강제금을 반복하여 부과할 수 있다. 다만, 의무자가 의무를 이행하면 새로운 이행강제금의 부과를 즉시 중지하되, 이미 부과한 이행강제금은 징수하여야 한다.

③ (○) "장기미등기자가 이행강제금 부과 전에 등기신청의무를 이행하였다면 이행강제금의 부과로써 이행을 확보하고자 하는 목적은 이미 실현된 것이므로 부동산실명법 제6조 제2항에 규정된 기간이 지나서 등기신청의무를 이행한 경우라 하더라도 이행강제금을 부과할 수 없다."(대법원 2016. 6. 23. 선고 2015두36454)

④ (○) 옳은 지문이다. 이행강제금은 그 1차적인 목적이 의무 이행의 확보에 있다.

21 정답 ④

① (O) "이주대책은 헌법 제23조 제3항에 규정된 정당한 보상에 포함되는 것이라기보다는 이에 부가하여 이주자들에게 종전의 생활상태를 회복시키기 위한 생활보상의 일환으로서 국가의 정책적인 배려에 의하여 마련된 제도라고 볼 것이다. 따라서 이주대책의 실시 여부는 입법자의 입법정책적 재량의 영역에 속하므로 공익사업을위한토지등의취득및보상에관한법률 시행령 제40조 제3항 제3호가 이주대책의 대상자에서 세입자를 제외하고 있는 것이 세입자의 재산권을 침해하는 것이라 볼 수 없다." (헌법재판소 2006. 2. 23. 2004헌마19)

② (O) "공익사업으로 인하여 영업을 폐지하거나 휴업하는 자가 사업시행자에게서 구 공익사업법 제77조 제1항에 따라 영업손실에 대한 보상을 받기 위해서는 구 공익사업법 제34조, 제50조 등에 규정된 재결절차를 거친 다음 재결에 대하여 불복이 있는 때에 비로소 구 공익사업법 제83조 내지 제85조에 따라 권리구제를 받을 수 있을 뿐, 이러한 재결절차를 거치지 않은 채 곧바로 사업시행자를 상대로 손실보상을 청구하는 것은 허용되지 않는다고 보는 것이 타당하다." (대법원 2011. 9. 29. 선고 2009두10963)

③ (O) "사업시행자 스스로 공익사업의 원활한 시행을 위하여 필요하다고 인정함으로써 생활대책을 수립·실시할 수 있도록 하는 내부 규정을 두고 있고 내부규정에 따라 생활대책대상자 선정기준을 마련하여 생활대책을 수립·실시하는 경우에는, 이러한 생활대책 역시 "공공필요에 의한 재산권의 수용·사용 또는 제한 및 그에 대한 보상은 법률로써 하되, 정당한 보상을 지급하여야 한다."고 규정하고 있는 헌법 제23조 제3항에 따른 정당한 보상에 포함되는 것으로 보아야 한다. 따라서 이러한 생활대책대상자 선정기준에 해당하는 자는 사업시행자에게 생활대책대상자 선정 여부의 확인·결정을 신청할 수 있는 권리를 가지는 것이어서, 만일 사업시행자가 그러한 자를 생활대책대상자에서 제외하거나 선정을 거부하면, 이러한 생활대책대상자 선정기준에 해당하는 자는 사업시행자를 상대로 항고소송을 제기할 수 있다고 보는 것이 타당하다." (대법원 2011. 10. 13. 선고 2008두17905)

④ (×) 공행정 작용은 법적행위(예 토지수용재결)인지 사실행위(예 도로공사)인지를 불문한다.

22 정답 ②

① (O) "양도소득세 및 방위세부과처분이 국세청장에 대한 불복심사청구에 의하여 그 불복사유가 이유있다고 인정되어 취소되었음에도 처분청이 동일한 사실에 관하여 부과처분을 되풀이한 것이라면 설령 그 부과처분이 감사원의 시정요구에 의한 것이라 하더라도 위법하다." (대법원 1986. 5. 27. 선고 86누127)

② (×) 직접 처분은 직권으로는 할 수 없다.

> 행정심판법 제49조(재결의 기속력 등) ③ 당사자의 신청을 거부하거나 부작위로 방치한 처분의 이행을 명하는 재결이 있으면 행정청은 지체 없이 이전의 신청에 대하여 재결의 취지에 따라 처분을 하여야 한다.

> 행정심판법 제50조(위원회의 직접 처분) ① 위원회는 피청구인이 제49조 제3항에도 불구하고 처분을 하지 아니하는 경우에는 당사자가 신청하면 기간을 정하여 서면으로 시정을 명하고 그 기간에 이행하지 아니하면 직접 처분을 할 수 있다. 다만, 그 처분의 성질이나 그 밖의 불가피한 사유로 위원회가 직접 처분을 할 수 없는 경우에는 그러하지 아니하다.

③ (O) "행정심판의 재결은 피청구인인 행정청을 기속하는 효력을 가지므로 재결청이 취소심판의 청구가 이유 있다고 인정하여 처분청에 처분을 취소할 것을 명하면 처분청으로서는 재결의 취지에 따라 처분을 취소하여야 하지만, 나아가 재결에 판결에서와 같은 기판력이 인정되는 것은 아니어서 재결이 확정된 경우에도 처분의 기초가 된 사실관계나 법률적 판단이 확정되고 당사자들이나 법원이 이에 기속되어 모순되는 주장이나 판단을 할 수 없게 되는 것은 아니다." (대법원 2015. 11. 27. 선고 2013다6759)

④ (O) "택지초과소유부담금 부과처분을 취소하는 재결이 있는 경우 당해 처분청은 재결의 취지에 반하지 아니하는 한, 즉 당초 처분과 동일한 사정 아래에서 동일한 내용의 처분을 반복하는 것이 아닌 이상, 그 재결에 적시된 위법사유를 시정·보완하여 정당한 부담금을 산출한 다음 새로이 부담금을 부과할 수 있는 것이고, 이러한 새로운 부과처분은 재결의 기속력에 저촉되지 아니한다." (대법원 1997. 2. 25. 선고 96누14784)

23 정답 ②

① (O) "위법한 행정대집행이 완료되면 그 처분의 무효확인 또는 취소를 구할 소의 이익은 없다 하더라도, 미리 그 행정처분의 취소판결이 있어야만, 그 행정처분의 위법임을 이유로 한 손해배상 청구를 할 수 있는 것은 아니다." (대법원 1972. 4. 28. 선고 72다337)

② (×) 이 경우 민사법원은 그 행정처분이 위법인지 여부를 심사할 수 있다.

③ (O) 행정소송법 제11조 제1항은 이것이 가능함을 전제로 규정되어 있다.

> 행정소송법 제11조(선결문제) ① 처분등의 효력 유무 또는 존재 여부가 민사소송의 선결문제로 되어 당해 민사소송의 수소법원이 이를 심리·판단하는 경우에는 제17조, 제25조, 제26조 및 제33조의 규정을 준용한다.

④ (O)

> 국가배상법 제2조(배상책임) ① 국가나 지방자치단체는 공무원 또는 공무를 위탁받은 사인(이하 "공무원"이라 한다)이 직무를 집행하면서 고의 또는 과실로 법령을 위반하여 타인에게 손해를 입히거나, 「자동차손해배상 보장법」에 따라 손해배상의 책임이 있을 때에는 이 법에 따라 그 손해를 배상하여야 한다. (단서 생략) ② 제1항 본문의 경우에 공무원에게 고의 또는 중대한 과실이 있으면 국가나 지방자치단체는 그 공무원에게 구상(求償)할 수 있다.

24 정답 ④

① (○) "제재적 행정처분이 그 처분에서 정한 제재기간의 경과로 인하여 그 효과가 소멸되었으나, 부령인 시행규칙 또는 지방자치단체의 규칙의 형식으로 정한 처분기준에서 제재적 행정처분을 받은 것을 가중사유나 전제요건으로 삼아 장래의 제재적 행정처분을 하도록 정하고 있는 경우, 선행처분인 제재적 행정처분을 받은 상대방이 그 처분에서 정한 제재기간이 경과하였다 하더라도 그 처분의 취소를 구할 법률상 이익이 있다." (대법원 2006. 6. 22. 선고 2003두1684 전원합의체)

② (○) "행정처분의 무효 확인 또는 취소를 구하는 소가 제소 당시에는 소의 이익이 있어 적법하였더라도, 소송 계속 중 처분청이 다툼의 대상이 되는 행정처분을 직권으로 취소하면 그 처분은 효력을 상실하여 더 이상 존재하지 않는 것이므로, 존재하지 않는 처분을 대상으로 한 항고소송은 원칙적으로 소의 이익이 소멸하여 부적법하다고 보아야 한다." (대법원 2020. 4. 9. 선고 2019두49953)

③ (○) "고등학교졸업이 대학입학자격이나 학력인정으로서의 의미밖에 없다고 할 수 없으므로 고등학교졸업학력검정고시에 합격하였다 하여 고등학교 학생으로서의 신분과 명예가 회복될 수 없는 것이니 퇴학처분을 받은 자로서는 퇴학처분의 위법을 주장하여 그 취소를 구할 소송상의 이익이 있다." (대법원 1992. 7. 14. 선고 91누4737)

④ (×) "행정처분의 무효 확인 또는 취소를 구하는 소가 제소 당시에는 소의 이익이 있어 적법하였는데, 소송계속 중 해당 행정처분이 기간의 경과 등으로 그 효과가 소멸한 때에 처분이 취소되어도 원상회복이 불가능하다고 보이는 경우라도, 무효 확인 또는 취소로써 회복할 수 있는 다른 권리나 이익이 남아 있거나 또는 그 행정처분과 동일한 사유로 위법한 처분이 반복될 위험성이 있어 행정처분의 위법성 확인 내지 불분명한 법률문제에 대한 해명이 필요한 경우에는 행정의 적법성 확보와 그에 대한 사법통제, 국민의 권리구제 확대 등의 측면에서 예외적으로 그 처분의 취소를 구할 소의 이익을 인정할 수 있다. 여기에서 '그 행정처분과 동일한 사유로 위법한 처분이 반복될 위험성이 있는 경우'란 불분명한 법률문제에 대한 해명이 필요한 상황에 대한 대표적인 예시일 뿐이며, 반드시 '해당 사건의 동일한 소송 당사자 사이에서' 반복될 위험이 있는 경우만을 의미하는 것은 아니다." (대법원 2020. 12. 24. 선고 2020두30450)

25 정답 ②

① (○) 행정소송법 제23조 제2항 본문

② (×) 효력정지보다 속행정지가 우선한다. 효력정지는 처분의 집행 또는 절차의 속행을 정지함으로써 목적을 달성할 수 있는 경우에는 허용되지 않는다는 행정소송법 제23조 제2항 단서 문장을 오선지화 한 것이다.

> **행정소송법 제23조(집행정지)** ② 취소소송이 제기된 경우에 처분등이나 그 집행 또는 절차의 속행으로 인하여 생길 회복하기 어려운 손해를 예방하기 위하여 긴급한 필요가 있다고 인정할 때에는 본안이 계속되고 있는 법원은 당사자의 신청 또는 직권에 의하여 처분등의 효력이나 그 집행 또는 절차의 속행의 전부 또는 일부의 정지(이하 "집행정지"라 한다)를 결정할 수 있다. 다만, 처분의 효력정지는 처분등의 집행 또는 절차의 속행을 정지함으로써 목적을 달성할 수 있는 경우에는 허용되지 아니한다.

③ (○) "이 사건 처분이 신청인의 자금사정이나 경영전반에 미치는 파급효과는 매우 중대하다고 할 것이므로, 그로 인한 신청인의 손해는 비록 그 성질이나 태양이 재산상의 손해에 속한다고 하더라도 사회관념상 사후의 금전보상으로는 참고 견딜 수 없거나 또는 견디기가 현저히 곤란한 손해라고 할 것이어서 효력정지 내지 집행정지의 적극적 요건인 '회복하기 어려운 손해'에 해당한다." (대법원 2001. 10. 10.자 2001무29)

④ (○) "행정소송법 제23조에 의한 집행정지결정의 효력은 결정주문에서 정한 시기까지 존속하였다가 그 시기의 도래와 동시에 당연히 실효하는 것이므로, 일정기간 동안 업무를 정지할 것을 명한 행정청의 업무정지처분에 대하여 법원이 집행정지결정을 하면서 주문에서 당해 법원에 계속 중인 본안소송의 판결선고시까지 처분의 효력을 정지한다고 선언하였을 경우에는 당초 처분에서 정한 업무정지기간의 진행은 그때까지 저지되다가 본안소송의 판결선고에 의하여 위 정지결정의 효력이 소멸함과 동시에 당초 처분의 효력이 당연히 부활되어 그 처분에서 정하였던 정지기간(정지결정 당시 이미 일부 진행되었다면 나머지 기간)은 이때부터 다시 진행한다." (대법원 2005. 6. 10. 선고 2005두1190)

04 2022. 7. 16. 군무원 7급 기출문제

ANSWER   본문 47~53쪽

01 ②	02 ③	03 ③	04 ③	05 ④
06 ①	07 ②	08 ②	09 ①	10 ①
11 ④	12 ①	13 ③	14 ③	15 ①
16 ④	17 ④	18 ④	19 ①	20 ②
21 ②	22 ③	23 ④	24 ①	25 ②

01 정답 ②

① (○)

> 행정기본법 제8조(법치행정의 원칙) 행정작용은 법률에 위반되어서는 아니 되며, 국민의 권리를 제한하거나 의무를 부과하는 경우와 그 밖에 국민생활에 중요한 영향을 미치는 경우에는 법률에 근거하여야 한다.

② (✕) 합리적 이유가 있는 경우에는 국민을 차별취급할 수 있다.

> 행정기본법 제9조(평등의 원칙) 행정청은 합리적 이유 없이 국민을 차별하여서는 아니 된다.

③ (○)

> 행정기본법 제11조(성실의무 및 권한남용금지의 원칙) ② 행정청은 행정권한을 남용하거나 그 권한의 범위를 넘어서는 아니 된다.

④ (○)

> 행정기본법 제12조(신뢰보호의 원칙) ① 행정청은 공익 또는 제3자의 이익을 현저히 해칠 우려가 있는 경우를 제외하고는 행정에 대한 국민의 정당하고 합리적인 신뢰를 보호하여야 한다.

02 정답 ③

① (○)

> 질서위반행위규제법 제3조(법 적용의 시간적 범위) ③ 행정청의 과태료 처분이나 법원의 과태료 재판이 확정된 후 법률이 변경되어 그 행위가 질서위반행위에 해당하지 아니하게 된 때에는 변경된 법률에 특별한 규정이 없는 한 과태료의 징수 또는 집행을 면제한다.

② (○)

> 질서위반행위규제법 제6조(질서위반행위 법정주의) 법률에 따르지 아니하고는 어떤 행위도 질서위반행위로 과태료를 부과하지 아니한다.

③ (✕) 이 경우에는, 신분이 없는 자에 대해서도 질서위반행위가 성립한다.

> 질서위반행위규제법 제12조(다수인의 질서위반행위 가담) ② 신분에 의하여 성립하는 질서위반행위에 신분이 없는 자가 가담한 때에는 신분이 없는 자에 대하여도 질서위반행위가 성립한다.

④ (○)

> 질서위반행위규제법 제12조(다수인의 질서위반행위 가담) ③ 신분에 의하여 과태료를 감경 또는 가중하거나 과태료를 부과하지 아니하는 때에는 그 신분의 효과는 신분이 없는 자에게는 미치지 아니한다.

03 정답 ③

① (○) "개별공시지가결정은 이를 기초로 한 과세처분 등과는 별개의 독립된 처분으로서 서로 독립하여 별개의 법률효과를 목적으로 하는 것이나, … 개별공시지가결정에 위법이 있는 경우에는 그 자체를 행정소송의 대상이 되는 행정처분으로 보아 그 위법 여부를 다툴 수 있음은 물론 이를 기초로 한 과세처분 등 행정처분의 취소를 구하는 행정소송에서도 선행처분인 개별공시지가결정의 위법을 독립된 위법사유로 주장할 수 있다."(대법원 1994. 1. 25. 선고 93누8542)

② (○) "하자 있는 행정처분이 당연무효가 되기 위하여는 그 하자가 법규의 중요한 부분을 위반한 중대한 것으로서 객관적으로 명백한 것이어야 하며 하자가 중대하고 명백한 것인지 여부를 판별함에 있어서는 그 법규의 목적, 의미, 기능 등을 목적론적으로 고찰함과 동시에 구체적 사안 자체의 특수성에 관하여도 합리적으로 고찰함을 요한다."(대법원 1995. 7. 11. 선고 94누4615)

③ (✕) "행정처분의 당연무효를 선언하는 의미에서 그 취소를 청구하는 행정소송을 제기하는 경우에도 소원의 전치와 제소기간의 준수등 취소소송의 제소요건을 갖추어야 한다."(대법원 1984. 5. 29. 선고 84누175)

④ (○) "위법한 행정대집행이 완료되면 그 처분의 무효확인 또는 취소를 구할 소의 이익은 없다 하더라도, 미리 그 행정처분의 취소판결이 있어야만, 그 행정처분의 위법임을 이유로 한 손해배상 청구를 할 수 있는 것은 아니다."(대법원 1972. 4. 28. 선고 72다337)

04 정답 ③

① (○) "행정행위를 한 처분청은 그 처분 당시에 그 행정처분에 별다른 하자가 없었고 또 그 처분 후에 이를 취소할 별도의 법적 근거가 없다 하더라도 원래의 처분을 그대로 존속시킬 필요가 없게 된 사정변경이 생겼거나 또는 중대한 공익상의 필요가 발생한 경우에는 별개의 행정행위로 이를 철회하거나 변경할 수 있다." (대법원 1992. 1. 17. 선고 91누3130)

② (○) "일반적으로 조례가 법률 등 상위법령에 위배된다는 사정은 그 조례의 규정을 위법하여 무효라고 선언한 대법원의 판결이 선고되지 아니한 상태에서는 그 조례 규정의 위법 여부가 해석상 다툼의 여지가 없을 정도로 명백하였다고 인정되지 아니하는 이상 객관적으로 명백한 것이라 할 수 없으므로, 이러한 조례에 근거한 행정처분의 하자는 취소사유에 해당할 뿐 무효사유가 된다고 볼 수는 없다." (대법원 2009. 10. 29. 선고 2007두26285)

③ (×) "일반적으로 행정처분이나 행정심판 재결이 불복기간의 경과로 인하여 확정될 경우 그 확정력은, 그 처분으로 인하여 법률상 이익을 침해받은 자가 당해 처분이나 재결의 효력을 더 이상 다툴 수 없다는 의미일 뿐, 더 나아가 판결에 있어서와 같은 기판력이 인정되는 것은 아니어서 그 처분의 기초가 된 사실관계나 법률적 판단이 확정되고 당사자들이나 법원이 이에 기속되어 모순되는 주장이나 판단을 할 수 없게 되는 것은 아니다." (대법원 2004. 7. 8. 선고 2002두11288)

④ (○) "위 도로점용허가의 점용기간은 행정행위의 본질적인 요소에 해당한다고 볼 것이어서 부관인 점용기간을 정함에 있어서 위법사유가 있다면 이로써 도로점용허가 처분 전부가 위법하게 된다고 할 것인데" (대법원 1985. 7. 9. 선고 84누604)

05 정답 ④

① (○)

> 정부조직법 제11조(대통령의 행정감독권) ① 대통령은 정부의 수반으로서 법령에 따라 모든 중앙행정기관의 장을 지휘·감독한다.

② (○)

> 정부조직법 제11조(대통령의 행정감독권) ② 대통령은 국무총리와 중앙행정기관의 장의 명령이나 처분이 위법 또는 부당하다고 인정하면 이를 중지 또는 취소할 수 있다.

③ (○)

> 정부조직법 제18조(국무총리의 행정감독권) ① 국무총리는 대통령의 명을 받아 각 중앙행정기관의 장을 지휘·감독한다.

④ (×) 스스로(독자적으로) 중지 또는 취소할 수는 없고, 대통령의 승인을 받아 중지 또는 취소할 수 있다.

> 정부조직법 제18조(국무총리의 행정감독권) ② 국무총리는 중앙행정기관의 장의 명령이나 처분이 위법 또는 부당하다고 인정될 경우에는 대통령의 승인을 받아 이를 중지 또는 취소할 수 있다.

06 정답 ①

㉠에 알맞은 말은 적절한이 아니라 최소한이다.

> 행정조사기본법 제4조(행정조사의 기본원칙) ① 행정조사는 조사목적을 달성하는데 필요한 최소한의 범위 안에서 실시하여야 하며, 다른 목적 등을 위하여 조사권을 남용하여서는 아니 된다.
> ② 행정기관은 조사목적에 적합하도록 조사대상자를 선정하여 행정조사를 실시하여야 한다.
> ③ 행정기관은 유사하거나 동일한 사안에 대하여는 공동조사 등을 실시함으로써 행정조사가 중복되지 아니하도록 하여야 한다.
> ④ 행정조사는 법령등의 위반에 대한 처벌보다는 법령등을 준수하도록 유도하는 데 중점을 두어야 한다.
> ⑤ 다른 법률에 따르지 아니하고는 행정조사의 대상자 또는 행정조사의 내용을 공표하거나 직무상 알게 된 비밀을 누설하여서는 아니된다.
> ⑥ 행정기관은 행정조사를 통하여 알게 된 정보를 다른 법률에 따라 내부에서 이용하거나 다른 기관에 제공하는 경우를 제외하고는 원래의 조사목적 이외의 용도로 이용하거나 타인에게 제공하여서는 아니 된다.

07 정답 ②

㉠ (×) "주거지역 내에 위 법조 소정 제한면적을 초과한 연탄공장 건축허가처분으로 불이익을 받고 있는 제3거주자는 비록 당해 행정처분의 상대자가 아니라 하더라도 그 행정처분으로 말미암아 위와 같은 법률에 의하여 보호되는 이익을 침해받고 있다면 당해행정 처분의 취소를 소구하여 그 당부의 판단을 받을 법률상의 자격이 있다." (대법원 1975. 5. 13. 선고 73누96,97)

㉡ (×) "행정청이 행한 공사중지명령의 상대방은 그 명령 이후에 그 원인사유가 소멸하였음을 들어 행정청에게 공사중지명령의 철회를 요구할 수 있는 조리상의 신청권이 있다 할 것이고, 상대방으로부터 그 신청을 받은 행정청으로서는 상당한 기간 내에 그 신청을 인용하는 적극적 처분을 하거나 각하 또는 기각하는 등의 소극적 처분을 하여야 할 법률상의 응답의무가 있다고 할 것이며, 행정청이 상대방의 신청에 대하여 아무런 적극적 또는 소극적 처분을 하지 않고 있는 이상 행정청의 부작위는 그 자체로 위법하다고 할 것이고, 구체적으로 그 신청이 인용될 수 있는지 여부는 소극적 처분에 대한 항고소송의 본안에서 판단하여야 할 사항이라고 할 것이다." (대법원 2005. 4. 14. 선고 2003두7590)

㉢ (○) "인가·허가 등 수익적 행정처분을 신청한 여러 사람이 서로 경원관계에 있어서 한 사람에 대한 허가 등 처분이 다른 사람에 대한 불허가 등으로 귀결될 수밖에 없을 때 … 경원관계에서 허가 등 처분을 받지 못한 사람은 자신에 대한 거부처분의 취소를 구할 소의 이익이 있다." (대법원 2015. 10. 29. 선고 2013두27517)

㉣ (○) "회사가 정하는 자격기준에 준하는 자로서 입회승인을 받은 회원은 일정한 입회금을 납부하고 회사가 지정한 시설을 이용할 때에는 회사가 정한 요금을 지불하여야 하며 회사는 회원의 입회금을 상환하도록 정해져 있는 이른바 예탁금회원제 골프장에 있어서, 체육시설업자 또는 그 사업계획의 승인을 얻은 자가 회원모집계획서를 제출하면서 허위의 사업시설 설치 공정확인서를 첨부하거나 사업계획의 승인을 받을 때 정한 예정인원을 초과하여 회원을 모집하는 내용의 회원모집계획서를 제출하여 그에 대한 시·도지사 등의 검토결과 통보를 받는다면 이는 기존회원의 골프장에 대한 법률상의 지위에 영향을 미치게 되므로, 이러한 경우 기존회원은 위와 같은 회원모집계획서에 대한 시·도지사의 검토결과 통보의 취소를 구할 법률상의 이익이 있다고 보아야 한다." (대법원 2009. 2. 26. 선고 2006두16243)

08 정답 ②

① (○)

> 정부조직법 제3조(특별지방행정기관의 설치) ① 중앙행정기관에는 소관사무를 수행하기 위하여 필요한 때에는 특히 법률로 정한 경우를 제외하고는 대통령령으로 정하는 바에 따라 지방행정기관을 둘 수 있다.

② (✕) 대통령령으로 합의제행정기관을 둘 수는 없다.

> 정부조직법 제5조(합의제행정기관의 설치) 행정기관에는 그 소관사무의 일부를 독립하여 수행할 필요가 있는 때에는 법률로 정하는 바에 따라 행정위원회 등 합의제행정기관을 둘 수 있다.

③ (○)

> 정부조직법 제6조(권한의 위임 또는 위탁) ① 행정기관은 법령으로 정하는 바에 따라 그 소관사무의 일부를 보조기관 또는 하급행정기관에 위임하거나 다른 행정기관·지방자치단체 또는 그 기관에 위탁 또는 위임할 수 있다. 이 경우 위임 또는 위탁을 받은 기관은 특히 필요한 경우에는 법령으로 정하는 바에 따라 위임 또는 위탁을 받은 사무의 일부를 보조기관 또는 하급행정기관에 재위임할 수 있다.

④ (○)

> 정부조직법 제6조(권한의 위임 또는 위탁) ③ 행정기관은 법령으로 정하는 바에 따라 그 소관사무 중 조사·검사·검정·관리 업무 등 국민의 권리·의무와 직접 관계되지 아니하는 사무를 지방자치단체가 아닌 법인·단체 또는 그 기관이나 개인에게 위탁할 수 있다.

09 정답 ①

① (✕) 취소할 수 있는 것이 아니라, 무효가 된다.

> 국유재산법 제20조(직원의 행위 제한) ① 국유재산에 관한 사무에 종사하는 직원은 그 처리하는 국유재산을 취득하거나 자기의 소유재산과 교환하지 못한다. 다만, 해당 총괄청이나 중앙관서의 장의 허가를 받은 경우에는 그러하지 아니하다.
> ② 제1항을 위반한 행위는 무효로 한다.

② (○)

> 국유재산법 제6조(국유재산의 구분과 종류) ① 국유재산은 그 용도에 따라 행정재산과 일반재산으로 구분한다.
> ③ "일반재산"이란 행정재산 외의 모든 국유재산을 말한다.

③ (○)

> 국유재산법 제27조(처분의 제한) ① 행정재산은 처분하지 못한다. 다만, 다음 각 호의 어느 하나에 해당하는 경우에는 교환하거나 양여할 수 있다.
> 1. 공유(公有) 또는 사유재산과 교환하여 그 교환받은 재산을 행정재산으로 관리하려는 경우
> 2. 대통령령으로 정하는 행정재산을 직접 공용이나 공공용으로 사용하려는 지방자치단체에 양여하는 경우
>
> 국유재산법 제18조(영구시설물의 축조 금지) ① 국가 외의 자는 국유재산에 건물, 교량 등 구조물과 그 밖의 영구시설물을 축조하지 못한다. 다만, 다음 각 호의 어느 하나에 해당하는 경우에는 그러하지 아니하다.
> 1. 기부를 조건으로 축조하는 경우
> 2. 다른 법률에 따라 국가에 소유권이 귀속되는 공공시설을 축조하는 경우
> 2의2. 제50조 제2항에 따라 매각대금을 나누어 내고 있는 일반재산으로서 대통령령으로 정하는 경우
> 3. 지방자치단체나 「지방공기업법」에 따른 지방공기업(이하 "지방공기업"이라 한다)이 「사회기반시설에 대한 민간투자법」 제2조제1호의 사회기반시설 중 주민생활을 위한 문화시설, 생활체육시설 등 기획재정부령으로 정하는 사회기반시설을 해당 국유재산 소관 중앙관서의 장과 협의를 거쳐 총괄청의 승인을 받아 축조하는 경우
> 4. 제59조의2에 따라 개발하는 경우
> 5. 법률 제4347호 지방교육자치에관한법률 시행 전에 설립한 초등학교·중학교·고등학교 및 특수학교에 총괄청 및 관련 중앙관서의 장과 협의를 거쳐 교육부장관의 승인을 받아 「학교시설사업 촉진법」 제2조제1호에 따른 학교시설을 증축 또는 개축하는 경우
> 6. 그 밖에 국유재산의 사용 및 이용에 지장이 없고 국유재산의 활용가치를 높일 수 있는 경우로서 대부계약의 사용목적을 달성하기 위하여 중앙관서의 장등이 필요하다고 인정하는 경우

④ (○)

> 국유재산법 제11조(사권 설정의 제한) ① 사권(私權)이 설정된 재산은 그 사권이 소멸된 후가 아니면 국유재산으로 취득하지 못한다. 다만, 판결에 따라 취득하는 경우에는 그러하지 아니하다.

10 정답 ①

① (×) "위법한 행정대집행이 완료되면 그 처분의 무효 확인 또는 취소를 구할 소의 이익은 없다 하더라도, <u>미리 그 행정처분의 취소판결이 있어야만, 그 행정처분의 위법임을 이유로 한 손해배상 청구를 할 수 있는 것은 아니다.</u>" (대법원 1972. 4. 28. 선고 72다337)

② (○) "행정처분이 당연무효임을 전제로 하여 민사소송을 제기한 때에는 그 행정처분의 당연무효인지의 여부가 선결문제이므로 <u>법원은 이를 심사하여 그 행정처분의 하자가 중대하고 명백하여 당연무효라고 인정될 경우에는 이를 전제로 하여 판단할 수 있으나, 그 하자가 단순한 취소사유에 그칠 때에는 법원은 그 효력을 부인할 수 없다.</u>" (대법원 1973. 7. 10. 선고 70다1439)

③ (○) "과세대상과 납세의무자 확정이 잘못되어 <u>당연무효한 과세에 대하여는 체납이 문제될 여지가 없으므로 체납범이 성립하지 않는다.</u>" (대법원 1971. 5. 31. 선고 71도742)

④ (○) <u>형사법원은 행정행위의 위법여부를 독자적으로 판단할 수 있다.</u> 위법여부의 판단은 효력부인행위가 아니어서, 행정행위의 구성요건적 효력에 저촉되지 않기 때문이다. 따라서 형사소송에서 행정행위 위법 여부가 범죄구성요건의 문제로 된다면, 형사법원이 행정행위의 위법성을 인정할 수 있다.

11 정답 ④

① (×) "<u>선행처분인 국제항공노선 운수권배분 실효처분 및 노선면허거부처분에 대하여</u> 이미 불가쟁력이 생겨 그 효력을 다툴 수 없게 된 이상 그에 위법사유가 있더라도 그것이 당연무효 사유가 아닌 한 <u>그 하자가 후행처분인 노선면허처분에 승계된다고 할 수 없다.</u>" (대법원 2004. 11. 26. 선고 2003두3123)

② (×) "<u>보충역편입처분에 하자가 있다고 할지라도 그것이 당연무효라고 볼만한 특단의 사정이 없는 한 그 위법을 이유로 공익근무요원소집처분의 효력을 다툴 수 없다.</u>" (대법원 2002. 12. 10. 선고 2001두5422)

③ (×) "<u>시행인가처분에 명백하고도 중대한 하자가 있어 당연무효라고 볼 특별한 사정이 없는 한, 사업시행 후 시행인가처분의 하자를 이유로 환지청산금 부과처분의 효력을 다툴 수는 없다.</u>" (대법원 2004. 10. 14. 선고 2002두424)

④ (○) "<u>대집행비용납부명령 자체에는 아무런 하자가 없다 하더라도, 후행처분인 대집행비용납부명령의 취소를 청구하는 소송에서 청구원인으로 선행처분인 계고처분이 위법한 것이기 때문에 그 계고처분을 전제로 행하여진 대집행비용납부명령도 위법한 것이라는 주장을 할 수 있다.</u>" (대법원 1993. 11. 9. 선고 93누14271)

12 정답 ①

① (×) "임용 당시 공무원 임용결격사유가 있었다면, 비록 국가의 과실에 의하여 임용결격자임을 밝혀내지 못하였다 하더라도 임용행위는 당연무효로 보아야 하고, 당연무효인 임용행위에 의하여 공무원의 신분을 취득한다거나 근로고용관계가 성립할 수는 없다. 따라서 <u>임용결격자가 공무원으로 임용되어 사실상 근무하여 왔다 하더라도 적법한 공무원으로서의 신분을 취득하지 못한 자로서는 공무원연금법이나 근로자퇴직급여보장법에서 정한 퇴직급여를 청구할 수 없다.</u> 나아가 이와 같은 법리는 임용결격사유로 인하여 임용행위가 당연무효인 경우뿐만 아니라 임용행위의 하자로 임용행위가 취소되어 소급적으로 지위를 상실한 경우에도 마찬가지로 적용된다." (대법원 2017. 5. 11. 선고 2012다200486)

② (○) "직위해제처분은 공무원에 대하여 불이익한 처분이긴 하나 징계처분과 같은 성질의 처분이라고는 볼 수 없으므로 <u>동일한 사유에 대한 직위해제처분이 있은 후 다시 해임처분이 있었다 하여 일사부재리의 법리에 어긋난다고 할 수 없다.</u>" (대법원 1984. 2. 28. 선고 83누489)

③ (○) "국가공무원법상 직위해제처분은 구 행정절차법, 구 행정절차법 시행령에 의하여 당해 행정작용의 성질상 행정절차를 거치기 곤란하거나 불필요하다고 인정되는 사항 또는 행정절차에 준하는 절차를 거친 사항에 해당하므로, <u>처분의 사전통지 및 의견청취 등에 관한 행정절차법의 규정이 별도로 적용되지 않는다.</u>" (대법원 2014. 5. 16. 선고 2012두26180)

④ (○)

> **국가공무원법 제16조(행정소송과의 관계)** ① 제75조에 따른 처분, 그 밖에 본인의 의사에 반한 불리한 처분이나 부작위(不作爲)에 관한 행정소송은 소청심사위원회의 심사・결정을 거치지 아니하면 제기할 수 없다.

13 정답 ③

㉠ (○) 해임처분을 받은 때로부터 3년(1095일)이 지났으므로, 공무원으로 임용될 수 있다(국가공무원법 제33조 제8호).

㉡ (○) 300만 원 미만의 벌금을 선고 받은 경우이므로, 공무원으로 임용될 수 있다(국가공무원법 제33조 제6호의2).

㉢ (×) 국가공무원법 제33조 제6호의4 나목에 의해 공무원으로 임용될 수 없다.

㉣ (○) 집행유예 기간이 끝난 날부터 2년(730일)이 지났으므로, 공무원으로 임용될 수 있다(국가공무원법 제33조 제4호).

㉤ (×) 실형의 집행이 종료되거나 집행을 받지 아니하기로 확정된 후부터 아직 5년(1825일)이 지나지 않았으므로, 공무원으로 임용될 수 없다(국가공무원법 제33조 제3호).

㉥ (×) 아직 3년이 지나지 아니하였으므로, 공무원으로 임용될 수 없다(국가공무원법 제33조 제6호의3).

국가공무원법 제33조(결격사유) 다음 각 호의 어느 하나에 해당하는 자는 공무원으로 임용될 수 없다.
1. 피성년후견인
2. 파산선고를 받고 복권되지 아니한 자
3. 금고 이상의 실형을 선고받고 그 집행이 종료되거나 집행을 받지 아니하기로 확정된 후 5년이 지나지 아니한 자
4. 금고 이상의 형을 선고받고 그 집행유예 기간이 끝난 날부터 2년이 지나지 아니한 자
5. 금고 이상의 형의 선고유예를 받은 경우에 그 선고유예 기간 중에 있는 자
6. 법원의 판결 또는 다른 법률에 따라 자격이 상실되거나 정지된 자
6의2. 공무원으로 재직기간 중 직무와 관련하여 「형법」 제355조 및 제356조에 규정된 죄를 범한 자로서 300만원 이상의 벌금형을 선고받고 그 형이 확정된 후 2년이 지나지 아니한 자
6의3. 「성폭력범죄의 처벌 등에 관한 특례법」 제2조에 규정된 죄를 범한 사람으로서 100만원 이상의 벌금형을 선고받고 그 형이 확정된 후 3년이 지나지 아니한 사람
6의4. 미성년자에 대한 다음 각 목의 어느 하나에 해당하는 죄를 저질러 파면·해임되거나 형 또는 치료감호를 선고받아 그 형 또는 치료감호가 확정된 사람(집행유예를 선고받은 후 그 집행유예기간이 경과한 사람을 포함한다)
　가. 「성폭력범죄의 처벌 등에 관한 특례법」 제2조에 따른 성폭력범죄
　나. 「아동·청소년의 성보호에 관한 법률」 제2조제2호에 따른 아동·청소년대상 성범죄
7. 징계로 파면처분을 받은 때부터 5년이 지나지 아니한 자
8. 징계로 해임처분을 받은 때부터 3년이 지나지 아니한 자

14 정답 ③

① (○) 「공익사업을 위한 토지 등의 취득 및 보상에 관한 법률」 제42조 제1항, 제2항

공익사업을 위한 토지 등의 취득 및 보상에 관한 법률 제42조(재결의 실효) ① 사업시행자가 수용 또는 사용의 개시일까지 관할 토지수용위원회가 재결한 보상금을 지급하거나 공탁하지 아니하였을 때에는 해당 토지수용위원회의 재결은 효력을 상실한다.
② 사업시행자는 제1항에 따라 재결의 효력이 상실됨으로 인하여 토지소유자 또는 관계인이 입은 손실을 보상하여야 한다.

② (○) 「공익사업을 위한 토지 등의 취득 및 보상에 관한 법률」 제40조 제2항 제1호

공익사업을 위한 토지 등의 취득 및 보상에 관한 법률 제40조(보상금의 지급 또는 공탁) ② 사업시행자는 다음 각 호의 어느 하나에 해당할 때에는 수용 또는 사용의 개시일까지 수용하거나 사용하려는 토지등의 소재지의 공탁소에 보상금을 공탁(供託)할 수 있다.
1. 보상금을 받을 자가 그 수령을 거부하거나 보상금을 수령할 수 없을 때
2. 사업시행자의 과실 없이 보상금을 받을 자를 알 수 없을 때

3. 관할 토지수용위원회가 재결한 보상금에 대하여 사업시행자가 불복할 때
4. 압류나 가압류에 의하여 보상금의 지급이 금지되었을 때

③ (×) 국가 또는 지방자치단체가 보상하는 것이 아니라, 사업시행자가 보상한다(「공익사업을 위한 토지 등의 취득 및 보상에 관한 법률」 제61조).

공익사업을 위한 토지 등의 취득 및 보상에 관한 법률 제61조(사업시행자 보상) 공익사업에 필요한 토지등의 취득 또는 사용으로 인하여 토지소유자나 관계인이 입은 손실은 사업시행자가 보상하여야 한다.

④ (○) 「공익사업을 위한 토지 등의 취득 및 보상에 관한 법률」 제46조. 참고로, 거래가 종료되었으나 매수인이 아직 물건을 가져가지 아니한 상태에서 물건이 멸실되거나 훼손된 경우에 그 책임이 누구의 것인지를 정하는 민법상의 법원리를 위험부담이라고 한다. 토지보상법 제46조는 이 경우에 그 위험을 사업시행자가 부담하라고 규정하고 있는 것이다.

공익사업을 위한 토지 등의 취득 및 보상에 관한 법률 제46조(위험부담) 토지수용위원회의 재결이 있은 후 수용하거나 사용할 토지나 물건이 토지소유자 또는 관계인의 고의나 과실 없이 멸실되거나 훼손된 경우 그로 인한 손실은 사업시행자가 부담한다.

15 정답 ①

① (×) 특별자치시가 빠졌기 때문에 틀린 지문이다.

지방자치법 제2조(지방자치단체의 종류) ① 지방자치단체는 다음의 두 가지 종류로 구분한다.
1. 특별시, 광역시, 특별자치시, 도, 특별자치도
2. 시, 군, 구

② (○)

지방자치법 제18조(주민투표) ① 지방자치단체의 장은 주민에게 과도한 부담을 주거나 중대한 영향을 미치는 지방자치단체의 주요 결정사항 등에 대하여 주민투표에 부칠 수 있다.

③ (○)

지방자치법 제19조(조례의 제정과 개정·폐지 청구) ① 주민은 지방자치단체의 조례를 제정하거나 개정하거나 폐지할 것을 청구할 수 있다.

④ (○)

지방자치법 제25조(주민소환) ① 주민은 그 지방자치단체의 장 및 지방의회의원(비례대표 지방의회의원은 제외한다)을 소환할 권리를 가진다.

16 정답 ④

① (O) "법인은 기관을 통하여 행위하므로 법인이 대표자를 선임한 이상 그의 행위로 인한 법률효과는 법인에게 귀속되어야 하고, 법인 대표자의 범죄행위에 대하여는 법인이 자신의 행위에 대한 책임을 부담하는 것이다." (헌법재판소 2013. 10. 24. 선고 2013헌가18)

② (O) "행정청이 여러 개의 위반행위에 대하여 하나의 제재처분을 하였으나, 위반행위별로 제재처분의 내용을 구분하는 것이 가능하고 여러 개의 위반행위 중 일부의 위반행위에 대한 제재처분 부분만이 위법하다면, 법원은 제재처분 중 위법성이 인정되는 부분만 취소하여야 하고 제재처분 전부를 취소하여서는 아니 된다." (대법원 2020. 5. 14. 선고 2019두63515)

③ (O) "관계 법령상 행정대집행의 절차가 인정되어 행정청이 행정대집행의 방법으로 건물의 철거 등 대체적 작위의무의 이행을 실현할 수 있는 경우에는 따로 민사소송의 방법으로 그 의무의 이행을 구할 수 없다. 한편 건물의 점유자가 철거의무자일 때에는 건물철거의무에 퇴거의무도 포함되어 있는 것이어서 별도로 퇴거를 명하는 집행권원이 필요하지 않다." (대법원 2017. 4. 28. 선고 2016다213916)

④ (×) "전통적으로 행정대집행은 대체적 작위의무에 대한 강제집행수단으로, 이행강제금은 부작위의무나 비대체적 작위의무에 대한 강제집행수단으로 이해되어 왔으나, 이는 이행강제금제도의 본질에서 오는 제약은 아니며, 이행강제금은 대체적 작위의무의 위반에 대하여도 부과될 수 있다. 현행 건축법상 위법건축물에 대한 이행강제수단으로 대집행과 이행강제금이 인정되고 있는데, 양 제도는 각각의 장·단점이 있으므로 행정청은 개별사건에 있어서 위반내용, 위반자의 시정의지 등을 감안하여 대집행과 이행강제금을 선택적으로 활용할 수 있으며, 이처럼 그 합리적인 재량에 의해 선택하여 활용하는 이상 중첩적인 제재에 해당한다고 볼 수 없다." (헌법재판소 2004. 2. 26. 선고 2001헌바80)

17 정답 ④

① (O) 제11조에 규정이 있다.

> 행정기본법 제11조(성실의무 및 권한남용금지의 원칙) ① 행정청은 법령등에 따른 의무를 성실히 수행하여야 한다.
> ② 행정청은 행정권한을 남용하거나 그 권한의 범위를 넘어서는 아니 된다.

② (O) 제12조에 규정이 있다.

> 행정기본법 제12조(신뢰보호의 원칙) ① 행정청은 공익 또는 제3자의 이익을 현저히 해칠 우려가 있는 경우를 제외하고는 행정에 대한 국민의 정당하고 합리적인 신뢰를 보호하여야 한다.
> ② 행정청은 권한 행사의 기회가 있음에도 불구하고 장기간 권한을 행사하지 아니하여 국민이 그 권한이 행사되지 아니할 것으로 믿을 만한 정당한 사유가 있는 경우에는 그 권한을 행사해서는 아니 된다. 다만, 공익 또는 제3자의 이익을 현저히 해칠 우려가 있는 경우는 예외로 한다.

③ (O) 제13조에 규정이 있다.

> 행정기본법 제13조(부당결부금지의 원칙) 행정청은 행정작용을 할 때 상대방에게 해당 행정작용과 실질적인 관련이 없는 의무를 부과해서는 아니 된다.

④ (×) 행정기본법에는 자기구속의 원칙에 대한 규정은 없다.

18 정답 ④

① (O) 행정행위의 공정력이란 비록 행정해위에 하자가 있더라도 그것이 중대하고 명백하여 당연무효인 경우를 제외하고는 권한 있는 기관에 의하여 취소될 때까지는 상대방·이해관계인·다른 행정청·법원에 대하여 일단 유효성의 추정을 받아 잠정적으로 통용되는 힘을 의미한다.

② (O) "행정처분이 아무리 위법하다고 하여도 그 하자가 중대하고 명백하여 당연무효라고 보아야 할 사유가 있는 경우를 제외하고는 아무도 그 하자를 이유로 무단히 그 효과를 부정하지 못하는 것으로, 이러한 행정행위의 공정력은 판결의 기판력과 같은 효력은 아니지만 그 공정력의 객관적 범위에 속하는 행정행위의 하자가 취소사유에 불과한 때에는 그 처분이 취소되지 않는 한 처분의 효력을 부정하여 그로 인한 이득을 법률상 원인 없는 이득이라고 말할 수 없는 것이다." (대법원 1994. 11. 11. 선고 94다28000)

③ (O) "영업의 금지를 명한 영업허가취소처분 자체가 나중에 행정쟁송절차에 의하여 취소되었다면 그 영업허가취소처분은 그 처분시에 소급하여 효력을 잃게 되며, 그 영업허가취소처분에 복종할 의무가 원래부터 없었음이 확정되었다고 봄이 타당하고, 영업허가취소처분이 장래에 향하여서만 효력을 잃게 된다고 볼 것은 아니므로 그 영업허가취소처분 이후의 영업행위를 무허가영업이라고 볼 수는 없다." (대법원 1993. 6. 25. 선고 93도277)

④ (×) "과세관청이 법령 규정의 문언상 과세처분 요건의 의미가 분명함에도 합리적인 근거 없이 그 의미를 잘못 해석한 결과, 과세처분 요건이 충족되지 아니한 상태에서 해당 처분을 한 경우를 두고, 법리가 명백히 밝혀지지 아니하여 그 해석에 다툼의 여지가 있다고 볼 수 없다." (대법원 2019. 4. 23. 선고 2018다287287) 이 경우에는 하자가 명백한 것으로 보아야 한다는 말이다.

19 정답 ①

① (×) 행정심판의 취소재결에 의한 취소와 행정법원의 취소판결에 의한 취소는 쟁송취소에 해당한다.

② (O) 위법한 행정행위는 법적 근거 없더라도 당해 행정청이 직권취소할 수 있다는 것이 통설과 판례의 입장이다. 행정기본법도 직권취소의 근거 규정을 두고 있다.

"사업시행자 지정이나 실시계획 인가처분에 하자가 있는 경우에는 별도의 법적 근거가 없다고 하더라도 스스로 이를 취소할 수 있다."(대법원 2014. 7. 10. 선고 2013두7025)

> 행정기본법 제18조(위법 또는 부당한 처분의 취소) ① 행정청은 위법 또는 부당한 처분의 전부나 일부를 소급하여 취소할 수 있다. 다만, 당사자의 신뢰를 보호할 가치가 있는 등 정당한 사유가 있는 경우에는 장래를 향하여 취소할 수 있다.

③ (○) "일정한 행정처분으로 국민이 일정한 이익과 권리를 취득하였을 경우에 종전 행정처분에 하자가 있음을 전제로 직권으로 이를 취소하는 행정처분은 이미 취득한 국민의 기존 이익과 권리를 박탈하는 별개의 행정처분으로, 취소될 행정처분에 하자가 있어야 하고, 나아가 행정처분에 하자가 있다고 하더라도 취소해야 할 공익상 필요와 취소로 당사자가 입게 될 기득권과 신뢰보호 및 법률생활안정의 침해 등 불이익을 비교·교량한 후 공익상 필요가 당사자가 입을 불이익을 정당화할 만큼 강한 경우에 한하여 취소할 수 있는 것이며, 하자나 취소해야 할 필요성에 관한 증명책임은 기존 이익과 권리를 침해하는 처분을 한 행정청에 있다."(대법원 2014. 11. 27. 선고 2014두9226)

④ (○) "행정처분을 한 처분청은 그 처분의 성립에 하자가 있는 경우 이를 취소할 별도의 법적 근거가 없다고 하더라도 직권으로 이를 취소할 수 있는바, 병역의무가 국가수호를 위하여 전 국민에게 과하여진 헌법상의 의무로서 그를 수행하기 위한 전제로서의 신체등위판정이나 병역처분 등은 공정성과 형평성을 유지하여야 함은 물론 그 면탈을 방지하여야 할 공익적 필요성이 매우 큰 점에 비추어 볼 때, 지방병무청장은 군의관의 신체등위판정이 금품수수에 따라 위법 또는 부당하게 이루어졌다고 인정하는 경우에는 그 위법 또는 부당한 신체등위판정을 기초로 자신이 한 병역처분을 직권으로 취소할 수 있다."(대법원 2002. 5. 28. 선고 2001두9653)

20 정답 ②

① (○)

> 국유재산법 제6조(국유재산의 구분과 종류) ① 국유재산은 그 용도에 따라 행정재산과 일반재산으로 구분한다.
> ② 행정재산의 종류는 다음 각 호와 같다.
> 1. 공용재산: 국가가 직접 사무용·사업용 또는 공무원의 주거용(직무 수행을 위하여 필요한 경우로서 대통령령으로 정하는 경우로 한정한다)으로 사용하거나 대통령령으로 정하는 기한까지 사용하기로 결정한 재산
> 2. 공공용재산: 국가가 직접 공공용으로 사용하거나 대통령령으로 정하는 기한까지 사용하기로 결정한 재산
> 3. 기업용재산: 정부기업이 직접 사무용·사업용 또는 그 기업에 종사하는 직원의 주거용(직무 수행을 위하여 필요한 경우로서 대통령령으로 정하는 경우로 한정한다)으로 사용하거나 대통령령으로 정하는 기한까지 사용하기로 결정한 재산
> 4. 보존용재산: 법령이나 그 밖의 필요에 따라 국가가 보존하는 재산
> ③ "일반재산"이란 행정재산 외의 모든 국유재산을 말한다.

② (×) 국유재산 중 행정재산은 시효취득이 대상이 되지 않으나(국유재산법 제7조 제2항), 국유재산 중 일반재산은 시효취득의 대상이 된다.

> 국유재산법 제7조(국유재산의 보호) ② 행정재산은 「민법」 제245조에도 불구하고 시효취득(時效取得)의 대상이 되지 아니한다.

③ (○) "국유재산 관리의 총괄청인 기획재정부장관은 용도폐지된 국유재산을 종전의 관리청으로부터 인계받은 경우에 이를 직접 관리·처분할 수 있으므로, 용도폐지되기 전에 종전의 관리청이 미처 부과·징수하지 아니한 사용료가 있으면 이를 부과·징수할 수 있는 권한도 가지고 있다. 따라서 총괄청인 기획재정부장관으로부터 용도폐지된 국유재산의 관리·처분 사무를 위탁받은 수탁관리기관 역시 달리 특별한 사정이 없는 한 관리권 행사의 일환으로 국유재산이 용도폐지 되기 전의 사용기간에 대한 사용료를 부과할 수 있다."(대법원 2014. 11. 13. 선고 2011두30212)

④ (○)

> 국유재산법 제39조(관리 소홀에 대한 제재) 행정재산의 사용허가를 받은 자가 그 행정재산의 관리를 소홀히 하여 재산상의 손해를 발생하게 한 경우에는 사용료 외에 대통령령으로 정하는 바에 따라 그 사용료를 넘지 아니하는 범위에서 가산금을 징수할 수 있다.

21 정답 ②

① (×)

> 공익사업을 위한 토지 등의 취득 및 보상에 관한 법률 제3조(적용 대상) 사업시행자가 다음 각 호에 해당하는 토지·물건 및 권리를 취득하거나 사용하는 경우에는 이 법을 적용한다.
> 1. 토지 및 이에 관한 소유권 외의 권리
> 2. 토지와 함께 공익사업을 위하여 필요한 입목(立木), 건물, 그 밖에 토지에 정착된 물건 및 이에 관한 소유권 외의 권리
> 3. 광업권·어업권·양식업권 또는 물의 사용에 관한 권리
> 4. 토지에 속한 흙·돌·모래 또는 자갈에 관한 권리

② (○) "공익사업을 위한 토지 등의 취득 및 보상에 관한 법률(이하 '토지보상법'이라 한다)은 사업시행자로 하여금 우선 협의취득 절차를 거치도록 하고, 협의가 성립되지 않거나 협의를 할 수 없을 때에 수용재결취득 절차를 밟도록 예정하고 있기는 하다. 그렇지만 일단 토지수용위원회가 수용재결을 하였더라도 사업시행자로서는 수용 또는 사용의 개시일까지 토지수용위원회가 재결한 보상금을 지급 또는 공탁하지 아니함으로써 재결의 효력을 상실시킬 수 있는 점, 토지소유자 등은 수용재결에 대하여 이의를 신청하거나 행정소송을 제기하여 보상금의 적정 여부를 다툴 수 있는데, 그 절차에서 사업시행자와 보상금액에 관하여 임의로 합의할 수 있는 점, 공익사업의 효율적인 수행을 통하여 공공복리를 증진시키고, 재산권을 적정하게 보호하려는 토지보상법의 입법 목적(제1조)에 비추어 보더라도 수용재결이 있은 후에 사법상 계약의 실질을 가지는 협의취득 절차를 금지해야 할 별다른 필요성을 찾기 어려운 점 등을 종합해 보면, 토지수용위원회의 수용재결이 있은 후라고 하더라도 토지소유자 등과 사업시행자가 다시 협의하여 토지 등의 취득이나 사용 및 그에 대한 보상에 관하여 임의로 계약을 체결할 수 있다고 보아야 한다."(대법원 2017. 4. 13. 선고 2016두64241)

③ (×)

> 공익사업을 위한 토지 등의 취득 및 보상에 관한 법률 제42조(재결의 실효) ① 사업시행자가 수용 또는 사용의 개시일까지 관할 토지수용위원회가 재결한 보상금을 지급하거나 공탁하지 아니하였을 때에는 해당 토지수용위원회의 재결은 효력을 상실한다.

④ (×) "사업시행자가 동일한 토지소유자에 속하는 일단의 토지 일부를 취득함으로 인하여 잔여지의 가격이 감소하거나 그 밖의 손실이 있을 때 등에는 잔여지를 종래의 목적으로 사용하는 것이 가능한 경우라도 잔여지 손실보상의 대상이 되며, 잔여지를 종래의 목적에 사용하는 것이 불가능하거나 현저히 곤란한 경우이어야만 잔여지 손실보상청구를 할 수 있는 것이 아니다."(대법원 2018. 7. 20. 선고 2015두4044)

22 정답 ③

① (○) "공공기관의 정보공개에 관한 법률은 "모든 국민은 정보의 공개를 청구할 권리를 가진다."고 규정하고 있는데, 여기에서 말하는 국민에는 자연인은 물론 법인, 권리능력 없는 사단·재단도 포함된다."(대법원 2003. 12. 12. 선고 2003두8050)

② (○)

> 공공기관의 정보공개에 관한 법률 제5조(정보공개 청구권자) ② 외국인의 정보공개 청구에 관하여는 대통령령으로 정한다.

> 공공기관의 정보공개에 관한 법률 시행령 제3조(외국인의 정보공개 청구) 법 제5조제2항에 따라 정보공개를 청구할 수 있는 외국인은 다음 각 호의 어느 하나에 해당하는 자로 한다.
> 1. 국내에 일정한 주소를 두고 거주하거나 학술·연구를 위하여 일시적으로 체류하는 사람
> 2. 국내에 사무소를 두고 있는 법인 또는 단체

③ (×) "국민의 정보공개청구권은 법률상 보호되는 구체적인 권리이므로, 공공기관에 대하여 정보의 공개를 청구하였다가 공개거부처분을 받은 청구인은 행정소송을 통하여 그 공개거부처분의 취소를 구할 법률상의 이익이 있고, 공개청구의 대상이 되는 정보가 이미 다른 사람에게 공개되어 널리 알려져 있다거나 인터넷 등을 통하여 공개되어 인터넷검색 등을 통하여 쉽게 알 수 있다는 사정만으로는 소의 이익이 없다거나 비공개결정이 정당화될 수 없다."(대법원 2010. 12. 23. 선고 2008두13101)

④ (○)

> 공공기관의 정보공개에 관한 법률 제2조(정의) 이 법에서 사용하는 용어의 뜻은 다음과 같다.
> 1. "정보"란 공공기관이 직무상 작성 또는 취득하여 관리하고 있는 문서(전자문서를 포함한다. 이하 같다) 및 전자매체를 비롯한 모든 형태의 매체 등에 기록된 사항을 말한다.

23 정답 ④

ⓐ에 들어갈 알맞은 말은 '이유'가 아니라 '주문'이다.

> 행정소송법 제28조(사정판결) ① 원고의 청구가 ㉠ 이유있다고 인정하는 경우에도 처분등을 취소하는 것이 현저히 ㉡ 공공복리에 적합하지 아니하다고 인정하는 때에는 법원은 원고의 청구를 ㉢ 기각할 수 있다. 이 경우 법원은 그 판결의 ㉣ 주문에서 그 처분등이 ㉤ 위법함을 명시하여야 한다.
> ② 법원이 제1항의 규정에 의한 판결을 함에 있어서는 미리 원고가 그로 인하여 입게 될 ㉥ 손해의 정도와 배상방법 그 밖의 사정을 조사하여야 한다.
> ③ 원고는 피고인 행정청이 속하는 국가 또는 공공단체를 상대로 ㉦ 손해배상, ㉧ 제해시설의 설치 그 밖에 적당한 구제방법의 청구를 당해 취소소송등이 계속된 법원에 병합하여 제기할 수 있다.

24 정답 ①

① (○)

> 행정절차법 제21조(처분의 사전 통지) ① 행정청은 당사자에게 의무를 부과하거나 권익을 제한하는 처분을 하는 경우에는 미리 다음 각 호의 사항을 당사자등에게 통지하여야 한다.
> 6. 의견제출기한
> ③ 제1항 제6호에 따른 기한은 의견제출에 필요한 기간을 10일 이상으로 고려하여 정하여야 한다.

② (✕) "신청에 따른 처분이 이루어지지 아니한 경우에는 아직 당사자에게 권익이 부과되지 아니하였으므로 특별한 사정이 없는 한 신청에 대한 거부처분이라고 하더라도 직접 당사자의 권익을 제한하는 것은 아니어서 신청에 대한 거부처분을 여기에서 말하는 '당사자의 권익을 제한하는 처분'에 해당한다고 할 수 없는 것이어서 처분의 사전통지대상이 된다고 할 수 없다."(대법원 2003. 11. 28. 선고 2003두674)

③ (✕) "피고 소속 공무원 소외인이 위 현장조사에 앞서 원고에게 전화로 통지한 것은 행정조사의 통지이지 이 사건 처분에 대한 사전통지로 볼 수 없다. 그리고 위 소외인이 현장조사 당시 위반경위에 관하여 원고에게 의견진술기회를 부여하였다 하더라도, 이 사건 처분이 현장조사 바로 다음 날 이루어진 사정에 비추어 보면, 의견제출에 필요한 상당한 기간을 고려하여 의견제출기한이 부여되었다고 보기도 어렵다. 그리고 현장조사에서 원고가 위반사실을 시인하였다거나 위반경위를 진술하였다는 사정만으로는 행정절차법 제21조 제4항 제3호가 정한 '의견청취가 현저히 곤란하거나 명백히 불필요하다고 인정될 만한 상당한 이유가 있는 경우'로서 처분의 사전통지를 하지 아니하여도 되는 경우에 해당한다고 볼 수도 없다."(대법원 2016. 10. 27. 선고 2016두41811)

④ (✕) 그 경우에는 사전통지를 하지 않을 수 있다.

> 행정절차법 제21조(처분의 사전 통지) ① 행정청은 당사자에게 의무를 부과하거나 권익을 제한하는 처분을 하는 경우에는 미리 다음 각 호의 사항을 당사자등에게 통지하여야 한다.
> ④ 다음 각 호의 어느 하나에 해당하는 경우에는 제1항에 따른 통지를 하지 아니할 수 있다.
> 1. 공공의 안전 또는 복리를 위하여 긴급히 처분을 할 필요가 있는 경우
> 2. 법령등에서 요구된 자격이 없거나 없어지게 되면 반드시 일정한 처분을 하여야 하는 경우에 그 자격이 없거나 없어지게 된 사실이 법원의 재판 등에 의하여 객관적으로 증명된 경우
> 3. 해당 처분의 성질상 의견청취가 현저히 곤란하거나 명백히 불필요하다고 인정될 만한 상당한 이유가 있는 경우

25 정답 ②

① (○) "외국에의 국군의 파견결정은 파견군인의 생명과 신체의 안전뿐만 아니라 국제사회에서의 우리나라의 지위와 역할, 동맹국과의 관계, 국가안보문제 등 궁극적으로 국민 내지 국익에 영향을 미치는 복잡하고도 중요한 문제로서 국내 및 국제정치관계 등 제반상황을 고려하여 미래를 예측하고 목표를 설정하는 등 고도의 정치적 결단이 요구되는 사안이다. … 현행 헌법이 채택하고 있는 대의민주제 통치구조하에서 대의기관인 대통령과 국회의 그와 같은 고도의 정치적 결단은 가급적 존중되어야 한다. … 이 사건 파견결정은 그 성격상 국방 및 외교에 관련된 고도의 정치적 결단을 요하는 문제로서, 헌법과 법률이 정한 절차를 지켜 이루어진 것임이 명백하므로, 대통령과 국회의 판단은 존중되어야 하고 헌법재판소가 사법적 기준만으로 이를 심판하는 것은 자제되어야 한다."(헌법재판소 2004. 4. 29. 선고 2003헌마814)

② (✕) "남북정상회담의 개최는 고도의 정치적 성격을 지니고 있는 행위라 할 것이므로 특별한 사정이 없는 한 그 당부를 심판하는 것은 사법권의 내재적·본질적 한계를 넘어서는 것이 되어 적절하지 못하지만, 남북정상회담의 개최과정에서 재정경제부장관에게 신고하지 아니하거나 통일부장관의 협력사업 승인을 얻지 아니한 채 북한측에 사업권의 대가 명목으로 송금한 행위 자체는 헌법상 법치국가의 원리와 법 앞에 평등원칙 등에 비추어 볼 때 사법심사의 대상이 된다."(대법원 2004. 3. 26. 선고 2003도7878)

③ (○) "사면은 형의 선고의 효력 또는 공소권을 상실시키거나, 형의 집행을 면제시키는 국가원수의 고유한 권한을 의미하며, 사법부의 판단을 변경하는 제도로서 권력분립의 원리에 대한 예외가 된다."(헌법재판소 2000. 6. 1. 선고 97헌바74)

④ (○) "대통령의 긴급재정경제명령은 국가긴급권의 일종으로서 고도의 정치적 결단에 의하여 발동되는 행위이고 그 결단을 존중하여야 할 필요성이 있는 행위라는 의미에서 이른바 통치행위에 속한다고 할 수 있으나, 통치행위를 포함하여 모든 국가작용은 국민의 기본권적 가치를 실현하기 위한 수단이라는 한계를 반드시 지켜야 하는 것이고, 헌법재판소는 헌법의 수호와 국민의 기본권 보장을 사명으로 하는 국가기관이므로 비록 고도의 정치적 결단에 의하여 행해지는 국가작용이라고 할지라도 그것이 국민의 기본권 침해와 직접 관련되는 경우에는 당연히 헌법재판소의 심판대상이 된다."(헌법재판소 1996. 2. 29. 선고 93헌마186)

05 2021. 7. 24. 군무원 9급 기출문제

본문 54~61쪽

ANSWER

01 ②, ④	02 ②	03 ①	04 ①	05 ④
06 ③	07 ②	08 ①	09 ④	10 ①
11 ③	12 ②	13 ①	14 ④	15 ④
16 ③	17 ③	18 ③	19 ②	20 ②
21 ④	22 ③	23 ③	24 ②	25 ④

01 정답 ②, ④

① (○) "거부처분의 처분성을 인정하기 위한 전제요건이 되는 신청권의 존부는 구체적 사건에서 신청인이 누구인가를 고려하지 않고 관계 법규의 해석에 의하여 일반 국민에게 그러한 신청권을 인정하고 있는가를 살펴 추상적으로 결정되는 것이고 신청인이 그 신청에 따른 단순한 응답을 받을 권리를 넘어서 신청의 인용이라는 만족적 결과를 얻을 권리를 의미하는 것은 아니라고 할 것이므로 국민이 어떤 신청을 한 경우에 그 신청의 근거가 된 조항의 해석상 행정발동에 대한 개인의 신청권을 인정하고 있다고 보이면 그 거부행위는 항고소송의 대상이 되는 처분으로 보아야 할 것이고 구체적으로 그 신청이 인용될 수 있는가 하는 점은 본안에서 판단하여야 할 사항이다."(대법원 1996. 6. 11. 선고 95누12460)

② (×) 아래 판례의 문언에도 불구하고, 「민원 처리에 관한 법률」 및 동 시행령과 현행 「민원 처리에 관한 법률」에 모두 민원문서에 보완이 필요한 경우 행정청이 보완을 요구할 수 있는 것이 아니라 보완을 요구할 <u>의무가 있다</u>고 규정되어 있어서 이 선지는 오선지로 인정, 복수정답 처리되었다.

> 민원 처리에 관한 법률 제22조(민원문서의 보완·취하 등) ① <u>행정기관의 장은 접수한 민원문서에 보완이 필요한 경우에는 상당한 기간을 정하여 지체 없이 민원인에게 보완을 요구하여야 한다.</u>

"행정기관은 민원사항의 신청이 있는 때에는 다른 법령에 특별한 규정이 있는 경우를 제외하고는 그 접수를 보류하거나 거부할 수 없으며 민원서류에 흠이 있는 경우에는 보완에 필요한 상당한 기간을 정하여 지체 없이 민원인에게 보완을 요구하고 그 기간 내에 민원서류를 보완하지 아니할 때에는 7일의 기간 내에 다시 보완을 요구할 수 있으며 위 기간 내에 민원서류를 보완하지 아니한 때에 비로소 접수된 민원서류를 되돌려 보낼 수 있도록 규정되어 있는바 <u>위 규정 소정의 보완의 대상이 되는 흠은 보완이 가능한 경우이어야 함은 물론이고,</u> 그 내용 또한 형식적·절차적인 요건이거나, 실질적인 요건에 관한 흠이 있는 경우라도 그것이 민원인의 단순한 착오나 일시적인 사정 등에 기한 경우 등이라야 한다."(대법원 2004. 10. 15. 선고 2003두6573)

③ (○) "건축주 등은 신고제하에서도 건축신고가 반려될 경우 당해 건축물의 건축을 개시하면 시정명령, 이행강제금, 벌금의 대상이 되거나 당해 건축물을 사용하여 행할 행위의 허가가 거부될 우려가 있어 불안정한 지위에 놓이게 된다. 따라서 건축신고 반려행위가 이루어진 단계에서 당사자로 하여금 반려행위의 적법성을 다투어 그 법적 불안을 해소한 다음 건축행위에 나아가도록 함으로써 장차 있을지도 모르는 위험에서 미리 벗어날 수 있도록 길을 열어 주고, 위법한 건축물의 양산과 그 철거를 둘러싼 분쟁을 조기에 근본적으로 해결할 수 있게 하는 것이 법치행정의 원리에 부합한다. 그러므로 <u>건축신고 반려행위는 항고소송의 대상이 된다고 보는 것이 옳다.</u>"(대법원 2010. 11. 18. 선고 2008두167 전원합의체)

④ (×) "<u>인·허가의제 효과를 수반하는 건축신고는 일반적인 건축신고와는 달리, 특별한 사정이 없는 한 행정청이 그 실체적 요건에 관한 심사를 한 후 수리하여야 하는 이른바 '수리를 요하는 신고'로 보는 것이 옳다.</u>"(대법원 2011. 1. 20. 선고 2010두14954 전원합의체)

02 정답 ②

① (○) "이 사건 조항의 경우 명시적인 헌법적 근거 없이 <u>국가유공자의 가족들에게 만점의 10%라는 높은 가산점을 부여하고 있는바,</u> 그러한 가산점 부여 대상자의 광범위성과 가산점 10%의 심각한 영향력과 차별효과를 고려할 때, 그러한 입법정책만으로 헌법상의 공정경쟁의 원리와 기회균등의 원칙을 훼손하는 것은 부적절하며, 국가유공자의 가족의 공직 취업기회를 위하여 매년 많은 일반 응시자들에게 불합격이라는 심각한 불이익을 입게 하는 것은 정당화될 수 없다. 이 사건 조항은 입법목적과 수단 간에 비례성을 구비하지 못하였으므로 청구인들과 같은 <u>일반 공직시험 응시자의 평등권을 침해한다.</u> 같은 이유에서 이 사건 조항은 <u>일반 공직시험 응시자의 공무담임권을 침해하는 것이다.</u>"(헌법재판소 2006. 2. 23. 선고 2004헌마675,981,1022)

② (×) 평등의 원칙은 단순히 동일한 것 사이에서의 차별취급뿐만 아니라, 서로 다른 것이어서 차별취급이 정당화되는 경우라 할지라도, 그 차별의 정도가 과하지 않을 것까지 요구하는 원칙이다. 헌법재판소 역시 헌법 스스로가 평등권을 구체화하는 경우나 차별취급이 기본권에 대한 중대한 제한을 초래하는 경우에 대해서는 비례의 원칙을 적용하여 평등의 원칙 위배 여부를 판단하고 있다. 자세한 내용은 헌법학의 영역이다.

③ (○) 재량준칙의 공표만으로는 행정의 자기구속의 원칙이 적용될 수 없고, 반복된 관행이 있어야 한다.

"이른바 행정규칙이나 내부지침은 일반적으로 행정조직 내부에서만 효력을 가질 뿐 대외적인 구속력을 갖는 것은 아니므로 행정처분이 그에 위반하였다고 하여 그러한 사정만으로 곧바로 위법하게 되는 것은 아니고, (…) 사건 지침이 그 정한 바에 따라 되풀이 시행되어 행정관행이 이루어졌다고 인정할 만한 자료를 찾아볼 수 없다. 피고가 재량권을 일탈·남용한 위법이 없다."(대법원 2009. 12. 24. 선고 2009두7967)
④ (○) "재량권 행사의 준칙인 행정규칙이 그 정한 바에 따라 되풀이 시행되어 행정관행이 이루어지게 되면 평등의 원칙이나 신뢰보호의 원칙에 따라 행정기관은 그 상대방에 대한 관계에서 그 규칙에 따라야 할 자기구속을 받게 되므로, 이러한 경우에는 특별한 사정이 없는 한 그에 위반하는 처분은 평등의 원칙이나 신뢰보호의 원칙에 위배되어 재량권을 일탈·남용한 위법한 처분이 된다."(대법원 2009. 12. 24. 선고 2009두7967)

03 정답 ①

① (×) 합의제 행정청이 한 처분에 대한 취소소송의 경우 그 처분청으로서 합의제 행정청 자체가 피고가 되는 것이 원칙이다. 다만 개별 법률에 다른 규정이 있는 경우(예 노동위원회법의 중앙노동위원회, 해양사고의 조사 및 심판에 관한 법률의 중앙심판원)에는 합의제 행정청의 장이 피고가 된다.
② (○) "행정소송법 제14조에 의한 피고경정은 사실심 변론종결에 이르기까지 허용되는 것으로 해석하여야 할 것이고, 굳이 제1심 단계에서만 허용되는 것으로 해석할 근거는 없다."(대법원 2006. 2. 23.자 2005부4)
③ (○) 항고소송 ↔ 당사자소송의 상호 변경도 사실심 변론종결시까지 가능하다.

> 행정소송법 제21조(소의 변경) ① 법원은 취소소송을 당해 처분등에 관계되는 사무가 귀속하는 국가 또는 공공단체에 대한 당사자소송 또는 취소소송외의 항고소송으로 변경하는 것이 상당하다고 인정할 때에는 청구의 기초에 변경이 없는 한 사실심의 변론종결시까지 원고의 신청에 의하여 결정으로써 소의 변경을 허가할 수 있다.
>
> 행정소송법 제42조(소의 변경) 제21조의 규정은 당사자소송을 항고소송으로 변경하는 경우에 준용한다.

④ (○) 취소소송의 피고경정 규정은 당사자소송의 경우에도 준용된다.

> 행정소송법 제14조(피고경정) ① 원고가 피고를 잘못 지정한 때에는 법원은 원고의 신청에 의하여 결정으로써 피고의 경정을 허가할 수 있다.
>
> 행정소송법 제44조(준용규정) ① 제14조 내지 제17조, 제22조, 제25조, 제26조, 제30조제1항, 제32조 및 제33조의 규정은 당사자소송의 경우에 준용한다.

04 정답 ①

② (×), ④ (×) "행정행위를 한 처분청은 비록 처분 당시에 별다른 하자가 없었고, 처분 후에 이를 철회할 별도의 법적 근거가 없더라도 원래의 처분을 존속시킬 필요가 없게 된 사정 변경이 생겼거나 중대한 공익상 필요가 발생한 경우에는 그 효력을 상실케 하는 별개의 행정행위로 이를 철회할 수 있다." ③ (×) "다만 수익적 행정행위를 취소 또는 철회하거나 중지시키는 경우에는 이미 부여된 국민의 기득권을 침해하는 것이 되므로, 비록 취소 등의 사유가 있다고 하더라도" ① (○) "그 취소권 등의 행사는 기득권의 침해를 정당화할 만한 중대한 공익상의 필요 또는 제3자의 이익을 보호할 필요가 있고, 이를 상대방이 받는 불이익과 비교·교량하여 볼 때 공익상의 필요 등이 상대방이 입을 불이익을 정당화할 만큼 강한 경우에 한하여 허용될 수 있다."(대법원 2017. 3. 15. 선고 2014두41190)

05 정답 ④

① (○)

> 지방자치법 제32조(조례와 규칙의 제정 절차 등) ⑧ 조례와 규칙은 특별한 규정이 없으면 공포한 날부터 20일이 지나면 효력을 발생한다.

② (○) 법률불소급 및 행정법규불소급의 원칙에 따라 행정법령은 특별한 규정이 없는 한 장래에 향하여 효력을 발생한다. 과거에 법령을 적용하는 소급적용은 원칙적으로 금지된다.
③ (○) "법령의 소급적용, 특히 행정법규의 소급적용은 일반적으로는 법치주의의 원리에 반하고, 개인의 권리·자유에 부당한 침해를 가하며, 법률생활의 안정을 위협하는 것이어서, 이를 인정하지 않는 것이 원칙이고(법률불소급의 원칙 또는 행정법규불소급의 원칙), 다만 법령을 소급적용하더라도 일반 국민의 이해에 직접 관계가 없는 경우, 오히려 그 이익을 증진하는 경우, 불이익이나 고통을 제거하는 경우 등의 특별한 사정이 있는 경우에 한하여 예외적으로 법령의 소급적용이 허용된다고 할 것이다."(대법원 2005. 5. 13. 선고 2004다8630)
④ (×) "개정 법령이 기존의 사실 또는 법률관계를 적용대상으로 하면서 국민의 재산권과 관련하여 종전보다 불리한 법률효과를 규정하고 있는 경우에도 그러한 사실 또는 법률관계가 개정 법령이 시행되기 이전에 이미 완성 또는 종결된 것이 아니라면 개정 법령을 적용하는 것이 헌법상 금지되는 소급입법에 의한 재산권 침해라고 할 수는 없다. 다만 개정 전 법령의 존속에 대한 국민의 신뢰가 개정 법령의 적용에 관한 공익상의 요구보다 더 보호가치가 있다고 인정되는 경우에 그러한 국민의 신뢰를 보호하기 위하여 적용이 제한될 수 있는 여지가 있을 따름이다. 법령불소급의 원칙은 그 법령의 효력발생 전에 완성된 요건 사실에 대하여 당해 법령을 적용할 수 없다는 의미일 뿐, 계속 중인 사실이나 그 이후에 발생한 요건 사실에 대한 법령적용까지를 제한하는 것은 아니라고 할 것이다."(대법원 2014. 4. 24. 선고 2013두26552)

06 정답 ③

① (○)

> 행정절차법 제29조(청문 주재자의 제척·기피·회피) ② 청문 주재자에게 공정한 청문 진행을 할 수 없는 사정이 있는 경우 당사자 등은 행정청에 기피신청을 할 수 있다. 이 경우 행정청은 청문을 정지하고 그 신청이 이유가 있다고 인정할 때에는 해당 청문 주재자를 지체 없이 교체하여야 한다.

② (○)

> 행정절차법 제31조(청문의 진행) ① 청문 주재자가 청문을 시작할 때에는 먼저 예정된 처분의 내용, 그 원인이 되는 사실 및 법적 근거 등을 설명하여야 한다.

③ (✕)

> 행정절차법 제33조(증거조사) ① 청문 주재자는 직권으로 또는 당사자의 신청에 따라 필요한 조사를 할 수 있으며, 당사자등이 주장하지 아니한 사실에 대하여도 조사할 수 있다.

④ (○)

> 행정절차법 제36조(청문의 재개) 행정청은 청문을 마친 후 처분을 할 때까지 새로운 사정이 발견되어 청문을 재개(再開)할 필요가 있다고 인정할 때에는 제35조제4항에 따라 받은 청문조서 등을 되돌려 보내고 청문의 재개를 명할 수 있다. 이 경우 제31조제5항(일시와 장소 통지)을 준용한다.

07 정답 ②

① (○) "행정지도가 강제성을 띠지 않은 비권력적 작용으로서 행정지도의 한계를 일탈하지 아니하였다면, 그로 인하여 상대방에게 어떤 손해가 발생하였다 하더라도 행정기관은 그에 대한 손해배상책임이 없다."(대법원 2008. 9. 25. 선고 2006다18228)

② (✕) "건축법 제69조 제2항, 제3항의 규정에 비추어 보면, 피고가 그 판시와 같이 위법 건축물에 대한 시정명령을 하고 나서 위반자인 원고가 이를 이행하지 아니하여 전기·전화의 공급자에게 그 위법 건축물에 대한 전기·전화공급을 하지 말아줄 것을 요청한 행위는 권고적 성격의 행위에 불과한 것으로서 전기·전화공급자나 특정인의 법률상 지위에 직접적인 변동을 가져오는 것은 아니므로 이를 항고소송의 대상이 되는 행정처분이라고 볼 수 없다."(대법원 1996. 3. 22. 선고 96누433)

③ (○)

> 행정절차법 제48조(행정지도의 원칙) ② 행정기관은 행정지도의 상대방이 행정지도에 따르지 아니하였다는 것을 이유로 불이익한 조치를 하여서는 아니 된다.

④ (○) "국가배상법이 정한 배상청구의 요건인 '공무원의 직무'에는 권력적 작용만이 아니라 행정지도와 같은 비권력적 작용도 포함되며 단지 행정주체가 사경제주체로서 하는 활동만 제외된다."(대법원 1998. 7. 10. 선고 96다38971)

08 정답 ①

① (✕)

> 개인정보 보호법 제39조의3(개인정보의 수집·이용 동의 등에 대한 특례) ③ 정보통신서비스 제공자는 이용자가 필요한 최소한의 개인정보 이외의 개인정보를 제공하지 아니한다는 이유로 그 서비스의 제공을 거부해서는 아니 된다. 이 경우 필요한 최소한의 개인정보는 해당 서비스의 본질적 기능을 수행하기 위하여 반드시 필요한 정보를 말한다.

② (○)

> 개인정보 보호법 제51조(단체소송의 대상 등) 다음 각 호의 어느 하나에 해당하는 단체는 개인정보처리자가 제49조에 따른 집단분쟁조정을 거부하거나 집단분쟁조정의 결과를 수락하지 아니한 경우에는 법원에 권리침해 행위의 금지·중지를 구하는 소송(이하 "단체소송"이라 한다)을 제기할 수 있다.

③ (○)

> 개인정보 보호법 제39조의13(상호주의) 제39조의12(국외 이전 개인정보의 보호)에도 불구하고 개인정보의 국외 이전을 제한하는 국가의 정보통신서비스 제공자등에 대하여는 해당 국가의 수준에 상응하는 제한을 할 수 있다. 다만, 조약 또는 그 밖의 국제협정의 이행에 필요한 경우에는 그러하지 아니하다.

④ (○) "헌법 제10조의 인간의 존엄과 가치, 행복추구권과 헌법 제17조의 사생활의 비밀과 자유에서 도출되는 개인정보자기결정권은 자신에 관한 정보가 언제 누구에게 어느 범위까지 알려지고 또 이용되도록 할 것인지를 정보주체가 스스로 결정할 수 있는 권리이다. 개인정보자기결정권의 보호대상이 되는 개인정보는 개인의 신체, 신념, 사회적 지위, 신분 등과 같이 인격주체성을 특징짓는 사항으로서 개인의 동일성을 식별할 수 있게 하는 일체의 정보를 의미하며, 반드시 개인의 내밀한 영역에 속하는 정보에 국한되지 않고 공적 생활에서 형성되었거나 이미 공개된 개인정보까지도 포함한다."(대법원 2016. 3. 10. 선고 2012다105482)

09 정답 ④

① (○)

> 행정소송법 제3조(행정소송의 종류) 행정소송은 다음의 네가지로 구분한다.
> 2. 당사자소송 : 행정청의 처분등을 원인으로 하는 법률관계에 관한 소송 그 밖에 공법상의 법률관계에 관한 소송으로서 그 법률관계의 한쪽 당사자를 피고로 하는 소송

② (○) "공법상 계약의 한쪽 당사자가 다른 당사자를 상대로 그 효력을 다투거나 그 이행을 청구하는 소송은 공법상의 법률관계에 관한 분쟁이므로 분쟁의 실질이 공법상 권리·의무의 존부·범위에 관한 다툼이 아니라 손해배상액의 구체적인 산정방법·금액에 국한되는 등의 특별한 사정이 없는 한 공법상

당사자소송으로 제기하여야 한다."(대법원 2021. 2. 4. 선고 2019다277133)

③ (○) "원고가 고의 또는 중대한 과실 없이 행정소송으로 제기하여야 할 사건을 민사소송으로 잘못 제기한 경우, 수소법원으로서는 만약 그 행정소송에 대한 관할도 동시에 가지고 있다면 이를 행정소송으로 심리·판단하여야 하고, 그 행정소송에 대한 관할을 가지고 있지 아니하다면 관할법원에 이송하여야 한다."(대법원 2021. 2. 4. 선고 2019다277133)

④ (×)

> 행정소송법 제26조(직권심리) ① 법원은 필요하다고 인정할 때에는 직권으로 증거조사를 할 수 있고, 당사자가 주장하지 아니한 사실에 대하여도 판단할 수 있다.
>
> 행정소송법 제44조(준용규정) ① 제14조 내지 제17조, 제22조, 제25조, 제26조, 제30조제1항, 제32조 및 제33조의 규정은 당사자소송의 경우에 준용한다.

10 정답 ①

① (×) 무허가행위는 위법하여 행정벌 등 행정적 제재의 대상이 되지만, 허가를 받지 않았다고 하여 행위의 사법적 효력이 부인되지는 않는다. 부가되는 행정행위가 없으면 사법상 효력이 부인되는 것은 인가이다.

② (○), ③ (○) 강학상 허가는 공익을 위해 상대적, 예방적으로 금지해 둔 것(운전, 건축 등)을 일정한 경우 해제하여 자연적인 자유를 회복시켜 주는 처분이고, 수허가자에게 어떠한 권리를 부여하는 것이 아니다. 반면 절대적, 억제적 금지(마약류의 사용 등)를 해제하는 처분은 예외적 승인이다.

"건축허가는 행정관청이 건축행정상 목적을 수행하기 위하여 수허가자에게 일반적으로 행정관청의 허가 없이는 건축행위를 하여서는 안 된다는 상대적 금지를 관계법규에 적합한 일정한 경우에 해제하여 줌으로써 일정한 건축행위를 하여도 좋다는 자유를 회복시켜 주는 행정처분일 뿐 수허가자에게 어떤 새로운 권리나 능력을 부여하는 것이 아니다."(대법원 1997. 3. 28. 선고 96다10638)

④ (○) 허가는 학문상(강학상)의 개념이다. 따라서 학문상 허가에 해당하는 경우라도 실정법에서 면허, 인가, 승인 등으로 표현되는 경우도 있다. 반면 실정법상 허가로 표현되어도 학문상으로는 인가나 특허에 해당하는 경우도 있다. 따라서 일정한 금지의 해제 행위가 허가에 해당하는지는 실정법상 용어가 아닌 학문적 정의를 충족하는지 여부에 따라 판단하여야 한다.

11 정답 ③

㉠ (○)

> 행정기본법 제4조(행정의 적극적 추진) ① 행정은 공공의 이익을 위하여 적극적으로 추진되어야 한다.

㉡ (○)

> 행정기본법 제8조(법치행정의 원칙) 행정작용은 법률에 위반되어서는 아니 되며, 국민의 권리를 제한하거나 의무를 부과하는 경우와 그 밖에 국민생활에 중요한 영향을 미치는 경우에는 법률에 근거하여야 한다.

㉢ (○)

> 행정기본법 제9조(평등의 원칙) 행정청은 합리적 이유 없이 국민을 차별하여서는 아니 된다.

㉣ (○)

> 행정기본법 제13조(부당결부금지의 원칙) 행정청은 행정작용을 할 때 상대방에게 해당 행정작용과 실질적인 관련이 없는 의무를 부과해서는 아니 된다.

㉤ (○)

> 행정기본법 제17조(부관) ① 행정청은 처분에 재량이 있는 경우에는 부관(조건, 기한, 부담, 철회권의 유보 등을 말한다. 이하 이 조에서 같다)을 붙일 수 있다.

12 정답 ②

① (○) "일반적으로 면허나 인·허가 등의 수익적 행정처분의 근거가 되는 법률이 해당 업자들 사이의 과당경쟁으로 인한 경영의 불합리를 방지하는 것도 그 목적으로 하고 있는 경우, 다른 업자에 대한 면허나 인·허가 등의 수익적 행정처분에 대하여 이미 같은 종류의 면허나 인·허가 등의 수익적 행정처분을 받아 영업을 하고 있는 기존의 업자는 경업자에 대하여 이루어진 면허나 인·허가 등 행정처분의 상대방이 아니라 하더라도 당해 행정처분의 취소를 구할 원고적격이 있다."(대법원 2006. 7. 28. 선고 2004두6716)

② (×) "광업권설정허가처분의 근거 법규 또는 관련 법규의 취지는 광업권설정허가처분과 그에 따른 광산 개발과 관련된 후속 절차로 인하여 직접적이고 중대한 재산상·환경상 피해가 예상되는 토지나 건축물의 소유자나 점유자 또는 이해관계인 및 주민들이 전과 비교하여 수인한도를 넘는 재산상·환경상 침해를 받지 아니한 채 토지나 건축물 등을 보유하며 쾌적하게 생활할 수 있는 개별적 이익까지도 보호하려는 데 있으므로, 광업권설정허가처분과 그에 따른 광산 개발로 인하여 재산상·환경상 이익의 침해를 받거나 받을 우려가 있는 토지나 건축물의 소유자와 점유자 또는 이해관계인 및 주민들은 그 처분 전과 비교하여 수인한도를 넘는 재산상·환경상 이익의 침해

를 받거나 받을 우려가 있다는 것을 증명함으로써 그 처분의 취소를 구할 원고적격을 인정받을 수 있다."(대법원 2008. 9. 11. 선고 2006두7577)

③ (○) "행정처분의 직접 상대방이 아닌 제3자라도 당해 행정처분의 취소를 구할 법률상의 이익이 있는 경우에는 원고적격이 인정된다 할 것이다."(대법원 1994. 4. 12. 선고 93누24247)

④ (○) "일반적으로 법인의 주주는 당해 법인에 대한 행정처분에 관하여 사실상이나 간접적인 이해관계를 가질 뿐이어서 스스로 그 처분의 취소를 구할 원고적격이 없는 것이 원칙이라고 할 것이지만, 그 처분으로 인하여 궁극적으로 주식이 소각되거나 주주의 법인에 대한 권리가 소멸하는 등 주주의 지위에 중대한 영향을 초래하게 되는데도 그 처분의 성질상 당해 법인이 이를 다툴 것을 기대할 수 없고 달리 주주의 지위를 보전할 구제방법이 없는 경우에는 주주도 그 처분에 관하여 직접적이고 구체적인 법률상 이해관계를 가진다고 보이므로 그 취소를 구할 원고적격이 있다."(대법원 2004. 12. 23. 선고 2000두2648)

13 정답 ①

공법상 결과제거청구권이란 / '공행정작용에 의해 야기된 위법한 상태로 인해 / 자기의 권리나 이익을 침해받고 있는 자가 / 행정주체에 대하여 그 위법한 상태의 제거와 원상회복을 청구할 권리'를 말한다.

① (×) 공법상 결과제거청구권은 직접적으로 야기된 결과만을 제거하는 것을 내용으로 한다. 따라서 상당인과관계 있는 모든 위법한 상태의 제거를 내용으로 하는 원상회복청구권과 다르다.

② (○) 결과제거청구권에서의 침해란 일체의 공행정작용에 의한 모든 침해를 의미한다. 따라서 사실행위나 비권력적 행위에 의한 침해의 경우도 결과제거청구권의 대상에 포함된다. 다만 행정주체의 사법적 활동으로 인한 침해의 경우에는 원칙적으로 사법의 규율대상이 될 뿐, 결과제거청구권의 대상이 되지는 않는다.

③ (○) 원상회복이 불가능하다면 결과의 제거가 불가능하므로 결과제거청구권을 행사할 수 없다. 따라서 결과제거청구권을 행사하려면 원상회복이 사실상·법률상 가능하여야 한다. 이러한 경우에는 손해배상 또는 손실보상에 의한 구제만이 가능하다.

④ (○) 민법상 과실상계에 관한 규정은 공법상 결과제거청구권에 유추적용될 수 있다. 따라서 피해자의 과실이 위법상태의 발생에 기여한 경우에는 그 과실에 비례하여 결과제거청구권이 제한되거나 상실된다.

14 정답 ④

① (○) 재결의 기속력은 인용재결의 효력이며 기각재결에는 인정되지 않는다. 따라서 기각재결이 있은 후에도 원처분청은 원처분을 직권으로 취소 또는 변경할 수 있다.

> **행정심판법 제49조(재결의 기속력 등)** ① 심판청구를 인용하는 재결은 피청구인과 그 밖의 관계 행정청을 기속(羈束)한다.

② (○) 재결의 기속력의 내용으로는 (1) 반복금지효, (2) 재처분의무, (3) 원상회복의무가 인정된다.

③ (○) 「행정심판법」 제47조 제1항은 불고불리의 원칙을, 제47조 제2항은 불이익변경금지의 원칙을 규정하고 있다. 한편 판례에 따르면 「행정심판법」 제49조 제1항이 규정하는 재결의 구속력의 해석상 처분청은 행정심판의 재결에 불복할 수 없다.

> **행정심판법 제47조(재결의 범위)** ① 위원회는 심판청구의 대상이 되는 처분 또는 부작위 외의 사항에 대하여는 재결하지 못한다. ② 위원회는 심판청구의 대상이 되는 처분보다 청구인에게 불리한 재결을 하지 못한다.

"행정심판법 제37조 제1항은 '재결은 피청구인인 행정청과 그 밖의 관계행정청을 기속한다'고 규정하였고, 이에 따라 처분행정청은 재결에 기속되어 재결의 취지에 따른 처분의무를 부담하게 되므로 이에 불복하여 행정소송을 제기할 수 없다."(대법원 1998. 5. 8. 선고 97누15432)

④ (×) 「행정심판법」 제45조의 재결 기간 규정은 법적 강제력이 없는 훈시규정으로 이해된다.

> **행정심판법 제45조(재결 기간)** ① 재결은 제23조에 따라 피청구인 또는 위원회가 심판청구서를 받은 날부터 60일 이내에 하여야 한다. 다만, 부득이한 사정이 있는 경우에는 위원장이 직권으로 30일을 연장할 수 있다.

15 정답 ④

① (○), ② (○), ③ (○) "일반적으로 처분이 주체·내용·절차와 형식의 요건을 모두 갖추고 외부에 표시된 경우에는 처분의 존재가 인정된다. 행정의사가 외부에 표시되어 행정청이 자유롭게 취소·철회할 수 없는 구속을 받게 되는 시점에 처분이 성립하고, 그 성립 여부는 행정청이 행정의사를 공식적인 방법으로 외부에 표시하였는지를 기준으로 판단해야 한다."(대법원 2019. 7. 11. 선고 2017두38874)

④ (×) "병무청장이 법무부장관에게 '가수 갑이 공연을 위하여 국외여행허가를 받고 출국한 후 미국 시민권을 취득함으로써 사실상 병역의무를 면탈하였으므로 재외동포 자격으로 재입국하고자 하는 경우 국내에서 취업, 가수활동 등 영리활동을 할 수 없도록 하고, 불가능할 경우 입국 자체를 금지해 달라'고 요청함에 따라 법무부장관이 갑의 입국을 금지하는 결정을 하고, 그 정보를 내부전산망인 '출입국관리정보시스템'에 입력하였으나, 갑에게는 통보하지 않은 사안에서, 위 입국금지결정은 항고소송의 대상이 되는 '처분'에 해당하지 않는다."(대법원 2019. 7. 11. 선고 2017두38874)

16 정답 ③

① (O) 통상적인 행정행위의 재량과 행정계획의 계획재량이 질적으로 구별되는지에 대해서 견해가 나뉘고, 다수설은 질적 차이를 긍정한다(구별긍정설). 반면 질적 차이를 부정하는 견해(구별부정설)는 계획재량의 하자이론인 형량명령원칙은 비례원칙이 계획재량에 적용된 것에 불과하다고 주장한다. 다만 이는 질적 차이에 대한 견해 대립일 뿐이고, 재량의 양적인 차이의 정도에 대해서는 학설의 대립이 없다(양적 차이를 인정한다).
② (O) "행정주체는 구체적인 행정계획을 입안·결정함에 있어서 비교적 광범위한 형성의 자유를 가지는 것이지만, 행정주체가 가지는 이와 같은 형성의 자유는 무제한적인 것이 아니라 그 행정계획에 관련되는 자들의 이익을 공익과 사익 사이에서는 물론이고 공익 상호간과 사익 상호간에도 정당하게 비교교량하여야 한다는 제한이 있으므로," ③ (×), ④ (O) "행정주체가 행정계획을 입안·결정함에 있어서 이익형량을 전혀 행하지 아니하거나 이익형량의 고려 대상에 마땅히 포함시켜야 할 사항을 누락한 경우 또는 이익형량을 하였으나 정당성과 객관성이 결여된 경우에는 그 행정계획결정은 형량에 하자가 있어 위법하게 된다."(대법원 2007. 4. 12. 선고 2005두1893)

17 정답 ③

행정조사란 / '행정기관이 행정작용을 위해 / 필요한 자료나 정보를 수집하기 위하여 행하는 / 일체의 행정활동'을 말한다. 행정조사는「행정조사기본법」이 규율한다.
① (O)

> 행정조사기본법 제4조(행정조사의 기본원칙) ① 행정조사는 조사목적을 달성하는데 필요한 최소한의 범위 안에서 실시하여야 하며, 다른 목적 등을 위하여 조사권을 남용하여서는 아니 된다.

② (O)

> 행정조사기본법 제4조(행정조사의 기본원칙) ③ 행정기관은 유사하거나 동일한 사안에 대하여는 공동조사 등을 실시함으로써 행정조사가 중복되지 아니하도록 하여야 한다.

③ (×)

> 행정조사기본법 제4조(행정조사의 기본원칙) ④ 행정조사는 법령 등의 위반에 대한 처벌보다는 법령 등을 준수하도록 유도하는 데 중점을 두어야 한다.

④ (O)

> 행정조사기본법 제4조(행정조사의 기본원칙) ⑥ 행정기관은 행정조사를 통하여 알게 된 정보를 다른 법률에 따라 내부에서 이용하거나 다른 기관에 제공하는 경우를 제외하고는 원래의 조사목적 이외의 용도로 이용하거나 타인에게 제공하여서는 아니 된다.

18 정답 ③

① (O) "행정규칙인 부령이나 고시가 법령의 수권에 의하여 법령을 보충하는 사항을 정하는 경우에는 그 근거 법령규정과 결합하여 대외적으로 구속력이 있는 법규명령으로서의 성질과 효력을 가진다."(대법원 2007. 5. 10. 선고 2005도591)
② (O) 행정규칙은 상급행정기관의 지휘·감독권에 기하여 하급행정기관에 대하여 발해지는 것이므로, 하급행정기관은 행정규칙을 준수할 의무를 진다. 그러나 행정규칙을 제정한 상급행정기관에 대해서는 행정규칙의 효력이 미치지 않으므로, 대내적 법적 구속력을 갖지 않는다.
③ (×) "국립대학인 서울대학교의 '94학년도 대학입학고사주요요강'은 사실상의 준비행위 내지 사전안내로서 행정쟁송의 대상이 될 수 있는 행정처분이나 공권력의 행사는 될 수 없지만 그 내용이 국민의 기본권에 직접 영향을 끼치는 내용이고 앞으로 법령의 뒷받침에 의하여 그대로 실시될 것이 틀림없을 것으로 예상되어 그로 인하여 직접적으로 기본권 침해를 받게 되는 사람에게는 사실상의 규범작용으로 인한 위험성이 이미 현실적으로 발생하였다고 보아야 할 것이므로 이는 헌법소원의 대상이 되는 헌법재판소법 제68조 제1항 소정의 공권력의 행사에 해당된다고 할 것이며, 이 경우 헌법소원 외에 달리 구제방법이 없다."(헌법재판소 1992. 10. 1. 선고 92헌마68,76)
④ (O) 특별한 사정이 없는 한 행정규칙은 대외적 구속력이 없으므로, 일반적인 행정처분절차를 규정한 행정규칙은 당연히 대외적 구속력이 없다.

19 정답 ②

① (O) 원래는 선지의 지문이 맞았지만, 시험 이후 기존 법률에 대한 헌법불합치 결정(아래 ②, ③, ④ 선지에서 인용된 헌법재판소 2020. 11. 26. 선고 2019헌바131)에 의해 2021. 8. 10. 환매권 행사기간인 10년의 기산일이 협의취득일 또는 수용의 개시일에서 사업의 폐지·변경일 또는 사업완료일로 변경되었음에 유의할 필요가 있다. 따라서 현행법에 의하면 이 선지는 오선지이다.

> 공익사업을 위한 토지 등의 취득 및 보상에 관한 법률 제91조(환매권) ① 공익사업의 폐지·변경 또는 그 밖의 사유로 취득한 토지의 전부 또는 일부가 필요 없게 된 경우 토지의 협의취득일 또는 수용의 개시일(이하 이 조에서 "취득일"이라 한다) 당시의 토지소유자 또는 그 포괄승계인(이하 "환매권자"라 한다)은 다음 각 호의 구분에 따른 날부터 10년 이내에 그 토지에 대하여 받은 보상금에 상당하는 금액을 사업시행자에게 지급하고 그 토지를 환매할 수 있다.
> 1. 사업의 폐지·변경으로 취득한 토지의 전부 또는 일부가 필요 없게 된 경우: 관계 법률에 따라 사업이 폐지·변경된 날 또는 제24조에 따른 사업의 폐지·변경 고시가 있는 날
> 2. 그 밖의 사유로 취득한 토지의 전부 또는 일부가 필요 없게 된 경우: 사업완료일

② (×) "환매권의 발생기간을 제한하는 것은 공익사업을 수행하는 사업시행자의 지위나 토지를 둘러싼 이해관계인들의 토지이용 등에 관한 법률관계 안정, 토지의 사회경제적 이용의 효율성 제고, 사회일반의 이익이 되어야 할 개발이익이 원소유자 개인에게 귀속되는 불합리 방지 등을 위한 것으로 그 입법목적은 정당하고, 이를 위하여 토지취득일로부터 일정 기간이 지나면 환매권 자체가 발생하지 않도록 기간을 제한하는 것은 입법목적을 달성하기에 유효적절한 방법이라 할 수 있다."(헌법재판소 2020. 11. 26. 선고 2019헌바131)

③ (○) "공익사업의 불확실성과 소요기간의 장기화 등 사회적 변화에도 불구하고 이 사건 법률조항이 정한 환매권 발생기간인 '10년'을 예외 없이 유지하게 되면, 토지수용 등의 원인이 된 공익사업의 변경·폐지로 공공필요성이 소멸된 경우에도, 단지 10년이 경과하였다는 사정만으로 소유권을 박탈당했던 원소유자에 대하여 재산권의 존속을 보장할 기회를 부여하는 환매권이 배제되는 결과가 초래될 수 있다. (…) 이 사건 법률조항은 환매권 발생기간을 10년으로 일률적으로 제한하고 있으므로 침해의 최소성 원칙에 어긋난다."(헌법재판소 2020. 11. 26. 선고 2019헌바131)

④ (○) "이 사건 법률조항의 위헌성은 환매권의 발생기간을 제한한 것 자체에 있다기보다는 그 기간을 10년 이내로 제한한 것이 환매권에 대한 과도한 제한이라는 데 있다. 이 사건 법률조항의 위헌성을 제거하기 위하여 (…) 다양한 방안이 있을 수 있고 이는 입법재량 영역에 속한다. 따라서 이 사건 법률조항에 대하여 단순위헌 결정을 하는 대신 헌법불합치 결정을 선고한다."(헌법재판소 2020. 11. 26. 선고 2019헌바131)

20 정답 ②

① (○), ③ (○), ④ (○)

> 국가배상법 제2조(배상책임) ① 국가나 지방자치단체는 공무원 또는 공무를 위탁받은 사인(이하 "공무원"이라 한다)이 직무를 집행하면서 고의 또는 과실로 법령을 위반하여 타인에게 손해를 입히거나, 「자동차손해배상 보장법」에 따라 손해배상의 책임이 있을 때에는 이 법에 따라 그 손해를 배상하여야 한다. 다만, 군인·군무원·경찰공무원 또는 예비군대원이 전투·훈련 등 직무 집행과 관련하여 전사(戰死)·순직(殉職)하거나 공상(公傷)을 입은 경우에 본인이나 그 유족이 다른 법령에 따라 재해보상금·유족연금·상이연금 등의 보상을 지급받을 수 있을 때에는 이 법 및 「민법」에 따른 손해배상을 청구할 수 없다.
> ② 제1항 본문의 경우에 공무원에게 고의 또는 중대한 과실이 있으면 국가나 지방자치단체는 그 공무원에게 구상(求償)할 수 있다.

② (×)

> 국가배상법 제5조(공공시설 등의 하자로 인한 책임) ① 도로·하천, 그 밖의 공공의 영조물(營造物)의 설치나 관리에 하자(瑕疵)가 있기 때문에 타인에게 손해를 발생하게 하였을 때에는 국가나 지방자치단체는 그 손해를 배상하여야 한다. 이 경우 제2조 제1항 단서, 제3조 및 제3조의2를 준용한다.

21 정답 ④

① (○)

> 공공기관의 정보공개에 관한 법률 제3조(정보공개의 원칙) 공공기관이 보유·관리하는 정보는 국민의 알권리 보장 등을 위하여 이 법에서 정하는 바에 따라 적극적으로 공개하여야 한다.

② (○)

> 공공기관의 정보공개에 관한 법률 제5조(정보공개 청구권자) ① 모든 국민은 정보의 공개를 청구할 권리를 가진다.
> ② 외국인의 정보공개 청구에 관하여는 대통령령으로 정한다.

③ (○)

> 공공기관의 정보공개에 관한 법률 제6조의2(정보공개 담당자의 의무) 공공기관의 정보공개 담당자(정보공개 청구 대상 정보와 관련된 업무 담당자를 포함한다)는 정보공개 업무를 성실하게 수행하여야 하며, 공개 여부의 자의적인 결정, 고의적인 처리 지연 또는 위법한 공개 거부 및 회피 등 부당한 행위를 하여서는 아니 된다.

④ (×)

> 공공기관의 정보공개에 관한 법률 제7조(정보의 사전적 공개 등) ① 공공기관은 다음 각 호의 어느 하나에 해당하는 정보에 대해서는 공개의 구체적 범위, 주기, 시기 및 방법 등을 미리 정하여 정보통신망 등을 통하여 알리고, 이에 따라 정기적으로 공개하여야 한다. 다만, 제9조 제1항 각 호의 어느 하나에 해당하는 정보에 대해서는 그러하지 아니하다.
> 3. 예산집행의 내용과 사업평가 결과 등 행정감시를 위하여 필요한 정보

22 정답 ③

① (○) "계고서라는 명칭의 1장의 문서로서 일정기간 내에 위법건축물의 자진철거를 명함과 동시에 그 소정기한 내에 자진철거를 하지 아니할 때에는 대집행할 뜻을 미리 계고한 경우라도 건축법에 의한 철거명령과 행정대집행법에 의한 계고처분은 독립하여 있는 것으로서 각 그 요건이 충족되었다고 볼 것이다."(대법원 1992. 6. 12. 선고 91누13564)

② (○) "이행강제금은 일정한 기한까지 의무를 이행하지 않을 때에는 일정한 금전적 부담을 과할 뜻을 미리 계고함으로써 의무자에게 심리적 압박을 주어 장래에 그 의무를 이행하게 하려는 행정상 간접적인 강제집행 수단의 하나이다. 이러한 이행강제금은 위반행위에 대한 제재로서의 형벌이 아니라 장래의 의무이행의 확보를 위한 강제수단일 뿐이고, 이행강제금 부과 처분은 행정행위의 성질을 갖는다."(헌법재판소 2011. 10. 25. 선고 2009헌바140)

③ (×) "세무조사결정이 있는 경우 납세의무자는 세무공무원의 과세자료 수집을 위한 질문에 대답하고 검사를 수인하여야 할 법적 의무를 부담하게 되는 점, (…) 납세의무자로 하여금 개개의 과태료 처분에 대하여 불복하거나 조사 종료 후의 과세처분에 대하여만 다툴 수 있도록 하는 것보다는 그에 앞서 세무조사결정에 대하여 다툼으로써 분쟁을 조기에 근본적으로 해결할 수 있는 점 등을 종합하면, 세무조사결정은 납세의무자의 권리·의무에 직접 영향을 미치는 공권력의 행사에 따른 행정작용으로서 항고소송의 대상이 된다."(대법원 2011. 3. 10. 선고 2009두23617, 23624)

④ (○) "피수용자 등이 기업자에 대하여 부담하는 수용대상 토지의 인도의무에 관한 구 토지수용법(…)의 '인도'에는 명도도 포함되는 것으로 보아야 하고, 이러한 명도의무는 그것을 강제적으로 실현하면서 직접적인 실력행사가 필요한 것이지 대체적 작위의무라고 볼 수 없으므로 특별한 사정이 없는 한 행정대집행법에 의한 대집행의 대상이 될 수 있는 것이 아니다."(대법원 2005. 8. 19. 선고 2004다2809)

23 정답 ③

① (○) "한의사 면허는 경찰금지를 해제하는 명령적 행위(강학상 허가)에 해당하고, 한약조제시험을 통하여 약사에게 한약조제권을 인정함으로써 한의사인 원고들의 영업상 이익이 감소되었다고 하더라도 이러한 이익은 사실상의 이익에 불과하고 약사법이나 의료법 등의 법률에 의하여 보호되는 이익이라고는 볼 수 없으므로, 이 사건 소는 원고적격이 없는 자들이 제기한 소로서 부적법하다."(대법원 1998. 3. 10. 선고 97누4289)

② (○) "회사합병이 있는 경우에는 피합병회사의 권리·의무는 사법상의 관계나 공법상의 관계를 불문하고 그의 성질상 이전을 허용하지 않는 것을 제외하고는 모두 합병으로 인하여 존속한 회사에게 승계되는 것으로 보아야 할 것이고, (…) 감사인 지정 및 감사인 지정제외와 관련한 공법상의 관계는 감사인의 인적·물적 설비와 위반행위의 태양과 내용 등과 같은 객관적 사정에 기초하여 이루어지는 것으로서 합병으로 존속하는 법인에게 승계된다고 봄이 상당하고, 손해배상공동기금 및 그 추가적립과 관련한 공법상의 관계는 감사인의 감사보수총액과 위반행위의 태양 및 내용 등과 같은 객관적 사정에 기초하여 이루어지는 것으로서 합병으로 존속법인에게 승계된다고 할 것이다."(대법원 2004. 7. 8. 선고 2002두1946)

③ (×) "당사자 사이에 석탄산업법 시행령 제41조 제4항 제5호 소정의 재해위로금에 대한 지급청구권은 공법상의 권리로서 그 지급을 구하는 소송은 공법상의 법률관계에 관한 소송인 공법상 당사자소송에 해당하므로, 당사자 사이에 그에 관한 부제소합의가 있었다고 하더라도 그러한 합의는 무효라고 할 것이다."(대법원 1999. 1. 26. 선고 98두12598)

④ (○) "석유판매업(주유소) 허가는 소위 대물적 허가의 성질을 갖는 것이어서 그 사업의 양도도 가능하고 이 경우 양수인은 양도인의 지위를 승계하게 됨에 따라 양도인의 위 허가에 따른 권리의무가 양수인에게 이전되는 것이므로 만약 양도인에게 그 허가를 취소할 위법사유가 있다면 허가관청은 이를 이유로 양수인에게 응분의 제재조치를 취할 수 있다 할 것이고, 양수인이 그 양수 후 허가관청으로부터 석유판매업허가를 다시 받았다 하더라도 이는 석유판매업의 양수도를 전제로 한 것이어서 이로써 양도인의 지위승계가 부정되는 것은 아니다."(대법원 1986. 7. 22. 선고 86누203)

24 정답 ②

① (○) "재량행위에 있어서는 관계 법령에 명시적인 금지규정이 없는 한 행정목적을 달성하기 위하여 조건이나 기한, 부담 등의 부관을 붙일 수 있고, 그 부관의 내용이 이행 가능하고 비례의 원칙 및 평등의 원칙에 적합하며 행정처분의 본질적 효력을 저해하지 아니하는 이상 위법하다고 할 수 없다."(대법원 2004. 3. 25. 선고 2003두12837)

② (×) "수익적 행정처분에 있어서는 법령에 특별한 근거규정이 없다고 하더라도 그 부관으로서 부담을 붙일 수 있고, 그와 같은 부담은 행정청이 행정처분을 하면서 일방적으로 부가할 수도 있지만 부담을 부가하기 이전에 상대방과 협의하여 부담의 내용을 협약의 형식으로 미리 정한 다음 행정처분을 하면서 이를 부가할 수도 있다."(대법원 2009. 2. 12. 선고 2005다65500)

③ (○) "행정처분에 이미 부담이 부가되어 있는 상태에서 그 의무의 범위 또는 내용 등을 변경하는 부관의 사후변경은, 법률에 명문의 규정이 있거나 그 변경이 미리 유보되어 있는 경우 또는 상대방의 동의가 있는 경우에 한하여 허용되는 것이 원칙이지만, 사정변경으로 인하여 당초에 부담을 부가한 목적을 달성할 수 없게 된 경우에도 그 목적달성에 필요한 범위 내에서 예외적으로 허용된다."(대법원 1997. 5. 30. 선고 97누2627)

④ (○) "건축허가를 하면서 일정 토지를 기부채납하도록 하는 내용의 허가조건은 부관을 붙일 수 없는 기속행위 내지 기속적 재량행위인 건축허가에 붙인 부담이거나 또는 법령상 아무런 근거가 없는 부관이어서 무효이다."(대법원 1986. 7. 22. 선고 86누203)

25 정답 ④

① (○) "삼권분립의 원칙, 법치행정의 원칙을 당연한 전제로 하고 있는 우리 헌법하에서 <u>행정권의 행정입법 등 법집행의무는 헌법적 의무라고 보아야 한다.</u> (…) 제도의 실시를 법률 및 대통령령이 규정하고 있고 그 실시를 위하여 시행규칙의 개정 등이 행해져야 함에도 불구하고 행정권이 법률의 시행에 필요한 행정입법을 하지 아니하는 경우에는 행정권에 의하여 입법권이 침해되는 결과가 되기 때문이다."(헌법재판소 1998. 7. 16. 선고 96헌마246)

② (○) "우리 헌법은 국가권력의 남용으로부터 국민의 자유와 권리를 보호하려는 법치국가의 실현을 기본이념으로 하고 있고, 자유민주주의 헌법의 원리에 따라 국가의 기능을 입법·행정·사법으로 분립하여 견제와 균형을 이루게 하는 권력분립제도를 채택하고 있어, 행정과 사법은 법률에 기속되므로, <u>국회가 특정한 사항에 대하여 행정부에 위임하였음에도 불구하고 행정부가 정당한 이유 없이 이를 이행하지 않는다면 권력분립의 원칙과 법치국가의 원칙에 위배되는 것이다.</u>"(대법원 2009. 2. 12. 선고 2005다65500)

③ (○) 부진정입법부작위는 입법이 있으나 불완전한 것이므로, 입법부작위가 아니다. 따라서 이에 대해 입법부작위에 대한 헌법소원을 제기할 수는 없다.
"입법부작위에는 입법자가 헌법상 입법의무가 있는 어떤 사항에 관하여 전혀 입법을 하지 아니함으로써 입법행위의 흠결이 있는 진정입법부작위와 <u>입법자가 어떤 사항에 관하여 입법은 하였으나 그 입법의 내용·범위·절차 등의 당해 사항을 불완전·불충분 또는 불공정하게 규율함으로써 입법행위에 결함이 있는 부진정입법부작위</u>로 나눌 수 있다. 전자인 진정입법부작위는 입법부작위로서 헌법소원의 대상이 될 수 있지만, / 후자인 <u>부진정입법부작위의 경우에는</u> 그 불완전한 법규정 자체를 대상으로 하여 그것이 헌법위반이라는 적극적인 헌법소원을 청구할 수 있을 뿐 <u>이를 입법부작위라 하여 헌법소원을 제기할 수 없다.</u>"(헌법재판소 2003. 5. 15. 선고 2000헌마192, 508)

④ (×) 부작위위법확인소송도 항고소송으로 그 대상은 처분에 한정된다. 행정입법부작위는 처분이 아니므로 부작위위법확인소송의 대상이 될 수 없다.
"행정소송은 구체적 사건에 대한 법률상 분쟁을 법에 의하여 해결함으로써 법적 안정을 기하자는 것이므로 <u>부작위위법확인소송의 대상이 될 수 있는 것은 구체적 권리의무에 관한 분쟁이어야 하고 추상적인 법령에 관하여 제정의 여부 등은 그 자체로서 국민의 구체적인 권리의무에 직접적 변동을 초래하는 것이 아니어서 그 소송의 대상이 될 수 없다.</u>"(대법원 1992. 5. 8. 선고 91누11261)

06 2021. 7. 24. 군무원 7급 기출문제

ANSWER
본문 62~67쪽

01 ②	02 ③	03 모두정답	04 ④	05 ②
06 ④	07 ②	08 ④	09 ③	10 ①
11 ①	12 ③	13 ②	14 ①	15 ④
16 ③	17 ④	18 ②	19 모두정답	20 ①
21 ②	22 ③	23 ①	24 ①	25 ④

01 정답 ②

① (○) "행정처분이 아무리 위법하다고 하여도 그 하자가 중대하고 명백하여 당연무효라고 보아야 할 사유가 있는 경우를 제외하고는 아무도 그 하자를 이유로 무단히 그 효과를 부정하지 못하는 것으로, 이러한 행정행위의 공정력은 판결의 기판력과 같은 효력은 아니지만 그 공정력의 객관적 범위에 속하는 행정행위의 하자가 취소사유에 불과한 때에는 그 처분이 취소되지 않는 한 처분의 효력을 부정하여 그로 인한 이득을 법률상 원인 없는 이득이라고 말할 수 없는 것이다."(대법원 1994. 11. 11. 94다28000)

② (×) 과거에는 공정력의 근거를 적법성의 추정으로 보아, 행정소송에서 행정행위의 적법성을 원고 측에서 입증하여야 한다고 보았으나, 오늘날은 공정력의 근거를 법적안정성에서 찾으면서, 입증책임의 분배와 공정력 상호 무관한 개념으로 파악하고 있다. 대법원도 처분의 적법성은 오히려 행정청이 입증해야 한다는 입장이다.

③ (○) "민사소송에 있어서 어느 행정처분의 당연무효 여부가 선결문제로 되는 때에는 이를 판단하여 당연무효임을 전제로 판결할 수 있고 반드시 행정소송 등의 절차에 의하여 그 취소나 무효확인을 받아야 하는 것은 아니다."(대법원 2010. 4. 8. 2009다90092)

④ (○) "구 주택법 제91조에 의하여 행정청으로부터 시정명령을 받은 자가 이에 위반한 경우 이로 인하여 법 제98조 제11호에 정한 처벌을 하기 위해서는 그 시정명령이 적법한 것이라야 하고, 그 시정명령이 위법한 것으로 인정되는 헌법 제98조 제11호 위반죄가 성립될 수 없다."(대법원 2009. 6. 28. 2006도824)

02 정답 ③

① (○) "부랑인선도시설 및 정신질환자요양시설의 지도·감독사무에 관한 법규의 규정 형식과 취지가 보건사회부장관 또는 보건복지부 장관이 위 각 시설에 대한 지도·감독권한을 시장·군수·구청장에게 위임 또는 재위임하고 있는 것으로 보이는 점, 위 각 시설에 대한 지도·감독사무가 성질상 전국적으로 통일적인 처리가 요구되는 것인 점, 위 각 시설에 대한 대부분의 시설운영비 등의 보조금을 국가가 부담하고 있는 점, 장관이 정기적인 보고를 받는 방법으로 최종적인 책임을 지고 있는 것으로 보이는 점 등을 종합하여 볼 때, 부랑인선도시설 및 정신질환자요양시설에 대한 지방자치단체장의 지도·감독사무는 보건복지부장관 등으로부터 기관위임된 국가사무이다."(대법원 2006. 7. 28. 2004다759)

② (○) "인천광역시의회가 의결한 '인천광역시 공항고속도로 통행료지원 조례안'이 규정하고 있는 인천국제공항고속도로를 이용하는 지역주민에게 통행료를 지원하는 내용의 사무는, 구 지방자치법 제9조 제2항 제2호 (가)목에 정한 주민복지에 관한 사업으로서 지방 자치사무이다."(대법원 2008. 6. 12. 2007추42)

③ (×) "법령상 지방자치단체의 장이 처리하도록 하고 있는 사무가 자치사무인지, 기관위임사무에 해당하는지 여부를 판단함에 있어서는 그에 관한 법령의 규정 형식과 취지를 우선 고려하여야 할 것이지만 그 외에도 그 사무의 성질이 전국적으로 통일적인 처리가 요구되는 사무인지 여부나 그에 관한 경비부담과 최종적인 책임귀속의 주체 등도 아울러 고려하여 판단하여야 한다."(대법원 2009. 6. 11. 2008도6530)

🔘 참고 자치사무의 사무처리비용은 지방자치단체가 그 전액을 부담하여야 하고, 기관위임사무는 본래 국가 등의 사무이므로 위임자인 국가 등이 사무처리비용을 부담하여야 한다.

④ (○)

> 지방자치법 제169조(위법·부당한 명령·처분의 시정) ① 지방자치단체의 사무에 관한 그 장의 명령이나 처분이 법령에 위반되거나 현저히 부당하여 공익을 해친다고 인정되면 시·도에 대하여는 주무부장관이, 시·군 및 자치구에 대하여는 시·도지사가 기간을 정하여 서면으로 시정할 것을 명하고, 그 기간에 이행하지 아니하면 이를 취소하거나 정지할 수 있다. 이 경우 자치사무에 관한 명령이나 처분에 대하여는 법령을 위반하는 것에 한한다.

03 정답 모두정답

① (X) "사관생도는 군 장교를 배출하기 위하여 국가가 모든 재정을 부담하는 특수교육기관인 육군3사관학교의 구성원으로서, 학교에 입학한 날에 육군 사관생도의 병적에 편입하고 준사관에 준하는 대우를 받는 특수한 신분관계에 있다. 따라서 그 존립 목적을 달성하기 위하여 필요한 한도 내에서 일반 국민보다 상대적으로 기본권이 더 제한될 수 있으나, 그러한 경우에도 법률유보원칙, 과잉금지원칙 등 기본권 제한의 헌법상 원칙들을 지켜야 한다."(대법원 2018. 8. 30. 2016두60591)

② (X) "사법인(私法人)인 학교법인과 학생의 재학관계는 사법상 계약에 따른 법률관계에 해당한다. 지방자치단체가 학교법인이 설립한 사립중학교에 의무교육대상자에 대한 교육을 위탁한 때에 그 학교법인과 해당 사립중학교에 재학 중인 학생의 재학관계도 기본적으로 마찬가지이다."(대법원 2018. 12. 28. 2016다33196)

③ (X) "항고소송은 처분 등의 취소 또는 무효확인을 구할 법률상 이익이 있는 자가 제기할 수 있고(행정소송법 제12조, 제35조), 불이익처분의 상대방은 직접 개인적 이익의 침해를 받은 자로서 원고적격이 인정된다."(대법원 2018. 3. 27. 2015두47492)

④ (X) 출제위원은 공무원연금수급권은 헌법의 규정만으로는 법적인 권리로 인정될 수 없고, 법률에 의한 구체화가 있어야 한다는 점을 출제의 포인트로 삼아 정선지로 출제를 하였으나, 법률의 구체화뿐만 아니라 추가로 공무원연금관리공단의 결정까지 있어야 한다는 관점에서 이의제기를 하여, 이의제기가 받아들여졌고 결국 오선지로 처리되었다.

(판례1) "연금수급권과 같은 사회보장수급권은 이 규정들로부터 도출되는 사회적 기본권의 하나이다. 이와 같이 사회적 기본권의 성격을 가지는 연금수급권은 국가에 대하여 적극적으로 급부를 요구하는 것이므로 헌법규정만으로는 이를 실현할 수 없고, 법률에 의한 형성을 필요로 한다. 연금수급권의 구체적 내용, 즉 수급요건, 수급권자의 범위, 급여금액 등은 법률에 의하여 비로소 확정된다."(헌법재판소 1999. 4. 29. 97헌마333)

(판례2) "구 공무원연금법 소정의 급여는 급여를 받을 권리를 가진 자가 당해 공무원이 소속하였던 기관장의 확인을 얻어 신청하는 바에 따라 공무원연금관리공단이 그 지급결정을 함으로써 그 구체적인 권리가 발생하는 것이므로, 공무원연금관리공단의 급여에 관한 결정은 국민의 권리에 직접 영향을 미치는 것이어서 행정처분에 해당하고, 공무원연금관리공단의 급여결정에 불복하는 자는 공무원연금급여재심위원회의 심사결정을 거쳐 공무원연금관리공단의 급여결정을 대상으로 행정소송을 제기하여야 한다."(대법원 1996. 12. 6. 96누6417)

04 정답 ④

① (O) "구 국유재산법 제51조 제1항, 제4항, 제5항에 의한 변상금 부과·징수권은 민사상 부당이득반환청구 권과 법적 성질을 달리하므로, 국가는 무단점유자를 상대로 변상금 부과·징수권의 행사와 별도로 국유재산의 소유자로서 민사상 부당이득반환청구의 소를 제기할 수 있다."(대법원 2014. 7. 16. 2011다76402)

② (O) "국유재산의 관리청이 그 무단점유자에 대하여 하는 변상금부과처분은 순전히 사경제 주체로서 행하는 사법상의 법률행위라 할 수 없고 이는 관리청이 공권력을 가진 우월적 지위에서 행한 것으로서 행정소송의 대상이 되는 행정처분이라고 보아야 한다."(대법원 1988. 2. 23. 87누1046, 1047)

③ (O) "국유재산 등의 관리청이 하는 행정재산의 사용·수익에 대한 허가는 순전히 사경제주체로서 행하는 사법상의 행위가 아니라 관리청이 공권력을 가진 우월적 지위에서 행하는 행정처분으로서 특정인에게 행정재산을 사용할 수 있는 권리를 설정하여 주는 강학상 특허에 해당한다."(대법원 2006. 3. 9. 2004다31074)

④ (X)

> 국유재산법 제35조(사용허가기간) ① 행정재산의 사용허가기간은 5년 이내로 한다. 다만, 제34조제1항제1호의 경우에는 사용료의 총액이 기부를 받은 재산의 가액에 이르는 기간 이내로 한다.

05 정답 ②

① (O) "소송에서 다투어지고 있는 권리 또는 법률관계의 존부가 동일한 당사자 사이의 전소에서 이미 다루어져 이에 관한 확정판결이 있는 경우에 당사자는 이에 저촉되는 주장을 할 수 없고, 법원도 이에 저촉되는 판단을 할 수 없음은 물론, 위와 같은 확정판결의 존부는 당사자의 주장이 없더라도 법원이 이를 직권으로 조사하여 판단하지 않으면 안되고, 더 나아가 당사자가 확정판결의 존재를 사실심변론종결시까지 주장하지 아니하였더라도 상고심에서 새로이 이를 주장, 입증할 수 있는 것이다."(대법원 1989. 10. 10. 89누1308)

② (X) "과세처분을 취소하는 판결이 확정되면 그 과세처분은 처분시에 소급하여 소멸하므로 그 뒤에 과세관청에서 그 과세처분을 경정하는 경정처분을 하였다면 이는 존재하지 않는 과세분을 경정한 것으로서 그 하자가 중대하고 명백한 당연무효의 처분이다."(대법원 1989. 5. 9. 88다카16096)

③ (O) "행정처분의 무효확인판결은 비록 형식상은 확인판결이라 하여도 그 확인판결의 효력은 그 취소판결의 경우와 같이 소송의 당사자는 물론 제3자에게도 미친다."(대법원 1982. 7. 27. 82다173)

✔ **참고** 무효확인소송의 경우 취소판결의 제3자효에 대한 규정이 준용된다(행정소송법 제29조, 제38조 제1항).

④ (○) "어떤 행정처분을 위법하다고 판단하여 취소하는 판결이 확정되면 행정청은 취소판결의 기속력에 따라 그 판결에서 확인된 위법사유를 배제한 상태에서 다시 처분을 하거나 그 밖에 위법한 결과를 제거하는 조치를 할 의무가 있다."(대법원 2019. 10. 17. 2018두104)

06 정답 ④

① (○)

> 행정기본법 제14조(법 적용의 기준) ① 새로운 법령 등은 법령 등에 특별한 규정이 있는 경우를 제외하고는 그 법령 등의 효력 발생 전에 완성되거나 종결된 사실관계 또는 법률관계에 대해서는 적용되지 아니한다.

② (○)

> 행정기본법 제14조(법 적용의 기준) ② 당사자의 신청에 따른 처분은 법령 등에 특별한 규정이 있거나 처분 당시의 법령 등을 적용하기 곤란한 특별한 사정이 있는 경우를 제외하고는 처분 당시의 법령 등에 따른다.

③ (○), ④ (×) 법령을 위반한 행위 후 법령의 변경에 의하여 그 행위가 법령을 위반한 행위에 해당하지 아니하는 경우로서 해당 법령에 특별한 규정이 없는 경우에는 '변경된 법령'을 적용하여야 한다.

> 행정기본법 제14조(법 적용의 기준) ③ 법령 등을 위반한 행위의 성립과 이에 대한 제재처분은 법령 등에 특별한 규정이 있는 경우를 제외하고는 법령 등을 위반한 행위 당시의 법령 등에 따른다. 다만, 법령 등을 위반한 행위 후 법령 등의 변경에 의하여 그 행위가 법령 등을 위반한 행위에 해당하지 아니하거나 제재처분 기준이 가벼워진 경우로서 해당 법령 등에 특별한 규정이 없는 경우에는 변경된 법령 등을 적용한다.

07 정답 ②

① (○) "체납취득세에 대한 압류처분권한은 도지사로부터 시장에게 권한위임된 것이고 시장으로부터 압류처분권한을 내부위임받은 데 불과한 구청장으로서는 시장 명의로 압류처분을 대행처리할 수 있을 뿐이고 자신의 명의로 이를 할 수 없다 할 것이므로 구청장이 자신의 명의로 한 압류처분은 권한 없는 자에 의하여 행하여진 위법무효의 처분이다."(대법원 1993. 5. 27. 93누6621)

● 참고 판례는 내부위임을 받은 자가 위임청의 명의로 처분을 하지 않고 자신의 이름으로 처분을 한 경우, 무권한자의 행위로 보아 당연무효라는 입장이다.

② (×) "대리권을 수여받은 데 불과하여 그 자신의 명의로는 행정처분을 할 권한이 없는 행정청의 경우 대리관계를 밝힘이 없이 그 자신의 명의로 행정처분을 하였다면 그에 대하여는 처분명의자인 당해 행정청이 항고소송의 피고가 되어야 하는 것이 원칙이지만, 비록 대리관계를 명시적으로 밝히지는 아니하였다 하더라도 처분명의자가 피대리행정청 산하의 행정기관으로서 실제로 피대리행정청으로부터 대리권한을 수여받아 피대리행정청을 대리한다는 의사로 행정처분을 하였고 처분명의자는 물론 그 상대방도 그 행정처분이 피대리행정청을 대리하여 한 것임을 알고서 이를 받아들인 예외적인 경우에는 피대리행정청이 피고가 되어야 한다."(대법원 2006. 2. 23. 2005부4)

③ (○) "행정권한의 위임은 행정관청이 법률에 따라 특정한 권한을 다른 행정관청에 이전하여 수임관청의 권한으로 행사하도록 하는 것이어서 권한의 법적인 귀속을 변경하는 것이므로 법률이 위임을 허용하고 있는 경우에 한하여 인정된다 할 것이다."(대법원 1995. 11. 28. 94누6475)

④ (○) "구 건설업법 제57조 제1항, 같은 법 시행령 제53조 제1항 제1호에 의하면 건설부장관의 권한에 속하는 같은 법 제50조 제2항 제3호 소정의 영업정지 등 처분권한은 서울특별시장·직할시장 또는 도지사에게 위임되었을 뿐 시·도지사가 이를 구청장·시장·군수에게 재위임할 수 있는 근거규정은 없으나, 정부조직법 제5조 제1항과 이에 기한 행정권한의위임및위탁에관한규정 제4조에재 위임에 관한 일반적인 근거규정이 있으므로 시·도지사는 그 재위임에 관한 일반적인 규정에 따라 위임받은 위 처분권한을 구청장 등에게 재위임할 수 있다."(대법원 1995. 7. 11. 94누4615)

● 참고 판례는 권한의 위임에 관한 개별규정이 없는 경우에도 포괄적 위임 및 재위임의 근거를 정하고 있는 정부조직법 제6조 제1항과 행정 권한의 위임 및 위탁에 관한 규정 제3조 또는 제4조, 지방자치법 제104조가 위임 또는 재위임의 근거가 될 수 있다는 입장이다.

08 정답 ④

① (○) "행정청이 제재처분 양정을 하면서 공익과 사익의 형량을 전혀 하지 않았거나 이익형량의 고려대상에 마땅히 포함하여야 할 사항을 누락한 경우 또는 이익형량을 하였으나 정당성·객관성이 결여된 경우에는 제재처분은 재량권을 일탈·남용한 것이라고 보아야 한다."(대법원 2020. 6. 25. 2019두52980)

② (○) "재량권 일탈·남용에 관하여는 그 행정행위의 효력을 다투는 사람이 주장·증명책임을 부담한다."(대법원 2017. 10. 12. 2017두48956)

③ (○) "공유수면관리법에 따른 공유수면의 점용·사용허가는 특정인에게 공유수면이용권이라는 독점적 권리를 설정하여 주는 처분으로서, 그 처분의 여부 및 내용의 결정은 원칙적으로 행정청의 재량에 속한다. 따라서 허가의 요건이 충족된 경우라 하더라도 공익상의 필요에 따라 공유수면의 점용·사용허가신청을 불허가할 수 있다."(대법원 2004. 5. 28. 2002두5016)

④ (✕) "주택건설촉진법 제33조 제1항의 규정에 의한 주택건설사업계획의 승인은 상대방에게 권리나 이익을 부여하는 효과를 수반하는 이른바 수익적 행정처분으로서 행정처분의 요건에 관하여 일의적으로 규정되어 있지 아니한 이상 행정청의 재량행위에 속하고, 그 전 단계인 같은 법 제32조의4 제1항의 규정에 의한 주택건설사업계획의 사전결정이 있다하여 달리 볼 것은 아니다. 따라서 피고가 이 사건 주택건설사업에 대한 사전결정을 하였다고 하더라도 사업승인 단계에서 그 사전결정에 기속되지 않고 다시 사익과 공익을 비교형량하여 그 승인 여부를 결정할 수 있다."(대법원 1999. 5. 25. 99두1052)

● 참고 판례는 수익적 행정처분은 원칙적으로 재량행위라고 하여 이른바 성질설을 기속행위와 재량행위의 보충적인 구별기준으로 활용하고 있다. 즉, 상대방에게 수익적인 처분으로서 법령에 행정처분의 요건에 관하여 일의적으로 규정되어 있지 않는 경우 재량행위에 속한다는 입장이다.

09 정답 ③

① (✕) "학원의 설립·운영에 관한 법률 제2조 제1호와 제6조 및 제19조 등의 관련 규정에 의하면, 같은 법상의 학원을 설립·운영하고자 하는 자는 소정의 시설과 설비를 갖추어 등록을 하여야 하고, 그와 같은 등록절차를 거치지 아니한 경우에는 관할 행정청이 직접 그 무등록 학원의 폐쇄를 위하여 출입제한 시설물의 설치와 같은 조치를 취할 수 있게 되어 있으나, 달리 무등록 학원의 설립·운영자에 대하여 그 폐쇄를 명할 수 있는 것으로는 규정하고 있지 아니하고, 위와 같은 폐쇄조치에 관한 규정이 그와 같은 폐쇄명령의 근거 규정이 된다고 할 수도 없다."(대법원 2001. 2. 23. 99두6002)

② (✕) "전통적으로 행정대집행은 대체적 작위의무에 대한 강제집행수단으로, 이행강제금은 부작위의무나 비대체적 작위의무에 대한 강제집행수단으로 이해되어 왔으나, 이는 이행강제금제도의 본질에서 오는 제약은 아니며, 이행강제금은 대체적 작위의무의 위반에 대하여도 부과될 수 있다."(헌법재판소 2004. 2. 26. 2001헌바80 등)

③ (○) "행정대집행법 제3조 제1항은 행정청이 의무자에게 대집행영장으로써 대집행할 시기 등을 통지하기 위하여는 그 전제로서 대집행계고처분을 함에 있어서 의무이행을 할 수 있는 상당한 기간을 부여할 것을 요구하고 있으므로, 행정청인 피고가 의무이행기한이 1988. 5. 24.까지로 된 이 사건 대집행계고서를 5. 19. 원고에게 발송하여 원고가 그 이행종기인 5. 24. 이를 수령하였다면, 설사 피고가 대집행영장으로써 대집행의 시기를 1988. 5. 27 15:00로 늦추었더라도 위 대집행계고처분은 상당한 이행기한을 정하여 한 것이 아니어서 대집행의 적법절차에 위배한 것으로 위법한 처분이라고 할 것이다."(대법원 1990. 9. 14. 90누2048)

④ (✕) "한국자산공사가 당해 부동산을 인터넷을 통하여 재공매(입찰)하기로 한 결정 자체는 내부적인 의사결정에 불과하여

항고소송의 대상이 되는 행정처분이라고 볼 수 없고, 또한 한국자산공사가 공매통지는 (…) 공매사실 자체를 체납자에게 알려주는 데 불과한 것으로서, 통지의 상대방의 법적 지위나 권리·의무에 직접 영향을 주는 것이 아니라고 할 것이므로 이것 역시 행정처분에 해당한다고 할 수 없다."(대법원 2007. 7. 27. 2006두8464)

● 참고 재공매결정은 내부적인 의사결정에 불과하다는 점, 공매통지는 공매의 절차적 요건에 불과하다는 점에서 각각 행정처분에 해당하지 않는다.

10 정답 ①

① (✕) "경찰청예규로 정해진 채증규칙은 법률의 구체적인 위임 없이 제정된 경찰청 내부의 행정규칙에 불과하고, 청구인들은 구체적인 촬영행위에 의해 비로소 기본권을 제한받게 되므로, 이 사건 채증규칙이 직접 기본권을 침해한다고 볼 수 없다."(헌법재판소 2018. 8. 30. 2014헌마843)

② (○) "국세청훈령은 국세청장이 구 소득세법 시행령 제170조 제4항 제2호에 해당할 거래를 행정규칙의 형식으로 지정한 것에 지나지 아니하므로 적당한 방법으로 이를 표시, 또는 통보하면 되는 것이지, 공포하거나 고시하지 아니하였다는 이유만으로 그 효력을 부인할 수 없다."(대법원 1990. 5. 22. 90누639)

● 참고 행정규칙은 대외적 구속력이 없으므로 공표의무가 없고, 공표가 행정규칙의 성립요건이나 효력요건이 되지도 않는다. 즉, 행정규칙이 적당한 방법으로 통보되고 도달하면 효력이 발생하고, 당해 기관은 행정규칙에 구속되게 된다.

③ (○) "행정규칙의 내용이 상위법령에 반하는 것이라면 법치국가원리에서 파생되는 법질서의 통일성과 모순금지 원칙에 따라 그것은 법질서상 당연무효이고, 행정내부적 효력도 인정될 수 없다."(대법원 2019. 10. 31. 2013두20011)

④ (○) "어떠한 처분의 근거나 법적인 효과가 행정규칙에 규정되어 있다고 하더라도, 그 처분이 행정규칙의 내부적 구속력에 의하여 상대방에게 권리의 설정 또는 의무의 부담을 명하거나 기타 법적인 효과를 발생하게 하는 등으로 그 상대방의 권리 의무에 직접 영향을 미치는 행위라면, 이 경우에도 항고소송의 대상이 되는 행정처분에 해당한다."(대법원 2002. 7. 26. 2001두3532)

11 정답 ①

① (✕) "구 도시계획법 제7조가 도시계획결정 등 처분의 고시를 도시계획구역, 도시계획결정 등의 효력발생요건으로 규정하였다고 볼 것이어서 건설부장관 또는 그의 권한의 일부를 위임받은 서울특별시장, 도지사등 지방장관이 기안, 결재 등의 과정을 거쳐 정당하게 도시계획결정 등의 처분을 하였다고 하더라도 이를 관보에 게재하여 고시하지 아니한 이상 대외적으로는 아무런 효력도 발생하지 아니한다."(대법원 1985. 12. 10 85누186)

● **참고** ㉠ 개인의 자유와 권리에 직접 영향을 미치는 계획은 법규형식에 의한 것이 아니어도 고시를 통해 국민에게 알려져야만 대외적으로 효력이 발생한다. ㉡ 법규형식에 의한 계획은 당연히 법령 등 공포에 관한 법률에서 정한 형식을 갖추어 공포되어야 한다. ㉢ 그 밖의 형식에 의한 계획은 개별법이 정한 형식을 갖추어 고시하여야 한다.

② (○) "도시계획의 입안에 있어 해당 도시계획안의 내용을 공고 및 공람하게 한 것은 다수 이해관계자의 이익을 합리적으로 조정하여 국민의 권리자유에 대한 부당한 침해를 방지하고 행정의 민주화와 신뢰를 확보하기 위하여 국민의 의사를 그 과정에 반영시키는 데 있는 것이므로 이러한 공고 및 공람 절차에 하자가 있는 도시계획결정은 위법하다."(대법원 2000. 3. 23. 98두2768)

③ (○) "구 폐기물관리법상 폐기물처리사업계획의 적정통보를 받은 자는 장래 일정한 기간 내에 관계 법령이 규정하는 시설 등을 갖추어 폐기물처리업허가신청을 할 수 있는 법률상 지위에 있다고 할 것인바, 피고(진안군수)로부터 폐기물처리사업계획의 적정통보를 받은 원고가 폐기물처리업허가를 받기 위하여는 이 사건 부동산에 대한 용도지역을 '농림지역 또는 준농림지역'에서 '준도시지역(시설용지지구)'으로 변경하는 국토이용계획변경이 선행되어야 하고, 원고의 위 계획변경신청을 피고가 거부한다면 이는 실질적으로 원고에 대한 폐기물처리업허가신청을 불허하는 결과가 되므로 원고는 위 국토이용계획변경의 입안 및 결정권자인 피고에 대하여 그 계획변경을 신청할 법규상 또는 조리상 권리를 가진다고 할 것이다."(대법원 2003. 9. 23. 2001두10936)

④ (○) "국민적 구속력을 갖는 행정계획은 공권력의 행사로 볼 수 있지만, 구속력을 갖지 않고 사실상의 준비행위나 사전안내 또는 행정기관 내부의 지침에 지나지 않는 행정계획은 원칙적으로 헌법소원의 대상이 되는 공권력의 행사라 할 수 없다. 하지만, 비구속적 행정계획안이나 행정지침이라도 국민의 기본권에 직접적으로 영향을 끼치고, 앞으로 법령의 뒷받침에 의하여 그대로 실시될 것이 틀림없을 것으로 예상될 수 있을 때에는, 공권력행위로서 예외적으로 헌법소원의 대상이 된다고 할 것이다."(헌법재판소 2011. 12. 29. 2009헌마330 등)

12 정답 ③

① (○) "산림청장이나 그로부터 권한을 위임받은 행정청이 산림법 등이 정하는 바에 따라 국유임야를 대부하거나 매각하는 행위는 사경제적 주체로서 상대방과 대등한 입장에서 하는 사법상 계약이지 행정청이 공권력의 주체로서 상대방의 의사 여하에 불구하고 일방적으로 행하는 행정처분이라고 볼 수 없으며 이 대부계약에 의한 대부료부과 조치 역시 사법상 채무이행을 구하는 것으로 보아야지 이를 행정처분이라고 할 수 없다."(대법원 1993. 12. 7. 91누11612)

● **참고** 따라서 산림청장이 국유임야를 대부하는 행위는 사경제주체로서 상대방과 대등한 입장에서 행하는 사법상의 행위이다.

② (○) "허가권자인 지방자치단체의 장이한 건축협의 거부행위는 비록 그 상대방이 국가 등 행정주체라 하더라도, 행정청이 행하는 구체적 사실에 관한 법집행으로서의 공권력 행사의 거부 내지 이에 준하는 행정작용으로서 행정소송법 제2조 제1항 제1호에서 정한 처분에 해당한다고 볼 수 있고, 이에 대한 법적 분쟁을 해결할 실효적인 다른 법적 수단이 없는 이상 국가 등은 허가권자를 상대로 항고소송을 통해 그 거부처분의 취소를 구할 수 있다고 해석된다."(대법원 2014. 3. 13. 2013두15934)

③ (×) "지방자치단체가 일반재산을 입찰이나 수의계약을 통해 매각하는 것은 기본적으로 사경제주체의 지위에서 하는 행위이므로 원칙적으로 사적 자치와 계약자유의 원칙이 적용된다."(대법원 2017. 11. 14. 2016다201395)

④ (○) "중앙관서의 장인 국토교통부장관으로부터 국가계약법 제6조 제3항에 따라 요청조달계약의 형식으로 계약에 관한 사무를 위탁받은 피고(조달청장)는 국가계약법 제27조 제1항에 따라 입찰참가자격제한 처분을 할 수 있는 권한이 있다."(대법원 2019. 12. 27. 2017두48307)

● **참고** 국가가 당사자가 되는 공사도급계약에서 부정당업자에 대한 입찰참가자격 제한조치는 항고소송의 대상이 되는 처분에 해당한다고 보아 본안판단을 한 사례이다. 국가의 각 중앙행정관서의 장 또는 지방자치단체의 장이 한 부정당업자의 입찰참가자격 제한조치는 제재적 성격의 권력적 행위로서 처분에 해당한다.

13 정답 ②

① (×) "갑 지방자치단체가 을 주식회사 등 4개 회사로 구성된 공동수급체를 자원회수시설과 부대시설의 운영·유지관리 등을 위탁할 민간사업자로 선정하고 을 회사 등의 공동수급체와 위 시설에 관한 위·수탁 운영 협약을 체결하였는데, (…) 위 협약은 갑 지방자치단체가 사인인 을 회사 등에 위 시설의 운영을 위탁하고 그 위탁운영비용을 지급하는 것을 내용으로 하는 용역계약으로서 상호 대등한 입장에서 당사자의 합의에 따라 체결한 사법상 계약에 해당한다."(대법원 2019. 10. 17. 2018두60588)

② (○) "중소기업 정보화지원사업에 따른 지원금 출연을 위하여 중소기업청장이 체결하는 협약은 공법상 대등한 당사자 사이의 의사표시의 합치로 성립하는 공법상 계약에 해당하는 점, (…) 협약의 해지 및 그에 따른 환수통보는 공법상 계약에 따라 행정청이 대등한 당사자의 지위에서 하는 의사표시로 보아야 하고, 이를 행정청이 우월한 지위에서 행하는 공권력의 행사로서 행정처분에 해당한다고 볼 수는 없다."(대법원 2015. 8. 27. 2015두41449)

③ (✕) "구 공공용지의취득및손실보상에관한특례법(현 공익사업을 위한 토지 등의 취득 및 보상에 관한 법률)은 사업시행자가 토지 등의 소유자로부터 토지 등의 협의취득 및 그 손실보상의 기준과 방법을 정한 법으로서, 이에 의한 협의취득 또는 보상합의는 공공기관이 사경제주체로서 행하는 사법상 매매 내지 사법상 계약의 실질을 가진다."(대법원 2004. 9. 24. 2002 다68713)

④ (✕) "지방자치단체의 관할구역 내에 있는 각급 학교에서 학교회계직원으로 근무하는 것을 내용으로 하는 근로계약은 사법상 계약이다."(대법원 2018. 5. 11. 2015다237748)

14 정답 ①

① (○) "검사가 공소외 2 주식회사로부터 임의제출 받은 28,765,148건에 달하는 대량의 트위터 정보에는 개인정보와 이에 해당하지 않는 정보가 혼재되어 있을 수 있는데, 국민의 사생활의 비밀을 보호하고 개인정보에 관한 권리를 보장하고자 하는 개인정보 보호법의 입법 취지에 비추어 그 정보의 제공에는 개인정보 보호법의 개인정보에 관한 규정이 적용되어야 한다."(대법원 2015. 7. 16. 2015도2625)

② (✕) "개인정보자기결정권은 자신에 관한 정보가 언제 누구에게 어느 범위까지 알려지고 또 이용되도록 할 것인지를 그 정보주체가 스스로 결정할 수 있는 권리이다. (…) 개인정보자기결정권은 이들을 이념적 기초로 하는 독자적 기본권으로서 헌법에 명시되지 아니한 기본권이라고 보아야 할 것이다."(헌법재판소 2005. 5. 26. 99헌마513 등)

③ (✕) 개인정보 보호법상 '개인정보'는 살아 있는 개인에 관한 정보로서 사자(死者)의 정보는 포함되지 않는다.

> 개인정보 보호법 제2조(정의) 이 법에서 사용하는 용어의 뜻은 다음과 같다.
> 1. "개인정보"란 살아 있는 개인에 관한 정보로서 다음 각 목의 어느 하나에 해당하는 정보를 말한다.
>   가. 성명, 주민등록번호 및 영상 등을 통하여 개인을 알아볼 수 있는 정보

④ (✕) 종래 개인정보 보호법과 공공기관의 개인정보 보호에 관한 법률이 각각 민간부분과 공공부분의 개인정보 보호를 구분하여 규율하였으나, 공공기관의 개인정보 보호에 관한 법률이 2011년에 폐지되며, 현행 개인정보 보호법이 민간부분의 개인정보뿐만 아니라 공공기관에 의해 처리되는 정보까지 규율하고 있다.

15 정답 ④

① (✕) 행정심판을 거친 후에 원처분에 대하여 취소소송을 제기할 경우 재결서의 정본을 송달받은 날부터 90일 이내에 제기하여야 한다.

> 행정소송법 제20조(제소기간) ① 취소소송은 처분등이 있음을 안 날부터 90일 이내에 제기하여야 한다. 다만, 제18조(행정심판과의 관계)제1항 단서에 규정한 경우와 그 밖에 행정심판청구를 할 수 있는 경우 또는 행정청이 행정심판청구를 할 수 있다고 잘못 알린 경우에 행정심판청구가 있은 때의 기간은 재결서의 정본을 송달받은 날부터 기산한다.

② (✕) 의무이행심판의 청구가 이유 있다고 인정되는 경우 행정심판위원회는 직접 신청에 따른 처분(처분재결)을 할 수도 있고, 피청구인에게 처분을 할 것을 명하는 재결(처분명령재결)을 할 수도 있다.

> 행정심판법 제43조(재결의 구분) ⑤ 위원회는 의무이행심판의 청구가 이유가 있다고 인정하면 지체 없이 신청에 따른 처분을 하거나 처분을 할 것을 피청구인에게 명한다.

③ (✕) 사정재결은 취소심판 및 의무이행심판에만 인정되고, 무효등확인심판에는 인정되지 않는다.

> 행정심판법 제44조(사정재결) ③ 제1항과 제2항은 무효등확인심판에는 적용하지 아니한다.

④ (○) 취소심판의 심리 후 행정심판위원회는 영업허가 취소 처분을 영업정지 처분으로 적극적으로 변경하는 변경재결 또는 변경명령재결을 할 수 있다.

> 행정심판법 제43조(재결의 구분) ③ 위원회는 취소심판의 청구가 이유가 있다고 인정하면 처분을 취소 또는 다른 처분으로 변경하거나 처분을 다른 처분으로 변경할 것을 피청구인에게 명한다.

16 정답 ③

① (✕) "지방공무원법 제67조의2에서 규정하고 있는 고충심사제도는 공무원으로서의 권익을 보장하고 적정한 근무환경을 조성하여 주기 위하여 근무조건 또는 인사관리 기타 신상문제에 대하여 법률적인 쟁송의 절차에 의하여서가 아니라 사실상의 절차에 의하여 그 시정과 개선책을 청구하여 줄 것을 임용권자에게 청구할 수 있도록 한 제도로서, 고충심사결정 자체에 의하여는 어떠한 법률관계의 변동이나 이익의 침해가 직접적으로 생기는 것은 아니므로 고충심사의 결정은 행정상 쟁송의 대상이 되는 행정처분이라고 할 수 없다."(대법원 1987. 12. 8. 87누657·658)

② (✕) 공무원이 그에 대한 불리한 처분을 다투는 경우에는 소청전치주의가 적용된다(필요적소청전치주의). 따라서 행정소송을 제기함에 있어서는 반드시 소청심사위원회의 결정을 거쳐야 하는바, 국가공무원에 대한 불리한 부작위에 대해서도 인사혁신처의 소청심사위원회의 심사·결정을 거치지 아니하면 행정소송을 제기할 수 없다.

국가공무원법 제9조(소청심사위원회의 설치) ① 행정기관 소속 공무원의 징계처분, 그 밖에 그 의사에 반하는 불리한 처분이나 부작위에 대한 소청을 심사·결정하게 하기 위하여 인사혁신처에 소청심사위원회를 둔다.

국가공무원법 제16조(행정소송과의 관계) ① 제75조에 따른 처분, 그 밖에 본인의 의사에 반한 불리한 처분이나 부작위(不作爲)에 관한 행정소송은 소청심사위원회의 심사·결정을 거치지 아니하면 제기할 수 없다.

③ (○) "공무원이 국가를 상대로 실질이 보수에 해당하는 금원의 지급을 구하려면 공무원의 '근무조건 법정주의'에 따라 국가공무원법령 등 공무원의 보수에 관한 법률에 그 지급근거가 되는 명시적 규정이 존재하여야 하고, 나아가 해당 보수 항목이 국가예산에도 계상되어 있어야만 한다."(대법원 2018. 2. 28. 2017두64606)

④ (✕) "공무원연금법에 의한 퇴직급여 등은 적법한 공무원으로서의 신분을 취득하여 근무하다가 퇴직하는 경우에 지급되는 것이고, 임용 당시 공무원임용 결격사유가 있었다면 그 임용행위는 당연무효이며, 당연무효인 임용행위에 의하여 공무원의 신분을 취득할 수는 없으므로 임용결격자가 공무원으로 임용되어 사실상 근무하여 왔다고 하더라도 적법한 공무원으로서의 신분을 취득하지 못한 자로 서는 공무원연금법 소정의 퇴직급여 등을 청구할 수 없고, 또 당연퇴직사유에 해당되어 공무원으로서의 신분을 상실한 자가 그 이후 사실상 공무원으로 계속 근무하여 왔다고 하더라도 당연퇴직 후의 사실상의 근무기간은 공무원연금법상의 재직기간에 합산될 수 없다."(대법원 2003. 5. 16. 2001다61012)

17 정답 ④

① (○) "과세관청이 과세표준과 세액을 결정한 후 그 과세표준과 세액에 탈루 또는 오류가 있는 것이 발견되어 이를 증액하는 경정처분이 있는 경우, 그 증액결정처분은 당초 처분을 그대로 둔 채 당초 처분에서의 과세표준과 세액을 초과하는 부분만을 추가로 확정하는 처분이 아니고, 재조사에 의하여 판명된 결과에 따라서 당초 처분에서의 과세표준과 세액을 포함시켜 전체로서의 과세표준과 세액을 결정하는 것이어서 증액경정처분이 되면 당초 처분은 증액경정처분에 흡수되어 소멸하므로, 그 증액경정처분만이 존재한다."(대법원 1999. 5. 11. 97누13139)

② (○) "체납취득세에 대한 압류처분권한은 도지사로부터 시장에게 권한위임된 것이고 시장으로부터 압류처분권한을 내부위임 받은데 불과한 구청장으로서는 시장 명의로 압류처분을 대행처리할 수 있을 뿐이고 자신의 명의로 이를 할 수 없다 할 것이므로 구청장이 자신의 명의로 한 압류처분은 권한 없는 자에 의하여 행하여진 위법무효의 처분이다."(대법원 1993. 5. 27. 93누6621)

✔ 참고 판례는 내부위임을 받은 자가 위임청의 명의로 처분을 하지 않고 자신의 이름으로 처분을 한 경우, 무권한자의 행위로 보아 당연무효라는 입장이다.

③ (○) "서훈취소 처분의 통지가 처분권한자인 대통령이 아니라 그 보좌기관인 피고(국가보훈처장)에 의하여 이루어졌다고 하더라도, 그 처분이 대통령의 인식과 의사에 기초하여 이루어졌고, 앞서 보았듯이 그 통지로 이 사건 서훈취소 처분의 주체(대통령)와 내용을 알 수 있으므로, 이 사건 서훈취소 처분의 외부적 표시의 방법으로서 위 통지의 주체나 형식에 어떤 하자가 있다고 보기도 어렵다."(대법원 2014. 9. 26. 2013두2518)

④ (✕) "조세 부과의 근거가 되었던 법률규정이 위헌으로 선언된 경우, 비록 그에 기한 과세처분이 위헌결정 전에 이루어졌고, 과세처분에 대한 제소기간이 이미 경과하여 조세채권이 확정되었으며, 조세채권의 집행을 위한 체납처분의 근거규정 자체에 대하여는 따로 위헌결정이 내려진 바 없다고 하더라도, 위와 같은 위헌결정 이후에 조세채권의 집행을 위한 새로운 체납처분에 착수하거나 이를 속행하는 것은 더 이상 허용되지 않고, 나아가 이러한 위헌결정의 효력에 위배하여 이루어진 체납처분은 그 사유만으로 하자가 중대하고 객관적으로 명백하여 당연무효라고 보아야 한다."(대법원 2012. 2. 16. 2010두10907)

18 정답 ②

① (○) ③ (○) ④ (○) "행정청이 구 식품위생법 규정에 의하여 영업자지위승계신고를 수리하는 처분은 종전의 영업자의 권익을 제한하는 처분이라 할 것이고 따라서 종전의 영업자는 그 처분에 대하여 직접 그 상대가 되는 자에 해당한다고 봄이 상당하므로, 행정청으로서는 위 신고를 수리하는 처분을 함에 있어서 행정절차법 규정 소정의 당사자에 해당하는 종전의 영업자에 대하여 위 규정 소정의 행정절차를 실시하고 처분을 하여야 한다."(대법원 2003. 2. 14. 2001두7015)

② (✕) 행정청의 필요성 인정에 따라 이루어지는 청문을 강학상으로 '임의적 청문'이라 부른다. 이 점으로 인하여 오선지 처리된 지문이다. 다만 판례 역시, 이러한 경우에는 '청문을 실시하여야 한다'고 보기 때문에, 반드시 틀린 지문으로 보기는 어려운 점이 있다. "행정청이 당사자에게 의무를 부과하거나 권익을 제한하는 처분을 하는 경우에는 원칙적으로 행정절차법 제21조 제1항에 따른 사전통지를 하고, 제22조 제3항에 따른 의견제출 기회를 주는 것으로 족하며, 다른 법령 등에서 반드시 청문을 실시하도록 규정한 경우이거나 행정청이 필요하다고 인정하는 경우 등에 한하여 청문을 실시할 의무가 있다."(대법원 2020. 4. 29. 2017두31064)

19 정답 **모두 정답**

지방자치단체 간에 공유수면 매립지의 경계를 두고 이견이 있다면, 이에 대한 최종적인 결정권은 행정안전부장관이 갖는다. 행정안전부장관의 결정에 이의가 있으면 관계 지방자치단체의 장은 대법원에 소송을 제기할 수 있다. 따라서 A시와 B시 간에 공유수면 매립지의 경계를 두고 이견이 있다면, 이에 대한 최종적인 결정권은 행정안전부장관이 갖는다. 대법원은 A시와 B시 간 이견이 있는 경우가 아닌, 지방자치단체와 행정안전부장관 간 이견이 있는 경우에 행정안전부 장관의 결정에 대해 판단하는 것이다. 출제오류로 모두 정답 처리되었다.

> **지방자치법 제4조(지방자치단체의 명칭과 구역)** ③ 제1항에도 불구하고 다음 각 호의 지역이 속할 지방자치단체는 제4항부터 제7항까지 의 규정에 따라 행정안전부장관이 결정한다.
> 1. 「공유수면 관리 및 매립에 관한 법률」에 따른 매립지
> ⑥ 행정안전부장관은 (…)지방자치단체 중앙분쟁조정위원회(이하 이 조에서 "위원회"라 한다)의 심의·의결에 따라 제3항 각 호의 지역이 속할 지방자치단체를 결정하고, 그 결과를 면허관청이나 지적소관청, 관계 지방자치단체의 장 등에게 통보하고 공고하여야 한다.
> ⑧ 관계 지방자치단체의 장은 제3항부터 제7항까지의 규정에 따른 행정안전부장관의 결정에 이의가 있으면 그 결과를 통보받은 날부터 15일 이내에 대법원에 소송을 제기할 수 있다.

20 정답 ①

① (✕) "공익사업의 시행으로 지가가 상승하여 발생하는 개발이익은 사업시행자의 투자에 의한 것으로서 피수용자인 토지소유자의 노력이나 자본에 의하여 발생하는 것이 아니어서 피수용 토지가 수용 당시 갖는 객관적 가치에 포함된다고 볼 수 없고, 따라서 그 성질상 완전보상의 범위에 포함되는 피수용자의 손실이라고 볼 수 없으므로, 이 사건 개발이익배제조항이 이러한 개발이익을 배제하고 손실보상액을 산정한다 하여 헌법이 규정한 정당보상의 원칙에 어긋나는 것이라고 할 수 없다." (헌법재판소 2010. 12. 28. 2008헌바57)

② (◯) " '부동산 가격공시 및 감정평가에 관한 법률' 제9조 제1항 제1호가 개별공시지가가 아닌 표준지공시지가를 기준으로 보상액을 산정하도록 한 것은 개발이익이 배제된 수용 당시 피수용 재산의 객관적인 재산가치를 가장 정당하게 보상하는 것이라고 할 것이므로, 헌법 제23조 제3항에 위반된다고 할 수 없다." (헌법재판소 2011. 8. 30. 2009헌바245)

③ (◯) "헌법 제23조 제3항은 정당한 보상을 전제로 하여 재산권의 수용 등에 관한 가능성을 규정하고 있지만, 재산권 수용의 주체를 한정하지 않고 있다. (…) 그렇다면 민간기업을 수용의 주체로 규정한 자체를 두고 위헌이라고 할 수 없으며, 나아가 이 사건 수용조항을 통해 민간기업에게 사업시행에 필요한 토지를 수용할 수 있도록 규정할 필요가 있다는 입법자의 인식에도 합리적인 이유가 있다 할 것이다." (헌법재판소 2009. 9. 24. 2007헌바114)

④ (◯) "수산업협동조합이 상실하게 된 위탁판매수수료 수입은 사업시행자의 매립사업으로 인한 직접적인 영업손실이 아니고 간접적인 영업손실이라고 하더라도 피침해자인 수산업협동조합이 공공의 이익을 위하여 당연히 수인하여야 할 재산권에 대한 제한의 범위를 넘어 수산업협동조합의 위탁판매사업으로 얻고 있는 영업상의 재산이익을 본질적으로 침해하는 특별한 희생에 해당하고, 사업시행 자는 공유수면매립면허 고시 당시 그 매립사업으로 인하여 위와 같은 영업손실이 발생한다는 것을 상당히 확실하게 예측할 수 있었고 그 손실의 범위도 구체적으로 확정할 수 있으므로, 위 위탁판매수수료 수입손실은 헌법 제23조 제3항에 규정한 손실보상의 대상이 되고, 그 손실에 관하여 구 공유수면매립법 또는 그 밖의 법령에 직접적인 보상규정이 없더라도 공공용지의취득및손실보상에관한특례법시행규칙상의 각 규정을 유추적용하여 그에 관한 보상을 인정하는 것이 타당하다." (대법원 1999. 10. 8. 99다27231)

21 정답 ②

① (✕) "토지구획정리사업법에 의한 토지구획정리는 환지처분을 기본적 요소로 하는 것으로서 환지예정지지정처분은 사업시행자가 사업 지구내의 종전 토지소유자로 하여금 환지계획에서 환지로 정하여진 토지를 환지처분이 있을 때까지 사이에 사용수익할 수 있게 하는 처분에 불과하고 한편 환지처분은 사업시행자가 환지계획구역의 전부에 대하여 공사를 완료한 후 환지계획에 따라 환지교부 등을 하는 처분으로서 일단 공고되어 효력을 발생하게 된 이후에는 환지 전체의 절차를 처음부터 다시 밟지 않는 한 그 일부만을 따로 떼어 환지처분을 변경할 길이 없으며 다만 그 환지처분에 위법이 있다면 그 위법을 이유로 하여 민사상의 절차에 따라 권리관계의 존부를 확정하거나 손해의 배상을 구하는 등의 길이 있을 뿐이므로 그 환지확정처분의 일부에 대하여 취소를 구할 법률상 이익은 없다고 할 것이다." (대법원 1990. 9. 25. 88누2557)

② (◯) "제재적 행정처분의 가중사유나 전제요건에 관한 규정이 법령이 아니라 규칙의 형식으로 되어 있다고 하더라도, 그러한 규칙이 법령에 근거를 두고 있는 이상 그 법적 성질이 대외적·일반적 구속력을 갖는 법규명령인지 여부와는 상관없이, 관할 행정청이나 담당공무원은 이를 준수할 의무가 있으므로 이들이 그 규칙에 정해진 바에 따라 행정작용을 할 것이 당연히 예견되고, 그 결과 행정 작용의 상대방인 국민으로서는 그 규칙의 영향을 받을 수밖에 없다. (…) 규칙이 정한 바에 따라 선행처분을 가중사유 또는 전제요건으로 하는 후행처분을 받을 우려가 현실적으로 존재하는 경우에는, 선행처분을 받은 상대방은 비록 그 처분에서 정한 제재기간이 경과(=실효)하였다 하더라도 그 처분의 취소소송을 통하여 그러한 불이익을 제거할 권리보호의 필요성이 충분히 인정된다고 할 것이므로, 선행처분의 취소를 구할 법률상 이익이 있다고 보아야 한다." (대법원 2006. 6. 22. 2003두1684)

③ (×) "건축허가가 건축법 소정의 이격거리를 두지 아니하고 건축물을 건축하도록 되어 있어 위법하다 하더라도 그 건축허가에 기하여 건축공사가 완료되었다면 그 건축허가를 받은 대지와 접한 대지의 소유자인 원고가 위 건축허가처분의 취소를 받아 이격거리를 확보할 단계는 지났으며 민사소송으로 위 건축물 등의 철거를 구하는 데 있어서도 위 처분의 취소가 필요한 것이 아니므로 원고로서는 위 처분의 취소를 구할 법률상의 이익이 없다."(대법원 1992. 4. 24. 91누11131)

④ (×) "교원소청심사위원회의 파면처분 취소결정에 대한 취소소송 계속 중 학교법인이 교원에 대한 징계처분을 파면에서 해임으로 변경한 경우, 종전의 파면처분은 소급하여 실효되고 해임만 효력을 발생하므로, 소급하여 효력을 잃은 파면처분을 취소한다는 내용의 교원소청심사결정의 취소를 구하는 것은 법률상 이익이 없다."(대법원 2010. 2. 25. 2008두20765)

22 정답 ③

① (○) "행정소송법 제23조 제3항에서 집행정지의 요건으로 규정하고 있는 '공공복리에 중대한 영향을 미칠 우려'가 없을 것이라고 할 때의 '공공복리'는 그 처분의 집행과 관련된 구체적이고도 개별적인 공익을 말하는 것으로서 이러한 집행정지의 소극적 요건에 대한 주장·소명책임은 행정청에게 있다." (대법원 1999. 12. 20. 99무42)

② (○) "행정처분의 집행정지는 행정처분집행부정지의 원칙에 대한 예외로서 인정되는 일시적인 응급처분이라 할 것이므로 집행정지 결정을 하려면 이에 대한 본안소송이 법원에 제기되어 계속중임을 요건으로 하는 것이므로 집행정지결정을 한 후에라도 본안소송이 취하되어 소송이 계속하지 아니한 것으로 되면 집행정지결정은 당연히 그 효력이 소멸되는 것이고 별도의 취소조치를 필요로 하는 것이 아니다."(대법원 1975. 11. 11. 75누97)

③ (×) 행정소송법 제23조(집행정지) 규정은 동법 제38조 제1항에 의하여 무효 등 확인소송의 경우에 준용되므로, 무효확인소송에서도 집행정지가 인정된다.

❷ **참고** 부작위 위법확인소송의 경우 집행정지 규정이 준용되지 않으므로(동법 제38조 제2항), 부작위 위법확인소송에서는 집행정지가 인정되지 않는다.

④ (○)

> 행정소송법 제23조(집행정지) ④ 제2항의 규정에 의한 집행정지의 결정을 신청함에 있어서는 그 이유에 대한 소명이 있어야 한다.

23 정답 ①

① (×) 조사대상자의 자발적인 협조를 얻어 실시하는 행정조사의 경우에는 개별 법령에 이에 관한 법적 근거가 없어도 된다.

> 행정조사기본법 제5조(행정조사의 근거) 행정기관은 법령 등에서 행정조사를 규정하고 있는 경우에 한하여 행정조사를 실시할 수 있다. 다만, 조사대상자의 자발적인 협조를 얻어 실시하는 행정조사의 경우에는 그러하지 아니하다.

② (○)

> 행정조사기본법 제10조(보고요구와 자료제출의 요구) ② 행정기관의 장은 조사대상자에게 장부·서류나 그 밖의 자료를 제출하도록 요구하는 때에는 다음 각 호의 사항이 기재된 자료제출요구서를 발송하여야 한다.

③ (○)

> 행정조사기본법 제4조(행정조사의 기본원칙) ① 행정조사는 조사목적을 달성하는데 필요한 최소한의 범위 안에서 실시하여야 하며, 다른 목적 등을 위하여 조사권을 남용하여서는 아니 된다.

(○)

> 행정조사기본법 제24조(조사결과의 통지) 행정기관의 장은 법령 등에 특별한 규정이 있는 경우를 제외하고는 행정조사의 결과를 확정한 날부터 7일 이내에 그 결과를 조사대상자에게 통지하여야 한다.

24 정답 ①

① (×) 「감염병의 예방 및 관리에 관한 법률」 제49조 제1항 제14호의 감염병의심자에 대한 격리조치는 현재의 급박한 행정상 장해를 제거하기 위하여 미리 의무를 부과할 시간적 여유가 없을 때, 또는 그 성질상 의무를 명해서는 목적달성이 곤란할 경우에 직접 국민의 신체 또는 재산에 실력을 가하여 행정목적을 달성하는 행정작용으로서 즉시강제에 해당한다. 참고로, 직접강제는 의무자가 행정상 의무를 이행하지 아니하는 경우 행정청이 의무자의 신체나 재산에 실력을 행사하여 그 행정상 의무의 이행이 있었던 것과 같은 상태를 실현하는 강제수단에 해당한다.

② (○) 행정상 즉시강제는 성질상 행정상 의무의 이행을 명하는 것만으로는 행정목적 달성이 곤란한 경우에 가능하다고 본다. 이러한 점이 2023년 3월 24일부터 시행되는 행정기본법 제30조에도 명문화되었다.

행정기본법 제30조(행정상 강제) ① 행정청은 행정목적을 달성하기 위하여 필요한 경우에는 법률로 정하는 바에 따라 필요한 최소한의 범위에서 다음 각 호의 어느 하나에 해당하는 조치를 할 수 있다.
  5. 즉시강제 : 현재의 급박한 행정상의 장해를 제거하기 위한 경우로서 다음 각 목의 어느 하나에 해당하는 경우에 행정청이 곧바로 국민의 신체 또는 재산에 실력을 행사하여 행정목적을 달성하는 것
    가. 행정청이 미리 행정상 의무 이행을 명할 시간적 여유가 없는 경우
    나. 그 성질상 행정상 의무의 이행을 명하는 것만으로는 행정목적 달성이 곤란한 경우
[시행일 : 2023. 3. 24.]

③ (○) 행정강제는 다른 수단으로는 행정 목적을 달성할 수 없는 경우에만 허용된다. 이러한 점이 23년 3월 24일부터 시행되는 행정기본법 제33조 제1항에도 명문화 되었다.

행정기본법 제33조(즉시강제) ① 즉시강제는 다른 수단으로는 행정 목적을 달성할 수 없는 경우에만 허용되며, 이 경우에도 최소한으로만 실시하여야 한다. [시행일 : 2023. 3. 24.]

④ (○) 행정강제시 현장에 파견되는 집행책임자는 강제하는 이유와 내용을 고지하여야 한다. 러한 점이 23년 3월 24일부터 시행되는 행정기본법 제33조 제2항에도 명문화 되었다.

행정기본법 제33조(즉시강제) ② 즉시강제를 실시하기 위하여 현장에 파견되는 집행책임자는 그가 집행책임자임을 표시하는 증표를 보여 주어야 하며, 즉시강제의 이유와 내용을 고지하여야 한다. [시행일 : 2023. 3. 24.]

25 정답 ④

① (×) 식품위생법 제75조는 "6개월 이내에 영업정지처분을 할 수 있다"고 규정하고 있으므로 법 문언상 재량행위에 해당한다.
② (×) "구 식품위생법 시행규칙 제53조에서 [별표 15]로 식품위생법 제58조에 따른 행정처분의 기준을 정하였다고 하더라도 이는 형식만 부령으로 되어 있을 뿐, 그 성질은 행정기관 내부의 사무처리준칙을 정한 것으로서 행정명령의 성질을 가지는 것이고, 대외적으로 국민이나 법원을 기속하는 힘이 있는 것은 아니므로 같은 법 제58조 제1항에 의한 처분의 적법 여부는 같은 법 시행 규칙에 적합한 것인가의 여부에 따라 판단할 것이 아니라 같은 법의 규정 및 그 취지에 적합한 것인가의 여부에 따라 판단하여야 한다."(대법원 1995. 3. 28. 94누6925)
❷ **참고** 판례는 제재적 처분기준이 시행규칙 형식(부령)으로 제정된 경우에는 행정규칙으로 보고 있으나, 시행령 형식(대통령령)으로 제정된 경우에는 법규명령으로 보고 있다.
③ (×) 식품위생법 시행규칙 제89조 및 별표 23의 행정처분의 기준은 제재적 처분기준이며, 시행규칙 형식(부령)으로 제정된

바, 그 규정의 성질과 내용이 행정청 내부의 사무처리준칙을 규정한 것(행정규칙)에 지나지 아니하므로 대외적으로 국민이나 법원을 기속하는 효력이 없다. 따라서 A구청장은 2개월의 영업정지처분을 함에 있어서 재량권을 행사하여 가중 또는 감경을 할 수 있다.
④ (○) "재량권 행사의 준칙인 행정규칙이 그 정한 바에 따라 되풀이 시행되어 행정관행이 이루어지게 되면 평등의 원칙이나 신뢰보호의 원칙에 따라 행정기관은 그 상대방에 대한 관계에서 그 규칙에 따라야 할 자기구속을 받게 되므로, 이러한 경우에는 특별한 사정이 없는 한 그를 위반하는 처분은 평등의 원칙이나 신뢰보호의 원칙에 위배되어 재량권을 일탈·남용한 위법한 처분이 된다."(대법원 2009. 12. 24. 2009두7967)
❷ **참고** 행정의 자기구속의 원칙이란 행정청이 상대방에 대하여 동종 사안에 있어 이전에 제3자에게 한 것과 동일한 결정을 하도록 스스로 구속당하는 원칙을 의미한다. 따라서 A구청장이 유사 사례와의 형평성을 고려하지 않고 3개월의 영업정지처분을 하였다면 甲은 행정의 자기구속원칙의 위반으로 위법함을 주장할 수 있다.

07 2020. 7. 18. 군무원 9급 기출문제

ANSWER　　　　　　　　　　　　　　본문 68~76쪽

01 ④	02 ③	03 ②	04 ②	05 ①
06 ②	07 ③	08 ③	09 ①	10 ④
11 ①	12 ④	13 ④	14 ②	15 ①
16 ①	17 ①	18 ①	19 ②	20 ③
21 ③	22 ③	23 ②	24 ③	25 ③

01 정답 ④

① (○) 옳은 내용이다. 시행일이라는 개념 자체가 효력발생일이라는 의미이다.

② (○) 법령이 변경된 경우 신 법령이 피적용자에게 유리하여 이를 적용하도록 하는 경과규정을 두는 등의 특별한 규정이 없는 한 헌법 제13조 등의 규정에 비추어 볼 때 그 변경 전에 발생한 사항에 대하여는 변경 후의 신 법령이 아니라 변경 전의 구 법령이 적용되어야 한다(대법원 2002. 12. 10. 2001두3228).

③ (○) 법령불소급의 원칙은 법령의 효력발생 전에 완성된 요건 사실에 대하여 당해 법령을 적용할 수 없다는 의미일 뿐, 계속 중인 사실이나 그 이후에 발생한 요건 사실에 대한 법령적용까지를 제한하는 것은 아니다(대법원 2014. 4. 24. 2013두26552).

④ (×) 부진정소급입법은 원칙적으로 허용되지만, 신뢰보호의 원칙에 의해 예외적으로만 제한이 될 수 있으므로 신뢰보호의 이익을 주장할 수 있다. 그 점을 지문화한 것이다.

새로운 입법으로 이미 종료된 사실관계에 작용케 하는 진정소급입법은 헌법적으로 허용되지 않는 것이 원칙이며 특단의 사정이 있는 경우에만 예외적으로 허용될 수 있는 반면, 현재 진행중인 사실관계에 작용케 하는 부진정소급입법은 원칙적으로 허용되지만 소급효를 요구하는 공익상의 사유와 신뢰보호의 요청 사이의 교량과정에서 신뢰보호의 관점이 입법자의 형성권에 제한을 가하게 된다(헌법재판소 1998. 11. 26. 97헌바58).

02 정답 ③

① (○) 헌법 제40조와 헌법 제75조, 제95조의 의미를 살펴보면, 헌법이 인정하고 있는 위임입법의 형식은 예시적인 것으로 보아야 할 것이고, 그것은 법률이 행정규칙에 위임하더라도 그 행정규칙은 위임된 사항만을 규율할 수 있으므로, 국회입법의 원칙과 상치되지도 않는다(헌법재판소 2004. 10. 28. 99헌바91).

② (○), ③ (×) 재산권 등과 같은 기본권을 제한하는 작용을 하는 법률이 입법위임을 할 때에는 '대통령령', '총리령', '부령'

등 법규명령에 위임함이 바람직하고, 금융감독위원회의 고시와 같은 형식으로 입법위임을 할 때에는 적어도 행정규제기본법 제4조 제2항 단서에서 정한 바와 같이 법령이 전문적·기술적 사항이나 경미한 사항으로서 업무의 성질상 위임이 불가피한 사항에 한정된다 할 것이고, 그러한 사항이라 하더라도 포괄위임금지의 원칙상 법률의 위임은 반드시 구체적·개별적으로 한정된 사항에 대하여 행하여져야 한다(헌법재판소 2004. 10. 28. 99헌바91).

④ (○) 법령의 직접적 위임에 따라 수임행정기관이 그 법령을 시행하는 데 필요한 구체적 사항을 정한 것이면, 그 제정 형식은 비록 법규명령이 아닌 고시·훈령·예규 등과 같은 행정규칙이더라도 그것이 상위법령의 위임한계를 벗어나지 않는 한 상위법령과 결합하여 대외적인 구속력을 갖는 법규명령으로서 기능하게 된다(헌법재판소 2002. 7. 18. 2001헌마605).

03 정답 ②

① (○), ④ (○) 기본행위가 적법·유효하고 보충행위인 인가처분 자체에만 흠이 있다면 그 인가처분의 무효나 취소를 주장할 수 있다고 할 것이지만, 인가처분에 흠이 없다면 기본행위에 흠이 있다 하더라도 따로 그 기본행위의 흠을 다투는 것은 별론으로 하고 기본행위의 무효를 내세워 바로 그에 대한 인가처분의 무효확인 또는 취소를 구할 수 없다(대법원 2010. 12. 9. 2009두4913).

② (×) 외자도입법에 따른 기술도입계약에 대한 인가는 기본행위인 기술도입계약을 보충하여 그 법률상 효력을 완성시키는 보충적 행정행위에 지나지 아니하므로 기본행위인 기술도입계약이 해지로 인하여 소멸되었다면 위 인가처분은 무효선언이나 그 취소처분이 없어도 당연히 실효된다(대법원 1983. 12. 27. 82누491).

③ (○) 공유수면매립법 제20조 제1항 및 같은 법 시행령 제29조 제1항 등 관계법령의 규정내용과 공유수면매립의 성질 등에 비추어 볼 때, 공유수면매립의 면허로 인한 권리의무의 양도·양수에 있어서의 면허관청의 인가는 효력요건으로서, 위 각 규정은 강행규정이라고 할 것인바, 위 면허의 공동명의자 사이의 면허로 인한 권리·의무 양도약정은 면허관청의 인가를 받지 않은 이상 법률상 아무런 효력도 발생할 수 없다(대법원 1991. 6. 25. 90누5184).

04 정답 ②

① (○) 교육인적자원부장관의 대학총장들에 대한 이 사건 학칙시정요구는 고등교육법에 따른 것으로서 그 법적 성격은 행정지도의 일종이지만, 그에 따르지 않을 경우 일정한 불이익조치를 예정하고 있어 사실상 상대방에게 그에 따를 의무를 부과하는 것과 다를 바 없으므로 단순한 행정지도로서의 한계를 넘어 규제적·구속적 성격을 상당히 강하게 갖는 것으로서 헌법소원의 대상이 되는 공권력의 행사라고 볼 수 있다(헌법재판소 2003. 6. 26. 2002헌마337).

② (×) 행정관청이 국토이용관리법 소정의 토지거래계약신고에 관하여 공시된 기준시가를 기준으로 매매가격을 신고하도록 행정지도를 하여 그에 따라 허위신고를 한 것이라 하더라도 이와 같은 행정지도는 법에 어긋나는 것으로서 그와 같은 행정지도나 관행에 따라 허위신고행위에 이르렀다고 하여도 이것만 가지고서는 그 범법행위가 정당화될 수 없다(대법원 1994. 6. 14. 93도3247).

③ (○) 구 남녀차별금지 및 구제에 관한 법률상 국가인권위원회의 성희롱결정과 이에 따른 시정조치의 권고는 성희롱 행위자로 결정된 자의 인격권에 영향을 미침과 동시에 공공기관의 장 또는 사용자에게 일정한 법률상의 의무를 부담시키는 것이므로 국가인권위원회의 성희롱결정 및 시정조치권고는 행정소송의 대상이 되는 행정처분에 해당한다(대법원 2005. 7. 8. 2005두487).

④ (○) 적법한 행정지도로 인정되기 위하여는 우선 그 목적이 적법한 것으로 인정될 수 있어야 할 것이므로, 주식매각의 종용이 정당한 법률적 근거 없이 자의적으로 주주에게 제재를 가하는 것이라면 이 점에서 벌써 행정지도의 영역을 벗어난 것이라고 보아야 할 것이고 만일 이러한 행위도 행정지도에 해당된다고 한다면 이는 행정지도라는 미명하에 법치주의의 원칙을 파괴하는 것이라고 하지 않을 수 없다(대법원 1994. 12. 13. 93다49482).

05 정답 ①

① (×) 군인과 군무원은 모두 국군을 구성하며 국토수호라는 목적을 위해 국가와 국민에게 봉사하는 특정직공무원이기는 하지만 각각의 책임·직무·신분 및 근무조건에는 상당한 차이가 존재한다. 이 사건 법률조항이 현역군인에게만 국방부 등의 보조기관 등에 보해질 수 있는 특례를 인정한 것은 국방부 등이 담당하고 있는 지상·해상·상륙 및 항공작전임무와 그 임무를 수행하기 위한 교육훈련업무에는 평소 그 업무에 종사해 온 현역군인들의 작전 및 교육경험을 활용할 필요성이 인정되는 반면, 군무원들이 주로 담당해 온 정비·보급·수송 등의 군수지원분야의 업무, 행정업무 그리고 일부 전투지원분야의 업무는 국방부 등에 근무하는 일반직공무원·별정직공무원 및 계약직공무원으로서도 충분히 감당할 수 있다는 입법자의 합리적인 재량 판단에 의한 것이다. 따라서 이와 같은 차별이 입

법재량의 범위를 벗어나 현저하게 불합리한 것이라 볼 수는 없으므로 이 사건 법률조항은 청구인들의 평등권을 침해하지 않는다(헌법재판소 2008. 6. 26. 2005헌마1275).

② (○) 처분청이 처분권한을 가지고 있는가 하는 점은 직권조사사항이 아니다(대법원 1996. 6. 25. 96누570).

③ (○) 행정권한의 위임이 행하여진 때에는 위임관청은 그 사무를 처리할 권한을 잃는다(대법원 1992. 9. 22. 91누11292).

④ (○) 자동차운전면허시험 관리업무는 국가행정사무이고 지방자치단체의 장인 서울특별시장은 국가로부터 그 관리업무를 기관위임받아 국가행정기관의 지위에서 그 업무를 집행하므로, 국가는 면허시험장의 설치 및 보존의 하자로 인한 손해배상책임을 부담한다(대법원 1991. 12. 24. 91다34097). 즉, 기관위임이 이루어진 경우, 사무를 위임한 행정주체도 국가배상법 제5조에 의한 손해배상책임을 부담한다는 말이다. 자동차운전면허시험 관리업무가 기관위임사무인지 여부에 대해 묻고 있는 지문이 아니다.

06 정답 ②

① (○) 개인정보 보호법 제24조 제1항, 동법 시행령 제19조 제2호, 제4호

> 개인정보 보호법 제24조(고유식별정보의 처리 제한) ① 개인정보처리자는 다음 각 호의 경우를 제외하고는 법령에 따라 개인을 고유하게 구별하기 위하여 부여된 식별정보로서 대통령령으로 정하는 정보(이하 "고유식별정보"라 한다)를 처리할 수 없다.
> 1. 정보주체에게 제15조 제2항 각 호 또는 제17조 제2항 각 호의 사항을 알리고 다른 개인정보의 처리에 대한 동의와 별도로 동의를 받은 경우
> 2. 법령에서 구체적으로 고유식별정보의 처리를 요구하거나 허용하는 경우

> 개인정보 보호법 시행령 제19조(고유식별정보의 범위) 법 제24조 제1항 각 호 외의 부분에서 "대통령령으로 정하는 정보"란 다음 각 호의 어느 하나에 해당하는 정보를 말한다. 다만, 공공기관이 법 제18조 제2항 제5호부터 제9호까지의 규정에 따라 다음 각 호의 어느 하나에 해당하는 정보를 처리하는 경우의 해당 정보는 제외한다. <개정 2016. 9. 29., 2017. 6. 27., 2020. 8. 4.>
> 1. 「주민등록법」 제7조의2 제1항에 따른 주민등록번호
> 2. 「여권법」 제7조 제1항 제1호에 따른 여권번호
> 3. 「도로교통법」 제80조에 따른 운전면허의 면허번호
> 4. 「출입국관리법」 제31조 제5항에 따른 외국인등록번호

② (×) 고유식별정보를 처리하려면 정보주체에게 정보의 수집·이용·제공 등에 필요한 사항을 알리고, 다른 개인정보의 처리에 대한 동의와 별도로 동의를 받아야 한다(개인정보 보호법 제24조 제1항 제1호).

③ (○) 개인정보 보호법 제24조 제3항

> **개인정보 보호법 제24조(고유식별정보의 처리 제한)** ③ 개인정보처리자가 제1항 각 호에 따라 <u>고유식별정보를 처리하는 경우</u>에는 그 고유식별정보가 분실·도난·유출·위조·변조 또는 훼손되지 아니하도록 대통령령으로 정하는 바에 따라 <u>암호화 등 안전성 확보에 필요한 조치를 하여야 한다.</u>

④ (○) 개인정보 보호법 제24조의2 제1항

> **개인정보 보호법 제24조의2(주민등록번호 처리의 제한)** ① <u>제24조 제1항에도 불구하고</u> 개인정보처리자는 <u>다음 각 호의 어느 하나에 해당하는 경우</u>를 제외하고는 주민등록번호를 처리할 수 없다.
> 1. 법률·대통령령·국회규칙·대법원규칙·헌법재판소규칙·중앙선거관리위원회규칙 및 감사원규칙에서 구체적으로 주민등록번호의 처리를 요구하거나 허용한 경우
> 2. 정보주체 또는 제3자의 급박한 생명, 신체, 재산의 이익을 위하여 명백히 필요하다고 인정되는 경우
> 3. 제1호 및 제2호에 준하여 주민등록번호 처리가 불가피한 경우로서 보호위원회가 고시로 정하는 경우

07 정답 ③

① (○) 신뢰보호 원칙의 법적 근거로는, 신의칙을 들거나 법적 안정성을 드는 것이 일반적이다.

② (○) 「행정절차법」 제4조 제2항이나 「국세기본법」 제18조 제3항은 신뢰보호 원칙을 명문으로 규정하고 있다.

> **행정절차법 제4조(신의성실 및 신뢰보호)** ② 행정청은 법령 등의 해석 또는 행정청의 관행이 일반적으로 국민들에게 <u>받아들여졌을 때에는</u> 공익 또는 제3자의 정당한 이익을 현저히 해칠 우려가 있는 경우를 제외하고는 <u>새로운 해석 또는 관행에 따라 소급하여 불리하게 처리하여서는 아니</u> 된다.

> **국세기본법 제18조(세법 해석의 기준 및 소급과세의 금지)** ③ 세법의 해석이나 국세행정의 관행이 일반적으로 <u>납세자에게 받아들여진 후에는</u> 그 해석이나 관행에 의한 행위 또는 계산은 정당한 것으로 보며, <u>새로운 해석이나 관행에 의하여 소급하여 과세되지 아니한다.</u>

③ (×) <u>신뢰보호의 원칙이 아니라, 신의성실의 원칙</u>에서 파생된 원칙이라고 본다. 실권 또는 실효의 법리는 법의 일반원리인 <u>신의성실의 원칙</u>에 바탕을 둔 파생원칙인 것이므로 공법관계 가운데 관리관계는 물론이고 권력관계에도 적용되어야 함을 배제할 수는 없다(대법원 1988. 4. 27. 87누915).

④ (○) 조세법령의 규정내용 및 행정규칙 자체는 과세관청의 공적 견해 표명에 해당하지 아니한다(대법원 2003. 9. 5. 2001두403).

08 정답 ③

① (○) 공공기관의 정보공개에 관한 법률 제10조 제1항. 참고로 2021년 6월 23일부터는 두 번째 칸과 같이 제10조 제1항이 개정된다.

> **공공기관의 정보공개에 관한 법률 제10조(정보공개의 청구방법)** ① 정보의 공개를 청구하는 자(이하 "청구인"이라 한다)는 해당 정보를 보유하거나 관리하고 있는 공공기관에 다음 각 호의 사항을 적은 정보공개 청구서를 제출하거나 말로써 정보의 공개를 청구할 수 있다.
> 1. 청구인의 성명·주민등록번호·주소 및 연락처(전화번호·전자우편주소 등을 말한다)
> 2. 공개를 청구하는 정보의 내용 및 공개방법

> **공공기관의 정보공개에 관한 법률 제10조(정보공개의 청구방법)** ① 정보의 공개를 청구하는 자(이하 "청구인"이라 한다)는 해당 정보를 보유하거나 관리하고 있는 공공기관에 다음 각 호의 사항을 적은 정보공개 청구서를 제출하거나 말로써 정보의 공개를 청구할 수 있다. <개정 2020. 12. 22.>
> 1. 청구인의 성명·<u>생년월일</u>·주소 및 연락처(전화번호·전자우편주소 등을 말한다. 이하 이 조에서 같다). 다만, 청구인이 법인 또는 단체인 경우에는 그 명칭, 대표자의 성명, 사업자등록번호 또는 이에 준하는 번호, 주된 사무소의 소재지 및 연락처를 말한다.
> 2. 청구인의 주민등록번호(<u>본인임을 확인하고 공개 여부를 결정할 필요가 있는 정보를 청구하는 경우로 한정한다</u>)
> 3. 공개를 청구하는 정보의 내용 및 공개방법

② (○) 공공기관의 정보공개에 관한 법률 제11조 제3항

> **공공기관의 정보공개에 관한 법률 제11조(정보공개 여부의 결정)** ③ 공공기관은 공개 청구된 공개 대상 정보의 전부 또는 일부가 제3자와 관련이 있다고 인정할 때에는 그 사실을 <u>제3자에게 지체 없이 통지하여야 하며,</u> 필요한 경우에는 그의 의견을 들을 수 있다.

③ (×) 7일이 아니라, <u>3일</u> 이내만 요청할 수 있다(공공기관의 정보공개에 관한 법률 제21조 제1항).

> **공공기관의 정보공개에 관한 법률 제21조(제3자의 비공개 요청 등)** ① 제11조 제3항에 따라 공개 청구된 사실을 통지받은 제3자는 그 통지를 받은 날부터 <u>3일</u> 이내에 해당 공공기관에 대하여 자신과 관련된 정보를 공개하지 아니할 것을 요청할 수 있다.

④ (○) 공공기관의 정보공개에 관한 법률 제21조 제2항

> **공공기관의 정보공개에 관한 법률 제21조(제3자의 비공개 요청 등)** ② 제1항에 따른 비공개 요청에도 불구하고 공공기관이 <u>공개 결정을 할 때</u>에는 공개 결정 이유와 공개 실시일을 분명히 밝혀 지체 없이 문서로 통지하여야 하며, 제3자는 해당 공공기관에 문서로 이의신청을 하거나 <u>행정심판 또는 행정소송을 제기할 수 있다.</u> 이 경우 이의신청은 통지를 받은 날부터 7일 이내에 하여야 한다.

09 정답 ①

① (✕) 지방국세청장 또는 세무서장이 조세범 처벌절차법에 따라 통고처분을 거치지 아니하고 <u>즉시 고발하였다면</u> 이로써 조세범칙사건에 대한 조사 및 처분 절차는 종료되고 형사사건 절차로 이행되어 지방국세청장 또는 세무서장으로서는 동일한 <u>조세범칙행위에 대하여 더이상 통고처분을 할 권한이 없다.</u> 따라서 지방국세청장 또는 세무서장이 조세범칙행위에 대하여 고발을 한 후에 동일한 조세범칙행위에 대하여 <u>통고처분을 하였더라도,</u> 이는 법적 권한 소멸 후에 이루어진 것으로서 특별한 사정이 없는 한 <u>효력이 없고,</u> 조세범칙행위자가 이러한 <u>통고처분을 이행하였더라도 조세범 처벌절차법에서 정한 일사부재리의 원칙이 적용될 수 없다</u>(대법원 2016. 9. 28. 2014도10748).

② (○) 도로교통법 제118조에서 규정하는 경찰서장의 <u>통고처분은 행정소송의 대상이 되는 행정처분이 아니므로 그 처분의 취소를 구하는 소송은 부적법하다</u>(대법원 1995. 6. 29. 95누4674).

③ (○) "<u>통고처분은 상대방의 임의의 승복을 그 발효요건으로 하기 때문에</u> 행정심판이나 행정소송의 대상으로서의 처분성을 부여할 수 없고, 통고처분에 대하여 이의가 있으면 통고내용을 이행하지 않음으로써 고발되어 <u>형사재판절차에서 통고처분의 위법·부당함을 얼마든지 다툴 수 있기 때문에</u> 관세법 제38조 제3항 제2호가 법관에 의한 <u>재판받을 권리를 침해한다든가</u> 적법절차의 원칙에 저촉된다고 볼 수 없다(헌법재판소 1998. 5. 28. 96헌바4).

④ (○) <u>통고처분을 할 것인지의 여부는 관세청장 또는 세관장의 재량에 맡겨져 있고, 따라서 관세청장 또는 세관장이 관세범에 대하여 통고처분을 하지 아니한 채 고발하였다는 것만으로는 그 고발 및 이에 기한 공소의 제기가 부적법하게 되는 것은 아니다</u>(대법원 2007. 5. 11. 2006도1993).

10 정답 ④

① (○) <u>대통령의 긴급재정경제명령은 국가긴급권의 일종으로서 고도의 정치적 결단에 의하여 발동되는 행위이고 그 결단을 존중하여야 할 필요성이 있는 행위라는 의미에서</u> ② (○) <u>이른바 통치행위에 속한다고 할 수 있으나,</u> ③ (○) <u>통치행위를 포함하여 모든 국가작용은 국민의 기본권적 가치를 실현하기 위한 수단이라는 한계를 반드시 지켜야 하는 것이고,</u> 헌법재판소는 헌법의 수호와 국민의 기본권 보장을 사명으로 하는 국가기관이므로 ④ (✕) <u>비록 고도의 정치적 결단에 의하여 행해지는 국가작용이라고 할지라도 그것이 국민의 기본권 침해와 직접 관련되는 경우에는 당연히 헌법재판소의 심판대상이 된다</u>(헌법재판소 1996. 2. 29. 93헌마186).

11 정답 ①

① (✕) 국가공무원법에 의하면 일정한 자격을 갖추고 소정의 절차에 따라 대학의 장에 의하여 임용된 조교는 법정된 근무기간 동안 신분이 보장되는 교육공무원법상의 교육공무원 내지 국가공무원법상의 특정직공무원 지위가 부여되고, 근무관계는 <u>사법상의 근로계약관계가 아닌 공법상 근무관계에 해당한다</u>(대법원 2019. 11. 14. 2015두52531).

② (○) 행정규칙의 <u>내용이 상위법령에 반하는 것이라면</u> 법치국가원리에서 파생되는 법질서의 통일성과 모순금지 원칙에 따라 그것은 법질서상 당연무효이고, <u>행정내부적 효력도 인정될 수 없다</u>(대법원 2019. 10. 31. 2013두20011).

③ (○) <u>계약직공무원 채용계약해지의 의사표시는 일반공무원에 대한 징계처분과는 달라서 항고소송의 대상이 되는 처분 등의 성격을 가진 것으로 인정되지 아니하고,</u> 국가 또는 지방자치단체가 채용계약 관계의 한쪽 당사자로서 대등한 지위에서 행하는 의사표시로 취급되는 것으로 이해된다(대법원 2002. 11. 26. 2002두5948).

④ (○) 국가공무원법 제69조에 의하면 공무원이 제33조 각 호의 1에 해당할 때에는 당연히 퇴직한다고 규정하고 있으므로, <u>국가공무원법상 당연퇴직은 결격사유가 있을 때 법률상 당연히 퇴직하는 것이지 공무원관계를 소멸시키기 위한 별도의 행정처분을 요하는 것이 아니며, 당연퇴직의 인사발령은 법률상 당연히 발생하는 퇴직사유를 공적으로 확인하여 알려주는 이른바 관념의 통지에 불과하고 공무원의 신분을 상실시키는 새로운 형성적 행위가 아니므로 행정소송의 대상이 되는 독립한 행정처분이라고 할 수 없다</u>(대법원 1995. 11. 14. 95누2036).

12 정답 ④

① (○) 입영기피를 이유로 처벌이 되기 위해서는, 그 전제로서 현역입영통지가 유효하여야 한다. 그런데 현역입영통지서에 대한 수령이 이루어지지 못한 경우에는, 현역입영통지의 효력이 발생하지 않으므로 입영기피죄도 성립하지 않게 된다. 다만 별개의 범죄인 수령거부죄만 성립할 수 있을 뿐이다. 피고인이 현역입영통지서 <u>수령을 거절하였다면,</u> 이를 적법하게 수령하였다고 볼 수 없기 때문에, '현역병입영대상자인 피고인이 현역입영통지서를 <u>받았음에도</u> 정당한 사유 없이 입영기일부터 3일이 경과하여도 입영하지 않았다'는 공소사실에 대하여는 그 범죄의 증명이 없는 때에 해당한다(대법원 2009. 6. 25. 2009도3387).

② (○) 병역의무부과통지서인 현역입영통지서는 그 병역의무자에게 이를 송달함이 원칙이고(병역법 제6조 제1항 참조), 이러한 송달은 병역의무자의 현실적인 수령행위를 전제로 하고 있다고 보아야 하므로, <u>병역의무자가 현역입영통지의 내용을 이미 알고 있는 경우에도 여전히 현역입영통지서의 송달은 필요하고,</u> 다른 법령상의 사유가 없는 한 병역의무자로부터 근거리에 있는 책상 등에 일시 현역입영통지서를 둔 것만으로는 병역의무자의 현실적인 수령행위가 있었다고 단정할 수 없다(대법원 2009. 6. 25. 2009도3387).

③ (○) 현역입영대상자로서는 현실적으로 입영을 하였다고 하더라도, 입영 이후의 법률관계에 영향을 미치고 있는 현역병입영통지처분 등을 한 관할지방병무청장을 상대로 위법을 주장하여 그 취소를 구할 소송상의 이익이 있다(대법원 2003. 12. 26. 2003두1875).

④ (✕) 양자 사이에 하자가 승계되는지에 대해 묻고 있는 것이다. 두 처분 사이에는 하자가 승계되지 않는다. 보충역편입처분 등의 병역처분은 역종을 부과하는 처분임에 반하여, 공익근무요원소집처분은 보충역편입처분을 받은 공익근무요원소집대상자에게 공익근무요원으로서의 복무를 명하는 구체적인 행정처분이므로, 위 두 처분은 후자의 처분이 전자의 처분을 전제로 하는 것이기는 하나 각각 단계적으로 별개의 법률효과를 발생하는 독립된 행정처분이라고 할 것이므로, 보충역편입처분에 하자가 있다고 할지라도 그것이 당연무효라고 볼만한 특단의 사정이 없는 한 그 위법을 이유로 공익근무요원소집처분의 효력을 다툴 수 없다(대법원 2002. 12. 10. 2001두5422).

13 정답 ④

① (○) 행정절차법 제11조 제3항

> 행정절차법 제11조(대표자) ③ 당사자등은 대표자를 변경하거나 해임할 수 있다.

② (○) 행정절차법 제11조 제4항

> 행정절차법 제11조(대표자) ④ 대표자는 각자 그를 대표자로 선정한 당사자등을 위하여 행정절차에 관한 모든 행위를 할 수 있다. 다만, 행정절차를 끝맺는 행위에 대하여는 당사자등의 동의를 받아야 한다.

③ (○) 행정절차법 제11조 제5항

> 행정절차법 제11조(대표자) ⑤ 대표자가 있는 경우에는 당사자등은 그 대표자를 통하여서만 행정절차에 관한 행위를 할 수 있다.

④ (✕) 행정절차법 제11조 제6항

> 행정절차법 제11조(대표자) ⑥ 다수의 대표자가 있는 경우 그중 1인에 대한 행정청의 행위는 모든 당사자등에게 효력이 있다. 다만, 행정청의 통지는 대표자 모두에게 하여야 그 효력이 있다.

14 정답 ②

① (○) 교도소장(피고)이 수형자 甲을 '접견내용 녹음·녹화 및 접견 시 교도관 참여대상자'로 지정한 행위를 함으로써 원고의 접견 시마다 사생활의 비밀 등 권리에 제한을 가하는 교도관의 참여, 접견내용의 청취·기록·녹음·녹화가 이루어졌으므로, 이는 피고가 그 우월적 지위에서 수형자인 원고에게 일방적으로 강제하는 성격을 가진 공권력적 사실행위의 성격을 갖

고 있는 점 등을 고려하면 위와 같은 지정행위는 수형자의 구체적 권리의무에 직접적 변동을 초래하는 행정청의 공법상 행위로서 항고소송의 대상이 되는 '처분'에 해당한다(대법원 2014. 2. 13. 2013두20899).

② (✕) 법령상 시장·군수·구청장이 사회복지사업에 관한 보고 또는 관계서류의 제출을 명령할 수 있고, 이를 위반한 경우, 불이익을 가할 수 있다고는 규정이 되어 있었으나, 시정지시 권한은 규정되어 있지 않았기 때문에 문제가 된 사안이다. 그런데 '감사에서의 지적사항에 대한 시정지시와 그 결과를 관계서류와 함께 보고하도록 지시'하였다면, 보고 또는 관계서류의 제출 의무를 이행하기 위해서는 그 논리적 전제로 시정지시를 이행해야 하기 때문에, 근거규정이 없는 시정지시가 권력적 사실행위에 해당한다고 보아 처분을 인정한 사건이다. 구 사회복지사업법 제26조 제1항 제7호, 제40조 제1항 제4호, 제51조 제1항, 제54조 제7호의 각 규정을 종합하면, 시장·군수·구청장은 사회복지사업을 운영하는 자에 대하여 그 소관업무에 관한 지도·감독을 하고, 필요한 경우 그 업무에 관하여 보고 또는 관계서류의 제출을 명하거나, 소속공무원으로 하여금 법인의 사무소 또는 시설에 출입하여 검사 또는 질문하게 할 수 있으며, 그 명령을 위반한 때에는 시장·군수·구청장이 직접 사회복지시설의 개선, 사업의 정지, 시설의 장의 교체를 명하거나, 시설의 폐쇄를 명할 수 있고, 보건복지부장관이 사회복지법인에 대하여 기간을 정하여 시정명령을 하거나 설립허가를 취소할 수 있을 뿐만 아니라 그 명령에 따르지 않는 자에 대하여 형사처벌도 가능하도록 규정되어 있다. 서울특별시 종로구청장은 사회복지법인 甲에 대하여 위 시정지시와 아울러 그 조치 결과를 관련서류를 첨부하여 보고하도록 명령함으로써 위 시정지시의 조치결과가 구 사회복지사업법 제51조 제1항에 근거한 보고명령 및 관련서류제출명령에 포함되어 있으므로, 이와 같은 경우 사회복지법인 甲으로서는 위 시정지시에 따른 시정조치가 선행되지 않는 이상 피고의 위 보고명령 및 관련서류제출명령을 이행하기 어렵다고 할 것이다. 그러므로 사회복지법인 甲으로서는 위 보고명령 및 관련서류제출명령을 이행하기 위하여 위 시정지시에 따른 시정조치의 이행이 사실상 강제되어 있다고 할 것이고, 만일 서울특별시 종로구청장의 위 명령을 이행하지 않는 경우 시정명령을 받거나 법인설립허가가 취소될 수 있고, 자신이 운영하는 사회복지시설에 대한 개선 또는 사업정지 명령을 받거나 그 시설의 장의 교체 또는 시설의 폐쇄와 같은 불이익을 받을 위험이 (…) 있으므로, 이와 같은 사정에 비추어 보면, 위 시정지시는 단순한 권고적 효력만을 가지는 비권력적 사실행위에 불과하다고 볼 수는 없고, 사회복지법인 甲에 대하여 의무의 부담을 명하거나 기타 법률상 효과를 발생하게 하는 것으로서 항고소송의 대상이 되는 행정처분에 해당한다고 해석함이 상당하다고 할 것이다(대법원 2008. 4. 24. 2008두3500).

③ (○) 교도소 수형자에게 소변을 받아 제출하게 한 것은, 형을 집행하는 우월적인 지위에서 외부와 격리된 채 형의 집행에 관한 지시, 명령을 복종하여야 할 관계에 있는 자에게 행해진 것으로서 일방적으로 강제하는 측면이 존재하며, 응하지 않을 경우 직접적인 징벌 등의 제재는 없다고 하여도 불리한 처우를 받을 수 있다는 심리적 압박이 존재하리라는 것을 충분히 예상할 수 있는 점에 비추어, 권력적 사실행위에 해당한다(대법원 2006. 7. 27. 2005헌마277).

④ (○) 국세징수법에 의한 체납처분의 집행으로서 한 본건 압류처분은, 나라의 행정청인 피고가 한 공법상의 처분이고, 따라서 그 처분이 위법이라고 하여 그 취소를 구하는 이 소송은 행정소송이라 할 것이다(대법원 1969. 4. 29. 69누12).

15 정답 ①

행정법각론 중 환경행정법의 영역에 속하는 내용들이다.

① (×) 방사능에 오염된 고철은 원자력안전법 등의 법령에 따라 처리되어야 하고 유통되어서는 안 된다. 사업활동 등을 하던 중 고철을 방사능에 오염시킨 자는 원인자로서 관련 법령에 따라 고철을 처리함으로써 오염된 환경을 회복·복원할 책임을 진다. 이러한 조치를 취하지 않고 방사능에 오염된 고철을 타인에게 매도하는 등으로 유통시킴으로써 거래 상대방이나 전전 취득한 자가 방사능오염으로 피해를 입게 되면 그 원인자는 방사능오염 사실을 모르고 유통시켰더라도 환경정책기본법 제44조 제1항에 따라 피해자에게 피해를 배상할 의무가 있다(대법원 2018. 9. 13. 2016다35802). 참고로, 「환경정책기본법」 제44조는 환경오염 원인자의 무과실책임에 대해 규정을 하고 있다.

> 환경정책기본법 제44조(환경오염의 피해에 대한 무과실책임) ① 환경오염 또는 환경훼손으로 피해가 발생한 경우에는 해당 환경오염 또는 환경훼손의 원인자가 그 피해를 배상하여야 한다.

② (○) 甲 등이 택지개발지구에 있는 오염된 토사를 처리하였는데, 그에 대하여 폐기물관리법에서 정한 폐기물 처리절차를 위반하였다는 내용으로 기소되었던 사건이다. 구 폐기물관리법과 구 폐기물관리법 시행령, 건설폐기물의 재활용촉진에 관한 법률과 그 시행령 및 토양환경보전법의 각 규정을 종합하면, 토양은 폐기물 기타 오염물질에 의하여 오염될 수 있는 대상일 뿐 오염토양이라 하여 동산으로서 '물질'인 폐기물에 해당한다고 할 수 없고, 나아가 오염토양은 법령상 절차에 따른 정화 대상이 될 뿐 법령상 금지되거나 그와 배치되는 개념인 투기나 폐기 대상이 된다고 할 수 없다(대법원 2011. 5. 26. 2008도2907).

> 구 폐기물관리법 제65조(벌칙) 다음 각 호의 어느 하나에 해당하는 자는 3년 이하의 징역이나 2천만원 이하의 벌금에 처한다.
> 2. 제18조 제1항이나 제24조의3 제1항을 위반하여 사업장폐기물 또는 수입폐기물을 처리한 자

> 구 폐기물관리법 제18조(사업장폐기물의 처리) ① 사업장폐기물배출자는 그의 사업장에서 발생하는 폐기물을 스스로 처리하거나 제25조 제3항에 따른 폐기물처리업의 허가를 받은 자, 제46조에 따라 다른 사람의 폐기물을 재활용하는 자, 제4조나 제5조에 따른 폐기물처리시설을 설치·운영하는 자 또는 「해양환경관리법」 제70조 제1항 제1호에 따라 폐기물 해양 배출업의 등록을 한 자에게 위탁하여 처리하여야 한다.

> 구 폐기물관리법 제2조((정의) 이 법에서 사용하는 용어의 뜻은 다음과 같다.
> 1. "폐기물"이란 쓰레기, 연소재(燃燒滓), 오니(汚泥), 폐유(廢油), 폐산(廢酸), 폐알칼리 및 동물의 사체(死體) 등으로서 사람의 생활이나 사업활동에 필요하지 아니하게 된 물질을 말한다.

③ (○) 행정청이 폐기물처리사업계획서 부적합 통보를 하면서 처분서에 불확정개념으로 규정된 법령상의 허가기준 등을 충족하지 못하였다는 취지만을 간략히 기재하였다면, 부적합 통보에 대한 취소소송절차에서 행정청은 그 처분을 하게 된 판단 근거나 자료 등을 제시하여 구체적 불허가사유를 분명히 하여야 한다(대법원 2019. 12. 24. 2019두45579).

④ (○) 불법행위로 영업을 중단한 자가 영업 중단에 따른 손해배상을 구하는 경우 영업을 중단하지 않았으면 얻었을 순이익과 이와 별도로 영업 중단과 상관없이 불가피하게 지출해야 하는 비용도 특별한 사정이 없는 한 손해배상의 범위에 포함될 수 있다. 위와 같은 순이익과 비용의 배상을 인정하는 것은 이중배상에 해당하지 않는다(대법원 2018. 9. 13. 2016다35802).

16 정답 ①

① (×) 행정법규 위반에 대하여 가하는 제재조치는 행정목적의 달성을 위하여 행정법규 위반이라는 객관적 사실에 착안하여 가하는 제재이므로 반드시 현실적인 행위자가 아니라도 법령상 책임자로 규정된 자에게 부과되고 특별한 사정이 없는 한 위반자에게 고의나 과실이 없더라도 부과할 수 있다(대법원 2017. 5. 11. 2014두8773).

② (○) 일정한 법규위반 사실이 행정처분의 전제사실이 되는 한편 이와 동시에 형사법규의 위반사실이 되는 경우에 동일한 행위에 관하여 독립적으로 행정처분이나 형벌을 과하거나 이를 병과할 수 있는 것이고, 법규가 예외적으로 형사소추 선행원칙을 규정하고 있지 아니한 이상 형사판결 확정에 앞서 일정한 위반사실을 들어 행정처분을 하였다고 하여 절차적 위반이 있다고 할 수 없다(대법원 2017. 6. 15. 2015두39156).

③ (○) 엄밀하게 말하면 틀린 지문이지만, ①이 확실하게 잘못된 선지이므로 이를 정답으로 골라서는 안 된다. 출제위원은 단순히 '제재적 행정처분은 …'으로 문장을 시작하였으나, '수익적 행정처분을 철회하는 제재적 행정처분은 …'이라는 말을 하고 싶었던 것 같다. 그래야 지문이 말이 된다. 다만, 이렇게 선해한다 하더라도 여전히 문제는 있는데, 수익적 행정처분에

대한 철회가 철회권이 유보되어 있거나, 법률유보의 원칙상 명문의 근거가 있는 경우에만 가능한 것도 아니기 때문이다. 따라서 "수익적 행정처분을 철회하는 제재적 행정처분은 철회권이 유보되어 있거나, 법률유보의 원칙상 명문의 근거가 있는 경우에는 할 수 있고, 행정청이 이러한 권한을 갖고 있다고 하여도 그러한 권한의 행사는 의무에 합당한 재량에 따라야 한다."라고 쓰였어야 비로소 정선지가 될 수 있었다.

원래의 선지	제재적 행정처분은 권익침해의 효과를 가져오므로 철회권이 유보되어 있거나, 법률유보의 원칙상 명문의 근거가 있어야 하며, 행정청이 이러한 권한을 갖고 있다고 하여도 그러한 권한의 행사는 의무에 합당한 재량에 따라야 한다.
선해한 의미	수익적 행정처분을 철회하는 제재적 행정처분은 철회권이 유보되어 있거나, 법률유보의 원칙상 명문의 근거가 있는 경우에는 할 수 있고, 행정청이 이러한 권한을 갖고 있다고 하여도 그러한 권한의 행사는 의무에 합당한 재량에 따라야 한다.

④ (○) 국세징수법 제112조

> **국세징수법 제112조(사업에 관한 허가등의 제한)** ① 관할 세무서장은 납세자가 허가·인가·면허 및 등록 등을 받은 사업과 관련된 소득세, 법인세 및 부가가치세를 체납한 경우 해당 사업의 주무관청에 그 납세자에 대하여 허가등의 갱신과 그 허가등의 근거 법률에 따른 신규 허가등을 하지 아니할 것을 요구할 수 있다. 다만, 재난, 질병 또는 사업의 현저한 손실, 그 밖에 대통령령으로 정하는 사유가 있는 경우에는 그러하지 아니하다.

17 정답 ①

① (×) 법무부장관이 아니라 중앙행정심판위원회와 협의하여야 한다(행정심판법 제4조 제3항).

> **행정심판법 제4조(특별행정심판등)** ③ 관계 행정기관의 장이 특별행정심판 또는 이 법에 따른 행정심판 절차에 대한 특례를 신설하거나 변경하는 법령을 제정·개정할 때에는 미리 중앙행정심판위원회와 협의하여야 한다.

② (○) 행정심판법 제3조 제1항

> **행정심판법 제3조(행정심판의 대상)** ① 행정청의 처분 또는 부작위에 대하여는 다른 법률에 특별한 규정이 있는 경우 외에는 이 법에 따라 행정심판을 청구할 수 있다.

③ (○) 행정심판법 제3조 제2항

> **행정심판법 제3조(행정심판의 대상)** ② 대통령의 처분 또는 부작위에 대하여는 다른 법률에서 행정심판을 청구할 수 있도록 정한 경우 외에는 행정심판을 청구할 수 없다.

④ (○) 행정심판법 제2조 제4호

> **행정심판법 제2조(정의)** 이 법에서 사용하는 용어의 뜻은 다음과 같다.
> 4. "행정청"이란 행정에 관한 의사를 결정하여 표시하는 국가 또는 지방자치단체의 기관, 그 밖에 법령 또는 자치법규에 따라 행정권한을 가지고 있거나 위탁을 받은 공공단체나 그 기관 또는 사인(私人)을 말한다.

18 정답 ①

① (×) 고용노동부장관이 아니라 중앙노동위원장을 피고로 하여야 한다. 구 노동위원회법 제19조의2 제1항의 규정은 행정처분의 성질을 가지는 지방노동위원회의 처분에 대하여 중앙노동위원장을 상대로 행정소송을 제기할 경우의 전치요건에 관한 규정이라 할 것이므로 당사자가 지방노동위원회의 처분에 대하여 불복하기 위하여는 처분 송달일로부터 10일 이내에 중앙노동위원회에 재심을 신청하고 중앙노동위원회의 재심판정서 송달일로부터 15일 이내에 중앙노동위원장을 피고로 하여 재심판정취소의 소를 제기하여야 할 것이다(대법원 1995. 9. 15. 95누6724).

② (○) 지방의회를 대표하고 의사를 정리하며 회의장 내의 질서를 유지하고 의회의 사무를 감독하며 위원회에 출석하여 발언할 수 있는 등의 직무권한을 가지는 지방의회 의장에 대한 불신임의결은 의장으로서의 권한을 박탈하는 행정처분의 일종으로서 항고소송의 대상이 된다(대법원 1994. 10. 11. 94두23).

③ (○) 조례가 집행행위의 개입 없이도 그 자체로서 직접 국민의 구체적인 권리의무나 법적 이익에 영향을 미치는 등의 법률상 효과를 발생하는 경우 그 조례는 항고소송의 대상이 되는 행정처분에 해당한다(대법원 1996. 9. 20. 95누8003).

④ (○) 항정신병 치료제의 요양급여 인정기준에 관한 보건복지부 고시는, 불특정의 항정신병 치료제 일반을 대상으로 한 것이 아니라 특정 제약회사의 특정 의약품을 규율 대상으로 하는 점 및 의사에 대하여 특정 의약품을 처방함에 있어서 지켜야 할 기준을 제시하면서 만일 그와 같은 처방기준에 따르지 않은 경우에는 국민건강보험공단에 대하여 그 약제비용을 보험급여로 청구할 수 없고 환자 본인에 대하여만 청구할 수 있게 한 점 등에 비추어 볼 때, 다른 집행행위의 매개 없이 그 자체로서 제약회사, 요양기관, 환자 및 국민건강보험공단 사이의 법률관계를 직접 규율하는 성격을 가진다고 할 것이므로, 이는 항고소송의 대상이 되는 행정처분으로서의 성격을 갖는다(대법원 2003. 10. 9. 2003무23).

19 정답 ②

① (○) 소음·진동배출시설에 대한 설치허가가 취소된 후 그 배출시설이 어떠한 경위로든 철거되어 다시 복구 등을 통하여 배출시설을 가동할 수 없는 상태라면 이는 배출시설 설치허가의 대상이 되지 아니하므로 외형상 설치허가 취소행위가 잔존하고 있다고 하여도 특단의 사정이 없는 한 이제 와서 굳이 위 처분의 취소를 구할 법률상의 이익이 없다(대법원 2002. 1. 11. 2000두2457).

② (×) 원자로 및 관계 시설의 부지사전승인처분은 건설허가 전에 신청자의 편의를 위하여 미리 그 건설허가의 일부 요건을 심사하여 행하는 사전적 부분 건설허가처분의 성격을 갖고 있는 것이어서 나중에 건설허가처분이 있게 되면 그 건설허가처

분에 흡수되어 독립된 존재가치를 상실함으로써 그 건설허가처분만이 쟁송의 대상이 되는 것이므로, 부지사전승인처분의 취소를 구하는 소는 <u>소의 이익을 잃게 된다</u>(대법원 1998. 9. 4. 97누19588).

③ (○) 과세관청이 직권으로 상대방에 대한 소득처분을 경정하면서 일부 항목에 대한 증액과 다른 항목에 대한 감액을 동시에 한 결과 전체로서 소득처분금액이 감소된 경우에는 그에 따른 소득금액변동통지가 납세자인 당해 법인에 불이익을 미치는 처분이 아니므로 당해 법인은 그 소득금액변동통지의 <u>취소를 구할 이익이 없다</u>(대법원 2012. 4. 13. 2009두5510).

④ (○) 계고처분에 기한 대집행의 실행이 이미 사실행위로서 완료되었다면 이 사건 계고처분의 무효확인 또는 취소를 구할 법률상의 <u>이익은 없다</u>(대법원 1995. 7. 28. 95누2623).

20 정답 ③

① (○) 옳은 내용이다.

고유한 하자가 있는 것으로 거론되는 예들
① 행정심판의 청구요건을 갖추지 못하여 각하재결을 하였어야 하는데도 본안재결을 한 경우
② 행정심판 청구요건을 갖추었음에도 불구하고 청구요건을 갖추지 못했다며 각하재결을 한 경우
③ 인용재결을 하더라도 공공복리에 크게 위배되지 않는데도 사정재결을 한 경우
④ 심판청구의 대상이 되지도 않은 처분에 대하여 기각재결을 한 경우(불고불리원칙 위반)
⑤ 행정청이 행한 원처분보다 불리한 재결을 내린 경우(불이익변경금지원칙 위반)
⑥ 재결을 서면으로 하지 아니한 경우(제46조 제1항 위반)
⑦ 결격사유가 있는 자가 행정심판위원이 되어 재결을 한 경우
⑧ <u>권한 없는 행정심판위원회에 의해 재결이 이루어진 경우</u>
⑨ 복효적 행정행위로 인하여 손해를 본 자(A)가 그에 대해 청구한 취소심판에서 <u>취소재결이 내려지자, 그 복효적 행정행위로 인하여 이익을 보던 자(B)가 원고가 되어 그 취소재결에 대해 취소소송을 제기하는 경우</u>(99두10292)
⑩ <u>행정심판 재결에 이유모순의 위법이 있는 경우</u>(95누8027)

② (○) 행정소송법 제19조에 의하면 행정심판에 대한 재결에 대하여도 그 재결 자체에 고유한 위법이 있음을 이유로 하는 경우에는 항고소송을 제기하여 그 취소를 구할 수 있고, 여기에서 말하는 '재결 자체에 고유한 위법'이란 그 재결 자체에 주체, <u>절차, 형식 또는 내용상의 위법이 있는 경우를 의미한다</u>(대법원 2001. 7. 27. 99두2970).

③ (×) 고유한 하자를 주장하는 <u>것이어서 항고소송의 대상이 된다.</u> 이른바 복효적 행정행위, 특히 <u>제3자효를 수반하는 행정행위에 대한 행정심판청구에 있어서</u> 그 청구를 인용하는 내용의 재결로 인하여 비로소 권리이익을 침해받게 되는 자는 그 인용재결에 대하여 다툴 필요가 있고, <u>그 인용재결은 원처분과 내용을 달리하는 것이므로 그 인용재결의 취소를 구하는 것은 원처분에는 없는 재결에 고유한 하자를 주장하는 셈이어서 당연히 항고소송의 대상이 된다</u>(대법원 2001. 5. 29. 99두10292).

④ (○) 행정처분에 대한 행정심판의 재결에 이유모순의 위법이 있다는 사유는 재결처분 자체에 고유한 하자로서 재결처분의 취소를 구하는 소송에서는 그 위법사유로서 주장할 수 있으나, 원처분의 취소를 구하는 소송에서는 그 취소를 구할 위법사유로서 주장할 수 없다(대법원 1996. 2. 13. 95누8027).

21 정답 ③

① (○) 법원 이외의 공공기관이 정보공개법 제9조 제1항 제4호에서 정한 '진행 중인 재판에 관련된 정보'에 해당한다는 사유로 <u>정보공개를 거부하기 위하여는 반드시 그 정보가 진행 중인 재판의 소송기록 자체에 포함된 내용일 필요는 없다.</u> 그러나 재판에 관련된 일체의 정보가 그에 해당하는 것은 아니고 진행 중인 재판의 심리 또는 재판결과에 구체적으로 영향을 미칠 위험이 있는 정보에 한정된다고 보는 것이 타당하다(대법원 2011. 11. 24. 2009두19021).

② (○) 처분청이 처분 당시에 적시한 구체적 사실을 변경하지 아니하는 범위 내에서 단지 그 처분의 근거법령만을 추가·변경하거나 당초의 처분사유를 구체적으로 표시하는 것에 불과한 경우에는 새로운 처분사유를 추가하거나 변경하는 것이라고 볼 수 없다(대법원 2007. 2. 8. 2006두4899).

③ (×) 학교환경위생구역 내 금지행위(숙박시설) 해제결정에 관한 학교환경위생정화위원회의 회의록에 기재된 발언내용에 대한 해당 발언자의 인적사항 부분에 관한 정보는 공공기관의 정보공개에 관한 법률 제7조 제1항 제5호 소정의 <u>비공개대상에 해당한다</u>(대법원 2003. 8. 22. 2002두12946).

④ (○) "공공기관의 정보공개에 관한 법률상 비공개대상정보의 입법 취지에 비추어 살펴보면, 같은 법 제7조 제1항 제5호에서의 '감사·감독·검사·시험·규제·입찰계약·기술개발·인사관리·의사결정과정 또는 내부검토과정에 있는 사항'은 비공개대상정보를 예시적으로 열거한 것이라고 할 것이므로, 의사결정과정에 제공된 회의관련 자료나 의사결정과정이 기록된 회의록 등은 <u>의사가 결정되거나 의사가 집행된 경우에는 더 이상 의사결정과정에 있는 사항 그 자체라고는 할 수 없으나, 의사결정과정에 있는 사항에 준하는 사항으로서 비공개대상정보에 포함될 수 있다</u>(대법원 2003. 8. 22. 2002두12946).

22 정답 ③

① (○) 국·공립대학 교원에 대한 재임용거부처분이 재량권을 일탈·남용한 것으로 평가되어 그것이 불법행위가 됨을 이유로 국·공립대학 교원 임용권자에게 손해배상책임을 묻기 위해서는 당해 재임용거부가 국·공립대학 교원 임용권자의 <u>고의 또는 과실로 인한 것이라는 점이 인정되어야 한다</u>(대법원 2011. 1. 27. 2009다30946).

② (○) 입법부가 법률로써 행정부에게 특정한 사항을 위임했음에도 불구하고 행정부가 정당한 이유 없이 이를 이행하지 않는다면 권력분립의 원칙과 법치국가 내지 법치행정의 원칙에 위배되는 것으로서 위법함과 동시에 위헌적인 것이 된다(대법원 2007. 11. 29. 2006다3561).

③ (×) 유흥주점에 감금된 채 윤락을 강요받으며 생활하던 여종업원들이 유흥주점에 화재가 났을 때 미처 피신하지 못하고 유독가스에 질식해 사망한 경우, 지방자치단체의 담당 공무원이 위 유흥주점의 용도변경, 무허가 영업 및 시설기준에 위배된 개축에 대하여 시정명령 등 식품위생법상 취하여야 할 조치를 게을리 한 직무상 의무위반행위와 위 종업원들의 사망 사이에 상당인과관계가 존재하지 않는다(대법원 2008. 4. 10. 2005다48994).

④ (○) '법령을 위반하여'라고 함은 엄격하게 형식적 의미의 법령에 명시적으로 공무원의 행위의무가 정하여져 있음에도 이를 위반하는 경우만을 의미하는 것은 아니고, 인권존중·권력남용금지·신의성실과 같이 공무원으로서 마땅히 지켜야 할 준칙이나 규범을 지키지 아니하고 위반한 경우를 비롯하여 널리 그 행위가 객관적인 정당성을 결여하고 있는 경우도 포함한다(대법원 2005. 6. 10. 2002다53995).

23 정답 ②

① (○) 무효인 행정행위에 대해서는 사정재결과 사정판결이 허용되지 않는다(95누5509).

② (×) 무효선언을 구하는 취소소송도 형식은 취소소송에 해당하므로, 취소소송으로서의 소송요건을 구비하여야 한다(92누11039). 따라서 행정심판전치주의는 무효확인소송에는 적용되지 않는다 하더라도, 무효선언을 구하는 취소소송에는 적용된다.

③ (○) 무효확인소송에는 간접강제에 대한 규정인 제34조가 준용되지 않는데, 준용되지 말아야 할 이유가 없음에도 불구하고 준용되지 않고 있다는 점에서, 일부 학설은 이를 입법의 불비로 보고 있다. 참고로, 우리 대법원은 이를 입법의 불비로 보지 않아, 무효확인판결에 대해서는 간접강제를 할 수 없다고 한다. 행정소송법 제38조 제1항이 무효확인판결에 관하여 취소판결에 관한 규정을 준용함에 있어서 같은 법 제30조 제2항을 준용한다고 규정하면서도 같은 법 제34조는 이를 준용한다는 규정을 두지 않고 있으므로, 행정처분에 대하여 무효확인판결이 내려진 경우에는 그 행정처분이 거부처분인 경우에도 행정청에 판결의 취지에 따른 재처분의무가 인정될 뿐 그에 대하여 간접강제까지 허용되는 것은 아니라고 할 것이다(대법원 1998. 12. 24. 98무37).

④ (○) 행정처분의 당연무효를 선언하는 의미에서 취소를 구하는 행정소송을 제기한 경우에도 제소기간의 준수 등 취소소송의 제소요건을 갖추어야 한다(대법원 1993. 3. 12. 92누11039).

24 정답 ③

① (○) 현행 건축법상 위법건축물에 대한 이행강제수단으로 대집행과 이행강제금(제83조 제1항)이 인정되고 있는데, 행정청은 개별사건에 있어서 위반내용, 위반자의 시정의지 등을 감안하여 대집행과 이행강제금을 선택적으로 활용할 수 있으며, 이처럼 그 합리적인 재량에 의해 선택하여 활용하는 이상 중첩적인 제재에 해당한다고 볼 수 없다(헌법재판소 2004. 2. 26. 2001헌바80).

② (○) "건축법을 위반한 건축주 등이 건축 허가권자로부터 위반건축물의 철거 등 시정명령을 받고도 그 이행을 하지 않는 경우 건축법 위반자에 대하여 시정명령 이행 시까지 반복적으로 이행강제금을 부과할 수 있도록 규정한 건축법 제80조 제1항 및 제4항에서 규정하고 있는 이행강제금은, 일정한 기한까지 의무를 이행하지 않을 때에는 일정한 금전적 부담을 과할 뜻을 미리 계고함으로써 의무자에게 심리적 압박을 주어 장래에 그 의무를 이행하게 하려는 행정상 간접적인 강제집행 수단의 하나로서 과거의 일정한 법률위반 행위에 대한 제재로서의 형벌이 아니라 장래의 의무이행의 확보를 위한 강제수단일 뿐이어서, 범죄에 대하여 국가가 형벌권을 실행한다고 하는 과벌에 해당하지 아니하므로 헌법 제13조 제1항이 금지하는 이중처벌금지의 원칙이 적용될 여지가 없다(헌법재판소 2011. 10. 25. 2009헌바140).

③ (×) 비록 건축주 등이 장기간 시정명령을 이행하지 아니하였더라도, 그 기간 중에는 시정명령의 이행 기회가 제공되지 아니하였다가 뒤늦게 시정명령의 이행 기회가 제공된 경우라면, 시정명령의 이행 기회 제공을 전제로 한 1회분의 이행강제금만을 부과할 수 있고, 시정명령의 이행 기회가 제공되지 아니한 과거의 기간에 대한 이행강제금까지 한꺼번에 부과할 수는 없다(대법원 2016. 7. 14. 2015두46598).

④ (○) 「부동산 실권리자명의 등기에 관한 법률」상 장기미등기자에 대하여 부과되는 이행강제금은 행정상의 간접강제 수단에 해당한다. 따라서 장기미등기자가 이행강제금 부과 전에 등기신청의무를 이행하였다면 이행강제금의 부과로써 이행을 확보하고자 하는 목적은 이미 실현된 것이므로 부동산실명법 제6조 제2항에 규정된 기간이 지나서 등기신청의무를 이행한 경우라 하더라도 이행강제금을 부과할 수 없다고 보아야 한다(대법원 2016. 6. 23. 2015두36454).

25 정답 ③

① (○) 행정절차법 제17조 제1항

> **행정절차법 제17조(처분의 신청)** ① 행정청에 처분을 구하는 신청은 문서로 하여야 한다. 다만, 다른 법령 등에 특별한 규정이 있는 경우와 행정청이 미리 다른 방법을 정하여 공시한 경우에는 그러하지 아니하다.

② (○) 행정절차법 제17조 제3항

> **행정절차법 제17조(처분의 신청)** ③ 행정청은 신청에 필요한 구비서류, 접수기관, 처리기간, 그 밖에 필요한 사항을 게시(인터넷 등을 통한 게시를 포함한다)하거나 이에 대한 편람을 갖추어두고 누구나 열람할 수 있도록 하여야 한다.

③ (×) 요구권이 권한으로서 부여된 것이 아니라, 요구 의무가 부과된 것이다. <u>보완을 요구하여야 한다</u>(행정절차법 제17조 제5항).

> **행정절차법 제17조(처분의 신청)** ⑤ 행정청은 신청에 구비서류의 미비 등 흠이 있는 경우에는 보완에 필요한 상당한 기간을 정하여 지체 없이 신청인에게 보완을 <u>요구하여야 한다</u>.

④ (○) 행정절차법 제17조 제7항

> **행정절차법 제17조(처분의 신청)** ⑦ 행정청은 신청인의 편의를 위하여 다른 행정청에 신청을 접수하게 할 수 있다. 이 경우 행정청은 다른 행정청에 접수할 수 있는 신청의 종류를 미리 정하여 공시하여야 한다.

08 2020. 7. 18. 군무원 7급 기출문제

본문 77~82쪽

ANSWER

01 ②	02 ③	03 ①	04 ③	05 ②
06 ③	07 ②	08 ④	09 ②	10 ④
11 ③	12 ①	13 ②	14 ②	15 ③
16 ④	17 ②	18 ④	19 ④	20 ①

01 정답 ②

① (○) 옳은 내용이다.

학설	내용
자기 책임설	㉠ 국가나 지방자치단체의 배상책임은, 본래 공무원이 졌어야 하는 책임을 국가나 지방자치단체가 대신하여 지는 것이 아니라, 공무원 개인의 책임과는 무관하게, 국가배상법에서 책임을 지라고 규정하고 있기 때문에 국가나 지방자치단체가 부담하는 책임이라고 보는 견해이다. ㉡ 공무원의 민법상의 책임과 국가나 지방자치단체의 국가배상법상의 책임의 성부는 각각 별개로 따져보아야 할 문제라 본다. ㉢ 이 견해는 공무원의 책임과 국가나 지방자치단체의 책임이 모두 성립하는 경우, 양자는 서로 독립하여 병존한다고 본다. 그 경우에는 피해자의 선택적 청구권이 인정된다고 본다.
대위 책임설	㉠ 국가나 지방자치단체의 배상책임은, 본래 공무원이 졌어야 하는 책임을 피해자 보호를 위해 자력이 두터운 국가나 지방자치단체가 대신하여 지는 책임이라고 보는 견해이다. ㉡ 이 견해는 보통 피해자 보호를 위해 공무원 개인의 대외적 책임을 부정한다. 따라서 피해자의 선택적 청구권을 인정하지 않는다.

② (×) 법관의 재판에 법령의 규정을 따르지 아니한 잘못이 있다 하더라도 이로써 바로 그 재판상 직무행위가 국가배상법 제2조 제1항에서 말하는 위법한 행위로 되어 국가의 손해배상책임이 발생하는 것은 아니고, 그 국가배상책임이 인정되려면 당해 법관이 위법 또는 부당한 목적을 가지고 재판을 하였다거나 법이 법관의 직무수행상 준수할 것을 요구하고 있는 기준을 현저하게 위반하는 등 법관이 그에게 부여된 권한의 취지에 명백히 어긋나게 이를 행사하였다고 인정할 만한 특별한 사정이 있어야 한다(대법원 2003. 7. 11. 99다24218).

③ (○) 국가배상책임의 객관화를 위해 통설과 판례는 ㉠ 국가배상책임의 성립요건인 '과실'을 추상적 과실로 요구하고 있고(과실의 객관화), ㉡ 가해공무원이 구체적으로 누구였는지에 대한 특정을 요구하지 않고 있다. 국가배상책임을 객관화하면 피해자에 대한 구제의 폭이 넓어지기 때문이다. 참고로, 당해 공무원의 능력이 아니라 당해 직무를 담당하는 평균적 공무원의 능력을 기준으로 존부가 판단되는 과실을 추상적 과실이라 한다.

④ (○) 옳은 내용이다.

02 정답 ③

① (○) 제3자에 대한 효력을 대세효라 하는데, 취소소송의 경우 이를 행정소송법 제29조 제1항에서 규정하고 있고, 같은 법 제38조 제2항에서는 이를 부작위위법확인소송에 준용하고 있다.

> 행정소송법 제29조(취소판결 등의 효력) ① 처분등을 취소하는 확정판결은 제3자에 대하여도 효력이 있다.

> 행정소송법 제38조(준용규정) ② 제9조, 제10조, 제13조 내지 제19조, 제20조, 제25조 내지 제27조, 제29조 내지 제31조, 제33조 및 제34조의 규정은 부작위위법확인소송의 경우에 준용한다.

② (○) 부작위위법확인의 소는 부작위상태가 계속되는 한 그 위법의 확인을 구할 이익이 있다고 보아야 하므로 원칙적으로 제소기간의 제한을 받지 않는다. 그러나 행정소송법 제38조 제2항이 제소기간을 규정한 같은 법 제20조를 부작위위법확인소송에 준용하고 있는 점에 비추어 보면, 행정심판 등 전심절차를 거친 경우에는 행정소송법 제20조가 정한 제소기간 내에 부작위위법확인의 소를 제기하여야 한다(대법원 2009. 7. 23. 2008두10560).

③ (×) 지문은 대법원의 입장이 아니라, 대법원의 입장에 반대하는 견해(실체적 심리설)의 내용이다. 대법원은 부작위위법확인소송은 '신청의 실체적 내용이 이유 있는 것인가'는 심리하지 않는 소송이라 본다(절차적 심리설). 부작위위법확인의 소는 행정청이 당사자의 법규상 또는 조리상의 권리에 기한 신청에 대하여 상당한 기간 내에 그 신청을 인용하는 적극적 처분을 하거나 각하 또는 기각하는 등의 소극적 처분을 하여야 할 법률상의 응답의무가 있음에도 불구하고 이를 하지 아니하는 경우, 그 부작위의 위법을 확인함으로써 행정청의 응답을 신속하게 하여 부작위 내지 무응답이라고 하는 소극적인 위법상태를 제거하는 것을 목적으로 하는 것이고, 나아가 그 인용 판결의 기속력에 의하여 행정청으로 하여금 적극적이든 소극적이든 어떤 처분을 하도록 강제하려는 제도이다(대법원 2002. 6. 28. 2000두4750).

④ (○) 옳은 내용이다. 이 점이 부작위위법확인소송과, 현재 인정되지 않고 있는 의무이행소송의 차이이다.

03 정답 ①

① (×) 당사자소송이 아니라 항고소송으로 다투어야 한다. 구 산업집적활성화 및 공장설립에 관한 법률의 규정들에서 알 수 있는 산업단지관리공단의 입주변경계약 취소는 행정청인 관리권자로부터 관리업무를 위탁받은 산업단지관리공단이 우월적 지위에서 입주기업체들에게 일정한 법률상 효과를 발생하게 하는 것으로서 항고소송의 대상이 되는 행정처분에 해당한다(대법원 2017. 6. 15. 2014두46843).

② (○) 어업권면허에 선행하는 우선순위결정은 행정청이 우선권자로 결정된 자의 신청이 있으면 어업권면허처분을 하겠다는 것을 약속하는 행위로서 강학상 확약에 불과하고 행정처분은 아니다(대법원 1995. 1. 20. 94누6529).

③ (○) 행정사법관계는 공법규정 내지 공법원리에 의해 일부 법리가 수정될 수는 있지만, 원칙적으로는 여전히 사법관계인 것으로서, 민사소송에 의하여야 한다.

④ (○) 행정자동결정은 행정행위일 수도 있고, 사실행위일 수도 있다. 만약 사실행위에 해당한다면 전형적인 사실행위와 동일하게 취급된다. 따라서 똑같이, 권리·의무의 변동을 의도하지 않기 때문에 그로 인한 직접적인 법적 효과는 발생하지 않는다. 다만, 국가배상청구권의 발생 등 간접적인 법적 효과만 발생할 수 있다.

04 정답 ③

① (○) 기속행위는 법이 정한 요건을 충족하면 행정청이 그 행정행위를 발급해야 할 의무를 부담하는 행정행위를 말한다. 반면, 재량행위는 법이 정한 요건을 충족하였다 하더라도, 그 행정행위를 발급하지 않는 것이 재량의 일탈이나 남용에 해당하지 않는 한 발급하지 않을 수 있는 행정행위라는 점에서 기속행위와 다르다.

② (○) 재량행위 내지 자유재량행위의 경우 행정청의 재량에 기한 공익판단의 여지를 감안하여 법원은 독자의 결론을 도출함이 없이 당해 행위에 재량권의 일탈·남용이 있는지 여부만을 심사하게 되고, 이러한 재량권의 일탈·남용 여부에 대한 심사는 사실오인, 비례·평등의 원칙 위배, 당해 행위의 목적 위반이나 동기의 부정 유무 등을 그 판단 대상으로 한다(대법원 2001. 2. 9. 98두17593).

③ (×) 우리 대법원은 판단여지라는 개념을 명시적으로 사용하지는 않는다. 통설에 따를 때 판단여지의 영역으로 분류될 수 있는 경우도 재량의 문제로 보고 있다. 국토계획법이 정한 용도지역 안에서의 건축허가는 건축법 제11조 제1항에 의한 건축허가와 국토계획법 제56조 제1항의 개발행위허가의 성질을 아울러 갖는데, 개발행위허가는 허가기준 및 금지요건이 불확정개념으로 규정된 부분이 많아 그 요건에 해당하는지 여부는 행정청의 재량판단의 영역에 속한다(대법원 2017. 3. 15. 2016두55490).

④ (○) 자유재량에 있어서도 그 범위의 넓고 좁은 차이는 있더라도 법령의 규정뿐만 아니라 관습법 또는 일반적 조리에 의한 일정한 한계가 있는 것으로서 위 한계를 벗어난 재량권의 행사는 위법하다고 하지 않을 수 없다(대법원 1990. 8. 28. 89누8255).

05 정답 ②

① (○) 건축허가는 대물적 성질을 갖는 것이어서 행정청으로서는 허가를 할 때에 건축주 또는 토지소유자가 누구인지 등 인적 요소에 관하여는 형식적 심사만 한다(대법원 2017. 3. 15. 2014두41190).

② (×) 학원의 설립·운영에 관한 법률 제5조 제2항에 의한 학원의 설립인가는 강학상의 이른바 허가에 해당하는 것으로서 그 인가를 받은 자에게 특별한 권리를 부여하는 것은 아니고 일반적인 금지를 특정한 경우에 해제하여 학원을 설립할 수 있는 자유를 회복시켜 주는 것에 불과한 것이다(대법원 1992. 4. 14. 91다39986).

③ (○) 유료직업 소개사업의 허가갱신은 허가취득자에게 종전의 지위를 계속 유지시키는 효과를 갖는 것에 불과하고 갱신 후에는 갱신 전의 법위반사항을 불문에 붙이는 효과를 발생하는 것이 아니므로 일단 갱신이 있은 후에도 갱신 전의 법위반사실을 근거로 허가를 취소할 수 있다(대법원 1982. 7. 27. 81누174).

④ (○) 허가 등의 행정처분은 원칙적으로 처분 시의 법령과 허가기준에 의하여 처리되어야 하고 허가신청 당시의 기준에 따라야 하는 것은 아니며, 비록 허가신청 후 허가기준이 변경되었다 하더라도 그 허가관청이 허가신청을 수리하고도 정당한 이유 없이 그 처리를 늦추어 그 사이에 허가기준이 변경된 것이 아닌 이상 변경된 허가기준에 따라서 처분을 하여야 한다(대법원 1996. 8. 20. 95누10877).

06 정답 ③

① (○) 행정절차법 제22조 제1항 제3호

제22조(의견청취) ① 행정청이 처분을 할 때 다음 각 호의 어느 하나에 해당하는 경우에는 청문을 한다. <개정 2014. 1. 28., 2022. 1. 11.>
1. 다른 법령 등에서 청문을 하도록 규정하고 있는 경우
2. 행정청이 필요하다고 인정하는 경우
3. 다음 각 목의 처분을 하는 경우
   가. 인허가 등의 취소
   나. 신분·자격의 박탈
   다. 법인이나 조합 등의 설립허가의 취소

② (○) 행정절차법 제22조 제2항 제3호

> 행정절차법 제22조(의견청취) ② 행정청이 처분을 할 때 다음 각 호의 어느 하나에 해당하는 경우에는 공청회를 개최한다. <개정 2019. 12. 10.>
> 1. 다른 법령 등에서 공청회를 개최하도록 규정하고 있는 경우
> 2. 해당 처분의 영향이 광범위하여 널리 의견을 수렴할 필요가 있다고 행정청이 인정하는 경우
> 3. <u>국민생활에 큰 영향을 미치는 처분으로서 대통령령으로 정하는 처분에 대하여 대통령령으로 정하는 수 이상의 당사자등이 공청회 개최를 요구하는 경우</u>

③ (✕) 행정청은 정책, 제도 및 계획을 수립·시행하거나 변경하려는 경우에는 원칙적으로 이를 예고하여야 하고, 일정한 경우에만 예외적으로 예고를 하지 않을 수 있는 것으로 법이 개정되었다. 지문은 개정 전 규정의 내용이다.

> 행정절차법 제46조(행정예고) ① 행정청은 정책, 제도 및 계획(이하 "정책 등"이라 한다)을 수립·시행하거나 변경하려는 경우에는 이를 예고하여야 한다. <u>다만, 다음 각 호의 어느 하나에 해당하는 경우에는 예고를 하지 아니할 수 있다.</u>
> 1. 신속하게 국민의 권리를 보호하여야 하거나 예측이 어려운 특별한 사정이 발생하는 등 긴급한 사유로 예고가 현저히 곤란한 경우
> 2. 법령 등의 단순한 집행을 위한 경우
> 3. 정책 등의 내용이 국민의 권리·의무 또는 일상생활과 관련이 없는 경우
> 4. 정책 등의 예고가 공공의 안전 또는 복리를 현저히 해칠 우려가 상당한 경우

④ (○) 행정절차법 제23조 제1항은 행정청은 처분을 하는 때에는 당사자에게 그 근거와 이유를 제시하여야 한다고 규정하고 있는바, 일반적으로 당사자가 근거규정 등을 명시하여 신청하는 인·허가 등을 거부하는 처분을 함에 있어 <u>당사자가 그 근거를 알 수 있을 정도로 상당한 이유를 제시한 경우에는 당해 처분의 근거 및 이유를 구체적 조항 및 내용까지 명시하지 않았더라도 그로 말미암아 그 처분이 위법한 것이 된다고 할 수 없다</u>(대법원 2002. 5. 17. 2000두8912).

07 정답 ②

① (○) 국민권익위원회가 소방청장에게 인사와 관련하여 부당한 지시를 한 사실이 인정된다며 이를 취소할 것을 요구하기로 의결하고 그 내용을 통지하자 소방청장이 국민권익위원회 조치요구의 취소를 구하는 소송을 제기한 경우, <u>처분성이 인정되는 국민권익위원회의 조치요구에 불복하고자 하는 소방청장으로서는 조치요구의 취소를 구하는 항고소송을 제기하는 것이 유효·적절한 수단으로 볼 수 있으므로 소방청장이 예외적으로 당사자능력과 원고적격을 가진다</u>(대법원 2018. 8. 1. 2014두35379).

② (✕) 사증발급의 법적 성질, 출입국관리법의 입법목적, 사증발급 신청인의 대한민국과의 실질적 관련성, 상호주의원칙 등을 고려하면, 우리 출입국관리법의 해석상 <u>외국인에게는 사증발급 거부처분의 취소를 구할 법률상 이익이 인정되지 않는다</u>(대법원 2018. 5. 15. 2014두42506).

③ (○) 당사자의 신청을 받아들이지 않은 거부처분이 재결에서 취소된 경우에 행정청은 종전 거부처분 또는 재결 후에 발생한 새로운 사유를 내세워 다시 거부처분을 할 수 있다. 또한 행정청이 재결에 따라 이전의 신청을 받아들이는 후속처분을 하였더라도 후속처분이 위법한 경우에는 재결에 대한 취소소송을 제기하지 않고도 곧바로 후속처분에 대한 항고소송을 제기하여 다툴 수 있다. 재결에 대한 항고소송을 제기하여 재결을 취소하는 판결이 확정되더라도 그와 별도로 후속처분이 취소되지 않는 이상 후속처분으로 인한 제3자의 권리나 이익에 대한 침해상태는 여전히 유지된다. 이러한 점들을 종합하면, <u>거부처분이 재결에서 취소된 경우 재결에 따른 후속처분이 아니라 그 재결의 취소를 구하는 것은 실효적이고 직접적인 권리구제수단이 될 수 없어 분쟁해결의 유효적절한 수단이라고 할 수 없으므로 법률상 이익이 없다</u>(대법원 2017. 10. 31. 2015두45045).

④ (○) 병무청장이 병역법 제81조의2 제1항에 따라 병역의무 기피자의 인적사항 등을 인터넷 홈페이지에 게시하는 등의 방법으로 공개한 경우 <u>병무청장의 공개결정을 항고소송의 대상이 되는 행정처분으로 보아야 한다</u>(대법원 2019. 6. 27. 2018두49130).

08 정답 ④

① (○) 군수가 군사무위임조례의 규정에 따라 무허가 건축물에 대한 철거대집행사무를 하부 행정기관인 읍·면에 위임하였다면, 읍·면장에게는 관할구역 내의 무허가 건축물에 대하여 그 철거대집행을 위한 계고처분을 할 권한이 있다(대법원 1997. 2. 14. 96누15428).

② (○) 이행강제금은 간접적인 행정상 강제집행 수단이며(2011두2170), 대체적 작위의무 위반에 대하여도 부과될 수 있다(2001헌바80).

③ (○) 옳은 내용이다. 직접강제는 그 자체의 성질상의 제한은 크지 않다. 다만 그것을 규정하고 있는 개별법 규정이 없는 경우가 많아 많이 쓰이지 못할 뿐이다.

④ (✕) <u>이행강제금 부과를 위해 계고는 반복되어야 하지만, 시정명령이 반복될 필요는 없다.</u> 개발제한구역의 지정 및 관리에 관한 특별조치법에 의하면 시정명령을 받은 후 그 시정명령의 이행을 하지 아니한 자에 대하여 이행강제금을 부과할 수 있고, 이행강제금을 부과하기 전에 상당한 기간을 정하여 그 기한까지 이행되지 아니할 때에 이행강제금을 부과·징수한다는 뜻을 문서로 계고하여야 하므로, 이행강제금의 부과·징수를 위한 계고는 시정명령을 불이행한 경우에 취할 수 있는 절차라 할 것이고, 따라서 <u>이행강제금을 부과·징수할 때마다 그에 앞서 시정명령 절차를 다시 거쳐야 할 필요는 없다</u>(대법원 2013. 12. 12. 2012두20397).

09 정답 ②

① (O) 국유재산법 제51조 제1항은 국유재산의 무단점유자에 대하여는 대부 또는 사용, 수익허가 등을 받은 경우에 납부하여야 할 대부료 또는 사용료 상당액 외에도 그 징벌적 의미에서 국가 측이 일방적으로 그 2할 상당액을 추가하여 변상금을 징수토록 하고 있으며 동조 제2항은 변상금의 체납 시 국세징수법에 의하여 강제징수토록 하고 있는 점 등에 비추어 보면 국유재산의 관리청이 그 무단점유자에 대하여 하는 변상금부과처분은 순전히 사경제 주체로서 행하는 사법상의 법률행위라 할 수 없고 이는 관리청이 공권력을 가진 우월적 지위에서 행한 것으로서 행정소송의 대상이 되는 행정처분이라고 보아야 한다(대법원 1988. 2. 23. 87누1046).

② (×) 국가나 지방자치단체에서 근무하는 청원경찰의 근무관계는 그 임용권자가 행정기관의 장이고, 국가나 지방자치단체로부터 보수를 받으며, 직무상의 불법행위에 대해서도 민법이 아닌 국가배상법이 적용되는 등의 특질이 있으며 그 외 임용자격·직무·복무의무내용 등을 종합하여 볼 때, 그 근무관계를 사법상의 고용계약관계로 보기는 어려우므로, 그에 대한 징계처분의 시정을 구하는 소는 행정소송의 대상이지 민사소송의 대상이 아니다(대법원 1993. 7. 13. 92다47564).

③ (O) 입찰보증금은 낙찰자의 계약체결의무 이행의 확보를 목적으로 하여 그 불이행 시에 이를 국고에 귀속시켜 국가의 손해를 전보하는 사법상의 손해배상 예정으로서의 성질을 갖는 것이라고 할 것이므로, 입찰보증금의 국고귀속조치(공사계약체결서류의 제출 및 계약보증금 및 차액보증금의 지급불응을 이유로 甲을 부정당업자로 보고 甲이 공사입찰보증금으로 납부한 금 7,000,000원에 대하여 행한 국고귀속조치)는 국가가 사법상의 재산권의 주체로서 행위하는 것이지 공권력을 행사하는 것이거나 공권력작용과 일체성을 가진 것이 아니라 할 것이므로 이에 관한 분쟁은 행정소송이 아닌 민사소송의 대상이 될 수밖에 없다고 할 것이다(대법원 1983. 3. 7. 81누366).

④ (O) 조세채권은 국세징수법에 의하여 우선권 및 자력집행권 등이 인정되는 권리로서 사적 자치가 인정되는 사법상의 채권과 그 성질을 달리할 뿐 아니라, 부당한 조세징수로부터 국민을 보호하고 조세부담의 공평을 기하기 위하여 그 성립과 행사는 법률에 의해서만 가능하고 법률의 규정과 달리 당사자가 그 내용 등을 임의로 정할 수 없으며, 조세채무관계는 공법상의 법률관계로서 그에 관한 쟁송은 원칙적으로 행정소송법의 적용을 받고, 조세는 공익성과 공공성 등의 특성을 갖는다는 점에서도 사법상의 채권과 구별된다(대법원 2017. 8. 29. 2016다224961).

10 정답 ④

① (O) 관세법 제78조 소정의 보세구역의 설영특허는 보세구역의 설치, 경영에 관한 권리를 설정하는 이른바 공기업의 특허로서 그 특허의 부여 여부는 행정청의 자유재량에 속하며, 특허기간이 만료된 때에 특허는 당연히 실효되는 것이어서 특허기간의 갱신은 실질적으로 권리의 설정과 같으므로 그 갱신 여부도 특허관청의 자유재량에 속한다(대법원 1989. 5. 9. 88누4188).

② (O) 하천부지의 점용허가를 받은 사람은 그 하천부지를 권원 없이 점유·사용하는 자에 대하여 직접 부당이득의 반환 등을 구할 수 있다(대법원 1994. 9. 9. 94다4592).

③ (O) 자동차운수사업법에 의한 개인택시운송사업면허는 특정인에게 권리나 이익을 부여하는 행정행위로서 법령에 특별한 규정이 없는 한 재량행위이고, 그 면허기준을 정하는 것도 역시 행정청의 재량에 속하는 것이다(대법원 1993. 10. 12. 93누4243).

④ (×) 행정청이 도시 및 주거환경정비법 등 관련 법령에 근거하여 행하는 조합설립인가처분은 단순히 사인들의 조합설립행위에 대한 보충행위로서의 성질을 갖는 것에 그치는 것이 아니라 법령상 요건을 갖출 경우 도시 및 주거환경정비법상 주택재건축사업을 시행할 수 있는 권한을 갖는 행정주체(공법인)로서의 지위를 부여하는 일종의 설권적 처분의 성격을 갖는다고 보아야 한다(대법원 2009. 9. 24. 2008다60568).

11 정답 ③

① (O) 법령에서 행정처분의 요건 중 일부 사항을 부령으로 정할 것을 위임한 데 따라 시행규칙 등 부령에서 이를 정한 경우에 그 부령의 규정은 국민에 대해서도 구속력이 있는 법규명령에 해당한다고 할 것이지만, 법령의 위임이 없음에도 법령에 규정된 처분요건에 해당하는 사항을 부령에서 변경하여 규정한 경우에는 그 부령의 규정은 행정청 내부의 사무처리 기준 등을 정한 것으로서 행정조직 내에서 적용되는 행정명령의 성격을 지닐 뿐 국민에 대한 대외적 구속력은 없다고 보아야 한다(대법원 2013. 9. 12. 2011두10584).

② (O) 조례의 제정권자인 지방의회는 선거를 통해서 그 지역적인 민주적 정당성을 지니고 있는 주민의 대표기관이고 헌법이 지방자치단체에 포괄적인 자치권을 보장하고 있는 취지로 볼 때, 조례에 대한 법률의 위임은 법규명령에 대한 법률의 위임과 같이 반드시 구체적으로 범위를 정하여 할 필요가 없으며 포괄적인 것으로 족하다(헌법재판소 1995. 4. 20. 92헌마264).

③ (×) 헌법 제75조, 제95조의 문리해석상 및 법리해석상 포괄적인 위임입법의 금지는 법규적 효력을 가지는 행정입법의 제정을 그 주된 대상으로 하고 있다. 위임입법을 엄격한 헌법적 한계 내에 두는 이유는 무엇보다도 권력분립의 원칙에 따라 국민의 자유와 권리에 관계되는 사항은 국민의 대표기관이 정하는 것이 원칙이라는 법리에 기인한 것이다. 즉, 행정부에 의한

법규사항의 제정은 입법부의 권한 내지 의무를 침해하고 자의적인 시행령 제정으로 국민들의 자유와 권리를 침해할 수 있기 때문에 엄격한 헌법적 기속을 받게 하는 것이다. 그런데 법률이 행정부가 아니거나 행정부에 속하지 않는 공법적 기관의 정관에 특정 사항을 정할 수 있다고 위임하는 경우에는 그러한 권력분립의 원칙을 훼손할 여지가 없다. 이는 자치입법에 해당되는 영역이므로 자치적으로 정하는 것이 바람직하다. 따라서 법률이 정관에 자치법적 사항을 위임한 경우에는 헌법 제75조, 제95조가 정하는 포괄적인 위임입법의 금지는 원칙적으로 적용되지 않는다고 봄이 상당하다(헌법재판소 2006. 3. 30. 2005헌바31).

④ (○) 법규명령의 위임의 근거가 되는 법률에 대하여 위헌결정이 선고되면 그 위임규정에 근거하여 제정된 법규명령도 원칙적으로 효력을 상실한다(대법원 1998. 4. 10. 96다52359).

12 정답 ①

① (×) 조세범처벌절차법에 의하여 범칙자에 대한 세무관서의 통고처분은 행정소송의 대상이 아니다(대법원 1980. 10. 14. 80누380).

② (○) 질서위반행위규제법 제7조

> 질서위반행위규제법 제7조(고의 또는 과실) 고의 또는 과실이 없는 질서위반행위는 과태료를 부과하지 아니한다.

③ (○) 질서위반행위규제법 제8조

> 질서위반행위규제법 제8조(위법성의 착오) 자신의 행위가 위법하지 아니한 것으로 오인하고 행한 질서위반행위는 그 오인에 정당한 이유가 있는 때에 한하여 과태료를 부과하지 아니한다.

④ (○) 질서위반행위규제법 제24조 제1항

> 질서위반행위규제법 제24조(가산금 징수 및 체납처분 등) ① 행정청은 당사자가 납부기한까지 과태료를 납부하지 아니한 때에는 납부기한을 경과한 날부터 체납된 과태료에 대하여 100분의 3에 상당하는 가산금을 징수한다.

13 정답 ②

① (○) 수용에 따른 손실보상액 산정의 경우 헌법 제23조 제3항에 따른 정당한 보상이란 원칙적으로 피수용재산의 객관적인 재산가치를 완전하게 보상하여야 한다는 완전보상을 뜻하는 것이다(대법원 2001. 9. 25. 2000두2426).

② (×) 공익사업을 위한 토지 등의 취득 및 보상에 관한 법률 제72조의 문언, 연혁 및 취지 등에 비추어 보면, 위 규정이 정한 수용청구권은 토지보상법 제74조 제1항이 정한 잔여지 수용청구권과 같이 손실보상의 일환으로 토지소유자에게 부여되는

권리로서 그 청구에 의하여 수용효과가 생기는 형성권의 성질을 지니므로, 토지소유자의 토지수용청구를 받아들이지 아니한 토지수용위원회의 재결에 대하여 토지소유자가 불복하여 제기하는 소송은 토지보상법 제85조 제2항에 규정되어 있는 '보상금의 증감에 관한 소송'에 해당하고, 피고는 토지수용위원회가 아니라 사업시행자로 하여야 한다(대법원 2015. 4. 9. 2014두46669).

③ (○) 공익사업을 위한 토지 등의 취득 및 보상에 관한 법률에 의한 보상합의는 공공기관이 사경제주체로서 행하는 사법상 계약의 실질을 가지는 것으로서, 당사자 간의 합의로 같은 법 소정의 손실보상의 기준에 의하지 아니한 손실보상금을 정할 수 있다(대법원 2013. 8. 22. 2012다3517).

④ (○) 공익사업을 위한 토지 등의 취득 및 보상에 관한 법률 제77조 제1항, 제4항, 구 공익사업을 위한 토지 등의 취득 및 보상에 관한 법률 시행규칙 제45조, 제46조, 제47조와 구 공익사업법 제26조, 제28조, 제30조, 제34조, 제50조, 제61조, 제83조 내지 제85조의 규정 내용 및 입법 취지 등을 종합하여 보면, 공익사업으로 인하여 영업을 폐지하거나 휴업하는 자가 사업시행자에게서 구 공익사업법 제77조 제1항에 따라 영업손실에 대한 보상을 받기 위해서는 구 공익사업법 제34조, 제50조 등에 규정된 재결절차를 거친 다음 재결에 대하여 불복이 있는 때에 비로소 구 공익사업법 제83조 내지 제85조에 따라 권리구제를 받을 수 있을 뿐, 이러한 재결절차를 거치지 않은 채 곧바로 사업시행자를 상대로 손실보상을 청구하는 것은 허용되지 않는다고 보는 것이 타당하다(대법원 2011. 9. 29. 2009두10963).

14 정답 ②

① (○) 수리는 행정청이 타인의 행위를 유효한 것으로서 수령하는 '인식의 표시행위'이다. 그렇기 때문에 준법률행위적 행정행위로 분류된다. 한편, 사표수리는 공무원 지위의 소멸을 가져오므로, 특허로서의 성질도 갖는 것으로 보아야 한다(정선지로 처리되었으나 다소 의문의 여지가 있기는 하다).

② (×) 토지수용에 있어서의 사업인정의 고시는 이미 성립한 다른 행정행위의 효력발생요건이 아니라, 그 자체가 독자적인 법적효과를 갖는 준법률행위적 행정행위인 통지에 해당한다.

③ (○) 옳은 내용이다. 공증의 한 예에 해당한다.

④ (○) 확인에는 다른 행정행위에는 인정되지 않는 효력인 불가변력이 인정된다.

15 정답 ③

① (○) 행정소송법 제44조, 제26조

> 행정소송법 제26조(직권심리) 법원은 필요하다고 인정할 때에는 직권으로 증거조사를 할 수 있고, 당사자가 주장하지 아니한 사실에 대하여도 판단할 수 있다.

> 행정소송법 제44조(준용규정) ① 제14조 내지 제17조, 제22조, 제25조, 제26조, 제30조 제1항, 제32조 및 제33조의 규정은 당사자소송의 경우에 준용한다.

② (○) 원고가 고의 또는 중대한 과실 없이 행정소송으로 제기하여야 할 사건을 민사소송으로 잘못 제기한 경우, 수소법원으로서는 만약 그 행정소송에 대한 관할을 동시에 가지고 있다면 이를 행정소송으로 심리·판단하여야 하고, 그 행정소송에 대한 관할을 가지고 있지 아니하다면 당해 소송이 이미 행정소송으로서의 전심절차와 제소기간을 도과하였거나 행정소송의 대상이 되는 처분 등이 존재하지도 아니한 상태에 있는 등 행정소송으로서 소송요건을 결하고 있음이 명백하여 행정소송으로 제기되었더라도 어차피 부적법하게 되는 경우가 아닌 이상 이를 부적법한 소라고 하여 각하할 것이 아니라 관할법원에 이송하여야 한다(대법원 2018. 7. 26. 2015다221569).

③ (×) 당사자소송에 대해서는 피고적격에 대해 별도의 규정(제39조)을 두고 있다.

> 행정소송법 제39조(피고적격) 당사자소송은 국가·공공단체 그 밖의 권리주체를 피고로 한다.

> 행정소송법 제13조(피고적격) ① 취소소송은 다른 법률에 특별한 규정이 없는 한 그 처분 등을 행한 행정청을 피고로 한다. 다만, 처분등이 있은 뒤에 그 처분 등에 관계되는 권한이 다른 행정청에 승계된 때에는 이를 승계한 행정청을 피고로 한다.

④ (○) 제18조 규정은 당사자소송에 준용되지 않는다. 현행법상 행정심판은 처분 등에 관한 분쟁을 전제로 하는데, 당사자소송은 처분 등에 대하여 다투는 소송이 아니기 때문이다.

> 행정소송법 제18조(행정심판과의 관계) ① 취소소송은 법령의 규정에 의하여 당해 처분에 대한 행정심판을 제기할 수 있는 경우에도 이를 거치지 아니하고 제기할 수 있다. 다만, 다른 법률에 당해 처분에 대한 행정심판의 재결을 거치지 아니하면 취소소송을 제기할 수 없다는 규정이 있는 때에는 그러하지 아니하다.

> 행정소송법 제44조(준용규정) ① 제14조 내지 제17조, 제22조, 제25조, 제26조, 제30조 제1항, 제32조 및 제33조의 규정은 당사자소송의 경우에 준용한다.

16 정답 ④

① (○) 옳은 내용이다.

② (○) 프리츠 베르너(Fritz Werner)는 이와 같은 표현을 통하여, 행정법이 헌법적 가치나 기본이념과 무관하게 존재하는 것이 아니고, 헌법상의 가치나 기본이념이 일정한 실정법원리로서 구체화되어 행정을 구속하는 행정법의 기본원리를 구성한다는 것을 말한 것이다. 헌법과 행정법의 관계에 대한 진술이다.

③ (○) 헌법 제75조

> 헌법 제75조 대통령은 법률에서 구체적으로 범위를 정하여 위임받은 사항과 법률을 집행하기 위하여 필요한 사항에 관하여 대통령령을 발할 수 있다.

④ (×) 법률의 위임이 없어도 자치사무에 관한 사항을 조례로 정할 수 있는 것이 원칙이다(지방자치법 제22조).

> 지방자치법 제22조(조례) 지방자치단체는 법령의 범위 안에서 그 사무에 관하여 조례를 제정할 수 있다. 다만, 주민의 권리 제한 또는 의무 부과에 관한 사항이나 벌칙을 정할 때에는 법률의 위임이 있어야 한다.

17 정답 ②

① (○) 국·공립학교의 채용시험에 국가유공자와 그 가족이 응시하는 경우 만점의 10퍼센트를 가산하도록 규정하고 있는 국가유공자등 예우 및 지원에 관한 법률 제31조 제1항·제2항, 독립유공자 예우에 관한 법률 제16조 제3항 중 국가유공자등 예우 및 지원에 관한 법률 제31조 제1항·제2항 준용 부분, 5·18 민주 유공자 예우에 관한 법률 제22조 제1항·제2항이 기타 응시자들의 평등권과 공무담임권을 침해한다(헌법재판소 2006. 2. 23. 2004헌마675).

② (×) 이에 대한 판례는 없다. 참고로, 2019년 국세징수법 개정으로, 위와 같은 국세징수법 규정은 관련된 사업에 대해서만 관허사업을 제한하도록 하는 것으로 바뀌었다.

③ (○) 평등의 원칙은 본질적으로 같은 것을 자의적으로 다르게 취급함을 금지하는 것이고, 위법한 행정처분이 수차례에 걸쳐 반복적으로 행하여졌다 하더라도 그러한 처분이 위법한 것인 때에는 행정청에 대하여 자기구속력을 갖게 된다고 할 수 없다(대법원 2009. 6. 25. 2008두13132).

④ (○) 같은 정도의 비위를 저지른 자들 사이에 있어서도 그 직무의 특성 등에 비추어, 개전의 정이 있는지 여부에 따라 징계의 종류의 선택과 양정에 있어서 차별적으로 취급하는 것은, 사안의 성질에 따른 합리적 차별로서 이를 자의적 취급이라고 할 수 없는 것이어서 평등원칙 내지 형평에 반하지 아니한다(대법원 1999. 8. 20. 99두2611).

18 정답 ④

① (○) 행정심판법 제51조

> **행정심판법 제51조(행정심판 재청구의 금지)** 심판청구에 대한 재결이 있으면 그 재결 및 같은 처분 또는 부작위에 대하여 다시 행정심판을 청구할 수 없다.

② (○) 이제는 사라져 버린 제도(취소명령재결, 재결청)에 대한 판례를 출제한 지문이다. 오류는 아니지만 다소 문제가 있다. 행정심판법 제37조 제1항의 규정에 의하면 재결은 피청구인인 행정청을 기속하는 효력을 가지므로 재결청이 취소심판 청구가 이유 있다고 인정하여 처분청에게 처분을 취소할 것을 명하면 처분청으로서는 그 재결에 따라 처분을 취소하여야 하는 것이다(대법원 2015. 11. 27. 2013다6759).

③ (○) 불고불리원칙은 행정심판법 제47조 제1항에서, 불이익변경금지원칙은 제47조 제2항에서 명시적으로 규정하고 있다.

> **행정심판법 제47조(재결의 범위)** ① 위원회는 심판청구의 대상이 되는 처분 또는 부작위 외의 사항에 대하여는 재결하지 못한다.
> ② 위원회는 심판청구의 대상이 되는 처분보다 청구인에게 불리한 재결을 하지 못한다.

④ (✕) 행정심판에서도 행정소송에서와 마찬가지로 집행부정지를 원칙으로 하고 있다.

> **행정심판법 제30조(집행정지)** ① 심판청구는 처분의 효력이나 그 집행 또는 절차의 속행(續行)에 영향을 주지 아니한다.

19 정답 ④

① (○) 「공직선거법」상 선거소송은 민중소송의 예에 해당한다.

> **공직선거법 제222조(선거소송)** ① 대통령선거 및 국회의원선거에 있어서 선거의 효력에 관하여 이의가 있는 선거인·정당(후보자를 추천한 정당에 한한다) 또는 후보자는 선거일부터 30일 이내에 당해 선거구선거관리위원회위원장을 피고로 하여 대법원에 소를 제기할 수 있다.
> ② 지방의회의원 및 지방자치단체의 장의 선거에 있어서 선거의 효력에 관한 제220조의 결정에 불복이 있는 소청인(당선인을 포함한다)은 해당 소청에 대하여 기각 또는 각하 결정이 있는 경우(제220조 제1항의 기간 내에 결정하지 아니한 때를 포함한다)에는 해당 선거구선거관리위원회위원장을, 인용결정이 있는 경우에는 그 인용결정을 한 선거관리위원회위원장을 피고로 하여 그 결정서를 받은 날(제220조 제1항의 기간 내에 결정하지 아니한 때에는 그 기간이 종료된 날)부터 10일 이내에 비례대표시·도의원선거 및 시·도지사선거에 있어서는 대법원에, 지역구시·도의원선거, 자치구·시·군의원선거 및 자치구·시·군의 장선거에 있어서는 그 선거구를 관할하는 고등법원에 소를 제기할 수 있다.

② (○) 행정소송법 제46조 제1항

> **행정소송법 제46조(준용규정)** ① 민중소송 또는 기관소송으로써 처분등의 취소를 구하는 소송에는 그 성질에 반하지 아니하는 한 취소소송에 관한 규정을 준용한다.

③ (○) 「지방자치법」상 지방의회 재의결에 대해 지방자치단체장이 제기하는 소송은 기관소송의 예에 해당한다.

④ (✕) 민중소송뿐만 아니라 기관소송도 법률이 정한 경우에 법률이 정한 자에 한하여 제기할 수 있다(행정소송법 제45조).

> **행정소송법 제45조(소의 제기)** 민중소송 및 기관소송은 법률이 정한 경우에 법률이 정한 자에 한하여 제기할 수 있다.

20 정답 ①

① (✕) 공개 청구된 정보의 공개 여부를 결정하는 법적인 의무와 권한을 갖는 주체는 공공기관의 장이다. 공공기관의 정보공개에 관한 법률 제9조 제1항, 제10조, 같은 법 시행령 제12조 등 관련 규정들의 취지를 종합할 때, 공개 청구된 정보의 공개 여부를 결정하는 법적인 의무와 권한을 가진 주체는 공공기관의 장이고, 정보공개심의회는 공공기관의 장이 정보의 공개 여부를 결정하기 곤란하다고 보아 의견을 요청한 사항의 자문에 응하여 심의하는 것이다(대법원 2002. 3. 15. 2001추95).

② (○) 정보공개청구권은 법률상 보호되는 구체적인 권리이므로 청구인이 공공기관에 대하여 정보공개를 청구하였다가 거부처분을 받은 것 자체가 법률상 이익의 침해에 해당한다고 할 것이고, 거부처분을 받은 것 이외에 추가로 어떤 법률상의 이익을 가질 것을 요구하는 것은 아니다(대법원 2004. 9. 23. 2003두370).

③ (○) 공공기관의 정보공개에 관한 법률상 비공개대상정보의 입법 취지에 비추어 살펴보면, 같은 법 제7조 제1항 제5호에서의 '감사·감독·검사·시험·규제·입찰계약·기술개발·인사관리·의사결정과정 또는 내부검토과정에 있는 사항'은 비공개대상정보를 예시적으로 열거한 것이라고 할 것이므로, 의사결정과정에 제공된 회의관련 자료나 의사결정과정이 기록된 회의록 등은 의사가 결정되거나 의사가 집행된 경우에는 더 이상 의사결정과정에 있는 사항 그 자체라고는 할 수 없으나, 의사결정과정에 있는 사항에 준하는 사항으로서 비공개대상정보에 포함될 수 있다(대법원 2003. 8. 22. 2002두12946).

④ (○) 헌법 제10조의 인간의 존엄과 가치, 행복추구권과 헌법 제17조의 사생활의 비밀과 자유에서 도출되는 개인정보자기결정권은 자신에 관한 정보가 언제 누구에게 어느 범위까지 알려지고 또 이용되도록 할 것인지를 정보주체가 스스로 결정할 수 있는 권리이다. 개인정보자기결정권의 보호대상이 되는 개인정보는 개인의 신체, 신념, 사회적 지위, 신분 등과 같이 인격주체성을 특징짓는 사항으로서 개인의 동일성을 식별할 수 있게 하는 일체의 정보를 의미하며, 반드시 개인의 내밀한 영역에 속하는 정보에 국한되지 않고 공적생활에서 형성되었거나 이미 공개된 개인정보까지도 포함한다(대법원 2016. 3. 10. 2012다105482).

09 2019. 12. 21. 군무원 9급 기출문제

ANSWER 본문 83~88쪽

01 ④	02 ④	03 ②	04 ①	05 ③
06 ④	07 ④	08 ④	09 ③	10 ③
11 ②	12 ①	13 ②	14 ③	15 ①
16 ②	17 ②	18 ①	19 ①	20 ②
21 ①	22 ②	23 ④	24 ①	25 ①

01 정답 ④

① (×) 강학상 특허에 해당하므로 공법관계에 속한다(99두509).

② (×) 산업단지관리공단의 지위, 입주계약 및 변경계약의 효과, 입주계약 및 변경계약 체결 의무와 그 의무를 불이행한 경우의 형사적 내지 행정적 제재, 입주계약해지의 절차, 해지통보에 수반되는 법적 의무 및 그 의무를 불이행한 경우의 형사적 내지 행정적 제재 등을 종합적으로 고려하면, 입주변경계약 취소는 행정청인 관리권자로부터 관리업무를 위탁받은 산업단지관리공단이 우월적 지위에서 입주기업체들에게 일정한 법률상 효과를 발생하게 하는 것으로서 항고소송의 대상이 되는 행정처분에 해당한다(2014두46843).

③ (×) 중학교 의무교육의 위탁관계는 초·중등교육법 제12조 제3항, 제4항 등 관련 법령에 의하여 정해지는 공법적 관계로서, 대등한 당사자 사이의 자유로운 의사를 전제로 사익 상호 간의 조정을 목적으로 하는 민법 제688조의 수임인의 비용상환청구권에 관한 규정이 그대로 준용된다고 보기도 어렵다(2012두7387).

④ (○) 국유일반재산에 관한 대부료의 납부고지는 사법관계에 해당한다(99다1675).

02 정답 ④

① (○) 법률유보의 원칙은 법치국가원리의 내용 중 하나이다. 법치국가원리는 의회민주주의를 실현시키기 위한 수단이고 의회민주주의는 기본권보장을 위해 탄생한 원리이므로 옳은 설명이다.

② (○) 오늘날 법률유보원칙은 단순히 행정작용이 법률에 근거를 두기만 하면 충분한 것이 아니라, 국가공동체와 그 구성원에게 기본적이고도 중요한 의미를 갖는 영역, 특히 국민의 기본권실현과 관련된 영역에 있어서는 국민의 대표자인 입법자가 그 본질적 사항에 대해서 스스로 결정하여야 한다는 요구까지 내포하고 있다(의회유보원칙)(헌법재판소 1999. 5. 27. 선고 98헌바70).

③ (○) 법률유보원칙에서의 '법률'에는 국회가 제정하는 형식적 의미의 법률뿐만 아니라, 법률의 위임에 따라 제정된 법규명령도 포함된다. 법률의 위임이 있었다면, 그에 따라 제정된 법규명령도 행정작용의 발동 근거가 될 수 있다는 것을 이렇게 표현하는 경우가 있다.

④ (×) 헌법재판소는 한국방송공사 수신료 사건과 관련하여 행정유보원칙이 아니라 의회유보원칙을 인정하였다. 행정유보란 행정권에 원칙적으로 법률적 사항을 입법할 수 있도록 인정하는 개념이므로, 의회유보원칙 혹은 법률유보원칙과는 차이가 있다. ☞ [관련판례] 텔레비전방송수신료는 대다수 국민의 재산권 보장의 측면이나 한국방송공사에게 보장된 방송자유의 측면에서 국민의 기본권실현에 관련된 영역에 속하고, 수신료금액의 결정은 납부의무자의 범위 등과 함께 수신료에 관한 본질적인 중요한 사항이므로 국회가 스스로 행하여야 하는 사항에 속하는 것임에도 불구하고 한국방송공사법 제36조 제1항에서 국회의 결정이나 관여를 배제한 채 한국방송공사로 하여금 수신료금액을 결정해서 문화관광부장관의 승인을 얻도록 한 것은 법률유보원칙에 위반된다(98헌바70).

03 정답 ②

①, ③ (○) 국가재정법 제96조

> **국가재정법 제96조(금전채권·채무의 소멸시효)** ① 금전의 급부를 목적으로 하는 국가의 권리로서 시효에 관하여 다른 법률에 규정이 없는 것은 5년 동안 행사하지 아니하면 시효로 인하여 소멸한다.
> ② 국가에 대한 권리로서 금전의 급부를 목적으로 하는 것도 또한 제1항과 같다.
> ③ 금전의 급부를 목적으로 하는 국가의 권리의 경우 소멸시효의 중단·정지 그 밖의 사항에 관하여 다른 법률의 규정이 없는 때에는 「민법」의 규정을 적용한다. 국가에 대한 권리로서 금전의 급부를 목적으로 하는 것도 또한 같다.

② (×) 국회의 회기 계산에 있어서는 초일불산입의 원칙이 적용되지 않는다. 또한 공무원연금법에 따른 급여를 받을 권리도 원칙적으로 5년의 시효가 적용된다(공무원연금법 제88조 제1항).

> **공무원연금법 제88조(시효)** ① 이 법에 따른 급여를 받을 권리는 급여의 사유가 발생한 날부터 5년간 행사하지 아니하면 시효로 인하여 소멸한다.

④ (○) 국세기본법 제4조

> **국세기본법 제4조(기간의 계산)** 이 법 또는 세법에서 규정하는 기간의 계산은 이 법 또는 그 세법에 특별한 규정이 있는 것을 제외하고는 「민법」에 따른다.

04 정답 ①

이하 행정절차법

① (✕) 제48조

> 제48조(행정지도의 원칙) ① 행정지도는 그 목적 달성에 필요한 최소한도에 그쳐야 하며, 행정지도의 상대방의 의사에 반하여 부당하게 강요하여서는 아니 된다.
> ② 행정기관은 행정지도의 상대방이 행정지도에 따르지 아니하였다는 것을 이유로 불이익한 조치를 하여서는 아니 된다.

② (○) 제50조

> 제50조(의견제출) 행정지도의 상대방은 해당 행정지도의 방식·내용 등에 관하여 행정기관에 의견제출을 할 수 있다.

③ (○) 제51조

> 제51조(다수인을 대상으로 하는 행정지도) 행정기관이 같은 행정목적을 실현하기 위하여 많은 상대방에게 행정지도를 하려는 경우에는 특별한 사정이 없으면 행정지도에 공통적인 내용이 되는 사항을 공표하여야 한다.

④ (○) 제49조 제2항

> 제49조(행정지도의 방식) ② 행정지도가 말로 이루어지는 경우에 상대방이 제1항의 사항을 적은 서면의 교부를 요구하면 그 행정지도를 하는 자는 직무 수행에 특별한 지장이 없으면 이를 교부하여야 한다.

05 정답 ③

① (○) 대통령의 금융실명거래 및 비밀보장에 관한 긴급재정경제명령은 고도의 정치적 결단에 의하여 발동되는 행위이고, 그 결단을 존중하여야 할 필요성이 있는 행위라는 의미에서 이른바 통치행위에 속하지만, 그것이 국민의 기본권 침해와 직접 관련되는 경우에는 헌법재판소의 심판대상이 된다(93헌마186).
② (○) 대통령의 서훈취소는 통치행위에 해당하지 않는다(2012두26920).
③ (✕) 통치행위는 사법심사가 제한될 수 있는 경우가 있다는 것이지 정치적 통제로부터 자유로운 것이라고는 할 수 없다.
④ (○) 남북정상회담의 개최는 고도의 정치적 성격을 지니고 있는 행위라 할 것이므로 특별한 사정이 없는 한 그 당부를 심판하는 것은 사법권의 내재적·본질적 한계를 넘어서는 것이 되어 적절하지 못하지만, 남북정상회담의 개최과정에서 재정경제부장관에게 신고하지 아니하거나 통일부장관의 협력사업 승인을 얻지 아니한 채 북한측에 사업권의 대가 명목으로 송금한 행위 자체는 헌법상 법치국가의 원리와 법 앞에 평등원칙 등에 비추어 볼 때 사법심사의 대상이 된다고 판단한 원심판결을 수긍한 사례(2003도7878).

06 정답 ④

① (○) 주민투표권은 국민투표권과 같은 헌법상 권리가 아니라 지방자치법에서 인정하는 법률상 권리에 해당한다.
② (○) 지방자치법 제14조 제1항

> 지방자치법 제14조(주민투표) ① 지방자치단체의 장은 주민에게 과도한 부담을 주거나 중대한 영향을 미치는 지방자치단체의 주요 결정사항 등에 대하여 주민투표에 부칠 수 있다.

③ (○) 중앙행정기관의 장이 지방자치단체의 장에게 요구할 수 있다(주민투표법 제8조).

> 주민투표법 제8조(국가정책에 관한 주민투표) ① 중앙행정기관의 장은 지방자치단체의 폐치(廢置)·분합(分合) 또는 구역변경, 주요시설의 설치 등 국가정책의 수립에 관하여 주민의 의견을 듣기 위하여 필요하다고 인정하는 때에는 주민투표의 실시구역을 정하여 관계 지방자치단체의 장에게 주민투표의 실시를 요구할 수 있다. 이 경우 중앙행정기관의 장은 미리 행정안전부장관과 협의하여야 한다.

④ (✕) 지방자치단체의 장이 직권으로 실시할 수도 있다(주민투표법 제9조).

> 주민투표법 제9조(주민투표의 실시요건) ① 지방자치단체의 장은 주민 또는 지방의회의 청구에 의하거나 직권에 의하여 주민투표를 실시할 수 있다.

07 정답 ④

④만 준법률행위적 행정행위에 해당하고 나머지는 법률행위적 행정행위에 해당한다.
① (○) 강학상 특허(88누9206)
② (○) 강학상 하명
③ (○) 강학상 인가(2005두9651, 86누152)
④ (✕) 강학상 통지(2000두7735)

08 정답 ④

① (○) 개인정보 보호법 제71조 제5호 후단은 그 사정을 알면서도 영리 또는 부정한 목적으로 개인정보를 제공받은 자를 처벌하도록 규정하고 있을 뿐 개인정보를 제공하는 자가 누구인지에 관하여는 문언상 아무런 제한을 두지 않고 있는 점과 개인정보 보호법의 입법 목적 등을 고려할 때, 개인정보를 처리하거나 처리하였던 자가 업무상 알게 된 개인정보를 누설하거나 권한 없이 다른 사람이 이용하도록 제공한 것이라는 사정을 알면서도 영리 또는 부정한 목적으로 개인정보를 제공받은 자라면, 개인정보를 처리하거나 처리하였던 자로부터 직접 개인정보를 제공받지 아니하더라도 개인정보 보호법 제71조 제5호의 '개인정보를 제공받은 자'에 해당한다(2015도16508).

② (○) 이미 공개된 개인정보를 정보주체의 동의가 있었다고 객관적으로 인정되는 범위 내에서 수집·이용·제공 등 처리를 할 때는 정보주체의 별도의 동의는 불필요하다고 보아야 하고, 별도의 동의를 받지 아니하였다고 하여 개인정보 보호법 제15조나 제17조를 위반한 것으로 볼 수 없다(2014다235080).

③ (○) 갑 등이 인터넷 포털사이트 등의 개인정보 유출사고로 자신들의 주민등록번호 등 개인정보가 불법 유출되자 이를 이유로 관할 구청장에게 주민등록번호를 변경해 줄 것을 신청하였으나 구청장이 '주민등록번호가 불법 유출된 경우 주민등록법상 변경이 허용되지 않는다'는 이유로 주민등록번호 변경을 거부하는 취지의 통지를 한 사안에서, 피해자의 의사와 무관하게 주민등록번호가 유출된 경우에는 조리상 주민등록번호의 변경을 요구할 신청권을 인정함이 타당하고, 구청장의 주민등록번호 변경신청 거부행위는 항고소송의 대상이 되는 행정처분에 해당한다고 한 사례(2013두2945).

④ (×) 개인정보 보호법 제39조의2 제3항

> **개인정보 보호법 제39조의2(법정손해배상의 청구)** ① 제39조 제1항에도 불구하고 정보주체는 개인정보처리자의 고의 또는 과실로 인하여 개인정보가 분실·도난·유출·위조·변조 또는 훼손된 경우에는 300만원 이하의 범위에서 상당한 금액을 손해액으로 하여 배상을 청구할 수 있다. 이 경우 해당 개인정보처리자는 고의 또는 과실이 없음을 입증하지 아니하면 책임을 면할 수 없다.
> ② 법원은 제1항에 따른 청구가 있는 경우에 변론 전체의 취지와 증거조사의 결과를 고려하여 제1항의 범위에서 상당한 손해액을 인정할 수 있다.
> ③ 제39조에 따라 손해배상을 청구한 정보주체는 사실심(事實審)의 변론이 종결되기 전까지 그 청구를 제1항에 따른 청구로 변경할 수 있다.

> **동법 제39조(손해배상책임)** ③ 개인정보처리자의 고의 또는 중대한 과실로 인하여 개인정보가 분실·도난·유출·위조·변조 또는 훼손된 경우로서 정보주체에게 손해가 발생한 때에는 법원은 그 손해액의 3배를 넘지 아니하는 범위에서 손해배상액을 정할 수 있다. 다만, 개인정보처리자가 고의 또는 중대한 과실이 없음을 증명한 경우에는 그러하지 아니하다.

09 정답 ③

① (○) 정보공개법은 자신과 이해관계가 없는 정보에 대한 공개청구까지 허용하는 일반적 정보공개청구권을 인정하고 있다.

② (○) 정보공개청구권은 법률상 보호되는 구체적인 권리이므로, 정보공개청구권자가 공공기관에 대하여 정보공개를 청구하였다가 거부처분을 받은 것 자체만으로도 법률상 이익의 침해가 있은 것으로 인정된다(2001두6425).

③ (×) 제3자에 관한 정보공개청구 사안에서, 제3자가 정보의 비공개를 요청한 경우라고 해서 그것만을 이유로 공공기관이 정보를 공개할 수 없게 되는 것은 아니다(2008두8680).

④ (○) 공공기관의 정보공개에 관한 법률 시행령 제2조 제1호가 정보공개의무기관으로 사립대학교를 들고 있는 것은 모법인 공공기관의 정보공개에 관한 법률의 위임범위를 벗어난 것이 아니다(2004두2783).

10 정답 ③

① (○) 개인정보 보호법에서 말하는 '개인정보'는 살아 있는 개인에 관한 정보를 의미한다(개인정보 보호법 제2조 제1호).

② (○) 헌법 제10조의 인간의 존엄과 가치, 행복추구권과 헌법 제17조의 사생활의 비밀과 자유에서 도출되는 개인정보자기결정권은, 자신에 관한 정보가 언제 누구에게 어느 범위까지 알려지고 또 이용되도록 할 것인지를 정보주체가 스스로 결정할 수 있는 권리이다(2012다49933).

③ (×) 개인정보자기결정권의 보호대상이 되는 개인정보는 개인의 신체, 신념, 사회적 지위, 신분 등과 같이 개인의 인격주체성을 특징짓는 사항으로서 그 개인의 동일성을 식별할 수 있게 하는 일체의 정보라고 할 수 있고, 반드시 개인의 내밀한 영역이나 사사(私事)의 영역에 속하는 정보에 국한되지 않고 공적 생활에서 형성되었거나 이미 공개된 개인정보까지 포함한다. 또한 그러한 개인정보를 대상으로 한 조사·수집·보관·처리·이용 등의 행위는 모두 원칙적으로 개인정보자기결정권에 대한 제한에 해당한다(2003헌마282).

④ (○) 개인정보 보호법 제39조 제1항

> **개인정보 보호법 제39조(손해배상책임)** ① 정보주체는 개인정보처리자가 이 법을 위반한 행위로 손해를 입으면 개인정보처리자에게 손해배상을 청구할 수 있다. 이 경우 그 개인정보처리자는 고의 또는 과실이 없음을 입증하지 아니하면 책임을 면할 수 없다.

11 정답 ②

① (×) 철회가 아니라 (직권)취소에 대한 설명이다.

② (○) 행정행위의 (직권)취소란 원시적 사유를 이유로 행정행위의 효력을 소멸시키는 행정행위를 의미하고, 행정행위의 철회란 후발적 사유를 이유로 행정행위의 효력을 소멸시키는 행정행위를 뜻하므로 옳은 설명이다.

③ (×) (직권)취소가 아니라 철회에 대한 설명이다.

④ (×) 연금 지급결정을 취소하는 처분과 그 처분에 기초하여 잘못 지급된 급여액에 해당하는 금액을 환수하는 처분이 적법한지를 판단하는 경우 비교·교량할 각 사정이 동일하다고는 할 수 없으므로, 연금 지급결정을 취소하는 처분이 적법하다고 하여 환수처분도 반드시 적법하다고 판단하여야 하는 것은 아니다(대법원 2017. 3. 30. 선고 2015두43971).

12 정답 ①

① (✕) 과징금부과처분의 경우 원칙적으로 위반자의 고의·과실을 요하지 아니한다.

② (○) 행정대집행이란 행정법상의 의무 중 공법상의 대체적 작위의무를 의무자가 이행하지 아니한 경우에, 의무자가 행하여야 할 행위를, 행정청이 직접 대신하거나 제3자로 하여금 대신 행하게 하고, 그 소요비용을 의무자로부터 강제징수하는 행정상의 강제집행 수단을 말한다. 행정대집행을 실행하기 위해서는 행정대집행 이외의 다른 수단으로써 그 이행을 확보하기 곤란하고 또한 그 불이행을 방치함이 심히 공익을 해할 것으로 인정될 때이어야 한다.

③ (○) 구 독점규제및공정거래에관한법률 제24조의2에 의한 부당내부거래에 대한 과징금은 그 취지와 기능, 부과의 주체와 절차 등을 종합할 때 부당내부거래 억지라는 행정목적을 실현하기 위하여 그 위반행위에 대하여 제재를 가하는 행정상의 제재금으로서의 기본적 성격에 부당이득환수적 요소도 부가되어 있는 것이라 할 것이고, 이를 두고 헌법 제13조 제1항에서 금지하는 국가형벌권 행사로서의 '처벌'에 해당한다고는 할 수 없으므로, 공정거래법에서 형사처벌과 아울러 과징금의 병과를 예정하고 있더라도 이중처벌금지원칙에 위반된다고 볼 수 없으며, 이 과징금 부과처분에 대하여 공정력과 집행력을 인정한다고 하여 이를 확정판결 전의 형벌집행과 같은 것으로 보아 무죄추정의 원칙에 위반된다고도 할 수 없다(2001헌가25).

④ (○) 판례는 대체적 작위의무 불이행에 있어서 이행강제금과 대집행의 선택 가능성을 인정한다. ☞ [관련판례] 전통적으로 행정대집행은 대체적 작위의무에 대한 강제집행수단으로, 이행강제금은 부작위의무나 비대체적 작위의무에 대한 강제집행수단으로 이해되어 왔으나, 이는 이행강제금제도의 본질에서 오는 제약은 아니며, 이행강제금은 대체적 작위의무의 위반에 대하여도 부과될 수 있다(2001헌바80).

13 정답 ②

① (○) 1999. 7. 22. 발표한 개발제한구역제도 개선방안은 건설교통부장관이 개발제한구역의 해제 내지 조정을 위한 일반적인 기준을 제시하고, 개발제한구역의 운용에 대한 국가의 기본방침을 천명하는 정책계획안으로서 비구속적 행정계획안에 불과하므로 공권력행위가 될 수 없으며, 이 사건 개선방안을 발표한 행위도 대내외적 효력이 없는 단순한 사실행위에 불과하므로 공권력의 행사라고 할 수 없다(99헌마538).

② (✕) 정부의 수도권 소재 공공기관의 지방이전 시책을 추진하는 과정에서 도지사가 도내 특정시를 공공기관이 이전할 혁신도시 최종입지로 선정한 행위는 항고소송의 대상이 되는 행정처분이 아니라고 본 사례(2007두10198).

③ (○) 처분사유의 추가·변경을 위해서는 기본적 사실관계의 동일성이 인정되어야 한다.

④ (○) 국민권익위원회가 소방청장에게 인사와 관련하여 부당한 지시를 한 사실이 인정된다며 이를 취소할 것을 요구하기로 의결하고 그 내용을 통지하자 소방청장이 국민권익위원회 조치요구의 취소를 구하는 소송을 제기한 사안에서, 처분성이 인정되는 국민권익위원회의 조치요구에 불복하고자 하는 소방청장으로서는 조치요구의 취소를 구하는 항고소송을 제기하는 것이 유효·적절한 수단으로 볼 수 있으므로 소방청장이 예외적으로 당사자능력과 원고적격을 가진다(대법원 2018. 8. 1. 선고 2014두35379).

14 정답 ③

① (○) 행정청은 재결의 기속력을 받는다. 따라서 행정소송을 제기하지 못한다고 해석함이 타당하다.

② (○) 행정심판법 제18조의2

> **행정심판법 제18조의2(국선대리인)** ① 청구인이 경제적 능력으로 인해 대리인을 선임할 수 없는 경우에는 위원회에 국선대리인을 선임하여 줄 것을 신청할 수 있다.
> ② 위원회는 제1항의 신청에 따른 국선대리인 선정 여부에 대한 결정을 하고, 지체 없이 청구인에게 그 결과를 통지하여야 한다. 이 경우 위원회는 심판청구가 명백히 부적법하거나 이유 없는 경우 또는 권리의 남용이라고 인정되는 경우에는 국선대리인을 선정하지 아니할 수 있다.

③ (✕) 간접강제는 처분명령재결(의무이행재결)에 따른 처분발급의무를 이행하지 않는 경우에도 사용할 수 있다. 처분명령재결에 대해서는 직접처분과 간접강제를 둘 다 쓸 수 있는 것이다.

④ (○) 행정심판법 제6조

> **행정심판법 제6조(행정심판위원회의 설치)** ① 다음 각 호의 행정청 또는 그 소속 행정청(행정기관의 계층구조와 관계없이 그 감독을 받거나 위탁을 받은 모든 행정청을 말하되, 위탁을 받은 행정청은 그 위탁받은 사무에 관하여는 위탁한 행정청의 소속 행정청으로 본다. 이하 같다)의 처분 또는 부작위에 대한 행정심판의 청구(이하 "심판청구"라 한다)에 대하여는 다음 각 호의 행정청에 두는 행정심판위원회에서 심리·재결한다.
> 1. 감사원, 국가정보원장, 그 밖에 대통령령으로 정하는 대통령 소속기관의 장

15 정답 ①

① (✕) 행정절차법 제43조

> **행정절차법 제43조(예고기간)** 입법예고기간은 예고할 때 정하되, 특별한 사정이 없으면 40일(자치법규는 20일) 이상으로 한다.

② (○) 행정절차법 제42조 제2항

> **행정절차법 제42조(예고방법)** ② 행정청은 대통령령을 입법예고하는 경우 국회 소관 상임위원회에 이를 제출하여야 한다.

③ (○) 행정절차법 제42조 제3항

> 행정절차법 제42조(예고방법) ③ 행정청은 입법예고를 할 때에 입법안과 관련이 있다고 인정되는 중앙행정기관, 지방자치단체, 그 밖의 단체 등이 예고사항을 알 수 있도록 예고사항을 통지하거나 그 밖의 방법으로 알려야 한다.

④ (○) 행정절차법 제42조 제5항, 제6항

> 행정절차법 제42조(예고방법) ⑤ 행정청은 예고된 입법안의 전문에 대한 열람 또는 복사를 요청받았을 때에는 특별한 사유가 없으면 그 요청에 따라야 한다.
> ⑥ 행정청은 제5항에 따른 복사에 드는 비용을 복사를 요청한 자에게 부담시킬 수 있다.

16 정답 ②

불법 시위에 대한 경찰서장의 해산명령은 강학상 하명에 해당한다. 하명이란 작위나 부작위, 급부, 수인(受忍)을 명하는 행정행위를 말한다.

17 정답 ②

① (○) 사정재결의 의의에 해당한다.
② (✕) 후문은 옳지만 전문은 옳지 않다. 사정재결을 하는 경우 위원회는 재결의 주문에서 그 처분 또는 부작위가 위법하거나 부당하다는 것을 구체적으로 밝혀야 한다.
③ (○) 사정판결의 의의에 해당한다.
④ (○) 행정처분이 위법한 때에는 이를 취소함이 원칙이고 그 위법한 처분을 취소·변경함이 도리어 현저히 공공의 복리에 적합하지 않은 경우에 극히 예외적으로 위법한 행정처분의 취소를 허용하지 않는다는 사정판결을 할 수 있으므로 사정판결의 적용은 극히 엄격한 요건 아래 제한적으로 하여야 하고, 그 요건인 현저히 공공복리에 적합하지 아니한가의 여부를 판단함에 있어서는 위법·부당한 행정처분을 취소·변경하여야 할 필요와 그 취소·변경으로 인하여 발생할 수 있는 공공복리에 반하는 사태 등을 비교·교량하여 그 적용 여부를 판단하여야 한다(94누4660).

18 정답 ①

① (○) 인·허가 의제에서는 절차집중이 인정되므로 옳은 지문이다.
② (✕) 채광계획이 중대한 공익에 배치된다고 할 때에는 인가를 거부할 수 있고, 채광계획을 불인가하는 경우에는 정당한 사유가 제시되어야 하며 자의적으로 불인가를 하여서는 아니 될 것이므로 채광계획인가는 기속재량행위에 속하는 것으로 보아야 할 것이나, 구 광업법(1999. 2. 8. 법률 제5893호로 개정되기 전의 것) 제47조의2 제5호에 의하여 채광계획인가를 받으면 공유수면 점용허가를 받은 것으로 의제되고, 이 공유수면 점용허가는 공유수면 관리청이 공공 위해의 예방 경감과 공공 복리의 증진에 기여함에 적당하다고 인정하는 경우에 그 자유재량에 의하여 허가의 여부를 결정하여야 할 것이므로, 공유수면 점용허가를 필요로 하는 채광계획 인가신청에 대하여도, 공유수면 관리청이 재량적 판단에 의하여 공유수면 점용을 허가 여부를 결정할 수 있고, 그 결과 공유수면 점용을 허용하지 않기로 결정하였다면, 채광계획 인가관청은 이를 사유로 하여 채광계획을 인가하지 아니할 수 있는 것이다(2001두151).
③ (✕) 인허가 의제 대상이 되는 처분에 어떤 하자가 있더라도, 그로써 해당 인허가 의제의 효과가 발생하지 않을 여지가 있게 될 뿐이고, 그러한 사정이 주택건설사업계획 승인처분 자체의 위법사유가 될 수는 없다. 또한 의제된 인허가는 통상적인 인허가와 동일한 효력을 가지므로, 적어도 '부분 인허가 의제'가 허용되는 경우에는 그 효력을 제거하기 위한 법적 수단으로 의제된 인허가의 취소나 철회가 허용될 수 있고, 이러한 직권 취소·철회가 가능한 이상 그 의제된 인허가에 대한 쟁송취소 역시 허용된다(대법원 2018. 11. 29. 선고 2016두38792).
④ (✕) 주된 인·허가에 관한 사항을 규정하고 있는 A법률에서, 주된 인·허가가 있으면 B법률에 의한 인·허가를 받은 것으로 의제한다는 규정을 두었다 하더라도, B법률에 의하여 인·허가를 받았음을 전제로 하는 B법률의 모든 규정이 적용되는 것은 아니다(2014두2409). ☞ 따라서 이 경우 당연히 도로법상의 도로점용료 납부의무를 부담하는 것이 아니라, 별도로 점용료를 부과하여야 한다.

19 정답 ①

공익사업을 위한 토지 등의 취득 및 보상에 관한 법률에 의한 협의취득은 사법상의 법률행위이다(2010다91206).

20 정답 ②

① (○) 국가로서 행정주체에 해당한다.
② (✕) 행정주체가 아니라 의결기관에 해당한다.
③ (○) 공법상 사단으로서 행정주체에 해당한다.
④ (○) 영조물 법인으로서 행정주체에 해당한다.

21 정답 ①

① (×) 행정청은 행정주체와는 다른 개념이다.

② (○) 옳은 내용이다. 국가 이외의 행정주체들이 보유하는 행정주체로서의 지위는 국가로부터 전래된 것이라 본다. 이런 이유로 국가를 시원적(始原的) 행정주체라 부른다.

③ (○) 공공단체는 행정주체이지만 행정권 발동의 상대방인 행정객체도 될 수 있다.

④ (○) 행정권한의 위탁을 허용하는 법령상의 근거가 있다면, 그 위탁은 행정행위뿐만 아니라, 공법상의 계약으로도 가능하다.

22 정답 ②

① (○) 침익적 처분의 경우 원칙적으로 사전통지·의견청취를 하여야 한다.

② (×) 행정절차법 제22조 제3항

> 행정절차법 제22조(의견청취) ① 행정청이 처분을 할 때 다음 각 호의 어느 하나에 해당하는 경우에는 청문을 한다.
> ② 행정청이 처분을 할 때 다음 각 호의 어느 하나에 해당하는 경우에는 공청회를 개최한다.
> ③ 행정청이 당사자에게 의무를 부과하거나 권익을 제한하는 처분을 할 때 제1항 또는 제2항의 경우 외에는 당사자등에게 의견제출의 기회를 주어야 한다.

③ (○) 사전통지 및 의견청취의 예외사유에 해당한다.

> 행정절차법 제21조(처분의 사전 통지) ④ 다음 각 호의 어느 하나에 해당하는 경우에는 제1항에 따른 통지를 하지 아니할 수 있다.
> 3. 해당 처분의 성질상 의견청취가 현저히 곤란하거나 명백히 불필요하다고 인정될 만한 상당한 이유가 있는 경우

> 행정절차법 제22조(의견청취) ④ 제1항부터 제3항까지의 규정에도 불구하고 제21조 제4항 각 호의 어느 하나에 해당하는 경우와 당사자가 의견진술의 기회를 포기한다는 뜻을 명백히 표시한 경우에는 의견청취를 하지 아니할 수 있다.

④ (○) 건축법상의 공사중지명령에 대한 사전통지를 하고 의견제출의 기회를 준다면 많은 액수의 손실보상금을 기대하여 공사를 강행할 우려가 있다는 사정이 사전통지 및 의견제출절차의 예외사유에 해당하지 아니한다고 한 사례(2004두1254).

23 정답 ④

① (×) 부작위의무 위반에 대한 작위의무를 명할 별도의 법적 근거가 없는 경우에는 대집행을 할 수 없다.

② (×) 별도의 근거규정이 없다면 대집행을 할 수 없다. ☞ [관련판례] 행정청이 토지구획정리사업의 환지예정지를 지정하고 그 사업에 편입되는 건축물 등 지장물의 소유자 또는 임차인에게 지장물의 자진이전을 요구한 후 이에 응하지 않자 지장물의 이전에 대한 대집행을 계고하고 다시 대집행영장을 통지한 사안에서, 위 계고처분 등은 행정대집행법 제2조에 따라 명령된 지장물 이전의무가 없음에도 그러한 의무의 불이행을 사유로 행하여진 것으로 위법하다고 한 사례(2010두1231).

③ (×) (구) 공공용지의 취득 및 손실보상에 관한 특례법에 의한 협의취득 시 건물소유자가 협의취득대상 건물에 대하여 약정한 철거의무는, 별도의 규정이 없는 한 행정대집행법에 의한 대집행의 대상이 되지 않는다(2006두7096). ☞ 협의취득 시에 한 약정은 사법상의 계약이기 때문이다. 따라서 그에 따라 부담하는 철거의무도 사법상의 의무가 된다.

④ (○) 폐쇄는 대체적 작위의무에 해당한다고 볼 수 있다. 따라서 대체적 작위의무 위반으로서 대집행이 가능하다. ☞ [관련판례] 법외 단체인 전국공무원노동조합의 지부가 당초 공무원 직장협의회의 운영에 이용되던 군(郡) 청사시설인 사무실을 임의로 사용하자 지방자치단체장이 자진폐쇄 요청 후 행정대집행법에 따라 행정대집행을 하였는데, 지부장 등인 피고인들과 위 지부 소속 군청 공무원들이 위 집행을 행하던 공무원들에게 대항하여 폭행 등 행위를 한 사안에서, 위 행정대집행은 주된 목적이 조합의 위 사무실에 대한 사실상 불법사용을 중지시키기 위하여 사무실 내 조합의 물품을 철거하고 사무실을 폐쇄함으로써 군(郡) 청사의 기능을 회복하는 데 있으므로, 전체적으로 대집행의 대상이 되는 대체적 작위의무인 철거의무를 대상으로 한 것으로 적법한 공무집행에 해당한다고 볼 수 있고, (…) (2007도7514).

24 정답 ①

오늘날 의회의 입법독점주의에서 입법중심주의(㉠)로 전환하여 일정한 범위 내에서 행정입법을 허용하게 된 동기가 사회적 변화에 대응한 입법수요의 급증과 종래의 형식적 권력분립주의로는 현대사회에 대응할 수 없다는 기능적 권력분립론에 있다는 점 등을 감안하여 헌법 제40조와 헌법 제75조, 제95조의 의미를 살펴보면, 국회입법에 의한 수권이 입법기관이 아닌 행정기관에게 법률 등으로 구체적인 범위를 정하여 위임한 사항에 관하여는 당해 행정기관에게 법정립의 권한을 갖게 되고, 입법자가 규율의 형식도 선택할 수 있다 할 것이므로, 헌법이 인정하고 있는 위임입법(㉡)의 형식은 예시적(㉢)인 것으로 보아야 할 것이고, 그것은 법률이 행정규칙에 위임하더라도 그 행정규칙은 위임된 사항만을 규율할 수 있으므로, 국회입법의 원칙과 상치되지도 않는다(2005헌바59).

25 정답 ①

㉠, ㉡, ㉢, ㉤은 지방자치단체장의 권한이며, 나머지는 지방의
회의 권한에 속한다.

㉠ (○) 지방자치법 제18조

> **지방자치법 제18조(주민투표)** ① 지방자치단체의 장은 주민에게 과
> 도한 부담을 주거나 중대한 영향을 미치는 지방자치단체의 주요
> 결정사항 등에 대하여 주민투표에 부칠 수 있다.

㉡ (○) 동법 제29조

> **동법 제29조(규칙)** 지방자치단체의 장은 법령 또는 조례의 범위에서
> 그 권한에 속하는 사무에 관하여 규칙을 제정할 수 있다.

㉢ (○) 동법 제120조

> **동법 제120조(지방의회의 의결에 대한 재의요구와 제소)** ① 지방자
> 치단체의 장은 지방의회의 의결이 월권이거나 법령에 위반되거
> 나 공익을 현저히 해친다고 인정되면 그 의결사항을 이송받은
> 날부터 20일 이내에 이유를 붙여 재의를 요구할 수 있다.

㉤ (○) 소속직원에 대한 임면 및 지휘・감독권은 지방자치단
체의 장에게 있다.

10 2018. 8. 11. 군무원 9급 기출문제

ANSWER　　　　　　　　　　본문 89~94쪽

01 ④	02 ①	03 ②	04 ①	05 ②
06 ④	07 ④	08 ②	09 ②	10 ③
11 ②	12 ④	13 ①	14 ③	15 ④
16 ①	17 ②	18 ④	19 ④	20 ③
21 ③	22 ④	23 ①	24 ①	25 ①

01 정답 ④

① (○) 「건축법」상 이행강제금은 시정명령의 불이행이라는 과거의 위반행위에 대한 금전적 제재가 아니라, 의무자에게 심리적 압박을 주어 장래에 시정명령에 따른 의무이행을 간접적으로 확보하기 위한 강제집행수단에 해당한다(2009헌바140). 따라서 위반행위에 대한 제재를 우선적 목적으로 하는 행정벌과는 차이가 있다.

② (○) 대집행은 위반 행위자가 위법상태를 치유하지 않아 그 이행의 확보가 곤란하고 또한 이를 방치함이 심히 공익을 해할 것으로 인정될 때에 행정청 또는 제3자가 이를 치유하는 것인 반면, 이행강제금은 위반행위자 스스로가 이를 시정할 수 있는 기회를 부여하여 불필요한 행정력의 낭비를 억제하고 위반행위로 인한 경제적 이익을 환수하기 위한 제도로서 양 제도의 각각의 장·단점이 있다. 따라서 개별사건에 있어서 위반내용, 위반자의 시정의지 등을 감안하여 행정청은 대집행과 이행강제금을 선택적으로 활용할 수 있다고 할 것이며, 이처럼 그 합리적인 재량에 의해 선택하여 활용하는 이상 중첩적인 제재에 해당한다고 볼 수 없다(2001헌바80).

③ (○) 구 건축법(2005. 11. 8. 법률 제7696호로 개정되기 전의 것)상의 이행강제금은 구 건축법의 위반행위에 대하여 시정명령을 받은 후 시정기간 내에 당해 시정명령을 이행하지 아니한 건축주 등에 대하여 부과되는 간접강제의 일종으로서 그 이행강제금 납부의무는 상속인 기타의 사람에게 승계될 수 없는 일신전속적인 성질의 것이므로 이미 사망한 사람에게 이행강제금을 부과하는 내용의 처분이나 결정은 당연무효이고, 이행강제금을 부과받은 사람의 이의에 의하여 비송사건절차법에 의한 재판절차가 개시된 후에 그 이의한 사람이 사망한 때에는 사건 자체가 목적을 잃고 절차가 종료한다(2006마470).

④ (×) 건축법상 이행강제금 부과처분은 이에 대한 불복방법에 관하여 별도의 규정을 두지 않고 있으므로 이는 항고소송의 대상이 된다. 비송사건절차법에 따라 재판을 청구할 수 있는 것이 아니다.

02 정답 ①

① (×) 조례가 집행행위의 개입 없이도 그 자체로서 직접 국민의 구체적인 권리·의무나 법적 이익에 영향을 미치는 등의 법률상 효과를 발생케 하는 경우, 그 조례는 항고소송의 대상이 되는 행정처분에 해당한다(95누8003).

② (○) 입법부가 법률로써 행정부에게 특정한 사항을 위임했음에도 불구하고 행정부가 정당한 이유 없이 이를 이행하지 않는다면 권력분립의 원칙과 법치국가 내지 법치행정의 원칙에 위배되는 것으로서 위법함과 동시에 위헌적인 것이 되는바, 구 군법무관임용법(1967. 3. 3. 법률 제1904호로 개정되어 2000. 12. 26. 법률 제6291호로 전문 개정되기 전의 것) 제5조 제3항과 군법무관임용 등에 관한 법률(2000. 12. 26. 법률 제6291호로 개정된 것) 제6조가 군법무관의 보수를 법관 및 검사의 예에 준하도록 규정하면서 그 구체적 내용을 시행령에 위임하고 있는 이상, 위 법률의 규정들은 군법무관의 보수의 내용을 법률로써 일차적으로 형성한 것이고, 위 법률들에 의해 상당한 수준의 보수청구권이 인정되는 것이므로, 위 보수청구권은 단순한 기대이익을 넘어서는 것으로서 법률의 규정에 의해 인정된 재산권의 한 내용이 되는 것으로 봄이 상당하고, 따라서 행정부가 정당한 이유 없이 시행령을 제정하지 않은 것은 위 보수청구권을 침해하는 불법행위에 해당한다(2006다3561).

③ (○) 법령의 직접적인 위임에 따라 수임행정기관이 그 법령을 시행하는 데 필요한 구체적인 사항을 정한 것이라면, 그 제정형식이 고시, 훈령, 예규 등과 같은 행정규칙이더라도, 그것이 상위법령의 위임한계를 벗어나지 아니하는 한, 상위법령과 결합하여 대외적 구속력을 가진다(91헌마25).

④ (○) 자치법적 사항을 규정한 조례에 대한 법률의 위임은 법규명령에 대한 법률의 위임과 같이 반드시 구체적으로 범위를 정하여야 할 필요가 없으며 포괄적인 것으로 족하다(92헌마264).

03 정답 ②

㉠ (×) 남북정상회담의 개최는 고도의 정치적 성격을 지니고 있는 행위라 할 것이므로 특별한 사정이 없는 한 그 당부를 심판하는 것은 사법권의 내재적·본질적 한계를 넘어서는 것이 되어 적절하지 못하지만, 남북정상회담의 개최과정에서 재정경제부장관에게 신고하지 아니하거나 통일부장관의 협력사업 승인을 얻지 아니한 채 북한측에 사업권의 대가 명목으로 송금한 행위 자체는 헌법상 법치국가의 원리와 법 앞에 평등원칙 등에 비추어 볼 때 사법심사의 대상이 된다고 판단한 원심판결을 수긍한 사례(2003도7878).

ⓛ (○) 헌법재판소는 대통령의 국군(일반사병) 해외(이라크) 파병 결정은 국방 및 외교와 관련된 고도의 정치적 결단을 요하는 문제로서 통치행위에 해당하므로, 헌법과 법률이 정한 절차를 지켜 이루어진 것이라면, 사법적 기준만으로 이를 심판하는 것은 자제되어야 한다고 판시하였다(2003헌마814).

ⓒ (×) 대통령의 서훈취소는 통치행위에 해당하지 않는다(2012두26920).

04 정답 ①

① (○) 개별공시지가결정은 이를 기초로 한 과세처분 등과는 별개의 독립된 처분으로서 서로 독립하여 별개의 법률효과를 목적으로 하는 것이나, (중략) 위법한 개별공시지가결정에 대하여 그 정해진 시정절차를 통하여 시정하도록 요구하지 아니하였다는 이유로 위법한 개별공시지가를 기초로 한 과세처분 등 후행 행정처분에서 개별공시지가결정의 위법을 주장할 수 없도록 하는 것은 수인한도를 넘는 불이익을 강요하는 것으로서 국민의 재산권과 재판받을 권리를 보장한 헌법의 이념에도 부합하는 것이 아니라고 할 것이므로, 개별공시지가결정에 위법이 있는 경우에는 그 자체를 행정소송의 대상이 되는 행정처분으로 보아 그 위법 여부를 다툴 수 있음은 물론 이를 기초로 한 과세처분 등 행정처분의 취소를 구하는 행정소송에서도 선행처분인 개별공시지가결정의 위법을 독립된 위법사유로 주장할 수 있다고 해석함이 타당하다(93누8542).

② (×) 과세처분과 체납처분 사이에는 취소사유인 하자의 승계가 인정되지 않는다(4292행상73).

③ (×) 법률에 규정된 공청회를 열지 아니한 하자가 있는 도시계획결정에 불가쟁력이 발생하였다면, 당해 도시계획결정이 당연무효가 아닌 이상 그 하자를 이유로 후행하는 수용재결처분의 취소를 구할 수는 없다(87누947).

④ (×) 경찰공무원법상 직위해제처분과 면직처분은 후자가 전자의 처분을 전제로 한 것이기는 하나, 각각 단계적으로 별개의 법률효과를 발생하는 행정처분이어서 선행 직위해제처분의 위법사유가 면직처분에는 승계되지 아니한다(84누191).

05 정답 ②

① (○) 행정행위를 한 처분청이 그 행위에 하자가 있어 수익적 행정처분을 취소할 때에는 이를 취소하여야 할 공익상의 필요와 그 취소로 인하여 당사자가 입게 될 기득권과 신뢰보호 및 법률생활의 안정의 침해 등 불이익을 비교·교량한 후 공익상의 필요가 당사자가 입을 불이익을 정당화할 만큼 강한 경우에 한하여 취소할 수 있다(2014두43196).

② (×) 하자 없이 성립한 행정행위의 효력을 장래에 향하여 소멸시키는 것을 행정행위의 철회라 하고, 일단 유효하게 성립한

행정행위를 그 행위에 위법 또는 부당한 하자가 있음을 이유로 소급하여 그 효력을 소멸시키는 별도의 행정행위를 행정행위의 (직권)취소라고 한다.

③ (○) 행정처분을 한 처분청은 이를 취소할 별도의 법적 근거가 없다고 하더라도 직권으로 이를 취소할 수 있다.

④ (○) 명문의 규정이 없는 한 감독청은 철회권을 갖지 못하며, 원칙적으로 행정행위의 철회는 처분청만이 할 수 있다.

06 정답 ④

① (○) 행정주체가 구체적인 행정계획을 입안·결정할 때에 가지는 비교적 광범위한 형성의 자유는 무제한적인 것이 아니라 행정계획에 관련되는 자들의 이익을 공익과 사익 사이에서는 물론이고 공익 상호 간과 사익 상호 간에도 정당하게 비교교량하여야 한다는 제한이 있는 것이므로, 행정주체가 행정계획을 입안·결정하면서 이익형량을 전혀 행하지 않거나 이익형량의 고려 대상에 마땅히 포함시켜야 할 사항을 빠뜨린 경우 또는 이익형량을 하였으나 정당성과 객관성이 결여된 경우에는 행정계획결정은 형량에 하자가 있어 위법하게 된다(2010두5806).

② (○) 비구속적 행정계획안이나 행정지침이라 하더라도, 국민의 기본권에 직접적으로 영향을 끼치고, 앞으로 법령의 뒷받침에 의하여 그대로 실현될 것이 틀림없을 것으로 예상될 수 있을 경우에는 '공권력의 행사'로서 헌법소원의 대상에 해당한다(2019헌마1305, 99헌마538).

③ (○) 폐기물처리사업계획의 적정통보를 받은 자는 장래 일정한 기간 내에 관계 법령이 규정하는 시설 등을 갖추어 폐기물처리업허가신청을 할 수 있는 법률상 지위에 있다고 할 것인바, 피고로부터 폐기물처리사업계획의 적정통보를 받은 원고가 폐기물처리업허가를 받기 위하여는 이 사건 부동산에 대한 용도지역을 '농림지역 또는 준농림지역'에서 '준도시지역(시설용지지구)'으로 변경하는 국토이용계획변경이 선행되어야 하고, 원고의 위 계획변경신청을 피고가 거부한다면 이는 실질적으로 원고에 대한 폐기물처리업허가신청을 불허하는 결과가 되므로, 원고는 위 국토이용계획변경의 입안 및 결정권자인 피고에 대하여 그 계획변경을 신청할 법규상 또는 조리상 권리를 가진다고 할 것이다.

④ (×) 행정계획과 관련된 개별 국민의 계획보장(존속)청구권, 계획변경청구권, 계획이행청구권 등의 인정 여부가 문제되는데, 통설과 판례는 이러한 권리들은 원칙적으로 인정이 되지 않는다고 본다.

07 정답 ④

불가변력, 형성력, 기속력 등은 행정심판상 재결의 효력에 해당하지만 사정재결력은 재결의 효력에 해당하지 않는다.

08 정답 ②

① (○) 군인사정책상 필요에 의하여 복무연장지원서와 전역(여군의 경우 면역임)지원서를 동시에 제출하게 한 방침에 따라 위 양 지원서를 함께 제출한 이상, 그 취지는 복무연장지원의 의사표시를 우선으로 하되, 그것이 받아들여지지 아니하는 경우에 대비하여 원에 의하여 전역하겠다는 조건부 의사표시를 한 것이므로 그 전역지원의 의사표시도 유효한 것으로 보아야 한다(93누10057).

② (×) 위 전역지원의 의사표시가 진의 아닌 의사표시라 하더라도 그 무효에 관한 법리를 선언한 민법 제107조 제1항 단서의 규정은 그 성질상 사인의 공법행위에는 적용되지 않는다 할 것이므로 그 표시된 대로 유효한 것으로 보아야 한다(93누10057).

③ (○) 사직서의 제출이 감사기관이나 상급관청 등의 강박에 의한 경우에는 그 정도가 의사결정의 자유를 박탈할 정도에 이른 것이라면 그 의사표시가 무효로 될 것이고 그렇지 않고 의사결정의 자유를 제한하는 정도에 그친 경우라면 그 성질에 반하지 아니하는 한 의사표시에 관한 민법 제110조의 규정을 준용하여 그 효력을 따져보아야 할 것이나, (…) (97누13962)

④ (○) 공무원이 사직의 의사표시를 하여 의원면직처분을 하는 경우 그 사직의 의사표시는 외부적, 객관적으로 표시된 바에 따라 효력이 발생하는 것이고, 공무원이 범법행위를 저질러 수사기관에서 조사를 받는 과정에서 사직을 조건으로 내사종결하기로 하고 수사기관과 소속행정청의 직원 등이 당해 공무원에게 사직을 권고, 종용함에 있어 가사 이에 불응하는 경우 형사입건하여 구속하겠다고 하고 또한 형사처벌을 받은 결과 징계파면을 당하면 퇴직금조차 지급받지 못하게 될 것이라고 하는 등 강경한 태도를 취하였더라도 이는 범법행위에 따른 객관적 상황을 고지한 것에 불과하고, 공무원 자신이 그 범법행위로 인하여 징계파면이 될 경우 퇴직금조차 받지 못하게 될 것을 우려하여 사직서를 작성, 제출한 것이라면 특단의 사정이 없는 한 위와 같은 사직종용 사실만으로는 사직의사결정이 강요에 의한 것으로 볼 수 없다(90누257).

09 정답 ②

① (○) 공익사업을 위한 토지 등의 취득 및 보상에 관한 법률에 의한 협의취득은 사법상의 법률행위이다(2010다91206).

② (×) 현행 행정절차법에는 공법상 계약에 대한 규정이 존재하지 않는다.

③ (○) 서울특별시립무용단원의 위촉은 공법상 계약에 해당하며, 따라서 그 단원의 해촉에 대하여는 공법상의 당사자소송으로 무효확인을 청구할 수 있다(95누4636).

④ (○) 국립의료원 부설 주차장에 관한 위탁관리용역운영계약은 공법관계에 해당한다(2004다31074).

10 정답 ③

①, ② (○) 행정절차법 제48조

> 행정절차법 제48조(행정지도의 원칙) ① 행정지도는 그 목적 달성에 필요한 최소한도에 그쳐야 하며, 행정지도의 상대방의 의사에 반하여 부당하게 강요하여서는 아니 된다.
> ② 행정기관은 행정지도의 상대방이 행정지도에 따르지 아니하였다는 것을 이유로 불이익한 조치를 하여서는 아니 된다.

③ (×) 행정지도에 따라 행한 사인의 행위라도, 법령에 명시적으로 정함이 없는 한 위법성이 조각된다고 할 수 없다(91도1609).

④ (○) 행정지도가 강제성을 띠지 않은 비권력적 작용으로서 행정지도의 한계를 일탈하지 아니하였다면, 그로 인하여 상대방에게 어떤 손해가 발생하였다 하더라도 행정기관은 그에 대한 손해배상책임이 없다(2006다18228).

11 정답 ②

① (×) 구 「민원사무처리에 관한 법률」에서 정한 거부처분에 대한 이의신청을 받아들이지 않는 취지의 기각 결정 또는 그 취지의 통지는 처분이 될 수 없다(2010두8676).

② (○) 지적공부 소관청이 토지대장을 직권으로 말소하는 행위는 항고소송의 대상이 되는 행정처분에 해당한다(2011두13286).

③ (×) 수도권매립지관리공사가 한 입찰참가자격을 제한하는 내용의 부정당업자 제재처분은 행정소송의 대상이 되는 행정처분이 아니다(2010무137).

④ (×) 구 「중소기업 기술혁신 촉진법」상 중소기업 정보화지원사업의 일환으로 중소기업기술정보진흥원장이 甲주식회사와 중소기업정보화지원사업협약을 체결하였는데, 甲주식회사의 협약 불이행으로 인해 사업실패가 초래되어, 협약에 따라 중소기업기술진흥원장이 甲에 대해 행한 협약의 해지 및 지급받은 정부지원금의 환수통보는 공법상 계약에 따라 행정청이 대등한 당사자의 지위에서 하는 의사표시로 보아야 하고, 행정처분에 해당하지 않는다(2015두41449).

정답
및
해설

12 정답 ②

① (○) 수리란 신고를 유효한 것으로 판단하고 법령에 의하여 처리할 의사로 이를 수령하는 적극적 행위이지만, 수리행위에 신고필증의 교부가 수반될 필요는 없다(2009두6766).

② (×) 건축법상 건축신고에 대한 수리거부행위도 항고소송의 대상이 된다(2008두167).

③ (○) 정보제공형 신고(자기완결적 신고)를 하지 않고 신고의 대상이 된 행위를 한 경우, 과태료 등의 제재가 가능하지만, 신고 없이 행한 행위 자체의 효력은 유효하다.

④ (○) 영업양도에 따른 지위승계신고는 수리를 요하는 신고이다. 따라서 영업양도에 따른 지위승계신고를 수리하는 행정청의 행위는 처분성이 인정된다.

13 정답 ①

① (×) 특별한 사정이 없는 한 신청에 대한 거부처분이라고 하더라도 직접 당사자의 권익을 제한하는 것은 아니라 할 것이므로 처분의 사전통지대상이 되지 않는다(2003두674).

② (○) 식품위생법상 허가영업에 대해 영업자지위승계신고를 수리하는 처분은 종전의 영업자에 대하여 권익을 침해하는 효과가 발생하기 때문에 「행정절차법」상 사전통지를 거쳐야 하는 대상이 된다(2001두7105).

③ (○) 「국가공무원법」상 직위해제처분은 당해 행정작용의 성질상 행정절차를 거치기 곤란하거나 불필요하다고 인정되는 사항 또는 행정절차에 준하는 절차를 거친 사항에 해당하므로, 직위해제를 할 때에는 처분의 사전통지 및 의견청취 등에 관한 행정절차법의 규정이 별도로 적용되지 아니한다(2012두26180).

④ (○) 건축법상의 공사중지명령에 대한 사전통지를 하고 의견제출의 기회를 준다면 많은 액수의 손실보상금을 기대하여 공사를 강행할 우려가 있다는 사정이 사전통지 및 의견제출절차의 예외사유에 해당하지 아니한다고 한 사례(2004두1254).

14 정답 ③

① (○) 권한의 위임은 행정권한 법정주의에 따라 법적 근거가 있는 경우에만 허용된다. 또한 법령의 근거가 없는 권한의 위임은 무효이다.

② (○) 권한의 위임은 위임청의 권한의 일부에 한해서만 가능하다.

③ (×) 정부조직법 제6조는 행정권한의 위임 및 재위임이 일반적으로 가능하다는 내용을 규정하고 있다. 이때, 이 규정 이외에 개별 행정영역에서 위임 및 재위임을 허용하는 별도의 규정이 존재하지 않는 경우, 이 일반적인 규정에만 근거하여서도 행정권한의 위임 및 재위임이 가능한지가 문제된다. 우리 대법원은 이것이 가능하다고 보는 입장이다(94누4615, 89누5287).

④ (○) 내부위임이나 대리권을 수여받은 데 불과하여 원행정청 명의나 대리관계를 밝히지 아니하고는 그의 명의로 처분등을 할 권한이 없는 행정청이 권한 없이 그의 명의로 한 처분에 대하여도 처분명의자인 행정청이 피고가 되어야 할 것이다(95누14688).

15 정답 ④

> 제22조(의견청취) ① 행정청이 처분을 할 때 다음 각 호의 어느 하나에 해당하는 경우에는 청문을 한다. <개정 2014. 1. 28., 2022. 1. 11.>
> 1. 다른 법령등에서 청문을 하도록 규정하고 있는 경우(①)
> 2. 행정청이 필요하다고 인정하는 경우(②)
> 3. 다음 각 목의 처분을 하는 경우
>   가. 인허가 등의 취소(③)
>   나. 신분·자격의 박탈
>   다. 법인이나 조합 등의 설립허가의 취소

16 정답 ①

① (×) 국가공무원법상의 징계는 파면·해임·강등·정직·감봉·견책의 6가지뿐이다(국가공무원법 제79조).

② (○) 경찰공무원이 교통법규 위반 운전자에게 만원권 지폐 한 장을 두 번 접어서 면허증과 함께 달라고 한 경우에 내려진 해임처분은 징계재량권의 일탈·남용이 아니다(2006두16272).

③ (○) 검사를 포함한 공무원의 품위유지의무와 관련하여 다수의 법원 판례가 축적되어 있는바, 법원은 국가공무원법상의 징계사유인 "직무의 내외를 불문하고 그 체면 또는 위신을 손상하는 행위를 한 때"(제78조 제1항 제3호)라 함은 "공무원의 신분상의 의무로서의 품위유지의 의무에 반하는 것으로 주권자인 국민의 수임자로서 또는 국민에의 봉사자인 직책을 다하는 공직자로서 공직의 체면, 위신을 손상하는 데 직접적인 영향이 있는 행위를 한 때"라고 하고 있으므로(대법원 1985. 4. 9. 선고 84누654 판결; 대법원 2001. 8. 24. 선고 2000두7704 판결 참조), 이러한 법관의 보충적인 해석에 의해서도 "검사로서의 체면이나 위신을 손상하는 행위"가 무엇인지 파악할 수 있다. 따라서 이 사건 구 검사징계법 제2조 제3호는 명확성원칙에 위배되지 아니한다(2009헌바282).

④ (○) 당해 공무원의 동의 없는 지방공무원법 제29조의8의 규정에 의한 전출명령은 위법하여 취소되어야 하므로, 그 전출명령이 적법함을 전제로 내린 징계처분은 그 전출명령이 공정력에 의하여 취소되기 전까지는 유효하다고 하더라도 징계양정에 있어 재량권을 일탈하여 위법하다고 한 사례(99두1823)

17 정답 ②

㉠ (✕) 재량행위는 법적 근거의 존부와 관계없이 부관을 붙일 수 있고, 기속행위에도 법적 근거가 있다면 부관을 붙일 수 있다.

㉡ (○) 위법한 부담 이외의 부관으로 인해 권리를 침해받은 자는 형식상 부관부 행정행위 전체를 소송의 대상으로 하여야 하고, 그때에도 부관만의 취소를 구하는 부진정 일부취소소송을 제기할 수는 없다.

㉢ (✕) 행정처분에 이미 부담이 부가되어 있는 상태에서 그 의무의 범위 또는 내용 등을 변경하는 부관의 사후변경은, ① 법률에 명문의 규정이 있거나 ② 그 변경이 미리 유보되어 있는 경우 또는 ③ 상대방의 동의가 있는 경우에 한하여 허용되는 것이 원칙이다. 그러나 ④ 사정변경으로 인하여 당초에 부담을 부가한 목적을 달성할 수 없게 된 경우에도 그 목적달성에 필요한 범위 내에서 예외적으로 허용된다(2006두7973, 97누2627).

㉣ (✕) 행정청이 행정처분을 하면서 부담을 부가하는 경우 일방적으로 부담을 부가할 수도 있지만, 부담을 부가하기 이전에 상대방과 협약의 형식으로 미리 정한 다음 행정처분을 하면서 이를 부가할 수도 있다(2005다65500).

㉤ (○) 부담과 조건의 구분이 명확하지 않을 경우, 부담이 조건보다 상대방에게 유리하기 때문에 원칙적으로 부담으로 추정해야 한다(2007두24289).

18 정답 ④

① (○) 정보공개청구권은 법률상 보호되는 구체적인 권리이므로, 정보공개청구권자가 공공기관에 대하여 정보공개를 청구하였다가 거부처분을 받은 것 자체만으로도 법률상 이익의 침해가 있은 것으로 인정된다(2001두6425).

② (○) 정보공개법 제13조 제2항에서 규정한 정보의 사본 또는 복제물의 교부를 제한할 수 있는 사유에 해당하지 아니하는 한 정보공개 청구자가 선택한 공개방법에 따라 공개하여야 하므로, 공공기관은 정보공개방법을 선택할 재량권이 없다(2003두8050).

③ (○) 정보공개청구권자에는 자연인은 물론 법인, 권리능력 없는 사단·재단도 포함되며, 법인이나 권리능력 없는 사단·재단의 경우에는 설립목적도 불문한다(2003두8050).

④ (✕) 정보공개거부처분에 대한 정보공개 청구소송에서 정보공개거부처분에 대한 취소판결이 확정되었다면 행정청에 대해 판결의 취지에 따른 재처분의무가 인정되고, 행정청이 재처분의무를 이행하지 않는 경우 그에 대한 간접강제도 허용된다.

19 정답 ④

①, ② (○) 고시 또는 공고의 법적 성질은 일률적으로 판단될 것이 아니라 고시에 담겨진 내용에 따라 구체적인 경우마다 달리 결정된다. 고시에 대하여 헌법재판소는 고시가 일반·추상적 성격을 가질 때는 법규명령 또는 행정규칙에 해당하지만, 고시가 구체적인 규율의 성격을 갖는다면 행정처분에 해당한다고 본다(2005헌마161).

③ (○) 통상 고시 또는 공고에 의하여 행정처분을 하는 경우에 행정처분이 있었음을 안 날이란, 행정처분의 이해관계를 갖는 자가 고시 또는 공고가 있었다는 사실을 현실적으로 안 날이 아니라, 고시가 효력을 발생하는 날 행정처분이 있음을 안 것으로 본다(2004두619).

④ (✕) 오늘날 의회의 입법독점주의에서 입법중심주의로 전환하여 일정한 범위 내에서 행정입법을 허용하게 된 동기가 사회적 변화에 대응한 입법수요의 급증과 종래의 형식적 권력분립주의로는 현대사회에 대응할 수 없다는 기능적 권력분립론에 있다는 점 등을 감안하여 헌법 제40조와 헌법 제75조, 제95조의 의미를 살펴보면, 국회입법에 의한 수권이 입법기관이 아닌 행정기관에게 법률 등으로 구체적인 범위를 정하여 위임한 사항에 관하여는 당해 행정기관에게 법정립의 권한을 갖게 되고, 입법자가 규율의 형식도 선택할 수 있다 할 것이므로, 헌법이 인정하고 있는 위임입법의 형식은 예시적인 것으로 보아야 할 것이고, 그것은 법률이 행정규칙에 위임하더라도 그 행정규칙은 위임된 사항만을 규율할 수 있으므로, 국회입법의 원칙과 상치되지도 않는다(2005헌바59).

20 정답 ③

① (○) 행정재산은 공유물로서 이른바 사법상의 거래의 대상이 되지 아니하는 불융통물이므로 이러한 행정재산을 관재당국이 모르고 매각처분하였다 할지라도 그 매각처분은 무효이다(67다806).

② (○) 공용폐지의 의사표시는 명시적 의사표시뿐만 아니라 묵시적 의사표시이어도 무방하나 적법한 의사표시이어야 하고, 행정재산이 본래의 용도에 제공되지 않는 상태에 놓여 있다는 사실만으로 관리청의 이에 대한 공용폐지의 의사표시가 있었다고 볼 수 없고, 원래의 행정재산이 공용폐지되어 취득시효의 대상이 된다는 입증책임은 시효취득을 주장하는 자에게 있다(98다49548).

③ (✕) 도로법 제40조, 제43조, 제80조의2에 규정된 도로의 점용이라 함은, 일반공중의 교통에 공용되는 도로에 대하여 이러한 일반사용과는 별도로 도로의 특정부분을 유형적, 고정적으로 사용하는 이른바 특별사용을 뜻하는 것이고, 그와 같은 도로의 특별사용은 반드시 독점적, 배타적인 것이 아니라 그 사용목적에 따라서는 도로의 일반사용과 병존이 가능한 경우도 있고, 이러한 경우에는 도로점용부분이 동시에 일반공중의 교통에 공용되고 있다고 하여 도로점용이 아니라고 말할 수 없는 것이

며, 한편 당해 도로의 점용을 위와 같은 특별사용으로 볼 것인지 아니면 일반사용으로 볼 것인지는 그 도로점용의 주된 용도와 기능이 무엇인지에 따라 가려져야 한다(94누5830).

④ (○) 국유재산의 무단점유자에 대한 변상금 부과는 공권력을 가진 우월적 지위에서 행하는 행정처분이고, 그 부과처분에 의한 변상금 징수권은 공법상의 권리인 반면, 민사상 부당이득반환청구권은 국유재산의 소유자로서 가지는 사법상의 채권이다(2013다3576).

21 정답 ③

① (○) 이주대책은 헌법 제23조 제3항에 규정된 정당한 보상에 포함되는 것이라기보다는, 이에 부가하여 이주자들에게 종전의 생활상태를 회복시키기 위한 생활보상의 일환으로서 국가의 정책적인 배려에 의하여 마련된 제도라고 볼 것이다(2004헌마19).

② (○) 이주대책 실시여부는 입법자의 입법정책적 재량의 영역에 속하므로 법률상 이주대책의 대상자에서 세입자를 제외하고 있는 것이 세입자의 재산권을 침해하여 위헌이라고 할 수 없다(2004헌마19).

③ (✕) 사업시행자가 수립한 이주대책상의 택지분양권 등의 구체적인 권리는, 이주자가 이주대책에서 정한 절차에 따라 이주대책대상자 선정신청을 하고, 사업시행자가 이를 받아들여 이주대책대상자로 확인·결정을 하여야 비로소 구체적으로 발생하게 된다(92누35783).

④ (○) 원고들이 주장하는 이 사건 잔여지의 손실, 즉 토지의 일부가 접도구역으로 지정·고시됨으로써 일정한 형질변경이나 건축행위가 금지되어 장래의 이용가능성이나 거래의 용이성 등에 비추어 사용가치 및 교환가치가 하락하는 손실은, 고속도로를 건설하는 이 사건 공익사업에 원고들 소유의 일단의 토지 중 일부가 취득되거나 사용됨으로 인하여 발생한 것이 아니라, 그와 별도로 국토교통부장관이 이 사건 잔여지 일부를 접도구역으로 지정·고시한 조치에 기인한 것이므로, 원칙적으로 토지보상법 제73조 제1항에 따른 잔여지 손실보상의 대상에 해당하지 아니한다(2017두40860).

22 정답 ④

① (○) 행정의 자기구속의 법리를 적용함에 있어서 행정선례가 필요한지 여부에 대한 학설의 대립이 있는데, 판례에 따르면 재량준칙이 일단 공표되었다 하더라도 재량준칙이 실제로 되풀이 시행되지 않은 경우에는 행정의 자기구속원칙이 적용되지 않는다(2009두7967).

② (○) 헌법재판소는 평등의 원칙이나 신뢰보호의 원칙을 근거로 행정의 자기구속의 원칙을 인정하고 있다(90헌마13).

③ (○) 재량권행사의 준칙인 규칙이 그 정한 바에 따라 되풀이 시행되어 행정관행이 이루어지게 되면 평등의 원칙이나 신뢰보호의 원칙에 따라 행정기관은 그 상대방에 대한 관계에서 그 규칙에 따라야 할 자기구속을 당하게 되는 경우에는 대외적인 구속력을 가지게 된다(90헌마13). 따라서 이러한 경우에는 특별한 사정이 없는 한 그에 반하는 처분은 평등의 원칙이나 신뢰보호의 원칙에 어긋나 재량권을 일탈·남용한 위법한 처분이 된다(2009두7967).

④ (✕) 65세대의 주택건설사업에 대한 사업계획승인을 하면서 입주민이 이용하는 '진입도로 설치후 기부채납'과 '기존 통행로 폐쇄에 따른 대체 통행로 설치 후 그 부지 일부 기부채납'을 부담으로 부과하는 것은 부당결부금지원칙에 반하지 않는다(96누16698).

23 정답 ①

원고의 청구가 이유 있음에도 불구하고 공익을 이유로 기각하는 판결은 사정판결이다(행정소송법 제28조).

> **행정소송법 제28조(사정판결)** ① 원고의 청구가 이유있다고 인정하는 경우에도 처분등을 취소하는 것이 현저히 공공복리에 적합하지 아니하다고 인정하는 때에는 법원은 원고의 청구를 기각할 수 있다. 이 경우 법원은 그 판결의 주문에서 그 처분등이 위법함을 명시하여야 한다.

24 정답 ①

① (✕) 행정청의 공적 견해표명이 있었는지 여부는 담당자의 조직상의 지위와 임무, 당해 언동을 하게 된 구체적인 경위 및 그에 대한 상대방의 신뢰가능성 등을 고려하여 그 실질에 의해 판단하는 것이지, 행정조직상의 형식적인 권한분장에 얽매여 판단하여야 하는 것은 아니다(95누13746).

② (○) 신뢰의 대상인 행정청의 선행조치가 반드시 문서에 의한 형식적 행위이어야 할 필요는 없다.

③ (○) 신뢰보호원칙에서 행정청의 견해표명이 정당하다고 신뢰한 데 대한 개인의 귀책사유의 유무는 상대방뿐만 아니라 그로부터 신청행위를 위임받은 수임인 등 관계자 모두를 기준으로 판단하여야 한다(2001두1512).

④ (○) 행정청의 확약 또는 공적 견해표명이 있은 후에 사실적·법률적 상태가 변경되었다면, 그와 같은 확약 또는 공적 의사표명은 행정청의 별다른 의사표시를 기다리지 않고 실효된다(95누10877).

25 정답 ①

① (✕) 국가배상법과 민법의 설명이 서로 바뀌었다. 민법 제758조의 경우에는 공작물의 점유자의 면책 규정이 존재하는 반면, 국가배상법 제5조의 경우에는 이러한 면책규정이 존재하지 않는다.

② (〇) 영조물의 설치·관리상 하자로 인한 국가배상의 기초가 되는 '공공의 영조물'은 공공의 목적에 공여된 유체물 내지 물적 설비를 말한다. 또한 '공공의 영조물'이란 강학상 공물을 뜻하는 것으로서, 국가 또는 지방자치단체가 소유권, 임차권 그 밖의 권한에 기하여 관리하고 있는 경우뿐만 아니라, 그러한 권한 없이 사실상의 관리를 하고 있는 경우도 이에 포함된다(98다17381).

③ (〇) '영조물의 설치 또는 관리의 하자'란 공공의 목적에 제공된 영조물이 그 용도에 따라 통상 갖추어야 할 안전(정)성을 갖추지 못한 상태에 있음을 말한다(2002다9158).

④ (〇) 학생이 담배를 피우기 위하여 3층 건물 화장실 밖의 난간을 지나다가 실족하여 사망한 경우, 학교관리자에게 그와 같은 이례적인 사고가 있을 것을 예상하여 화장실 창문에 난간으로의 출입을 막기 위한 출입금지장치나 추락 위험을 알리는 경고표지판을 설치할 의무는 없으므로, 그러한 장치나 표지판을 설치하지 않았다 하더라도, 학교시설의 설치·관리상의 하자는 인정되지 아니한다(96다54102).

01 제1회 실전 모의고사

ANSWER

본문 98~104쪽

01 ④	02 ③	03 ④	04 ②	05 ④
06 ③	07 ③	08 ①	09 ②	10 ④
11 ②	12 ③	13 ③	14 ②	15 ①
16 ③	17 ④	18 ④	19 ①	20 ③
21 ③	22 ②	23 ②	24 ③	25 ①

01 정답 ④

① (×) 행정행위에 부가된 허가기간은 그 자체로서 항고소송의 대상이 될 수는 없지만, 그 기간의 연장신청 거부에 대해서는 항고소송을 제기할 수 있다(대법원 1991. 8. 27, 90누7920).

② (×) 행정행위의 부관은 부담의 경우를 제외하고는 독립하여 행정소송의 대상이 될 수 없는 것인바, 행정청이 한 공유수면매립준공인가 중 매립지 일부에 대하여 한 국가귀속처분은 매립준공인가를 함에 있어서 매립의 면허를 받은 자의 매립지에 대한 소유권취득을 규정한 공유수면매립법 제14조의 효과 일부를 배제하는 부관을 붙인 것이므로 이러한 행정행위의 부관에 대하여는 독립하여 행정소송의 대상으로 삼을 수 없다(대법원 1991. 12. 13, 90누8503).

③ (×) 수익적 행정처분에 있어서는 법령에 특별한 근거규정이 없다고 하더라도 그 부관으로서 부담을 붙일 수 있고, 그와 같은 부담은 행정청이 행정처분을 하면서 일방적으로 부가할 수도 있지만 부담을 부가하기 이전에 상대방과 협의하여 부담의 내용을 협약의 형식으로 미리 정한 다음 행정처분을 하면서 이를 부가할 수도 있다(대법원 2009. 2. 12, 2005다65500).

④ (○) 행정처분에 이미 부담이 부가되어 있는 상태에서 그 의무의 범위 또는 내용 등을 변경하는 부관의 사후변경은, 법률에 명문의 규정이 있거나 그 변경이 미리 유보되어 있는 경우 또는 상대방의 동의가 있는 경우에 한하여 허용되는 것이 원칙이지만, 사정변경으로 인하여 당초에 부담을 부가한 목적을 달성할 수 없게 된 경우에도 그 목적 달성에 필요한 범위 내에서 예외적으로 허용된다(대법원 1997. 5. 30, 97누2627).

02 정답 ③

① (×) 외국인의 사증발급 신청에 대한 거부처분은 당사자에게 의무를 부과하거나 적극적으로 권익을 제한하는 처분이 아니므로, 행정절차법 제21조 제1항에서 정한 '처분의 사전통지'와 제22조 제3항에서 정한 '의견제출 기회 부여'의 대상은 아니다. 그러나 사증발급 신청에 대한 거부처분이 성질상 행정절차

법 제24조에서 정한 '처분서 작성·교부'를 할 필요가 없거나 곤란하다고 일률적으로 단정하기 어렵다. 또한 출입국관리법령에 사증발급 거부처분서 작성에 관한 규정을 따로 두고 있지 않으므로, 외국인의 사증발급 신청에 대한 거부처분을 하면서 행정절차법 제24조에 정한 절차를 따르지 않고 '행정절차에 준하는 절차'로 대체할 수도 없다(대법원 2019. 7. 11, 2017두38874).

② (×) 수익적 행정행위를 취소하는 것은 침익적 행정행위이므로 사전통지와 의견청취의 대상이 된다. 상대방에게 귀책사유가 있었다는 점은 사전통지 면제사유가 아니다.

③ (○) 퇴직연금의 환수결정은 당사자에게 의무를 과하는 처분이기는 하나, 관련 법령에 따라 당연히 환수금액이 정하여지는 것이므로, 퇴직연금의 환수결정에 앞서 당사자에게 의견진술의 기회를 주지 아니하여도 행정절차법 제22조 제3항이나 신의칙에 어긋나지 아니한다(대법원 2000. 11. 28, 99두5443).

④ (×) 행정청은 법령상 청문실시의 사유가 있는 경우에도 당사자가 의견진술의 기회를 포기한다는 뜻을 명백히 표시한 경우에는 의견청취를 하지 않을 수 있다(행정절차법 제22조 제4항).

> **행정절차법 제22조(의견청취)** ④ 제1항부터 제3항까지의 규정에도 불구하고 제21조 제4항 각 호의 어느 하나에 해당하는 경우와 당사자가 의견진술의 기회를 포기한다는 뜻을 명백히 표시한 경우에는 의견청취를 하지 아니할 수 있다.

03 정답 ④

① (○) 행정청이 행정대집행법 제3조 제1항에 의한 대집행계고를 함에 있어서는 의무자가 스스로 이행하지 아니하는 경우에 대집행할 행위의 내용 및 범위가 구체적으로 특정되어야 하나, 그 행위의 내용 및 범위는 반드시 대집행계고서에 의하여서만 특정되어야 하는 것이 아니고 계고처분 전후에 송달된 문서나 기타 사정을 종합하여 행위의 내용이 특정되면 족하다(대법원 1994. 10. 28, 94누5144).

② (○) 건축법에 위반하여 증, 개축함으로써 철거의무가 있더라도 행정대집행법 제2조에 의하여 그 철거의무를 대집행하기 위한 계고처분을 하려면 다른 방법으로는 그 이행의 확보가 어렵고, 그 불이행을 방치함이 심히 공익을 해하는 것으로 인정되는 경우에 한한다(대법원 1989. 7. 11, 88누11193).

③ (○) 대집행계고가 처분이 아니라는 것이 아니다. 그와 함께 이루어진 철거 및 원상복구명령이 처분이 아니라는 말이다.

☞ [판례] 제1차로 창고건물의 철거 및 하천부지에 대한 원상복구명령을 하였음에도 이에 불응하므로 대집행계고를 하면서

다시 자진철거 및 토사를 반출하여 하천부지를 원상복구할 것을 명한 경우, 행정대집행법상의 철거 및 원상복구의무는 제1차 철거 및 원상복구명령에 의하여 이미 발생하였다 할 것이어서, 대집행계고서에 기재된 자진철거 및 원상복구명령은 새로운 의무를 부과하는 것이라고 볼 수 없으며, 단지 종전의 철거 및 원상복구를 독촉하는 통지에 불과하므로 취소소송의 대상이 되는 독립한 행정처분이라고 할 수 없고(대법원 2000. 2. 22. 선고 98두4665 판결 참조), 대집행계고서에 기재된 철거 및 원상복구의무의 이행기한은 행정대집행법 제3조 제1항에 따른 이행기한을 정한 것에 불과하다고 할 것이다(대법원 2004. 6. 10, 2002두12618).
④ (×) 법률에 의하여 직접명령된 것뿐만 아니라, 법률에 의거한 행정청의 명령에 의한 행위도 대집행의 대상이 될 수 있다(행정대집행법 제2조).

> 행정대집행법 제2조(대집행과 그 비용징수) 법률(법률의 위임에 의한 명령, 지방자치단체의 조례를 포함한다. 이하 같다)에 의하여 직접명령되었거나 또는 법률에 의거한 행정청의 명령에 의한 행위로서 타인이 대신하여 행할 수 있는 행위를 의무자가 이행하지 아니하는 경우 다른 수단으로써 그 이행을 확보하기 곤란하고 또한 그 불이행을 방치함이 심히 공익을 해할 것으로 인정될 때에는 당해 행정청은 스스로 의무자가 하여야 할 행위를 하거나 또는 제삼자로 하여금 이를 하게 하여 그 비용을 의무자로부터 징수할 수 있다.

04 정답 ②

① (○) 행정심판법 제4조 제3항

> 행정심판법 제4조(특별행정심판 등) ③ 관계 행정기관의 장이 특별행정심판 또는 이 법에 따른 행정심판 절차에 대한 특례를 신설하거나 변경하는 법령을 제정·개정할 때에는 미리 중앙행정심판위원회와 협의하여야 한다.

② (×) 거부처분에 대하여서는 의무이행심판을 제기할 수도 있고, 취소심판을 제기할 수도 있다.
③ (○) 행정심판법 제18조 제3항에 의하면 행정처분의 상대방이 아닌 제3자라도 처분이 있은 날로부터 180일을 경과하면 행정심판청구를 제기하지 못하는 것이 원칙이지만, 다만 정당한 사유가 있는 경우에는 그러하지 아니하도록 규정되어 있는바, 행정처분의 직접 상대방이 아닌 제3자는 일반적으로 처분이 있는 것을 바로 알 수 없는 처지에 있으므로, 위와 같은 심판청구기간 내에 심판청구를 제기하지 아니하였다고 하더라도, 그 기간 내에 처분이 있은 것을 알았거나 쉽게 알 수 있었기 때문에 심판청구를 제기할 수 있었다고 볼 만한 특별한 사정이 없는 한, 위 법조항 본문의 적용을 배제할 "정당한 사유"가 있는 경우에 해당한다고 보아 위와 같은 심판청구기간이 경과한 뒤에도 심판청구를 제기할 수 있다(대법원 1992. 7. 28, 91누12844).

④ (○) 행정심판위원회는 임시처분을 결정한 후에, 임시처분이 공공복리에 중대한 영향을 미치는 경우에는, 직권으로 또는 당사자의 신청에 의하여 이 결정을 취소할 수 있다(행정심판법 제31조 제2항, 제30조 제4항).

> 행정심판법 제31조(임시처분) ② 제1항에 따른 임시처분에 관하여는 제30조 제3항부터 제7항까지를 준용한다. 이 경우 같은 조 제6항 전단 중 "중대한 손해가 생길 우려"는 "중대한 불이익이나 급박한 위험이 생길 우려"로 본다.
> 제30조(집행정지) ④ 위원회는 집행정지를 결정한 후에 집행정지가 공공복리에 중대한 영향을 미치거나 그 정지사유가 없어진 경우에는 직권으로 또는 당사자의 신청에 의하여 집행정지 결정을 취소할 수 있다.

05 정답 ④

① (○) 읍·면장에 의한 이장(里長)의 임명 및 면직은 행정처분이 아니라 공법상 계약 및 그 계약을 해지하는 의사표시이다(대법원 2012. 10. 25, 2010두18963).
② (○) 중소기업기술정보진흥원장이 甲 주식회사와 중소기업 정보화지원사업 지원대상인 사업의 지원에 관한 협약을 체결하였는데, 협약이 甲 회사에 책임이 있는 사업실패로 해지되었다는 이유로 협약에서 정한 대로 지급받은 정부지원금을 반환할 것을 통보한 사안에서, 중소기업 정보화지원사업에 따른 지원금 출연을 위하여 중소기업청장이 체결하는 협약은 공법상 대등한 당사자 사이의 의사표시의 합치로 성립하는 공법상 계약에 해당하는 점, 구 중소기업 기술혁신 촉진법(2010. 3. 31. 법률 제10220호로 개정되기 전의 것) 제32조 제1항은 제10조가 정한 기술혁신사업과 제11조가 정한 산학협력 지원사업에 관하여 출연한 사업비의 환수에 적용될 수 있을 뿐 이와 근거 규정을 달리하는 중소기업 정보화지원사업에 관하여 출연한 지원금에 대하여는 적용될 수 없고 달리 지원금 환수에 관한 구체적인 법령상 근거가 없는 점 등을 종합하면, 협약의 해지 및 그에 따른 환수통보는 공법상 계약에 따라 행정청이 대등한 당사자의 지위에서 하는 의사표시로 보아야 하고, 이를 행정청이 우월한 지위에서 행하는 공권력의 행사로서 행정처분에 해당한다고 볼 수는 없다고 한 사례(대법원 2015. 8. 27, 2015두41449).
③ (○) 계약직공무원에 관한 현행 법령의 규정에 비추어 볼 때, 계약직공무원 채용계약해지의 의사표시는 일반공무원에 대한 징계처분과는 달라서 항고소송의 대상이 되는 처분 등의 성격을 가진 것으로 인정되지 아니하고, 일정한 사유가 있을 때에 국가 또는 지방자치단체가 채용계약 관계의 한쪽 당사자로서 대등한 지위에서 행하는 의사표시로 취급되는 것으로 이해되므로, 이를 징계해고 등에서와 같이 그 징계사유에 한하여 효력 유무를 판단하여야 하거나, 행정처분과 같이 행정절차법에 의하여 근거와 이유를 제시하여야 하는 것은 아니다(대법원 2002. 11. 26, 2002두5948).

④ (×) 갑 시장이 감사원으로부터 감사원법 제32조에 따라 을에 대하여 징계의 종류를 정직으로 정한 징계 요구를 받게 되자 감사원법 제36조 제2항에 따라 감사원에 징계 요구에 대한 재심의를 청구하였고, 감사원이 재심의청구를 기각하자 을이 감사원의 징계 요구와 그에 대한 재심의결정의 취소를 구하고 갑 시장이 감사원의 재심의결정 취소를 구하는 소를 제기한 사안에서, 징계 요구는 징계 요구를 받은 기관의 장이 요구받은 내용대로 처분하지 않더라도 불이익을 받는 규정도 없고, 징계 요구 내용대로 효과가 발생하는 것도 아니며, 징계 요구에 의하여 행정청이 일정한 행정처분을 하였을 때 비로소 이해관계인의 권리관계에 영향을 미칠 뿐, <u>징계 요구 자체만으로는 징계 요구 대상 공무원의 권리·의무에 직접적인 변동을 초래하지도 아니하므로, 행정청 사이의 내부적인 의사결정의 경로로서 '징계 요구, 징계 절차 회부, 징계'로 이어지는 과정에서의 중간 처분에 불과하여, 감사원의 징계 요구와 재심의결정이 항고소송의 대상이 되는 행정처분이라고 할 수 없고</u>, 감사원법 제40조 제2항을 갑 시장에게 감사원을 상대로 한 기관소송을 허용하는 규정으로 볼 수는 없고 그 밖에 행정소송법을 비롯한 어떠한 법률에도 갑 시장에게 '감사원의 재심의 판결'에 대하여 기관소송을 허용하는 규정을 두고 있지 않으므로, 갑 시장이 제기한 소송이 기관소송으로서 감사원법 제40조 제2항에 따라 허용된다고 볼 수 없다고 한 사례(대법원 2016. 12. 27, 2014두5637).

06 정답 ③

① (○) 신의성실의 원칙 내지 금반언의 원칙은 합법성을 희생하여서라도 납세자의 신뢰를 보호함이 정의, 형평에 부합하는 것으로 인정되는 특별한 사정이 있는 경우에 적용되는 것으로서 납세자의 신뢰보호라는 점에 그 법리의 핵심적 요소가 있는 것이므로, <u>위 요건의 하나인 과세관청의 공적 견해표명이 있었는지의 여부를 판단하는 데 있어 반드시 행정조직상의 형식적인 권한분장에 구애될 것은 아니고 담당자의 조직상의 지위와 임무, 당해 언동을 하게 된 구체적인 경위 및 그에 대한 납세자의 신뢰가능성에 비추어 실질에 의하여 판단하여야 한다</u>(대법원 1996. 1. 23, 95누13746).
② (○) 일반적으로 행정상의 법률관계에 있어서 행정청의 행위에 대하여 신뢰보호의 원칙이 적용되기 위하여는, 첫째 행정청이 개인에 대하여 신뢰의 대상이 되는 공적인 견해표명을 하여야 하고, 둘째 행정청의 견해표명이 정당하다고 신뢰한 데에 대하여 그 개인에게 귀책사유가 없어야 하며, 셋째 그 개인이 그 견해표명을 신뢰하고 이에 상응하는 어떠한 행위를 하였어야 하고, 넷째 행정청이 그 견해표명에 반하는 처분을 함으로써 그 견해표명을 신뢰한 개인의 이익이 침해되는 결과가 초래되어야 하며, 마지막으로 위 견해표명에 따른 행정처분을 할 경우 이로 인하여 공익 또는 제3자의 정당한 이익을 현저히 해할 우려가 있는 경우가 아니어야 하는바, 둘째 요건에서 말하는 귀책사유라 함은 행정청의 견해표명의 하자가 상대방 등 관계자의

사실은폐나 기타 사위의 방법에 의한 신청행위 등 부정행위에 기인한 것이거나 그러한 부정행위가 없다고 하더라도 하자가 있음을 알았거나 중대한 과실로 알지 못한 경우 등을 의미한다고 해석함이 상당하고, <u>귀책사유의 유무는 상대방과 그로부터 신청행위를 위임받은 수임인 등 관계자 모두를 기준으로 판단하여야 한다</u>(대법원 2002. 11. 8, 2001두1512).
③ (×) 운전면허 취소사유에 해당하는 음주운전을 적발한 경찰관의 소속 경찰서장이 사무착오로 위반자에게 운전면허정지처분을 한 상태에서 위반자의 주소지 관할 지방경찰청장이 위반자에게 운전면허취소처분을 한 것은 선행처분에 대한 당사자의 신뢰 및 법적 안정성을 저해하는 것으로서 허용될 수 없다(대법원 2000. 2. 25, 99두10520).
④ (○) 일반적으로 조세법률관계에서 과세관청의 행위에 대하여 신의성실의 원칙이 적용되기 위하여는, 첫째, 과세관청이 납세자에게 신뢰의 대상이 되는 공적인 견해표명을 하여야 하고, 둘째, 납세자가 과세관청의 견해표명이 정당하다고 신뢰한 데 대하여 납세자에게 귀책사유가 없어야 하며, 셋째, 납세자가 그 견해 표명을 신뢰하고 이에 따라 무엇인가 행위를 하여야 하고, 넷째, 과세관청이 위 견해표명에 반하는 처분을 함으로써 납세자의 이익이 침해되는 결과가 초래되어야 할 것이고, 한편, <u>조세법령의 규정내용 및 행정규칙 자체는 과세관청의 공적 견해표명에 해당하지 아니한다</u>(대법원 2003. 9. 5, 2001두403).

07 정답 ③

㉠ (×) 행정절차법에 <u>자기완결적 신고</u>에 대한 규정은 존재하지만 <u>행정요건적 신고(수리를 요하는 신고)</u>에 대한 규정은 존재하지 않는다. 행정지도에 대한 사전통지에 대한 규정도 행정절차법에 존재하지 않는다.
㉡ (○) 행정절차법 제41조

> **행정절차법 제41조(행정상 입법예고)** ① 법령 등을 제정·개정 또는 폐지(이하 "입법"이라 한다)하려는 경우에는 해당 입법안을 마련한 행정청은 이를 예고하여야 한다. 다만, 다음 각 호의 어느 하나에 해당하는 경우에는 예고를 하지 아니할 수 있다.

㉢ (○) 행정절차법 제40조의2. 확약에 대한 규정(제40조의2)은 신설되었다.

행정절차법 제40조의2(확약) ① 법령 등에서 당사자가 신청할 수 있는 처분을 규정하고 있는 경우 행정청은 당사자의 신청에 따라 장래에 어떤 처분을 하거나 하지 아니할 것을 내용으로 하는 의사표시(이하 "확약"이라 한다)를 할 수 있다.
② 확약은 문서로 하여야 한다.
③ 행정청은 다른 행정청과의 협의 등의 절차를 거쳐야 하는 처분에 대하여 확약을 하려는 경우에는 확약을 하기 전에 그 절차를 거쳐야 한다.
④ 행정청은 다음 각 호의 어느 하나에 해당하는 경우에는 확약에 기속되지 아니한다.
1. 확약을 한 후에 확약의 내용을 이행할 수 없을 정도로 법령등이나 사정이 변경된 경우
2. 확약이 위법한 경우
⑤ 행정청은 확약이 제4항 각 호의 어느 하나에 해당하여 확약을 이행할 수 없는 경우에는 지체 없이 당사자에게 그 사실을 통지하여야 한다.

ⓜ (○) 행정절차법 제26조

행정절차법 제26조(고지) 행정청이 처분을 할 때에는 당사자에게 그 처분에 관하여 행정심판 및 행정소송을 제기할 수 있는지 여부, 그 밖에 불복을 할 수 있는지 여부, 청구절차 및 청구기간, 그 밖에 필요한 사항을 알려야 한다.

08 정답 ①

① (✕) 소음·진동배출시설에 대한 설치허가가 취소된 후 그 배출시설이 어떠한 경위로든 철거되어 다시 복구 등을 통하여 배출시설을 가동할 수 없는 상태라면 이는 배출시설 설치허가의 대상이 되지 아니하므로 외형상 설치허가취소행위가 잔존하고 있다고 하여도 특단의 사정이 없는 한 이제 와서 굳이 위 처분의 취소를 구할 법률상의 이익이 없다(대법원 2002. 1. 11, 2000두2457).
② (○) 국민권익위원회가 소방청장에게 인사와 관련하여 부당한 지시를 한 사실이 인정된다면 이를 취소할 것을 요구하기로 의결하고 그 내용을 통지하자 소방청장이 국민권익위원회 조치요구의 취소를 구하는 소송을 제기한 사안에서, 처분성이 인정되는 국민권익위원회의 조치요구에 불복하고자 하는 소방청장으로서는 조치요구의 취소를 구하는 항고소송을 제기하는 것이 유효·적절한 수단으로 볼 수 있으므로 소방청장이 예외적으로 당사자능력과 원고적격을 가진다(대법원 2018. 8. 1, 2014두35379).
③ (○) 구 도시 및 주거환경정비법(2009. 2. 6. 법률 제9444호로 개정되기 전의 것, 이하 '구 도시정비법'이라고 한다) 제13조 제1항, 제2항, 제14조 제1항, 제15조 제4항, 제5항 등 관계 법령의 내용, 형식, 체제 등에 비추어 보면, 조합설립추진위원회(이하 '추진위원회'라고 한다) 구성승인처분은 조합의 설립을 위한 주체인 추진위원회의 구성행위를 보충하여 그 효력을 부여하는 처분으로서 조합설립이라는 종국적 목적을 달성하기 위한 중간단계의 처분에 해당하지만, 그 법률요건이나 효과가 조합

설립인가처분의 그것과는 다른 독립적인 처분이기 때문에, 추진위원회 구성승인처분에 대한 취소 또는 무효확인 판결의 확정만으로는 이미 조합설립인가를 받은 조합에 의한 정비사업의 진행을 저지할 수 없다. 따라서 추진위원회 구성승인처분을 다투는 소송 계속 중에 조합설립인가처분이 이루어진 경우에는, 추진위원회 구성승인처분에 위법이 존재하여 조합설립인가 신청행위가 무효라는 점 등을 들어 직접 조합설립인가처분을 다툼으로써 정비사업의 진행을 저지하여야 하고, 이와는 별도로 추진위원회 구성승인처분에 대하여 취소 또는 무효확인을 구할 법률상의 이익은 없다고 보아야 한다(대법원 2013. 1. 31, 2011두11112).
④ (○) 주거지역 안에서는 도시계획법 19조 1항과 개정전 건축법 32조 1항에 의하여 공익상 부득이 하다고 인정될 경우를 제외하고는 거주의 안녕과 건전한 생활환경의 보호를 해치는 모든 건축이 금지되고 있을 뿐 아니라 주거지역 내에 거주하는 사람이 받는 위와 같은 보호이익은 법률에 의하여 보호되는 이익이라고 할 것이므로 주거지역 내에 위 법조 소정 제한면적을 초과한 연탄공장 건축허가처분으로 불이익을 받고 있는 제3거주자는 비록 당해 행정처분의 상대자가 아니라 하더라도 그 행정처분으로 말미암아 위와 같은 법률에 의하여 보호되는 이익을 침해받고 있다면 당해행정 처분의 취소를 소구하여 그 당부의 판단을 받을 법률상의 자격이 있다(대법원 1975. 5. 13, 73누96).

09 정답 ②

① (○) 구 사립학교법(2005. 12. 29. 법률 제7802호로 개정되기 전의 것) 제20조 제1항, 제2항은 학교법인의 이사장·이사·감사 등의 임원은 이사회의 선임을 거쳐 관할청의 승인을 받아 취임하도록 규정하고 있는바, 관할청의 임원취임승인행위는 학교법인의 임원선임행위의 법률상 효력을 완성케 하는 보충적 법률행위이다. 따라서 관할청이 학교법인의 임원취임승인신청에 대하여 이를 반려하거나 거부하는 경우 학교법인에 의하여 임원으로 선임된 사람은 학교법인의 임원으로 취임할 수 없게 되는 불이익을 입게 되는바, 이와 같은 불이익은 간접적이거나 사실상의 불이익이 아니라 직접적이고도 구체적인 법률상의 불이익이라 할 것이므로 학교법인에 의하여 임원으로 선임된 사람에게는 관할청의 임원취임승인신청 반려처분을 다툴 수 있는 원고적격이 있다(대법원 2007. 12. 27, 2005두9651).
② (✕) 한의사 면허는 경찰금지를 해제하는 명령적 행위(강학상 허가)에 해당하고, 한약조제시험을 통하여 약사에게 한약조제권을 인정함으로써 한의사들의 영업상 이익이 감소되었다고 하더라도 이러한 이익은 사실상의 이익에 불과하고 약사법이나 의료법 등의 법률에 의하여 보호되는 이익이라고는 볼 수 없으므로, 한의사들이 한약조제시험을 통하여 한약조제권을 인정받은 약사들에 대한 합격처분의 무효확인을 구하는 당해 소는 원고적격이 없는 자들이 제기한 소로서 부적법하다(대법원 1998. 3. 10, 97누4289).

③ (○) 주류제조면허는 국가의 수입확보를 위하여 설정된 재정허가의 일종이지만 일단 이 면허를 얻은 자의 이득은 단순한 사실상의 반사적 이득에만 그치는 것이 아니라 주세법의 규정에 따라 보호되는 이득이고, 주세법상 주류제조면허의 양도가 인정되지 않고 있으나, 국세청훈령으로 보충면허제도를 두어 기존면허업자가 그 면허를 자진취소함과 동시에 그에 대체하여 동일제조장에 동일면허종목을 신청하는 경우에는 그 면허를 부여함으로써 당사자 간의 면허의 양도를 간접적으로 허용하고 있으며, 주류제조의 신규면허는 주세당국의 억제책으로 사실상 그 취득이 거의 불가능하여 위와 같은 보충면허를 받는 방법으로 면허권의 양도가 이루어지고 있는 이상, 위 면허권이 가지는 재산적 가치는 현실적으로 부인할 수 없을 것이므로 주류제조회사의 순자산가액을 평가함에 있어서 주류제조면허를 포함시키지 아니한 것은 잘못이다(대법원 1989. 12. 22, 89누46 판결).

④ (○) 허가는 그에 의한 행위의 유효요건은 아니므로, 허가를 받아야만 적법하게 할 수 있는 행위를 허가받지 않고 행한 경우에 당해 무허가행위의 사법상 효력까지 당연히 부인되는 것은 아니다. 다만, 허가를 받아야만 적법하게 할 수 있는 행위를 허가받지 않고 행한 경우에는 행정상 강제집행이나 행정벌의 대상이 될 수 있다.

10 정답 ④

① (×) 국가배상법 제2조 소정의 '공무원'이라 함은 국가공무원법이나 지방공무원법에 의하여 공무원으로서의 신분을 가진 자에 국한하지 않고, 널리 공무를 위탁받아 실질적으로 공무에 종사하고 있는 일체의 자를 가리키는 것으로서, 공무의 위탁이 일시적이고 한정적인 사항에 관한 활동을 위한 것이어도 달리 볼 것은 아니다(대법원 2001. 1. 5, 98다39060).

② (×) 법령에 대한 해석이 복잡, 미묘하여 워낙 어렵고, 이에 대한 학설, 판례조차 귀일되어 있지 않는 등의 특별한 사정이 없는 한 일반적으로 공무원이 관계 법규를 알지 못하거나 필요한 지식을 갖추지 못하고 법규의 해석을 그르쳐 행정처분을 하였다면 그가 법률전문가가 아닌 행정직 공무원이라고 하여 과실이 없다고는 할 수 없다(대법원 2001. 2. 9, 98다52988).

③ (×) 공무원 甲이 내부전산망을 통해 乙에 대한 범죄경력자료를 조회하여 공직선거 및 선거부정방지법 위반죄로 실형을 선고받는 등 실효된 4건의 금고형 이상의 전과가 있음을 확인하고도 乙의 공직선거 후보자용 범죄경력조회 회보서에 이를 기재하지 않은 사안에서, 甲의 중과실을 인정하여 국가배상책임 외에 공무원 개인의 배상책임까지 인정한 원심판단을 수긍한 사례이다(대법원 2011. 9. 8, 2011다34521).

④ (○) 국가 또는 지방자치단체라 할지라도 공권력의 행사가 아니고 단순한 사경제의 주체로 활동하였을 경우에는 그 손해배상책임에 국가배상법이 적용될 수 없고 민법상의 사용자책임 등이 인정되는 것이고 국가의 철도운행사업은 국가가 공권

력의 행사로서 하는 것이 아니고 사경제적 작용이라 할 것이므로, 이로 인한 사고에 공무원이 간여하였다고 하더라도 국가배상법을 적용할 것이 아니고 일반 민법의 규정에 따라야 하므로, 국가배상법상의 배상전치절차를 거칠 필요가 없으나, 공공의 영조물인 철도시설물의 설치 또는 관리의 하자로 인한 불법행위를 원인으로 하여 국가에 대하여 손해배상청구를 하는 경우에는 국가배상법이 적용되므로 배상전치절차를 거쳐야 한다(대법원 1999. 6. 22, 99다7008).

11 정답 ②

㉠ (×) 한국조폐공사 직원의 근무관계는 사법관계에 속하고 그 직원의 파면행위도 사법상의 행위라고 보아야 한다(대법원 1978. 4. 25, 78다414).

㉡ (○) 농지개량조합과 그 직원과의 관계는 사법상의 근로계약관계가 아닌 공법상의 특별권력관계이고, 그 조합의 직원에 대한 징계처분의 취소를 구하는 소송은 행정소송사항에 속한다(대법원 1995. 6. 9, 94누10870).

㉢ (○) 사인에 대한 별정우체국 지정행위는, 행정주체인 공무수탁사인으로서의 지위를 부여하는 행위이기 때문에 통설은 공법상의 행위로 본다.

㉣ (×) 산림청장이나 그로부터 권한을 위임받은 행정청이 산림법 등이 정하는 바에 따라 국유임야를 대부하거나 매각하는 행위는 사경제적 주체로서 상대방과 대등한 입장에서 하는 사법상 계약이지 행정청이 공권력의 주체로서 상대방의 의사 여하에 불구하고 일방적으로 행하는 행정처분이라고 볼 수 없으며 이 대부계약에 의한 대부료 부과 조치 역시 사법상 채무이행을 구하는 것으로 보아야지 이를 행정처분이라고 할 수 없다(대법원 1993. 12. 7, 91누11612).

㉤ (×) 한국마사회가 조교사 또는 기수의 면허를 부여하거나 취소하는 것은 경마를 독점적으로 개최할 수 있는 지위에서 우수한 능력을 갖추었다고 인정되는 사람에게 경마에서의 일정한 기능과 역할을 수행할 수 있는 자격을 부여하거나 이를 박탈하는 것에 지나지 아니하므로, 이는 국가 기타 행정기관으로부터 위탁받은 행정권한의 행사가 아니라 일반 사법상의 법률관계에서 이루어지는 단체 내부에서의 징계 내지 제재처분이다(대법원 2008. 1. 31, 2005두8269).

12 정답 ③

① (×) 공공기관의 정보공개에 관한 법률은 국민의 알권리를 보장하고 국정에 대한 국민의 참여와 국정 운영의 투명성을 확보함을 목적으로 하고(제1조), 공공기관이 보유·관리하는 정보는 국민의 알권리 보장 등을 위하여 적극적으로 공개하여야 한다는 정보공개의 원칙을 선언하고 있으며(제3조), 모든 국민은 정보의 공개를 청구할 권리를 가진다고 하면서(제5조 제1

항) 비공개대상정보에 해당하지 않는 한 공공기관이 보유·관리하는 정보는 공개 대상이 된다고 규정하고 있을 뿐(제9조 제1항) 정보공개 청구권자가 공개를 청구하는 정보와 어떤 관련성을 가질 것을 요구하거나 정보공개청구의 목적에 특별한 제한을 두고 있지 아니하므로 정보공개 청구권자의 권리구제 가능성 등은 정보의 공개 여부 결정에 아무런 영향을 미치지 못한다(대법원 2017. 9. 7, 2017두44558).
② (×) 구 정보공개법의 목적, 규정 내용 및 취지 등에 비추어 보면, 정보공개청구의 목적에 특별한 제한이 있다고 할 수 없으므로, 피고의 주장과 같이 원고가 이 사건 정보공개를 청구한 목적이 이 사건 손해배상소송에 제출할 증거자료를 획득하기 위한 것이었고 위 소송이 이미 종결되었다고 하더라도, 원고가 오로지 피고를 괴롭힐 목적으로 정보공개를 구하고 있다는 등의 특별한 사정이 없는 한, 위와 같은 사정만으로는 원고가 이 사건 소송을 계속하고 있는 것이 권리남용에 해당한다고 볼 수 없다(대법원 2004. 9. 23, 2003두1370).
③ (○) 응시자가 자신의 답안지를 열람한다고 하더라도 시험문항에 대한 채점위원별 채점 결과가 열람되는 경우와 달리 평가자가 시험에 대한 평가업무를 수행함에 있어서 지장을 초래할 가능성이 적은 점, (중략) 등을 종합적으로 고려하면, 답안지의 열람으로 인하여 시험업무의 수행에 현저한 지장을 초래한다고 볼 수 없다. 그럼에도 불구하고, 원심이 위에서 본 바와 같은 이유로, 답안지를 열람하도록 하면, 시험업무의 공정한 수행에 현저한 지장을 초래한다고 판단한 것은, 법 제7조 제1항 제5호 소정의 비공개정보의 법리를 오해하여 판결 결과에 영향을 미친 위법이 있다 할 것이고, 따라서 이 점을 지적하는 원고들의 상고이유의 주장은 이유 있다.
④ (×) 공공기관의 정보공개에 관한 법률 제19조 제2항

> 공공기관의 정보공개에 관한 법률 제19조(행정심판) ② 청구인은 제18조에 따른 이의신청 절차를 거치지 아니하고 행정심판을 청구할 수 있다.

13 정답 ③

① (○) 행정처분을 취소한다는 확정판결이 있으면 그 취소판결의 형성력에 의하여 당해 행정처분의 취소나 취소통지 등의 별도의 절차를 요하지 아니하고 당연히 취소의 효과가 발생한다(대법원 1991. 10. 11, 90누5443).
② (○) 이미 전소에서 계정처분이 적법하다는 점에 대해 기판력이 발생하였으므로 어떤 이유로든 그와 모순되는 주장 즉, 처분이 위법하다는 주장을 할 수 없게 된다.
③ (×) 취소된 처분의 사유와 기본적 사실관계가 동일하지 않으면 종전 처분 당시에 존재하였던 사유일지라도 그를 이유로 하여 동일한 재처분을 할 수 있다(대법원 2016. 3. 24, 2015두48235).

④ (○) 확정판결의 당사자인 처분행정청이 그 행정소송의 사실심 변론종결 이전의 사유를 내세워 다시 확정판결과 저촉되는 행정처분을 하는 것은 허용되지 않는 것으로서 이러한 행정처분은 그 하자가 중대하고도 명백한 것이어서 당연무효라 할 것이다(대법원 1990. 12. 11, 90누3560).

14 정답 ②

① (○) 헌법 제117조, 지방자치법 제3조 제1항, 제9조, 제93조, 도로법 제54조, 제83조, 제86조의 각 규정을 종합하여 보면, 국가가 본래 그의 사무의 일부를 지방자치단체의 장에게 위임하여 그 사무를 처리하게 하는 기관위임사무의 경우에는 지방자치단체는 국가기관의 일부로 볼 수 있는 것이지만, 지방자치단체가 그 고유의 자치사무를 처리하는 경우에는 지방자치단체는 국가기관의 일부가 아니라 국가기관과는 별도의 독립한 공법인이므로, 지방자치단체 소속 공무원이 지방자치단체 고유의 자치사무를 수행하던 중 도로법 제81조 내지 제85조의 규정에 의한 위반행위를 한 경우에는 지방자치단체는 도로법 제86조의 양벌규정에 따라 처벌대상이 되는 법인에 해당한다(대법원 2005. 11. 10, 2004도2657).
② (×) 행정형벌은 행정질서벌과 달리 죄형법정주의의 규율 대상에 해당한다는 말은 옳다. 그러나 통고처분에 따른 범칙금을 납부한 후에 동일한 사건에 대하여 다시 형사처벌을 하는 것은 일사부재리의 원칙에 반한다. 전문과 후문은 별개의 이야기이다. ☞ [판례] 한편 경범죄처벌법상 범칙금제도는 형사절차에 앞서 경찰서장 등의 통고처분에 의하여 일정액의 범칙금을 납부하는 기회를 부여하여 그 범칙금을 납부하는 사람에 대하여는 기소를 하지 아니하고 사건을 간이하고 신속, 적정하게 처리하기 위하여 처벌의 특례를 마련해 둔 것이라는 점에서 법원의 재판절차와는 제도적 취지 및 법적 성질에서 차이가 있다(대법원 2011. 4. 28, 2009도12249).
③ (○) 질서위반행위규제법 제16조 제1항

> 질서위반행위규제법 제16조(사전통지 및 의견 제출 등) ① 행정청이 질서위반행위에 대하여 과태료를 부과하고자 하는 때에는 미리 당사자(제11조 제2항에 따른 고용주등을 포함한다. 이하 같다)에게 대통령령으로 정하는 사항을 통지하고, 10일 이상의 기간을 정하여 의견을 제출할 기회를 주어야 한다. 이 경우 지정된 기일까지 의견 제출이 없는 경우에는 의견이 없는 것으로 본다.

④ (○) 질서위반행위규제법 제24조의2 제1항

> 질서위반행위규제법 제24조의2(상속재산 등에 대한 집행) ① 과태료는 당사자가 과태료 부과처분에 대하여 이의를 제기하지 아니한 채 제20조 제1항에 따른 기한이 종료한 후 사망한 경우에는 그 상속재산에 대하여 집행할 수 있다.

15 정답 ①

① (×) 기본권 제한에 관한 법률유보의 원칙은 '법률에 의한 규율'을 요청하는 것이 아니라 '법률에 근거한 규율'을 요청하는 것이므로, 기본권의 제한에는 법률의 근거가 필요할 뿐이고 기본권 제한의 형식이 반드시 법률의 형식일 필요는 없다(헌법재판소 2005. 5. 26, 99헌마513).

② (○) 법률우위의 원칙에서 말하는 '법률'은 헌법, 형식적 의미의 법률뿐만 아니라 법규명령이나 행정법의 일반원칙 등 불문법까지 포함하는 모든 법규범을 뜻한다. 다만 행정부 내부에서만 구속력을 갖는 행정규칙은 여기서 제외된다고 보는 것이 다수의 견해이다. 법률우위의 원칙에서 말하는 법률은 넓은 의미의 법률이기 때문에, '법률'우위의 원칙이 아니라 정확하게 '법'우위의 원칙이라 부르자는 학자도 존재한다.

③ (○) 어떠한 사안이 국회가 형식적 법률로 스스로 규정하여야 하는 본질적 사항에 해당되는지는, 구체적 사례에서 관련된 이익 내지 가치의 중요성, 규제 또는 침해의 정도와 방법 등을 고려하여 개별적으로 결정하여야 하지만, 규율대상이 국민의 기본권 및 기본적 의무와 관련한 중요성을 가질수록 그리고 그에 관한 공개적 토론의 필요성 또는 상충하는 이익 사이의 조정 필요성이 클수록, 그것이 국회의 법률에 의해 직접 규율될 필요성은 더 증대된다(대법원 2015. 8. 20, 2012두23808).

④ (○) 철회는 법적 근거가 없이도 가능하다. ☞ [판례] 행정행위를 한 처분청은 그 처분 당시에 그 행정처분에 별다른 하자가 없었고 또 그 처분 후에 이를 취소할 별도의 법적 근거가 없다 하더라도 원래의 처분을 그대로 존속시킬 필요가 없게 된 사정변경이 생겼거나 또는 중대한 공익상의 필요가 발생한 경우에는 별개의 행정행위로 이를 철회하거나 변경할 수 있다(대법원 1992. 1. 17, 91누3130).

16 정답 ③

① (×) 법령상 대통령령으로 규정하도록 되어 있는 사항을 부령으로 정하면 그 부령은 효력이 없다. ☞ [관련판례] 법령의 규정이 특정 행정기관에게 법령 내용의 구체적 사항을 정할 수 있는 권한을 부여하면서 권한행사의 절차나 방법을 특정하지 아니한 경우에는 수임 행정기관은 행정규칙이나 규정 형식으로 법령 내용이 될 사항을 구체적으로 정할 수 있다. 이 경우 행정규칙 등은 당해 법령의 위임한계를 벗어나지 않는 한 대외적 구속력이 있는 법규명령으로서 효력을 가지게 되지만, 이는 행정규칙이 갖는 일반적 효력이 아니라 행정기관에 법령의 구체적 내용을 보충할 권한을 부여한 법령 규정의 효력에 근거하여 예외적으로 인정되는 것이다. 따라서 그 행정규칙이나 규정이 상위법령의 위임범위를 벗어난 경우에는 법규명령으로서 대외적 구속력을 인정할 여지는 없다. 이는 행정규칙이나 규정 '내용'이 위임범위를 벗어난 경우뿐 아니라 상위법령의 위임규정에서 특정하여 정한 권한행사의 '절차'나 '방식'에 위배되는 경우도 마찬가지이므로, 상위법령에서 세부사항 등을 시행규칙

으로 정하도록 위임하였음에도 이를 고시 등 행정규칙으로 정하였다면 그 역시 대외적 구속력을 가지는 법규명령으로서 효력이 인정될 수 없다(대법원 2012. 7. 5, 2010다72076).

② (×) 구 청소년보호법(1999. 2. 5. 법률 제5817호로 개정되기 전의 것) 제49조 제1항, 제2항에 따른 같은 법 시행령(1999. 6. 30. 대통령령 제16461호로 개정되기 전의 것) 제40조 [별표 6]의 위반행위의종별에따른과징금처분기준은 법규명령이기는 하나 모법의 위임규정의 내용과 취지 및 헌법상의 과잉금지의 원칙과 평등의 원칙 등에 비추어 같은 유형의 위반행위라 하더라도 그 규모나 기간·사회적 비난 정도·위반행위로 인하여 다른 법률에 의하여 처벌받은 다른 사정·행위자의 개인적 사정 및 위반행위로 얻은 불법이익의 규모 등 여러 요소를 종합적으로 고려하여 사안에 따라 적정한 과징금의 액수를 정하여야 할 것이므로 그 수액은 정액이 아니라 최고한도액이다(대법원 2001. 3. 9, 99두5207).

③ (○) 공공기관의 운영에 관한 법률 제39조 제2항, 제3항에 따라 입찰참가자격 제한기준을 정하고 있는 구 공기업·준정부기관 계약사무규칙(2013. 11. 18. 기획재정부령 제375호로 개정되기 전의 것) 제15조 제2항, 국가를 당사자로 하는 계약에 관한 법률 시행규칙 제76조 제1항 [별표 2], 제3항 등은 비록 부령의 형식으로 되어 있으나 규정의 성질과 내용이 공기업·준정부기관(이하 '행정청'이라 한다)이 행하는 입찰참가자격 제한 처분에 관한 행정청 내부의 재량준칙을 정한 것에 지나지 아니하여 대외적으로 국민이나 법원을 기속하는 효력이 없으므로, 입찰참가자격 제한처분이 적법한지 여부는 이러한 규칙에서 정한 기준에 적합한지 여부만에 따라 판단할 것이 아니라 공공기관의 운영에 관한 법률상 입찰참가자격 제한처분에 관한 규정과 그 취지에 적합한지 여부에 따라 판단하여야 한다(대법원 2014. 11. 27, 2013두18964).

④ (×) 헌법재판소가 명시적으로 감사원규칙을 법규명령으로 인정한 것은 아니지만, 헌법적으로 가능한 위임입법의 형식을 예시적인 것이라 보고 있으므로, 그에 따르면 감사원규칙도 경우에 따라 법규명령이 될 수 있다. ☞ [관련판례] 오늘날 의회의 입법독점주의에서 입법중심주의로 전환하여 일정한 범위 내에서 행정입법을 허용하게 된 동기가 사회적 변화에 대응한 입법수요의 급증과 종래의 형식적 권력분립주의로는 현대사회에 대응할 수 없다는 기능적 권력분립론에 있다는 점 등을 감안하여 헌법 제40조와 헌법 제75조, 제95조의 의미를 살펴보면, 국회입법에 의한 수권이 입법기관이 아닌 행정기관에게 법률 등으로 구체적인 범위를 정하여 위임한 사항에 관하여는 당해 행정기관에게 법정립의 권한을 갖게 되고, 입법자가 규율의 형식도 선택할 수도 있다 할 것이므로, 헌법이 인정하고 있는 위임입법의 형식은 예시적인 것으로 보아야 할 것이고, 그것은 법률이 행정규칙에 위임하더라도 그 행정규칙은 위임된 사항만을 규율할 수 있으므로, 국회입법의 원칙과 상치되지도 않는다. 다만, 형식의 선택에 있어서 규율의 밀도와 규율영역의 특성이 개별적으로 고찰되어야 할 것이고, 그에 따라 입법자에게 상세한 규율이 불가능한 것으로 보이는 영역이라면 행정부에게 필요한 보충을 할 책임이 인정되고 극히 전문적인 식견에 좌우되

는 영역에서는 행정기관에 의한 구체화의 우위가 불가피하게 있을 수 있다. 그러한 영역에서 행정규칙에 대한 위임입법이 제한적으로 인정될 수 있다(헌법재판소 2004. 10. 28, 99헌바91).

17 정답 ④

① (○) 행정소송법 제36조

> 행정소송법 제36조(부작위위법확인소송의 원고적격) 부작위위법확인소송은 처분의 신청을 한 자로서 부작위의 위법의 확인을 구할 법률상 이익이 있는 자만이 제기할 수 있다.

② (○) 신청에 대한 거부처분의 효력을 정지하더라도 거부처분이 없었던 것과 같은 상태, 즉 거부처분이 있기 전의 신청 시의 상태로 되돌아가는 데에 불과하고 행정청에게 신청에 따른 처분을 하여야 할 의무가 생기는 것이 아니므로, 거부처분의 효력정지는 그 거부처분으로 인하여 신청인에게 생길 손해를 방지하는 데 아무런 보탬이 되지 아니하여 그 효력정지를 구할 이익이 없다(대법원 1995. 6. 21, 95두26).

③ (○) 행정소송법 제11조 제1항, 제26조

> 행정소송법 제11조(선결문제) ① 처분등의 효력 유무 또는 존재 여부가 민사소송의 선결문제로 되어 당해 민사소송의 수소법원이 이를 심리·판단하는 경우에는 제17조, 제25조, 제26조 및 제33조의 규정을 준용한다.
> 제26조(직권심리) 법원은 필요하다고 인정할 때에는 직권으로 증거조사를 할 수 있고, 당사자가 주장하지 아니한 사실에 대하여도 판단할 수 있다.

④ (×) 사정판결을 함에 있어서는 그 판결의 주문에서 그 처분 등이 위법함을 명시하여야 한다.

18 정답 ④

① (○) 과세처분 시 납세고지서에 과세표준, 세율, 세액의 계산명세서 등을 첨부하여 고지하도록 한 것은 조세법률주의의 원칙에 따라 처분청으로 하여금 자의를 배제하고 신중하고도 합리적인 처분을 행하게 함으로써 조세행정의 공정성을 기함과 동시에 납세의무자에게 부과처분의 내용을 상세히 알려서 불복여부의 결정 및 그 불복신청에 편의를 주려는 취지에서 나온 것이므로 이러한 규정은 강행규정으로서 납세고지서에 위와 같은 기재가 누락되면 과세처분 자체가 위법하여 취소대상이 된다(대법원 1983. 7. 26, 82누420).

② (○) 자유재량에 의한 행정처분이 그 재량권의 한계를 벗어난 것이어서 위법하다는 점은 그 행정처분의 효력을 다투는 자(원고)가 이를 주장·입증하여야 하고 처분청이 그 재량권의 행사가 정당한 것이었다는 점까지 주장·입증할 필요는 없다(대법원 1987. 12. 8, 87누861).

③ (○) 국유재산의 무단점유 등에 대한 변상금 징수의 요건은 국유재산법(1994. 1. 5. 법률 제4968호로 개정된 것) 제51조 제1항에 명백히 규정되어 있으므로 변상금을 징수할 것인가는 처분청의 재량을 허용하지 않는 기속행위이고, 여기에 재량권 일탈·남용의 문제는 생길 여지가 없다(대법원 1998. 9. 22, 98두7602).

④ (×) '법규정의 일체성으로 인해 요건 판단과 효과 선택의 문제를 구별하기 어렵다고 보는 견해'는 요건재량설을 가리키는 표현이다. 요건재량설은 판단여지 개념을 별도로 설정하는 것에 대해 반대한다.

19 정답 ①

① (○) 보상금증감청구소송은 당사자소송이기 때문이다. 행정주체가 사업시행자인 경우 의무자인 행정주체 자체를 피고로 삼아야 하지, 행정청을 피고로 삼아야 하는 것이 아니다.

② (×) 공유수면 매립면허의 고시가 있는 경우라 하더라도, 아직 그 사업이 시행된 것도 아니고 반드시 그 사업이 시행되는 것도 아니어서, 아직 손실이 발생한 경우가 아니기 때문에, 매립면허 고시가 있는 것만으로는 손실보상청구권이 발생하는 것이 아니고, 매립면허 고시 이후 매립공사가 실행되어 관행어업권자에게 실질적이고 현실적인 피해가 발생한 경우에만 공유수면매립법에서 정하는 손실보상청구권이 발생하였다고 할 것이다(2007두6571).

③ (×) 사업인정의 효력발생요건인 사업인정의 고시는 (행정행위의 효력발생요건으로서의 통지가 아니라) 준법률행위적 행정행위인 통지에 해당한다.

④ (×) 토지보상법상의 이의신청을 거치지 않고도 토지수용위원회의 재결에 대해 곧바로 행정소송으로 다툴 수 있다.

20 정답 ③

① (○) 건축에 관한 허가·신고 및 변경에 관한 구 건축법(2011. 5. 30. 법률 제10755호로 개정되기 전의 것) 제16조 제1항, 구 건축법 시행령(2012. 12. 12. 대통령령 제24229호로 개정되기 전의 것) 제12조 제1항 제3호, 제4항, 구 건축법 시행규칙(2012. 12. 12. 국토해양부령 제552호로 개정되기 전의 것, 이하 같다) 제11조 제1항 제1호, 제3항의 문언 내용 및 체계 등과 아울러 관련 법리들을 종합하면, 건축허가를 받은 건축물의 양수인이 건축주 명의변경을 위하여 건축관계자 변경신고서에 첨부하여야 하는 구 건축법 시행규칙 제11조 제1항에서 정한 '권리관계의 변경사실을 증명할 수 있는 서류'란 건축할 대지가 아니라 허가대상 건축물에 관한 권리관계의 변경사실을 증명할수 있는 서류를 의미하고, 그 서류를 첨부하였다면 이로써 구 건축법 시행규칙에 규정된 건축주 명의변경신고의 형식적 요건을 갖추었으며, 허가권자는 양수인에 대하여 구 건축법 시행규칙 제11조 제1항에서 정한 서류에 포함되지 아니하는 '건축할 대지의 소유 또는 사용에 관한 권리를 증명하는 서류'의 제출을 요구하거나, 양수인에게 이러한 권리가 없다는 실체적인 이유를 들어 신고의 수리를 거부하여서는 아니 된다(대법원 2015. 10. 29, 2013두11475).

② (○) 무허가 건축물을 실제 생활의 근거지로 삼아 10년 이상 거주해 온 사람의 주민등록전입신고를 거부한 사안에서, 투기나 이주대책 요구 등을 방지할 목적으로 주민등록전입신고를 거부하는 것은 주민등록법의 입법 목적과 취지 등에 비추어 허용될 수 없다(대법원 2009. 6. 18, 2008두10997).

③ (×) 건축법상 건축신고에 대한 수리거부행위는 항고소송의 대상이 된다(2008두167). 판례가 인·허가 의제 효과를 수반하는지 여부에 따라 이를 달리 취급하고 있는 것은 아니다.

④ (○) 일정한 건축물에 관한 건축신고는 건축법 제14조 제2항, 제11조 제5항 제3호에 의하여 국토의 계획 및 이용에 관한 법률 제56조에 따른 개발행위허가를 받은 것으로 의제되는데, 국토의 계획 및 이용에 관한 법률 제58조 제1항 제4호에서는 개발행위허가의 기준으로 주변 지역의 토지이용실태 또는 토지이용계획, 건축물의 높이, 토지의 경사도, 수목의 상태, 물의 배수, 하천·호소·습지의 배수 등 주변 환경이나 경관과 조화를 이룰 것을 규정하고 있으므로, 국토의 계획 및 이용에 관한 법률상의 개발행위허가로 의제되는 건축신고가 위와 같은 기준을 갖추지 못한 경우 행정청으로서는 이를 이유로 그 수리를 거부할 수 있다고 보아야 한다(대법원 2011. 1. 20, 2010두14954).

21 정답 ③

① (×) 행정조사기본법 제3조 제3항

> 행정조사기본법 제3조(적용범위) ② 다음 각 호의 어느 하나에 해당하는 사항에 대하여는 이 법을 적용하지 아니한다.
> 1. 행정조사를 한다는 사실이나 조사내용이 공개될 경우 국가의 존립을 위태롭게 하거나 국가의 중대한 이익을 현저히 해칠 우려가 있는 국가안전보장·통일 및 외교에 관한 사항
> 2. 국방 및 안전에 관한 사항 중 다음 각 목의 어느 하나에 해당하는 사항
>   가. 군사시설·군사기밀보호 또는 방위사업에 관한 사항
>   나. 「병역법」·「예비군법」·「민방위기본법」·「비상대비자원관리법」에 따른 징집·소집·동원 및 훈련에 관한 사항
> 3. 「공공기관의 정보공개에 관한 법률」 제4조 제3항의 정보에 관한 사항
> 4. 「근로기준법」 제101조에 따른 근로감독관의 직무에 관한 사항
> 5. 조세·형사·행형 및 보안처분에 관한 사항
> 6. 금융감독기관의 감독·검사·조사 및 감리에 관한 사항
> 7. 「독점규제 및 공정거래에 관한 법률」, 「표시·광고의 공정화에 관한 법률」, 「하도급거래 공정화에 관한 법률」, 「가맹사업거래의 공정화에 관한 법률」, 「방문판매 등에 관한 법률」, 「전자상거래 등에서의 소비자보호에 관한 법률」, 「약관의 규제에 관한 법률」 및 「할부거래에 관한 법률」에 따른 공정거래위원회의 법률위반행위 조사에 관한 사항
> ③ 제2항에도 불구하고 제4조(행정조사의 기본원칙), 제5조(행정조사의 근거) 및 제28조(정보통신수단을 통한 행정조사)는 제2항 각 호의 사항에 대하여 적용한다.

② (×) 관세법 제246조 제1항, 제2항, 제257조, '국제우편물 수입통관 사무처리'(2011. 9. 30. 관세청고시 제2011-40호) 제1-2조 제2항, 제1-3조, 제3-6조, 구 '수출입물품 등의 분석사무 처리에 관한 시행세칙'(2013. 1. 4. 관세청훈령 제1507호로 개정되기 전의 것) 등과 관세법이 관세의 부과·징수와 아울러 수출입물품의 통관을 적정하게 함을 목적으로 한다는 점(관세법 제1조)에 비추어 보면, 우편물 통관검사절차에서 이루어지는 우편물의 개봉, 시료채취, 성분분석 등의 검사는 수출입물품에 대한 적정한 통관 등을 목적으로 한 행정조사의 성격을 가지는 것으로서 수사기관의 강제처분이라고 할 수 없으므로, 압수·수색영장 없이 우편물의 개봉, 시료채취, 성분분석 등 검사가 진행되었다 하더라도 특별한 사정이 없는 한 위법하다고 볼 수 없다(대법원 2013. 9. 26, 2013도7718).

③ (○) 국세기본법은 제81조의4 제1항에서 "세무공무원은 적정하고 공평한 과세를 실현하기 위하여 필요한 최소한의 범위에서 세무조사를 하여야 하며, 다른 목적 등을 위하여 조사권을 남용해서는 아니 된다."라고 규정하고 있다. 이 조항은 세무조사의 적법 요건으로 객관적 필요성, 최소성, 권한 남용의 금지 등을 규정하고 있는데, 이는 법치국가원리를 조세절차법의 영역에서도 관철하기 위한 것으로서 그 자체로서 구체적인 법규적 효력을 가진다. 따라서 세무조사가 과세자료의 수집 또는 신고내용의 정확성 검증이라는 본연의 목적이 아니라 부정한 목적을 위하여 행하여진 것이라면 이는 세무조사에 중대한 위

법사유가 있는 경우에 해당하고 이러한 세무조사에 의하여 수집된 과세자료를 기초로 한 과세처분 역시 위법하다. 세무조사가 국가의 과세권을 실현하기 위한 행정조사의 일종으로서 과세자료의 수집 또는 신고내용의 정확성 검증 등을 위하여 필요불가결하며, 종국적으로는 조세의 탈루를 막고 납세자의 성실한 신고를 담보하는 중요한 기능을 수행하더라도 만약 남용이나 오용을 막지 못한다면 납세자의 영업활동 및 사생활의 평온이나 재산권을 침해하고 나아가 과세권의 중립성과 공공성 및 윤리성을 의심받는 결과가 발생할 것이기 때문이다(대법원 2016. 12. 15, 2016두47659).

④ (×) 부과처분을 위한 과세관청의 질문조사권이 행해지는 세무조사결정이 있는 경우 납세의무자는 세무공무원의 과세자료 수집을 위한 질문에 대답하고 검사를 수인하여야 할 법적 의무를 부담하게 되는 점, 세무조사는 기본적으로 적정하고 공평한 과세의 실현을 위하여 필요한 최소한의 범위 안에서 행하여져야 하고, 더욱이 동일한 세목 및 과세기간에 대한 재조사는 납세자의 영업의 자유 등 권익을 심각하게 침해할 뿐만 아니라 과세관청에 의한 자의적인 세무조사의 위험마저 있으므로 조세공평의 원칙에 현저히 반하는 예외적인 경우를 제외하고는 금지될 필요가 있는 점, 납세의무자로 하여금 개개의 과태료 처분에 대하여 불복하거나 조사 종료 후의 과세처분에 대하여만 다툴 수 있도록 하는 것보다는 그에 앞서 세무조사결정에 대하여 다툼으로써 분쟁을 조기에 근본적으로 해결할 수 있는 점 등을 종합하면, 세무조사결정은 납세의무자의 권리·의무에 직접 영향을 미치는 공권력의 행사에 따른 행정작용으로서 항고소송의 대상이 된다(대법원 2011. 3. 10, 2009두23617).

22 정답 ②

① (×) 피고들이 아무런 권원 없이 이 사건 시설물을 설치함으로써 이 사건 토지를 불법점유 하고 있는 이상, 특별한 사정이 없는 한, 국가로서는 소유권에 기한 방해배제청구권을 행사하여 피고들에 대하여 이 사건 시설물의 철거 및 이 사건 토지의 인도를 구할 수 있다고 할 것이나, 이 사건 토지는 잡종재산인 국유재산으로서, 국유재산법 제52조는 "정당한 사유 없이 국유재산을 점유하거나 이에 시설물을 설치한 때에는 행정대집행법을 준용하여 철거 기타 필요한 조치를 할 수 있다."고 규정하고 있으므로, 관리권자인 보령시장으로서는 행정대집행의 방법으로 이 사건 시설물을 철거할 수 있고, 이러한 행정대집행의 절차가 인정되는 경우에는 따로 민사소송의 방법으로 피고들에 대하여 이 사건 시설물의 철거를 구하는 것은 허용되지 않는다고 할 것이다(대법원 2000. 5. 12. 선고 99다18909 판결 참조). 다만, 관리권자인 보령시장이 행정대집행을 실시하지 아니하는 경우 국가에 대하여 이 사건 토지 사용청구권을 가지는 원고로서는 위 청구권을 보전하기 위하여 국가를 대위하여 피고들을 상대로 민사소송의 방법으로 이 사건 시설물의 철거를 구하는 이외에는 이를 실현할 수 있는 다른 절차와 방법이 없어 그 보전의 필요성이 인정되므로, 원고는 국가를 대위하여 피고들을 상대로 민사소송의 방법으로 이 사건 시설물의 철거를 구할 수 있다고 보아야 할 것이고, 한편 이 사건 청구 중 이 사건 토지 인도청구 부분에 대하여는 관리권자인 보령시장으로서도 행정대집행의 방법으로 이를 실현할 수 없으므로, 원고는 당연히 국가를 대위하여 피고들을 상대로 민사소송의 방법으로 이 사건 토지의 인도를 구할 수 있다고 할 것이다(대법원 2009. 6. 11. 선고 2009다1122).

② (○) 국세징수법에 의한 체납처분의 집행으로서 한 본건 압류처분은, 나라의 행정청인 피고가 한 공법상의 처분이고, 따라서 그 처분이 위법이라고 하여 그 취소를 구하는 이 소송은 행정소송이라 할 것인 바, 행정처분의 취소를 구하는 소송을 제기함에 있어서는 다른 특별한 사정이 없는 한 행정소송법 제2조 제1항에 의하여 소위 소원 전치의 요건을 갖추지 아니하고는 제기할 수 없고, 같은 항 단서의 규정은 정당한 사유가 있을 경우에는 소원의 재결을 기다리지 아니하고 행정소송을 제기할 수 있다는 취지의 규정이고, 소원의 제기자체를 하지 아니하고 직접 제소할 수 있다는 규정은 아니라고 할 것인 바,(대법원 1962. 2. 15. 선고 4294행상85 판결 참조) 기록에 의하면 원고는 이 사건 소송은 행정소송법 제2조 제1항 단서의 경우에 해당한다는 취지의 주장만을 하고 있고, 소원을 제기한 여부에 대하여서는 명백히 주장도 하지 아니하였을 뿐 아니라, 기록상 그에 대한 증거도 없는데 원판결이 소위 소원 전치의 요건을 갖추었는가 여부에 대하여 아무런 심리 판단을 하지 아니하고, 본안에 들어가서 심판을 하였음은 위법이므로 원판결은 파기를 면치 못할 것이다(대법원 1969. 4. 29. 선고 69누12).

③ (×) 대집행의 주체는 당해 행정청이 되나, 대집행의 실행행위는 행정청에 의한 경우 이외에 제3자에 의해서도 가능하다.

④ (×) 개발제한구역의 지정 및 관리에 관한 특별조치법 제30조 제1항, 제30조의2 제1항 및 제2항의 규정에 의하면 시정명령을 받은 후 그 시정명령의 이행을 하지 아니한 자에 대하여 이행강제금을 부과할 수 있고, 이행강제금을 부과하기 전에 상당한 기간을 정하여 그 기한까지 이행되지 아니할 때에 이행강제금을 부과·징수한다는 뜻을 문서로 계고하여야 하므로, 이행강제금의 부과·징수를 위한 계고는 시정명령을 불이행한 경우에 취할 수 있는 절차라 할 것이고, 따라서 이행강제금을 부과·징수할 때마다 그에 앞서 시정명령 절차를 다시 거쳐야 할 필요는 없다(대법원 2013. 12. 12. 선고 2012두20397).

23 정답 ②

행정소송법 제18조 제2항(행정심판의 청구는 하여야 하지만 재결이 내려지지 않은 상태에서도 취소소송을 제기할 수 있게 되는 경우들)

> **행정소송법 제18조(행정심판과의 관계)** ① 취소소송은 법령의 규정에 의하여 당해 처분에 대한 행정심판을 제기할 수 있는 경우에도 이를 거치지 아니하고 제기할 수 있다. 다만, 다른 법률에 당해 처분에 대한 행정심판의 재결을 거치지 아니하면 취소소송을 제기할 수 없다는 규정이 있는 때에는 그러하지 아니하다.
> ② 제1항 단서의 경우에도 다음 각호의 1에 해당하는 사유가 있는 때에는 행정심판의 재결을 거치지 아니하고 취소소송을 제기할 수 있다.
> 1. 행정심판청구가 있은 날로부터 60일이 지나도 재결이 없는 때
> 2. 처분의 집행 또는 절차의 속행으로 생길 중대한 손해를 예방하여야 할 긴급한 필요가 있는 때(㉠)
> 3. 법령의 규정에 의한 행정심판기관이 의결 또는 재결을 하지 못할 사유가 있는 때(㉣)
> 4. 그 밖의 정당한 사유가 있는 때

☞ [비교조문] 동법 제18조 제3항(행정심판의 청구조차 하지 않고도 취소소송을 제기할 수 있게 되는 경우들)

> **행정소송법 제18조(행정심판과의 관계)** ③ 제1항 단서의 경우에 다음 각호의 1에 해당하는 사유가 있는 때에는 행정심판을 제기함이 없이 취소소송을 제기할 수 있다.
> 1. 동종사건에 관하여 이미 행정심판의 기각재결이 있은 때(㉡)
> 2. 서로 내용상 관련되는 처분 또는 같은 목적을 위하여 단계적으로 진행되는 처분중 어느 하나가 이미 행정심판의 재결을 거친 때(㉢)
> 3. 행정청이 사실심의 변론종결후 소송의 대상인 처분을 변경하여 당해 변경된 처분에 관하여 소를 제기하는 때
> 4. 처분을 행한 행정청이 행정심판을 거칠 필요가 없다고 잘못 알린 때

24 정답 ③

① (×) 인·허가의제 효과를 수반하는 건축신고는 수리를 요하는 신고이다. ①번 선택지는 다수의견이 아닌 반대의견이다.
☞ [관련판례] 인·허가의제사항 관련 법률에 규정된 요건 중 상당수는 공익에 관한 것으로서 행정청의 전문적이고 종합적인 심사가 요구되는데, 만약 건축신고만으로 인·허가의제사항에 관한 일체의 요건 심사가 배제된다고 한다면, 중대한 공익상의 침해나 이해관계인의 피해를 야기하고 관련 법률에서 인·허가 제도를 통하여 사인의 행위를 사전에 감독하고자 하는 규율체계 전반을 무너뜨릴 우려가 있다. 또한 무엇보다도 건축신고를 하려는 자는 인·허가의제사항 관련 법령에서 제출하도록 의무화하고 있는 신청서와 구비서류를 제출하여야 하는데, 이는 건축신고를 수리하는 행정청으로 하여금 인·허가의제사항 관련 법률에 규정된 요건에 관하여도 심사를 하도록 하기

위한 것으로 볼 수밖에 없다. 따라서 인·허가의제 효과를 수반하는 건축신고는 일반적인 건축신고와는 달리, 특별한 사정이 없는 한 행정청이 그 실체적 요건에 관한 심사를 한 후 수리하여야 하는 이른바 '수리를 요하는 신고'로 보는 것이 옳다(대법원 2011. 1. 20. 선고 2010두14954).

② (×) ☞ [관련판례 1] 구 장사 등에 관한 법률(2007. 5. 25. 법률 제8489호로 전부 개정되기 전의 것, 이하 '구 장사법'이라 한다) 제14조 제1항, 구 장사 등에 관한 법률 시행규칙(2008. 5. 26. 보건복지가족부령 제15호로 전부 개정되기 전의 것) 제7조 제1항 [별지 제7호 서식]을 종합하면, 납골당설치 신고는 이른바 '수리를 요하는 신고'라 할 것이므로, 납골당설치 신고가 구 장사법 관련 규정의 모든 요건에 맞는 신고라 하더라도 신고인은 곧바로 납골당을 설치할 수는 없고, 이에 대한 행정청의 수리처분이 있어야만 신고한 대로 납골당을 설치할 수 있다. 한편 수리란 신고를 유효한 것으로 판단하고 법령에 의하여 처리할 의사로 이를 수령하는 수동적 행위이므로 수리행위에 신고필증 교부 등 행위가 꼭 필요한 것은 아니다(대법원 2011. 9. 8. 선고 2009두6766).

☞ [관련판례 2] 의료법 시행규칙 제22조 제3항에 의하면 의원 개설 신고서를 수리한 행정관청이 소정의 신고필증을 교부하도록 되어있다 하여도 이는 신고사실의 확인행위로서 신고필증을 교부하도록 규정한 것에 불과하고 그와 같은 신고필증의 교부가 없다 하여 개설신고의 효력을 부정할 수 없다 할 것이다(대법원 1985. 4. 23. 선고 84도2953).

③ (○) 구 노인복지법(2005. 3. 31. 법률 제7452호로 개정되기 전의 것)의 목적과 노인주거복지시설의 설치에 관한 법령의 각 규정들 및 노인복지시설에 대하여 각종 보조와 혜택이 주어지는 점 등을 종합하여 보면, 노인복지시설을 건축한다는 이유로 건축부지 취득에 관한 조세를 감면받고 일반 공동주택에 비하여 완화된 부대시설 설치기준을 적용받아 건축허가를 받은 자로서는 당연히 그 노인복지시설에 관한 설치신고 당시에도 당해 시설이 노인복지시설로 운영될 수 있도록 조치하여야 할 의무가 있고, 따라서 같은 법 제33조 제2항에 의한 유료노인복지주택의 설치신고를 받은 행정관청으로서는 그 유료노인복지주택의 시설 및 운영기준이 위 법령에 부합하는지와 아울러 그 유료노인복지주택이 적법한 입소대상자에게 분양되었는지와 설치신고 당시 부적격자들이 입소하고 있지는 않은지 여부까지 심사하여 그 신고의 수리 여부를 결정할 수 있다(대법원 2007. 1. 11. 선고 2006두14537).

④ (×) 주민등록은 단순히 주민의 거주관계를 파악하고 인구의 동태를 명확히 하는 것 외에도 주민등록에 따라 공법관계상의 여러 가지 법률상 효과가 나타나게 되는 것으로서, 주민등록의 신고는 행정청에 도달하기만 하면 신고로서의 효력이 발생하는 것이 아니라 행정청이 수리한 경우에 비로소 신고의 효력이 발생한다. 따라서 주민등록 신고서를 행정청에 제출하였다가 행정청이 이를 수리하기 전에 신고서의 내용을 수정하여 위와 같이 수정된 전입신고서가 수리되었다면 수정된 사항에 따라서 주민등록 신고가 이루어진 것으로 보는 것이 타당하다(대법원 2009. 1. 30. 선고 2006다17850).

25 정답 ①

① (O) 위임입법이 대법원규칙인 경우에도 수권법률에서 헌법 제75조에 근거한 포괄위임금지원칙을 준수하여야 하는 것은 마찬가지이나, 위임의 구체성·명확성의 정도는 다른 규율 영역에 비해 완화될 수 있다(헌법재판소 2016. 6. 30. 2013헌바370).

② (×) 상위법령의 시행에 필요한 세부적 사항을 정하기 위하여 행정관청이 일반적 직권에 의하여 제정하는 이른바 집행명령은 근거법령인 상위법령이 폐지되면 특별한 규정이 없는 이상 실효되는 것이나, <u>상위법령이 개정됨에 그친 경우에는 개정법령과 성질상 모순, 저촉되지 아니하고 개정된 상위법령의 시행에 필요한 사항을 규정하고 있는 이상 그 집행명령은 상위법령의 개정에도 불구하고 당연히 실효되지 아니하고 개정법령의 시행을 위한 집행명령이 제정, 발효될 때까지는 여전히 그 효력을 유지한다</u>(대법원 1989. 9. 12. 선고 88누6962).

③ (×) 법규명령에 하자가 있는 경우에는, 그것이 중대·명백하지 않은 하자라 하더라도 곧바로 무효이다. 공정력은 행정작용 중 행정행위에만 인정되는 효력이다.

④ (×) 대통령령의 경우 ① 모법의 시행에 관한 전반적 사항을 정하는 경우에는 ○○법(법률) 시행령으로, ② 모법의 일부규정의 시행에 필요한 개별적 사항을 정하거나 대통령령의 권한 범위 내의 사항을 정하는 경우에는 ○○규정, ○○령으로 한다.

02 제2회 실전 모의고사

ANSWER

01 ③	02 ②	03 ④	04 ④	05 ①
06 ②	07 ④	08 ③	09 ④	10 ③
11 ④	12 ④	13 ①	14 ④	15 ④
16 ④	17 ③	18 ①	19 ②	20 ③
21 ④	22 ④	23 ③	24 ①	25 ②

01 정답 ③

① (○) 석탄산업법 시행령 제41조 제4항 제5호 소정의 재해위로금 청구권은 개인의 공권으로서 그 공익적 성격에 비추어 당사자의 합의에 의하여 이를 미리 포기할 수 없다(대법원 1998. 12. 23, 97누5046).

② (○) 상수원보호구역 설정의 근거가 되는 수도법 제5조 제1항 및 동 시행령 제7조 제1항이 보호하고자 하는 것은 상수원의 확보와 수질보전일 뿐이고, 그 상수원에서 급수를 받고 있는 지역주민들이 가지는 상수원의 오염을 막아 양질의 급수를 받을 이익은 직접적이고 구체적으로는 보호하고 있지 않음이 명백하여 위 지역주민들이 가지는 이익은 상수원의 확보와 수질보호라는 공공의 이익이 달성됨에 따라 반사적으로 얻게 되는 이익에 불과하므로 지역주민에 불과한 원고들에게는 위 상수원보호구역변경처분의 취소를 구할 법률상의 이익이 없다(대법원 1995. 9. 26, 94누14544).

③ (✕) 헌법 제35조 제1항에서 정하고 있는 환경권에 관한 규정만으로는 그 권리의 주체·대상·내용·행사방법 등이 구체적으로 정립되어 있다고 볼 수 없고, 환경정책기본법 제6조도 그 규정 내용 등에 비추어 국민에게 구체적인 권리를 부여한 것으로 볼 수 없다는 이유로, 환경영향평가 대상지역 밖에 거주하는 주민에게 헌법상의 환경권 또는 환경정책기본법에 근거하여 공유수면매립면허처분과 농지개량사업 시행인가처분의 무효확인을 구할 원고적격이 없다고 한 사례(대법원 2006. 3. 16, 2006두330)

④ (○) 헌법 제32조 제1항이 규정하는 근로의 권리는 사회적 기본권으로서 국가에 대하여 직접 일자리를 청구하거나 일자리에 갈음하는 생계비의 지급청구권을 의미하는 것이 아니라 고용증진을 위한 사회적·경제적 정책을 요구할 수 있는 권리에 그치며, 근로의 권리로부터 국가에 대한 직접적인 직장존속청구권이 도출되는 것도 아니다. 나아가 근로자가 퇴직급여를 청구할 수 있는 권리도 헌법상 바로 도출되는 것이 아니라 퇴직급여법 등 관련 법률이 구체적으로 정하는 바에 따라 비로소 인정될 수 있는 것이므로 계속근로기간 1년 미만인 근로자가 퇴직급여를 청구할 수 있는 권리가 헌법 제32조 제1항에 의하여 보장된다고 보기는 어렵다(헌법재판소 2011. 7. 28, 2009헌마408).

02 정답 ②

① (✕) 적법한 권한 위임 없이 세관출장소장에 의하여 행하여진 관세부과처분이 그 하자가 중대하기는 하지만 객관적으로 명백하다고 할 수 없어 당연무효는 아니라고 본 사례(대법원 2004. 11. 26, 2003두2403)

② (○) 행정처분의 집행이 이미 종료되었고 그것이 번복될 경우 법적 안정성을 크게 해치게 되는 경우에는 후에 행정처분의 근거가 된 법규가 헌법재판소에서 위헌으로 선고된다고 하더라도 그 행정처분이 당연무효가 되지는 않음이 원칙이라고 할 것이나, 행정처분 자체의 효력이 쟁송기간 경과 후에도 존속 중인 경우, 특히 그 처분이 위헌법률에 근거하여 내려진 것이고 그 행정처분의 목적달성을 위하여서는 후행 행정처분이 필요한데 후행 행정처분은 아직 이루어지지 않은 경우와 같이 그 행정처분을 무효로 하더라도 법적 안정성을 크게 해치지 않는 반면에 그 하자가 중대하여 그 구제가 필요한 경우에 대하여서는 그 예외를 인정하여 이를 당연무효사유로 보아서 쟁송기간 경과 후에라도 무효확인을 구할 수 있는 것이라고 봐야 할 것이다(헌법재판소 1994. 6. 30, 92헌바23).

③ (✕) 구 헌법재판소법(2011. 4. 5. 법률 제10546호로 개정되기 전의 것) 제47조 제1항은 "법률의 위헌결정은 법원 기타 국가기관 및 지방자치단체를 기속한다."고 규정하고 있는데, 이러한 위헌결정의 기속력과 헌법을 최고규범으로 하는 법질서의 체계적 요청에 비추어 국가기관 및 지방자치단체는 위헌으로 선언된 법률규정에 근거하여 새로운 행정처분을 할 수 없음은 물론이고, 위헌결정 전에 이미 형성된 법률관계에 기한 후속처분이라도 그것이 새로운 위헌적 법률관계를 생성·확대하는 경우라면 이를 허용할 수 없다. 따라서 조세 부과의 근거가 되었던 법률규정이 위헌으로 선언된 경우, 비록 그에 기한 과세처분이 위헌결정 전에 이루어졌고, 과세처분에 대한 제소기간이 이미 경과하여 조세채권이 확정되었으며, 조세채권의 집행을 위한 체납처분의 근거규정 자체에 대하여는 따로 위헌결정이 내려진 바 없다고 하더라도, 위와 같은 위헌결정 이후에 조세채권의 집행을 위한 새로운 체납처분에 착수하거나 이를 속행하는 것은 더이상 허용되지 않고, 나아가 이러한 위헌결정의 효력에 위배하여 이루어진 체납처분은 그 사유만으로 하자가 중대하고 객관적으로 명백하여 당연무효라고 보아야 한다(대법원 2012. 2. 16, 2010두10907).

④ (✕) 세액산출근거가 누락된 납세고지서에 의한 과세처분의 하자의 치유를 허용하려면 늦어도 과세처분에 대한 불복여부의 결정 및 불복신청에 편의를 줄 수 있는 상당한 기간 내에 하여야 한다고 할 것이므로 위 과세처분에 대한 전심절차가 모두 끝나고 상고심의 계류중에 세액산출근거의 통지가 있었다고 하여 이로써 위 과세처분의 하자가 치유되었다고는 볼 수 없다(대법원 1984. 4. 10, 83누393).

03 정답 ④

① (O) 질서위반행위규제법 제2조 제1호 가목, 질서위반행위규제법 시행령 제2조 제1항 참조

> 질서위반행위규제법 제2조(정의) 이 법에서 사용하는 용어의 뜻은 다음과 같다.
>   1. "질서위반행위"란 법률(지방자치단체의 조례를 포함한다. 이하 같다)상의 의무를 위반하여 과태료를 부과하는 행위를 말한다. 다만, 다음 각 목의 어느 하나에 해당하는 행위를 제외한다.
>   가. 대통령령으로 정하는 사법(私法)상·소송법상 의무를 위반하여 과태료를 부과하는 행위
>   나. 대통령령으로 정하는 법률에 따른 징계사유에 해당하여 과태료를 부과하는 행위
>   2. "행정청"이란 행정에 관한 의사를 결정하여 표시하는 국가 또는 지방자치단체의 기관, 그 밖의 법령 또는 자치법규에 따라 행정권한을 가지고 있거나 위임 또는 위탁받은 공공단체나 그 기관 또는 사인(私人)을 말한다.
>   3. "당사자"란 질서위반행위를 한 자연인 또는 법인(법인이 아닌 사단 또는 재단으로서 대표자 또는 관리인이 있는 것을 포함한다. 이하 같다)을 말한다.
>
> 질서위반행위규제법 시행령 제2조(질서위반행위에서 제외되는 행위) ① 「질서위반행위규제법」(이하 "법"이라 한다) 제2조 제1호 가목에서 "대통령령으로 정하는 사법(私法)상·소송법상 의무를 위반하여 과태료를 부과하는 행위"란 「민법」, 「상법」 등 사인(私人) 간의 법률관계를 규율하는 법 또는 「민사소송법」, 「가사소송법」, 「민사집행법」, 「형사소송법」, 「민사조정법」 등 분쟁 해결에 관한 절차를 규율하는 법률상의 의무를 위반하여 과태료를 부과하는 행위를 말한다.

② (O) 구 국세징수법(2011. 4. 4. 법률 제10527호로 개정되기 전의 것) 제68조는 세무서장이 압류된 재산의 공매를 공고한 때에는 즉시 그 내용을 체납자 등에게 통지하도록 정하고 있다. 이러한 체납자 등에 대한 공매통지는 국가의 강제력에 의하여 진행되는 공매절차에서 체납자 등의 권리 내지 재산상 이익을 보호하기 위하여 법률로 규정한 절차적 요건에 해당하지만, 그 통지를 하지 아니한 채 공매처분을 하였다 하여도 그 공매처분이 당연무효로 되는 것은 아니다(대법원 2012. 7. 26, 2010다50625).

③ (O) 대한주택공사가 구 대한주택공사법(2009. 5. 22. 법률 제9706호 한국토지주택공사법 부칙 제2조로 폐지) 및 구 대한주택공사법 시행령(2009. 9. 21. 대통령령 제21744호 한국토지주택공사법 시행령 부칙 제2조로 폐지)에 의하여 대집행권한을 위탁받아 공무인 대집행을 실시하기 위하여 지출한 비용을 행정대집행법 절차에 따라 국세징수법의 예에 의하여 징수할 수 있음에도 민사소송절차에 의하여 그 비용의 상환을 청구한 사안에서, 행정대집행법이 대집행비용의 징수에 관하여 민사소송절차에 의한 소송이 아닌 간이하고 경제적인 특별구제절차를 마련해 놓고 있으므로, 위 청구는 소의 이익이 없어 부적법하다고 본 원심판단을 수긍한 사례(대법원 2011. 9. 8, 2010다48240)

④ (×) 식품위생법상 영업소 폐쇄명령을 받은 후에도 계속하여 영업을 하는 경우 해당 영업소를 폐쇄하는 조치는, 즉시강제가 아니라, 행정상 직접강제의 수단에 해당한다.

04 정답 ④

① (O) 개인정보 보호법상 '개인정보'란 살아 있는 개인에 관한 정보로서 사자(死者)나 법인의 정보는 포함되지 않는다.

> 개인정보 보호법 제2조(정의) 이 법에서 사용하는 용어의 뜻은 다음과 같다.
>   1. "개인정보"란 살아 있는 개인에 관한 정보로서 다음 각 목의 어느 하나에 해당하는 정보를 말한다.

② (O) 개인정보 보호법 제39조 제1항

> 개인정보 보호법 제39조(손해배상책임) ① 정보주체는 개인정보처리자가 이 법을 위반한 행위로 손해를 입으면 개인정보처리자에게 손해배상을 청구할 수 있다. 이 경우 그 개인정보처리자는 고의 또는 과실이 없음을 입증하지 아니하면 책임을 면할 수 없다.

③ (O) 개인정보 보호법 제34조 제3항

> 개인정보 보호법 제34조(개인정보 유출 통지 등) ③ 개인정보처리자는 대통령령으로 정한 규모 이상의 개인정보가 유출된 경우에는 제1항에 따른 통지 및 제2항에 따른 조치 결과를 지체 없이 보호위원회 또는 대통령령으로 정하는 전문기관에 신고하여야 한다. 이 경우 보호위원회 또는 대통령령으로 정하는 전문기관은 피해 확산방지, 피해 복구 등을 위한 기술을 지원할 수 있다.

④ (×) 개인정보 보호법 제15조 제1항 제6호

> 개인정보 보호법 제15조(개인정보의 수집·이용) ① 개인정보처리자는 다음 각 호의 어느 하나에 해당하는 경우에는 개인정보를 수집할 수 있으며 그 수집 목적의 범위에서 이용할 수 있다.
>   6. 개인정보처리자의 정당한 이익을 달성하기 위하여 필요한 경우로서 명백하게 정보주체의 권리보다 우선하는 경우. 이 경우 개인정보처리자의 정당한 이익과 상당한 관련이 있고 합리적인 범위를 초과하지 아니하는 경우에 한한다.

05 정답 ①

① (O) 과세처분에 관한 불복절차과정에서 과세관청이 그 불복사유가 옳다고 인정하고 이에 따라 필요한 처분을 하였을 경우에는, 불복제도와 이에 따른 시정방법을 인정하고 있는 구 국세기본법(2007. 12. 31. 법률 제8830호로 개정되기 전의 것) 제55조 제1항, 제3항 등 규정들의 취지에 비추어 동일 사항에 관하여 특별한 사유 없이 이를 번복하고 다시 종전의 처분을 되풀이할 수는 없는 것이므로, 과세처분에 관한 이의신청절차에서 과세관청이 이의신청 사유가 옳다고 인정하여 과세처분을 직권으로 취소한 이상 그 후 특별한 사유 없이 이를 번복하고 종전 처분을 되풀이하는 것은 허용되지 않는다(대법원 2010. 9. 30, 2009두1020).

② (×) 조세의 과오납이 부당이득이 되기 위하여는 납세 또는 조세의 징수가 실체법적으로나 절차법적으로 전혀 법률상의 근거가 없거나 과세처분의 하자가 중대하고 명백하여 당연무효이어야 하고, 과세처분의 하자가 단지 취소할 수 있는 정도에

불과할 때에는 과세관청이 이를 스스로 취소하거나 항고소송 절차에 의하여 취소되지 않는 한 그로 인한 조세의 납부가 부당이득이 된다고 할 수 없다(대법원 1987. 7. 7. 선고 87다카54 판결 참조). 원래 행정처분이 아무리 위법하다고 하여도 그 하자가 중대하고 명백하여 당연무효라고 보아야 할 사유가 있는 경우를 제외하고는 아무도 그 하자를 이유로 무단히 그 효과를 부정하지 못하는 것으로, 이러한 행정행위의 공정력은 판결의 기판력과 같은 효력은 아니지만 그 공정력의 객관적 범위에 속하는 행정행위의 하자가 취소사유에 불과한 때에는 그 처분이 취소되지 않는 한 처분의 효력을 부정하여 그로 인한 이득을 법률상 원인 없는 이득이라고 말할 수 없게 하는 것이다. 따라서 국세의 과오납이 취소할 수 있는 위법한 과세처분에 의한 것이라도 그 처분이 취소되지 않는 한 그로 인한 납세액을 곧바로 부당이득이라고 하여 반환을 구할 수 있는 것이 아니므로 이와 반대되는 견해 아래 전개하는 상고이유는 받아들일 수 없고, 원심판결에 이 점에 관한 판단이 없다고 하여도 이상에서 판단한 바와 같이 이유 없음이 분명하므로 그 잘못이 판결에 영향을 미친 위법이라고 할 수 없을 것이니, 상고이유 중 이 점을 지적하는 부분도 이유 없다(대법원 1994. 11. 11, 94다28000).
③ (×) 행정행위에 불가쟁력이 발생했다고 해서 행정행위의 효력으로서 기판력은 인정되지 않는다는 말이다. ☞ [판례] 산업재해보상보험법(2003. 12. 31. 법률 제7049호로 개정되기 전의 것) 및 고용보험 및 산업재해보상보험의 보험료징수 등에 관한 법률의 관계 규정을 종합하면, 산업재해보상보험법의 적용을 받은 사업장의 사업주가 당해 근로자와 사이에 산재보험관계가 성립하였음에도 산재보험관계 성립신고를 게을리한 기간 중에 그 근로자에게 재해가 발생하여 근로복지공단이 보험급여를 지급한 경우, 근로복지공단은 대통령령이 정하는 바에 따라 그 보험급여액 중 전부 또는 일부를 사업주로부터 징수할 수 있도록 하고 있다. 한편, 일반적으로 행정처분이나 행정심판 재결이 불복기간의 경과로 확정될 경우 그 확정력은, 처분으로 법률상 이익을 침해받은 자가 당해 처분이나 재결의 효력을 더 이상 다툴 수 없다는 의미일 뿐, 더 나아가 판결과 같은 기판력이 인정되는 것은 아니어서 그 처분의 기초가 된 사실관계나 법률적 판단이 확정되고 당사자들이나 법원이 이에 기속되어 모순되는 주장이나 판단을 할 수 없게 되는 것은 아니다(대법원 2008. 7. 24, 2006두20808).
④ (×) 민사소송에 있어서 어느 행정처분의 당연무효 여부가 선결문제로 되는 때에는 이를 판단하여 당연무효임을 전제로 판결할 수 있고 반드시 행정소송 등의 절차에 의하여 그 취소나 무효확인을 받아야 하는 것은 아니며(대법원 1972. 10. 10. 선고 71다2279 판결 등 참조), 한편, 원고 조합의 조합설립결의나 관리처분계획에 대한 결의가 당연무효라는 위 피고들의 주장 속에는 조합설립 인가처분이나 관리처분계획에 당연무효사유가 있다는 주장도 포함되어 있다고 봄이 상당하다고 할 것이므로, 원심으로서는 더 나아가 위 조합설립 인가처분이나 관리처분계획에 당연무효사유가 있는지를 심리하여 위 피고들 주장의 당부를 판단하였어야 할 것임에도, 원심이 그에 대해서는

아무런 판단도 하지 아니한 채, 단지 위 피고들이 항고소송의 방법으로 원고 조합의 조합설립 인가처분이나 관리처분계획에 대하여 취소 또는 무효확인을 받았음을 인정할 증거가 없다는 이유만으로 위 피고들의 주장을 모두 배척한 데에는 필요한 심리를 다하지 아니하고 판단을 유탈하여 판결에 영향을 미친 위법이 있다(대법원 2010. 4. 8, 2009다90092).

06 정답 ②

① (×) 이른바 복효적 행정행위, 특히 제3자효를 수반하는 행정행위에 대한 행정심판청구에 있어서 그 청구를 인용하는 내용의 재결로 인하여 비로소 권리이익을 침해받게 되는 자는 그 인용재결에 대하여 다툴 필요가 있고, 그 인용재결은 원처분과 내용을 달리하는 것이므로 그 인용재결의 취소를 구하는 것은 원처분에는 없는 재결에 고유한 하자를 주장하는 셈이어서 당연히 항고소송의 대상이 된다(대법원 2001. 5. 29, 99두10292).
② (○) 행정심판법 제50조 제1항

> 행정심판법 제50조(위원회의 직접 처분) ① 위원회는 피청구인이 제49조 제3항에도 불구하고 처분을 하지 아니하는 경우에는 당사자가 신청하면 기간을 정하여 서면으로 시정을 명하고 그 기간에 이행하지 아니하면 직접 처분을 할 수 있다. 다만, 그 처분의 성질이나 그 밖의 불가피한 사유로 위원회가 직접 처분을 할 수 없는 경우에는 그러하지 아니하다.

③ (×) 행정심판법 제51조 참조. 원처분주의를 따른다면 재결 고유의 위법이 있는 경우 재결을 취소소송의 대상으로 삼을 수 있는 것이지, 행정심판의 대상으로 삼을 수 있는 것이 아니다.

> 행정심판법 제51조(행정심판 재청구의 금지) 심판청구에 대한 재결이 있으면 그 재결 및 같은 처분 또는 부작위에 대하여 다시 행정심판을 청구할 수 없다.

④ (×) 행정심판법 제45조 제1항

> 행정심판법 제45조(재결 기간) ① 재결은 제23조에 따라 피청구인 또는 위원회가 심판청구서를 받은 날부터 60일 이내에 하여야 한다. 다만, 부득이한 사정이 있는 경우에는 위원장이 직권으로 30일을 연장할 수 있다.

07 정답 ④

① (○) 같은 정도의 비위를 저지른 자들 사이에 있어서도 그 직무의 특성 등에 비추어, 개전의 정이 있는지 여부에 따라 징계의 종류의 선택과 양정에 있어서 차별적으로 취급하는 것은, 사안의 성질에 따른 합리적 차별로서 이를 자의적 취급이라고 할 수 없는 것이어서 평등원칙 내지 형평에 반하지 아니한다(대법원 1999. 8. 20, 99두2611).

② (○) 행정의 자기구속의 법리를 적용함에 있어서 행정선례가 필요한지 여부에 대한 학설의 대립이 있는데, 판례에 따르면 재량준칙이 일단 공표되었다 하더라도 재량준칙이 실제로 되풀이 시행되지 않은 경우에는 행정의 자기구속원칙이 적용되지 않는다. ☞ [판례] 상급행정기관이 하급행정기관에 대하여 업무처리지침이나 법령의 해석적용에 관한 기준을 정하여 발하는 이른바 '행정규칙이나 내부지침'은 일반적으로 행정조직 내부에서만 효력을 가질 뿐 대외적인 구속력을 갖는 것은 아니므로 행정처분이 그에 위반하였다고 하여 그러한 사정만으로 곧바로 위법하게 되는 것은 아니다. 다만, 재량권 행사의 준칙인 행정규칙이 그 정한 바에 따라 되풀이 시행되어 행정관행이 이루어지게 되면 평등의 원칙이나 신뢰보호의 원칙에 따라 행정기관은 그 상대방에 대한 관계에서 그 규칙에 따라야 할 자기구속을 받게 되므로, 이러한 경우에는 특별한 사정이 없는 한 그를 위반하는 처분은 평등의 원칙이나 신뢰보호의 원칙에 위배되어 재량권을 일탈·남용한 위법한 처분이 된다(대법원 2009. 12. 24, 2009두7967).

③ (○) 근로자가 입은 부상이나 질병이 업무상 재해에 해당하는지 여부에 따라 요양급여 신청의 승인, 휴업급여청구권의 발생 여부가 차례로 결정되고, 따라서 근로복지공단의 요양불승인처분의 적법 여부는 사실상 근로자의 휴업급여청구권 발생의 전제가 된다고 볼 수 있는 점 등에 비추어, 근로자가 요양불승인에 대한 취소소송의 판결확정 시까지 근로복지공단에 휴업급여를 청구하지 않았던 것은 이를 행사할 수 없는 사실상의 장애사유가 있었기 때문이라고 보아야 하므로, 근로복지공단의 소멸시효 항변은 신의성실의 원칙에 반하여 허용될 수 없다(대법원 2008. 9. 18, 2007두2173).

④ (×) 장기미집행 도시계획시설결정의 실효제도는 도시계획시설부지로 하여금 도시계획시설결정으로 인한 사회적 제약으로부터 벗어나게 하는 것으로서 결과적으로 개인의 재산권이 보다 보호되는 측면이 있는 것은 사실이나, 이와 같은 보호는 입법자가 새로운 제도를 마련함에 따라 얻게 되는 법률에 기한 권리일 뿐 헌법상 재산권으로부터 당연히 도출되는 권리는 아니다(헌법재판소 2005. 9. 29. 2002헌바84).

08 정답 ③

① (○) 국가배상법 제5조 제1항 소정의 '공공의 영조물'이라 함은 국가 또는 지방자치단체에 의하여 특정 공공의 목적에 공여된 유체물 내지 물적 설비를 말하며, 국가 또는 지방자치단체가 소유권, 임차권 그 밖의 권한에 기하여 관리하고 있는 경우뿐만 아니라 사실상의 관리를 하고 있는 경우도 포함된다(대법원 1998. 10. 23, 98다17381).

② (○) 구 지방자치법(1988.4.6. 법률 제4004호로 전문 개정되기 전의 것) 제131조(현행 제132조), 구 지방재정법(1988.4.6. 법률 제4006호로 전문 개정되기 전의 것) 제16조 제2항(현행 제18조 제2항)의 규정상, 지방자치단체의 장이 기관위임된 국가행정사무를 처리하는 경우 그에 소요되는 경비의 실질적·궁극적 부담자는 국가라고 하더라도 당해 지방자치단체는 국가로부터 내부적으로 교부된 금원으로 그 사무에 필요한 경비를 대외적으로 지출하는 자이므로, 이러한 경우 지방자치단체는 국가배상법 제6조 제1항 소정의 비용부담자로서 공무원의 불법행위로 인한 같은 법에 의한 손해를 배상할 책임이 있다(대법원 1994. 12. 9, 94다38137).

③ (×) 국가배상법 제5조 제1항에 정하여진 '영조물의 설치 또는 관리의 하자'라 함은 공공의 목적에 공여된 영조물이 그 용도에 따라 갖추어야 할 안전성을 갖추지 못한 상태에 있음을 말하고, 안전성을 갖추지 못한 상태, 즉 타인에게 위해를 끼칠 위험성이 있는 상태라 함은 당해 영조물을 구성하는 물적 시설 그 자체에 있는 물리적·외형적 흠결이나 불비로 인하여 그 이용자에게 위해를 끼칠 위험성이 있는 경우뿐만 아니라, 그 영조물이 공공의 목적에 이용됨에 있어 그 이용상태 및 정도가 일정한 한도를 초과하여 제3자에게 사회통념상 수인할 것이 기대되는 한도를 넘는 피해를 입히는 경우까지 포함된다고 보아야 한다(대법원 2005. 1. 27, 2003다49566).

④ (○) 불법행위 성립요건으로서의 위법성은 관련 행위 전체를 일체로만 판단하여 결정하여야 하는 것은 아니고 문제가 되는 행위마다 개별적·상대적으로 판단하여야 할 것이므로, 어느 시설을 적법하게 가동하거나 공용에 제공하는 경우에도 그로부터 발생하는 유해배출물로 인하여 제3자가 손해를 입은 경우에는 그 위법성을 별도로 판단하여야 한다. 이 경우 판단 기준은 유해의 정도가 사회통념상 일반적으로 참아내야 할 정도를 넘는 것인지 여부이다(대법원 2019. 11. 28, 2016다233538).

09 정답 ④

① (×) 행정절차법 제2조 제4호가 행정절차법의 당사자를 행정청의 처분에 대하여 직접 그 상대가 되는 당사자로 규정하고, 도로법 제25조 제3항이 도로구역을 결정하거나 변경할 경우 이를 고시에 의하도록 하면서, 그 도면을 일반인이 열람할 수 있도록 한 점 등을 종합하여 보면, 도로구역을 변경한 이 사건 처분은 행정절차법 제21조 제1항의 사전통지나 제22조 제3항의 의견청취의 대상이 되는 처분은 아니라고 할 것이다(대법원 2008. 6. 12, 2007두1767).

② (×) 국가공무원법상 직위해제처분은 구 행정절차법(2012. 10. 22. 법률 제11498호로 개정되기 전의 것) 제3조 제2항 제9호, 구 행정절차법 시행령(2011. 12. 21. 대통령령 제23383호로 개정되기 전의 것) 제2조 제3호에 의하여 당해 행정작용의 성질상 행정절차를 거치기 곤란하거나 불필요하다고 인정되는 사항 또는 행정절차에 준하는 절차를 거친 사항에 해당하므로, 처분의 사전통지 및 의견청취 등에 관한 행정절차법의 규정이 별도로 적용되지 않는다(대법원 2014. 5. 16, 2012두26180).

③ (×) 당해 행정청의 협의가 아니라 각 상급 행정청의 협의로 결정한다. 행정절차법 제6조 제2항 참조

> **행정절차법 제6조(관할)** ② 행정청의 관할이 분명하지 아니한 경우
> 에는 해당 행정청을 공통으로 감독하는 상급 행정청이 그 관할
> 을 결정하며, 공통으로 감독하는 상급 행정청이 없는 경우에는
> 각 상급 행정청이 협의하여 그 관할을 결정한다.

④ (○) 행정절차법 제3조 제2항 제1호

> **행정절차법 제3조(적용 범위)** ② 이 법은 다음 각 호의 어느 하나에
> 해당하는 사항에 대하여는 적용하지 아니한다.
> 1. 국회 또는 지방의회의 의결을 거치거나 동의 또는 승인을 받
>   아 행하는 사항

10 정답 ③

① (○) 행정청에 대한 신고는 일정한 법률사실 또는 법률관계
에 관하여 관계행정청에 일방적으로 통고를 하는 것을 뜻하는
것으로서 법에 별도의 규정이 있거나 다른 특별한 사정이 없는
한 행정청에 대한 통고로서 그치는 것이고 그에 대한 행정청의
반사적 결정을 기다릴 필요가 없는 것이므로, 체육시설의설
치·이용에관한법률 제18조에 의한 변경신고서는 그 신고 자
체가 위법하거나 그 신고에 무효사유가 없는 한 이것이 도지사
에게 제출하여 접수된 때에 신고가 있었다고 볼 것이고, 도지사
의 수리행위가 있어야만 신고가 있었다고 볼 것은 아니다(대법
원 1993. 7. 6, 93마635).
② (○) 군인사정책상 필요에 의하여 복무연장지원서와 전역
(여군의 경우 면역임)지원서를 동시에 제출하게 한 피고측의
방침에 따라 위 양 지원서를 함께 제출한 이상, 그 취지는 복무
연장지원의 의사표시를 우선으로 하되, 그것이 받아들여지지
아니하는 경우에 대비하여 원에 의하여 전역하겠다는 조건부
의사표시를 한 것이므로 그 전역지원의 의사표시도 유효한 것
으로 보아야 하고 가사 전역지원의 의사표시가 진의 아닌 의사
표시라고 하더라도 그 무효에 관한 법리를 선언한 민법 제107
조 제1항 단서의 규정은 그 성질상 사인의 공법행위에는 적용
되지 않는다 할 것이므로 그 표시된 대로 유효한 것으로 보아
야 할 것이다(대법원 1994. 1. 11, 93누10057).
③ (×) 「수산업법」 제44조 소정의 어업의 신고는 행정청의 수
리에 의하여 비로소 그 효과가 발생하는 수리를 요하는 신고이
다. 따라서 수산업법상 어업신고를 적법하게 하였으나, 관할행
정청이 수리를 거부한 경우에는 신고의 효과가 발생하지 않는
다. ☞ [판례] 어업의 신고에 관하여 유효기간을 설정하면서 그
기산점을 '수리한 날'로 규정하고, 나아가 필요한 경우에는 그
유효기간을 단축할 수 있도록까지 하고 있는 수산업법 제44조
제2항의 규정 취지 및 어업의 신고를 한 자가 공익상 필요에 의
하여 한 행정청의 조치에 위반한 경우에 어업의 신고를 수리한
때에 교부한 어업신고필증을 회수하도록 하고 있는 구 수산업
법시행령(1996. 12. 31. 대통령령 제15241호로 개정되기 전의
것) 제33조 제1항의 규정 취지에 비추어 보면, 수산업법 제44조
소정의 어업의 신고는 행정청의 수리에 의하여 비로소 그 효과

가 발생하는 이른바 '수리를 요하는 신고'라고 할 것이고, 따라
서 설사 관할관청이 어업신고를 수리하면서 공유수면매립구역
을 조업구역에서 제외한 것이 위법하다고 하더라도, 그 제외된
구역에 관하여 관할관청의 적법한 수리가 없었던 것이 분명한
이상 그 구역에 관하여는 같은 법 제44조 소정의 적법한 어업
신고가 있는 것으로 볼 수 없다(대법원 2000. 5. 26, 99다37382).
④ (○) 기록에 의하면, 원고의 이 사건 건축허가신청 당시 피
고가 소방법령상의 저촉 여부에 대하여 관할 동래소방서장에
게 의견조회를 한 결과, 동래소방서장은 옥내 소화전과 3층 피
난기구가 누락되어 있고, 전력구 규모가 명시되지 않아 법정 소
방시설의 검토가 불가능하다는 이유로 건축부동의 의견을 제
시하였고, 피고가 이 사건 처분 당시 이를 처분사유의 하나로
삼은 사실을 알 수 있는바, 이 사건에서 소방서장이 건축부동의
로 삼은 위와 같은 사유들은 그 내용에 비추어 볼 때 보완이 가
능한 것으로서 피고로서는 원고에게 위와 같은 사유들에 대하
여 보완요청을 한 다음 그 허가 여부를 판단함이 상당하고 그
보완을 요구하지도 않은 채 곧바로 이 사건 신청을 거부한 것
은 재량권의 범위를 벗어난 것이어서 위법하다고 할 것이다(대
법원 2004. 10. 15, 2003두6573).

11 정답 ④

① (○) 구 독점규제 및 공정거래에 관한 법률(1999. 2. 5. 법률
제5813호로 개정되기 전의 것) 제6조, 제17조, 제22조, 제24조의
2, 제28조, 제31조의2, 제34조의2 등 각 규정을 종합하여 보면,
공정거래위원회는 법 위반행위에 대하여 과징금을 부과할 것
인지 여부와 만일 과징금을 부과한다면 일정한 범위 안에서 과
징금의 부과액수를 얼마로 정할 것인지에 관하여 재량을 가지
고 있다 할 것이므로 공정거래위원회의 법 위반행위자에 대한
과징금 부과처분은 재량행위라 할 것이나, 이러한 과징금 부과
의 재량행사에 있어서 사실오인, 비례·평등의 원칙 위배 등의
사유가 있다면 이는 재량권의 일탈·남용으로서 위법하다(대
법원 2002. 5. 28, 2000두6121).
② (○) 구 독점규제 및 공정거래에 관한 법률(1996. 12. 30. 법
률 제5235호로 개정되기 전의 것) 제23조 제1항의 규정에 위반
하여 불공정거래행위를 한 사업자에 대하여 같은 법 제24조의2
제1항의 규정에 의하여 부과되는 과징금은 행정법상의 의무를
위반한 자에 대하여 당해 위반행위로 얻게 된 경제적 이익을
박탈하기 위한 목적으로 부과하는 금전적인 제재로서, 같은 법
이 규정한 범위 내에서 그 부과처분 당시까지 부과관청이 확인
한 사실을 기초로 일의적으로 확정되어야 할 것이고, 그렇지 아
니하고 부과관청이 과징금을 부과하면서 추후에 부과금 산정
기준이 되는 새로운 자료가 나올 경우에는 과징금액이 변경될
수도 있다고 유보한다든지, 실제로 추후에 새로운 자료가 나왔
다고 하여 새로운 부과처분을 할 수는 없다 할 것인바, 왜냐하
면 과징금의 부과와 같이 재산권의 직접적인 침해를 가져오는
처분을 변경하려면 법령에 그 요건 및 절차가 명백히 규정되어

있어야 할 것인데, 위와 같은 변경처분에 대한 법령상의 근거규정이 없고, 이를 인정하여야 할 합리적인 이유 또한 찾아 볼 수 없기 때문이다(대법원 1999. 5. 28, 99두1571).
③ (○) 구 부가가치세법(2013. 6. 7. 법률 제11873호로 전부 개정되기 전의 것) 제22조 제1항 제2호는 '사업자가 대통령령으로 정하는 타인의 명의로 제5조에 따른 등록을 하고 실제 사업을 하는 것으로 확인되는 경우 사업 개시일부터 실제 사업을 하는 것으로 확인되는 날의 직전일까지의 공급가액에 대하여 100분의 1에 해당하는 금액을 납부세액에 더하거나 환급세액에서 뺀다'고 규정하고 있다(이하 위 규정에 의한 가산세를 '명의위장등록가산세'라고 한다). 이러한 명의위장등록가산세는 부가가치세 본세 납세의무와 무관하게 타인 명의로 사업자등록을 하고 실제 사업을 한 것에 대한 제재로서 부과되는 별도의 가산세이고, 구 국세기본법(2014. 12. 23. 법률 제12848호로 개정되기 전의 것) 제26조의2 제1항 제1호의2에 따라 납세자의 부정행위로 부과대상이 되는 경우 10년의 부과제척기간이 적용되는 별도의 가산세에도 포함되어 있지 않으며, 이에 대한 신고의무에 대하여도 별도의 규정이 없으므로, 부과제척기간은 5년으로 봄이 타당하다(대법원 2019. 8. 30, 2016두62726).
④ (×) 국세징수법 제21조, 제22조가 규정하는 가산금 또는 중가산금은 국세를 납부기한까지 납부하지 아니하면 과세청의 확정절차 없이도 법률 규정에 의하여 당연히 발생하는 것이므로 가산금 또는 중가산금의 고지가 항고소송의 대상이 되는 처분이라고 볼 수 없다(대법원 2005. 6. 10, 2005다15482).

12 정답 ④

① (×) 제재적 행정처분이 그 처분에서 정한 제재기간의 경과로 인하여 그 효과가 소멸되었으나, 부령인 시행규칙 또는 지방자치단체의 규칙(이하 이들을 '규칙'이라고 한다)의 형식으로 정한 처분기준에서 제재적 행정처분(이하 '선행처분'이라고 한다)을 받은 것을 가중사유나 전제요건으로 삼아 장래의 제재적 행정처분(이하 '후행처분'이라고 한다)을 하도록 정하고 있는 경우, 제재적 행정처분의 가중사유나 전제요건에 관한 규정이 법령이 아니라 규칙의 형식으로 되어 있다고 하더라도, 그러한 규칙이 법령에 근거를 두고 있는 이상 그 법적 성질이 대외적·일반적 구속력을 갖는 법규명령인지 여부와는 상관없이, 관할 행정청이나 담당공무원은 이를 준수할 의무가 있으므로 이들이 그 규칙에 정해진 바에 따라 행정작용을 할 것이 당연히 예견되고, 그 결과 행정작용의 상대방인 국민으로서는 그 규칙의 영향을 받을 수밖에 없다. 따라서 그러한 규칙이 정한 바에 따라 선행처분을 받은 상대방이 그 처분의 존재로 인하여 장래에 받을 불이익, 즉 후행처분의 위험은 구체적이고 현실적인 것이므로, 상대방에게는 선행처분의 취소소송을 통하여 그 불이익을 제거할 필요가 있다. (중략) 규칙이 정한 바에 따라 선행처분을 가중사유 또는 전제요건으로 하는 후행처분을 받을 우려가 현실적으로 존재하는 경우에는, 선행처분을 받은 상

대방은 비록 그 처분에서 정한 제재기간이 경과하였다 하더라도 그 처분의 취소소송을 통하여 그러한 불이익을 제거할 권리보호의 필요성이 충분히 인정된다고 할 것이므로, 선행처분의 취소를 구할 법률상 이익이 있다고 보아야 한다(대법원 2006. 6. 22, 2003두1684).
② (×) 인가·허가 등 수익적 행정처분을 신청한 여러 사람이 서로 경원관계에 있어서 한 사람에 대한 허가 등 처분이 다른 사람에 대한 불허가 등으로 귀결될 수밖에 없을 때 허가 등 처분을 받지 못한 사람은 신청에 대한 거부처분의 직접 상대방으로서 원칙적으로 자신에 대한 거부처분의 취소를 구할 원고적격이 있고, 취소판결이 확정되는 경우 판결의 직접적인 효과로 경원자에 대한 허가 등 처분이 취소되거나 효력이 소멸되는 것은 아니더라도 행정청은 취소판결의 기속력에 따라 판결에서 확인된 위법사유를 배제한 상태에서 취소판결의 원고와 경원자의 각 신청에 관하여 처분요건의 구비 여부와 우열을 다시 심사하여야 할 의무가 있으며, 재심사 결과 경원자에 대한 수익적 처분이 직권취소되고 취소판결의 원고에게 수익적 처분이 이루어질 가능성을 완전히 배제할 수는 없으므로, 특별한 사정이 없는 한 경원관계에서 허가 등 처분을 받지 못한 사람은 자신에 대한 거부처분의 취소를 구할 소의 이익이 있다(대법원 2015. 10. 29, 2013두27517).
③ (×) 행정소송법 제18조 제1항, 제20조 제1항, 구 행정심판법(2010. 1. 25. 법률 제9968호로 전부 개정되기 전의 것) 제18조 제1항을 종합해 보면, 행정처분이 있음을 알고 처분에 대하여 곧바로 취소소송을 제기하는 방법을 선택한 때에는 처분이 있음을 안 날부터 90일 이내에 취소소송을 제기하여야 하고, 행정심판을 청구하는 방법을 선택한 때에는 처분이 있음을 안 날부터 90일 이내에 행정심판을 청구하고 행정심판의 재결서를 송달받은 날부터 90일 이내에 취소소송을 제기하여야 한다. 따라서 처분이 있음을 안 날부터 90일 이내에 행정심판을 청구하지도 않고 취소소송을 제기하지도 않은 경우에는 그 후 제기된 취소소송은 제소기간을 경과한 것으로서 부적법하고, 처분이 있음을 안 날부터 90일을 넘겨 청구한 부적법한 행정심판청구에 대한 재결이 있은 후 재결서를 송달받은 날부터 90일 이내에 원래의 처분에 대하여 취소소송을 제기하였다고 하여 취소소송이 다시 제소기간을 준수한 것으로 되는 것은 아니다(대법원 2011. 11. 24, 2011두18786).
④ (○) 청구취지의 변경이란 소의 변경을 말한다. 소의 변경 중 소의 종류의 변경의 경우에만 예외적으로 제소기간 소급간주 규정이 존재한다. ☞ [판례] 행정소송법상 취소소송은 처분 등이 있음을 안 날부터 90일 이내에 제기하여야 하고, 처분 등이 있은 날부터 1년을 경과하면 제기하지 못한다(행정소송법 제20조 제1항, 제2항). 한편 청구취지를 교환적으로 변경하여 종전의 소가 취하되고 새로운 소가 제기된 것으로 보게 되는 경우에 새로운 소에 대한 제소기간의 준수 등은 원칙적으로 소의 변경이 있은 때를 기준으로 하여 판단된다. 그러나 선행처분의 취소를 구하는 소가 그 후속처분의 취소를 구하는 소로 교환적으로 변경되었다가 다시 선행처분의 취소를 구하는 소로 변경된 경우 후속처분의 취소를 구하는 소에 선행처분의 취

소를 구하는 취지가 그대로 남아 있었던 것으로 볼 수 있다면 선행처분의 취소를 구하는 소의 제소기간은 최초의 소가 제기 된 때를 기준으로 정하여야 한다(대법원 2013. 7. 11, 2011두 27544).

13 정답 ①

① (×) 행정처분의 효력정지를 구하는 신청사건에 있어서는 행정처분 자체의 적법 여부는 궁극적으로 본안판결에서 심리 를 거쳐 판단할 성질의 것이므로 원칙적으로는 판단할 것이 아 니고, 그 행정처분의 효력을 정지할 것인가에 대한 행정소송법 제23조 제2항 소정의 요건의 존부만이 판단의 대상이 되나, 본 안소송에서의 처분의 취소가능성이 없음에도 불구하고 처분의 효력정지를 인정한다는 것은 제도의 취지에 반하므로, 효력정 지사건 자체에 의하여도 신청인의 본안청구가 이유 없음이 명 백할 때에는 행정처분의 효력정지를 명할 수 없다(대법원 1994. 10. 11, 94두23).

② (○) 행정소송법 제23조 제6항, 제30조 제1항

> **행정소송법 제23조(집행정지)** ⑥ 제30조 제1항의 규정은 제2항의 규정에 의한 집행정지의 결정에 이를 준용한다.
>
> **동법 제30조(취소판결등의 기속력)** ① 처분등을 취소하는 확정판결 은 그 사건에 관하여 당사자인 행정청과 그 밖의 관계행정청을 기속한다.

③ (○) 도시 및 주거환경정비법(이하 '도시정비법'이라 한다) 상 행정주체인 주택재건축정비사업조합을 상대로 관리처분계 획안에 대한 조합 총회결의의 효력을 다투는 소송은 행정처분 에 이르는 절차적 요건의 존부나 효력 유무에 관한 소송으로서 소송결과에 따라 행정처분의 위법 여부에 직접 영향을 미치는 공법상 법률관계에 관한 것이므로, 이는 행정소송법상 당사자 소송에 해당한다. 그리고 이러한 당사자소송에 대하여는 행정 소송법 제23조 제2항의 집행정지에 관한 규정이 준용되지 아니 하므로(행정소송법 제44조 제1항 참조), 이를 본안으로 하는 가 처분에 대하여는 행정소송법 제8조 제2항에 따라 민사집행법 상 가처분에 관한 규정이 준용되어야 한다(대법원 2015. 8. 21, 2015무26).

④ (○) 행정처분의 집행정지는 행정처분집행 부정지의 원칙에 대한 예외로서 인정되는 일시적인 응급처분이라 할 것이므로 집행정지결정을 하려면 이에 대한 본안소송이 법원에 제기되 어 계속중임을 요건으로 하는 것이므로 집행정지결정을 한 후 에라도 본안소송이 취하되어 소송이 계속하지 아니한 것으로 되면 집행정지결정은 당연히 그 효력이 소멸되는 것이고 별도 의 취소조치를 필요로 하는 것이 아니다(대법원 1975. 11. 11, 75누97).

14 정답 ④

① (○) 항정신병 치료제의 요양급여 인정기준에 관한 보건복 지부 고시가 다른 집행행위의 매개 없이 그 자체로서 제약회사, 요양기관, 환자 및 국민건강보험공단 사이의 법률관계를 직접 규율한다는 이유로 항고소송의 대상이 되는 행정처분에 해당 한다(대법원 2003. 10. 9, 2003무23).

② (○) 일반적으로 법률의 위임에 의하여 효력을 갖는 법규명 령의 경우, 구법에 위임의 근거가 없어 무효였더라도 사후에 법 개정으로 위임의 근거가 부여되면 그 때부터는 유효한 법규명 령이 되나, 반대로 구법의 위임에 의한 유효한 법규명령이 법개 정으로 위임의 근거가 없어지게 되면 그 때부터 무효인 법규명 령이 되므로, 어떤 법령의 위임 근거 유무에 따른 유효 여부를 심사하려면 법개정의 전·후에 걸쳐 모두 심사하여야만 그 법 규명령의 시기에 따른 유효·무효를 판단할 수 있다(대법원 1995. 6. 30, 93추83).

③ (○) 국회법 제98조의2 제1항 본문

> **국회법 제98조의2(대통령령 등의 제출 등)** ① 중앙행정기관의 장은 법률에서 위임한 사항이나 법률을 집행하기 위하여 필요한 사항 을 규정한 대통령령·총리령·부령·훈령·예규·고시 등이 제 정·개정 또는 폐지되었을 때에는 10일 이내에 이를 국회 소관 상임위원회에 제출하여야 한다. 다만, 대통령령의 경우에는 입법 예고를 할 때(입법예고를 생략하는 경우에는 법제처장에게 심사 를 요청할 때를 말한다)에도 그 입법예고안을 10일 이내에 제출 하여야 한다.

④ (×) 전결과 같은 행정권한의 내부위임은 법령상 처분권자 인 행정관청이 내부적인 사무처리의 편의를 도모하기 위하여 그의 보조기관 또는 하급 행정관청으로 하여금 그의 권한을 사 실상 행사하게 하는 것으로서 법률이 위임을 허용하지 않는 경 우에도 인정되는 것이므로, 설사 행정관청 내부의 사무처리규 정에 불과한 전결규정에 위반하여 원래의 전결권자 아닌 보조 기관 등이 처분권자인 행정관청의 이름으로 행정처분을 하였 다고 하더라도 그 처분이 권한 없는 자에 의하여 행하여진 무 효의 처분이라고는 할 수 없다(대법원 1998. 2. 27, 97누1105).

15 정답 ④

① (○) 재단법인 한국연구재단이 甲 대학교 총장에게 연구개 발비의 부당집행을 이유로 '해양생물유래 고부가식품·향장· 한약 기초소재 개발 인력양성사업에 대한 2단계 두뇌한국(BK)21 사업' 협약을 해지하고 연구팀장 乙에 대한 대학자체 징계 요구 등을 통보한 사안에서, 재단법인 한국연구재단이 甲 대학교 총 장에게 乙에 대한 대학 자체징계를 요구한 것은 법률상 구속력 이 없는 권유 또는 사실상의 통지로서 乙의 권리, 의무 등 법률 상 지위에 직접적인 법률적 변동을 일으키지 않는 행위에 해당 하므로, 항고소송의 대상인 행정처분에 해당하지 않는다고 본 원심판단은 정당하다고 한 사례(대법원 2014. 12. 11, 2012두 28704)

② (O) 학교법인은 대학교육기관의 교원을 임용함에 있어 정관이 정하는 바에 따라 근무기간, 급여, 근무조건, 업적 및 성과 약정 등을 계약의 조건으로 정할 수 있으므로(사립학교법 제53조의2 제3항 전문), 학교법인이 정관 또는 정관의 위임을 받은 교원보수규정 등을 통해 교원의 교육·연구·봉사 등의 업적을 일정 주기로 평가하여 연간 보수총액을 결정하는 제도인 성과급적 연봉제를 시행하는 것도 가능하다. 그리고 <u>사립학교 교원의 임용계약은 사립학교법이 정한 절차에 따라 이루어지는 것이지만 법적 성질은 사법상의 고용계약에 불과하므로 누구를 교원으로 임용할 것인지, 어떠한 기준과 방법으로 보수를 지급할 것인지 여부는 원칙적으로 학교법인의 자유의사 내지 판단에 달려 있다</u>(대법원 2018. 11. 29, 2018다207854).

③ (O) 구 장사 등에 관한 법률(2007. 5. 25. 법률 제8489호로 전부 개정되기 전의 것) 제14조 제3항, 구 장사 등에 관한 법률 시행령(2008. 5. 26. 대통령령 제20791호로 전부 개정되기 전의 것) 제13조 제1항 [별표 3]에서 납골묘, 납골탑, 가족 또는 종중·문중 납골당 등 사설납골시설의 설치장소에 제한을 둔 것은, 이러한 사설납골시설을 인가가 밀집한 지역 인근에 설치하지 못하게 함으로써 주민들의 쾌적한 주거, 경관, 보건위생 등 생활환경상의 개별적 이익을 직접적·구체적으로 보호하려는 데 취지가 있으므로, 이러한 납골시설 설치장소에서 500m 내에 20호 이상의 인가가 밀집한 지역에 거주하는 주민들은 납골당 설치에 대하여 환경상 이익 침해를 받거나 받을 우려가 있는 것으로 사실상 추정된다. 다만 사설납골시설 중 종교단체 및 재단법인이 설치하는 납골당에 대하여는 그와 같은 설치 장소를 제한하는 규정을 명시적으로 두고 있지 않지만, 종교단체나 재단법인이 설치한 납골당이라 하여 납골당으로서 성질이 가족 또는 종중, 문중 납골당과 다르다고 할 수 없고, 인근 주민들이 납골당에 대하여 가지는 쾌적한 주거, 경관, 보건위생 등 생활환경상의 이익에 차이가 난다고 볼 수 없다. 따라서 <u>납골당 설치장소에서 500m 내에 20호 이상의 인가가 밀집한 지역에 거주하는 주민들에게는 납골당이 누구에 의하여 설치되는지를 따질 필요 없이 납골당 설치에 대하여 환경 이익 침해 또는 침해 우려가 있는 것으로 사실상 추정되어 원고적격이 인정된다고 보는 것이 타당하다</u>(대법원 2011. 9. 8, 2009두6766).

④ (X) 원천징수의무자에 대한 소득금액변동통지는 원천납세의무의 존부나 범위와 같은 원천납세의무자의 권리나 법률상 지위에 어떠한 영향을 준다고 할 수 없으므로 소득처분에 따른 소득의 귀속자는 법인에 대한 소득금액변동통지의 취소를 구할 법률상 이익이 없다(대법원 2015. 3. 26, 2013두9267).

16 정답 ④

① (X) 인·허가 의제는 관계기관의 권한행사에 제약을 가할 수 있으므로 인·허가 의제가 허용되려면 반드시 법률에 명시적인 근거가 있어야 한다.

② (X) 행정청이 주된 인·허가 거부처분을 하면서 의제되는 인·허가 거부사유를 제시한 경우, 의제되는 인·허가 거부는 실제로 존재하는 처분이 아니어서 ㉠ 의제되는 인·허가 거부에 대하여 쟁송을 제기하는 것은 허용되지 않고, ㉡ 이 경우에는 주된 인·허가거부에 대한 쟁송을 제기하면서, 그 쟁송에서 의제되는 인·허가 거부에 문제가 있음을 주장하는 방법으로 다투어야 한다. ☞ [판례] 구 건축법(1999. 2. 8. 법률 제5895호로 개정되기 전의 것) 제8조 제1항, 제3항, 제5항에 의하면, 건축허가를 받은 경우에는 구 도시계획법(2000. 1. 28. 법률 제6243호로 전문 개정되기 전의 것) 제4조에 의한 토지의 형질변경허가나 농지법 제36조에 의한 농지전용허가 등을 받은 것으로 보며, 한편 건축허가권자가 건축허가를 하고자 하는 경우 당해 용도·규모 또는 형태의 건축물을 그 건축하고자 하는 대지에 건축하는 것이 건축법 관련 규정이나 같은 도시계획법 제4조, 농지법 제36조 등 관계 법령의 규정에 적합한지의 여부를 검토하여야 하는 것일 뿐, <u>건축불허가처분을 하면서 그 처분사유로 건축불허가 사유뿐만 아니라 형질변경불허가 사유나 농지전용불허가 사유를 들고 있다고 하여 그 건축불허가처분 외에 별개로 형질변경불허가처분이나 농지전용불허가처분이 존재하는 것이 아니므로, 그 건축불허가처분을 받은 사람은 그 건축불허가처분에 관한 쟁송에서 건축법상의 건축불허가 사유뿐만 아니라 같은 도시계획법상의 형질변경불허가 사유나 농지법상의 농지전용불허가 사유에 관하여도 다툴 수 있는 것이지, 그 건축불허가처분에 관한 쟁송과는 별개로 형질변경불허가처분이나 농지전용불허가처분에 관한 쟁송을 제기하여 이를 다투어야 하는 것은 아니며, 그러한 쟁송을 제기하지 아니하였어도 형질변경불허가 사유나 농지전용불허가 사유에 관하여 불가쟁력이 생기지 아니한다</u>(대법원 2001. 1. 16, 99두10988).

③ (X) 구 주택법(2016. 1. 19. 법률 제13805호로 전부 개정되기 전의 것) 제17조 제1항에 따르면, 주택건설사업계획 승인권자가 관계 행정청의 장과 미리 협의한 사항에 한하여 승인처분을 할 때에 인허가 등이 의제될 뿐이고, 각호에 열거된 모든 인허가 등에 관하여 일괄하여 사전협의를 거칠 것을 주택건설사업계획 승인처분의 요건으로 규정하고 있지 않다. 따라서 인허가 의제 대상이 되는 처분에 어떤 하자가 있더라도, 그로써 해당 인허가 의제의 효과가 발생하지 않을 여지가 있게 될 뿐이고, 그러한 사정이 주택건설사업계획 승인처분 자체의 위법사유가 될 수는 없다. 또한 의제된 인허가는 통상적인 인허가와 동일한 효력을 가지므로, 적어도 '부분 인허가 의제'가 허용되는 경우에는 그 효력을 제거하기 위한 법적 수단으로 의제된 인허가의 취소나 철회가 허용될 수 있고, 이러한 직권 취소·철회가 가능한 이상 그 의제된 인허가에 대한 쟁송취소 역시 허용된다. 따라서 <u>주택건설사업계획 승인처분에 따라 의제된 인허가가 위법함을 다투고자 하는 이해관계인은, 주택건설사업계획 승인처분의 취소를 구할 것이 아니라 의제된 인허가의 취소를 구하여야 하며, 의제된 인허가는 주택건설사업계획 승인처분과 별도로 항고소송의 대상이 되는 처분에 해당한다</u>(대법원 2018. 11. 29. 선고 2016두38792).

④ (○) 구 주택법(2016. 1. 19. 법률 제13805호로 전부 개정되기 전의 것, 이하 '구 주택법'이라 한다) 제17조 제1항에 인허가 의제 규정을 둔 입법 취지는, 주택건설사업을 시행하는 데 필요한 각종 인허가 사항과 관련하여 주택건설사업계획 승인권자로 그 창구를 단일화하고 절차를 간소화함으로써 각종 인허가에 드는 비용과 시간을 절감하여 주택의 건설·공급을 활성화하려는 데에 있다. 이러한 인허가 의제 규정의 입법 취지를 고려하면, 주택건설사업계획 승인권자가 구 주택법 제17조 제3항에 따라 도시·군관리계획 결정권자와 협의를 거쳐 관계 주택건설사업계획을 승인하면 같은 조 제1항 제5호에 따라 도시·군관리계획결정이 이루어진 것으로 의제되고, 이러한 협의 절차와 별도로 국토의 계획 및 이용에 관한 법률 제28조 등에서 정한 도시·군관리계획 입안을 위한 주민 의견청취 절차를 거칠 필요는 없다(대법원 2018. 11. 29, 2016두38792).

17 정답 ③

① (○) 과세처분의 취소소송은 과세처분의 실체적, 절차적 위법을 그 취소원인으로 하는 것으로서 그 심리의 대상은 과세관청의 과세처분에 의하여 인정된 조세채무인 과세표준 및 세액의 객관적 존부, 즉 당해 과세처분의 적부가 심리의 대상이 되는 것이며, 과세처분 취소청구를 기각하는 판결이 확정되면 그 처분이 적법하다는 점에 관하여 기판력이 생기고 그 후 원고가 이를 무효라 하여 무효확인을 소구할 수 없는 것이어서 과세처분의 취소소송에서 청구가 기각된 확정판결의 기판력은 그 과세처분의 무효확인을 구하는 소송에도 미친다(대법원 1998. 7. 24, 98다10854).

② (○) 과세처분 취소소송의 피고는 처분청이므로 행정청을 피고로 하는 취소소송에 있어서의 기판력은 당해 처분이 귀속하는 국가 또는 공공단체에 미친다(대법원 1998. 7. 24, 98다10854).

③ (×) 위법판단의 기준시에 관하여 판결시설을 취하면 사실심 변론종결시 이전의 사유를 내세워 다시 거부처분을 할 수 없다.

④ (○) 과세처분 시 납세고지서에 과세표준, 세율, 세액의 산출근거등이 누락되어 있어 이러한 절차 내지 형식의 위법을 이유로 과세처분을 취소하는 판결이 확정된 경우에 그 확정판결의 기판력은 확정판결에 적시된 절차 내지 형식의 위법사유에 한하여 미친다고 할 것이므로 과세처분권자가 그 확정판결에 적시된 위법사유를 보완하여 행한 새로운 과세처분은 확정판결에 의하여 취소된 종전의 과세처분과는 별개의 처분으로서 확정판결의 기판력에 저촉되는 것은 아니다(대법원 1986. 11. 11, 85누231).

18 정답 ①

① (×) 이행강제금은 의무위반에 대한 제재가 아니라, 의무자의 심리를 압박하여 장래에 행정법상의 의무를 이행하게 만드는 데 주안점이 있는 간접적 강제(집행)수단으로서 행정강제의 일종이다. 이 점에서 과거의 의무위반 행위에 대한 제재에 1차적 목적이 있는 행정벌과 구별된다.

② (○) 비록 건축주 등이 장기간 시정명령을 이행하지 아니하였더라도, 그 기간 중에는 시정명령의 이행 기회가 제공되지 아니하였다가 뒤늦게 시정명령의 이행 기회가 제공된 경우라면, 시정명령의 이행 기회 제공을 전제로 한 1회분의 이행강제금만을 부과할 수 있고, 시정명령의 이행 기회가 제공되지 아니한 과거의 기간에 대한 이행강제금까지 한꺼번에 부과할 수는 없다. 그리고 이를 위반하여 이루어진 이행강제금 부과처분은 과거의 위반행위에 대한 제재가 아니라 행정상의 간접강제 수단이라는 이행강제금의 본질에 반하여 구 건축법 제80조 제1항, 제4항 등 법규의 중요한 부분을 위반한 것으로서, 그러한 하자는 중대할 뿐만 아니라 객관적으로도 명백하다(대법원 2016. 7. 14, 2015두46598).

③ (○) 구 건축법(2005. 11. 8. 법률 제7696호로 개정되기 전의 것)상의 이행강제금은 구 건축법의 위반행위에 대하여 시정명령을 받은 후 시정기간 내에 당해 시정명령을 이행하지 아니한 건축주 등에 대하여 부과되는 간접강제의 일종으로서 그 이행강제금 납부의무는 상속인 기타의 사람에게 승계될 수 없는 일신전속적인 성질의 것이므로 이미 사망한 사람에게 이행강제금을 부과하는 내용의 처분이나 결정은 당연무효이고, 이행강제금을 부과받은 사람의 이의에 의하여 비송사건절차법에 의한 재판절차가 개시된 후에 그 이의한 사람이 사망한 때에는 사건 자체가 목적을 잃고 절차가 종료한다(대법원 2006. 12. 8, 2006마470).

④ (○) 건축법상의 이행강제금은 시정명령의 불이행이라는 과거의 위반행위에 대한 제재가 아니라, 의무자에게 시정명령을 받은 의무의 이행을 명하고 그 이행기간 안에 의무를 이행하지 않으면 이행강제금이 부과된다는 사실을 고지함으로써 의무자에게 심리적 압박을 주어 의무의 이행을 간접적으로 강제하는 행정상의 간접강제 수단에 해당한다. 이러한 이행강제금의 본질상 시정명령을 받은 의무자가 이행강제금이 부과되기 전에 그 의무를 이행한 경우에는 비록 시정명령에서 정한 기간을 지나서 이행한 경우라도 이행강제금을 부과할 수 없다(대법원 2018. 1. 25, 2015두35116).

19 정답 ②

① (○) 행정절차법에는 행정지도에 관한 규정이 존재한다. 행정절차법 제48조 참조.

> 행정절차법 제48조(행정지도의 원칙) ① 행정지도는 그 목적 달성에 필요한 최소한도에 그쳐야 하며, 행정지도의 상대방의 의사에 반하여 부당하게 강요하여서는 아니 된다.
> ② 행정기관은 행정지도의 상대방이 행정지도에 따르지 아니하였다는 것을 이유로 불이익한 조치를 하여서는 아니 된다.

② (✕) 구 남녀차별금지및구제에관한법률(2003. 5. 29. 법률 제6915호로 개정되기 전의 것) 제28조에 의하면, 국가인권위원회의 성희롱결정과 이에 따른 시정조치의 권고는 불가분의 일체로 행하여지는 것인데 국가인권위원회의 이러한 결정과 시정조치의 권고는 성희롱 행위자로 결정된 자의 인격권에 영향을 미침과 동시에 공공기관의 장 또는 사용자에게 일정한 법률상의 의무를 부담시키는 것이므로 국가인권위원회의 성희롱결정 및 시정조치권고는 행정소송의 대상이 되는 행정처분에 해당한다고 보지 않을 수 없다(대법원 2005. 7. 8, 2005두487).

③ (○) 교육인적자원부장관의 대학총장들에 대한 이 사건 학칙시정요구는 고등교육법 제6조 제2항, 동법시행령 제4조 제3항에 따른 것으로서 그 법적 성격은 대학총장의 임의적인 협력을 통하여 사실상의 효과를 발생시키는 행정지도의 일종이지만, 그에 따르지 않을 경우 일정한 불이익조치를 예정하고 있어 사실상 상대방에게 그에 따를 의무를 부과하는 것과 다를 바 없으므로 단순한 행정지도로서의 한계를 넘어 규제적·구속적 성격을 상당히 강하게 갖는 것으로서 헌법소원의 대상이 되는 공권력의 행사라고 볼 수 있다(헌법재판소 2003. 6. 26. 2002헌마337 등).

④ (○) 이른바 행정지도라 함은 행정주체가 일정한 행정목적을 실현하기 위하여 권고 등과 같은 비강제적인 수단을 사용하여 상대방의 자발적 협력 내지 동의를 얻어내어 행정상 바람직한 결과를 이끌어내는 행정활동으로 이해되고, 따라서 적법한 행정지도로 인정되기 위하여는 우선 그 목적이 적법한 것으로 인정될 수 있어야 할 것이므로, 주식매각의 종용이 정당한 법률적 근거 없이 자의적으로 주주에게 제재를 가하는 것이라면 이 점에서 벌써 행정지도의 영역을 벗어난 것이라고 보아야 할 것이고 만일 이러한 행위도 행정지도에 해당된다고 한다면 이는 행정지도라는 미명하에 법치주의의 원칙을 파괴하는 것이라고 하지 않을 수 없으며, 더구나 그 주주가 주식매각의 종용을 거부한다는 의사를 명백하게 표시하였음에도 불구하고, 집요하게 위협적인 언동을 함으로써 그 매각을 강요하였다면 이는 위법한 강박행위에 해당한다고 하지 않을 수 없다 하여, 정부의 재무부 이재국장 등이 ○○그룹 정리방안에 따라 신한투자금융 주식회사의 주식을 주식회사 제일은행에게 매각하도록 종용한 행위가 행정지도에 해당되어 위법성이 조각된다는 주장을 배척한 사례(대법원 1994. 12. 13, 93다49482)

20 정답 ③

① (✕) 행정처분에 하자가 있음을 이유로 처분청이 이를 취소하는 경우에도 그 처분이 국민에게 권리나 이익을 부여하는 이른바 수익적 행정행위인 때에는 그 처분을 취소하여야 할 공익상 필요와 그 취소로 인하여 당사자가 입게 될 기득권과 신뢰보호 및 법률생활안정의 침해 등 불이익을 비교 교량한 후 공익상 필요가 당사자가 입을 불이익을 정당화할 만큼 강한 경우에 한하여 취소할 수 있으나, 그 처분의 하자가 당사자의 사실은폐나 기타 사위의 방법에 의한 신청행위에 기인한 것이라면 당사자는 그 처분에 의한 이익이 위법하게 취득되었음을 알아 그 취소가능성도 예상하고 있었다고 할 것이므로 그 자신이 위 처분에 관한 신뢰의 이익을 원용할 수 없음은 물론 행정청이 이를 고려하지 아니하였다고 하여도 재량권의 남용이 되지 않는다(대법원 1991. 4. 12. 선고 90누9520).

② (✕) 행정청이 개인택시운송사업의 면허를 발급하면서 택시 운전경력의 업무적 유사성과 유용성 등 해당 면허와의 상관성에 대한 고려와 함께 당해 행정청 관내 운송사업 및 면허발급의 현황과 장기적인 전망 및 대책 등을 포함한 정책적 고려까지 감안하여 '택시' 운전경력자를 일정 부분 우대하는 처분을 하게 된 것이라면, 그러한 차별적 취급의 근거로 삼은 행정청의 합목적적 평가 및 정책적 고려 등에 사실의 왜곡이나 현저한 불합리가 인정되지 않는 한 그 때문에 택시 이외의 운전경력자에게 반사적인 불이익이 초래된다는 결과만을 들어 그러한 행정청의 조치가 불합리 혹은 부당하여 재량권을 일탈·남용한 위법이 있다고 볼 수는 없다(대법원 2009. 7. 9. 선고 2008두11099).

③ (○) 원심이 인정한 징계의 원인된 금품수수 액수, 금품수수의 경위, 직무에 미친 영향, 징계에 의하여 달성하려는 행정목적, 수수 이후의 사정, 원고의 근무연한과 평소 근무태도 등을 종합하여 판단하여 볼 때, 20여 년 동안 성실하게 근무하여 온 경찰공무원이 공정한 업무처리가 아니었더라면 곤란한 지경에 처할 뻔하였는데 그 곤경을 벗어나게 하여 주어 고맙다고 느끼고 있던 사람의 동생이 사후에 찾아와 임의로 두고 간 돈 30만원이 든 봉투를 소지하는 피동적 형태로 금품을 수수하였고 그 후 이를 돌려주었는데도 곧바로 그 직무에서 배제하는 해임처분이라는 중한 징계에 나아간 것은 사회통념상 현저하게 타당성을 잃었다고 하지 아니할 수 없다. 원심이 같은 취지에서 위 해임처분을 취소한 것은 정당하고 거기에 논지가 지적하는 바와 같은 징계처분에 있어 재량권의 남용에 관한 법리오해의 위법이 있다고 할 수 없다(대법원 1991. 7. 23. 선고 90누8954).

④ (✕) 원고가 이 사건 대학의 신규 교원 채용에 서류심사위원으로 관여하면서 소지하게 된 인사서류에 그 신청인들의 개인별 평가내용을 기록하여 개인적으로 보관하다가 보조참가인의 이사장과 이 사건 대학 총장의 학교 운영과 관련한 진정서를 교육부와 감사원 등에 보내면서 자료로 활용하고 또한 이 사건 대학의 정상화를 위한 시민서명운동이라는 서면 중 일부 서명이 위조된 것임에도 그에 대한 확인조치 없이 여러 외부 기관에 대한 청원서 등에 첨부하여 사용한 것은 그 내용과 진위, 그

에 이른 구체적 경위와 개인적 동기 등 기록상 나타난 여러 사정에 비추어 볼 때 교원으로서의 성실의무와 품위유지의무를 위배한 것으로서 법상의 징계사유에 해당한다고 할 것이다. (중략) 사립학교 교원에게 징계사유가 있어 징계처분을 하는 경우 어떠한 처분을 할 것인가는 원칙적으로 징계권자의 재량에 맡겨져 있는 것이므로 그 징계처분이 위법하다고 하기 위하여서는 징계권자가 재량권을 행사하여 한 징계처분이 사회통념상 현저하게 타당성을 잃어 징계권자에게 맡겨진 재량권을 남용한 것이라고 인정되는 경우에 한하고, (중략) 원고에 대한 이 사건 해임의 징계가 재량권의 일탈·남용에 해당하지 않는다고 본 조치는 정당한 것으로 수긍이 가고 거기에 상고이유에서 주장하는 바와 같은 위법이 없다(대법원 2000. 10. 13. 선고 98두8858).

21 정답 ④

① (○) 구 유통산업발전법(2013. 1. 23. 법률 제11626호로 개정되기 전의 것, 이하 같다) 제8조 제1항, 제9조 제1항, 제12조 제1항의 내용 및 체계, 구 유통산업발전법 제12조의2 제1항, 제2항, 제3항에 따른 영업시간 제한 등 처분의 법적 성격, 구 유통산업발전법상 대규모점포 개설자에게 점포 일체를 유지·관리할 일반적인 권한을 부여한 취지 등에 비추어 보면, 영업시간 제한 등 처분의 대상인 대규모점포 중 개설자의 직영매장 이외에 개설자에게서 임차하여 운영하는 임대매장이 병존하는 경우에도, 전체 매장에 대하여 법령상 대규모점포 등의 유지·관리 책임을 지는 개설자만이 처분상대방이 되고, 임대매장의 임차인이 별도로 처분상대방이 되는 것은 아니다(대법원 2015. 11. 19. 선고 2015두295).
② (○) 행정절차법 제21조 제4항 제1호

> **행정절차법 제21조(처분의 사전 통지)** ④ 다음 각 호의 어느 하나에 해당하는 경우에는 제1항에 따른 통지를 하지 아니할 수 있다.
> 1. 공공의 안전 또는 복리를 위하여 긴급히 처분을 할 필요가 있는 경우

③ (○) 행정절차법 제22조 제3항

> **행저절차법 제22조(의견청취)** ① 행정청이 처분을 할 때 다음 각 호의 어느 하나에 해당하는 경우에는 청문을 한다.
> ② 행정청이 처분을 할 때 다음 각 호의 어느 하나에 해당하는 경우에는 공청회를 개최한다.
> ③ 행정청이 당사자에게 의무를 부과하거나 권익을 제한하는 처분을 할 때 제1항 또는 제2항의 경우 외에는 당사자등에게 의견제출의 기회를 주어야 한다.

④ (×) 처분의 상대방에게 이익이 되며 제3자의 권익을 침해하는 행정행위는 행정절차법상 사전통지·의견청취의 대상이 되지 않는다. 사전통지는 '당사자'에 대하여 불이익 처분을 하는 경우에 '당사자등'에 대하여 이루어진다.

사전통지가 이루어지는 경우("당사자")	처분의 직접상대방에 대해 침익적인 경우
사전통지의 상대방("당사자 등")	처분의 직접상대방 + 행정청이 행정절차에 참여하게 한 이해관계인

22 정답 ④

① (○) 행정행위의 취소라 함은 일단 유효하게 성립한 행정처분이 위법 또는 부당함을 이유로 소급하여 그 효력을 소멸시키는 별도의 행정처분을 말하고, 행정청은 종전 처분과 양립할 수 없는 처분을 함으로써 묵시적으로 종전 처분을 취소할 수도 있으나, 행정행위 중 당사자의 신청에 의하여 인·허가 또는 면허 등 이익을 주거나 그 신청을 거부하는 처분을 하는 것을 내용으로 하는 이른바 신청에 의한 처분의 경우에는 신청에 대하여 일단 거부처분이 행해지면 그 거부처분이 적법한 절차에 의하여 취소되지 않는 한, 사유를 추가하여 거부처분을 반복하는 것은 존재하지도 않는 신청에 대한 거부처분으로서 당연무효이다(대법원 1999. 12. 28. 선고 98두1895).
② (○) 행정소송법상 처분의 개념과 강학상 행정행위의 개념이 다르다고 보는 견해는 처분의 개념을 강학상 행정행위의 개념보다 넓은 것으로 파악한다.
③ (○) 교육부장관이 내신성적 산정기준의 통일을 기하기 위해 대학입시기본계획의 내용에서 내신성적 산정기준에 관한 시행지침을 마련하여 시·도 교육감에서 통보한 것은 행정조직 내부에서 내신성적 평가에 관한 내부적 심사기준을 시달한 것에 불과하며, 각 고등학교에서 위 지침에 일률적으로 기속되어 내신성적을 산정할 수밖에 없고 또 대학에서도 이를 그대로 내신성적으로 인정하여 입학생을 선발할 수밖에 없는 관계로 장차 일부 수험생들이 위 지침으로 인해 어떤 불이익을 입을 개연성이 없지는 아니하나, 그러한 사정만으로서 위 지침에 의하여 곧바로 개별적이고 구체적인 권리의 침해를 받은 것으로는 도저히 인정할 수 없으므로, 그것만으로는 현실적으로 특정인의 구체적인 권리의무에 직접적으로 변동을 초래케 하는 것은 아니라 할 것이어서 내신성적 산정지침을 항고소송의 대상이 되는 행정처분으로 볼 수 없다(대법원 1994. 9. 10. 선고 94두33).
④ (×) 친일반민족행위자재산조사위원회의 재산조사개시결정이 있는 경우 조사대상자는 위 위원회의 보전처분 신청을 통하여 재산권행사에 실질적인 제한을 받게 되고, 위 위원회의 자료제출요구나 출석요구 등의 조사행위에 응하여야 하는 법적 의무를 부담하게 되는 점, '친일반민족행위자 재산의 국가귀속에 관한 특별법'에서 인정된 재산조사결정에 대한 이의신청절차만으로는 조사대상자에 대한 권리구제 방법으로 충분치 아니한 점, 조사대상자로 하여금 개개의 과태료 처분에 대하여 불복하거나 조사 종료 후의 국가귀속결정에 대하여만 다툴 수 있도록 하는 것보다는 그에 앞서 재산조사개시결정에 대하여 다툼으로써 분쟁을 조기에 근본적으로 해결할 수 있는 점 등을 종합하면, 친일반민족행위자재산조사위원회의 재산조사개시결정은

조사대상자의 권리·의무에 직접 영향을 미치는 독립한 행정처분으로서 항고소송의 대상이 된다고 봄이 상당하다(대법원 2009. 10. 15. 선고 2009두6513).

재의 기술수준상 부득이한 것이라고 가정하더라도 그와 같은 사정만으로 손해발생의 예견가능성이나 회피가능성이 없어 영조물의 하자를 인정할 수 없는 경우라고 단정할 수 없다(대법원 2001. 7. 27. 선고 2000다56822).

23 정답 ③

① (×) 영조물의 설치 또는 관리상의 하자로 인한 사고라 함은 영조물의 설치 또는 관리상의 하자만이 손해발생의 원인이 되는 경우만을 말하는 것이 아니고, <u>다른 자연적 사실이나 제3자의 행위 또는 피해자의 행위와 경합하여 손해가 발생하더라도 영조물의 설치 또는 관리상의 하자가 공동원인의 하나가 되는 이상 그 손해는 영조물의 설치 또는 관리상의 하자에 의하여 발생한 것이라고 해석함이 상당하다</u>(대법원 1994. 11. 22. 선고 94다32924).

② (×) 자연영조물로서의 하천은 원래 이를 설치할 것인지 여부에 대한 선택의 여지가 없고, 위험을 내포한 상태에서 자연적으로 존재하고 있으며, 간단한 방법으로 위험상태를 제거할 수 없는 경우가 많고, 유수라고 하는 자연현상을 대상으로 하면서도 그 유수의 원천인 강우의 규모, 범위, 발생시기 등의 예측이나 홍수의 발생 작용 등의 예측이 곤란하고, 실제로 홍수가 어떤 작용을 하는지는 실험에 의한 파악이 거의 불가능하고 실제 홍수에 의하여 파악할 수밖에 없어 결국 과거의 홍수 경험을 토대로 하천관리를 할 수밖에 없는 특질이 있고, (중략) 이와 같은 관리상의 특질과 특수성을 감안한다면, 하천의 관리청이 관계 규정에 따라 설정한 계획홍수위를 변경시켜야 할 사정이 생기는 등 특별한 사정이 없는 한, 이미 존재하는 <u>하천의 제방이 계획홍수위를 넘고 있다면 그 하천은 용도에 따라 통상 갖추어야 할 안전성을 갖추고 있다고 보아야 하고, 그와 같은 하천이 그 후 새로운 하천시설을 설치할 때 기준으로 삼기 위하여 제정한 '하천시설기준'이 정한 여유고를 확보하지 못하고 있다는 사정만으로 바로 안전성이 결여된 하자가 있다고 볼 수는 없다</u>(대법원 2003. 10. 23. 선고 2001다48057).

③ (○) 소음 등을 포함한 공해 등의 위험지역으로 이주하여 들어가 거주하는 경우와 같이 위험의 존재를 인식하거나 과실로 인식하지 못하고 이주한 경우에는 손해배상액의 산정에 있어 형평의 원칙상 과실상계에 준하여 감경 또는 면제사유로 고려하여야 한다(대법원 2010. 11. 11. 선고 2008다57975).

④ (×) 가변차로에 설치된 신호등의 용도와 오작동 시에 발생하는 사고의 위험성과 심각성을 감안할 때, 만일 <u>가변차로에 설치된 두 개의 신호기에서 서로 모순되는 신호가 들어오는 고장을 예방할 방법이 없음에도 그와 같은 신호기를 설치하여 그와 같은 고장을 발생하게 한 것이라면,</u> 그 고장이 자연재해 등 외부요인에 의한 불가항력에 기인한 것이 아닌 한 <u>그 자체로 설치·관리자의 방호조치의무를 다하지 못한 것으로서</u> 신호등이 그 용도에 따라 통상 갖추어야 할 안전성을 갖추지 못한 상태에 있었다고 할 것이고, 따라서 설령 <u>적정전압보다 낮은 저전압이 원인이 되어 위와 같은 오작동이 발생하였고 그 고장은 현</u>

24 정답 ①

① (×) <u>판례는 사후부관(부관의 사후변경)을 인정한다.</u> 행정처분에 이미 부담이 부가되어 있는 상태에서 그 의무의 범위 또는 내용 등을 변경하는 부관의 사후변경은, ① 법률에 명문의 규정이 있거나 ② 그 변경이 미리 유보되어 있는 경우 또는 ③ 상대방의 동의가 있는 경우에 한하여 허용되는 것이 원칙이다. 그러나 ④ 사정변경으로 인하여 당초에 부담을 부가한 목적을 달성할 수 없게 된 경우에도 그 목적달성에 필요한 범위 내에서 예외적으로 허용된다(2006두7973, 97누2627).

② (○) 부관이 집행정지의 대상이 되는지가 논의되고 있는데, 다수설은 <u>부담</u>의 경우에는 스스로 처분이기도 하기 때문에 집행정지의 대상이 될 수 있다고 본다.

③ (○) 앞에서 살펴본 바와 같이 <u>공유재산의 관리청이 기부채납된 행정재산에 대하여 하는 사용·수익의 허가는</u> 관리청이 공권력을 가진 우월적 지위에서 행하는 행정처분임에도 불구하고, 원심이 이 사건 시설물에 대한 사용·수익의 허가가 행정처분이 아니라는 이유로 이 사건 소 중 예비적 청구부분을 부적법하다고 판단한 데에는 행정처분에 관한 법리를 오해한 위법이 있고, 이는 판결 결과에 영향을 미쳤음이 분명하다(<u>이 사건 허가에서 그 허가기간은 행정행위의 본질적 요소에 해당한다고 볼 것이어서, 부관인 허가기간에 위법사유가 있다면 이로써 이 사건 허가 전부가 위법하게 될 것이다.</u>)(대법원 2001. 6. 15. 선고 99두509).

④ (○) 공무원이 인·허가 등 수익적 행정처분을 하면서 상대방에게 그 처분과 관련하여 이른바 부관으로서 부담을 붙일 수 있다 하더라도, 그러한 부담은 법치주의와 사유재산 존중, 조세법률주의 등 헌법의 기본원리에 비추어 비례의 원칙이나 부당결부의 원칙에 위반되지 않아야만 적법한 것인바, 행정처분과 부관 사이에 실제적 관련성이 있다고 볼 수 없는 경우 공무원이 위와 같은 공법상의 제한을 회피할 목적으로 행정처분의 상대방과 사이에 사법상 계약을 체결하는 형식을 취하였다면 이는 법치행정의 원리에 반하는 것으로서 위법하다(대법원 2009. 12. 10. 선고 2007다63966). ☞ 또한 행정행위가 아니라 사법상 계약이기 때문에, 위법하면 곧 무효이다.

25 정답 ②

① (×) 판례는 확약의 처분성을 부정한다. 따라서 확약은 취소소송의 대상이 되지 않는다.

② (○) 폐기물관리법 관계법령의 규정에 의하면 폐기물처리업의 허가를 받기 위하여는 먼저 사업계획서를 제출하여 허가권자로부터 사업계획에 대한 적정통보를 받아야 하고, 그 적정통보를 받은 자만이 일정기간 내에 시설, 장비, 기술능력, 자본금을 갖추어 허가신청을 할 수 있으므로, 결국 부적정통보는 허가신청 자체를 제한하는 등 개인의 권리 내지 법률상의 이익을 개별적이고 구체적으로 규제하고 있어 행정처분에 해당한다(대법원 1998. 4. 28, 97누21086).

③ (×) 행정청이 도시 및 주거환경정비법 등 관련 법령에 근거하여 행하는 조합설립인가처분은 단순히 사인들의 조합설립행위에 대한 보충행위로서의 성질을 갖는 것에 그치는 것이 아니라 법령상 요건을 갖출 경우 도시 및 주거환경정비법상 주택재건축사업을 시행할 수 있는 권한을 갖는 행정주체(공법인)로서의 지위를 부여하는 일종의 설권적 처분의 성격을 갖는다고 보아야 한다. 그리고 그와 같이 보는 이상 조합설립결의는 조합설립인가처분이라는 행정처분을 하는 데 필요한 요건 중 하나에 불과한 것이어서, <u>조합설립결의에 하자가 있다면 그 하자를 이유로 직접 항고소송의 방법으로 조합설립인가처분의 취소 또는 무효확인을 구하여야 하고, 이와는 별도로 조합설립결의 부분만을 따로 떼어내어 그 효력 유무를 다투는 확인의 소를 제기하는 것은 원고의 권리 또는 법률상의 지위에 현존하는 불안·위험을 제거하는 데 가장 유효·적절한 수단이라 할 수 없어 특별한 사정이 없는 한 확인의 이익은 인정되지 아니한다</u>(대법원 2009. 9. 24, 2008다60568).

④ (×) <u>인가는 기본행위인 재단법인의 정관변경에 대한 법률상의 효력을 완성시키는 보충행위로서, 그 기본이 되는 정관변경 결의에 하자가 있을 때에는 그에 대한 인가가 있었다 하여도 기본행위인 정관변경 결의가 유효한 것으로 될 수 없으므로</u> 기본행위인 정관변경 결의가 적법 유효하고 보충행위인 인가처분 자체에만 하자가 있다면 그 인가처분의 무효나 취소를 주장할 수 있지만, 인가처분에 하자가 없다면 기본행위에 하자가 있다 하더라도 따로 그 기본행위의 하자를 다투는 것은 별론으로 하고 기본행위의 무효를 내세워 바로 그에 대한 행정청의 인가처분의 취소 또는 무효확인을 소구할 법률상의 이익이 없다 할 것인바(대법원 1993. 4. 23. 선고 92누15482 판결, 1994. 10. 14. 선고 93누22753 판결 등 참조), 피고의 이 사건 정관변경 허가가 민법 제45조 제2항 및 제46조의 규정을 어긴 위법한 처분이라는 주장은 결국 그 기본행위인 정관변경 결의 자체의 하자를 주장하는 것에 다름 아니므로, 원심이 원고가 기본행위인 재단법인 이사회의 정관변경 결의의 무효를 내세워 피고의 이 사건 허가(인가)처분의 무효확인을 구하는 이 사건 소는 소의 이익이 없다고 판시한 것은 위 법리에 비추어 정당하고 거기에 소론이 지적하는 법리오해 등의 위법이 있다고 할 수 없다(대법원 1996. 5. 16, 95누4810).

03 제3회 실전 모의고사

ANSWER

				본문 113~119쪽
01 ②	02 ②	03 ①	04 ①	05 ④
06 ③	07 ②	08 ④	09 ②	10 ③
11 ④	12 ③	13 ③	14 ②	15 ①
16 ④	17 ④	18 ①	19 ④	20 ①
21 ②	22 ①	23 ③	24 ②	25 ①

01 정답 ②

① (○) 대리권을 수여받은 데 불과하여 그 자신의 명의로는 행정처분을 할 권한이 없는 행정청의 경우 대리관계를 밝힘이 없이 그 자신의 명의로 행정처분을 하였다면 그에 대하여는 처분명의자인 당해 행정청이 항고소송의 피고가 되어야 하는 것이 원칙이지만, 비록 대리관계를 명시적으로 밝히지는 아니하였다 하더라도 처분명의자가 피대리 행정청 산하의 행정기관으로서 실제로 피대리 행정청으로부터 대리권한을 수여받아 피대리 행정청을 대리한다는 의사로 행정처분을 하였고 처분명의자는 물론 그 상대방도 그 행정처분이 피대리 행정청을 대리하여 한 것임을 알고서 이를 받아들인 예외적인 경우에는 피대리 행정청이 피고가 되어야 한다(대법원 2006. 2. 23. 자 2005부4).

② (×) 국무회의에서 건국훈장 독립장이 수여된 망인에 대한 서훈취소를 의결하고 대통령이 결재함으로써 서훈취소가 결정된 후 국가보훈처장이 망인의 유족 갑에게 '독립유공자 서훈취소결정 통보'를 하자 갑이 국가보훈처장을 상대로 서훈취소결정의 무효 확인 등의 소를 제기한 사안에서, 갑이 서훈취소 처분을 행한 행정청(대통령)이 아니라 국가보훈처장을 상대로 제기한 위 소는 피고를 잘못 지정한 경우에 해당하므로, 법원으로서는 석명권을 행사하여 정당한 피고로 경정하게 하여 소송을 진행해야 함에도 국가보훈처장이 서훈취소 처분을 한 것을 전제로 처분의 적법 여부를 판단한 원심판결에 법리오해 등의 잘못이 있다고 한 사례(대법원 2014. 9. 26. 선고 2013두2518).

③ (○) 성업공사가 체납압류된 재산을 공매하는 것은 세무서장의 공매권한 위임에 의한 것으로 보아야 할 것이므로, 성업공사가 한 그 공매처분에 대한 취소 등의 항고소송을 제기함에 있어서는 수임청으로서 실제로 공매를 행한 성업공사를 피고로 하여야 하고, 위임청인 세무서장은 피고적격이 없다(대법원 1997. 2. 28. 선고 96누1757 판결).

④ (○) 구 저작권법(2006. 12. 28. 법률 제8101호로 전문 개정되기 전의 것) 제97조의3 제2호는 '문화관광부장관은 대통령령이 정하는 바에 의하여 법 제53조에 규정한 저작권 등록업무에 관한 권한을 저작권심의조정위원회에 위탁할 수 있다'고 규정하고, 같은 법 시행령(2007. 6. 29. 대통령령 제20135호로 전문 개정되기 전의 것) 제42조는 '문화관광부장관은 법 제97조의3의 규정에 의하여 저작권 등록업무에 관한 권한을 저작권심의조정위원회에 위탁한다'고 규정하고 있으므로, '저작권심의조정위원회'가 저작권 등록업무의 처분청으로서 그 등록처분에 대한 무효확인소송에서 피고적격을 가진다(대법원 2009. 7. 9. 선고 2007두16608).

02 정답 ②

① (○) 하위법령은 그 규정이 상위법령의 규정에 명백히 저촉되어 무효인 경우를 제외하고는 관련법령의 내용과 입법 취지 및 연혁 등을 종합적으로 살펴서 의미를 상위법령에 합치되는 것으로 해석하여야 한다(대법원 2016. 6. 10. 선고 2016두33186).

② (×) 법인이 정부에 대하여 소득신고를 하지 아니하거나 정부가 법인의 소득신고내용을 부당하다고 인정될 경우에는 정부는 대통령령의 정하는 바에 따라 당해법인의 소득을 스스로 조사하여 결정하는 것임은 법인세법(개정1720호) 제28조 1항 단서의 규정에 의하여 명백한바이지만 정부가 이 경우에 결정한 소득금액과 당해법인이 공포한 소득과의 사이에 차액이 있을 경우에는 정부는 그 차액을 곧 당해법인의 대표자 개인에의 상여(상여)로 간주하여 처리할 수 있다는 법률상의 근거는 없는 바이고, 또 원심판결의 판단취지는 피고가 행한 이 사건의 갑종근로소득세 과세처분의 전제가 되는 원고회사 대표이사 개인에의 소득인정, 즉 상여로 간주한 일은 같은 법 시행규칙(개정 재무부령 400호 제12조 제2항 제3호에 의하여 피고가 행한 것인데 위 시행규칙의 같은 조문이 위 법인세법이나 같은 법시행령(개정 2566호)에 아무런 근거없이 제정된 것이므로 이는 조세법률 주의에 위배되어 무효한 조문이라 할 것이며, 따라서 원심이 위 법인세법시행규칙 제12조 제2항 제3호에 의하여 원고 법인의 공표소득금액과 정부의 조사결정소득금액과의 차액을 원고의 대표자에 대한 상여금으로 보아 본건 과세처분을 하였음은 위법이므로 같은 견해 아래 본건 행정처분의 취소를 명한 원심조치는 정당하다(대법원 1968. 6. 25. 선고 68누9).

③ (○) 사인이 대형마트에 대한 영업제한처분의 취소소송을 제기하면서 국제협정으로 체결되어 있는 「서비스 무역에 관한 일반협정(General Agrement on Trade in Services, GATS)」상 시장접근 제한금지 조항의 위반을 독립된 취소사유로 주장하는 것은 허용되지 않는다. ☞ [판례] 이 사건 각 협정은 국가와 국가 사이의 권리·의무관계를 설정하는 국제협정으로서, 그 내용 및 성질에 비추어 이와 관련한 법적 분쟁은 협정에서 정한 바에 따라 국가 간 분쟁해결기구에서 해결하는 것이 원칙이고, 특별한 사정이 없는 한 사인에 대하여는 협정의 직접 효력

이 미치지 아니한다. 따라서 이 사건 각 협정의 개별 조항 위반을 주장하여 사인이 직접 국내 법원에 해당 국가의 정부를 상대로 그 처분의 취소를 구하는 소를 제기하거나 협정 위반을 처분의 독립된 취소사유로 주장하는 것은 허용되지 아니한다(대법원 2015. 11. 19. 선고 2015두295).

④ (○) 헌법재판소의 법률에 대한 위헌결정은, 그것이 국가기관과 지방자치단체를 기속한다는 헌법재판소법 제47조에 의해 법원(法源)으로서의 성격을 갖는다. 헌법재판소의 위헌결정은 법원성을 인정할 수 있다는 것이 다수설이다.

03 정답 ①

① (✕) 「도로교통법」상 견인업무를 대행하는 자동차견인업자는 공무수탁사인이 아니라 행정보조인 또는 행정대행인에 해당한다.

② (○) 국가배상법 제2조 본문

> **국가배상법 제2조(배상책임)** ① 국가나 지방자치단체는 공무원 또는 공무를 위탁받은 사인(이하 "공무원"이라 한다)이 직무를 집행하면서 고의 또는 과실로 법령을 위반하여 타인에게 손해를 입히거나, 「자동차손해배상 보장법」에 따라 손해배상의 책임이 있을 때에는 이 법에 따라 그 손해를 배상하여야 한다. 다만, 군인·군무원·경찰공무원 또는 예비군대원이 전투·훈련 등 직무집행과 관련하여 전사(戰死)·순직(殉職)하거나 공상(公傷)을 입은 경우에 본인이나 그 유족이 다른 법령에 따라 재해보상금·유족연금·상이연금 등의 보상을 지급받을 수 있을 때에는 이 법 및 「민법」에 따른 손해배상을 청구할 수 없다.

③ (○) 구 도시재개발법(1995. 12. 29. 법률 제5116호로 전문 개정되기 전의 것)에 의한 재개발조합은 조합원에 대한 법률관계에서 적어도 특수한 존립목적을 부여받은 특수한 행정주체로서 국가의 감독하에 그 존립 목적인 특정한 공공사무를 행하고 있다고 볼 수 있는 범위 내에서는 공법상의 권리의무 관계에 서 있다. 따라서 조합을 상대로 한 쟁송에 있어서 강제가입제를 특색으로 한 조합원의 자격 인정 여부에 관하여 다툼이 있는 경우에는 그 단계에서는 아직 조합의 어떠한 처분등이 개입될 여지는 없으므로 공법상의 당사자소송에 의하여 그 조합원 자격의 확인을 구할 수 있고, 한편 분양신청 후에 정하여진 관리처분계획의 내용에 관하여 다툼이 있는 경우에는 그 관리처분계획은 토지 등의 소유자에게 구체적이고 결정적인 영향을 미치는 것으로서 조합이 행한 처분에 해당하므로 항고소송에 의하여 관리처분계획 또는 그 내용인 분양거부처분 등의 취소를 구할 수 있으나, 설령 조합원의 자격이 인정된다 하더라도 분양신청을 하지 아니하거나 분양을 희망하지 아니할 때에는 금전으로 청산하게 되므로(같은 법 제44조), 대지 또는 건축시설에 대한 수분양권의 취득을 희망하는 토지 등의 소유자가 한 분양신청에 대하여 조합이 분양대상자가 아니라고 하여 관리처분계획에 의하여 이를 제외시키거나 원하는 내용의 분양대상자로 결정하지 아니한 경우, 토지 등의 소유자에게 원하는 내

용의 구체적인 수분양권이 직접 발생한 것이라고는 볼 수 없어서 곧바로 조합을 상대로 하여 민사소송이나 공법상 당사자소송으로 수분양권의 확인을 구하는 것은 허용될 수 없다(대법원 1996. 2. 15. 선고 94다31235).

④ (○) 행정청이란 행정주체의 의사를 결정하고 이를 외부에 표시할 수 있는 권한을 가진 행정기관을 말한다. 행정주체는 보통 법인인데 이 법인을 위하여 실제적으로 행동을 하는 자연인(들)을 행정기관이라 한다. 행정기관이 직무와 관련하여 행한 행위로 인하여 발생하게 된 권리나 의무는 행정주체에게 귀속된다.

04 정답 ①

① (○) 정규공무원으로 임용된 사람에게 시보임용처분 당시 지방공무원법 제31조 제4호에 정한 공무원임용 결격사유가 있어 시보임용처분을 취소하고 그에 따라 정규임용처분을 취소한 사안에서, 정규임용처분을 취소하는 처분은 성질상 행정절차를 거치는 것이 불필요하여 행정절차법의 적용이 배제되는 경우에 해당하지 않으므로, 그 처분을 하면서 사전통지를 하거나 의견제출의 기회를 부여하지 않은 것은 위법하다고 한 사례(대법원 2009. 1. 30. 선고 2008두16155)

② (✕) 행정절차법 제21조 제1항, 제22조 제3항 및 제2조 제4호의 각 규정에 의하면, 행정청이 당사자에게 의무를 과하거나 권익을 제한하는 처분을 함에 있어서는 당사자 등에게 처분의 사전통지를 하고 의견제출의 기회를 주어야 하며, 여기서 당사자라 함은 행정청의 처분에 대하여 직접 그 상대가 되는 자를 의미한다 할 것이고, 한편 구 식품위생법(2002. 1. 26. 법률 제6627호로 개정되기 전의 것) 제25조 제2항, 제3항의 각 규정에 의하면, 지방세법에 의한 압류재산 매각절차에 따라 영업시설의 전부를 인수함으로써 그 영업자의 지위를 승계한 자가 관계 행정청에 이를 신고하여 행정청이 이를 수리하는 경우에는 종전의 영업자에 대한 영업허가 등은 그 효력을 잃는다 할 것인데, 위 규정들을 종합하면 위 행정청이 구 식품위생법 규정에 의하여 영업자지위승계신고를 수리하는 처분은 종전의 영업자의 권익을 제한하는 처분이라 할 것이고 따라서 종전의 영업자는 그 처분에 대하여 직접 그 상대가 되는 자에 해당한다고 봄이 상당하므로, 행정청으로서는 위 신고를 수리하는 처분을 함에 있어서 행정절차법 규정 소정의 당사자에 해당하는 종전의 영업자에 대하여 위 규정 소정의 행정절차를 실시하고 처분을 하여야 한다(대법원 2003. 2. 14. 선고 2001두7015).

③ (✕) 행정절차법 제3조 제2항, 같은 법 시행령 제2조 제6호에 의하면 공정거래위원회의 의결·결정을 거쳐 행하는 사항에는 행정절차법의 적용이 제외되게 되어 있으므로, 설사 공정거래위원회의 시정조치 및 과징금납부명령에 행정절차법 소정의 의견청취절차 생략사유가 존재한다고 하더라도, 공정거래위원회는 행정절차법을 적용하여 의견청취절차를 생략할 수는 없다(대법원 2001. 5. 8. 선고 2000두10212).

④ (×) 행정절차법 제21조 제1항은 행정청은 당사자에게 의무를 과하거나 권익을 제한하는 처분을 하는 경우에는 미리 처분의 제목, 당사자의 성명 또는 명칭과 주소, 처분하고자 하는 원인이 되는 사실과 처분의 내용 및 법적 근거, 그에 대하여 의견을 제출할 수 있다는 뜻과 의견을 제출하지 아니하는 경우의 처리방법, 의견제출기관의 명칭과 주소, 의견제출기한 등을 당사자 등에게 통지하도록 하고 있는바, 신청에 따른 처분이 이루어지지 아니한 경우에는 아직 당사자에게 권익이 부과되지 아니하였으므로 특별한 사정이 없는 한 신청에 대한 거부처분이라고 하더라도 직접 당사자의 권익을 제한하는 것은 아니어서 신청에 대한 거부처분을 여기에서 말하는 '당사자의 권익을 제한하는 처분'에 해당한다고 할 수 없는 것이어서 처분의 사전통지대상이 된다고 할 수 없다(대법원 2003. 11. 28. 선고 2003두674).

05 정답 ④

① (○) 지방재정법 제85조 제1항은, 공유재산을 정당한 이유 없이 점유하거나 그에 시설을 한 때에는 이를 강제로 철거하게 할 수 있다고 규정하고, 그 제2항은, 지방자치단체의 장이 제1항의 규정에 의한 강제철거를 하게 하고자 할 때에는 행정대집행법 제3조 내지 제6조의 규정을 준용한다고 규정하고 있는바, 공유재산의 점유자가 그 공유재산에 관하여 대부계약 외 달리 정당한 권원이 있다는 자료가 없는 경우 그 대부계약이 적법하게 해지된 이상 그 점유자의 공유재산에 대한 점유는 정당한 이유 없는 점유라 할 것이고, 따라서 지방자치단체의 장은 지방재정법 제85조에 의하여 행정대집행의 방법으로 그 지상물을 철거시킬 수 있다(대법원 2001. 10. 12. 선고 2001두4078).

② (○) 관계행정청이 등급분류를 받지 아니하거나 등급분류를 받은 게임물과 다른 내용의 게임물을 발견한 경우 관계공무원으로 하여금 이를 수거·폐기하게 할 수 있도록 한 구 음반·비디오물및게임물에관한법률(2001. 5. 24. 법률 제6473호로 개정되기 전의 것) 제24조 제3항 제4호 중 게임물에 관한 규정 부분(이하 "이 사건 법률조항"이라 한다)은 앞에서 본바와 같이 급박한 상황에 대처하기 위한 것으로서 그 불가피성과 정당성이 충분히 인정되는 경우이므로, 이 사건 법률조항이 영장 없는 수거를 인정한다고 하더라도 이를 두고 헌법상 영장주의에 위배되는 것으로는 볼 수 없고, 위 구 음반·비디오물및게임물에관한법률 제24조 제4항에서 관계공무원이 당해 게임물 등을 수거한 때에는 그 소유자 또는 점유자에게 수거증을 교부하도록 하고 있고, 동조 제6항에서 수거 등 처분을 하는 관계공무원이나 협회 또는 단체의 임·직원은 그 권한을 표시하는 증표를 지니고 관계인에게 이를 제시하도록 하는 등의 절차적 요건을 규정하고 있으므로, 이 사건 법률조항이 적법절차의 원칙에 위배되는 것으로 보기도 어렵다(헌법재판소 2002. 10. 31. 2000헌가12).

③ (○) 국세징수법이 압류재산을 공매할 때에 공고와 별도로 체납자 등에게 공매통지를 하도록 한 이유는, 체납자 등으로 하여금 공매절차가 유효한 조세부과처분 및 압류처분에 근거하여 적법하게 이루어지는지 여부를 확인하고 이를 다툴 수 있는 기회를 주는 한편, 국세징수법이 정한 바에 따라 체납세액을 납부하고 공매절차를 중지 또는 취소시켜 소유권 또는 기타의 권리를 보존할 수 있는 기회를 갖도록 함으로써 체납자 등이 감수하여야 하는 강제적인 재산권 상실에 대응한 절차적인 적법성을 확보하기 위한 것으로 보아야 하고, 따라서 체납자 등에 대한 공매통지는 국가의 강제력에 의하여 진행되는 공매에서 체납자 등의 권리 내지 재산상의 이익을 보호하기 위하여 법률로 규정한 절차적 요건이라고 보아야 하며, 공매처분을 하면서 체납자 등에게 공매통지를 하지 않았거나 공매통지를 하였더라도 그것이 적법하지 아니한 경우에는 절차상의 흠이 있어 그 공매처분이 위법하게 되는 것이지만, 공매통지 자체가 그 상대방인 체납자 등의 법적 지위나 권리·의무에 직접적인 영향을 주는 행정처분에 해당한다고 할 것은 아니므로 다른 특별한 사정이 없는 한 체납자 등은 공매통지의 결여나 위법을 들어 공매처분의 취소 등을 구할 수 있는 것이지 공매통지 자체를 항고소송의 대상으로 삼아 그 취소 등을 구할 수는 없다(대법원 2011. 3. 24. 선고 2010두25527).

④ (×) 건축법상 이행강제금 부과처분은 이에 대한 불복방법에 관하여 별도의 규정을 두지 않고 있으므로 이는 항고소송의 대상이 된다.

06 정답 ③

① (×) 법관이 행하는 재판사무의 특수성과 그 재판과정의 잘못에 대하여는 따로 불복절차에 의하여 시정될 수 있는 제도적 장치가 마련되어 있는 점 등에 비추어 보면, 법관의 재판에 법령의 규정을 따르지 아니한 잘못이 있다 하더라도 이로써 바로 그 재판상 직무행위가 국가배상법 제2조 제1항에서 말하는 위법한 행위로 되어 국가의 손해배상책임이 발생하는 것은 아니고, 그 국가배상책임이 인정되려면 당해 법관이 위법 또는 부당한 목적을 가지고 재판을 하는 등 법관이 그에게 부여된 권한의 취지에 명백히 어긋나게 이를 행사하였다고 인정할 만한 특별한 사정이 있어야 한다고 해석함이 상당하다(대법원 2001. 4. 24. 선고 2000다16114).

② (×) 구 산업기술혁신 촉진법 및 그 시행령의 목적과 내용 등을 종합하여 보면, 위 법령이 공공기관에 부과한 인증신제품 구매의무는 기업에 신기술개발제품의 판로를 확보해 줌으로써 산업기술개발을 촉진하기 위한 국가적 지원책의 하나로 인정된 것으로서 국민경제의 지속적인 발전과 국민의 삶의 질 향상이라는 공공 일반의 이익을 도모하기 위한 것으로 봄이 타당하고, 공공기관이 구매의무를 이행한 결과 신제품 인증을 받은 자가 재산상 이익을 얻게 되더라도 이는 반사적 이익에 불과할 뿐 위 법령이 직접적으로 보호하려는 이익으로 보기는 어렵다.

따라서 피고들이 위 법령에서 정한 인증신제품 구매의무를 위반하였다 하더라도, 이를 이유로 피고들이 원고에 대하여 손해배상책임을 지지는 아니한다 할 것이다(대법원 2015. 5. 28. 선고 2013다85448).

③ (○) 국가배상책임에 있어 공무원의 가해행위는 법령을 위반한 것이어야 하고, 법령을 위반하였다 함은 엄격한 의미의 법령 위반뿐 아니라 인권존중, 권력남용금지, 신의성실과 같이 공무원으로서 마땅히 지켜야 할 준칙이나 규범을 지키지 아니하고 위반한 경우를 포함하여 널리 그 행위가 객관적인 정당성을 결여하고 있음을 뜻하는 것이므로, 경찰관이 범죄수사를 함에 있어 경찰관으로서 의당 지켜야 할 법규상 또는 조리상의 한계를 위반하였다면 이는 법령을 위반한 경우에 해당한다(대법원 2008. 6. 12. 선고 2007다64365).

④ (×) 국가배상책임은 공무원의 직무집행이 법령에 위반한 것임을 요건으로 하는 것으로서, 공무원의 직무집행이 법령이 정한 요건과 절차에 따라 이루어진 것이라면 특별한 사정이 없는 한 이는 법령에 적합한 것이고 그 과정에서 개인의 권리가 침해되는 일이 생긴다고 하여 그 법령 적합성이 곧바로 부정되는 것은 아니라고 할 것인바, 불법시위를 진압하는 경찰관들의 직무집행이 법령에 위반한 것이라고 하기 위하여는 그 시위진압이 불필요하거나 또는 불법시위의 태양 및 시위 장소의 상황 등에서 예측되는 피해 발생의 구체적 위험성의 내용에 비추어 시위진압의 계속 수행 내지 그 방법 등이 현저히 합리성을 결하여 이를 위법하다고 평가할 수 있는 경우이어야 한다(대법원 1997. 7. 25. 선고 94다2480).

07 정답 ②

㉠ (○) 법률의 시행령은 법률에 의한 위임이 없으면 개인의 권리·의무에 관한 내용을 변경·보충하거나 법률에 규정되지 아니한 새로운 내용을 정할 수는 없지만, 시행령의 내용이 모법의 입법 취지와 관련 조항 전체를 유기적·체계적으로 살펴보아 모법의 해석상 가능한 것을 명시한 것에 지나지 아니하거나 모법 조항의 취지에 근거하여 이를 구체화하기 위한 것인 때에는 모법의 규율 범위를 벗어난 것으로 볼 수 없으므로, 모법에 이에 관하여 직접 위임하는 규정을 두지 않았다고 하더라도 이를 무효라고 볼 수 없다(대법원 2016. 12. 1. 선고 2014두8650).

㉡ (×) 행정규제기본법 제4조 제2항 단서

> 행정규제기본법 제4조(규제 법정주의) ② 규제는 법률에 직접 규정하되, 규제의 세부적인 내용은 법률 또는 상위법령(上位法令)에서 구체적으로 범위를 정하여 위임한 바에 따라 대통령령·총리령·부령 또는 조례·규칙으로 정할 수 있다. 다만, 법령에서 전문적·기술적 사항이나 경미한 사항으로서 업무의 성질상 위임이 불가피한 사항에 관하여 구체적으로 범위를 정하여 위임한 경우에는 고시 등으로 정할 수 있다.

㉢ (○) 헌법 제75조, 제95조의 문리해석상 및 법리해석상 포괄적인 위임입법의 금지는 법규적 효력을 가지는 행정입법의 제정을 그 주된 대상으로 하고 있다. 위임입법을 엄격한 헌법적 한계 내에 두는 이유는 무엇보다도 권력분립의 원칙에 따라 국민의 자유와 권리에 관계되는 사항은 국민의 대표기관이 정하는 것이 원칙이라는 법리에 기인한 것이다. 즉, 행정부에 의한 법규사항의 제정은 입법부의 권한 내지 의무를 침해하고 자의적인 시행령 제정으로 국민들의 자유와 권리를 침해할 수 있기 때문에 엄격한 헌법적 기속을 받게 하는 것이다. 그런데 법률이 행정부가 아니거나 행정부에 속하지 않는 공법적 기관의 정관에 특정 사항을 정할 수 있다고 위임하는 경우에는 그러한 권력분립의 원칙을 훼손할 여지가 없다. 이는 자치입법에 해당되는 영역이므로 자치적으로 정하는 것이 바람직하다. 따라서 법률이 정관에 자치법적 사항을 위임한 경우에는 헌법 제75조, 제95조가 정하는 포괄적인 위임입법의 금지는 원칙적으로 적용되지 않는다고 봄이 상당하다(헌법재판소 2006. 3. 30. 2005헌바31).

㉣ (×) 상급행정기관이 소속 공무원이나 하급행정기관에 대하여 세부적인 업무처리절차나 법령의 해석·적용 기준을 정해주는 '행정규칙'은 상위법령의 구체적 위임이 있지 않는 한 행정조직 내부에서만 효력을 가질 뿐 대외적으로 국민이나 법원을 구속하는 효력이 없다. 다만 행정규칙이 이를 정한 행정기관의 재량에 속하는 사항에 관한 것인 때에는 그 규정 내용이 객관적 합리성을 결여하였다는 등의 특별한 사정이 없는 한 법원은 이를 존중하는 것이 바람직하다. 그러나 행정규칙의 내용이 상위법령에 반하는 것이라면 법치국가원리에서 파생되는 법질서의 통일성과 모순금지 원칙에 따라 그것은 법질서상 당연무효이고, 행정내부적 효력도 인정될 수 없다. 이러한 경우 법원은 해당 행정규칙이 법질서상 부존재하는 것으로 취급하여 행정기관이 한 조치의 당부를 상위법령의 규정과 입법 목적 등에 따라서 판단하여야 한다(대법원 2019. 10. 31. 선고 2013두20011).

08 정답 ④

① (×) 지방자치단체의 채무에 대한 단기결산을 통하여 지방자치단체의 채권, 채무관계를 조기에 확정하고 예산 수립에 있어 불안정성을 제거함으로써 지방자치단체의 재정을 합리적으로 운용할 필요성이 인정된다. 또한 공공기관 기록물 중 일반사항에 관한 예산·회계관련 기록물들은 보존기간이 5년으로 정해져 있으므로 지방자치단체 채무의 변제를 둘러싼 분쟁을 방지하기 위하여 소멸시효기간을 이보다 더 장기로 정하는 것은 적절하지 않다. 이러한 점들은 공법상 원인에 기한 채권과 사법상 원인에 기한 채권에 모두 공통된다. (중략) 그렇다면 입법자에게 상당한 범위의 입법재량이 인정되는 소멸시효기간을 정함에 있어서, 이 사건 법률조항이 지방자치단체에 대한 금전채권을 공법상의 원인에 기한 것과 사법상의 원인에 기한 것으로 구분하지 아니하고, 사법상의 채권에 대하여 공법상 채권과 마찬가지로 5년의 소멸시효를 규정한 것은 합리적인 이유가 있어 평등권을 침해하지 않는다(헌법재판소 2004. 4. 29. 2002헌바58).

② (×) 현행법상 국유재산 또는 공유재산 중 행정목적을 위하여 제공된 행정재산에 대해서는 공용폐지가 되지 않는 한, 민법 제245조에 의한 취득시효의 대상이 되지 아니한다. 그러나 일반재산은 취득시효의 대상이 될 수 있다. ☞ [관련판례] 행정재산은 공용이 폐지되지 않는 한 사법상 거래의 대상이 될 수 없으므로 취득시효의 대상이 되지 않는다(대법원 1994. 3. 22. 선고 93다56220).

③ (×) 예산회계법 제98조에서 법령의 규정에 의한 납입고지를 시효중단 사유로 규정하고 있는바, 이러한 납입고지에 의한 시효중단의 효력은 그 납입고지에 의한 부과처분이 취소되더라도 상실되지 않는다(대법원 2000. 9. 8. 선고 98두19933).

④ (○) 소멸시효는 객관적으로 권리가 발생하여 그 권리를 행사할 수 있는 때로부터 진행하고 그 권리를 행사할 수 없는 동안만은 진행하지 아니하는데, 여기서 권리를 행사할 수 없는 경우라 함은 그 권리행사에 법률상의 장애사유가 있는 경우를 말하는데, 변상금 부과처분에 대한 취소소송이 진행중이라도 그 부과권자로서는 위법한 처분을 스스로 취소하고 그 하자를 보완하여 다시 적법한 부과처분을 할 수도 있는 것이어서 그 권리행사에 법률상의 장애사유가 있는 경우에 해당한다고 할 수 없으므로, 그 처분에 대한 취소소송이 진행되는 동안에도 그 부과권의 소멸시효가 진행된다(대법원 2006. 2. 10. 선고 2003두5686).

09 정답 ②

① (○) 공공기관의 정보공개에 관한 법률 제12조 제2항

> 공공기관의 정보공개에 관한 법률 제12조(정보공개심의회) ② 심의회는 위원장 1명을 포함하여 5명 이상 7명 이하의 위원으로 구성한다.

② (×) 법 제2조 제2호는 '공개'라 함은 공공기관이 이 법의 규정에 의하여 정보를 열람하게 하거나 그 사본 또는 복제물을 교부하는 것 등을 말한다고 정의하고 있는데, 정보공개방법에 대하여 법 시행령 제14조 제1항은 문서·도면·사진 등은 열람 또는 사본의 교부의 방법 등에 의하도록 하고 있고, 제2항은 공공기관은 정보를 공개함에 있어서 본인 또는 그 정당한 대리인임을 직접 확인할 필요가 없는 경우에는 청구인의 요청에 의하여 사본 등을 우편으로 송부할 수 있도록 하고 있으며, 한편 법 제15조 제1항은 정보의 공개 및 우송 등에 소요되는 비용은 실비의 범위 안에서 청구인의 부담으로 하도록 하고 있는바, 청구인이 정보공개거부처분의 취소를 구하는 소송에서 공공기관이 청구정보를 증거 등으로 법원에 제출하여 법원을 통하여 그 사본을 청구인에게 교부 또는 송달하게 하여 결과적으로 청구인에게 정보를 공개하는 셈이 되었다고 하더라도, 이러한 우회적인 방법은 법이 예정하고 있지 아니한 방법으로서 법에 의한 공개라고 볼 수는 없으므로, 당해 문서의 비공개결정의 취소를 구할 소의 이익은 소멸되지 않는다고 할 것이다(대법원 2004. 3. 26. 선고 2002두6583).

③ (○) 공공기관의 정보공개에 관한 법률 제11조

> 공공기관의 정보공개에 관한 법률 제11조(정보공개 여부의 결정) ① 공공기관은 제10조에 따라 정보공개의 청구를 받으면 그 청구를 받은 날부터 10일 이내에 공개 여부를 결정하여야 한다.
> ② 공공기관은 부득이한 사유로 제1항에 따른 기간 이내에 공개 여부를 결정할 수 없을 때에는 그 기간이 끝나는 날의 다음 날부터 기산(起算)하여 10일의 범위에서 공개 여부 결정기간을 연장할 수 있다. 이 경우 공공기관은 연장된 사실과 연장 사유를 청구인에게 지체 없이 문서로 통지하여야 한다.

④ (○) 구 공공기관의 정보공개에 관한 법률(2013. 8. 6. 법률 제11991호로 개정되기 전의 것, 이하 '구 정보공개법'이라고 한다)은, 정보의 공개를 청구하는 이(이하 '청구인'이라고 한다)가 정보공개방법도 아울러 지정하여 정보공개를 청구할 수 있도록 하고 있고, 전자적 형태의 정보를 전자적으로 공개하여 줄 것을 요청한 경우에는 공공기관은 원칙적으로 요청에 응할 의무가 있고, 나아가 비전자적 형태의 정보에 관해서도 전자적 형태로 공개하여 줄 것을 요청하면 재량판단에 따라 전자적 형태로 변환하여 공개할 수 있도록 하고 있다. 이는 정보의 효율적 활용을 도모하고 청구인의 편의를 제고함으로써 구 정보공개법의 목적인 국민의 알 권리를 충실하게 보장하려는 것이므로, 청구인에게는 특정한 공개방법을 지정하여 정보공개를 청구할 수 있는 법령상 신청권이 있다. 따라서 공공기관이 공개청구의 대상이 된 정보를 공개는 하되, 청구인이 신청한 공개방법 이외의 방법으로 공개하기로 하는 결정을 하였다면, 이는 정보공개청구 중 정보공개방법에 관한 부분에 대하여 일부 거부처분을 한 것이고, 청구인은 그에 대하여 항고소송으로 다툴 수 있다(대법원 2016. 11. 10. 선고 2016두44674).

10 정답 ③

① (○) 행정청의 허가가 있어야 함에도 불구하고 허가를 받지 아니하여 처벌대상의 행위를 한 경우라도, 허가를 담당하는 공무원이 허가를 요하지 않는 것으로 잘못 알려 주어 이를 믿었기 때문에 허가를 받지 아니한 것이라면 허가를 받지 않더라도 죄가 되지 않는 것으로 착오를 일으킨 데 대하여 정당한 이유가 있는 경우에 해당하여 처벌할 수 없다(대법원 1992. 5. 22. 선고 91도2525).

② (○) 행정상의 단속을 주안으로 하는 법규라 하더라도, 명문규정이 있거나, 해석상 과실범도 벌할 뜻이 명확한 경우를 제외하고는 형법의 원칙에 따라 고의가 있어야 벌할 수 있다고 할 것인데, 검사가 공소를 제기한 이 사건 소방법 및 건축법위반의 공소사실과 적용법조를 살펴 보면 그 법조에 과실범도 처벌한다는 명문규정으로 두고 있지 않을 뿐만 아니라 해석상도 고의를 요치 아니한다고는 보이지 아니하므로 결국 이 사건의 경우에는 피고인에게 고의가 있어야 벌할 수 있다고 할 것인바, 기록에 의하면 같은 피고인이 부산시 부산진 소방서장 및 부산진 구청장으로부터 미비된 소방시설 또는 건축법상의 위반부분에

대한 이 사건 개수, 시정명령을 받아 이를 알고 있었던 사실을 인정할 아무런 증거가 없으므로(논지 가운데 같은 피고인이 공소외 1 주식회사의 대표이사 임을 전제로 하여 이 사건 각 명령이 위 회사에 송달된 이상 같은 피고인은 이를 알았다고 보는 것이 경험칙상 합당하다고 하는 부분이 있으나 같은 피고인이 위 회사의 대표이사가 아님은 기록상 뚜렷하다.) 같은 취지에서 위 공소사실 부분에 대하여 범죄의 증명이 없다고 하여 무죄를 선고한 제1심 판결을 유지하고 있는 원심판결은 정당하고, 거기에 법리를 오해하거나 채증법칙에 위배한 잘못이 있다고 할 수 없으므로 논지는 이유없다(대법원 1986. 7. 22. 선고 85도108).

③ (×) 일사부재리의 효력은 확정재판이 있을 때에 발생하는 것이고 과태료는 행정법상의 질서벌에 불과하므로 과태료처분을 받고 이를 납부한 일이 있더라도 그후에 형사처벌을 한다고 해서 일사부재리의 원칙에 어긋난다고 할 수 없다(대법원 1989. 6. 13. 선고 88도1983).

④ (○) 질서위반행위규제법은 과태료의 부과대상인 질서위반행위에 대하여도 책임주의 원칙을 채택하여 제7조에서 "고의 또는 과실이 없는 질서위반행위는 과태료를 부과하지 아니한다."고 규정하고 있으므로, 질서위반행위를 한 자가 자신의 책임 없는 사유로 위반행위에 이르렀다고 주장하는 경우 법원으로서는 그 내용을 살펴 행위자에게 고의나 과실이 있는지를 따져보아야 한다(대법원 2011. 7. 14. 자 2011마364).

11 정답 ④

① (○) 건축허가는 대물적 성질을 갖는 것이어서 행정청으로서는 허가를 할 때에 건축주 또는 토지 소유자가 누구인지 등 인적 요소에 관하여는 형식적 심사만 한다. 건축주가 토지 소유자로부터 토지사용승낙서를 받아 그 토지 위에 건축물을 건축하는 대물적 성질의 건축허가를 받았다가 착공에 앞서 건축주의 귀책사유로 해당 토지를 사용할 권리를 상실한 경우, 건축허가의 존재로 말미암아 토지에 대한 소유권 행사에 지장을 받을 수 있는 토지 소유자로서는 건축허가의 철회를 신청할 수 있다고 보아야 한다. 따라서 토지 소유자의 위와 같은 신청을 거부한 행위는 항고소송의 대상이 된다(대법원 2017. 3. 15. 선고 2014두41190).

② (○) 출입국관리법 제10조, 제24조 제1항, 구 출입국관리법 시행령(2014. 10. 28. 대통령령 제25669호로 개정되기 전의 것) 제12조 [별표 1] 제8호, 제26호 (가)목, (라)목, 출입국관리법 시행규칙 제18조의2 [별표 1]의 문언, 내용 및 형식, 체계 등에 비추어 보면, 체류자격 변경허가는 신청인에게 당초의 체류자격과 다른 체류자격에 해당하는 활동을 할 수 있는 권한을 부여하는 일종의 설권적 처분의 성격을 가지므로, 허가권자는 신청인이 관계 법령에서 정한 요건을 충족하였더라도, 신청인의 적격성, 체류 목적, 공익상의 영향 등을 참작하여 허가 여부를 결정할 수 있는 재량을 가진다. 다만 재량을 행사할 때 판단의 기

초가 된 사실인정에 중대한 오류가 있는 경우 또는 비례·평등의 원칙을 위반하거나 사회통념상 현저하게 타당성을 잃는 등의 사유가 있다면 이는 재량권의 일탈·남용으로서 위법하다(대법원 2016. 7. 14. 선고 2015두48846).

③ (○) 기본행위를 대상으로 인가가 행해진 후에 기본행위가 취소되거나 실효된 경우에는 보충행위에 불과한 인가도 실효된다.

④ (×) 행정처분이 당연무효임을 전제로 하여 민사소송을 제기한 때에는 그 행정처분이 당연무효인지의 여부가 선결문제이므로 법원은 이를 심사하여 그 행정처분의 하자가 당연무효라고 인정될 경우에는 이를 전제로 하여 판단할 수 있으나, 그 하자가 단순한 취소사유에 그칠 때에는 법원은 그 효력을 부인할 수 없다.

12 정답 ③

①, ②, ④는 강학상 예외적 승인이고, ③은 강학상 인가이다.

③ ☞ [판례] 국토이용관리법 제21조의3 제1항 소정의 허가가 규제지역 내의 모든 국민에게 전반적으로 토지거래의 자유를 금지하고 일정한 요건을 갖춘 경우에만 금지를 해제하여 계약체결의 자유를 회복시켜 주는 성질의 것이라고 보는 것은 위 법의 입법취지를 넘어선 지나친 해석이라고 할 것이고, 규제지역 내에서도 토지거래의 자유가 인정되나 다만 위 허가를 허가 전의 유동적 무효 상태에 있는 법률행위의 효력을 완성시켜 주는 인가적 성질을 띤 것이라고 보는 것이 타당하다(대법원 1991. 12. 24. 선고 90다12243).

13 정답 ③

① (×) 행정소송법 제28조 제2항

> **행정소송법 제28조(사정판결)** ② 법원이 제1항의 규정에 의한 판결을 함에 있어서는 미리 원고가 그로 인하여 입게 될 손해의 정도와 배상방법 그 밖의 사정을 조사하여야 한다.

② (×) 무효인 행정행위에 대하여는 사정판결이 인정되지 않는다. 판례(95누5509) 및 행정소송법 제38조 제1항 참조.

☞ [판례] 당연무효의 행정처분을 소송목적물로 하는 행정소송에서는 존치시킬 효력이 있는 행정행위가 없기 때문에 행정소송법 제28조 소정의 사정판결을 할 수 없다(대법원 1996. 3. 22. 선고 95누5509).

> **행정소송법 제38조(준용규정)** ① 제9조, 제10조, 제13조 내지 제17조, 제19조, 제22조 내지 제26조, 제29조 내지 제31조 및 제33조의 규정은 무효등 확인소송의 경우에 준용한다.

③ (○) 행정처분이 위법한 경우에는 이를 취소하는 것이 원칙이나, 예외적으로 그 위법한 처분을 취소·변경하는 것이 도리어 현저히 공공복리에 적합하지 아니하는 경우에는 그 취소를 허용하지 아니하는 사정판결을 할 수 있다. 이러한 사정판결은 당사자의 명백한 주장이 없는 경우에도 기록에 나타난 여러 사정을 기초로 직권으로 할 수 있는 것이나, 그 요건인 현저히 공공복리에 적합하지 아니한지 여부는 위법한 행정처분을 취소·변경하여야 할 필요와 그 취소·변경으로 인하여 발생할 수 있는 공공복리에 반하는 사태 등을 비교·교량하여 판단하여야 한다(대법원 2006. 9. 22. 선고 2005두2506).
④ (×) 행정소송법 제32조

> 행정소송법 제32조(소송비용의 부담) 취소청구가 제28조의 규정에 의하여 기각되거나 행정청이 처분등을 취소 또는 변경함으로 인하여 청구가 각하 또는 기각된 경우에는 소송비용은 피고의 부담으로 한다.

14 정답 ②

① (×) 병역법상 신체등위판정은 행정청이라고 볼 수 없는 군의관이 하도록 되어 있으며, 그 자체만으로 바로 병역법상의 권리의무가 정하여지는 것이 아니라 그에 따라 지방병무청장이 병역처분을 함으로써 비로소 병역의무의 종류가 정하여지는 것이므로 항고소송의 대상이 되는 행정처분이라 보기 어렵다(대법원 1993. 8. 27. 선고 93누3356).
② (○) 국가인권위원회는 법률상의 독립된 국가기관이고, 피해자인 진정인에게는 국가인권위원회법이 정하고 있는 구제조치를 신청할 법률상 신청권이 있는데 국가인권위원회가 진정을 각하 및 기각결정을 할 경우 피해자인 진정인으로서는 자신의 인격권 등을 침해하는 인권침해 또는 차별행위 등이 시정되고 그에 따른 구제조치를 받을 권리를 박탈당하게 되므로, 진정에 대한 국가인권위원회의 각하 및 기각결정은 피해자인 진정인의 권리행사에 중대한 지장을 초래하는 것으로서 항고소송의 대상이 되는 행정처분에 해당하므로, 그에 대한 다툼은 우선 행정심판이나 행정소송에 의하여야 할 것이다. 따라서 이 사건 심판청구는 행정심판이나 행정소송 등의 사전 구제절차를 모두 거친 후 청구된 것이 아니므로 보충성 요건을 충족하지 못하였다(헌법재판소 2015. 3. 26. 2013헌마214).
③ (×) 정부의 수도권 소재 공공기관의 지방이전시책을 추진하는 과정에서 도지사가 도 내 특정시를 공공기관이 이전할 혁신도시 최종입지로 선정한 행위는 항고소송의 대상이 되는 행정처분이 아니라고 본 사례(대법원 2007. 11. 15. 선고 2007두10198).
④ (×) 이른바 고발은 수사의 단서에 불과할 뿐 그 자체 국민의 권리의무에 어떤 영향을 미치는 것이 아니고, 특히 독점규제및공정거래에관한법률 제71조는 공정거래위원회의 고발을 위 법률위반죄의 소추요건으로 규정하고 있어 공정거래위원회의 고발조치는 사직 당국에 대하여 형벌권 행사를 요구하는 행정

기관 상호 간의 행위에 불과하여 항고소송의 대상이 되는 행정처분이라 할 수 없으며, 더욱이 공정거래위원회의 고발 의결은 행정청 내부의 의사결정에 불과할 뿐 최종적인 처분은 아닌 것이므로 이 역시 항고소송의 대상이 되는 행정처분이 되지 못한다(대법원 1995. 5. 12. 선고 94누13794).

15 정답 ①

① (○) 행정행위를 한 처분청은 비록 그 처분 당시에 별다른 하자가 없었고, 또 그 처분 후에 이를 철회할 별도의 법적 근거가 없다 하더라도 원래의 처분을 존속시킬 필요가 없게 된 사정변경이 생겼거나 또는 중대한 공익상의 필요가 발생한 경우에는 그 효력을 상실케 하는 별개의 행정행위로 이를 철회할 수 있다고 할 것이나, 수익적 행정처분을 취소 또는 철회하는 경우에는 이미 부여된 그 국민의 기득권을 침해하는 것이 되므로, 비록 취소 등의 사유가 있다고 하더라도 그 취소권 등의 행사는 기득권의 침해를 정당화할 만한 중대한 공익상의 필요 또는 제3자의 이익보호의 필요가 있는 때에 한하여 상대방이 받는 불이익과 비교·교량하여 결정하여야 하고, 그 처분으로 인하여 공익상의 필요보다 상대방이 받게 되는 불이익 등이 막대한 경우에는 재량권의 한계를 일탈한 것으로서 그 자체가 위법하다(대법원 2004. 11. 26. 선고 2003두10251).
② (×) 행정처분을 한 처분청은 처분의 성립에 하자가 있는 경우 별도의 법적 근거가 없더라도 직권으로 이를 취소할 수 있다고 봄이 원칙이므로, 국민연금법이 정한 수급요건을 갖추지 못하였음에도 연금 지급결정이 이루어진 경우에는 이미 지급된 급여 부분에 대한 환수처분과 별도로 지급결정을 취소할 수 있다. 이 경우에도 이미 부여된 국민의 기득권을 침해하는 것이므로 취소권의 행사는 지급결정을 취소할 공익상의 필요보다 상대방이 받게 될 불이익 등이 막대한 경우에는 재량권의 한계를 일탈한 것으로서 위법하다고 보아야 한다. 다만 이처럼 연금 지급결정을 취소하는 처분과 그 처분에 기초하여 잘못 지급된 급여액에 해당하는 금액을 환수하는 처분이 적법한지를 판단하는 경우 비교·교량할 각 사정이 동일하다고는 할 수 없으므로, 연금 지급결정을 취소하는 처분이 적법하다고 하여 환수처분도 반드시 적법하다고 판단하여야 하는 것은 아니다(대법원 2017. 3. 30. 선고 2015두43971).
③ (×) 처분에 대한 처분청의 직권취소와 철회는 사실심 변론종결 후에도 가능하다.
④ (×) 명문의 규정이 없는 한 감독청은 철회권을 갖지 못한다.

16 정답 ④

① (✕) 주된 행정행위의 효력과 <u>연동이 되는 경우</u>이어야 그 부관이 조건에 해당한다.

② (✕) "乙의 도로점용이 교통혼잡을 초래할 경우 도로점용허가를 취소할 수 있다"는 부관은 <u>철회권 유보의 부관</u>에 해당한다. 그리고 <u>유보된 철회권의 행사로서 수익적 행정행위를 철회하는 경우</u>에도 이익형량에 따른 철회의 제한이 적용된다. 따라서 틀린 지문이 된다. 참고로, 도로점용허가는 수익적 행정행위이다.

③ (✕) 2021. 5. 1. 甲이 부가한 부관은 사후부관에 해당한다. 그런데 사후부관이 법령의 근거가 있는 경우에만 가능한 것은 아니다. 따라서 틀린 지문이다. ☞ [관련판례] 행정처분에 이미 부담이 부가되어 있는 상태에서 그 의무의 범위 또는 내용 등을 변경하는 부관의 사후변경은, ① <u>법률에 명문의 규정이 있거나</u> ② 그 변경이 미리 유보되어 있는 경우 또는 ③ <u>상대방의 동의가 있는 경우</u>에 한하여 허용되는 것이 원칙이다. 그러나 ④ 사정변경으로 인하여 당초에 부담을 부가한 목적을 달성할 수 없게 된 경우에도 그 목적달성에 필요한 범위 내에서 예외적으로 허용된다(2006두7973, 97누2627).

④ (○) 이 사례에서 매달 100만원의 점용료를 납부하도록 하는 부관은 강학상 부담에 해당한다. 부담은 독자적으로 취소소송의 대상이 될 수 있고, 본안에서 <u>주된 행정행위와 독립하여 취소될 수도 있다.</u> 따라서 매달 100만원의 점용료를 납부하도록 하는 부관이 비례의 원칙에 위배되어 乙이 취소소송을 제기한 경우 법원은 이 부관만을 취소할 수 있다.

17 정답 ④

① (✕) 행정심판위원회가 처분을 취소하거나 변경하는 재결을 하면, <u>그 재결 자체로</u> 처분이 취소되거나 변경되고, 그로 인하여 <u>곧바로</u> 당해 처분은 처분 시로 소급하여 소멸되거나 변경된다.

② (✕) 재결이 있게 되면 행정심판위원회는 그것이 위법·부당하다고 생각되는 경우에도 스스로 이를 취소 또는 변경할 수 없다. 행정심판의 재결에는 불가변력이 있기 때문이다.

③ (✕) 사정재결은 취소심판 및 의무이행심판에서만 인정되고 무효확인심판에서는 인정되지 않는다. 행정심판법 제44조 제3항 참조

> 행정심판법 제44조(사정재결) ① 위원회는 심판청구가 이유가 있다고 인정하는 경우에도 이를 인용(認容)하는 것이 공공복리에 크게 위배된다고 인정하면 그 심판청구를 기각하는 재결을 할 수 있다. 이 경우 위원회는 재결의 주문(主文)에서 그 처분 또는 부작위가 위법하거나 부당하다는 것을 구체적으로 밝혀야 한다.
> ② 위원회는 제1항에 따른 재결을 할 때에는 청구인에 대하여 상당한 구제방법을 취하거나 상당한 구제방법을 취할 것을 피청구인에게 명할 수 있다.
> ③ <u>제1항과 제2항은 무효등확인심판에는 적용하지 아니한다.</u>

④ (○) 행정심판법 제49조 제5항

> 행정심판법 제49조(재결의 기속력 등) ⑤ 법령의 규정에 따라 공고하거나 고시한 처분이 재결로써 취소되거나 변경되면 처분을 한 행정청은 지체 없이 그 처분이 취소 또는 변경되었다는 것을 공고하거나 고시하여야 한다.

18 정답 ①

① (✕) 지방자치법 제9조 제2항 제5호 (라)목 및 (마)목 등의 규정에 의하면, 서울특별시립무용단원의 공연 등 활동은 지방문화 및 예술을 진흥시키고자 하는 서울특별시의 공공적 업무수행의 일환으로 이루어진다고 해석될 뿐 아니라, 단원으로 위촉되기 위하여는 일정한 능력요건과 자격요건을 요하고, 계속적인 재위촉이 사실상 보장되며, 공무원연금법에 따른 연금을 지급받고, 단원의 복무규율이 정해져 있으며, 정년제가 인정되고, 일정한 해촉사유가 있는 경우에만 해촉되는 등 서울특별시립무용단원이 가지는 지위가 공무원과 유사한 것이라면, 서울특별시립무용단 단원의 위촉은 공법상의 계약이라고 할 것이고, 따라서 그 단원의 해촉에 대하여는 공법상의 당사자소송으로 그 무효확인을 청구할 수 있다(대법원 1995. 12. 22. 선고 95누4636).

② (○) 공법상의 법률관계에 관한 당사자소송에서는 그 법률관계의 한쪽 당사자를 피고로 하여 소송을 제기하여야 한다(행정소송법 제3조 제2호, 제39조). 다만 <u>원고가 고의 또는 중대한 과실 없이 당사자소송으로 제기하여야 할 것을 항고소송으로 잘못 제기한 경우에, 당사자소송으로서의 소송요건을 결하고 있음이 명백하여 당사자소송으로 제기되었더라도 어차피 부적법하게 되는 경우가 아닌 이상, 법원으로서는 원고가 당사자소송으로 소 변경을 하도록 하여 심리·판단하여야 한다</u>(대법원 2016. 5. 24. 선고 2013두14863).

③ (○) 지방자치단체와 그 소속 경력직 공무원인 지방소방공무원 사이의 관계, 즉 지방소방공무원의 근무관계는 사법상의 근로계약관계가 아닌 공법상의 근무관계에 해당하고, 그 근무관계의 주요한 내용 중 하나인 지방소방공무원의 보수에 관한 법률관계는 공법상의 법률관계라고 보아야 한다. 나아가 지방공무원법 제44조 제4항, 제45조 제1항이 지방공무원의 보수에 관하여 이른바 근무조건 법정주의를 채택하고 있고, 지방공무원 수당 등에 관한 규정 제15조 내지 제17조가 초과근무수당의 지급 대상, 시간당 지급 액수, 근무시간의 한도, 근무시간의 산정 방식에 관하여 구체적이고 직접적인 규정을 두고 있는 등 관계 법령의 내용, 형식 및 체제 등을 종합하여 보면, 지방소방공무원의 초과근무수당 지급청구권은 법령의 규정에 의하여 직접 그 존부나 범위가 정하여지고 법령에 규정된 수당의 지급요건에 해당하는 경우에는 곧바로 발생한다고 할 것이므로, <u>지방소방공무원이 자신이 소속된 지방자치단체를 상대로 초과근무수당의 지급을 구하는 청구에 관한 소송은 행정소송법 제3조 제2호에 규정된 당사자소송의 절차에 따라야 한다</u>(대법원 2013. 3. 28. 선고 2012다102629).

④ (○) 갑 등이 자신들의 농작물 경작지였던 각 토지가 공익사업을 위하여 수용되었음을 이유로 공익사업 시행자를 상대로 구 공익사업을 위한 토지 등의 취득 및 보상에 관한 법률(2007. 10. 17. 법률 제8665호로 개정되기 전의 것, 이하 '구 공익사업법'이라 한다) 제77조 제2항에 의하여 위 농작물에 대한 농업손실보상을 청구한 사안에서, 원심으로서는 농업손실보상금 청구가 구 공익사업법 제34조, 제50조 등에 규정된 재결절차를 거쳐 같은 법 제83조 내지 제85조에 따른 당사자소송에 의한 것인지를 심리했어야 함에도, 이를 간과하여 갑 등이 재결절차를 거쳤는지를 전혀 심리하지 아니한 채 농업손실보상금 청구를 민사소송절차에 의하여 처리한 원심판결에는 농업손실보상금 청구의 소송형태에 관한 법리오해의 위법이 있다고 한 사례(대법원 2011. 10. 13. 선고 2009다43461)

19 정답 ④

㉠ (○) 주류판매업 면허 – 강학상 허가(95누5714)
㉡ (○) 도시 및 주거환경정비법상 토지 등 소유자들이 조합을 따로 설립하지 않고 시행하는 도시환경정비사업시행인가 – 강학상 특허(2011두19994)
㉢ (○) 국립의료원 부설 주차장에 관한 위탁관리용역운영계약 – 강학상 특허(2004다31074)
㉣ (○) 발명특허의 등록 – 강학상 공증

20 정답 ①

① (×) 행정처분 시 행정심판법상의 고지를 하지 않더라도 행정처분이 위법해지지는 않는다. ☞ [관련판례] 자동차운수사업법 제31조 등의 규정에 의한 사업면허의 취소 등의 처분에 관한 규칙(교통부령) 제7조 제3항의 고지절차에 관한 규정은 행정처분의 상대방이 그 처분에 대한 행정심판의 절차를 밟는 데 있어 편의를 제공하려는 데 있으며 처분청이 위 규정에 따른 고지의무를 이행하지 아니하였다고 하더라도 경우에 따라서는 행정심판의 제기기간이 연장될 수 있는 것에 그치고 이로 인하여 심판의 대상이 되는 행정처분에 어떤 하자가 수반된다고 할 수 없다(대법원 1987. 11. 24. 선고 87누529).
② (○) 행정심판법상의 고지에는 처분성이 인정되지 않는다.
③ (○) 행정심판법상의 고지제도에는 직권에 의한 고지(직접 상대방에게 하는 고지)와 신청에 의한 고지(이해관계인에게 하는 고지)가 있다. 직권에 의하여 고지하는 경우 처분의 상대방에 대해서만 고지하면 된다.
④ (○) 행정소송법 제18조 제3항 제4호

행정소송법 제18조(행정심판과의 관계) ① 취소소송은 법령의 규정에 의하여 당해 처분에 대한 행정심판을 제기할 수 있는 경우에도 이를 거치지 아니하고 제기할 수 있다. 다만, 다른 법률에 당해 처분에 대한 행정심판의 재결을 거치지 아니하면 취소소송을 제기할 수 없다는 규정이 있는 때에는 그러하지 아니하다.
③ 제1항 단서의 경우에 다음 각호의 1에 해당하는 사유가 있는 때에는 행정심판을 제기함이 없이 취소소송을 제기할 수 있다.
1. 동종사건에 관하여 이미 행정심판의 기각재결이 있은 때
2. 서로 내용상 관련되는 처분 또는 같은 목적을 위하여 단계적으로 진행되는 처분중 어느 하나가 이미 행정심판의 재결을 거친 때
3. 행정청이 사실심의 변론종결후 소송의 대상인 처분을 변경하여 당해 변경된 처분에 관하여 소를 제기하는 때
4. 처분을 행한 행정청이 행정심판을 거칠 필요가 없다고 잘못 알린 때

21 정답 ②

① (○) 구 공익사업을 위한 토지 등의 취득 및 보상에 관한 법률(2007. 10. 17. 법률 제8665호로 개정되기 전의 것, 이하 '구 공익사업법'이라 한다)은 공익사업에 필요한 토지 등을 협의 또는 수용에 의하여 취득하거나 사용함에 따른 손실 보상에 관한 사항을 규정함으로써 공익사업의 효율적인 수행을 통하여 공공복리의 증진과 재산권의 적정한 보호를 도모함을 목적으로 하고 있고, 위 법에 의한 이주대책은 공익사업의 시행에 필요한 토지 등을 제공함으로 인하여 생활의 근거를 상실하게 되는 이주대책대상자들에게 종전 생활상태를 원상으로 회복시키면서 동시에 인간다운 생활을 보장하여 주기 위하여 마련된 제도이므로, 사업시행자의 이주대책 수립·실시의무를 정하고 있는 구 공익사업법 제78조 제1항은 물론 이주대책의 내용에 관하여 규정하고 있는 같은 조 제4항 본문 역시 당사자의 합의 또는 사업시행자의 재량에 의하여 적용을 배제할 수 없는 강행법규이다(대법원 2011. 6. 23. 선고 2007다63089).
② (×) 사업시행자가 이주대책 수립 등의 시행 범위를 넓힌 경우에, 그 내용은 법이 정한 이주대책대상자에 관한 것과 그 밖의 이해관계인에 관한 것으로 구분되고, 그 밖의 이해관계인에 관한 이주대책 수립 등은 법적 의무가 없는 시혜적인 것이다. 따라서 시혜적으로 시행되는 이주대책 수립 등의 경우에 대상자(이하 '시혜적인 이주대책대상자'라 한다)의 범위나 그들에 대한 이주대책 수립 등의 내용을 어떻게 정할 것인지에 관하여는 사업시행자에게 폭넓은 재량이 있다. 그리고 이주대책의 내용으로서 사업시행자가 이주정착지(이주대책의 실시로 건설하는 주택단지를 포함한다)에 대한 도로·급수시설·배수시설 그 밖의 공공시설 등 통상적인 수준의 생활기본시설을 설치하고 비용을 부담하도록 강제한 공익사업법 제78조 제4항은 법이 정한 이주대책대상자를 대상으로 하여 특별히 규정된 것이므로, 이를 넘어서서 그 규정이 시혜적인 이주대책대상자에까지 적용된다고 볼 수 없다(대법원 2015. 7. 23. 선고 2012두22911).

③ (○) ⅰ) 사업시행자는 법령에서 정한 일정한 경우 <u>이주대책을 수립할 의무를</u> 진다. ⅱ) 그러나 <u>이주대책의 내용결정에 있어서는 재량을 갖는다.</u> ⅲ) 이 재량은 제78조 제4항에 의한 제한을 받는다. ☞ [관련판례] 사업시행자는 공익사업의 시행으로 인하여 주거용 건축물을 제공함에 따라 생활의 근거를 상실하게 되는 자(이하 '이주대책대상자'라 한다)를 위하여 공익사업법 시행령이 정하는 바에 따라 이주대책을 수립·실시하거나 이주정착금을 지급하여야 하나, 당해 건축물에 공익사업을 위한 관계 법령에 의한 고시 등이 있은 날(이하 '기준일'이라 한다)부터 계약체결일 또는 수용재결일까지 계속하여 거주하고 있지 아니한 건축물의 소유자는 원칙적으로 이주대책대상자에서 제외하도록 되어 있는바, <u>사업시행자는 이주대책기준을 정하여 이주대책대상자 중에서 이주대책을 수립·실시하여야 할 자를 선정하여 그들에게 공급할 택지 또는 주택의 내용이나 수량을 정할 수 있고 이를 정하는 데 재량을 가지므로,</u> 이를 위해 사업시행자가 설정한 기준은 그것이 객관적으로 합리적이 아니라거나 타당하지 않다고 볼 만한 다른 특별한 사정이 없는 한 존중되어야 한다(대법원 2010. 3. 25. 선고 2009두23709).
④ (○) <u>공익사업을 위한 토지 등의 취득 및 보상에 관한 법률 시행규칙 제54조 제2항 본문</u>

> 공익사업을 위한 토지 등의 취득 및 보상에 관한 법률 시행규칙 제54조(주거이전비의 보상) ② 공익사업의 시행으로 인하여 이주하게 되는 주거용 건축물의 세입자(무상으로 사용하는 거주자를 포함하되, 법 제78조 제1항에 따른 이주대책대상자인 세입자는 제외한다)로서 사업인정고시일등 당시 또는 공익사업을 위한 관계 법령에 따른 고시 등이 있은 당시 해당 공익사업시행지구안에서 3개월 이상 거주한 자에 대해서는 가구원수에 따라 4개월분의 주거이전비를 보상해야 한다. 다만, 무허가건축물등에 입주한 세입자로서 사업인정고시일 등 당시 또는 공익사업을 위한 관계 법령에 따른 고시 등이 있은 당시 그 공익사업지구 안에서 1년 이상 거주한 세입자에 대해서는 본문에 따라 주거이전비를 보상해야 한다.

22 정답 ①

① (×) 질서위반행위규제법 제10조 제2항

> 질서위반행위규제법 제10조(심신장애) ② 심신장애로 인하여 제1항에 따른 능력이 <u>미약한</u> 자의 질서위반행위는 과태료를 <u>감경한다.</u>

☞ [비교조문] 질서위반행위규제법 제10조 제1항

> 질서위반행위규제법 제10조(심신장애) ① 심신(心神)장애로 인하여 행위의 옳고 그름을 판단할 능력이 <u>없거나</u> 그 판단에 따른 행위를 할 능력이 <u>없는</u> 자의 질서위반행위는 과태료를 <u>부과하지 아니한다.</u>

② (○) 질서위반행위규제법 <u>제12조 제3항</u>

> 질서위반행위규제법 제12조(다수인의 질서위반행위 가담) ③ 신분에 의하여 과태료를 감경 또는 가중하거나 과태료를 부과하지 아니하는 때에는 그 신분의 효과는 신분이 없는 자에게는 미치지 아니한다.

③ (○) <u>지방자치법 제34조 제1항</u>

> <u>지방자치법</u> 제34조(조례위반에 대한 과태료) ① 지방자치단체는 조례를 위반한 행위에 대하여 조례로써 1천만 원 이하의 과태료를 정할 수 있다.

④ (○) 질서위반행위규제법 <u>제38조 제1항</u>

> 질서위반행위규제법 제38조(항고) ① 당사자와 검사는 과태료 재판에 대하여 즉시항고를 할 수 있다. 이 경우 항고는 집행정지의 효력이 있다.

23 정답 ③

① (○) 통고처분은 형식적 의미의 행정이자, 실질적 의미의 사법이다. 통고처분은 정식 형사 재판의 전단계로서 행해지는 작용으로서, 그 상대방이 범죄를 저질렀다고 행정기관이 판정하여 불이익을 가하는 행위이기 때문이다.
② (○) 조세체납처분은 실질적 의미의 행정이자 형식적 의미의 행정이다.
③ (×) 대법관이나 대법원장의 임명은 형식적 의미의 행정이자, 실질적 의미의 행정이다. 대법관이나 대법원장은 대통령이 임명하기 때문이다. 일반법관의 임명은 <u>형식적 의미의 사법이자, 실질적 의미의 행정</u>이라는 것과 구분해야 한다. 일반법관은 대법원장이 임명한다.
④ (○) 부령의 제정은 형식적 의미의 행정이자, 실질적 의미의 입법이다.

24 정답 ②

① (○) 조합설립추진위원회 구성승인처분은 조합의 설립을 위한 주체인 추진위원회의 구성행위를 보충하여 그 효력을 부여하는 처분으로서 강학상 인가에 해당한다. ☞ [관련판례] 구 도시 및 주거환경정비법(2009. 2. 6. 법률 제9444호로 개정되기 전의 것, 이하 '구 도시정비법'이라고 한다) 제13조 제1항, 제2항, 제14조 제1항, 제15조 제4항, 제5항 등 관계 법령의 내용, 형식, 체제 등에 비추어 보면, 조합설립추진위원회(이하 '추진위원회'라고 한다) 구성승인처분은 조합의 설립을 위한 주체인 추진위원회의 구성행위를 보충하여 그 효력을 부여하는 처분으로서 조합설립이라는 종국적 목적을 달성하기 위한 중간단계의 처분에 해당하지만, 그 법률요건이나 효과가 조합설립인가처분의 그것과는 다른 독립적인 처분이기 때문에, 추진위원회 구성승인처분에 대한 취소 또는 무효확인 판결의 확정만으로는 이미 조합설립인가를 받은 조합에 의한 정비사업의 진행을 저지할 수 없다. 따라서 추진위원회 구성승인처분을 다투는 소송 계속 중에 조합설립인가처분이 이루어진 경우에는, 추진위원회 구성승인처분에 위법이 존재하여 조합설립인가 신청행위가 무효라는 점 등을 들어 직접 조합설립인가처분을 다툼으로써 정비사업의 진행을 저지하여야 하고, 이와는 별도로 추진위원회 구성승인처분에 대하여 취소 또는 무효확인을 구할 법률상의 이익은 없다고 보아야 한다(대법원 2013. 1. 31. 선고 2011두11112).

② (×) 이전고시의 효력 발생으로 이미 대다수 조합원 등에 대하여 획일적·일률적으로 처리된 권리귀속 관계를 모두 무효화하고 다시 처음부터 관리처분계획을 수립하여 이전고시 절차를 거치도록 하는 것은 정비사업의 공익적·단체법적 성격에 배치되므로, 이전고시가 효력을 발생하게 된 이후에는 조합원 등이 관리처분계획의 취소 또는 무효확인을 구할 법률상 이익이 없다고 봄이 타당하다(대법원 2012. 3. 22. 선고 2011두6400).

③ (○) 추진위원회의 권한은 조합 설립을 추진하기 위한 업무를 수행하는 데 그치므로 일단 조합설립인가처분을 받아 추진위원회의 업무와 관련된 권리와 의무가 조합에 포괄적으로 승계되면, 추진위원회는 그 목적을 달성하여 소멸한다. 조합설립인가처분은 추진위원회 구성의 동의요건보다 더 엄격한 동의요건을 갖추어야 할 뿐만 아니라 창립총회의 결의를 통하여 정관을 확정하고 임원을 선출하는 등의 단체결성행위를 거쳐 성립하는 조합에 관하여 하는 것이므로, 추진위원회 구성의 동의요건 흠결 등 추진위원회구성승인처분상의 위법만을 들어 조합설립인가처분의 위법을 인정하는 것은 조합설립의 요건이나 절차, 그 인가처분의 성격, 추진위원회 구성의 요건이나 절차, 그 구성승인처분의 성격 등에 비추어 타당하다고 할 수 없다. 따라서 조합설립인가처분은 추진위원회구성승인처분이 적법·유효할 것을 전제로 한다고 볼 것은 아니므로, 구 도시정비법령이 정한 동의요건을 갖추고 창립총회를 거쳐 주택재개발조합이 성립한 이상, 이미 소멸한 추진위원회구성승인처분의 하자를 들어 조합설립인가처분이 위법하다고 볼 수 없다. 다만 추진위원회구성승인처분의 위법으로 그 추진위원회의 조합설립인가 신청행위가 무효라고 평가될 수 있는 특별한 사정이 있는

경우라면, 그 신청행위에 기초한 조합설립인가처분이 위법하다고 볼 수 있다(대법원 2013. 12. 26. 선고 2011두8291).

④ (○) 구 도시 및 주거환경정비법(2007. 12. 21. 법률 제8785호로 개정되기 전의 것) 제16조 제2항의 가중된 의결 정족수에 의한 찬성결의로 결정된 재건축결의사항은 대통령령이 정하는 경미한 사항의 변경에 해당하지 않는 한 위 법 제16조 제2항의 가중된 의결 정족수에 의한 찬성결의에 의하지 아니하고는 변경될 수 없고, 따라서 조합의 사업시행계획도 원칙적으로 재건축결의에서 결정된 내용에 따라 작성되어야 하지만, 조합이 사업시행계획을 재건축결의에서 결정된 내용과 달리 작성한 경우 이러한 하자는 기본행위인 사업시행계획 작성행위의 하자이고, 이에 대한 보충행위인 행정청의 인가처분이 그 근거 조항인 위 법 제28조의 적법요건을 갖추고 있는 이상은 그 인가처분 자체에 하자가 있는 것이라 할 수 없다(대법원 2008. 1. 10. 선고 2007두16691).

25 정답 ①

① (○) 행정소송법 23조 제5항

> **행정소송법 제23조(집행정지)** ⑤ 제2항의 규정에 의한 집행정지의 결정 또는 기각의 결정에 대하여는 즉시항고할 수 있다. 이 경우 집행정지의 결정에 대한 즉시항고에는 결정의 집행을 정지하는 효력이 없다.

② (×) 행정소송과 행정심판 모두 직권탐지주의가 아니라 대심주의를 원칙으로 하며, 직권탐지주의는 보충적으로만 적용된다.

③ (×) 행정심판청구와 취소소송의 제기는 모두 처분의 효력이나 그 집행 또는 절차의 속행에 영향을 주지 아니한다. 둘 다 집행부정지의 원칙이 적용된다.

④ (×) 행정심판에서는 행정청이 심판청구기간을 제27조 제1항에 규정된 기간보다 긴 기간으로 잘못 알린 경우 잘못 알린 기간 내 심판청구가 있으면 적법한 청구로 보지만(행정심판법 제27조 제5항), 행정소송에서는 그렇지 않다. ☞ [관련판례] 행정청이 법정 심판청구기간보다 긴 기간으로 잘못 알린 경우에 그 잘못 알린 기간 내에 심판청구가 있으면 그 심판청구는 법정 심판청구기간 내에 제기된 것으로 본다는 취지의 행정심판법 제18조 제5항의 규정은 행정심판 제기에 관하여 적용되는 규정이지, 행정소송 제기에도 당연히 적용되는 규정이라고 할 수는 없다(대법원 2001. 5. 8. 선고 2000두6916).

> **행정심판법 제27조(심판청구의 기간)** ⑤ 행정청이 심판청구 기간을 제1항에 규정된 기간보다 긴 기간으로 잘못 알린 경우 그 잘못 알린 기간에 심판청구가 있으면 그 행정심판은 제1항에 규정된 기간에 청구된 것으로 본다.

04 제4회 실전 모의고사

ANSWER 본문 120~127쪽

01 ④	02 ①	03 ③	04 ②	05 ③
06 ②	07 ①	08 ③	09 ③	10 ④
11 ②	12 ③	13 ①	14 ④	15 ②
16 ④	17 ②	18 ①	19 ③	20 ①
21 ④	22 ④	23 ②	24 ①	25 ③

01 정답 ④

㉠ (×) 남북정상회담의 개최는 고도의 정치적 성격을 지니고 있는 행위라 할 것이므로 특별한 사정이 없는 한 그 당부를 심판하는 것은 사법권의 내재적·본질적 한계를 넘어서는 것이 되어 적절하지 못하지만, 남북정상회담의 개최과정에서 재정경제부장관에게 신고하지 아니하거나 통일부장관의 협력사업 승인을 얻지 아니한 채 북한 측에 사업권의 대가 명목으로 송금한 행위 자체는 헌법상 법치국가의 원리와 법 앞에 평등원칙 등에 비추어 볼 때 사법심사의 대상이 된다고 판단한 원심판결을 수긍한 사례(대법원 2004. 3. 26. 선고 2003도7878).

㉡ (×) 구 상훈법(2011. 8. 4. 법률 제10985호로 개정되기 전의 것) 제8조는 서훈취소의 요건을 구체적으로 명시하고 있고 절차에 관하여 상세하게 규정하고 있다. 그리고 서훈취소는 서훈수여의 경우와는 달리 이미 발생된 서훈대상자 등의 권리 등에 영향을 미치는 행위로서 관련 당사자에게 미치는 불이익의 내용과 정도 등을 고려하면 사법심사의 필요성이 크다. 따라서 기본권의 보장 및 법치주의의 이념에 비추어 보면, 비록 서훈취소가 대통령이 국가원수로서 행하는 행위라고 하더라도 법원이 사법심사를 자제하여야 할 고도의 정치성을 띤 행위라고 볼 수는 없다(대법원 2015. 4. 23. 선고 2012두26920).

㉢ (○) 대통령의 비상계엄의 선포나 확대 행위는 고도의 정치적·군사적 성격을 지니고 있는 행위라 할 것이므로, 그것이 누구에게도 일견하여 헌법이나 법률에 위반되는 것으로서 명백하게 인정될 수 있는 등 특별한 사정이 있는 경우라면 몰라도, 그러하지 아니한 이상 그 계엄선포의 요건 구비 여부나 선포의 당·부당을 판단할 권한이 사법부에는 없다고 할 것이나, 비상계엄의 선포나 확대가 국헌문란의 목적을 달성하기 위하여 행하여진 경우에는 법원은 그 자체가 범죄행위에 해당하는지의 여부에 관하여 심사할 수 있다(대법원 1997. 4. 17. 선고 96도3376).

㉣ (×) 신행정수도건설이나 수도이전의 문제가 정치적 성격을 가지고 있는 것은 인정할 수 있지만, 그 자체로 고도의 정치적 결단을 요하여 사법심사의 대상으로 하기에는 부적절한 문제라고까지는 할 수 없다. 더구나 이 사건 심판의 대상은 이 사건

법률의 위헌여부이고 대통령의 행위의 위헌여부가 아닌바, 법률의 위헌여부가 헌법재판의 대상으로 된 경우 당해법률이 정치적인 문제를 포함한다는 이유만으로 사법심사의 대상에서 제외된다고 할 수는 없다(헌법재판소 2004. 10. 21. 2004헌마554).

02 정답 ①

① (○) 공익사업을 위한 토지 등의 취득 및 보상에 관한 법령(이하 '공익사업법령'이라고 한다)에 의한 협의취득은 사법상의 법률행위이므로 당사자 사이의 자유로운 의사에 따라 채무불이행책임이나 매매대금 과부족금에 대한 지급의무를 약정할 수 있다(대법원 2012. 2. 23. 선고 2010다91206).

② (×) 도시계획법 제21조에 규정된 개발제한구역제도 그 자체는 원칙적으로 합헌적인 규정인데, 다만 개발제한구역의 지정으로 말미암아 일부 토지소유자에게 사회적 제약의 범위를 넘는 가혹한 부담이 발생하는 예외적인 경우에 대하여 보상규정을 두지 않은 것에 위헌성이 있는 것이고, 보상의 구체적 기준과 방법은 헌법재판소가 결정할 성질의 것이 아니라 광범위한 입법형성권을 가진 입법자가 입법정책적으로 정할 사항이므로, 입법자가 보상입법을 마련함으로써 위헌적인 상태를 제거할 때까지 위 조항을 형식적으로 존속케 하기 위하여 헌법불합치결정을 하는 것인바, 입법자는 되도록 빠른 시일 내에 보상입법을 하여 위헌적 상태를 제거할 의무가 있고, 행정청은 보상입법이 마련되기 전에는 새로 개발제한구역을 지정하여서는 아니되며, 토지소유자는 보상입법을 기다려 그에 따른 권리행사를 할 수 있을 뿐 개발제한구역의 지정이나 그에 따른 토지재산권의 제한 그 자체의 효력을 다투거나 위 조항에 위반하여 행한 자신들의 행위의 정당성을 주장할 수는 없다(헌법재판소 1998. 12. 24. 89헌마214).

③ (×) 일반 공중의 이용에 제공되는 공공용물에 대하여 특허 또는 허가를 받지 않고 하는 일반사용은 다른 개인의 자유이용과 국가 또는 지방자치단체 등의 공공목적을 위한 개발 또는 관리·보존행위를 방해하지 않는 범위 내에서만 허용된다 할 것이므로, 공공용물에 관하여 적법한 개발행위 등이 이루어짐으로 말미암아 이에 대한 일정범위의 사람들의 일반사용이 종전에 비하여 제한받게 되었다 하더라도 특별한 사정이 없는 한 그로 인한 불이익은 손실보상의 대상이 되는 특별한 손실에 해당한다고 할 수 없다(대법원 2002. 2. 26. 선고 99다35300).

④ (×) 잔여지 수용청구는 토지소유자가 관할 토지수용위원회에 대하여 한다. 공익사업을 위한 토지등의 취득 및 보상에 관한 법률 제74조 제1항 참조.

> 공익사업을 위한 토지등의 취득 및 보상에 관한 법률 제74조(잔여지 등의 매수 및 수용 청구) ① 동일한 소유자에게 속하는 일단의 토지의 일부가 협의에 의하여 매수되거나 수용됨으로 인하여 잔여지를 종래의 목적에 사용하는 것이 현저히 곤란할 때에는 해당 토지소유자는 사업시행자에게 잔여지를 매수하여 줄 것을 청구할 수 있으며, 사업인정 이후에는 관할 토지수용위원회에 수용을 청구할 수 있다. 이 경우 수용의 청구는 매수에 관한 협의가 성립되지 아니한 경우에만 할 수 있으며, 그 사업의 공사완료일까지 하여야 한다.

03 정답 ③

① (O) 법률유보의 원칙에서 말하는 '법률'은 국회에서 법률제정의 절차에 따라 만들어진 형식적 의미의 법률을 뜻하고, 관습법이나 판례법, 행정규칙은 이에 포함되지 않는다.

② (O) 토지 등 소유자가 도시환경정비사업을 시행하는 경우 사업시행인가 신청 시 필요한 토지등소유자의 동의는, 개발사업의 주체 및 정비구역 내 토지등소유자를 상대로 수용권을 행사하고 각종 행정처분을 발할 수 있는 행정주체로서의 지위를 가지는 사업시행자를 지정하는 문제로서, 그 동의요건을 정하는 것은 국민의 권리와 의무의 형성에 관한 기본적이고 본질적인 사항이므로 국회가 스스로 행하여야 하는 사항에 속하는 것임에도 불구하고, 사업시행인가 신청에 필요한 동의정족수를 토지등소유자가 자치적으로 정하여 운영하는 규약에 정하도록 한 것은 법률유보원칙에 위반된다(헌법재판소 2012. 4. 24. 2010헌바1).

③ (X) 현행 방송법은 첫째, 수신료의 금액은 한국방송공사의 이사회에서 심의·의결한 후 방송위원회를 거쳐 국회의 승인을 얻도록 규정하고 있으며(제65조), 둘째, 수신료 납부의무자의 범위를 '텔레비전방송을 수신하기 위하여 수상기를 소지한 자'로 규정하고(제64조 제1항), 셋째, 징수절차와 관련하여 가산금 상한 및 추징금의 금액, 수신료의 체납 시 국세체납처분의 예에 의하여 징수할 수 있음을 규정하고 있다(제66조). 따라서 수신료의 부과·징수에 관한 본질적인 요소들은 방송법에 모두 규정되어 있다고 할 것이다. 한편, 수신료 징수업무를 한국방송공사가 직접 수행할 것인지 제3자에게 위탁할 것인지, 위탁한다면 누구에게 위탁하도록 할 것인지, 위탁받은 자가 자신의 고유업무와 결합하여 징수업무를 할 수 있는지는 징수업무처리의 효율성 등을 감안하여 결정할 수 있는 사항으로서 국민의 기본권제한에 관한 본질적인 사항이 아니라 할 것이다. 따라서 방송법 제64조 및 제67조 제2항은 법률유보의 원칙에 위반되지 아니한다(헌법재판소 2008. 2. 28. 2006헌바70).

☞ [비교판례] 오늘날 법률유보원칙은 단순히 행정작용이 법률에 근거를 두기만 하면 충분한 것이 아니라, 국가공동체와 그 구성원에게 기본적이고도 중요한 의미를 갖는 영역, 특히 국민의 기본권실현과 관련된 영역에 있어서는 국민의 대표자인 입법자가 그 본질적 사항에 대해서 스스로 결정하여야 한다는 요구까지 내포하고 있다(의회유보원칙). 그런데 텔레비전방송수신료는 대다수 국민의 재산권 보장의 측면이나 한국방송공사에게 보장된 방송자유의 측면에서 국민의 기본권실현에 관련된 영역에 속하고, 수신료금액의 결정은 납부의무자의 범위 등과 함께 수신료에 관한 본질적인 중요한 사항이므로 국회가 스스로 행하여야 하는 사항에 속하는 것임에도 불구하고 한국방송공사법 제36조 제1항에서 국회의 결정이나 관여를 배제한 채 한국방송공사로 하여금 수신료금액을 결정해서 문화관광부장관의 승인을 얻도록 한 것은 법률유보원칙에 위반된다(헌법재판소 1999. 5. 27. 98헌바70).

④ (O) 방송법 제65조

> 방송법 제65조(수신료의 결정) 수신료의 금액은 이사회가 심의·의결한 후 방송통신위원회를 거쳐 국회의 승인을 얻어 확정되고, 공사가 이를 부과·징수한다.

04 정답 ②

㉠ (X) 서울특별시지하철공사의 임원과 직원의 근무관계의 성질은 지방공기업법의 모든 규정을 살펴보아도 공법상의 특별권력관계라고는 볼 수 없고 사법관계에 속할 뿐만 아니라, 위 지하철공사의 사장이 그 이사회의 결의를 거쳐 제정된 인사규정에 의거하여 소속직원에 대한 징계처분을 한 경우 위 사장은 행정소송법 제13조 제1항 본문과 제2조 제2항 소정의 행정청에 해당되지 않으므로 공권력발동주체로서 위 징계처분을 행한 것으로 볼 수 없고, 따라서 이에 대한 불복절차는 민사소송에 의할 것이지 행정소송에 의할 수는 없다(대법원 1989. 9. 12. 선고 89누2103).

㉡ (O) 중학교 의무교육의 위탁관계는 초·중등교육법 제12조 제3항, 제4항 등 관련 법령에 의하여 정해지는 공법적 관계로서, 대등한 당사자 사이의 자유로운 의사를 전제로 사익 상호 간의 조정을 목적으로 하는 민법 제688조의 수임인의 비용상환청구권에 관한 규정이 그대로 준용된다고 보기도 어렵다(대법원 2015. 1. 29. 선고 2012두7387).

㉢ (X) 사법인(사법인)인 학교법인과 학생의 재학관계는 사법상 계약에 따른 법률관계에 해당한다. 지방자치단체가 학교법인이 설립한 사립중학교에 의무교육대상자에 대한 교육을 위탁한 때에 그 학교법인과 해당 사립중학교에 재학 중인 학생의 재학관계도 기본적으로 마찬가지이다(대법원 2018. 12. 28. 선고 2016다33196).

㉣ (O) 국유재산 등의 관리청이 하는 행정재산의 사용·수익에 대한 허가는 순전히 사경제주체로서 행하는 사법상의 행위가 아니라 관리청이 공권력을 가진 우월적 지위에서 행하는 행정처분으로서 특정인에게 행정재산을 사용할 수 있는 권리를 설정하여 주는 강학상 특허에 해당한다(대법원 2006. 3. 9. 선고 2004다31074).

05 정답 ③

① (○) 질서위반행위규제법 제12조 제2항

> **질서위반행위규제법 제12조(다수인의 질서위반행위 가담)** ② 신분에 의하여 성립하는 질서위반행위에 신분이 없는 자가 가담한 때에는 신분이 없는 자에 대하여도 질서위반행위가 성립한다.

② (○) 질서위반행위규제법에 따라 행정청이 부과한 과태료처분은 행정소송의 대상인 행정처분에 해당하지 않는다. ☞ [관련판례] 질서위반행위규제법 제20조 제1항, 제2항, 제21조 제1항, 제25조, 제36조 제1항, 제38조 제1항은 행정청의 과태료 부과에 불복하는 당사자는 과태료 부과 통지를 받은 날부터 60일 이내에 해당 행정청에 서면으로 이의제기를 할 수 있고, 이의제기가 있는 경우에는 그 과태료 부과처분은 효력을 상실하며, 이의제기를 받은 행정청은 이의제기를 받은 날부터 14일 이내에 이에 대한 의견 및 증빙서류를 첨부하여 관할 법원에 통보하여야 하고, 그 통보를 받은 관할 법원은 이유를 붙인 결정으로써 과태료 재판을 하며, 당사자와 검사는 과태료 재판에 대하여 즉시항고를 할 수 있다고 규정하고 있다. 또 질서위반행위규제법 제5조는 '과태료의 부과·징수, 재판 및 집행 등의 절차에 관한 다른 법률의 규정 중 이 법의 규정에 저촉되는 것은 이 법으로 정하는 바에 따른다'고 규정하고 있다. 위와 같은 규정을 종합하여 보면, 수도조례 및 하수도사용조례에 기한 과태료의 부과 여부 및 그 당부는 최종적으로 질서위반행위규제법에 의한 절차에 의하여 판단되어야 한다고 할 것이므로, 그 과태료 부과처분은 행정청을 피고로 하는 행정소송의 대상이 되는 행정처분이라고 볼 수 없다(대법원 2012. 10. 11. 선고 2011두19369).

③ (×) 질서위반행위규제법 제15조 제1항

> **질서위반행위규제법 제15조(과태료의 시효)** ① 과태료는 행정청의 과태료 부과처분이나 법원의 과태료 재판이 확정된 후 5년간 징수하지 아니하거나 집행하지 아니하면 시효로 인하여 소멸한다.

☞ [비교조문] 질서위반행위규제법 제19조 제1항

> **질서위반행위규제법 제19조(과태료 부과의 제척기간)** ① 행정청은 질서위반행위가 종료된 날(다수인이 질서위반행위에 가담한 경우에는 최종행위가 종료된 날을 말한다)부터 5년이 경과한 경우에는 해당 질서위반행위에 대하여 과태료를 부과할 수 없다.

④ (○) 질서위반행위규제법 제22조 제1항

> **질서위반행위규제법 제22조(질서위반행위의 조사)** ① 행정청은 질서위반행위가 발생하였다는 합리적 의심이 있어 그에 대한 조사가 필요하다고 인정할 때에는 대통령령으로 정하는 바에 따라 다음 각 호의 조치를 할 수 있다.
> 1. 당사자 또는 참고인의 출석 요구 및 진술의 청취
> 2. 당사자에 대한 보고 명령 또는 자료 제출의 명령

06 정답 ②

① (×) 한국토지공사는 구 한국토지공사법(2007. 4. 6. 법률 제8340호로 개정되기 전의 것) 제2조, 제4조에 의하여 정부가 자본금의 전액을 출자하여 설립한 법인이고, 같은 법 제9조 제4호에 규정된 한국토지공사의 사업에 관하여는 공익사업을 위한 토지 등의 취득 및 보상에 관한 법률 제89조 제1항, 위 한국토지공사법 제22조 제6호 및 같은 법 시행령 제40조의3 제1항의 규정에 의하여 본래 시·도지사나 시장·군수 또는 구청장의 업무에 속하는 대집행권한을 한국토지공사에게 위탁하도록 되어 있는바, 한국토지공사는 이러한 법령의 위탁에 의하여 대집행을 수권받은 자로서 공무인 대집행을 실시함에 따르는 권리·의무 및 책임이 귀속되는 행정주체의 지위에 있다고 볼 것이지 지방자치단체 등의 기관으로서 국가배상법 제2조 소정의 공무원에 해당한다고 볼 것은 아니다(대법원 2010. 1. 28. 선고 2007다82950).

② (○) 편의(공익, 합목적) 재량의 경우에 한 처분에 있어 관계 공무원이 공익성, 합목적성의 인정, 판단을 잘못하여 그 재량권의 범위를 넘어선 행정행위를 한 경우가 있다 하더라도 공익성 및 합목적성의 적절 여부의 판단기준은 구체적 사안에 따라 각각 동일하다 할 수 없을 뿐만 아니라 구체적인 경우 어느 행정처분을 할 것인가에 관하여 행정청 내부에 일응의 기준을 정해 둔 경우 그 기준에 따른 행정처분을 하였다면 이에 관여한 공무원에게 그 직무상의 과실이 있다고 할 수 없다(대법원 1984. 7. 24. 선고 84다카597).

③ (×) 국가배상법 제2조 제1항의 '직무를 집행함에 당하여'라 함은 직접 공무원의 직무집행행위이거나 그와 밀접한 관련이 있는 행위를 포함하고, 이를 판단함에 있어서는 행위 자체의 외관을 객관적으로 관찰하여 공무원의 직무행위로 보여질 때에는 비록 그것이 실질적으로 직무행위가 아니거나 또는 행위자로서는 주관적으로 공무집행의 의사가 없었다고 하더라도 그 행위는 공무원이 '직무를 집행함에 당하여' 한 것으로 보아야 한다(대법원 2005. 1. 14. 선고 2004다26805).

④ (×) 국가배상법 제4조

> **국가배상법 제4조(양도 등 금지)** 생명·신체의 침해로 인한 국가배상을 받을 권리는 양도하거나 압류하지 못한다.

07 정답 ①

㉠ (○) 교과서 검정·인정 – 강학상 확인
㉡ (×) 특허출원의 공고 – 강학상 통지
㉢ (○) 상표사용권설정등록행위 – 강학상 공증
㉣ (×) 국가시험합격자결정 – 강학상 확인
㉤ (○) 귀화의 고시 – 강학상 통지

08 정답 ③

① (○) 행정행위가 그 재량성의 유무 및 범위와 관련하여 이른 바 기속행위 내지 기속재량행위와 재량행위 내지 자유재량행위로 구분된다고 할 때, 그 구분은 당해 행위의 근거가 된 법규의 체재·형식과 그 문언, 당해 행위가 속하는 행정 분야의 주된 목적과 특성, 당해 행위 자체의 개별적 성질과 유형 등을 모두 고려하여 판단하여야 하고, 이렇게 구분되는 양자에 대한 사법심사는, 전자의 경우 그 법규에 대한 원칙적인 기속성으로 인하여 법원이 사실인정과 관련 법규의 해석·적용을 통하여 일정한 결론을 도출한 후 그 결론에 비추어 행정청이 한 판단의 적법 여부를 독자의 입장에서 판정하는 방식에 의하게 되나, 후자(재량행위 내지 자유재량행위)의 경우 행정청의 재량에 기한 공익판단의 여지를 감안하여 법원은 독자의 결론을 도출함이 없이 당해 행위에 재량권의 일탈·남용이 있는지 여부만을 심사하게 되고, 이러한 재량권의 일탈·남용 여부에 대한 심사는 사실오인, 비례·평등의 원칙 위배, 당해 행위의 목적 위반이나 동기의 부정 유무 등을 그 판단 대상으로 한다(대법원 2001. 2. 9. 선고 98두17593).

② (○) 당해 공무원의 동의 없는 지방공무원법 제29조의3의 규정에 의한 전출명령은 위법하여 취소되어야 하므로, 그 전출명령이 적법함을 전제로 내린 징계처분은 그 전출명령이 공정력에 의하여 취소되기 전까지는 유효하다고 하더라도 징계양정에 있어 재량권을 일탈하여 위법하다고 한 사례(대법원 2001. 12. 11. 선고 99두1823).

③ (✕) 국토의 계획 및 이용에 관한 법률(이하 '국토계획법'이라고 한다) 제56조에 따른 개발행위허가와 농지법 제34조에 따른 농지전용허가·협의는 금지요건·허가기준 등이 불확정개념으로 규정된 부분이 많아 그 요건·기준에 부합하는지의 판단에 관하여 행정청에 재량권이 부여되어 있으므로, 그 요건에 해당하는지 여부는 행정청의 재량판단의 영역에 속한다. 나아가 국토계획법이 정한 용도지역 안에서 토지의 형질변경행위·농지전용행위를 수반하는 건축허가는 건축법 제11조 제1항에 의한 건축허가와 위와 같은 개발행위허가 및 농지전용허가의 성질을 아울러 갖게 되므로 이 역시 재량행위에 해당하고, 그에 대한 사법심사는 행정청의 공익판단에 관한 재량의 여지를 감안하여 원칙적으로 재량권의 일탈이나 남용이 있는지 여부만을 대상으로 하는데, 판단 기준은 사실오인과 비례·평등의 원칙 위반 여부 등이 된다. 이러한 재량권 일탈·남용에 관하여는 행정행위의 효력을 다투는 사람이 주장·증명책임을 부담한다(대법원 2017. 10. 12. 선고 2017두48956).

④ (○) 자유재량에 있어서도 그 범위의 넓고 좁은 차이는 있더라도 법령의 규정뿐만 아니라 관습법 또는 일반적 조리에 의한 일정한 한계가 있는 것으로서 위 한계를 벗어난 재량권의 행사는 위법하다고 하지 않을 수 없으므로, 대학교 총장인 피고가 해외근무자들의 자녀를 대상으로 한 교육법시행령 제71조의2 제4항 소정의 특별전형에서 외교관, 공무원의 자녀에 대하여만 획일적으로 과목별 실제 취득점수에 20%의 가산점을 부여하여 합격사정을 함으로써 실제 취득점수에 의하면 충분히 합격할 수 있는 원고들에 대하여 불합격처분을 하였다면 위법하다(대법원 1990. 8. 28. 선고 89누8255).

09 정답 ③

① (○) 병역법 제2조 제1항 제3호에 의하면 '입영'이란 병역의무자가 징집·소집 또는 지원에 의하여 군부대에 들어가는 것이고, 같은 법 제18조 제1항에 의하면 현역은 입영한 날부터 군부대에서 복무하도록 되어 있으므로 현역병입영통지처분에 따라 현실적으로 입영을 한 경우에는 그 처분의 집행은 종료되지만, 한편, 입영으로 그 처분의 목적이 달성되어 실효되었다는 이유로 다툴 수 없도록 한다면, 병역법상 현역입영대상자로서는 현역병입영통지처분이 위법하다 하더라도 법원에 의하여 그 처분의 집행이 정지되지 아니하는 이상 현실적으로 입영을 할 수밖에 없으므로 현역병입영통지처분에 대하여는 불복을 사실상 원천적으로 봉쇄하는 것이 되고, 또한 현역입영대상자가 입영하여 현역으로 복무하는 과정에서 현역병입영통지처분 외에는 별도의 다른 처분이 없으므로 입영한 이후에는 불복할 아무런 처분마저 없게 되는 결과가 되며, 나아가 입영하여 현역으로 복무하는 자에 대한 병적을 당해 군 참모총장이 관리한다는 것은 입영 및 복무의 근거가 된 현역병입영통지처분이 적법함을 전제로 하는 것으로서 그 처분이 위법한 경우까지를 포함하는 의미는 아니라고 할 것이므로, 현역입영대상자로서는 현실적으로 입영을 하였다고 하더라도, 입영 이후의 법률관계에 영향을 미치고 있는 현역병입영통지처분 등을 한 관할지방병무청장을 상대로 위법을 주장하여 그 취소를 구할 소송상의 이익이 있다(대법원 2003. 12. 26. 선고 2003두1875).

② (○) 토지구획정리사업법에 의한 토지구획정리는 환지처분을 기본적 요소로 하는 것으로서 환지예정지지정처분은 사업시행자가 사업시행지구 내의 종전 토지 소유자로 하여금 환지예정지지정처분의 효력발생일로부터 환지처분의 공고가 있는 날까지 당해 환지예정지를 사용수익할 수 있게 하는 한편 종전의 토지에 대하여는 사용수익을 할 수 없게 하는 처분에 불과하고 환지처분이 일단 공고되어 효력을 발생하게 되면 환지예정지지정처분은 그 효력이 소멸되는 것이므로, 환지처분이 공고된 후에는 환지예정지지정처분에 대하여 그 취소를 구할 법률상 이익은 없다(대법원 1999. 10. 8. 선고 99두6873).

③ (✕) 건축물에 대한 사용검사처분의 무효확인을 받거나 처분이 취소된다고 하더라도 사용검사 전의 상태로 돌아가 건축물을 사용할 수 없게 되는 것에 그칠 뿐 곧바로 건축물의 하자 상태 등이 제거되거나 보완되는 것도 아니다. 그리고 입주자나 입주예정자들은 사용검사처분의 무효확인을 받거나 처분을 취소하지 않고도 민사소송 등을 통하여 분양계약에 따른 법률관계 및 하자 등을 주장·증명함으로써 사업주체 등으로부터 하자의 제거·보완 등에 관한 권리구제를 받을 수 있으므로, 사용검사처분의 무효확인 또는 취소 여부에 의하여 법률적인 지위가 달라진다고 할 수 없으며, 구 주택공급에 관한 규칙(2012. 3.

30. 국토해양부령 제452호로 개정되기 전의 것)에서 주택공급계약에 관하여 사용검사와 관련된 규정을 두고 있다고 하더라도 달리 볼 것은 아니다. 오히려 주택에 대한 사용검사처분이 있으면, 그에 따라 입주예정자들이 주택에 입주하여 이를 사용할 수 있게 되므로 일반적으로 입주예정자들에게 이익이 되고, 다수의 입주자들이 사용검사권자의 사용검사처분을 신뢰하여 입주를 마치고 제3자에게 주택을 매매 내지 임대하거나 담보로 제공하는 등 사용검사처분을 기초로 다수의 법률관계가 형성되는데, 일부 입주자나 입주예정자가 사업주체와의 개별적 분쟁 등을 이유로 사용검사처분의 무효확인 또는 취소를 구하게 되면, 처분을 신뢰한 다수의 이익에 반하게 되는 상황이 발생할 수 있다. 위와 같은 사정들을 종합하여 볼 때, <u>구 주택법(2012. 1. 26. 법률 제11243호로 개정되기 전의 것)상 입주자나 입주예정자는 사용검사처분의 무효확인 또는 취소를 구할 법률상 이익이 없다</u>(대법원 2015. 1. 29. 선고 2013두24976).
④ (○) 지방의회 의원에 대한 제명의결 취소소송 계속중 의원의 임기가 만료된 사안에서, 제명의결의 취소로 의원의 지위를 회복할 수는 없다 하더라도 제명의결 시부터 임기만료일까지의 기간에 대한 월정수당의 지급을 구할 수 있는 등 여전히 그 제명의결의 취소를 구할 법률상 이익이 있다고 본 사례(대법원 2009. 1. 30. 선고 2007두13487)

10 정답 ④

① (○) <u>병역의무부과통지서인 현역입영통지서는 그 병역의무자에게 이를 송달함이 원칙이고(병역법 제6조 제1항 참조), 이러한 송달은 병역의무자의 현실적인 수령행위를 전제로 하고 있다고 보아야 하므로, 병역의무자가 현역입영통지의 내용을 이미 알고 있는 경우에도 여전히 현역입영통지서의 송달은 필요하고</u>(대법원 1997. 5. 23. 선고 96누5094 판결, 대법원 2004. 4. 9. 선고 2003두13908 판결 등 참조), 다른 법령상의 사유가 없는 한 병역의무자로부터 근거리에 있는 책상 등에 일시 현역입영통지서를 둔 것만으로는 병역의무자의 현실적인 수령행위가 있었다고 단정할 수 없다(대법원 2009. 6. 25. 선고 2009도3387).
② (○) 문화재보호법 제13조 제2항 소정의 중요문화재 가지정의 효력발생요건인 통지는 행정처분을 상대방에게 표시하는 것으로서 상대방이 인식할 수 있는 상태에 둠으로써 족하고, 객관적으로 보아서 행정처분으로 인식할 수 있도록 고지하면 되는 것이다(대법원 2003. 7. 22. 선고 2003두513).
③ (○) 행정절차법 제15조 제2항

> 행정절차법 제15조(송달의 효력 발생) ② 제14조 제3항에 따라 정보통신망을 이용하여 전자문서로 송달하는 경우에는 송달받을 자가 지정한 컴퓨터 등에 입력된 때에 도달된 것으로 본다.

④ (×) 납세고지서의 명의인이 다른 곳으로 이사하였지만 주민등록을 옮기지 아니한 채 주민등록지로 배달되는 우편물을 새로운 거주자가 수령하여 자신에게 전달하도록 한 경우, 그 새로운 거주자에게 우편물 수령권한을 위임한 것으로 보아 그에게 한 납세고지서의 송달이 적법하다고 한 사례(대법원 1998. 4. 10. 선고 98두1161)

11 정답 ②

① (○) 행정절차법 제22조 제2항

> 행정절차법 제22조(의견청취) ② 행정청이 처분을 할 때 다음 각 호의 어느 하나에 해당하는 경우에는 공청회를 개최한다.
> 1. 다른 법령 등에서 공청회를 개최하도록 규정하고 있는 경우
> 2. 해당 처분의 영향이 광범위하여 널리 의견을 수렴할 필요가 있다고 행정청이 인정하는 경우
> 3. <u>국민생활에 큰 영향을 미치는 처분으로서 대통령령으로 정하는 처분에 대하여 대통령령으로 정하는 수 이상의 당사자 등이 공청회 개최를 요구하는 경우</u>

② (×) 건축법상의 공사중지명령에 대한 사전통지를 하고 의견제출의 기회를 준다면 많은 액수의 손실보상금을 기대하여 공사를 강행할 우려가 있다는 사정이 사전통지 및 의견제출절차의 예외사유에 해당하지 아니한다고 한 사례(대법원 2004. 5. 28. 선고 2004두1254)
③ (○) 군인사법 및 그 시행령의 관계 규정에 따르면, 원고와 같이 진급예정자 명단에 포함된 자는 진급예정자명단에서 삭제되거나 진급선발이 취소되지 않는 한 진급예정자 명단 순위에 따라 진급하게 되므로, 이 사건 처분과 같이 <u>진급선발을 취소하는 처분은 진급예정자로서 가지는 원고의 이익을 침해하는 처분이라 할 것이고</u>, 한편 군인사법 및 그 시행령에 이 사건 처분과 같이 진급예정자 명단에 포함된 자의 진급선발을 취소하는 처분을 함에 있어 행정절차에 준하는 절차를 거치도록 하는 규정이 없을 뿐만 아니라 위 처분이 성질상 행정절차를 거치기 곤란하거나 불필요하다고 인정되는 처분이라고 보기도 어렵다고 할 것이어서 이 사건 처분이 행정절차법의 적용이 제외되는 경우에 해당한다고 할 수 없으며, 나아가 <u>원고가 수사과정 및 징계과정에서 자신의 비위행위에 대한 해명기회를 가졌다는 사정만으로 이 사건 처분이 행정절차법 제21조 제4항 제3호, 제22조 제4항에 따라 원고에게 사전통지를 하지 않거나 의견제출의 기회를 주지 아니하여도 되는 예외적인 경우에 해당한다고 할 수 없으므로, 피고가 이 사건 처분을 함에 있어 원고에게 의견제출의 기회를 부여하지 아니한 이상, 이 사건 처분은 절차상 하자가 있어 위법하다고 할 것이다</u>(대법원 2007. 9. 21. 선고 2006두20631).
④ (○) 행정절차법 제33조 제1항

> 행정절차법 제33조(증거조사) ① 청문 주재자는 직권으로 또는 당사자의 신청에 따라 필요한 조사를 할 수 있으며, 당사자등이 주장하지 아니한 사실에 대하여도 조사할 수 있다.

12 정답 ③

㉠ (×) 건축건물의 준공처분을 하여서는 아니된다는 내용의 부작위를 구하는 청구는 행정소송에서 허용되지 아니하는 것이므로 부적법하다(대법원 1987. 3. 24. 선고 86누182).

㉡ (○) 소위 주관적, 예비적 병합은 행정소송법 제28조 제3항과 같은 예외적 규정이 있는 경우를 제외하고는 원칙적으로 허용되지 않는 것이고, 또 행정소송법상 소의 종류의 변경에 따른 당사자(피고)의 변경은 교환적 변경에 한한다고 봄이 상당하므로 예비적 청구만이 있는 피고의 추가경정신청은 허용되지 않는다(대법원 1989. 10. 27. 자 89두1).

㉢ (○) 행정소송법 제10조는 처분의 취소를 구하는 취소소송에 당해 처분과 관련되는 부당이득반환소송을 관련 청구로 병합할 수 있다고 규정하고 있는바, 이 조항을 둔 취지에 비추어 보면, 취소소송에 병합할 수 있는 당해 처분과 관련되는 부당이득반환소송에는 당해 처분의 취소를 선결문제로 하는 부당이득반환청구가 포함되고, 이러한 부당이득반환청구가 인용되기 위해서는 그 소송절차에서 판결에 의해 당해 처분이 취소되면 충분하고 그 처분의 취소가 확정되어야 하는 것은 아니라고 보아야 한다(대법원 2009. 4. 9. 선고 2008두23153).

㉣ (×) 행정처분의 직접 상대방이 아닌 제3자라 하더라도 당해 행정처분으로 인하여 법률상 보호되는 이익을 침해당한 경우에는 그 처분의 취소나 무효확인을 구하는 행정소송을 제기하여 그 당부의 판단을 받을 자격 즉 원고적격이 있고, 여기에서 말하는 법률상 보호되는 이익은 당해 처분의 근거 법규 및 관련 법규에 의하여 보호되는 개별적·직접적·구체적 이익을 말하며, 원고적격은 소송요건의 하나이므로 사실심 변론종결시는 물론 상고심에서도 존속하여야 하고 이를 흠결하면 부적법한 소가 된다(대법원 2007. 4. 12. 선고 2004두7924).

13 정답 ①

① (○) 이행강제금은 행정법상의 부작위의무 또는 비대체적 작위의무를 이행하지 않은 경우에 '일정한 기한까지 의무를 이행하지 않을 때에는 일정한 금전적 부담을 과할 뜻'을 미리 '계고'함으로써 의무자에게 심리적 압박을 주어 장래를 향하여 의무의 이행을 확보하려는 간접적인 행정상 강제집행 수단이고, 노동위원회가 근로기준법 제33조에 따라 이행강제금을 부과하는 경우 그 30일 전까지 하여야 하는 이행강제금 부과 예고는 이러한 '계고'에 해당한다. 따라서 사용자가 이행하여야 할 행정법상 의무의 내용을 초과하는 것을 '불이행 내용'으로 기재한 이행강제금 부과 예고서에 의하여 이행강제금 부과 예고를 한 다음 이를 이행하지 않았다는 이유로 이행강제금을 부과하였다면, 초과한 정도가 근소하다는 등의 특별한 사정이 없는 한 이행강제금 부과 예고는 이행강제금 제도의 취지에 반하는 것으로서 위법하고, 이에 터 잡은 이행강제금 부과처분 역시 위법하다(대법원 2015. 6. 24. 선고 2011두2170).

② (×) 전통적으로 행정대집행은 대체적 작위의무에 대한 강제집행수단으로, 이행강제금은 부작위의무나 비대체적 작위의무에 대한 강제집행수단으로 이해되어 왔으나, 이는 이행강제금제도의 본질에서 오는 제약은 아니며, 이행강제금은 대체적 작위의무의 위반에 대하여도 부과될 수 있다. 현행 건축법상 위법건축물에 대한 이행강제수단으로 대집행과 이행강제금(제83조 제1항)이 인정되고 있는데, 양 제도는 각각의 장·단점이 있으므로 행정청은 개별사건에 있어서 위반내용, 위반자의 시정의지 등을 감안하여 대집행과 이행강제금을 선택적으로 활용할 수 있으며, 이처럼 그 합리적인 재량에 의해 선택하여 활용하는 이상 중첩적인 제재에 해당한다고 볼 수 없다(헌법재판소 2004. 2. 26. 2001헌바80).

③ (×) 건물의 소유자에게 위법건축물을 일정기간까지 철거할 것을 명함과 아울러 불이행할 때에는 대집행한다는 내용의 철거대집행 계고처분을 고지한 후 이에 불응하자 다시 제2차, 제3차 계고서를 발송하여 일정기간까지의 자진철거를 촉구하고 불이행하면 대집행을 한다는 뜻을 고지하였다면 행정대집행법상의 건물철거의무는 제1차 철거명령 및 계고처분으로서 발생하였고 제2차, 제3차의 계고처분은 새로운 철거의무를 부과한 것이 아니고 다만 대집행기한의 연기통지에 불과하므로 행정처분이 아니다(대법원 1994. 10. 28. 선고 94누5144).

④ (×) 행정대집행법 제2조는 대집행의 대상이 되는 의무를 "법률(법률의 위임에 의한 명령, 지방자치단체의 조례를 포함한다. 이하 같다)에 의하여 직접 명령되었거나 또는 법률에 의거한 행정청의 명령에 의한 행위로서 타인이 대신하여 행할 수 있는 행위"라고 규정하고 있으므로, 대집행계고처분을 하기 위하여는 법령에 의하여 직접 명령되거나 법령에 근거한 행정청의 명령에 의한 의무자의 대체적 작위의무 위반행위가 있어야 한다. 따라서 단순한 부작위의무의 위반, 즉 관계 법령에 정하고 있는 절대적 금지나 허가를 유보한 상대적 금지를 위반한 경우에는 당해 법령에서 그 위반자에 대하여 위반에 의하여 생긴 유형적 결과의 시정을 명하는 행정처분의 권한을 인정하는 규정(예컨대, 건축법 제69조, 도로법 제74조, 하천법 제67조, 도시공원법 제20조, 옥외광고물등관리법 제10조 등)을 두고 있지 아니한 이상, 법치주의의 원리에 비추어 볼 때 위와 같은 부작위의무로부터 그 의무를 위반함으로써 생긴 결과를 시정하기 위한 작위의무를 당연히 끌어낼 수는 없으며, 또 위 금지규정(특히 허가를 유보한 상대적 금지규정)으로부터 작위의무, 즉 위반결과의 시정을 명하는 권한이 당연히 추론(추론)되는 것도 아니다(대법원 1996. 6. 28. 선고 96누4374).

14 정답 ④

① (○) 상급행정기관이 하급행정기관에 대하여 업무처리지침이나 법령의 해석적용에 관한 기준을 정하여 발하는 이른바 행정규칙은 일반적으로 행정조직 내부에서만 효력을 가질 뿐 대외적인 구속력을 갖는 것은 아니다. 하지만 법령의 규정이 특정 행정기관에 그 법령 내용의 구체적 사항을 정할 수 있는 권한을 부여하면서 그 권한 행사의 절차나 방법을 특정하고 있지 아니한 관계로 수임행정기관이 행정규칙의 형식으로 그 법령의 내용이 될 사항을 구체적으로 정하고 있다면 그와 같은 행정규칙은 위에서 본 행정규칙이 갖는 일반적 효력으로서가 아니라, 행정기관에 법령의 구체적 내용을 보충할 권한을 부여한 법령 규정의 효력에 의하여 그 내용을 보충하는 기능을 갖게 된다. 따라서 이와 같은 행정규칙은 해당 법령의 위임한계를 벗어나지 않는 한 그것들과 결합하여 대외적인 구속력이 있는 법규명령으로서의 효력을 가진다(대법원 2019. 10. 17. 선고 2014두3020).

② (○) 구 풍속영업의규제에관한법률시행규칙(1999. 7. 15. 행정자치부령 제58호로 폐지) 제8조 제1항은 "법 제7조의 규정에 의한 풍속영업소에 대한 행정처분의 기준은 [별표 3]과 같다."라고만 규정하여 구 풍속영업의규제에관한법률시행령(1999. 6. 30. 대통령령 제16435호로 개정되기 전의 것) 제8조 제3항의 위임에 의한 것임을 명시하고 있지 아니한 반면, 같은 법 시행규칙 제5조는 풍속영업자가 갖추어야 할 시설의 세부기준과 운영기준을 그 [별표 1]로 정하면서 그것이 구 풍속영업의규제에관한법률(1999. 3. 31. 법률 제5942호로 개정되기 전의 것) 제5조 제2항 및 같은 법 시행령 제8조 제2항, 제3항의 위임에 의한 것임을 명시하고 있어 이와 같은 관련 규정의 규정 형식만을 놓고 보면, 같은 법 시행규칙 제5조만이 같은 법 시행령 제8조 제3항의 위임에 의한 규정이고, 같은 법 시행규칙 제8조 제1항은 같은 법 시행령 제8조 제3항과는 직접적인 관련이 없는 규정이라고 볼 여지가 있기는 하나, 법령의 위임관계는 반드시 하위 법령의 개별조항에서 위임의 근거가 되는 상위 법령의 해당 조항을 구체적으로 명시하고 있어야만 하는 것은 아니라고 할 것이므로, 같은 법 시행규칙 제5조가 같은 법 시행령 제8조 제3항과의 위임관계를 위와 같이 명시하고 있다고 하여 같은 법 시행규칙의 다른 규정에서 같은 법 시행령 제8조 제3항의 위임에 기하여 풍속영업의 운영에 관하여 필요한 사항을 따로 정하는 것을 배제하는 취지는 아니라고 할 것이어서, 같은 법 시행규칙 제5조 및 제8조 제1항의 위임관계에 관한 규정 내용만을 들어 같은 법 시행규칙 제8조 제1항과 같은 법 시행령 제8조 제3항 사이의 위임관계를 부정할 수는 없다고 할 것인바, 같은 법 시행규칙 제8조 제1항 [별표 3]의 2. (마)목 (2)의 (사)항은 적어도 '영업정지처분을 받고도 영업을 한 때'를 의무위반행위로 정하고 있는 부분에 관한 한 같은 법 시행령 제8조 제3항과 그 근거 규정인 같은 법 제5조 제2항의 위임에 기한 것으로서 그 후단에서 그에 대한 행정처분의 기준으로 영업장 폐쇄를 규정한 부분이 대외적 구속력이 있는지 여부와는 상관없이 같은 법 제7조 소정의 제재적 행정처분에 해당하는 영업장폐쇄 처분의 근거가 될 수 있다 할 것이다(대법원 1999. 12. 24. 선고 99두5658).

③ (○) 헌법 제107조 제2항의 규정에 따르면 행정입법의 심사는 일반적인 재판절차에 의하여 구체적 규범통제의 방법에 의하도록 명시하고 있으므로, 당사자는 구체적 사건의 심판을 위한 선결문제로서 행정입법의 위법성을 주장하여 법원에 대하여 당해 사건에 대한 적용 여부의 판단을 구할 수 있을 뿐 행정입법 자체의 합법성의 심사를 목적으로 하는 독립한 신청을 제기할 수는 없다(대법원 1994. 4. 26. 자 93부32).

④ (×) 어떤 법률의 말미에 '이 법의 시행에 필요한 사항은 대통령령으로 정한다.'라고 하여 시행령 위임조항을 두었다 하더라도, 이것은 위임명령의 발령 근거로 작용하지 못한다. 이러한 위임조항은 집행명령이 제정될 수 있다는 당연한 사실을 확인하는 규정일 뿐이기 때문이다. 위임명령의 발령 근거는 "~에 관한 사항은 대통령령으로 정한다."와 같이 무엇에 관한 것인지를 구체적으로 특정하는 방식으로 제정된다. ☞ [관련판례] 그렇다면 위 구 소득세법시행령 제170조 제1항 단서에서 자산의 실지양도대가가 아닌 위와 같은 환산가액을 실지거래가액으로 간주한다고 한 것은 모법인위 구 소득세법의 규정과 부합하지 않을 뿐 아니라, 위 구 소득세법상 실지거래가액의 개념을 위 단서내용과 같이 확장하여 규정할 수 있도록 시행령에 위임한 근거도 찾아볼 수 없다. 다만, 위 구 소득세법 제203조에 의하면 "이 법시행에 관하여 필요한 사항은 대통령령으로 정한다"고 규정하고 있으나, 이것은 법률의 시행에 필요한 집행명령을 발할 수 있음을 규정한 것에 지나지 아니하며 양도차익과 같은 과세요건에 관한 법규의 제정까지도 포괄적으로 대통령령에 위임한 규정이라고는 볼 수 없다(대법원 1982. 11. 23. 선고 82누221).

15 정답 ②

① (○) 구 대기환경보전법(2011. 7. 21. 법률 제10893호로 개정되기 전의 것, 이하 같다) 제2조 제9호, 제23조 제1항, 제5항, 제6항, 같은 법 시행령(2010. 12. 31. 대통령령 제22601호로 개정되기 전의 것, 이하 같다) 제11조 제1항 제1호, 제12조, 같은 법 시행규칙 제4조, [별표 2]와 같은 배출시설 설치허가와 설치제한에 관한 규정들의 문언과 그 체제·형식에 따르면 환경부장관은 배출시설 설치허가 신청이 구 대기환경보전법 제23조 제5항에서 정한 허가 기준에 부합하고 구 대기환경보전법 제23조 제6항, 같은 법 시행령 제12조에서 정한 허가제한사유에 해당하지 아니하는 한 원칙적으로 허가를 하여야 한다. 다만 배출시설의 설치는 국민건강이나 환경의 보전에 직접적으로 영향을 미치는 행위라는 점과 대기오염으로 인한 국민건강이나 환경에 관한 위해를 예방하고 대기환경을 적정하고 지속가능하게 관리·보전하여 모든 국민이 건강하고 쾌적한 환경에서 생활할 수 있게 하려는 구 대기환경보전법의 목적(제1조) 등을 고려하면, 환경부장관은 같은 법 시행령 제12조 각 호에서 정한 사유에 준하는 사유로서 환경 기준의 유지가 곤란하거나 주민의 건강·재산, 동식물의 생육에 심각한 위해를 끼칠 우려가 있

다고 인정되는 등 중대한 공익상의 필요가 있을 때에는 허가를 거부할 수 있다고 보는 것이 타당하다(대법원 2013. 5. 9. 선고 2012두22799).

② (×) 특허는 오로지 특정인을 대상으로만 행해지며, 불특정 다수인에게 행해지지는 않는다.

③ (○) 구 공유수면관리법(2002. 2. 4. 법률 제6656호로 개정되기 전의 것)에 따른 공유수면의 점·사용허가는 특정인에게 공유수면 이용권이라는 독점적 권리를 설정하여 주는 처분으로서 그 처분의 여부 및 내용의 결정은 원칙적으로 행정청의 재량에 속한다고 할 것이고, 이와 같은 재량처분에 있어서는 그 재량권 행사의 기초가 되는 사실인정에 오류가 있거나 그에 대한 법령적용에 잘못이 없는 한 그 처분이 위법하다고 할 수 없다(대법원 2004. 5. 28. 선고 2002두5016).

④ (○) 공익법인의 기본재산에 대한 감독관청의 처분허가는 그 성질상 특정 상대에 대한 처분행위의 허가가 아니고 처분의 상대가 누구이든 이에 대한 처분행위를 보충하여 유효하게 하는 행위라 할 것이므로 그 처분행위에 따른 권리의 양도가 있는 경우에도 처분이 완전히 끝날 때까지는 허가의 효력이 유효하게 존속한다(대법원 2005. 9. 28. 선고 2004다50044).

16 정답 ④

① (○) 행정심판법 제59조 제1항

> 행정심판법 제59조(불합리한 법령 등의 개선) ① 중앙행정심판위원회는 심판청구를 심리·재결할 때에 처분 또는 부작위의 근거가 되는 명령 등(대통령령·총리령·부령·훈령·예규·고시·조례·규칙 등을 말한다. 이하 같다)이 법령에 근거가 없거나 상위 법령에 위배되거나 국민에게 과도한 부담을 주는 등 크게 불합리하면 관계 행정기관에 그 명령 등의 개정·폐지 등 적절한 시정조치를 요청할 수 있다. 이 경우 중앙행정심판위원회는 시정조치를 요청한 사실을 법제처장에게 통보하여야 한다.

② (○) 행정심판법 제8조 제1항

> 행정심판법 제8조(중앙행정심판위원회의 구성) ① 중앙행정심판위원회는 위원장 1명을 포함하여 70명 이내의 위원으로 구성하되, 위원 중 상임위원은 4명 이내로 한다.

③ (○) 행정심판법 제10조 제3항 본문

> 행정심판법 제10조(위원의 제척·기피·회피) ③ 위원에 대한 제척신청이나 기피신청은 그 사유를 소명(疏明)한 문서로 하여야 한다. 다만, 불가피한 경우에는 신청한 날부터 3일 이내에 신청 사유를 소명할 수 있는 자료를 제출하여야 한다.

④ (×) 행정심판법 제6조 제2항 제2호

> 행정심판법 제6조(행정심판위원회의 설치) ② 다음 각 호의 행정청의 처분 또는 부작위에 대한 심판청구에 대하여는 「부패방지 및 국민권익위원회의 설치와 운영에 관한 법률」에 따른 국민권익위원회(이하 "국민권익위원회"라 한다)에 두는 중앙행정심판위원회에서 심리·재결한다.
> 1. 제1항에 따른 행정청 외의 국가행정기관의 장 또는 그 소속 행정청
> 2. 특별시장·광역시장·특별자치시장·도지사·특별자치도지사(특별시·광역시·특별자치시·도 또는 특별자치도의 교육감을 포함한다. 이하 "시·도지사"라 한다) 또는 특별시·광역시·특별자치시·도·특별자치도(이하 "시·도"라 한다)의 의회(의장, 위원회의 위원장, 사무처장 등 의회 소속 모든 행정청을 포함한다)
> 3. 「지방자치법」에 따른 지방자치단체조합 등 관계 법률에 따라 국가·지방자치단체·공공법인 등이 공동으로 설립한 행정청. 다만, 제3항 제3호에 해당하는 행정청은 제외한다.

17 정답 ②

① (○) 별개의 법률효과를 목적으로 하는 처분이지만 수인한도를 이유로 하자가 승계된다고 본 사례 중 하나이다. ☞ [관련판례] 갑을 친일반민족행위자로 결정한 친일반민족행위진상규명위원회(이하 '진상규명위원회'라 한다)의 최종발표(선행처분)에 따라 지방보훈지청장이 독립유공자 예우에 관한 법률(이하 '독립유공자법'이라 한다) 적용 대상자로 보상금 등의 예우를 받던 갑의 유가족 을 등에 대하여 독립유공자법 적용배제자 결정(후행처분)을 한 사안에서, 진상규명위원회가 갑의 친일반민족행위자 결정 사실을 통지하지 않아 을은 후행처분이 있기 전까지 선행처분의 사실을 알지 못하였고, 후행처분인 지방보훈지청장의 독립유공자법 적용배제결정이 자신의 법률상 지위에 직접적인 영향을 미치는 행정처분이라고 생각했을 뿐, 통지를 받지도 않은 진상규명위원회의 친일반민족행위자 결정처분이 자신의 법률상 지위에 영향을 주는 독립된 행정처분이라고 생각하기는 쉽지 않았을 것으로 보여, 을이 선행처분에 대하여 일제강점하 반민족행위 진상규명에 관한 특별법에 의한 이의신청절차를 밟거나 후행처분에 대한 것과 별개로 행정심판이나 행정소송을 제기하지 않았다고 하여 선행처분의 하자를 이유로 후행처분의 효력을 다툴 수 없게 하는 것은 을에게 수인한도를 넘는 불이익을 주고 그 결과가 을에게 예측가능한 것이라고 할 수 없어 선행처분의 후행처분에 대한 구속력을 인정할 수 없으므로 선행처분의 위법을 이유로 후행처분의 효력을 다툴 수 있음에도, 이와 달리 본 원심판결에 법리를 오해한 위법이 있다고 한 사례(대법원 2013. 3. 14. 선고 2012두6964).

② (×) 건물철거명령과 대집행계고처분 간에는 하자의 승계가 인정되지 않는다. ☞ [관련판례] 만일 위 철거명령이 원고에 대한 것이며 이 철거명령에 대한 소원이나 소송을 제기하여 그 위법함을 소구하는 절차를 거치지 아니하였다면 위 선행행위

인 건물철거명령은 적법한 것으로 확정되었다고 할 것이니 후행행위인 이 사건 대집행계고처분에서는 이 사건 건물이 무허가 건물이 아닌 적법한 건축물이라는 주장이나 그러한 사실인정을 하지 못한다고 할 것이다(당원 1975.12.9. 선고 75누218 판결 참조). 그럼에도 불구하고 원심이 위 선행행위인 철거처분의 유무 및 이에 대한 소구절차에 관한 것과 계고처분 그 자체에 무슨 위법이 있는 여부에 관한 심리를 아니한 채 원고의 청구를 인용하였음은 심리미진 및 이유불비의 위법을 면할 수 없다고 할 것이다(대법원 1982. 7. 27. 선고 81누293).

③ (○) 선행 행정행위에 대한 제소기간이 도과하여 더 이상 선행 행정행위에 대해서는 다툴 수 없게 된 상황이라 하더라도, 하자의 승계가 인정되면 형식적으로는 후행 행정행위의 위법성을 다투면서 실질적으로는 다시 선행 행정행위의 위법성을 문제 삼을 수 있게 되므로, 하자의 승계를 인정하면 국민의 권리를 보호하고 구제하는 범위가 더 넓어진다.

④ (○) 선행 행정행위에 무효사유에 해당하는 하자가 존재하는 경우에는 언제나 하자의 승계가 인정된다고 본다.

18 정답 ①

① (×) 식품위생법과 건축법은 그 입법 목적, 규정사항, 적용범위 등을 서로 달리하고 있어 식품접객업에 관하여 식품위생법이 건축법에 우선하여 배타적으로 적용되는 관계에 있다고는 해석되지 않는다. 그러므로 식품위생법에 따른 식품접객업(일반음식점영업)의 영업신고의 요건을 갖춘 자라고 하더라도, 그 영업신고를 한 당해 건축물이 건축법 소정의 허가를 받지 아니한 무허가 건물이라면 적법한 신고를 할 수 없다(대법원 2009. 4. 23. 선고 2008도6829).

② (○) 행정절차법 제21조 제1항, 제22조 제3항 및 제2조 제4호의 각 규정에 의하면, 행정청이 당사자에게 의무를 과하거나 권익을 제한하는 처분을 함에 있어서는 당사자 등에게 처분의 사전통지를 하고 의견제출의 기회를 주어야 하며, 여기서 당사자라 함은 행정청의 처분에 대하여 직접 그 상대가 되는 자를 의미한다 할 것이고, 한편 구 식품위생법(2002. 1. 26. 법률 제6627호로 개정되기 전의 것) 제25조 제2항, 제3항의 각 규정에 의하면, 지방세법에 의한 압류재산 매각절차에 따라 영업시설의 전부를 인수함으로써 그 영업자의 지위를 승계한 자가 관계 행정청에 이를 신고하여 행정청이 이를 수리하는 경우에는 종전의 영업자에 대한 영업허가 등은 그 효력을 잃는다 할 것인데, 위 규정들을 종합하면 위 행정청이 구 식품위생법 규정에 의하여 영업자지위승계신고를 수리하는 처분은 종전의 영업자의 권익을 제한하는 처분이라 할 것이고 따라서 종전의 영업자는 그 처분에 대하여 직접 그 상대가 되는 자에 해당한다고 봄이 상당하므로, 행정청으로서는 위 신고를 수리하는 처분을 함에 있어서 행정절차법 규정 소정의 당사자에 해당하는 종전의 영업자에 대하여 위 규정 소정의 행정절차를 실시하고 처분을 하여야 한다(대법원 2003. 2. 14. 선고 2001두7015).

③ (○) 숙박업을 하고자 하는 자가 법령이 정하는 시설과 설비를 갖추고 행정청에 신고를 하면, 행정청은 공중위생관리법령의 위 규정에 따라 원칙적으로 이를 수리하여야 한다. 행정청이 법령이 정한 요건 이외의 사유를 들어 수리를 거부하는 것은 위 법령의 목적에 비추어 이를 거부해야 할 중대한 공익상의 필요가 있다는 등 특별한 사정이 있는 경우에 한한다. 이러한 법리는 이미 다른 사람 명의로 숙박업 신고가 되어 있는 시설 등의 전부 또는 일부에서 새로 숙박업을 하고자 하는 자가 신고를 한 경우에도 마찬가지이다. 기존에 다른 사람이 숙박업 신고를 한 적이 있더라도 새로 숙박업을 하려는 자가 그 시설 등의 소유권 등 정당한 사용권한을 취득하여 법령에서 정한 요건을 갖추어 신고하였다면, 행정청으로서는 특별한 사정이 없는 한 이를 수리하여야 하고, 단지 해당 시설 등에 관한 기존의 숙박업 신고가 외관상 남아있다는 이유만으로 이를 거부할 수 없다(대법원 2017. 5. 30. 선고 2017두34087).

④ (○) 구 장사 등에 관한 법률(2007. 5. 25. 법률 제8489호로 전부 개정되기 전의 것, 이하 '구 장사법'이라 한다) 제14조 제1항, 구 장사 등에 관한 법률 시행규칙(2008. 5. 26. 보건복지가족부령 제15호로 전부 개정되기 전의 것) 제7조 제1항 [별지 제7호 서식]을 종합하면, 납골당설치 신고는 이른바 '수리를 요하는 신고'라 할 것이므로, 납골당설치 신고가 구 장사법 관련 규정의 모든 요건에 맞는 신고라 하더라도 신고인은 곧바로 납골당을 설치할 수는 없고, 이에 대한 행정청의 수리처분이 있어야만 신고한 대로 납골당을 설치할 수 있다. 한편 수리란 신고를 유효한 것으로 판단하고 법령에 의하여 처리할 의사로 이를 수령하는 수동적 행위이므로 수리행위에 신고필증 교부 등 행위가 꼭 필요한 것은 아니다(대법원 2011. 9. 8. 선고 2009두6766).

19 정답 ③

① (×) 행정소송법상 거부처분 취소소송의 대상인 '거부처분'이란 '행정청이 행하는 구체적 사실에 관한 법집행으로서의 공권력의 행사 또는 이에 준하는 행정작용', 즉 적극적 처분의 발급을 구하는 신청에 대하여 그에 따른 행위를 하지 않았다고 거부하는 행위를 말하고, 부작위위법확인소송의 대상인 '부작위'란 '행정청이 당사자의 신청에 대하여 상당한 기간 내에 일정한 처분을 하여야 할 법률상 의무가 있음에도 불구하고 이를 하지 아니하는 것'을 말한다(제2조 제1항 제1호, 제2호). 여기에서 '처분'이란 행정소송법상 항고소송의 대상이 되는 처분을 의미하는 것으로서, 행정소송법 제2조의 처분의 개념 정의에는 해당한다고 하더라도 그 처분의 근거 법률에서 행정소송 이외의 다른 절차에 의하여 불복할 것을 예정하고 있는 처분은 항고소송의 대상이 될 수 없다. 검사의 불기소결정에 대해서는 검찰청법에 의한 항고와 재항고, 형사소송법에 의한 재정신청에 의해서만 불복할 수 있는 것이므로, 이에 대해서는 행정소송법상 항고소송을 제기할 수 없다(대법원 2018. 9. 28. 선고 2017두47465).

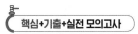

② (×) 구 금융산업의 구조개선에 관한 법률(2002. 12. 26. 법률 제6807호로 개정되기 전의 것) 제16조 제1항 및 구 상호저축은행법(2003. 12. 11. 법률 제6992호로 개정되기 전의 것) 제24조의13에 의하여 금융감독위원회는 부실금융기관에 대하여 파산을 신청할 수 있는 권한을 보유하고 있는바, 위 파산신청은 그 성격이 법원에 대한 재판상 청구로서 그 자체가 국민의 권리·의무에 어떤 영향을 미치는 것이 아닐 뿐만 아니라, 위 파산신청으로 인하여 당해 부실금융기관이 파산절차 내에서 여러 가지 법률상 불이익을 입는다 할지라도 파산법원이 관할하는 파산절차 내에서 그 신청의 적법 여부 등을 다투어야 할 것이므로, 위와 같은 금융감독위원회의 파산신청은 행정소송법상 취소소송의 대상이 되는 행정처분이라 할 수 없다(대법원 2006. 7. 28. 선고 2004두13219).

③ (○) 병무청장이 법무부장관에게 '가수 갑이 공연을 위하여 국외여행허가를 받고 출국한 후 미국 시민권을 취득함으로써 사실상 병역의무를 면탈하였으므로 재외동포 자격으로 재입국하고자 하는 경우 국내에서 취업, 가수활동 등 영리활동을 할 수 없도록 하고, 불가능할 경우 입국 자체를 금지해 달라'고 요청함에 따라 법무부장관이 갑의 입국을 금지하는 결정을 하고, 그 정보를 내부전산망인 '출입국관리정보시스템'에 입력하였으나, 갑에게는 통보하지 않은 사안에서, 행정청이 행정의사를 외부에 표시하여 행정청이 자유롭게 취소·철회할 수 없는 구속을 받기 전에는 '처분'이 성립하지 않으므로 법무부장관이 출입국관리법 제11조 제1항 제3호 또는 제4호, 출입국관리법 시행령 제14조 제1항, 제2항에 따라 위 입국금지결정을 했다고 해서 '처분'이 성립한다고 볼 수는 없고, 위 입국금지결정은 법무부장관의 의사가 공식적인 방법으로 외부에 표시된 것이 아니라 단지 그 정보를 내부전산망인 '출입국관리정보시스템'에 입력하여 관리한 것에 지나지 않으므로, 위 입국금지결정은 항고소송의 대상이 될 수 있는 '처분'에 해당하지 않는데도, 위 입국금지결정이 처분에 해당하여 공정력과 불가쟁력이 있다고 본 원심판단에 법리를 오해한 잘못이 있다고 한 사례(대법원 2019. 7. 11. 선고 2017두38874)

④ (×) 지방의회를 대표하고 의사를 정리하며 회의장 내의 질서를 유지하고 의회의 사무를 감독하며 위원회에 출석하여 발언할 수 있는 등의 직무권한을 가지는 지방의회 의장에 대한 불신임의결은 의장으로서의 권한을 박탈하는 행정처분의 일종으로서 항고소송의 대상이 된다(대법원 1994. 10. 11. 자 94두23).

20 정답 ①

① (○) 외국 또는 외국 기관으로부터 비공개를 전제로 정보를 입수하였다는 이유만으로 이를 공개할 경우 업무의 공정한 수행에 현저한 지장을 받을 것이라고 단정할 수는 없다. 다만 위와 같은 사정은 정보 제공자와의 관계, 정보 제공자의 의사, 정보의 취득 경위, 정보의 내용 등과 함께 업무의 공정한 수행에 현저한 지장이 있는지를 판단할 때 고려하여야 할 형량 요소이다(대법원 2018. 9. 28. 선고 2017두69892).

② (×) 형사소송법 제59조의2의 내용·취지 등을 고려하면, 형사소송법 제59조의2는 형사재판확정기록의 공개 여부나 공개범위, 불복절차 등에 대하여 구 공공기관의 정보공개에 관한 법률(2013. 8. 6. 법률 제11991호로 개정되기 전의 것, 이하 '정보공개법'이라고 한다)과 달리 규정하고 있는 것으로 정보공개법 제4조 제1항에서 정한 '정보의 공개에 관하여 다른 법률에 특별한 규정이 있는 경우'에 해당한다. 따라서 형사재판확정기록의 공개에 관하여는 정보공개법에 의한 공개청구가 허용되지 아니한다(대법원 2016. 12. 15. 선고 2013두20882).

③ (×) 사면대상자들의 사면실시건의서와 그와 관련된 국무회의 안건자료에 관한 정보는 그 공개로 얻는 이익이 그로 인하여 침해되는 당사자들의 사생활의 비밀에 관한 이익보다 더욱 크므로 구 공공기관의 정보공개에 관한 법률(2004. 1. 29. 법률 제7127호로 전문 개정되기 전의 것) 제7조 제1항 제6호에서 정한 비공개사유에 해당하지 않는다(대법원 2006. 12. 7. 선고 2005두241).

④ (×) 정보공개청구권자가 공공기관에 대하여 정보공개를 청구하였다가 거부처분을 받은 것 자체만으로도 법률상 이익의 침해가 있은 것으로 인정된다. ☞ [관련판례] 국민의 정보공개청구권은 법률상 보호되는 구체적인 권리이므로, 공공기관에 대하여 정보의 공개를 청구하였다가 공개거부처분을 받은 청구인은 행정소송을 통하여 그 공개거부처분의 취소를 구할 법률상의 이익이 있다(대법원 2003. 3. 11. 선고 2001두6425).

21 정답 ④

① (○) 관할관청의 개인택시 운송사업면허의 양도·양수에 대한 인가에는 양도인과 양수인 간의 양도행위를 보충하여 그 법률효과를 완성시키는 의미에서의 인가처분뿐만 아니라 양수인에 대해 양도인이 가지고 있던 면허와 동일한 내용의 면허를 부여하는 처분이 포함되어 있다고 볼 것이어서, 양수인이 구 자동차운수사업법 시행규칙 제15조 제1항 소정의 개인택시 운송사업면허취득의 자격요건인 운전경력에 미달됨이 사후에 밝혀진 경우에는 관할관청은 면허를 받을 자격이 없는 자에 대한 하자 있는 처분으로서 개인택시 운송사업면허 양도·양수인가처분을 취소할 수 있음은 물론 양수인에 대한 개인택시 운송사업면허처분을 취소할 수도 있다(대법원 1994. 8. 23. 선고 94누4882).

② (○) 주택건설촉진법 제33조 제1항, 구 같은 법 시행규칙(1996. 2. 13. 건설교통부령 제54호로 개정되기 전의 것) 제20조의 각 규정에 의한 주택건설사업계획에 있어서 사업주체변경의 승인은 그로 인하여 사업주체의 변경이라는 공법상의 효과가 발생하는 것이므로, 사실상 내지 사법상으로 주택건설사업 등이 양도·양수되었을지라도 아직 변경승인을 받기 이전에는 그 사업계획의 피승인자는 여전히 종전의 사업주체인 양도인이고 양수인이 아니라 할 것이어서, 사업계획승인취소처분 등의 사유가 있는지의 여부와 취소사유가 있다고 하여 행하는 취소처분은 피승인자인 양도인을 기준으로 판단하여 그 양도인에 대하여 행하여져야 할 것이므로 행정청이 주택건설사업의

양수인에 대하여 양도인에 대한 사업계획승인을 취소하였다는 사실을 통지한 것만으로는 양수인의 법률상 지위에 어떠한 변동을 일으키는 것은 아니므로 위 통지는 항고소송의 대상이 되는 행정처분이라고 할 수는 없다(대법원 2000. 9. 26. 선고 99두646).
③ (○) 석유사업법 제12조 제3항, 제9조 제1항, 제12조 제4항 등을 종합하면 석유판매업(주유소)허가는 소위 대물적 허가의 성질을 갖는 것이어서 그 사업의 양도도 가능하고 이 경우 양수인은 양도인의 지위를 승계하게 됨에 따라 양도인의 위 허가에 따른 권리의무가 양수인에게 이전되는 것이므로 만약 양도인에게 그 허가를 취소할 위법사유가 있다면 허가관청은 이를 이유로 양수인에게 응분의 제재조치를 취할 수 있다 할 것이고, 양수인이 그 양수후 허가관청으로부터 석유판매업허가를 다시 받았다 하더라도 이는 석유판매업의 양수도를 전제로 한 것이어서 이로써 양도인의 지위승계가 부정되는 것은 아니므로 양도인의 귀책사유는 양수인에게 그 효력이 미친다(대법원 1986. 7. 22. 선고 86누203).
④ (×) 관할 행정청이 영업 양수인(乙)의 영업자 지위승계신고를 수리하기 전에 양도인(甲)의 영업허가가 취소되었을 경우, 양수인(乙)에게는 그 양도인(甲)에 대한 영업허가 취소에 대하여 취소소송을 제기할 수 있는 원고적격이 있다. ☞ 양도인에게는 원고적격이 없다는 것이 아니다.

22 정답 ④

① (×) 사전심사는 필수적 절차가 아니라 임의적 절차로 규정되어 있다. 민원처리에 관한 법률 제30조 제1항 참조.

> 민원처리에 관한 법률 제30조(사전심사의 청구 등) ① 민원인은 법정민원 중 신청에 경제적으로 많은 비용이 수반되는 민원 등 대통령령으로 정하는 민원에 대하여는 행정기관의 장에게 정식으로 민원을 신청하기 전에 미리 약식의 사전심사를 청구할 수 있다.

② (×) 구 민원사무 처리에 관한 법률(2012. 10. 22. 법률 제11492호로 개정되기 전의 것, 이하 '구 민원사무처리법'이라 한다) 제19조 제1항, 제3항, 구 민원사무 처리에 관한 법률 시행령(2012. 12. 20. 대통령령 제24235호로 개정되기 전의 것) 제31조 제3항의 내용과 체계에다가 사전심사청구제도는 민원인이 대규모의 경제적 비용이 수반되는 민원사항에 대하여 간편한 절차로써 미리 행정청의 공적 견해를 받아볼 수 있도록 하여 민원행정의 예측 가능성을 확보하게 하는 데에 취지가 있다고 보이고, 민원인이 희망하는 특정한 견해의 표명까지 요구할 수 있는 권리를 부여한 것으로 보기는 어려운 점, 행정청은 사전심사결과 가능하다는 통보를 한 때에도 구 민원사무처리법 제19조 제3항에 의한 제약이 따르기는 하나 반드시 민원사항을 인용하는 처분을 해야 하는 것은 아닌 점, 행정청은 사전심사결과 불가능하다고 통보하였더라도 사전심사결과에 구애되지 않고 민원사항을 처리할 수 있으므로 불가능하다는 통보가 민원인의 권리의무에 직접적 영향을 미친다고 볼 수 없고, 통보로 인하여

민원인에게 어떠한 법적 불이익이 발생할 가능성도 없는 점 등 여러 사정을 종합해 보면, 구 민원사무처리법이 규정하는 사전심사결과 통보는 항고소송의 대상이 되는 행정처분에 해당하지 아니한다(대법원 2014. 4. 24. 선고 2013두7834).
③ (×) 구두로 이의신청을 할 수는 없으며, 90일이 아니라 60일이다. 민원처리에 관한 법률 제35조 제1항 참조.

> 민원처리에 관한 법률 제35조(거부처분에 대한 이의신청) ① 법정민원에 대한 행정기관의 장의 거부처분에 불복하는 민원인은 그 거부처분을 받은 날부터 60일 이내에 그 행정기관의 장에게 문서로 이의신청을 할 수 있다.

④ (○) 민원처리에 관한 법률 제2조 제5호

> 민원처리에 관한 법률 제2조(정의) 이 법에서 사용하는 용어의 뜻은 다음과 같다.
> 5. "복합민원"이란 하나의 민원 목적을 실현하기 위하여 관계법령 등에 따라 여러 관계 기관(민원과 관련된 단체·협회 등을 포함한다. 이하 같다) 또는 관계 부서의 인가·허가·승인·추천·협의 또는 확인 등을 거쳐 처리되는 법정민원을 말한다.

23 정답 ②

① (○) 소의 변경은 신청에 의해서만 가능하며, 직권으로는 가능하지 않다. 이는 소의 종류의 변경이든 처분변경으로 인한 소의 변경이든 마찬가지이다.

> 행정소송법 제22조(처분변경으로 인한 소의 변경) ① 법원은 행정청이 소송의 대상인 처분을 소가 제기된 후 변경한 때에는 원고의 신청에 의하여 결정으로써 청구의 취지 또는 원인의 변경을 허가할 수 있다.

② (×) 소의 변경은 당사자소송을 항고소송으로 변경하는 경우에도 인정된다. 행정소송법 제42조 참조

> 행정소송법 제42조(소의 변경) 제21조의 규정은 당사자소송을 항고소송으로 변경하는 경우에 준용한다.

> 행정소송법 제21조(소의 변경) ① 법원은 취소소송을 당해 처분등에 관계되는 사무가 귀속하는 국가 또는 공공단체에 대한 당사자소송 또는 취소소송외의 항고소송으로 변경하는 것이 상당하다고 인정할 때에는 청구의 기초에 변경이 없는 한 사실심의 변론종결시까지 원고의 신청에 의하여 결정으로써 소의 변경을 허가할 수 있다.

③ (○) 행정소송법 제21조 제4항

> 행정소송법 제21조(소의 변경) ④ 제1항의 규정에 의한 허가결정에 대하여는 제14조 제2항·제4항 및 제5항의 규정을 준용한다.

> 행정소송법 제14조(피고경정) ④ 제1항의 규정에 의한 결정이 있은 때에는 새로운 피고에 대한 소송은 처음에 소를 제기한 때에 제기된 것으로 본다.

④ (O) 행정소송법 제21조 제2항

> **행정소송법 제21조(소의 변경)** ② 제1항의 규정에 의한 허가를 하는 경우 피고를 달리하게 될 때에는 법원은 새로이 피고로 될 자의 의견을 들어야 한다.

24 정답 ①

① (×) 지방의회의원에 대하여 유급보좌인력을 두는 것은 지방의회의원의 신분·지위 및 그 처우에 관한 현행 법령상의 제도에 중대한 변경을 초래하는 것으로서, 이는 개별 지방의회의 조례로써 규정할 사항이 아니라 국회의 법률로써 규정하여야 할 입법사항이다(대법원 2013. 1. 16. 선고 2012추84).

② (O) 헌법재판소는 1994. 7. 29. 92헌바49등 결정에서 '토초세법은 과세기간 동안의 지가상승액에서 정상지가상승분 및 개량비 등을 공제한 토지초과이득을 그 과세대상 및 과세표준으로 할 것만을 직접 규정하면서(제11조 제1항, 제3조 제1항), 과세표준인 토지초과이득을 산출하는 데 근거로 삼을 기준시가에 관하여는 이를 전적으로 대통령령에 맡겨 두는 형식으로 되어 있다(제11조 제2항). 그러나 이와 같은 <u>기준시가는</u> 토초세의 과세대상 및 과세표준이 되는 토지초과이득의 존부와 범위를 결정하는 지표가 된다는 점에서 <u>국민의 납세의무의 성부 및 범위와 직접적인 관계를 가지고 있는 중요한 사항이므로,</u> 기준시가의 산정기준이나 방법 등을 하위법규에 백지위임하지 아니하고 그 대강이라도 토초세법 자체에서 직접 규정해 두는 것이 국민생활의 법적 안정성과 예측가능성을 도모한다는 측면에서 보아 보다 더 합리적이고도 신중한 입법태도일 것이다. 그럼에도 불구하고 <u>토초세법 제11조 제2항이 지가를 산정하는 기준과 방법을 직접 규정하지 아니하고 이를 전적으로 대통령령에 위임하고 있는 것은 헌법 제38조 및 제59조가 천명하고 있는 조세법률주의 혹은 위임입법의 범위를 구체적으로 정할 것을 지시하고 있는 헌법 제75조에 반하는 것이다'라고 하여, 법 전체에 대한 헌법불합치결정을 선고하였다</u>(헌법재판소 1999. 4. 29. 96헌바10).

③ (O) 살수차는 사용방법에 따라서는 경찰장구나 무기 등 다른 위해성 경찰장비 못지않게 국민의 생명이나 신체에 중대한 위해를 가할 수 있는 장비에 해당한다. 집회·시위 현장에서는 무기나 최루탄 등보다 살수차가 집회 등 해산용으로 더 빈번하게 사용되고 있다. 한편, <u>신체의 자유</u>는 다른 기본권 행사의 전제가 되는 핵심적 기본권이고, <u>집회의 자유</u>는 인격 발현에 기여하는 기본권이자 표현의 자유와 함께 대의 민주주의 실현의 기본 요소다. 집회나 시위 해산을 위한 <u>살수차 사용은 이처럼 중요한 기본권에 대한 중대한 제한이므로, 살수차 사용요건이나 기준은 법률에 근거를 두어야 한다.</u> (중략) 위해성 경찰장비 사용의 위험성과 기본권 보호 필요성에 비추어 볼 때, '경찰관 직무집행법'과 이 사건 대통령령에 규정된 위해성 경찰장비의 사용방법은 법률유보원칙에 따라 엄격하게 제한적으로 해석하여야 한다. <u>위해성 경찰장비는 본래의 사용방법에 따라 지정된 용도로 사용되어야 하며 다른 용도나 방법으로 사용하기 위해</u>

<u>서는 반드시 법령에 근거가 있어야 한다</u>(헌법재판소 2018. 5. 31. 2015헌마476).

④ (O) 전부유보설은 모든 행정활동에 법적 근거가 필요하다는 입장이다. 따라서 전부유보설에 따를 경우 국민에게 필요한 급부를 하는 수익적 행정활동이라 할지라도 법률의 수권이 없다면 불가능하게 된다는 문제점이 있다.

25 정답 ③

① (O) 당사자의 신청을 받아들이지 않은 거부처분이 재결에서 취소된 경우에 행정청은 종전 거부처분 또는 재결 후에 발생한 새로운 사유를 내세워 다시 거부처분을 할 수 있다. 그 재결의 취지에 따라 이전의 신청에 대하여 다시 어떠한 처분을 하여야 할지는 처분을 할 때의 법령과 사실을 기준으로 판단하여야 하기 때문이다. 또한 행정청이 재결에 따라 이전의 신청을 받아들이는 후속처분을 하였더라도 후속처분이 위법한 경우에는 재결에 대한 취소소송을 제기하지 않고도 곧바로 후속처분에 대한 항고소송을 제기하여 다툴 수 있다. 나아가 거부처분을 취소하는 재결이 있더라도 그에 따른 후속처분이 있기까지는 제3자의 권리나 이익에 변동이 있다고 볼 수 없고 후속처분 시에 비로소 제3자의 권리나 이익에 변동이 발생하며, 재결에 대한 항고소송을 제기하여 재결을 취소하는 판결이 확정되더라도 그와 별도로 후속처분이 취소되지 않는 이상 후속처분으로 인한 제3자의 권리나 이익에 대한 침해 상태는 여전히 유지된다. 이러한 점들을 종합하면, <u>거부처분이 재결에서 취소된 경우 재결에 따른 후속처분이 아니라 그 재결의 취소를 구하는 것은 실효적이고 직접적인 권리구제수단이 될 수 없어 분쟁해결의 유효적절한 수단이라고 할 수 없으므로 법률상 이익이 없다</u>(대법원 2017. 10. 31. 선고 2015두45045).

② (O) 취소판결의 기속력은 그 사건의 당사자인 행정청과 그 밖의 관계행정청에게 확정판결의 취지에 따라 행동하여야 할 의무를 지우는 것으로 이는 인용판결에 한하여 인정된다.

③ (×) 취소판결의 기속력은 주로 판결의 실효성 확보를 위하여 인정되는 효력으로서 판결의 주문뿐만 아니라 그 전제가 되는 처분 등의 구체적 위법사유에 관한 이유 중의 판단에 대하여도 인정된다.

④ (O) 행정소송법은 판결의 효력을 받게 되는 제3자는 ㉠ 원칙적으로 소송참가를 통해 자신의 권익을 보호하게 하고, ㉡ 소송참가를 통하여 자신의 권익을 보호하였어야 하였으나, <u>자기에게 책임없는 사유로 소송에 참가하지 못했던 제3자의 경우에는 예외적으로 재심을 청구할 수 있게</u> 하고 있다. 행정소송법 제31조 제1항 참조.

> **행정소송법 제31조(제3자에 의한 재심청구)** ① 처분등을 취소하는 판결에 의하여 권리 또는 이익의 침해를 받은 제3자는 자기에게 <u>책임없는 사유로 소송에 참가하지 못함으로써 판결의 결과에 영향을 미칠 공격 또는 방어방법을 제출하지 못한 때에는 이를 이유로 확정된 종국판결에 대하여 재심의 청구를 할 수 있다.</u>

05 제5회 실전 모의고사

01 ④	02 ④	03 ③	04 ②	05 ③
06 ②	07 ④	08 ①	09 ④	10 ①
11 ③	12 ④	13 ④	14 ②	15 ③
16 ②	17 ④	18 ①	19 ①	20 ③
21 ①	22 ④	23 ②	24 ④	25 ①

01 정답 ④

㉠ (×) 처분청은 원고의 권리방어가 침해되지 않는 한도 내에서, 당해 취소소송의 사실심 변론종결 전까지 처분사유의 추가·변경을 할 수 있다(96누8796).

㉡ (×) 피고가 원심 소송과정에서 이 사건 정기간행물의 제호에 노동조합법상 합법적인 노동조합이 아니면 사용할 수 없고 그 사용 시에 형사처벌이 가해지는 "노동조합"이라는 명칭의 약칭이 사용되어 있고 또한 이 사건 정기간행물의 발행주체가 단체인데도 정간법시행령 제6조 제2호 소정의 첨부서류(단체의 정관 규약과 설립을 증명하는 서류)가 제출되지 아니하였으므로 이 사건 등록거부처분이 적법하다고 주장하였는데도 원심은 이들이 모두 당초 처분 시에 처분사유로 삼지 아니한 별도의 새로운 처분사유라는 이유로 그 적법 여부를 판단하지 아니하였는바, 다른 법령에 의하여 금지·처벌되는 명칭이 제호에 사용되어 있다는 주장은 당초 처분 시에 불법단체인 전국교직원노동조합의 약칭(전교조)이 제호에 사용되었다고 적시한 것과 비교하여 볼 때 당초에 적시한 구체적 사실을 변경하지 아니한 채 단순히 근거 법조만을 추가·변경한 주장으로서 이를 새로운 처분사유의 추가·변경이라고 할 수 없고(대법원 1987. 12. 8. 선고 87누632 판결 참조), 또한 정간법령 소정의 첨부서류가 제출되지 아니하였다는 주장은 발행주체가 불법단체라는 당초의 처분사유와 비교하여 볼 때 발행주체가 단체라는 점을 공통으로 하고 있어 기본적 사실관계에 동일성이 있는 주장으로서 소송에서 처분사유로 추가·변경할 수 있다고 보아야 할 것이므로, 이와 다른 전제에 서서 피고의 위 두 가지 주장의 적법 여부를 판단하지 아니한 원심판결에는 처분사유의 추가·변경에 관한 법리를 오해하여 심리를 다하지 아니한 위법이 있다고 할 것이다(대법원 1998. 4. 24. 선고 96누13286).

㉢ (○) 피고가 원고의 정보공개청구에 대하여 별다른 이유를 제시하지 않은 채 이동통신요금과 관련한 총괄원가액수만을 공개한 것은, 이 사건 원가 관련 정보에 대하여 비공개결정을 하면서 비공개이유를 명시하지 않은 경우에 해당하여 위법하다고 판단하면서, 피고가 이 사건 소송에서 비로소 이 사건 원가 관련 정보가 법인의 영업상 비밀에 해당한다는 비공개사유를 주장하는 것은, 그 기본적 사실관계가 동일하다고 볼 수 없는 사유를 추가하는 것이어서 허용될 수 없다고 판단하였다(대법원 2018. 4. 12. 선고 2014두5477).

㉣ (○) 행정처분의 취소를 구하는 항고소송에 있어서, 처분청은 당초 처분의 근거로 삼은 사유와 기본적 사실관계가 동일성이 있다고 인정되는 한도 내에서만 다른 사유를 추가하거나 변경할 수 있고, 여기서 기본적 사실관계의 동일성 유무는 처분사유를 법률적으로 평가하기 이전의 구체적인 사실에 착안하여 그 기초인 사회적 사실관계가 기본적인 점에서 동일한지 여부에 따라 결정되며 이와 같이 기본적 사실관계와 동일성이 인정되지 않는 별개의 사실을 들어 처분사유로 주장하는 것이 허용되지 않는다고 해석하는 이유는 행정처분의 상대방의 방어권을 보장함으로써 실질적 법치주의를 구현하고 행정처분의 상대방에 대한 신뢰를 보호하고자 함에 그 취지가 있다(대법원 2007. 10. 11. 선고 2007두9365).

02 정답 ④

㉠ (×) 항고소송에 해당한다. ☞ [관련판례] 구 공무원연금법(1995. 12. 29. 법률 제5117호로 개정되기 전의 것) 제26조 제1항, 제80조 제1항, 공무원연금법시행령 제19조의2의 각 규정을 종합하면, 같은 법 소정의 급여는 급여를 받을 권리를 가진 자가 당해 공무원이 소속하였던 기관장의 확인을 얻어 신청하는 바에 따라 공무원연금관리공단이 그 지급결정을 함으로써 그 구체적인 권리가 발생하는 것이므로, 공무원연금관리공단의 급여에 관한 결정은 국민의 권리에 직접 영향을 미치는 것이어서 행정처분에 해당하고, 공무원연금관리공단의 급여결정에 불복하는 자는 공무원연금급여재심위원회의 심사결정을 거쳐 공무원연금관리공단의 급여결정을 대상으로 행정소송을 제기하여야 한다(대법원 1996. 12. 6. 선고 96누6417).

㉡ (○) 구 공무원연금법(2000. 12. 30. 법률 제6328호로 개정되기 전의 것) 소정의 퇴직연금 등의 급여는 급여를 받을 권리를 가진 자가 당해 공무원이 소속하였던 기관장의 확인을 얻어 신청하는 바에 따라 공무원연금관리공단이 그 지급결정을 함으로써 그 구체적인 권리가 발생하는 것이므로, 공무원연금관리공단의 급여에 관한 결정은 국민의 권리에 직접 영향을 미치는 것이어서 행정처분에 해당할 것이지만, 공무원연금관리공단의 인정에 의하여 퇴직연금을 지급받아 오던 중 구 공무원연금법령의 개정 등으로 퇴직연금 중 일부 금액의 지급이 정지된 경우에는 당연히 개정된 법령에 따라 퇴직연금이 확정되는 것이지 같은 법 제26조 제1항에 정해진 공무원연금관리공단의 퇴직연금 결정과 통지에 의하여 비로소 그 금액이 확정되는 것이

아니므로, 공무원연금관리공단이 퇴직연금 중 일부 금액에 대하여 지급거부의 의사표시를 하였다고 하더라도 그 의사표시는 퇴직연금 청구권을 형성·확정하는 행정처분이 아니라 공법상의 법률관계의 한쪽 당사자로서 그 지급의무의 존부 및 범위에 관하여 나름대로의 사실상·법률상 의견을 밝힌 것일 뿐이어서, 이를 행정처분이라고 볼 수는 없고, 이 경우 <u>미지급퇴직연금에 대한 지급청구권은 공법상 권리로서 그의 지급을 구하는 소송은 공법상의 법률관계에 관한 소송인 공법상 당사자소송에 해당한다</u>(대법원 2004. 7. 8. 선고 2004두244).

ⓒ (✕) 민사소송에 해당한다. ☞ [관련판례] 국세환급금에 관한 국세기본법 및 구 국세기본법(2007. 12. 31. 법률 제8830호로 개정되기 전의 것) 제51조 제1항은 이미 부당이득으로서 존재와 범위가 확정되어 있는 과오납부액이 있는 때에는 국가가 납세자의 환급신청을 기다리지 않고 즉시 반환하는 것이 정의와 공평에 합당하다는 법리를 선언하고 있는 것이므로, <u>이미 존재와 범위가 확정되어 있는 과오납부액은 납세자가 부당이득의 반환을 구하는 민사소송으로 환급을 청구할 수 있다</u>(대법원 2015. 8. 27. 선고 2013다212639).

ⓓ (○) 도시 및 주거환경정비법상 행정주체인 주택재건축정비사업조합을 상대로 관리처분계획안에 대한 조합 총회결의의 효력 등을 다투는 소송은 행정처분에 이르는 절차적 요건의 존부나 효력 유무에 관한 소송으로서 그 소송결과에 따라 행정처분의 위법 여부에 직접 영향을 미치는 공법상 법률관계에 관한 것이므로, 이는 행정소송법상의 당사자소송에 해당한다(대법원 2009. 9. 17. 선고 2007다2428).

03 정답 ③

① (✕) 공공기관의 정보공개에 관한 법률 제2조 제2항, 제3조, 제5조, 제8조 제1항, 같은 법 시행령 제14조, 같은 법 시행규칙 제2조 [별지 제1호 서식] 등의 각 규정을 종합하면, 정보공개를 청구하는 자가 공공기관에 대해 정보의 사본 또는 출력물의 교부의 방법으로 공개방법을 선택하여 정보공개청구를 한 경우에 <u>공개청구를 받은 공공기관으로서는 같은 법 제8조 제2항에서 규정한 정보의 사본 또는 복제물의 교부를 제한할 수 있는 사유에 해당하지 않는 한 정보공개청구자가 선택한 공개방법에 따라 정보를 공개하여야 하므로 그 공개방법을 선택할 재량권이 없다고 해석함이 상당하다</u>(대법원 2003. 12. 12. 선고 2003두8050).

② (✕) 공공기관의 정보공개에 관한 법률 제11조 제3항

> **공공기관의 정보공개에 관한 법률 제11조(정보공개 여부의 결정)** ③ 공공기관은 공개 청구된 공개 대상 정보의 전부 또는 일부가 제3자와 관련이 있다고 인정할 때에는 그 사실을 제3자에게 지체 없이 통지하여야 하며, 필요한 경우에는 그의 의견을 들을 수 있다.

③ (○) 공공기관의 정보공개에 관한 법률 제21조 제2항

> **공공기관의 정보공개에 관한 법률 제21조(제3자의 비공개 요청 등)** ② 제1항에 따른 비공개 요청에도 불구하고 공공기관이 공개 결정을 할 때에는 공개 결정 이유와 공개 실시일을 분명히 밝혀 지체 없이 문서로 통지하여야 하며, 제3자는 해당 공공기관에 문서로 이의신청을 하거나 행정심판 또는 행정소송을 제기할 수 있다. 이 경우 이의신청은 통지를 받은 날부터 7일 이내에 하여야 한다.

④ (✕) 공공기관의 정보공개에 관한 법률 제21조 제2항

> **공공기관의 정보공개에 관한 법률 제21조(제3자의 비공개 요청 등)** ② 제1항에 따른 비공개 요청에도 불구하고 공공기관이 공개 결정을 할 때에는 공개 결정 이유와 공개 실시일을 분명히 밝혀 지체 없이 문서로 통지하여야 하며, <u>제3자는 해당 공공기관에 문서로 이의신청을 하거나 행정심판 또는 행정소송을 제기할 수 있다. 이 경우 이의신청은 통지를 받은 날부터 7일 이내에 하여야 한다.</u>

04 정답 ②

① (✕) 위법성의 판단기준에 있어서는 무효인 행정행위와 취소할 수 있는 행정행위를 구별할 실익이 없다. 반면 쟁송제기기간 및 불가쟁력의 발생에 있어서는 무효인 행정행위와 취소할 수 있는 행정행위를 구별할 실익이 있다.

② (○) 구 폐기물처리시설 설치촉진 및 주변지역 지원 등에 관한 법률에 정한 입지선정위원회가 그 구성방법 및 절차에 관한 같은 법 시행령의 규정에 위배하여 군수와 주민대표가 선정·추천한 전문가를 포함시키지 않은 채 임의로 구성되어 의결을 한 경우, 그에 터잡아 이루어진 폐기물처리시설 입지결정처분의 하자는 중대한 것이고 객관적으로도 명백하므로 무효사유에 해당한다고 한 사례(대법원 2007. 4. 12. 선고 2006두20150)

③ (✕) 행정청이 어느 법률관계나 사실관계에 대하여 어느 법률의 규정을 적용하여 행정처분을 한 경우에 그 법률관계나 사실관계에 대하여는 그 법률의 규정을 적용할 수 없다는 법리가 명백히 밝혀져 그 해석에 다툼의 여지가 없음에도 불구하고 행정청이 위 규정을 적용하여 처분을 한 때에는 그 하자가 중대하고도 명백하다고 할 것이나, 그 법률관계나 사실관계에 대하여 그 법률의 규정을 적용할 수 없다는 법리가 명백히 밝혀지지 아니하여 그 해석에 다툼의 여지가 있는 때에는 행정관청이 이를 잘못 해석하여 행정처분을 하였더라도 이는 그 처분 요건 사실을 오인한 것에 불과하여 그 하자가 명백하다고 할 수 없는 것이고, 또한 행정처분의 대상이 되는 법률관계나 사실관계가 전혀 없는 사람에게 행정처분을 한 때에는 그 하자가 중대하고도 명백하다 할 것이나, <u>행정처분의 대상이 되지 아니하는 어떤 법률관계나 사실관계에 대하여 이를 처분의 대상이 되는 것으로 오인할 만한 객관적인 사정이 있는 경우로서 그것이 처분대상이 되는지의 여부가 그 사실관계를 정확히 조사하여야 비로소 밝혀질 수 있는 때에는 비록 이를 오인한 하자가 중대하다고 할지라도 외관상 명백하다고 할 수는 없다</u>(대법원 2004. 10. 15. 선고 2002다68485).

④ (×) 환경영향평가를 거쳐야 할 대상사업에 대하여 환경영 향평가를 거치지 아니하였음에도 불구하고 승인 등 처분이 이루어진다면, 사전에 환경영향평가를 함에 있어 평가대상지역 주민들의 의견을 수렴하고 그 결과를 토대로 하여 환경부장관과의 협의내용을 사업계획에 미리 반영시키는 것 자체가 원천적으로 봉쇄되는바, 이렇게 되면 환경파괴를 미연에 방지하고 쾌적한 환경을 유지·조성하기 위하여 환경영향평가제도를 둔 입법 취지를 달성할 수 없게 되는 결과를 초래할 뿐만 아니라 환경영향평가대상지역 안의 주민들의 직접적이고 개별적인 이익을 근본적으로 침해하게 되므로, 이러한 행정처분의 하자는 법규의 중요한 부분을 위반한 중대한 것이고 객관적으로도 명백한 것이라고 하지 않을 수 없어, 이와 같은 행정처분은 당연무효이다(대법원 2006. 6. 30. 선고 2005두14363).

05 정답 ③

① (×) 행정의 자기구속의 원칙은 처분청이 아닌 제3자 행정 청에 대해서는 적용되지 않는다.
② (×) 지방자치단체장이 사업자에게 주택사업계획승인을 하면서 그 주택사업과는 아무런 관련이 없는 토지를 기부채납하도록 하는 부관을 주택사업계획승인에 붙인 경우, 그 부관은 부당결부금지의 원칙에 위반되어 위법하지만, 지방자치단체장이 승인한 사업자의 주택사업계획은 상당히 큰 규모의 사업임에 반하여, 사업자가 기부채납한 토지 가액은 그 100분의 1 상당의 금액에 불과한 데다가, 사업자가 그 동안 그 부관에 대하여 아무런 이의를 제기하지 아니하다가 지방자치단체장이 업무착오로 기부채납한 토지에 대하여 보상협조요청서를 보내자 그 때서야 비로소 부관의 하자를 들고 나온 사정에 비추어 볼 때 부관의 하자가 중대하고 명백하여 당연무효라고는 볼 수 없다고 한 사례(대법원 1997. 3. 11. 선고 96다49650).
③ (○) 정책의 주무 부처인 중앙행정기관이 그 소관 사항에 대하여 입안한 법령안은 법제처 심사 등의 절차를 거쳐 공포함으로써 확정되므로, 법령이 확정되기 이전에는 법적 효과가 발생할 수 없다. 따라서 입법 예고를 통해 법령안의 내용을 국민에게 예고한 적이 있다고 하더라도 그것이 법령으로 확정되지 아니한 이상 국가가 이해관계자들에게 위 법령안에 관련된 사항을 약속하였다고 볼 수 없으며, 이러한 사정만으로 어떠한 신뢰를 부여하였다고 볼 수도 없다(대법원 2018. 6. 15. 선고 2017다249769).
④ (×) 도로교통법 제148조의2 제1항 제1호는 도로교통법 제44조 제1항을 2회 이상 위반한 사람으로서 다시 같은 조 제1항을 위반하여 술에 취한 상태에서 자동차 등을 운전한 사람에 대해 1년 이상 3년 이하의 징역이나 500만 원 이상 1,000만 원 이하의 벌금에 처하도록 규정하고 있는데, 도로교통법 제148조의2 제1항 제1호에서 정하고 있는 '도로교통법 제44조 제1항을 2회 이상 위반한' 것에 개정된 도로교통법이 시행된 2011. 12. 9. 이전에 구 도로교통법(2011. 6. 8. 법률 제10790호로 개정되

기 전의 것) 제44조 제1항을 위반한 음주운전 전과까지 포함되는 것으로 해석하는 것이 형벌불소급의 원칙이나 일사부재리의 원칙 또는 비례의 원칙에 위배된다고 할 수 없다(대법원 2012. 11. 29. 선고 2012도10269).

06 정답 ②

① (○) 행정조사기본법 제7조 제4호

> 행정조사기본법 제7조(조사의 주기) 행정조사는 법령 등 또는 행정조사운영계획으로 정하는 바에 따라 정기적으로 실시함을 원칙으로 한다. 다만, 다음 각 호 중 어느 하나에 해당하는 경우에는 수시조사를 할 수 있다.
> 1. 법률에서 수시조사를 규정하고 있는 경우
> 2. 법령 등의 위반에 대하여 혐의가 있는 경우
> 3. 다른 행정기관으로부터 법령 등의 위반에 관한 혐의를 통보 또는 이첩받은 경우
> 4. 법령 등의 위반에 대한 신고를 받거나 민원이 접수된 경우
> 5. 그 밖에 행정조사의 필요성이 인정되는 사항으로서 대통령령으로 정하는 경우

② (×) 행정조사기본법 제15조 제1항

> 행정조사기본법 제15조(중복조사의 제한) ① 제7조에 따라 정기조사 또는 수시조사를 실시한 행정기관의 장은 동일한 사안에 대하여 동일한 조사대상자를 재조사 하여서는 아니 된다. 다만, 당해 행정기관이 이미 조사를 받은 조사대상자에 대하여 위법행위가 의심되는 새로운 증거를 확보한 경우에는 그러하지 아니하다.

☞ [비교조문] 행정조사기본법 제5조

> 행정조사기본법 제5조(행정조사의 근거) 행정기관은 법령 등에서 행정조사를 규정하고 있는 경우에 한하여 행정조사를 실시할 수 있다. 다만, 조사대상자의 자발적인 협조를 얻어 실시하는 행정조사의 경우에는 그러하지 아니하다.

③ (○) 행정조사기본법 제14조 제1항 제1호

> 행정조사기본법 제14조(공동조사) ① 행정기관의 장은 다음 각 호의 어느 하나에 해당하는 행정조사를 하는 경우에는 공동조사를 하여야 한다.
> 1. 당해 행정기관 내의 2 이상의 부서가 동일하거나 유사한 업무분야에 대하여 동일한 조사대상자에게 행정조사를 실시하는 경우
> 2. 서로 다른 행정기관이 대통령령으로 정하는 분야에 대하여 동일한 조사대상자에게 행정조사를 실시하는 경우

④ (○) 위법한 행정조사로 손해를 입은 국민은 국가배상법에 따른 손해배상을 청구할 수 있다. 행정조사도 공무원의 직무행위이기 때문이다.

07 정답 ④

① (○) 구 여객자동차 운수사업법(2009. 2. 6. 법률 제9532호로 개정되기 전의 것, 이하 '법'이라 한다) 제5조 제1항 제1호에서 '사업계획이 해당 노선이나 사업구역의 수송수요와 수송력 공급에 적합할 것'을 여객자동차운송사업의 면허기준으로 정한 것은 여객자동차운송사업에 관한 질서를 확립하고 여객자동차운송사업의 종합적인 발달을 도모하여 공공의 복리를 증진함과 동시에 업자 간의 경쟁으로 인한 경영의 불합리를 미리 방지하자는 데 그 목적이 있다 할 것이고, 법 제3조 제1항 제1호와 법 시행령(2008. 11. 26. 대통령령 제21132호로 개정되기 전의 것) 제3조 제1호, 법 시행규칙(2008. 11. 6. 국토해양부령 제66호로 전부 개정되기 전의 것) 제7조 제5항 등의 각 규정을 종합하여 보면, 고속형 시외버스운송사업과 직행형 시외버스운송사업은 다 같이 운행계통을 정하고 여객을 운송하는 노선여객자동차운송사업 중 시외버스운송사업에 속하므로, 위 두 운송사업이 사용버스의 종류, 운행거리, 운행구간, 중간정차 여부 등에서 달리 규율된다는 사정만으로 본질적인 차이가 있다고 할 수 없으며, 직행형 시외버스운송사업자에 대한 사업계획변경인가처분으로 인하여 기존의 고속형 시외버스운송사업자의 노선 및 운행계통과 직행형 시외버스운송사업자들의 그것들이 일부 중복되게 되고 기존업자의 수익감소가 예상된다면, 기존의 고속형 시외버스운송사업자와 직행형 시외버스운송사업자들은 경업관계에 있는 것으로 봄이 상당하므로, 기존의 고속형 시외버스운송사업자에게 직행형 시외버스운송사업자에 대한 사업계획변경인가처분의 취소를 구할 법률상의 이익이 있다고 할 것이다(대법원 2010. 11. 11. 선고 2010두4179).

② (○) 대집행계고처분 취소소송의 변론종결 전에 대집행영장에 의한 통지절차를 거쳐 사실행위로서 대집행의 실행이 완료된 경우에는 행위가 위법한 것이라는 이유로 손해배상이나 원상회복 등을 청구하는 것은 별론으로 하고 처분의 취소를 구할 법률상 이익은 없다(대법원 1993. 6. 8. 선고 93누6164).

③ (○) 행정청이 공무원에 대하여 새로운 직위해제사유에 기한 직위해제처분을 한 경우 그 이전에 한 직위해제처분은 이를 묵시적으로 철회하였다고 봄이 상당하므로, 그 이전 처분의 취소를 구하는 부분은 존재하지 않는 행정처분을 대상으로 한 것으로서 그 소의 이익이 없어 부적법하다(대법원 2003. 10. 10. 선고 2003두5945).

④ (×) 사증발급의 법적 성질, 출입국관리법의 입법 목적, 사증발급 신청인의 대한민국과의 실질적 관련성, 상호주의원칙 등을 고려하면, 우리 출입국관리법의 해석상 외국인에게는 사증발급 거부처분의 취소를 구할 법률상 이익이 인정되지 않는다(대법원 2018. 5. 15. 선고 2014두42506).

08 정답 ①

① (○) 사실상 영업이 양도·양수되었지만 아직 승계신고 및 그 수리처분이 있기 이전에는 여전히 종전의 영업자인 양도인이 영업허가자이고, 양수인은 영업허가자가 되지 못한다 할 것이어서 행정제재처분의 사유가 있는지 여부 및 그 사유가 있다고 하여 행하는 행정제재처분은 영업허가자인 양도인을 기준으로 판단하여 그 양도인에 대하여 행하여야 할 것이고, 한편 양도인이 그의 의사에 따라 양수인에게 영업을 양도하면서 양수인으로 하여금 영업을 하도록 허락하였다면 그 양수인의 영업 중 발생한 위반행위에 대한 행정적인 책임은 영업허가자인 양도인에게 귀속된다고 보아야 할 것이다(대법원 1995. 2. 24. 선고 94누9146).

② (×) 구 여객자동차 운수사업법(2007. 7. 13. 법률 제8511호로 개정되기 전의 것, 이하 '법'이라고 한다) 제15조 제4항에 의하면 개인택시 운송사업을 양수한 사람은 양도인의 운송사업자로서의 지위를 승계하는 것이므로, 관할관청은 개인택시 운송사업의 양도·양수에 대한 인가를 한 후에도 그 양도·양수 이전에 있었던 양도인에 대한 운송사업면허 취소사유를 들어 양수인의 사업면허를 취소할 수 있는 것이고(대법원 1998. 6. 26. 선고 96누18960 판결 참조), 가사 양도·양수 당시에는 양도인에 대한 운송사업면허 취소사유가 현실적으로 발생하지 않은 경우라도 그 원인되는 사실이 이미 존재하였다면, 관할관청으로서는 그 후 발생한 운송사업면허 취소사유에 기하여 양수인의 사업면허를 취소할 수 있는 것이다(대법원 2010. 4. 8. 선고 2009두17018).

③ (×) 업주의 위반사항에 대하여 3차 또는 4차 위반 시(다만, 영업정지처분을 받고 그 영업정지기간 중 영업을 한 경우는 1차 위반 시)에는 영업장폐쇄명령을 하고, 그보다 위반횟수가 적을 경우에는 영업정지, 개선명령 등을 하게 되며, (중략) 공중위생영업자가 영업소를 개설한 후 시장 등에게 영업소개설사실을 통보하도록 규정하는 외에 공중위생영업에 대한 어떠한 제한규정도 두고 있지 아니한 것은 공중위생영업의 양도가 가능함을 전제로 한 것이라 할 것이므로, 양수인이 그 양수 후 행정청에 새로운 영업소개설통보를 하였다 하더라도, 그로 인하여 영업양도·양수로 영업소에 관한 권리의무가 양수인에게 이전하는 법률효과까지 부정되는 것은 아니라 할 것인바, 만일 어떠한 공중위생영업에 대하여 그 영업을 정지할 위법사유가 있다면, 관할 행정청은 그 영업이 양도·양수되었다 하더라도 그 업소의 양수인에 대하여 영업정지처분을 할 수 있다고 봄이 상당하다(대법원 2001. 6. 29. 선고 2001두1611).

④ (×) 공매 등의 절차에 따라 문화체육관광부령으로 정하는 주요한 유원시설업 시설의 전부 또는 체육시설업의 시설 기준에 따른 필수시설을 인수함으로써 유원시설업자 또는 체육시설업자의 지위를 승계한 자가 관계 행정청에 이를 신고하여 행정청이 수리하는 경우에는 종전 유원시설업자에 대한 허가는 효력을 잃고, 종전 체육시설업자는 적법한 신고를 마친 체육시설업자의 지위를 부인당할 불안정한 상태에 놓이게 된다. 따라서 행정청이 구 관광진흥법 또는 구 체육시설법의 규정에 의하

여 유원시설업자 또는 체육시설업자 지위승계신고를 수리하는 처분은 종전 유원시설업자 또는 체육시설업자의 권익을 제한하는 처분이고, 종전 유원시설업자 또는 체육시설업자는 그 처분에 대하여 직접 그 상대가 되는 자에 해당한다고 보는 것이 타당하므로, 행정청이 그 신고를 수리하는 처분을 할 때에는 행정절차법 규정에서 정한 당사자에 해당하는 종전 유원시설업자 또는 체육시설업자에 대하여 위 규정에서 정한 행정절차를 실시하고 처분을 하여야 한다(대법원 2012. 12. 13. 선고 2011두29144).

09 정답 ④

① (○) 60일. 공익사업을 위한 토지 등의 취득 및 보상에 관한 법률 제85조 제1항 참조

> 공익사업을 위한 토지 등의 취득 및 보상에 관한 법률 제85조(행정소송의 제기) ① 사업시행자, 토지소유자 또는 관계인은 제34조에 따른 재결에 불복할 때에는 재결서를 받은 날부터 90일 이내에, 이의신청을 거쳤을 때에는 이의신청에 대한 재결서를 받은 날부터 60일 이내에 각각 행정소송을 제기할 수 있다. 이 경우 사업시행자는 행정소송을 제기하기 전에 제84조에 따라 늘어난 보상금을 공탁하여야 하며, 보상금을 받을 자는 공탁된 보상금을 소송이 종결될 때까지 수령할 수 없다.

② (○) 60일. 질서위반행위규제법 제20조 제1항 참조

> 질서위반행위규제법 제20조(이의제기) ① 행정청의 과태료 부과에 불복하는 당사자는 제17조 제1항에 따른 과태료 부과 통지를 받은 날부터 60일 이내에 해당 행정청에 서면으로 이의제기를 할 수 있다.

③ (○) 60일. 행정소송법 제18조 제2항 제1호 참조

> 행정소송법 제18조(행정심판과의 관계) ② 제1항 단서의 경우에도 다음 각호의 1에 해당하는 사유가 있는 때에는 행정심판의 재결을 거치지 아니하고 취소소송을 제기할 수 있다.
> 1. 행정심판청구가 있은 날로부터 60일이 지나도 재결이 없는 때

④ (×) 90일. 행정절차법 제27조의2 제1항, 제2항 참조

> 행정절차법 제27조의2(제출 의견의 반영 등) ① 행정청은 처분을 할 때에 당사자등이 제출한 의견이 상당한 이유가 있다고 인정하는 경우에는 이를 반영하여야 한다.
> ② 행정청은 당사자등이 제출한 의견을 반영하지 아니하고 처분을 한 경우 당사자등이 처분이 있음을 안 날부터 90일 이내에 그 이유의 설명을 요청하면 서면으로 그 이유를 알려야 한다. 다만, 당사자등이 동의하면 말, 정보통신망 또는 그 밖의 방법으로 알릴 수 있다.

10 정답 ①

① (×) 국가의 공권력이 헌법과 법률에 근거하지 아니하고 통상의 행정지도의 한계를 넘어 부실기업의 정리라는 명목하에 사기업의 매각을 지시하거나 그 해체에 개입하는 것은 허용되지 아니하나, 원래 재무부장관은 금융기관의 불건전채권 정리에 관한 행정지도를 할 권한과 책임이 있고, 이를 위하여 중요한 사항은 대통령에게 보고하고 지시를 받을 수도 있으므로, 기업의 도산과 같이 국민경제에 심대한 영향을 미치는 중요한 사안에 대하여 재무부장관이 부실채권의 정리에 관하여 금융기관에 대하여 행정지도를 함에 있어 사전에 대통령에게 보고하여 지시를 받는다고 하여 위법하다고 할 수는 없으며, 다만 재무부장관이 대통령의 지시에 따라 정해진 정부의 방침을 행정지도라는 방법으로 금융기관에 전달함에 있어 실제에 있어서는 통상의 행정지도의 방법과는 달리 사실상 지시하는 방법으로 행한 경우에 그것이 헌법상의 법치주의 원리, 시장경제의 원리에 반하게 되는 것일 뿐이다(대법원 1999. 7. 23. 선고 96다21706).

② (○) 항고소송의 대상이 되는 행정처분은 행정청의 공법상의 행위로서 상대방 또는 기타 관계자들의 법률상 지위에 직접적으로 법률적인 변동을 일으키는 행위를 말하는 것이므로 세무당국이 소외 회사에 대하여 원고와의 주류거래를 일정기간 중지하여 줄 것을 요청한 행위는 권고 내지 협조를 요청하는 권고적 성격의 행위로서 소외 회사나 원고의 법률상의 지위에 직접적인 법률상의 변동을 가져오는 행정처분이라고 볼 수 없는 것이므로 항고소송의 대상이 될 수 없다(대법원 1980. 10. 27. 선고 80누395).

③ (○) 행정지도는 당해 행정기관의 소관사무의 범위 내에서 행해져야 한다. 행정지도가 비권력적으로 행해지는 경우라 하더라도 조직법적 근거는 요구된다는 말이다.

④ (○) 교육인적자원부장관의 대학총장들에 대한 이 사건 학칙시정요구는 고등교육법 제6조 제2항, 동법시행령 제4조 제3항에 따른 것으로서 그 법적 성격은 대학총장의 임의적인 협력을 통하여 사실상의 효과를 발생시키는 행정지도의 일종이지만, 그에 따르지 않을 경우 일정한 불이익조치를 예정하고 있어 사실상 상대방에게 그에 따를 의무를 부과하는 것과 다를 바 없으므로 단순한 행정지도로서의 한계를 넘어 규제적·구속적 성격을 상당히 강하게 갖는 것으로서 헌법소원의 대상이 되는 공권력의 행사라고 볼 수 있다(헌법재판소 2003. 6. 26. 2002헌마337).

11 정답 ③

① (○) 재량행사에 하자가 있는지 여부는 무하자재량행사청구권의 성립요건이 아니다. 오늘날은 재량행위에 대해서는 강행규정성이 언제나 갖추어져 있다고 보기 때문에, 결국 사익보호성이 있는지 여부로 무하자재량행사청구권의 성부가 갈린다.

② (○) 행정작용으로 인하여 반사적 이익이 침해된 경우에는 반사적 이익을 누리던 자는 당해 행정작용을 취소해달라고 요구할 수 있는 취소소송에서의 원고적격이 인정되지 않는다고 본다. 그런데 만약 반사적 이익이 공권화 된다면 행정개입청구권의 성립요건이 완화된다(국민이 행정개입청구권을 갖기 쉬워진다).

③ (×) 지방자치단체장이 도매시장법인의 대표이사에 대하여 위 지방자치단체장이 개설한 농수산물도매시장의 도매시장법인으로 다시 지정함에 있어서 그 지정조건으로 '지정기간 중이라도 개설자가 농수산물 유통정책의 방침에 따라 도매시장법인 이전 및 지정취소 또는 폐쇄 지시에도 일체 소송이나 손실보상을 청구할 수 없다.'라는 부관을 붙였으나, 그 중 부제소특약에 관한 부분은 당사자가 임의로 처분할 수 없는 공법상의 권리관계를 대상으로 하여 사인의 국가에 대한 공권인 소권을 당사자의 합의로 포기하는 것으로서 허용될 수 없다(대법원 1998. 8. 21. 선고 98두8919).

④ (○) 헌법 제32조 제1항이 규정하는 근로의 권리는 사회적 기본권으로서 국가에 대하여 직접 일자리를 청구하거나 일자리에 갈음하는 생계비의 지급청구권을 의미하는 것이 아니라 고용증진을 위한 사회적·경제적 정책을 요구할 수 있는 권리에 그치며, 근로의 권리로부터 국가에 대한 직접적인 직장존속 청구권이 도출되는 것도 아니다(헌법재판소 2011. 7. 28. 2009 헌마408).

12 정답 ④

㉠ (×) '당사자에게 의무를 부과하거나 당사자의 권익을 제한하는 처분'이란 침익적 처분을 의미한다. 처분의 이유제시에 관한 행정절차법의 규정은 침익처분 및 수익처분 모두에 적용된다.

㉡ (×) 행정절차법 제23조 제1항은 행정청은 처분을 하는 때에는 당사자에게 그 근거와 이유를 제시하여야 한다고 규정하고 있는바, 일반적으로 당사자가 근거규정 등을 명시하여 신청하는 인·허가 등을 거부하는 처분을 함에 있어 당사자가 그 근거를 알 수 있을 정도로 상당한 이유를 제시한 경우에는 당해 처분의 근거 및 이유를 구체적 조항 및 내용까지 명시하지 않았더라도 그로 말미암아 그 처분이 위법한 것이 된다고 할 수 없다(대법원 2002. 5. 17. 선고 2000두8912).

㉢ (○) 국가공무원법상 직위해제처분은 구 행정절차법(2012. 10. 22. 법률 제11498호로 개정되기 전의 것) 제3조 제2항 제9호, 구 행정절차법 시행령(2011. 12. 21. 대통령령 제23383호로 개정되기 전의 것) 제2조 제3호에 의하여 당해 행정작용의 성질상 행정절차를 거치기 곤란하거나 불필요하다고 인정되는 사항 또는 행정절차에 준하는 절차를 거친 사항에 해당하므로, 처분의 사전통지 및 의견청취 등에 관한 행정절차법의 규정이 별도로 적용되지 않는다(대법원 2014. 5. 16. 선고 2012두26180).

㉣ (×) 행정절차법 제21조 제4항 제3호는 침해적 행정처분을 할 경우 청문을 실시하지 않을 수 있는 사유로서 "당해 처분의 성질상 의견청취가 현저히 곤란하거나 명백히 불필요하다고 인정될 만한 상당한 이유가 있는 경우"를 규정하고 있으나, 여기에서 말하는 '의견청취가 현저히 곤란하거나 명백히 불필요하다고 인정될 만한 상당한 이유가 있는지 여부'는 당해 행정처분의 성질에 비추어 판단하여야 하는 것이지, 청문통지서의 반송 여부, 청문통지의 방법 등에 의하여 판단할 것은 아니며, 또한 행정처분의 상대방이 통지된 청문일시에 불출석하였다는 이유만으로 행정청이 관계 법령상 그 실시가 요구되는 청문을 실시하지 아니한 채 침해적 행정처분을 할 수는 없을 것이므로, 행정처분의 상대방에 대한 청문통지서가 반송되었다거나, 행정처분의 상대방이 청문일시에 불출석하였다는 이유로 청문을 실시하지 아니하고 한 침해적 행정처분은 위법하다(대법원 2001. 4. 13. 선고 2000두3337).

13 정답 ④

① (○) 지방자치단체 소속 공무원이 지정항만순찰 등의 업무를 위해 관할관청의 승인 없이 개조한 승합차를 운행함으로써 구 자동차관리법(2007. 10. 17. 법률 제8658호로 개정되기 전의 것)을 위반한 사안에서, 지방자치법, 구 항만법(2007. 8. 3. 법률 제8628호로 개정되기 전의 것), 구 항만법 시행령(2007. 12. 31. 대통령령 20506호로 개정되기 전의 것) 등에 비추어 위 항만순찰 등의 업무가 지방자치단체의 장이 국가로부터 위임받은 기관위임사무에 해당하여, 해당 지방자치단체가 구 자동차관리법 제83조의 양벌규정에 따른 처벌대상이 될 수 없다고 한 사례(대법원 2009. 6. 11. 선고 2008도6530)

② (○) 질서위반행위규제법 제24조 제1항

> 질서위반행위규제법 제24조(가산금 징수 및 체납처분 등) ① 행정청은 당사자가 납부기한까지 과태료를 납부하지 아니한 때에는 납부기한을 경과한 날부터 체납된 과태료에 대하여 100분의 3에 상당하는 가산금을 징수한다.

③ (○) 질서위반행위규제법 제7조

> 질서위반행위규제법 제7조(고의 또는 과실) 고의 또는 과실이 없는 질서위반행위는 과태료를 부과하지 아니한다.

④ (×) 지방국세청장 또는 세무서장이 조세범 처벌절차법 제17조 제1항에 따라 통고처분을 거치지 아니하고 즉시 고발하였다면 이로써 조세범칙사건에 대한 조사 및 처분 절차는 종료되고 형사사건 절차로 이행되어 지방국세청장 또는 세무서장으로서는 동일한 조세범칙행위에 대하여 더 이상 통고처분을 할 권한이 없다. 따라서 지방국세청장 또는 세무서장이 조세범칙행위에 대하여 고발을 한 후에 동일한 조세범칙행위에 대하여 통고처분을 하였더라도, 이는 법적 권한 소멸 후에 이루어진 것으로서 특별한 사정이 없는 한 효력이 없고, 조세범칙행위자가 이러한 통고처분을 이행하였더라도 조세범 처벌절차법 제15조 제3항에서 정한 일사부재리의 원칙이 적용될 수 없다(대법원 2016. 9. 28. 선고 2014도10748).

14 정답 ②

① (○) 당사자가 동일한 신청에 대하여 부작위위법확인의 소를 제기하였으나 그 후 소극적 처분이 있다고 보아 처분취소소송으로 소를 교환적으로 변경한 후 여기에 부작위위법확인의 소를 추가적으로 병합한 경우, 최초의 부작위위법확인의 소가 적법한 제소기간 내에 제기된 이상 그 후 처분취소소송으로의 교환적 변경과 처분취소소송에의 추가적 변경 등의 과정을 거쳤다고 하더라도 여전히 제소기간을 준수한 것으로 봄이 상당하다(대법원 2009. 7. 23. 선고 2008두10560).

② (✕) 부작위위법확인의 소는 행정청이 당사자의 법규상 또는 조리상의 권리에 기한 신청에 대하여 상당한 기간 내에 그 신청을 인용하는 적극적 처분을 하거나 각하 또는 기각하는 등의 소극적 처분을 하여야 할 법률상의 응답의무가 있음에도 불구하고 이를 하지 아니하는 경우, 그 부작위의 위법을 확인함으로써 행정청의 응답을 신속하게 하여 부작위 내지 무응답이라고 하는 소극적인 위법상태를 제거하는 것을 목적으로 하는 것이고, 나아가 그 인용 판결의 기속력에 의하여 행정청으로 하여금 적극적이든 소극적이든 어떤 처분을 하도록 강제한 다음, 그에 대하여 불복이 있을 경우 그 처분을 다투게 함으로써 최종적으로는 당사자의 권리와 이익을 보호하려는 제도이므로, 당사자의 신청이 있은 이후 당사자에게 생긴 사정의 변화로 인하여 위 부작위가 위법하다는 확인을 받는다고 하더라도 종국적으로 침해되거나 방해받은 권리와 이익을 보호·구제받는 것이 불가능하게 되었다면 그 부작위가 위법하다는 확인을 구할 이익은 없다(대법원 2002. 6. 28. 선고 2000두4750).

③ (○) 부작위위법확인소송에서 예외적으로 행정심판전치가 인정될 경우 그 전치되는 행정심판은 의무이행심판이다. 부작위위법확인소송은 부작위를 대상적격으로 하는데, 행정심판 중 부작위를 청구적격으로 하는 것은 의무이행심판뿐이기 때문이다.

④ (○) 부작위위법확인의 소는 행정청이 국민의 법규상 또는 조리상의 권리에 기한 신청에 대하여 상당한 기간 내에 그 신청을 인용하는 적극적 처분 또는 각하하거나 기각하는 등의 소극적 처분을 하여야 할 법률상의 응답의무가 있음에도 불구하고 이를 하지 아니하는 경우, 판결(사실심의 구두변론 종결) 시를 기준으로 그 부작위의 위법을 확인함으로써 행정청의 응답을 신속하게 하여 부작위 내지 무응답이라고 하는 소극적인 위법상태를 제거하는 것을 목적으로 하는 것이고, 나아가 당해 판결의 구속력에 의하여 행정청에게 처분 등을 하게 하고 다시 당해 처분 등에 대하여 불복이 있는 때에는 그 처분 등을 다투게 함으로써 최종적으로는 국민의 권리이익을 보호하려는 제도이므로, 소제기의 전후를 통하여 판결 시까지 행정청이 그 신청에 대하여 적극 또는 소극의 처분을 함으로써 부작위상태가 해소된 때에는 소의 이익을 상실하게 되어 당해 소는 각하를 면할 수가 없는 것이다(대법원 1990. 9. 25. 선고 89누4758).

15 정답 ③

① (○) 헌법 제107조에 따른 간접통제(구체적 규범통제)방식에 의하여 대법원에 의하여 위법·위헌으로 판정된 법규명령은, 당연무효가 되어 즉시 일반적으로 그 효력을 상실하는 것이 아니라, 당해 사건에 한하여 적용되지 않는 것에 그친다.

② (○) 행정부가 위임 입법에 따른 시행명령을 제정하지 않거나 개정하지 않은 것에 정당한 이유가 있었다면 그런 경우에는 헌법재판소가 위헌확인을 할 수는 없다. 그러한 정당한 이유가 인정되기 위해서는 그 위임입법 자체가 헌법에 위반된다는 것이 명백하거나, 행정입법 의무의 이행이 오히려 헌법질서를 파괴하는 결과를 가져옴이 명백할 정도는 되어야 할 것이다(헌법재판소 2004. 2. 26. 2001헌마718).

③ (✕) 처분부작위가 아닌 행정입법부작위는 부작위위법확인소송의 대상이 될 수 없다. ☞ [관련판례] 행정소송은 구체적 사건에 대한 법률상 분쟁을 법에 의하여 해결함으로써 법적 안정을 기하자는 것이므로 부작위위법확인소송의 대상이 될 수 있는 것은 구체적 권리의무에 관한 분쟁이어야 하고 추상적인 법령에 관하여 제정의 여부 등은 그 자체로서 국민의 구체적인 권리의무에 직접적 변동을 초래하는 것이 아니어서 그 소송의 대상이 될 수 없다(대법원 1992. 5. 8. 선고 91누11261).

④ (○) 상급행정기관이 하급행정기관에 대하여 업무처리지침이나 법령의 해석적용에 관한 기준을 정하여 발하는 이른바 행정규칙은 일반적으로 행정조직 내부에서만 효력을 가질 뿐 대외적인 구속력을 갖는 것은 아니지만, 법령의 규정이 특정행정기관에게 그 법령내용의 구체적 사항을 정할 수 있는 권한을 부여하면서 그 권한행사의 절차나 방법을 특정하고 있지 아니한 관계로 수임행정기관이 행정규칙의 형식으로 그 법령의 내용이 될 사항을 구체적으로 정하고 있는 경우, 그러한 행정규칙, 규정은 행정조직 내부에서만 효력을 가질 뿐 대외적인 구속력을 갖지 않는 행정규칙의 일반적 효력으로서가 아니라, 행정기관에 법령의 구체적 내용을 보충할 권한을 부여한 법령규정의 효력에 의하여 그 내용을 보충하는 기능을 갖게 되고, 따라서 당해 법령의 위임한계를 벗어나지 아니하는 한 그것들과 결합하여 대외적인 구속력이 있는 법규명령으로서의 효력을 갖게 된다(대법원 1998. 6. 9. 선고 97누19915).

16 정답 ②

① (○) 피고가 위와 같은 지정행위를 함으로써 원고의 접견 시마다 사생활의 비밀 등 권리에 제한을 가하는 교도관의 참여, 접견내용의 청취·기록·녹음·녹화가 이루어졌으므로 이는 피고가 그 우월적 지위에서 수형자인 원고에게 일방적으로 강제하는 성격을 가진 공권력적 사실행위의 성격을 갖고 있는 점, 위 지정행위는 그 효과가 일회적인 것이 아니라 이 사건 제1심 판결이 선고된 이후인 2013. 2. 13.까지 오랜 기간 동안 지속되어 왔으며, 원고로 하여금 이를 수인할 것을 강제하는 성격도 아울러 가지고 있는 점, 위와 같이 계속성을 갖는 공권력적 사

실행위를 취소할 경우 장래에 이루어질지도 모르는 기본권의 침해로부터 수형자들의 기본적 권리를 구제할 실익이 있는 것으로 보이는 점 등을 종합하면, <u>위와 같은 지정행위는 수형자의 구체적 권리의무에 직접적 변동을 초래하는 행정청의 공법상 행위로서 항고소송의 대상이 되는 '처분'에 해당한다고 판단하</u>였다(대법원 2014. 2. 13. 선고 2013두20899).

② (×) 파주시장이 종교단체 납골당설치 신고를 한 갑 교회에, '구 장사 등에 관한 법률(2007. 5. 25. 법률 제8489호로 전부 개정되기 전의 것, 이하 '구 장사법'이라 한다) 등에 따라 필요한 시설을 설치하고 유골을 안전하게 보관할 수 있는 설비를 갖추어야 하며 관계 법령에 따른 허가 및 준수 사항을 이행하여야 한다'는 내용의 납골당설치 신고사항 이행통지를 한 사안에서, 이행통지는 납골당설치 신고에 대하여 파주시장이 납골당설치 요건을 구비하였음을 확인하고 구 장사법령상 납골당설치 기준, 관계 법령상 허가 또는 신고 내용을 고지하면서 신고한 대로 납골당 시설을 설치하도록 한 것이므로, 파주시장이 갑 교회에 <u>이행통지를 함으로써 납골당설치 신고수리를 하였다고 보는 것이 타당하고, 이행통지가 새로이 갑 교회 또는 관계자들의 법률상 지위에 변동을 일으키지는 않으므로 이를 수리처분과 별도로 항고소송 대상이 되는 다른 처분으로 볼 수 없다고 한</u> 사례(대법원 2011. 9. 8. 선고 2009두6766)

③ (○) 구 체육시설의 설치·이용에 관한 법률(2005. 3. 31. 법률 제7428호로 개정되기 전의 것) 제19조 제1항, 구 체육시설의 설치·이용에 관한 법률 시행령(2006. 9. 22. 대통령령 제19686호로 개정되기 전의 것) 제18조 제2항 제1호 (가)목, 제18조의2 제1항 등의 규정에 의하면, 위 법 제19조의 규정에 의하여 체육시설의 회원을 모집하고자 하는 자는 시·도지사 등으로부터 회원모집계획서에 대한 검토결과 통보를 받은 후에 회원을 모집할 수 있다고 보아야 하고, 따라서 <u>체육시설의 회원을 모집하고자 하는 자의 시·도지사 등에 대한 회원모집계획서 제출은 수리를 요하는 신고에서의 신고에 해당하며, 시·도지사 등의 검토결과 통보는 수리행위로서 행정처분에 해당한다</u>(대법원 2009. 2. 26. 선고 2006두16243).

④ (○) 지방경찰청장의 횡단보도 설치행위는 국민의 권리·의무에 직접적인 변동을 초래하므로 행정소송법상 처분에 해당한다.

17 정답 ④

① (×) 민사소송에 있어서 어느 행정처분의 당연무효 여부가 선결문제로 되는 때에는 당해 소송의 수소법원은 이를 판단하여 <u>민사판결</u>을 할 수는 있지만, 직접 그 행정처분이 무효임을 확인하는 <u>무효확인판결</u>을 할 수는 없다. 민사법원은 당연무효 여부를 판단하여 그것을 전제로 민사판결을 할 수 있는 것일 뿐, 직접 처분에 대하여 판결을 할 수는 없다. ☞ [관련판례] 민사소송에 있어서 어느 행정처분의 당연무효 여부가 선결문제로 되는 때에는 이를 판단하여 당연무효임을 전제로 판결할 수

있고 반드시 행정소송 등의 절차에 의하여 그 취소나 무효확인을 받아야 하는 것은 아니며(대법원 1972. 10. 10. 선고 71다2279 판결 등 참조), 한편, 원고 조합의 조합설립결의나 관리처분계획에 대한 결의가 당연무효라는 위 피고들의 주장 속에는 조합설립 인가처분이나 관리처분계획에 당연무효사유가 있다는 주장도 포함되어 있다고 봄이 상당하다고 할 것이므로, 원심으로서는 더 나아가 위 조합설립 인가처분이나 관리처분계획에 당연무효사유가 있는지를 심리하여 위 피고들 주장의 당부를 판단하였어야 할 것임에도, 원심이 그에 대해서는 아무런 판단도 하지 아니한 채, 단지 위 피고들이 항고소송의 방법으로 원고 조합의 조합설립 인가처분이나 관리처분계획에 대하여 취소 또는 무효확인을 받았음을 인정할 증거가 없다는 이유만으로 위 피고들의 주장을 모두 배척한 데에는 필요한 심리를 다하지 아니하고 판단을 유탈하여 판결에 영향을 미친 위법이 있다(대법원 2010. 4. 8. 선고 2009다90092).

② (×) 공정력이란 <u>행정행위에 사소한 하자가 있다 하더라도 그것만으로는 그로 인하여 행정행위가 곧바로 무효로 취급되는 것을 막는 힘</u>을 말한다. 공정력은 행정행위에만 인정되고, 비권력적 행위나 사실행위, 사법행위에는 인정되지 않는다.

③ (×) 불가쟁력이 발생한 행정행위일지라도 불가변력이 없는 경우에는 행정청 등 권한 있는 기관은 이를 직권으로 취소할 수 있다. 따라서 하천점용허가처분의 제소기간 도과 여부와 관계없이 처분청은 그 점용허가를 취소할 수 있다.

④ (○) 연령미달의 결격자인 피고인이 소외인의 이름으로 운전면허시험에 응시, 합격하여 교부받은 운전면허는 당연무효가 아니고 도로교통법 제65조 제3호의 사유에 해당함에 불과하여 취소되지 않는 한 유효하므로 피고인의 운전행위는 무면허운전에 해당하지 아니한다(대법원 1982. 6. 8. 선고 80도2646).

18 정답 ①

① (○) <u>조합의 사업시행인가 신청 시의 토지 등 소유자의 동의요건이</u> 비록 토지 등 소유자의 재산상 권리·의무에 영향을 미치는 사업시행계획에 관한 것이라고 하더라도, 그 동의요건은 사업시행인가 신청에 대한 토지 등 소유자의 사전 통제를 위한 절차적 요건에 불과하고 토지 등 소유자의 재산상 권리·의무에 관한 기본적이고 본질적인 사항이라고 볼 수 없으므로 <u>법률유보 내지 의회유보의 원칙이 반드시 지켜져야 하는 영역이라고 할 수 없고,</u> 따라서 개정된 도시 및 주거환경정비법 제28조 제4항 본문이 법률유보 내지 의회유보의 원칙에 위배된다고 할 수 없다(대법원 2007. 10. 12. 선고 2006두14476).

② (×) 법률우위원칙에 위반된 행정작용의 법적효과는 행위형식에 따라 상이하여 일률적으로 말할 수 없다.

③ (×) 조직법적 근거는 모든 행정권 행사에 있어서 당연히 요구되는 것이고, <u>법률유보원칙에서 요구되는 법적 근거는 작용법적 근거를 의미하며 그 작용법적 근거는 원칙적으로 개별적일 것을 요한다.

④ (×) 급부행정유보설에 따를 때에도, 국민의 자유와 재산에 대한 침해행정에 대해서도 법률의 근거가 필요하다고 본다.

19 정답 ①

① (×) 의용소방대는 국가기관이라 할 수 없음은 물론이고 군(郡)에 예속된 기관이라고 할 수도 없으니 의용소방대원이 소방호수를 교환받기 위하여 소방대장의 승인을 받고 위 의용소방대가 보관 사용하는 차량을 운전하고 가다가 운전사고가 발생하였다면 이를 군의 사무집행에 즈음한 행위라고 볼 수 없다(대법원 1975. 11. 25. 선고 73다1896).

② (○) 국가배상법 제7조는 우리나라만이 입을 수 있는 불이익을 방지하고 국제관계에서 형평을 도모하기 위하여 외국인의 국가배상청구권의 발생요건으로 '외국인이 피해자인 경우에는 해당 국가와 상호보증이 있을 것'을 요구하고 있는데, (중략) 상호보증은 외국의 법령, 판례 및 관례 등에 의하여 발생요건을 비교하여 인정되면 충분하고 반드시 당사국과의 조약이 체결되어 있을 필요는 없으며, 당해 외국에서 구체적으로 우리나라 국민에게 국가배상청구를 인정한 사례가 없더라도 실제로 인정될 것이라고 기대할 수 있는 상태이면 충분하다(대법원 2015. 6. 11. 선고 2013다208388).

③ (○) 인사업무담당 공무원이 다른 공무원의 공무원증 등을 위조한 행위에 대하여 실질적으로는 직무행위에 속하지 아니한다 할지라도 외관상으로 국가배상법 제2조 제1항의 직무집행관련성을 인정한 원심의 판단을 수긍한 사례(대법원 2005. 1. 14. 선고 2004다26805).

④ (○) 주택구입대부에 있어서 지급보증서를 교부하는 취지와 성격, 관련 법령 등의 규정내용, 지급보증서제도를 안내받지 못함으로 인하여 침해된 원고의 법익 내지 원고가 입은 손해의 내용과 정도, 관련 담당 공무원이 원고가 입은 손해를 예견하거나 그 결과를 회피하기 위한 조치를 취할 수 있는 가능성의 정도 등 여러 사정을 종합하여 볼 때, 피고의 담당 공무원이 원고에게 주택구입대부제도에 관한 전화상 문의에 응답하거나 대부신청서의 제출에 따른 대부금지급신청안내문을 통지함에 있어서 지급보증서제도에 관하여 알려주지 아니한 조치가 객관적 정당성을 결여하여 현저하게 불합리한 것으로서 고의 또는 과실로 법령에 위반하였다고 볼 수는 없다고 할 것이다(대법원 2012. 7. 26. 선고 2010다95666).

20 정답 ③

㉠ (×) 계고서라는 명칭의 1장의 문서로서 일정기간 내에 위법건축물의 자진철거를 명함과 동시에 그 소정기한 내에 자진철거를 하지 아니할 때에는 대집행할 뜻을 미리 계고한 경우라도 건축법에 의한 철거명령과 행정대집행법에 의한 계고처분은 독립하여 있는 것으로서 각 그 요건이 충족되었다고 볼 것이다(대법원 1992. 6. 12. 선고 91누13564).

㉡ (○) 피수용자 등이 기업자에 대하여 부담하는 수용대상 토지의 인도의무에 관한 구 토지수용법(2002. 2. 4. 법률 제6656호 공익사업을 위한 토지 등의 취득 및 보상에 관한 법률 부칙 제2조로 폐지) 제63조, 제64조, 제77조 규정에서의 '인도'에는 명도도 포함되는 것으로 보아야 하고, 이러한 명도의무는 그것을 강제적으로 실현하면서 직접적인 실력행사가 필요한 것이지 대체적 작위의무라고 볼 수 없으므로 특별한 사정이 없는 한 행정대집행법에 의한 대집행의 대상이 될 수 있는 것이 아니다(대법원 2005. 8. 19. 선고 2004다2809).

㉢ (○) 무허가증축부분으로 인하여 건물의 미관이 나아지고 위 증축부분을 철거하는 데 비용이 많이 소요된다고 하더라도 위 무허가증축부분을 그대로 방치한다면 이를 단속하는 당국의 권능이 무력화되어 건축행정의 원활한 수행이 위태롭게 되며 건축법 소정의 제한규정을 회피하는 것을 사전예방하고 또한 도시계획구역 안에서 토지의 경제적이고 효율적인 이용을 도모한다는 더 큰 공익을 심히 해할 우려가 있다고 보아 건물철거대집행계고처분을 할 요건에 해당된다고 한 사례(대법원 1992. 3. 10. 선고 91누4140)

㉣ (×) 행정처분이 위법임을 이유로 국가배상을 청구하기 위한 전제로서 그 처분이 취소되어야만 하는 것은 아니다. ☞ [관련판례] 위법한 행정대집행이 완료되면 그 처분의 무효확인 또는 취소를 구할 소의 이익은 없다 하더라도, 미리 그 행정처분의 취소판결이 있어야만, 그 행정처분의 위법임을 이유로 한 손해배상 청구를 할 수 있는 것은 아니다(대법원 1972. 4. 28. 선고 72다337).

21 정답 ①

① (×) 전문은 옳지만 후문은 옳지 않다.

☞ [관련판례 1] 헌법 제23조 제3항에 규정된 "정당한 보상"이란 원칙적으로 수용되는 재산의 객관적인 재산가치를 완전하게 보상하여야 한다는 이른바 "완전보상"을 뜻하는데, 토지의 경우에는 그 특성상 인근 유사토지의 거래가격을 기준으로 하여 그 가격형성에 미치는 제 요소를 종합적으로 고려한 합리적 조정을 거쳐서 객관적인 가치를 평가할 수밖에 없다(헌법재판소 2010. 2. 25. 2008헌바6).

☞ [관련판례 2] 공익사업의 시행으로 지가가 상승하여 발생하는 개발이익은 사업시행자의 투자에 의한 것으로서 피수용자인 토지소유자의 노력이나 자본에 의하여 발생하는 것이 아니어서 피수용 토지가 수용 당시 갖는 객관적 가치에 포함된다고 볼 수 없고, 따라서 그 성질상 완전보상의 범위에 포함되는 피수용자의 손실이라고 볼 수 없으므로, 이 사건 개발이익배제조항이 이러한 개발이익을 배제하고 손실보상액을 산정한다 하여 헌법이 규정한 정당보상의 원칙에 어긋나는 것이라고 할 수 없다(헌법재판소 2010. 12. 28. 2008헌바57).

② (○) 개발제한구역 지정으로 인하여 토지를 종래의 목적으로도 사용할 수 없거나 또는 더이상 법적으로 허용된 토지이용의 방법이 없기 때문에 실질적으로 토지의 사용·수익의 길이 없는 경우에는 토지소유자가 수인해야 하는 사회적 제약의 한계를 넘는 것으로 보아야 한다(헌법재판소 1998. 12. 24. 89헌마214).

③ (○) 공시지가는 그 평가의 기준이나 절차로 미루어 대상토지가 대상지역공고일 당시 갖는 객관적 가치를 평가하기 위한 것으로서 적정성을 갖고 있으며, 표준지와 지가선정 대상토지 사이에 가격의 유사성을 인정할 수 있도록 표준지 선정의 적정성이 보장되므로 위 조항이 헌법 제23조 제3항이 규정한 정당보상의 원칙에 위배되거나 과잉금지의 원칙에 위배된다고 볼 수 없고, 토지수용 시 개별공시지가에 따라 손실보상액을 산정하지 아니하였다고 하여 위헌이 되는 것은 아니다(헌법재판소 2001. 4. 26. 2000헌바31).

④ (○) 공익사업을 위한 토지 등의 취득 및 보상에 관한 법률(이하 '공익사업법'이라 한다) 제73조는 "사업시행자는 동일한 소유자에게 속하는 일단의 토지의 일부가 취득되거나 사용됨으로 인하여 잔여지의 가격이 감소하거나 그 밖의 손실이 있을 때 또는 잔여지에 통로·도랑·담장 등의 신설이나 그 밖의 공사가 필요할 때에는 국토해양부령으로 정하는 바에 따라 그 손실이나 공사의 비용을 보상하여야 한다. 다만 잔여지의 가격 감소분과 잔여지에 대한 공사의 비용을 합한 금액이 잔여지의 가격보다 큰 경우에는 사업시행자는 그 잔여지를 매수할 수 있다"고 규정하고 있다. 이러한 공익사업법 제73조 및 같은 법 제34조, 제50조, 제61조, 제83조 내지 제85조의 규정 내용 및 입법취지 등을 종합하여 보면, 토지소유자가 사업시행자로부터 공익사업법 제73조에 따른 잔여지 가격감소 등으로 인한 손실보상을 받기 위해서는 공익사업법 제34조, 제50조 등에 규정된 재결절차를 거친 다음 그 재결에 대하여 불복이 있는 때에 비로소 공익사업법 제83조 내지 제85조에 따라 권리구제를 받을 수 있을 뿐, 이러한 재결절차를 거치지 않은 채 곧바로 사업시행자를 상대로 손실보상을 청구하는 것은 허용되지 않는다고 봄이 상당하고(대법원 2008. 7. 10. 선고 2006두19495 판결 참조), 이는 수용대상토지에 대하여 재결절차를 거친 경우에도 마찬가지라 할 것이다(대법원 2012. 11. 29. 선고 2011두22587).

22 정답 ④

① (○) 행정소송에서 쟁송의 대상이 되는 행정처분의 존부는 소송요건으로서 직권조사사항이고, 자백의 대상이 될 수 없는 것이므로, 설사 그 존재를 당사자들이 다투지 아니한다 하더라도 그 존부에 관하여 의심이 있는 경우에는 이를 직권으로 밝혀 보아야 할 것이고, 사실심에서 변론종결 시까지 당사자가 주장하지 않던 직권조사사항에 해당하는 사항을 상고심에서 비로소 주장하는 경우 그 직권조사사항에 해당하는 사항은 상고심의 심판범위에 해당한다(대법원 2004. 12. 24. 선고 2003두15195).

② (○) 국세기본법 제56조 제2항 본문

> 국세기본법 제56조(다른 법률과의 관계) ② 제55조에 규정된 위법한 처분에 대한 행정소송은 「행정소송법」 제18조 제1항 본문, 제2항 및 제3항에도 불구하고 이 법에 따른 심사청구 또는 심판청구와 그에 대한 결정을 거치지 아니하면 제기할 수 없다. 다만, 심사청구 또는 심판청구에 대한 제65조 제1항 제3호 단서(제81조에서 준용하는 경우를 포함한다)의 재조사 결정에 따른 처분청의 처분에 대한 행정소송은 그러하지 아니하다.

③ (○) 甲이 적법한 약종상허가를 받아 허가지역 내에서 약종상영업을 경영하고 있음에도 불구하고 행정관청이 구 약사법 시행규칙(1969.8.13. 보건사회부령 제344호)을 위배하여 같은 약종상인 乙에게 乙의 영업허가지역이 아닌 甲의 영업허가지역 내로 영업소를 이전하도록 허가하였다면 甲으로서는 이로 인하여 기존업자로서의 법률상 이익을 침해받았음이 분명하므로 甲에게는 행정관청의 영업소이전허가처분의 취소를 구할 법률상 이익이 있다(대법원 1988. 6. 14. 선고 87누873).

④ (×) 도시 및 주거환경정비법 제13조 제1항 및 제2항의 입법경위와 취지에 비추어 하나의 정비구역 안에서 복수의 조합설립추진위원회에 대한 승인은 허용되지 않는 점, 조합설립추진위원회가 조합을 설립할 경우 같은 법 제15조 제4항에 의하여 조합설립추진위원회가 행한 업무와 관련된 권리와 의무는 조합이 포괄승계하며, 주택재개발사업의 경우 정비구역 내의 토지 등 소유자는 같은 법 제19조 제1항에 의하여 당연히 그 조합원으로 되는 점 등에 비추어 보면, 조합설립추진위원회의 구성에 동의하지 아니한 정비구역 내의 토지 등 소유자도 조합설립추진위원회 설립승인처분에 대하여 같은 법에 의하여 보호되는 직접적이고 구체적인 이익을 향유하므로 그 설립승인처분의 취소소송을 제기할 원고적격이 있다(대법원 2007. 1. 25. 선고 2006두12289).

23 정답 ②

㉠ (○) 구 여객자동차운수사업법(2007. 7. 13. 법률 제8511호로 개정되기 전의 것) 제76조 제1항 제15호, 같은 법 시행령 제29조에는 관할관청은 개인택시운송사업자의 운전면허가 취소된 때에 그의 개인택시운송사업면허를 취소할 수 있도록 규정되어 있을 뿐 그에게 운전면허 취소사유가 있다는 사유만으로 개인택시운송사업면허를 취소할 수 있도록 하는 규정은 없으므로, 관할관청으로서는 비록 개인택시운송사업자에게 운전면허 취소사유가 있다 하더라도 그로 인하여 운전면허 취소처분이 이루어지지 않은 이상 개인택시운송사업면허를 취소할 수는 없다(대법원 2008. 5. 15. 선고 2007두26001).

㉡ (○) 택시운전사가 1983.4.5 운전면허정지 기간 중에 운전행위를 하다가 적발되어 형사처벌을 받았으나 행정청으로부터 아무런 행정조치가 없어 안심하고 계속 운전업무에 종사하고 있던 중 행정청이 위 위반행위가 있은 이후에 장기간에 걸쳐 아무런 행정조치를 취하지 않은 채 방치하고 있다가 3년여가

지난 1986. 7. 7에 와서 이를 이유로 행정제재를 하면서 가장 무거운 운전면허를 취소하는 행정처분을 하였다면 이는 행정청이 그간 별다른 행정조치가 없을 것이라고 믿은 신뢰의 이익과 그 법적 안정성을 빼앗는 것이 되어 매우 가혹할 뿐만 아니라 비록 그 위반행위가 운전면허취소사유에 해당한다 할지라도 그와 같은 공익상의 목적만으로는 위 운전사가 입게 될 불이익에 견줄바 못된다 할 것이다(대법원 1987. 9. 8. 선고 87누373).

ㄷ. (×) 운전면허를 받은 사람이 음주운전을 한 경우에 운전면허의 취소 여부는 행정청의 재량행위이나, 음주운전으로 인한 교통사고의 증가와 그 결과의 참혹성 등에 비추어 보면 음주운전으로 인한 교통사고를 방지할 공익상의 필요는 더욱 중시되어야 하고, 운전면허의 취소에서는 일반의 수익적 행정행위의 취소와는 달리 취소로 인하여 입게 될 당사자의 불이익보다는 이를 방지하여야 하는 일반예방적 측면이 더욱 강조되어야 한다(대법원 2018. 2. 28. 선고 2017두67476).

ㄹ. (○) 지방경찰청장은 국가행정기관인 경찰청장 소속의 행정청이므로, 甲이 행정심판을 청구하면 국민권익위원회에 소속된 중앙행정심판위원회가 심리·재결한다. 행정심판법 제6조 제2항 제1호 참조

> 행정심판법 제6조(행정심판위원회의 설치) ② 다음 각 호의 행정청의 처분 또는 부작위에 대한 심판청구에 대하여는 「부패방지 및 국민권익위원회의 설치와 운영에 관한 법률」에 따른 국민권익위원회(이하 "국민권익위원회"라 한다)에 두는 중앙행정심판위원회에서 심리·재결한다.
> 1. 제1항에 따른 행정청 외의 국가행정기관의 장 또는 그 소속 행정청

게 되는데, 이러한 석유환급금 부과·환급의 실질에 비추어 보면 환급의 대상·규모·방법 등 환급금의 산정기준에 관한 규정을 해석할 때 조세나 부담금에 관한 법률의 해석에 관한 법리가 적용된다. 따라서 환급금의 산정기준을 정한 구 석유 및 석유대체연료의 수입·판매부과금의 징수, 징수유예 및 환급에 관한 고시(2007. 12. 28. 산업자원부고시 제2007-154호로 개정되기 전의 것) 및 구 소요량의 산정 및 관리와 심사(2008. 11. 3. 관세청고시 제2008-36호로 개정되기 전의 것) 규정도 원칙적으로 문언대로 해석·적용하여야 하고, 합리적 이유 없이 이를 확장해석하거나 유추해석하는 것은 허용되지 아니한다(대법원 2016. 10. 27. 선고 2014두12017).

③ (○) 어느 특정한 장애가 장애인복지법 시행령 제2조 제1항 [별표 1]에 명시적으로 규정되어 있지 않다고 하더라도, 그 장애를 가진 사람이 장애인복지법 제2조에서 정한 장애인에 해당함이 분명할 뿐 아니라, 모법과 위 시행령 조항의 내용과 체계에 비추어 볼 때 위 시행령 조항이 그 장애를 장애인복지법 적용대상에서 배제하려는 전제에 서 있다고 새길 수 없고 단순한 행정입법의 미비가 있을 뿐이라고 보이는 경우에는, 행정청은 그 장애가 시행령에 규정되어 있지 않다는 이유만으로 장애인 등록신청을 거부할 수 없다. 이 경우 행정청으로서는 위 시행령 조항 중 해당 장애와 가장 유사한 장애의 유형에 관한 규정을 찾아 유추 적용함으로써 위 시행령 조항을 최대한 모법의 취지와 평등원칙에 부합하도록 운용하여야 한다(대법원 2019. 10. 31. 선고 2016두50907).

④ (×) 행정법의 일반원칙은 다른 법원과의 관계에서 보충적 역할에 그치지 않으며 헌법적 효력을 갖기도 한다.

24 정답 ④

① (○) 특정 지방자치단체의 초·중·고등학교에서 실시하는 학교급식을 위해 위 지방자치단체에서 생산되는 우수 농수축산물과 이를 재료로 사용하는 가공식품(이하 '우수농산물'이라고 한다)을 우선적으로 사용하도록 하고 그러한 우수농산물을 사용하는 자를 선별하여 식재료나 식재료 구입비의 일부를 지원하며 지원을 받은 학교는 지원금을 반드시 우수농산물을 구입하는 데 사용하도록 하는 것을 내용으로 하는 위 지방자치단체의 조례안이 내국민대우원칙을 규정한 '1994년 관세 및 무역에 관한 일반협정'(General Agreement on Tariffs and Trade 1994)에 위반되어 그 효력이 없다고 한 사례(대법원 2005. 9. 9. 선고 2004추10)

② (○) 석유정제업자·석유수출입업자 또는 석유판매업자(이하 '석유정제업자 등'이라 한다)로부터 일단 부과금을 징수하였다가 구 석유 및 석유대체연료 사업법(2007. 12. 21. 법률 제8768호로 개정되기 전의 것)과 구 석유 및 석유대체연료 사업법 시행령(2008. 6. 20. 대통령령 제20840호로 개정되기 전의 것)이 정한 바에 따라 부과금 중 일부를 환급함으로써 석유정제업자 등이 최종적으로 부담하게 되는 부과금 액수가 정해지

25 정답 ①

① (×) 서울특별시의 "철거민에 대한 시영아파트 특별분양개선지침"은 서울특별시 내부에 있어서의 행정지침에 불과하고 지침 소정의 사람에게 공법상의 분양신청권이 부여되는 것이 아니라 할 것이므로 서울특별시의 시영아파트에 대한 분양불허의 의사표시는 항고소송의 대상이 되는 행정처분으로 볼 수 없다(대법원 1993. 5. 11. 선고 93누2247).

② (○) 경기도교육청의 1999. 6. 2.자 「학교장·교사 초빙제 실시」는 학교장·교사 초빙제의 실시에 따른 구체적 시행을 위해 제정한 사무처리지침으로서 행정조직 내부에서만 효력을 가지는 행정상의 운영지침을 정한 것이어서, 국민이나 법원을 구속하는 효력이 없는 행정규칙에 해당하므로 헌법소원의 대상이 되지 않는다(헌법재판소 2001. 5. 31. 99헌마413).

③ (○) 이 사건 승인처분의 근거 법규인 '구 공업배치 및 공장설립에 관한 법률'(2002. 12. 30. 법률 제6842호 '산업집적활성화 및 공장설립에 관한 법률'로 개정되기 전의 것, 이하 '구 공업배치법'이라 한다) 제8조 제4호에 의하면, 산업자원부장관은 관계 중앙행정기관의 장과 협의하여 환경오염을 일으킬 수 있는 공장의 입지제한에 관한 사항 등을 정하여 이를 고시하여야 하고

이에 따라 고시된 산업자원부장관의 공장입지기준고시(제1999-147호) 제5조 제2호에서는, 공장을 설치함으로써 인근 주민 또는 농경지, 기타 당해 지역의 생활 및 자연환경을 현저히 해하게 된다고 판단하는 경우 시장·군수·구청장은 공장의 입지를 제한할 수 있다고 규정하고 있으며, 위와 같은 공장입지기준고시 제5조 제2호는 법규명령으로서의 효력을 가지는 것이므로(대법원 2003. 9. 26. 선고 2003두2274 판결 참조), 환경오염을 일으킬 수 있는 공장 설치와 관련한 인근 주민의 생활환경상 이익은 이 사건 승인처분의 근거 법규에 의해 보호되는 이익으로 볼 수 있다(대법원 2007. 6. 1. 선고 2005두11500).

④ (○) 구 국립묘지안장대상심의위원회 운영규정(2010. 12. 29. 국가보훈처 훈령 제956호로 개정되기 전의 것)은 국가보훈처장이 심의위원회의 운영에 관하여 구 국립묘지의 설치 및 운영에 관한 법률(2011. 8. 4. 법률 제11027호로 개정되기 전의 것) 및 시행령에서 위임된 사항과 그 시행에 필요한 사항을 규정함을 목적으로 하여 국가보훈처 훈령으로 제정된 것으로서, 영예성 훼손 여부 등에 관한 판단의 기준을 정한 행정청 내부의 사무처리준칙이다. 이는 대외적으로 국민이나 법원을 기속하는 효력이 없으므로, 그에 따른 처분의 적법 여부는 위 기준만이 아니라 관계 법령의 규정 내용과 취지에 따라 판단해야 한다. 따라서 위 기준에 부합한다고 하여 곧바로 당해 처분이 적법한 것이라고 할 수는 없지만, 위 기준 자체로 헌법 또는 법률에 합치되지 않거나 이를 적용한 결과가 처분사유의 내용 및 관계 법령의 규정과 취지에 비추어 현저히 부당하다고 인정할 만한 합리적인 이유가 없는 한, 섣불리 위 기준에 따른 처분이 재량권의 범위를 일탈하였거나 재량권을 남용한 것이라고 판단해서는 안 된다(대법원 2013. 12. 26. 선고 2012두19571).

01 P. 26	01 ③	02 ①	03 ③	04 ②	05 ①	06 ③	07 ④	08 ②	09 ②	10 ④
	11 ①	12 ④	13 ③	14 ②	15 ④	16 ③	17 ①	18 ③	19 ①	20 ②
	21 ②	22 ④	23 ④	24 ②	25 ①					

02 P. 33	01 ②	02 ②	03 ④	04 ②	05 ④	06 ④	07 ①	08 ③	09 ④	10 ①
	11 ①	12 ③	13 ①	14 ④	15 ③	16 ③	17 ①	18 ②	19 ②	20 ②
	21 ④	22 ④	23 ③	24 ③	25 ①					

03 P. 40	01 ①	02 ④	03 ②	04 ②	05 ①	06 ②	07 ④	08 ③	09 ③	10 ①
	11 ②	12 ③	13 ③	14 ④	15 ①	16 ④	17 ①	18 ③	19 ④	20 ①
	21 ②	22 ②	23 ②	24 ④	25 ②					

04 P. 47	01 ②	02 ③	03 ②	04 ②	05 ④	06 ①	07 ②	08 ②	09 ①	10 ①
	11 ④	12 ①	13 ④	14 ④	15 ①	16 ④	17 ④	18 ④	19 ①	20 ②
	21 ②	22 ③	23 ④	24 ①	25 ②					

05 P. 54	01 ②, ④	02 ②	03 ①	04 ①	05 ④	06 ③	07 ②	08 ①	09 ④	10 ①
	11 ③	12 ①	13 ①	14 ④	15 ④	16 ③	17 ③	18 ③	19 ②	20 ②
	21 ④	22 ③	23 ③	24 ②	25 ④					

06 P. 62	01 ②	02 ③	03 모두정답	04 ④	05 ②	06 ④	07 ②	08 ④	09 ③	10 ④
	11 ①	12 ③	13 ④	14 ④	15 ④	16 ③	17 ④	18 ②	19 모두정답	20 ①
	21 ②	22 ③	23 ①	24 ①	25 ④					

07 P. 68	01 ④	02 ③	03 ②	04 ②	05 ①	06 ②	07 ③	08 ③	09 ①	10 ④
	11 ①	12 ④	13 ④	14 ②	15 ①	16 ①	17 ①	18 ①	19 ②	20 ③
	21 ③	22 ④	23 ②	24 ②	25 ③					

| 08 P. 77 | 01 ② | 02 ③ | 03 ① | 04 ③ | 05 ② | 06 ② | 07 ② | 08 ④ | 09 ② | 10 ④ |
| | 11 ③ | 12 ① | 13 ② | 14 ② | 15 ③ | 16 ④ | 17 ② | 18 ④ | 19 ④ | 20 ① |

09 P. 83	01 ④	02 ④	03 ②	04 ①	05 ④	06 ④	07 ④	08 ④	09 ③	10 ③
	11 ②	12 ①	13 ④	14 ②	15 ①	16 ②	17 ②	18 ②	19 ①	20 ②
	21 ①	22 ④	23 ④	24 ①	25 ①					

10 P. 89	01 ④	02 ①	03 ②	04 ④	05 ②	06 ④	07 ④	08 ②	09 ②	10 ③
	11 ①	12 ②	13 ①	14 ③	15 ④	16 ①	17 ②	18 ④	19 ④	20 ③
	21 ③	22 ④	23 ①	24 ①	25 ①					

PART 03 실전 모의고사 빠른 정답 찾기

01 P. 98

01 ④	02 ③	03 ④	04 ②	05 ④	06 ③	07 ③	08 ①	09 ②	10 ④
11 ②	12 ③	13 ③	14 ②	15 ①	16 ③	17 ④	18 ④	19 ①	20 ③
21 ③	22 ②	23 ②	24 ③	25 ①					

02 P. 105

01 ③	02 ②	03 ④	04 ④	05 ①	06 ②	07 ④	08 ③	09 ④	10 ③
11 ④	12 ④	13 ①	14 ④	15 ④	16 ④	17 ④	18 ①	19 ②	20 ④
21 ④	22 ④	23 ③	24 ①	25 ②					

03 P. 113

01 ②	02 ②	03 ①	04 ①	05 ④	06 ③	07 ②	08 ④	09 ②	10 ④
11 ④	12 ③	13 ③	14 ②	15 ①	16 ④	17 ④	18 ①	19 ④	20 ①
21 ②	22 ①	23 ③	24 ②	25 ①					

04 P. 120

01 ④	02 ①	03 ③	04 ②	05 ③	06 ②	07 ①	08 ③	09 ③	10 ④
11 ②	12 ③	13 ①	14 ④	15 ④	16 ④	17 ②	18 ①	19 ③	20 ①
21 ④	22 ④	23 ②	24 ①	25 ③					

05 P. 128

01 ④	02 ④	03 ③	04 ②	05 ③	06 ②	07 ④	08 ①	09 ④	10 ①
11 ③	12 ④	13 ④	14 ②	15 ③	16 ②	17 ④	18 ①	19 ①	20 ③
21 ①	22 ④	23 ②	24 ④	25 ①					

유대웅

주요 약력
- 서울대학교 법과대학 법학부 졸업
- Oklahoma State University Research scholar
- 현, 남부고시학원 9 · 7급 전임강사

주요 저서
- 한 권으로 끝! 군무원 행정법(박문각)
- 유대웅 행정법총론 핵심정리 세트(전2권)(박문각)
- 유대웅 행정법총론 불 동형 모의고사(박문각)
- 유대웅 행정법총론 기출문제집(박문각)
- 유대웅 행정법총론 끝장내기 핸드북(박문각)
- 유대웅 행정법총론 끝장내기(박문각)
- 유대웅 행정법총론 시작하기(박문각)
- 유대웅 행정법 2020년 기출문제 싹쓸이(박문각)
- 유대웅 행정법 확인학습노트(박문각)

한 권으로 끝!
군무원 행정법

초판인쇄 | 2024. 4. 11. **초판발행** | 2024. 4. 15. **편저자** | 유대웅
발행인 | 박 용 **발행처** | (주)박문각출판 **등록** | 2015년 4월 29일 제2015-000104호
주소 | 06654 서울시 서초구 효령로 283 서경 B/D 4층 **팩스** | (02)584-2927
전화 | 교재 주문·내용 문의 (02)6466-7202

저자와의
협의하에
인지생략

정가 22,000원 ISBN 979-11-6987-916-3

|||||||||||||||||||||||||||||||||||||||||||||||||||||||||||||||||||||||||

군무원 공개경쟁채용시험 필기시험 답안지

컴퓨터용 흑색사인펜만 사용	응 시 번 호	주 민 등 록 번 호	책 형	※ 시험감독관 서명
성 명		− ＊＊＊＊＊＊＊		(성명을 정자로 기재할 것)
자필성명　본인 성명 기재			●	적색 볼펜만 사용
응시직렬				【필적감정용 기재】
응시지역	채용관리과장인		●	＊아래 예시문을 옮겨 적으시오
시험장소				좌측 응시자와 동일함
				기 재 란

문번	제1회
1	① ② ③ ④
2	① ② ③ ④
3	① ② ③ ④
4	① ② ③ ④
5	① ② ③ ④
6	① ② ③ ④
7	① ② ③ ④
8	① ② ③ ④
9	① ② ③ ④
10	① ② ③ ④
11	① ② ③ ④
12	① ② ③ ④
13	① ② ③ ④
14	① ② ③ ④
15	① ② ③ ④
16	① ② ③ ④
17	① ② ③ ④
18	① ② ③ ④
19	① ② ③ ④
20	① ② ③ ④
21	① ② ③ ④
22	① ② ③ ④
23	① ② ③ ④
24	① ② ③ ④
25	① ② ③ ④

문번	제2회
1	① ② ③ ④
2	① ② ③ ④
3	① ② ③ ④
4	① ② ③ ④
5	① ② ③ ④
6	① ② ③ ④
7	① ② ③ ④
8	① ② ③ ④
9	① ② ③ ④
10	① ② ③ ④
11	① ② ③ ④
12	① ② ③ ④
13	① ② ③ ④
14	① ② ③ ④
15	① ② ③ ④
16	① ② ③ ④
17	① ② ③ ④
18	① ② ③ ④
19	① ② ③ ④
20	① ② ③ ④
21	① ② ③ ④
22	① ② ③ ④
23	① ② ③ ④
24	① ② ③ ④
25	① ② ③ ④

문번	제3회
1	① ② ③ ④
2	① ② ③ ④
3	① ② ③ ④
4	① ② ③ ④
5	① ② ③ ④
6	① ② ③ ④
7	① ② ③ ④
8	① ② ③ ④
9	① ② ③ ④
10	① ② ③ ④
11	① ② ③ ④
12	① ② ③ ④
13	① ② ③ ④
14	① ② ③ ④
15	① ② ③ ④
16	① ② ③ ④
17	① ② ③ ④
18	① ② ③ ④
19	① ② ③ ④
20	① ② ③ ④
21	① ② ③ ④
22	① ② ③ ④
23	① ② ③ ④
24	① ② ③ ④
25	① ② ③ ④

문번	제4회
1	① ② ③ ④
2	① ② ③ ④
3	① ② ③ ④
4	① ② ③ ④
5	① ② ③ ④
6	① ② ③ ④
7	① ② ③ ④
8	① ② ③ ④
9	① ② ③ ④
10	① ② ③ ④
11	① ② ③ ④
12	① ② ③ ④
13	① ② ③ ④
14	① ② ③ ④
15	① ② ③ ④
16	① ② ③ ④
17	① ② ③ ④
18	① ② ③ ④
19	① ② ③ ④
20	① ② ③ ④
21	① ② ③ ④
22	① ② ③ ④
23	① ② ③ ④
24	① ② ③ ④
25	① ② ③ ④

문번	제5회
1	① ② ③ ④
2	① ② ③ ④
3	① ② ③ ④
4	① ② ③ ④
5	① ② ③ ④
6	① ② ③ ④
7	① ② ③ ④
8	① ② ③ ④
9	① ② ③ ④
10	① ② ③ ④
11	① ② ③ ④
12	① ② ③ ④
13	① ② ③ ④
14	① ② ③ ④
15	① ② ③ ④
16	① ② ③ ④
17	① ② ③ ④
18	① ② ③ ④
19	① ② ③ ④
20	① ② ③ ④
21	① ② ③ ④
22	① ② ③ ④
23	① ② ③ ④
24	① ② ③ ④
25	① ② ③ ④

문번	제6회
1	① ② ③ ④
2	① ② ③ ④
3	① ② ③ ④
4	① ② ③ ④
5	① ② ③ ④
6	① ② ③ ④
7	① ② ③ ④
8	① ② ③ ④
9	① ② ③ ④
10	① ② ③ ④
11	① ② ③ ④
12	① ② ③ ④
13	① ② ③ ④
14	① ② ③ ④
15	① ② ③ ④
16	① ② ③ ④
17	① ② ③ ④
18	① ② ③ ④
19	① ② ③ ④
20	① ② ③ ④
21	① ② ③ ④
22	① ② ③ ④
23	① ② ③ ④
24	① ② ③ ④
25	① ② ③ ④

문번	제7회
1	① ② ③ ④
2	① ② ③ ④
3	① ② ③ ④
4	① ② ③ ④
5	① ② ③ ④
6	① ② ③ ④
7	① ② ③ ④
8	① ② ③ ④
9	① ② ③ ④
10	① ② ③ ④
11	① ② ③ ④
12	① ② ③ ④
13	① ② ③ ④
14	① ② ③ ④
15	① ② ③ ④
16	① ② ③ ④
17	① ② ③ ④
18	① ② ③ ④
19	① ② ③ ④
20	① ② ③ ④
21	① ② ③ ④
22	① ② ③ ④
23	① ② ③ ④
24	① ② ③ ④
25	① ② ③ ④

문번	제8회
1	① ② ③ ④
2	① ② ③ ④
3	① ② ③ ④
4	① ② ③ ④
5	① ② ③ ④
6	① ② ③ ④
7	① ② ③ ④
8	① ② ③ ④
9	① ② ③ ④
10	① ② ③ ④
11	① ② ③ ④
12	① ② ③ ④
13	① ② ③ ④
14	① ② ③ ④
15	① ② ③ ④
16	① ② ③ ④
17	① ② ③ ④
18	① ② ③ ④
19	① ② ③ ④
20	① ② ③ ④
21	① ② ③ ④
22	① ② ③ ④
23	① ② ③ ④
24	① ② ③ ④
25	① ② ③ ④

군무원 공개경쟁채용시험 필기시험 답안지

컴퓨터용 흑색사인펜만 사용	응 시 번 호	주 민 등 록 번 호	책 형	※ 시험감독관 서명
		− * * * * * * *		(성명을 정자로 기재할 것) 적색 볼펜만 사용

성 명

자필성명 | 본인 성명 기재

응시직렬 | 채용관리과장안

응시지역

시험장소

【필적감정용 기재】
* 아래 예시문을 옮겨 적으시오
좌측 응시자와 동일함

기 재 란

문번	제1회		문번	제2회		문번	제3회		문번	제4회
1	① ② ③ ④		1	① ② ③ ④		1	① ② ③ ④		1	① ② ③ ④
2	① ② ③ ④		2	① ② ③ ④		2	① ② ③ ④		2	① ② ③ ④
3	① ② ③ ④		3	① ② ③ ④		3	① ② ③ ④		3	① ② ③ ④
4	① ② ③ ④		4	① ② ③ ④		4	① ② ③ ④		4	① ② ③ ④
5	① ② ③ ④		5	① ② ③ ④		5	① ② ③ ④		5	① ② ③ ④
6	① ② ③ ④		6	① ② ③ ④		6	① ② ③ ④		6	① ② ③ ④
7	① ② ③ ④		7	① ② ③ ④		7	① ② ③ ④		7	① ② ③ ④
8	① ② ③ ④		8	① ② ③ ④		8	① ② ③ ④		8	① ② ③ ④
9	① ② ③ ④		9	① ② ③ ④		9	① ② ③ ④		9	① ② ③ ④
10	① ② ③ ④		10	① ② ③ ④		10	① ② ③ ④		10	① ② ③ ④
11	① ② ③ ④		11	① ② ③ ④		11	① ② ③ ④		11	① ② ③ ④
12	① ② ③ ④		12	① ② ③ ④		12	① ② ③ ④		12	① ② ③ ④
13	① ② ③ ④		13	① ② ③ ④		13	① ② ③ ④		13	① ② ③ ④
14	① ② ③ ④		14	① ② ③ ④		14	① ② ③ ④		14	① ② ③ ④
15	① ② ③ ④		15	① ② ③ ④		15	① ② ③ ④		15	① ② ③ ④
16	① ② ③ ④		16	① ② ③ ④		16	① ② ③ ④		16	① ② ③ ④
17	① ② ③ ④		17	① ② ③ ④		17	① ② ③ ④		17	① ② ③ ④
18	① ② ③ ④		18	① ② ③ ④		18	① ② ③ ④		18	① ② ③ ④
19	① ② ③ ④		19	① ② ③ ④		19	① ② ③ ④		19	① ② ③ ④
20	① ② ③ ④		20	① ② ③ ④		20	① ② ③ ④		20	① ② ③ ④
21	① ② ③ ④		21	① ② ③ ④		21	① ② ③ ④		21	① ② ③ ④
22	① ② ③ ④		22	① ② ③ ④		22	① ② ③ ④		22	① ② ③ ④
23	① ② ③ ④		23	① ② ③ ④		23	① ② ③ ④		23	① ② ③ ④
24	① ② ③ ④		24	① ② ③ ④		24	① ② ③ ④		24	① ② ③ ④
25	① ② ③ ④		25	① ② ③ ④		25	① ② ③ ④		25	① ② ③ ④

문번	제5회		문번	제6회		문번	제7회		문번	제8회
1	① ② ③ ④		1	① ② ③ ④		1	① ② ③ ④		1	① ② ③ ④
2	① ② ③ ④		2	① ② ③ ④		2	① ② ③ ④		2	① ② ③ ④
3	① ② ③ ④		3	① ② ③ ④		3	① ② ③ ④		3	① ② ③ ④
4	① ② ③ ④		4	① ② ③ ④		4	① ② ③ ④		4	① ② ③ ④
5	① ② ③ ④		5	① ② ③ ④		5	① ② ③ ④		5	① ② ③ ④
6	① ② ③ ④		6	① ② ③ ④		6	① ② ③ ④		6	① ② ③ ④
7	① ② ③ ④		7	① ② ③ ④		7	① ② ③ ④		7	① ② ③ ④
8	① ② ③ ④		8	① ② ③ ④		8	① ② ③ ④		8	① ② ③ ④
9	① ② ③ ④		9	① ② ③ ④		9	① ② ③ ④		9	① ② ③ ④
10	① ② ③ ④		10	① ② ③ ④		10	① ② ③ ④		10	① ② ③ ④
11	① ② ③ ④		11	① ② ③ ④		11	① ② ③ ④		11	① ② ③ ④
12	① ② ③ ④		12	① ② ③ ④		12	① ② ③ ④		12	① ② ③ ④
13	① ② ③ ④		13	① ② ③ ④		13	① ② ③ ④		13	① ② ③ ④
14	① ② ③ ④		14	① ② ③ ④		14	① ② ③ ④		14	① ② ③ ④
15	① ② ③ ④		15	① ② ③ ④		15	① ② ③ ④		15	① ② ③ ④
16	① ② ③ ④		16	① ② ③ ④		16	① ② ③ ④		16	① ② ③ ④
17	① ② ③ ④		17	① ② ③ ④		17	① ② ③ ④		17	① ② ③ ④
18	① ② ③ ④		18	① ② ③ ④		18	① ② ③ ④		18	① ② ③ ④
19	① ② ③ ④		19	① ② ③ ④		19	① ② ③ ④		19	① ② ③ ④
20	① ② ③ ④		20	① ② ③ ④		20	① ② ③ ④		20	① ② ③ ④
21	① ② ③ ④		21	① ② ③ ④		21	① ② ③ ④		21	① ② ③ ④
22	① ② ③ ④		22	① ② ③ ④		22	① ② ③ ④		22	① ② ③ ④
23	① ② ③ ④		23	① ② ③ ④		23	① ② ③ ④		23	① ② ③ ④
24	① ② ③ ④		24	① ② ③ ④		24	① ② ③ ④		24	① ② ③ ④
25	① ② ③ ④		25	① ② ③ ④		25	① ② ③ ④		25	① ② ③ ④